vendée
Charentes

T. Lecomte/DIAF

« L'air vif, âpre, sentait je ne sais quoi d'inconnu
et un bruit singulier, à la fois faible et immense,
se faisait derrière les petites montagnes de sable
auxquelles un sentier conduisait. »

Pierre Loti,
Le Roman d'un enfant.

S. Sauvignier/MICHELIN

De la côte de Jade à celle de Beauté, en passant par la côte de Lumière, le littoral poitevin offre de vastes plages de sable fin dont la qualité a fait la réputation des stations balnéaires des Sables-d'Olonne et de Royan. Mouillée par l'océan Atlantique, cette douce grève est parfois interrompue par des corniches rocheuses (Pornic, Sion, Pontaillac), des digues (Anse de l'Aiguillon) ou des zones ostréicoles (baie de Bourgneuf, bassin de Marennes-Oléron). Fixé par des plantations de pins et d'oyats, le cordon dunaire domine l'estran où pêcheurs à pied et amateurs de glisse cohabitent dans un esprit de liberté. Face au large, on se prend à rêver aux majestueux trois-mâts qui autrefois voguaient vers des terres lointaines... alors, flottant dans l'air iodé, un parfum d'aventure surprend le songeur et une brise légère le pousse à rejoindre les côtes d'une île charentaise ou vendéenne.

Au cœur du Marais poitevin, un écrin de verdure se referme sur un labyrinthe de conches peuplées d'une faune silencieuse. Glissant lentement sur des miroirs d'eau, yoles et plates semblent colporter les derniers mystères du Marais mouillé.

De retour sur la terre ferme, pourquoi ne pas suivre les pas de saint Jacques? De Poitiers à Pons, le «chemin» emprunté par cet apôtre est jalonné de gracieuses églises romanes dont les façades ont été ciselées par d'habiles sculpteurs. D'autres monuments remarquables sont à découvrir en flânant au hasard des rues d'Angoulême, Rochefort, La Rochelle ou Saintes. Après les «vieilles pierres», le Futuroscope et le Puy du Fou semblent des étapes indiquées pour divertir et captiver toute la famille.

Enfin, les chais du vignoble de Cognac, au silence de cathédrale, protègent de précieux fûts où s'opèrent la lente alchimie entre l'eau-de-vie et le chêne...

«bun voeyajhe é bun vent».

Cognac Hennessy - J.-L. Barde/SCOPE

Sommaire

Légende

	Curiosité	Station balnéaire	Station de Sports d'hiver	Station thermale
Vaut le voyage	★★★	≗≗≗	✻✻✻	♯♯♯
Mérite un détour	★★	≗≗	✻✻	♯♯
Intéressant	★	≗	✻	♯

Curiosités

⊙	Conditions de visite en fin de volume	►►	Si vous le pouvez : voyez encore…
●➞	Itinéraire décrit Départ de la visite	AZ B	Localisation d'une curiosité sur le plan
♠ ♣ ♦ ♥	Église – Temple	🛈	Information touristique
▨ ♦	Synagogue – Mosquée	⚔ ••	Château – Ruines
▭	Bâtiment	∪ ✿	Barrage – Usine
■	Statue, petit bâtiment	☆ ∩	Fort – Grotte
✝	Calvaire	✝	Monument mégalithique
◎	Fontaine	▼ ⩔	Table d'orientation – Vue
●━◦━▪►	Rempart – Tour – Porte	▲	Curiosités diverses

Sports et loisirs

🐎	Hippodrome	🚶	Sentier balisé
⛸	Patinoire	◆	Base de loisirs
≋ ▨	Piscine : de plein air, couverte	🎯	Parc d'attractions
⚓	Port de plaisance	⩊	Parc animalier, zoo
⛺	Refuge	❁	Parc floral, arboretum
□▪□▪□	Téléphérique, télécabine	◐	Parc ornithologique, réserve d'oiseaux
🚂	Chemin de fer touristique		

Autres symboles

══ ══	Autoroute ou assimilée	✉ ☎	Poste restante – Téléphone
❶ ❶	Échangeur : complet, partiel	✉	Marché couvert
⊏═ ══	Rue piétonne	⋅✕⋅	Caserne
⟋═══⟋	Rue impraticable, réglementée	△	Pont mobile
▭▭ ⋯⋯	Escalier – Sentier	∪ ✕	Carrière – Mine
🚆 🚌	Gare – Gare routière	Ⓑ Ⓕ	Bacs
◦+++◦	Funiculaire – Voie à crémaillère	⛴	Transport des voitures et des passagers
━━ ◉	Tramway – Métro	⛵	Transport des passagers
Bert (R.)…	Rue commerçante sur les plans de ville	③	Sortie de ville identique sur les plans et les cartes MICHELIN

Abréviations et signes particuliers

A	Chambre d'agriculture	**P**	Préfecture, sous-préfecture
C	Chambre de commerce	**POL.**	Police
H	Hôtel de ville	▨	Gendarmerie
J	Palais de justice	**T**	Théâtre
M	Musée	**U**	Université, grande école
		●	Hôtel

Votre guide Vert

Votre guide Vert est une mine de renseignements. Vous y trouverez

● des **cartes thématiques** : Principales curiosités, Itinéraires de visite (ce qu'il ne faut pas manquer lors d'un court séjour), Lieux de séjour (comment choisir sa principale destination, en fonction de l'hébergement et de l'environnement). D'autre part, le schéma ci-dessous indique les numéros des cartes Michelin complémentaires de ce guide.

● une **Introduction au voyage** : pour en savoir plus avant de partir, ou en cours de route, sur le paysage, l'histoire, les coutumes, la gastronomie, l'art et... la région aujourd'hui.

● les **Villes et curiosités** : une présentation par ordre alphabétique des villes et sites. Les localités plus modestes sont abordées à titre d'excursion au départ des plus importantes. Pour certaines « villes-phares » (Angoulême, Niort, Poitiers, La Rochelle) est proposé un choix d'adresses d'hôtels, restaurants, spectacles et commerces annoncé par un bandeau bleu portant la mention « carnet d'adresses ».
On complétera cette sélection par celle, plus ample, du guide Rouge Michelin France. Pour plus d'informations sur ces adresses, voir p. 285.

● des **Renseignements pratiques** : adresses utiles, hébergement, activités sportives, horaires de visite des curiosités présentés par ordre alphabétique (ils sont annoncés, dans la description des « Villes et curiosités », par une pendule bleue), dates de festivals, circuits thématiques, etc.

● un **Index** en fin de volume : pour retrouver rapidement la description d'un monument, des informations sur une personnalité de la région ou un encadré passionnant.

Votre avis nous intéresse. À votre retour, faites-nous part de vos critiques, de vos idées, de vos bonnes adresses. Bibendum attend votre courrier au 46, avenue de Breteuil, 75324 Paris Cedex 07, ou sur Internet : www.michelin-travel.com, et vous souhaite un

Bon voyage

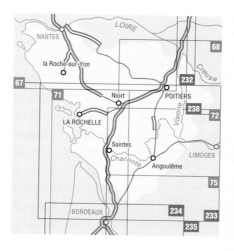

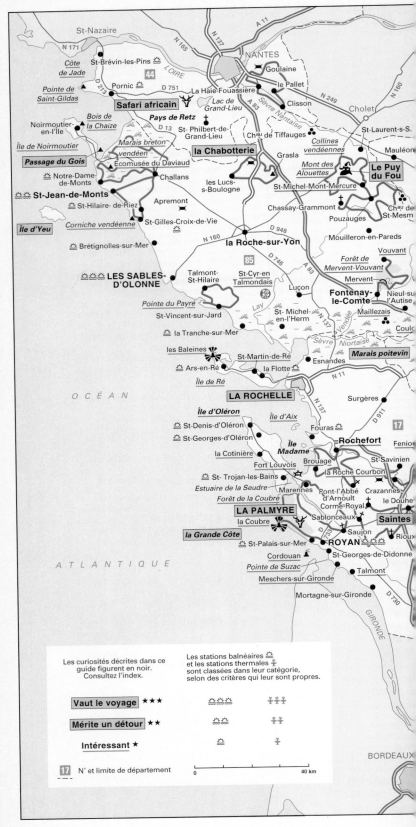

Les curiosités décrites dans ce guide figurent en noir. Consultez l'index.

Les stations balnéaires ⚓ et les stations thermales ‡ sont classées dans leur catégorie, selon des critères qui leur sont propres.

Vaut le voyage ★★★	⚓⚓⚓	‡‡‡
Mérite un détour ★★	⚓⚓	‡‡
Intéressant ★	⚓	‡

17 N° et limite de département

0   40 km

Principales curiosités

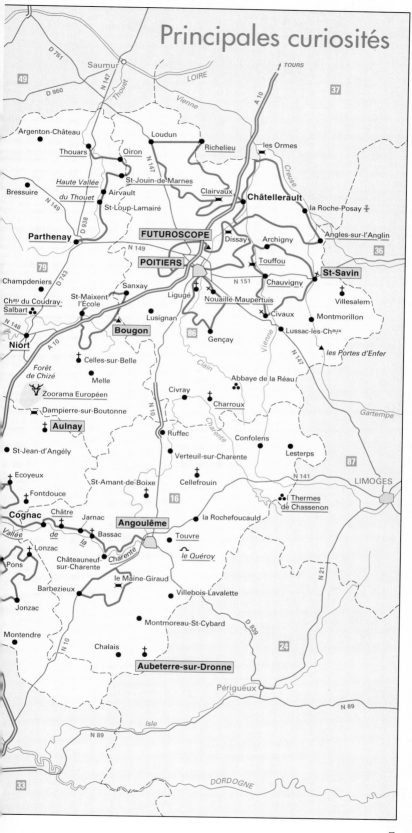

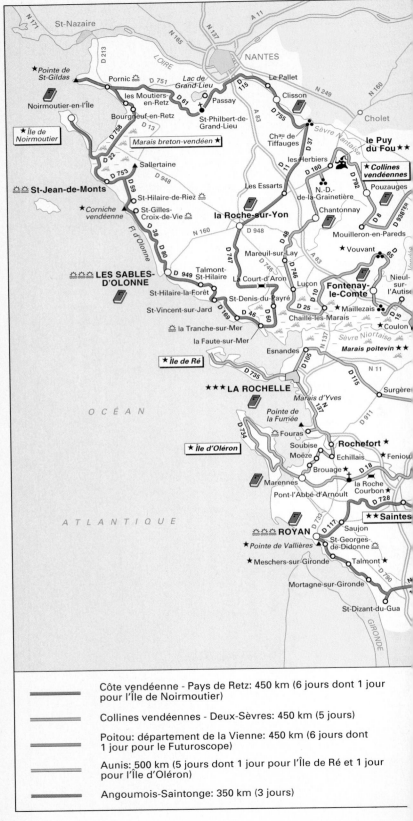

Côte vendéenne - Pays de Retz: 450 km (6 jours dont 1 jour pour l'Île de Noirmoutier)

Collines vendéennes - Deux-Sèvres: 450 km (5 jours)

Poitou: département de la Vienne: 450 km (6 jours dont 1 jour pour le Futuroscope)

Aunis: 500 km (5 jours dont 1 jour pour l'Île de Ré et 1 jour pour l'Île d'Oléron)

Angoumois-Saintonge: 350 km (3 jours)

Itinéraires de visite

★★★ = ✝✝✝ = ♨♨♨
★★ = ✝✝ = ♨♨
★ = ✝ = ♨

📘 Étape conseillée durant le circuit

Collines vendéennes ★ Titre sous lequel un parcours est décrit: consulter l'index.

0 — 40 km

Lieux de séjour

Sur la carte ci-dessous ont été sélectionnées quelques localités particulièrement adaptées à la villégiature en raison de leurs possibilités d'hébergement et de l'agrément de leur site.

Pour plus de détails, consulter les **cartes Michelin** au 1/200 000 *(assemblage p. 5)*. Un simple coup d'œil permet d'apprécier le site de la localité. Elles donnent, outre les caractéristiques des routes, les emplacements des baignades en rivière ou en étang, des piscines, des golfs, des hippodromes, des terrains de vol à voile, des aérodromes...

Hébergement – *Voir le chapitre Renseignements pratiques, en fin de guide.*

LES SAISONS

Un ensoleillement exceptionnel, comparable à celui de l'arrière-pays méditerranéen, favorise la côte entre St-Gilles-Croix-de-Vie et Royan, qui reçoit plus de 2 250 heures de soleil par an.

L'**été** est, sur la côte, la saison touristique par excellence. Les citadins profitent à plein de l'atmosphère vivifiante de l'océan s'alliant avec la senteur balsamique des pins pour tonifier l'organisme.

La brise marine atténue l'ardeur du soleil, et les plages de sable blond s'animent de la rumeur des estivants.

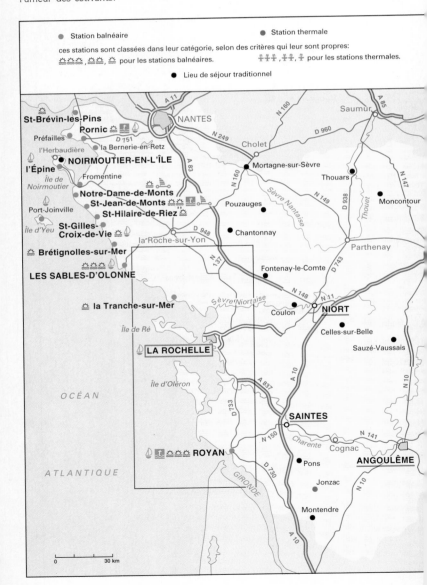

● Station balnéaire   ● Station thermale

ces stations sont classées dans leur catégorie, selon des critères qui leur sont propres:

≏≏≏ , ≏≏ , ≏ pour les stations balnéaires.   ‡‡‡ , ‡‡ , ‡ pour les stations thermales.

● Lieu de séjour traditionnel

Si l'**automne** est quelque peu pluvieux, des éclaircies permettent de découvrir la palette de couleurs du Marais poitevin et, dans les Charentes, les belles journées voient se dérouler sous la fine lumière d'arrière-saison le spectacle des vendanges.

Sur la côte, les tempêtes de noroît (Nord-Ouest) et de suroît (Sud-Ouest) comblent l'amateur de mer démontée qui peut alors admirer les lames déferlant sur les rochers.

L'**hiver,** bénin sur la côte où croissent chênes verts et mimosas, est plus rude à l'intérieur où siffle la bise froide venue du Massif Central.

Le **printemps,** précoce sur le littoral et dans les îles, est favorable aux fleurs et aux primeurs. Par contre, pluies et tempêtes d'équinoxe risquent de faire déborder les rivières.

LOISIRS *Voir également le chapitre Renseignements pratiques, en fin de guide.*

Navigation de plaisance

Les principaux ports de plaisance figurent sur la carte des lieux de séjour *(ci-dessous),* ils ont été sélectionnés pour leur nombre de places important et les services dispensés : carburant, eau douce et électricité à quai, sanitaires et douches, manutention, etc.

Croisières maritimes et fluviales

Des croisières permettent de découvrir l'archipel charentais : Aix, Oléron, Ré.

Au départ de Royan, des croisières sont organisées dans l'estuaire de la Gironde.

Sur la Charente, entre Angoulême et St-Savinien, des croisières constituent une agréable promenade au milieu d'un paysage verdoyant.

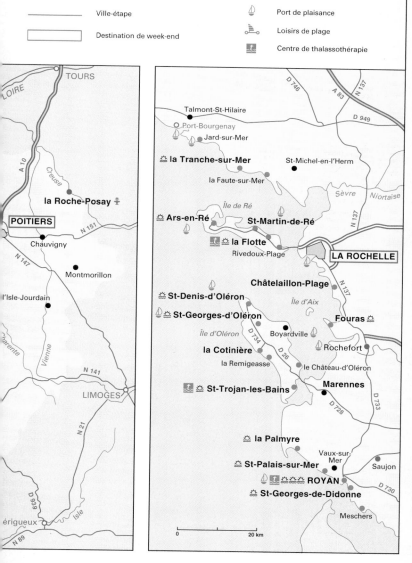

Le Marais poitevin – Le long de la Sèvre Niortaise

Introduction
au voyage

Le milieu naturel

FORMATION DU SOL

L'intérieur des terres

La région décrite dans ce guide est une région de transition qui se compose de pays très différents. Il y a environ 300 millions d'années (ère primaire) s'est produit un bouleversement de l'écorce terrestre, le plissement hercynien, dont la forme en V apparaît en tireté sur la carte, qui a fait surgir un certain nombre de hautes montagnes parmi lesquelles le Massif armoricain et le Massif Central. À l'ère secondaire il se produit un affaissement du relief hercynien et, séparant les deux massifs, se forme le **seuil du Poitou**, également appelé détroit, dont la dénivellation avec les massifs va en s'accentuant pendant l'ère tertiaire.

De nos jours les terres cristallines héritières du plissement hercynien, coupées de vallées fortement encaissées comme celles de la Sèvre Nantaise et de la Vienne, atteignent 285 m au mont Mercure (Vendée), point culminant des principaux « sommets ». Les plateaux et les collines du seuil du Poitou, découpés dans la roche calcaire dont l'altitude est bien moindre (60 m à Châtellerault, 72 m à Angoulême), sont arrosés par des cours d'eau aux vallées fort diverses : le Clain se dirige vers la Loire en gorges profondes ; la Charente et la Sèvre Niortaise s'écoulent en méandres vers l'Atlantique.

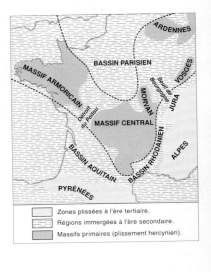

Zones plissées à l'ère tertiaire.

Régions immergées à l'ère secondaire.

Massifs primaires (plissement hercynien).

La côte

Au cours des temps, la ligne du rivage a été modifiée par les variations de niveau de l'océan et par l'affaissement ou le soulèvement des continents.

Aujourd'hui, elle continue à se transformer sous l'action des marées, des vagues et des courants littoraux.

Érosion littorale – S'attaquant à la base d'une côte élevée, elle provoque l'effondrement de celle-ci qui recule en prenant l'aspect d'une paroi à pic ou falaise. En présence de roches dures, elle dégage le contour des caps (pointe de La Pallice), créant ces promontoires pittoresques d'où le spectacle de la mer déchaînée est si impressionnant ; elle isole les îles, phénomène qui peut être favorisé par la disposition du relief (l'île d'Yeu correspond à un ancien bombement de granit hercynien).

Si la roche est moins résistante, l'érosion creuse des baies (anse de La Rochelle) où se sont installés des ports abrités par les promontoires de roches dures.

Accumulation littorale – Si la vitesse du courant qui les transporte se ralentit, les débris des roches arrachés au rivage ou apportés par les fleuves se déposent, de plus en plus fins. L'accumulation tend à régulariser le tracé du rivage ; elle donne naissance aux paysages marins où s'installent les paysans créateurs de polders, les éleveurs d'huîtres et de moules, les exploitants des marais salants.

	Rivage au début des temps historiques (falaise morte)		Falaise		Dunes
	Rivage en 1700		Roche dure		Plage
					Marais

Des **courants côtiers** ① dont l'action est amplifiée par les marées font glisser, le long du rivage, les sables qui se déposent dans les baies pour former les plages, comme celle de La Tranche.

Une **flèche littorale** ② est un type particulier de plage : sa formation est due à l'action du vent et surtout à la rencontre, en bordure du rivage, de deux courants de direction opposée et chargés de débris. Une flèche littorale peut barrer en partie l'entrée d'une baie et contribuer ainsi à la formation d'un marais.

Le Marais poitevin correspond à un fossé d'effondrement où l'érosion marine et fluviale a déblayé les terrains tendres et respecté les terrains durs qui subsistent sous forme d'anciennes « **îles** » ③ (Champagné) : depuis le début des temps historiques, il est en voie de comblement.

Le sable en s'accumulant sur les obstacles du rivage forme une dune (La Tranche).

PHYSIONOMIE DU PAYS

Mer et littoral

C'est à haute mer que la côte atlantique prend toute sa beauté. Les lames montent à l'assaut des falaises, se brisent sur les bords rocheux, se précipitent sur les dunes en crêtes parallèles ; les estuaires s'emplissent et leur nappe liquide est magnifique.

À mer basse, les grèves sont découvertes, tachées de goémons et d'herbes marines ; aux embouchures des fleuves côtiers, on n'aperçoit alors qu'un pauvre filet d'eau, serpentant au milieu des vases.

Les vagues – Les vagues ou lames sont un mouvement ondulatoire produit par le vent. Même lorsque la brise ne souffle plus, l'ébranlement se propage à de grandes distances : c'est la houle. Par une illusion d'optique, l'eau semble se déplacer ; mais il suffit de regarder flotter un bouchon pour constater que la houle ne provoque pas de déplacement. Près du rivage, le mouvement ondulatoire des vagues, qui se manifeste jusqu'à environ 30 m de profondeur, est freiné par le fond ; un déséquilibre se produit et la crête de la lame s'écroule en faisant entendre un bruit sourd et rythmé : c'est le **ressac**.

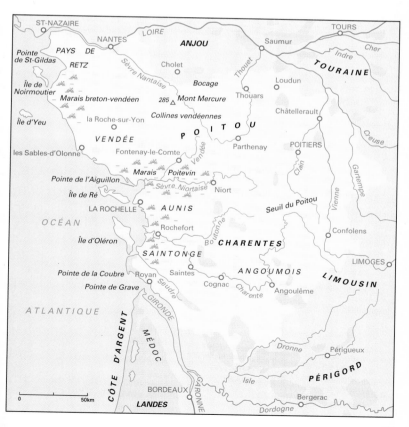

Poitou

À cette ancienne province correspondent les trois départements suivants : Vienne, Deux-Sèvres et Vendée.

La plaine – Délimitée par les massifs anciens de Vendée (extrémité méridionale du Massif armoricain) et du Limousin, la plaine calcaire qu'entaillent de profondes vallées dessine un croissant allant de Loudun à Luçon. À peu près dépourvue d'arbres, elle étend à l'infini ses champs, ses landes et ses prés, à peine interrompue par de gros villages.

Pourtant des nuances sont perceptibles. Au Nord, la plaine s'apparente à la Touraine ; de Thouars à Châtellerault, la craie tourangelle affleure, tapissée de maigres cultures et de landes que tondent les moutons. Par endroits, les sables se sont déposés et les bois de pins voisinent avec les champs d'asperges. Sur les coteaux bien exposés du Thouet ou de la Vienne s'éparpillent les maisons de tuffeau des vignerons.

Autour de Chauvigny et de Montmorillon, les confins du Poitou, composés de sables argileux, étaient jadis le domaine des landes ou **« brandes »**. Ces brandes subsistent par lambeaux : on y rencontre les moutons de race charmoise ou les chèvres dont le lait est utilisé pour la confection du chabichou. Ailleurs, les brandes défrichées ont permis l'élevage de bovins, limousins ou charolais. Près des fermes s'ébattent les « pirons », oies élevées pour leur peau et leur duvet dont on fait des « houppes de cygne ».

À l'Ouest du Clain jusqu'à Melle et St-Maixent, le calcaire, crevassé de vallons, se décompose à la surface en **« terre de groie »** dont la fertilité est proverbiale, notamment pour les céréales et les plantes fourragères (trèfle, luzerne).

Le bocage – Au Sud et à l'Ouest du Thouet, la **Gâtine de Parthenay** et la **Vendée** présentent de nombreuses analogies. Installées sur les terrains anciens où dominent schistes et granits, elles constituent l'empire du bocage. De grasses prairies coupées de haies d'aubépines ou de genêts sont sillonnées de chemins creux conduisant aux borderies, fermes basses cachées dans la verdure. L'élevage prévaut dans ces prés d'embouche où s'engraissent les bœufs de race parthenaise à la robe tachetée de brun. De-ci de-là apparaissent vergers de pommiers et champs de plantes fourragères nécessaires à l'alimentation du bétail. Une chaîne de sommets arrondis forme l'arête de la Gâtine et de la Vendée : ce sont les **Collines vendéennes**.

Les marais et la côte – Les marais s'étendent des schistes du **pays de Retz** jusqu'aux falaises calcaires de l'Aunis. Marais salants transformés en bassins à huîtres et scintillant sous le soleil, polders où paissent bovins ou moutons de pré-salé, alluvions portant prairies et primeurs, haies vives et canaux où barbotent les canards se succèdent sous de larges horizons. Formés de débris accumulés par les courants marins ou les fleuves, ces marais s'abritent derrière des dunes ; d'anciennes îles rocheuses pointent çà et là et les premières hauteurs vers l'intérieur marquent le dessin de l'ancienne côte.

Du Nord au Sud on rencontre successivement le **Marais breton-vendéen** comprenant le marais de Monts, puis les marais d'Olonne, de Talmont, enfin le célèbre **Marais poitevin**. Au pied des dunes et des cordons littoraux s'alignent de nombreuses plages de sable fin. Enfin, les îles de Noirmoutier et d'Yeu contrastent par leur aspect, l'une basse et riante, l'autre rocheuse et sauvage sur sa face occidentale.

Le Marais breton-vendéen – La bourrine à Rosalie

Vignoble de Cognac – Grande Champagne

Charentes

Les Charentes rassemblent les départements de Charente et Charente-Maritime, qui couvrent les anciennes provinces d'**Angoumois** (région d'Angoulême), d'**Aunis** (région de La Rochelle) et de **Saintonge** (région de Saintes).

La Charente vient s'adosser contre les premiers contreforts du Massif Central. On y distingue quatre régions naturelles : à l'Ouest le Cognaçais, pays de vignobles ; au Centre l'Angoumois, pays de céréales ; au Nord-Est le Confolentais, pays de plateaux d'aspect limousin *(se reporter à l'Introduction du guide Vert Michelin Berry Limousin)* ; au Sud le Montmorélien, pays de collines vouées à la polyculture. Tournée vers l'Atlantique, la Charente-Maritime offre un cordon de dunes, de plages et de rochers ; à l'intérieur c'est un pays rural avec ses bois, ses forêts et ses plaines.

Comme en Poitou, le calcaire règne sur la plus grande partie de la région dont la verte et paisible **vallée de la Charente** assure le trait d'union.

Le vignoble – Le cœur des Charentes bat à Cognac, capitale de cette «champagne» crayeuse qui s'étend sur la rive gauche de la Charente et dont les ondulations portent, face à d'immenses horizons, le vignoble de la célèbre eau-de-vie *(voir ci-après)*.

La plaine – D'Angoulême à La Rochelle s'allongent les étendues quelque peu monotones d'une opulente plaine calcaire, seulement coupée de rares vallées comme celle de la Boutonne, et jalonnée de bourgs blanchâtres ou de petites villes.

De même qu'en Poitou, le calcaire est recouvert de rouge terre de groie ou d'un limon fécond où les champs de blé paraissent secondaires en face des prairies artificielles (trèfle, luzerne), qui alternent avec les betteraves fourragères.

La côte – La côte charentaise revêt une originalité marquée surtout dans sa partie centrale où les courants marins alliés aux alluvions de la Charente et de la Seudre ont créé, comme en Poitou, une zone de marais. Ces marais ont été transformés en polders et, surtout du côté de Marennes, en bassins pour l'ostréiculture *(voir ci-après)*. Toutes proches de la côte, les îles de Ré et d'Oléron, basses et sablonneuses, couvertes de maisons blanches, ont déterminé une sorte de mer intérieure appelée **mer des Pertuis** parce qu'elle ne débouche sur le large que par d'étroites ouvertures.

Afin de donner à nos lecteurs l'information la plus récente possible, les conditions de visite des curiosités décrites ont été groupées en fin de volume.
Dans la partie descriptive du guide, le signe ⊙ placé à la suite du nom des curiosités soumises à des conditions de visite les signale au visiteur.

Pêche et produits de la mer

LA PÊCHE

La pêche hauturière – Le chalutier est par excellence l'outil de la pêche hauturière (pêche en haute mer) qui fournit la plus grande partie de la « pêche fraîche » et dont le champ d'action se trouve à la limite du plateau continental, sur des fonds atteignant 500 m.

La pêche au chalut de certains poissons (merlu, dorade, sole) est très importante pour l'économie de La Rochelle, des Sables-d'Olonne, de l'île d'Yeu, de St-Gilles, etc.

Pêche au thon – Cette pêche est pratiquée de juin à octobre par des bateaux pêchant à la traîne, à l'appât vivant (sardines, anchois, etc.) ou au filet maillant dérivant (île d'Yeu). On pêche le thon blanc ou germon en début de campagne entre le Portugal et les Açores, et l'on suit sa migration au large du golfe de Gascogne jusqu'au Sud-Ouest de l'Irlande.

La pêche côtière – Plus limitée dans son champ d'action que la pêche hauturière, elle rapporte des espèces particulièrement prisées dans leur toute première fraîcheur.

Pêche à la sardine – Cette pêche est pratiquée avec des filets tournants, sennes de 200 à 300 m de long. Les embarcations regagnent chaque jour le port où le poisson est vendu aussitôt à la criée. Mais la raréfaction des bancs sardiniers sur les côtes du vendéen oblige de plus en plus à pêcher au large des côtes du Maroc avec des sardiniers-congélateurs.

Pêche au poisson plat ou rond – De nombreux petits chalutiers et des canots à moteur pêchent, selon les parages, soles, raies, merlans, rougets, merluchons, maquereaux.

Pêche aux crustacés – Homards et langoustes se capturent surtout dans les eaux froides des côtes rocheuses de Vendée et de l'île d'Yeu, à l'aide de « casiers » ou nasses. Les langoustines, par contre, sont cherchées plus au large par les chalutiers.

Sur les bancs de Soulac et de Cordouan en Gironde, les marins de Royan et de la Cotinière vont traquer la crevette.

La petite pêche – Active sur la côte même ou non loin du rivage, elle s'effectue au moyen de lignes, cordes, sennes de plage, filets fixes ou encore **carrelets**, filets suspendus manœuvrés par des poulies à partir d'estacades, dont les alignements pittoresques, en particulier dans l'estuaire de la Gironde, témoignent de leur faveur persistante auprès des usagers, en dépit d'une rentabilité incertaine.

Pêche en estuaire – C'est au printemps, lors de la remontée des cours d'eau pour le frai, que dans l'estuaire de la Gironde se multiplient les prises d'aloses et de lamproies.

À la même époque reviennent les anguilles : les minuscules **« pibales »** sont capturées du rivage, par milliers à la fois, à l'aide de **haveneaux**, épuisettes à mailles très fines.

La pêche à pied – Praticable par tous et en toute saison lorsque la mer se retire, cette cueillette de fruits de mer permet d'allier la découverte de la faune marine au plaisir de déguster le produit de sa pêche. Il convient d'abord de se renseigner sur les horaires des marées (annuaire) en sachant que les pêches les plus abondantes se pratiquent lorsque le coefficient d'amplitude de la marée est supérieur à 100. C'est la configuration de la côte qui détermine le choix du matériel indispensable pour ramener les espèces convoitées.

Les côtes rocheuses – Pour pêcher les petits crustacés (bouquets, étrilles) ou les coquillages (bigorneaux, patelles), se munir de chaussures en caoutchouc, d'un coupe-vent ou d'un ciré, d'un gant épais, d'un panier porté en bandoulière, d'une épuisette, d'un crochet métallique et d'un couteau.

Les côtes de sable fin – Ces grandes étendues de sable, délaissées momentanément par la mer, donnent lieu à un curieux ballet de pêcheurs accroupis près de leur bourriche, fouillant méthodiquement le sable à l'aide d'une griffe ou d'un grattoir, à la recherche de coques, couteaux, donaces, palourdes, pétoncles ou praires. Enfin, la pêche au filet permet, en poussant un haveneau, de piéger les crevettes et parfois de petites soles qui d'ordinaire se piquent, tout comme l'anguille, avec une foëne.

Réglementation et sécurité – Même si la pêche à pied ne demande aucune autorisation particulière, celle-ci est formellement interdite dans certaines zones ostréicoles et à proximité des écluses à poissons. Pour sauvegarder les espèces, il est souhaitable de ne prélever que la quantité nécessaire à la consommation du pêcheur. La plus grande prudence est recommandée lors du retour de marée ; pour ne pas se laisser surprendre, il est préférable de ne pas rester seul sur le rivage et de remonter aussitôt que les autres pêcheurs quittent l'estran.

La soupe du pêcheur

Pour 4 personnes : sélectionner 2 kg de petits poissons divers, à l'exception du maquereau et de la sardine, et 800 g de congre (tête et chair). Mettre le tout dans une cocotte, puis recouvrir le poisson d'eau légèrement salée ; ajouter un bouquet garni (ail, laurier, persil, thym), un oignon coupé en quatre et des grains de poivre. Une fois l'eau portée à ébullition, baisser le feu et laisser frémir pendant 45 mn. Ajouter 600 g de pommes de terre et une belle tomate coupées en morceaux, puis laisser cuire à feu vif pendant 5 mn en mélangeant le tout à l'aide d'une cuillère en bois. Écraser le contenu de la cocotte dans une passoire, puis verser le potage dans une soupière.

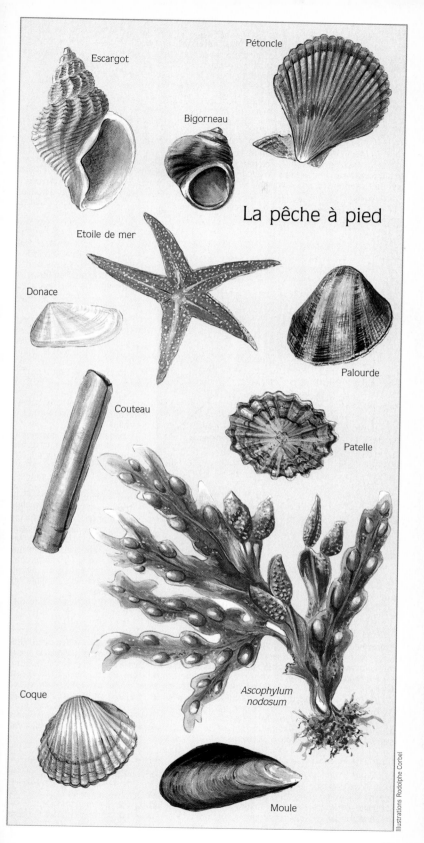

Escargot

Pétoncle

Bigorneau

La pêche à pied

Etoile de mer

Donace

Palourde

Couteau

Patelle

Ascophylum nodosum

Coque

Moule

Illustrations Rodolphe Corbel

19

LES HUÎTRES

Le bassin de Marennes-Oléron, qui va de la Charente à l'embouchure de la Gironde, compte parmi les principales régions productrices de ce mollusque en France. La Charente-Maritime alimente ainsi près de la moitié du marché français.

Après-guerre, des Charentais développèrent l'ostréiculture dans la baie de Bourgneuf ; cette production d'huîtres, située au Nord de la Vendée, porte le nom de Vendée Atlantique.

Nature et histoire – Les deux espèces principales, l'huître plate et l'huître creuse, vivent à l'état naturel en gisements fixés aux rochers marins (creuse) ou sur des bancs de sable (plate). La **plate**, hermaphrodite et vivipare, est connue localement depuis l'époque gallo-romaine et, dès lors, fut récoltée par cueillette ou par dragage. Elle figura sur la table de Louis XIV. Presque anéantie vers 1920 à la suite d'une maladie, cette espèce subsiste en petite quantité dans la région de Marennes.

Plus charnues et souvent plus grasses, mais de goût moins fin et très différent, es **huîtres creuses** sont unisexuées et ovipares, moins sensibles aux intempéries. Celles-ci ont été introduites accidentellement en 1868 ; à la suite d'une tempête, un navire revenant du Portugal fit une escale trop prolongée en Gironde : sa cargaison d'huîtres destinée à l'Angleterre dut être jetée à la mer (à la hauteur de Talais). Les survivantes, ayant essaimé, s'imposèrent ensuite dans la plupart des élevages.

S. Sauvignier/MICHELIN

Ostréiculteur de la baie de Bourgneuf

La maladie ayant ravagé à nouveau l'huître portugaise par la «japonaise» (*Crassostrea gigas*), huître originaire du Pacifique et importée du Japon ou du Canada (Colombie britannique).

Exploitation – Elle est artisanale ou familiale, et aléatoire : outre la maladie, la dégénérescence, la pollution, l'envasement, la salinité excessive, une tempête ou un froid vif peut détruire un parc, qu'attaquent par ailleurs crabes, étoiles de mer et bigorneaux.

Les petites huîtres ou **naissain**, voguant au gré des courants, se fixent en été sur les **collecteurs**, tuiles chaulées, ardoises, piquets de bois ou pierres suivant les endroits. Ceux-ci sont transportés ensuite dans un premier parc. Au bout de un à deux ans, les huîtres sont décollées (c'est le **détroquage**), puis mises dans un second parc (généralement dans des «poches» placés sur des tables), pendant un à deux ans. Enfin, elles subissent l'affinage en bassins appelés «**claires**».

Les huîtres dites «**spéciales**» séjournent plus longtemps dans les claires et y sont réparties en plus faible densité que les «**fines de claires**».

Huîtres gratinées

Pour 4 personnes : ouvrir deux douzaines d'huîtres de belles tailles, puis les vider de leur jus. Extraire délicatement chaque mollusque de sa coquille pour bien nettoyer celle-ci, puis remettre l'huître dans son écrin. Préparer la farce en mélangeant 100 g de beurre fondu, des échalotes et du persil finement hachés, du poivre. Couvrir les huîtres avec la sauce obtenue, en remplissant équitablement chaque coquille, puis recouvrir le tout de chapelure. Dans un four préchauffé, laisser gratiner quelques minutes en surveillant la cuisson. Coucher soigneusement les coquilles dans des assiettes préalablement garnies d'une couche de fleur de sel et de fines tranches de citron. Servir ce plat délicat accompagné d'un muscadet bien frais.

LES MOULES

Mollusque à coquille sombre, presque noire, la moule sauvage vit en colonies sur les rochers battus par la mer. Domestiquée dès le 13e s., elle fait l'objet d'un élevage rationnel sur les côtes de l'Aunis, distinct de celui des huîtres (sauf dans la baie de l'Aiguillon), car ces deux coquillages présentent des incompatibilités biologiques.

Aujourd'hui, les centres de production de moules sont au Sud l'anse de Fouras, la côte près de Brouage et l'île d'Oléron (baie de Boyardville), et au Nord la baie de l'Aiguillon.

La mytiliculture – Tel est le nom que l'on donne à l'art de faire croître et embellir les moules. Cette culture est d'ailleurs susceptible de développement, malgré la concurrence de la Hollande, la France ne produisant qu'une partie de sa consommation.

Les moules se fixent et engraissent sur des pieux plantés dans la vase : ce sont les **bouchots** que les «boucholeurs» disposent en files ou réunissent en clayonnages. Selon les secteurs, l'organisation des bouchots est différente et soumise à une réglementation stricte. Dans le pertuis Breton, on trouve le bouchot à naissain, situé vers le large ; le bouchot à cordes ; le bouchot d'élevage, situé près de la côte, où les moules atteignent leur taille de commercialisation.

Il faut voir les boucholeurs allant aux moules sur de petits bateaux plats ou, à marée basse, sur leurs «accons», simples caisses qu'ils font glisser sur la vase à grands coups de botte. Notons enfin que les moules servent de base à la préparation de diverses spécialités gastronomiques régionales, dont la mouclade et l'éclade.

La mouclade

Cette recette charentaise tient son nom des moules appelées «moucles». Il en existe de nombreuses variantes. En voici une :
Pour 4 personnes. Gratter et laver 2 litres de moules. Les cuire à la marinière, c'est-à-dire dans un récipient avec un bouquet garni et un verre de vin blanc. Lorsqu'elles sont ouvertes, enlever une coquille à chaque moule et les ranger toutes dans un plat allant au four.
Faire revenir 4 oignons, puis verser dessus la moitié de l'eau des moules et faire réduire 1/2 h. Ajouter du poivre et une pincée de safran. Hors du feu, mélanger 100 g de crème fraîche et 2 jaunes d'œuf. Verser ce mélange dans le bouillon et le tout sur les moules. Passer quelques minutes au four chaud et servir aussitôt.

LES MARAIS SALANTS

Localisation – Du 11e au 18e s., les marais salants, qui bordaient presque toute la côte, constituaient une des richesses du Poitou, et surtout de l'Aunis et de la Saintonge. Le sel faisait l'objet d'un important trafic fluvial et maritime, notamment vers l'Europe du Nord, jusqu'aux villes hanséatiques, où il était employé à la conservation des poissons. Puis la mer recula, les marais s'envasèrent et passèrent à l'état de marais «gâts» (gâtés) où rôdait la fièvre. De nos jours, seuls sont encore en exploitation ceux des îles de Noirmoutier, d'Oléron et de Ré. Les autres sont devenus pâturages, jardins maraîchers ou réserves (claires) pour les huîtres.

Une exploitation délicate – Les marais salants dessinent un quadrillage délimité par de petits talus ou «**bossis**» de terre argileuse. L'eau de mer, amenée lors des marées par des canaux ou «**étiers**», se décante et se concentre dans une suite de réservoirs de moins en moins profonds. Dans les «**œillets**», où elle parvient finalement, la couche n'a plus que 5 cm d'épaisseur. C'est là que, l'eau s'évaporant, le sel se cristallise.

De mai à septembre, le paludier «tire», à l'aide d'un grand râteau ou «**las**» (ou «**rabale**»), le sel gris déposé au fond ; le **paludier**, avec une pelle plate, écume le sel blanc à la surface. La récolte est ensuite assemblée en tas ou «**mulons**» sur les bords du salin. Ces mulons sont souvent protégés des intempéries par des bâches en matière plastique, puis stockés dans des «**salorges**», magasins généralement construits en bois.

Marais salants – Mulons sur les bords du salin

B. Kaufmann

Quelques faits historiques

La préhistoire

Dès la préhistoire *(se reporter au guide Vert Michelin Périgord)*, durant la période **paléolithique** (de 18 000 à 10 000 ans avant J.-C.), l'industrie humaine s'est exercée dans la région d'Angoulême (sites de Fontéchevade et de la Quina) et de Poitiers (Angles-sur-l'Anglin, Le Grand-Pressigny) ; elle se manifeste, à la fin de cette période, par la gravure et le bâton de commandement trouvés dans la grotte de Montgaudier (près de Montbron), par les gisements côtiers entre Pornic et la pointe de St-Gildas, témoins de la civilisation des grands chasseurs, et par les représentations humaines sur galets gravés de Lussac-les-Châteaux.

La période **néolithique** (75 à 25 siècles avant J.-C.) est marquée par la généralisation du polissage et de la céramique, le développement de l'agriculture (blé, orge) puis de l'élevage (moutons, chèvres), la sédentarisation des populations, l'usage des métaux (bronze, cuivre) et les constructions mégalithiques : menhirs, dolmens, tumulus comme ceux de Bougon et celui de Montiou à Ste-Soline *(15 km à l'Est de Melle)*.

Occupation romaine et christianisation

Agrippa, dans un dessein politique, lance au départ de Lyon tout un réseau de voies romaines (1er s. avant J.-C.). À Saintes aboutissent celles de Narbonne, d'Orléans et de Lyon ; dans la ville sont édifiés l'arc de Germanicus et les arènes. Durant toute la période gallo-romaine, le sanctuaire païen, les thermes et le théâtre de Sanxay, celui de St-Cybardeaux, le sanctuaire de Masamas proche de Montmorillon, la ville gallo-romaine du Vieux-Poitiers témoignent de l'essor de la région.

Le christianisme, introduit en Gaule dès le 2e s. par des commerçants grecs et des légionnaires romains, pénètre en Poitou vers le 4e s. 27 ans après l'édit de Constantin, saint Hilaire est élu évêque de Poitiers. Le baptistère St-Jean à Poitiers et la nécropole de Civaux illustrent l'évangélisation de la région.

Le Moyen Âge

476	Chute de l'Empire romain d'Occident ; les Barbares occupent la Gaule.
498	Baptême, à Reims, de Clovis, roi des Francs.
507	Première bataille dite « de Poitiers » : à Vouillé *(17 km à l'Ouest de Poitiers)*, Clovis bat Alaric II. Cette victoire met un terme à la mainmise wisigothique en Aquitaine.
732	Seconde bataille de Poitiers : à Moussais-la-Bataille *(voir Châtellerault)*, Charles Martel arrête la progression arabe en Aquitaine.
800	Charlemagne est couronné Empereur d'Occident à Rome.
820	Début des incursions normandes. Vers 850, destruction de Saintes et d'Angoulême.
851	Erispoë, roi de Bretagne, conquiert sur les Francs le pays de Rais (actuel pays de Retz) au Sud de la Loire.
987	Hugues Capet se fait élire roi. Il fonde sa dynastie.
10e s.	Début du pèlerinage à St-Jacques-de-Compostelle *(voir ci-après)*.
10-11e s.	Le Sud-Ouest est sous la domination des comtes (comtes de Poitiers et d'Angoulême).
1095	Prêche de la 1re croisade à Clermont.
11e s.	Réalisation des peintures murales de St-Savin-sur-Gartempe : l'ensemble de peintures romanes le plus important de France.
1137	Le prince Louis, fils du roi de France, épouse Aliénor (ou Éléonore) d'Aquitaine *(voir ci-après)*, qui lui apporte en dot le Sud-Ouest de la France. Le prince Louis deviendra Louis VII. 15 ans plus tard, leur divorce et surtout le remariage d'Aliénor avec Henri II Plantagenêt sont pour le Capétien une catastrophe politique.
12e s.	Les pèlerins qui fréquentent les chemins de St-Jacques-de-Compostelle animent les villes de Parthenay, Saintes, Pons, Poitiers...
1199	Aliénor d'Aquitaine promulgue un code maritime : les Rôles d'Oléron *(voir Île d'Oléron)*.
1204	Philippe Auguste s'empare de Poitiers. Cependant ce n'est qu'en 1224 que le Poitou sera annexé au domaine royal.
1214	Victoire de Philippe Auguste à Bouvines.
1224	Rattachement de l'Aunis et de la Saintonge au domaine royal.
1242	Bataille de Taillebourg *(voir ce nom)* livrée au cours d'une campagne de Saint Louis réprimant une révolte féodale en Saintonge.
1308	L'Angoumois est confisqué au profit du domaine royal. 20 ans plus tard, il est donné à Jeanne de Navarre.
1309-1377	La papauté d'Avignon.

1356	À Nouaillé *(voir ce nom)*, le roi Jean le Bon perd la «bataille de Poitiers» ; il est fait prisonnier par le Prince Noir.
1360	Traité de Brétigny : l'Aquitaine, l'Aunis, la Saintonge et l'Angoumois deviennent possessions du roi d'Angleterre.
1369	Jean de Berry devient gouverneur du Poitou *(voir Poitiers)*.
1372	Le connétable Du Guesclin qui a débarrassé la France des Grandes Compagnies délivre Thouars.
1422	Charles VII proclamé roi à Poitiers.
1453	Dernière bataille de la guerre de Cent Ans, gagnée à Castillon-la-Bataille *(se reporter au guide Vert Michelin Pyrénées Aquitaine)* par les frères Bureau. Les Anglais abandonnent progressivement le pays.

Les Temps modernes

1494	Naissance de François Ier à Cognac. En succédant à Louis XII sur le trône de France en 1515, il fait passer la couronne de la branche des Valois-Orléans à celle des Valois-Angoulême.
1534-1535	Jean Calvin prêche la Réforme en Saintonge, en Angoumois et à Poitiers.
1539	L'Ordonnance de Villers-Cotterêts réforme l'exercice de la justice et substitue le français au latin dans les actes publics et notariés.
1562	Début des guerres de Religion. En 1569, batailles de Jarnac et de Moncontour remportées par le duc d'Anjou sur les réformés.
1569	Siège de Poitiers par les protestants de Coligny.
1570	Samuel de Champlain naît à Brouage *(voir ce nom)*.
1571	Le Synode national des Églises réformées de France se tient à La Rochelle *(voir ce nom)*.
1572	La St-Barthélemy.
1576	Formation de la Sainte Ligue fondée par les Guise contre les protestants.
1579	Grands Jours de Poitiers *(voir ce nom)*.
1589	Règne de Henri IV qui sait restaurer l'image de la France après les troubles religieux.
1598	Fin des guerres de Religion. L'édit de Nantes rendu par Henri IV accorde aux protestants une centaine de places de sûreté, dont La Rochelle.
1603-1604	Voyages de Champlain au Canada *(voir ci-après)*.
1608	Le futur cardinal de Richelieu est nommé évêque de Luçon *(voir ce nom)*.
1610	Après l'assassinat de Henri IV, règne de Louis XIII ; Richelieu, devenu Premier ministre en 1624, réduit l'importance politique du protestantisme.
17e s.	En Aunis, les vignerons commencent à distiller leurs vins pour en faciliter l'écoulement et le stockage.
1627-1628	Siège et prise de La Rochelle *(voir ce nom)*.
1630	Construction des remparts de Brouage, témoins de l'architecture militaire antérieure à Vauban.
1631	À Richelieu, le cardinal fait édifier par Le Mercier un château (détruit), un parc et une ville selon une rigoureuse ordonnance classique.
1635	Niort voit naître Françoise d'Aubigné, future marquise de Maintenon *(voir Niort)*.
1643	Début du règne de Louis XIV.
1660	Louis XIV, renonçant à Marie Mancini *(voir Brouage)*, épouse l'infante Marie-Thérèse d'Autriche.
1664	Colbert prend conscience de la vulnérabilité du littoral atlantique aux incursions anglaises. Il entreprend l'aménagement de Rochefort.
1685	Révocation de l'édit de Nantes par Louis XIV. De nombreux protestants s'expatrient.
1699	Vauban fortifie l'île d'Aix.
18e s.	Ère des Intendants qui donnent une impulsion décisive au pays : Blossac à Poitiers, Reverseaux à Saintes.
1771	La construction des digues du Limousin, du Maroc... accélère le colmatage naturel et l'assainissement de l'anse de l'Aiguillon.
1773	Les Acadiens en Poitou *(voir ci-après)*.
1789	Réunion des États généraux ; Assemblée constituante ; prise de la Bastille ; abolition des privilèges.

1790	L'Assemblée constituante crée les départements de Charente (Angoumois), Charente-Inférieure (Aunis et Saintonge), Vendée (Bas-Poitou), Deux-Sèvres et Vienne (Haut-Poitou).
1792	Bataille de Valmy (20 septembre) : la France est sauvée de l'invasion. Proclamation de la République.
1793	Le 21 janvier, exécution de Louis XVI.
1793-1796	Guerre de Vendée *(voir ci-après)*.

L'Empire et la Restauration

1804	Fondation de « Napoléon », aujourd'hui La Roche-sur-Yon *(voir ce nom)*. Le 2 décembre, Napoléon Ier est sacré empereur des Français, à Notre-Dame de Paris, par le pape Pie VII.
1806	Le blocus continental, destiné à ruiner l'Angleterre en la privant de ses débouchés commerciaux sur le continent, réduit l'activité des ports du littoral atlantique.
1815	Napoléon, déchu, s'embarque à l'île d'Aix *(voir ce nom)*.
1822	Complot des Quatre Sergents de La Rochelle *(voir ce nom)*.
1832	La duchesse de Berry tente de soulever la Vendée contre Louis-Philippe *(voir Blaye, guide Vert Michelin Pyrénées Aquitaine)*.
1848	Louis Napoléon élu le 10 décembre président de la République au suffrage universel.
1852	Le Second Empire plébiscité, le 10 décembre : Napoléon III.
1856	Ouverture de la ligne de chemin de fer Poitiers-La Rochelle.
1870	La capitulation de Sedan (2 septembre) marque la chute du Second Empire. Le 4 au matin, la République est proclamée à Paris.

La République

1876	Crise du phylloxéra. La production de vin connaît une baisse considérable. En Saintonge la polyculture, avec la prédominance du blé et de l'élevage, vient remplacer la monoculture de la vigne. La crise du phylloxéra provoque un important exode rural.
1888	Eugène Biraud fonde la première laiterie coopérative à Chaillé *(4 km au Nord-Est de Surgères)*. Les coopératives se répandent bientôt dans les plaines calcaires du Poitou et de l'Aunis où la vigne avait été anéantie.
1890	Le président de la République Sadi Carnot inaugure le port de La Pallice.
1905	Émile Combes (1835-1921), maire de Pons, et Georges Clemenceau, alors député à l'Assemblée nationale *(voir St-Vincent-sur-Jard)*, font voter la loi de séparation des Églises et de l'État.
1929	Mort de Clemenceau à St-Vincent-sur-Jard *(voir ce nom)*.
1945	Soldats et résistants français assiègent les Allemands encore retranchés dans les « poches de l'Atlantique », dont celle de Royan *(voir ce nom)*. Le 8 mai, le général de Lattre de Tassigny, originaire de Mouilleron-en-Pareds, signe au rang des Alliés l'acte de capitulation de l'Allemagne.
1951	Mort du maréchal Pétain, le « vainqueur de Verdun », à l'île d'Yeu *(voir ce nom)* où il était détenu depuis sa condamnation par la Haute Cour, le 1er août 1945.
1960	Création de la région administrative Poitou-Charentes, la Vendée étant rattachée aux Pays de la Loire.
1966	Oléron, première île française reliée au continent par un pont.
1988	Achèvement du pont de l'île de Ré.
1990	Desserte de Châtellerault, Poitiers et Angoulême par le TGV Atlantique.
1996	Décédé le 8 janvier à Paris, le président François Mitterrand regagne Jarnac, son village natal.

ALIÉNOR D'AQUITAINE (vers 1122-1204) ET L'ÉTAT PLANTAGENÊT

Une dot exceptionnelle – En 1137, Louis, fils du roi de France Louis VI, épouse, à Bordeaux, Aliénor (ou Éléonore), fille unique de Guillaume X, duc d'Aquitaine et de Poitou, qui lui apporte en dot la Guyenne, la Gascogne, le Périgord, le Limousin, la Marche, le Poitou, l'Angoumois, la Saintonge, la suzeraineté sur l'Auvergne et le comté de Toulouse.

Le mariage est mal assorti. Louis, devenu la même année le roi **Louis VII**, est une sorte de moine couronné, la reine est un peu frivole. En 1147, tous deux participent à la deuxième croisade. Une fois arrivés à Antioche, leurs rapports se détériorent. Après quinze années de vie conjugale, le roi, à son retour, fait prononcer son divorce par le concile de Beaugency (1152). Outre sa liberté, Aliénor recouvre sa dot.

Son remariage, deux mois plus tard, avec Henri Plantagenêt, duc de Normandie, comte d'Anjou et suzerain du Maine et de la Touraine, est pour les Capétiens une catastrophe politique : les domaines réunis d'Henri et d'Aliénor, qui s'étendent de la Manche aux Pyrénées, sont aussi vastes que ceux du roi de France.

Deux ans plus tard, Henri Plantagenêt devient, par héritage, roi d'Angleterre sous le nom de **Henri II**. Cette fois, l'équilibre est rompu et la lutte franco-anglaise qui s'engage durera trois siècles.

Une vie mouvementée –
Aliénor finit par avoir des démêlés avec son deuxième époux : elle se sépare de lui, quittant Londres pour s'installer à Poitiers. Elle y tient une cour brillante où elle accueille notamment le troubadour Bernard de Ventadour, qui lui adresse quelques-uns de ses plus beaux poèmes.

Ses intrigues, à partir de 1173 (elle soutient son fils Richard Cœur de Lion contre Henri II, père de ce dernier), lui valent d'être emprisonnée par le roi en Angleterre, quinze ans durant. Libérée à la mort de son époux (1189), elle reprend la lutte, mais cette fois contre son fils cadet Jean sans Terre et contre Philippe Auguste.

Aliénor aura cependant une fin paisible. Elle se retire en 1199 dans son

L'ÉTAT PLANTAGENÊT À SON APOGÉE (Milieu du 12ème s.)

château d'Oléron et finit ses jours à l'abbaye de Fontevraud où elle est enterrée ainsi que Henri II Plantagenêt, Richard Cœur de Lion et Isabelle d'Angoulême, veuve de Jean sans Terre.

Quelques mois après la mort d'Aliénor, Philippe Auguste s'empare, sans coup férir, de Poitiers, ville à laquelle la reine avait accordé une charte communale en 1199.

LES ACADIENS EN POITOU

Poitevins en Acadie, Acadiens en Poitou : des liens se sont tissés au cours des siècles entre le Poitou et le Canada.

En 1603, le roi Henri IV concède à Pierre du Gua de Monts, un protestant saintongeais, le territoire américain compris entre le 40e et le 46e degré de latitude Nord ; du Gua de Monts, accompagné par le navigateur géographe Samuel de Champlain, de Brouage, aborde l'Acadie (actuelles provinces de Nouvelle-Écosse et du Nouveau-Brunswick, au Canada) en 1604. C'est le début d'une période de colonisation à laquelle participeront bon nombre de Bretons, Normands et Poitevins. Malheureusement, par le traité d'Utrecht en 1713, l'Acadie est cédée à l'Angleterre et commence, pour les Acadiens, une période difficile. En 1755, le gouverneur britannique leur présente un ultimatum : partir ou jurer. Devant leur refus, il signe l'ordre de déportation, c'est le **Grand Dérangement.** Certains se cachent, d'autres fuient, se fixent en Louisiane ; ceux qui sont exilés en France sont recueillis dans les grands ports, quelques-uns d'entre eux trouvant bientôt refuge à Belle-Île en Bretagne, puis dans la région d'Archigny près de Châtellerault.

La ferme acadienne d'Archigny, le musée municipal de Châtellerault *(voir ces localités)*, la Maison de l'Acadie à La Chaussée au Sud de Loudun, la chapelle de Falaise aux Ormes *(voir cette localité dans « les vallées de la Vienne et de la Creuse » à Châtellerault)* sont autant d'étapes du souvenir acadien en Poitou.

LA GUERRE DE VENDÉE (1793-1796)

On appelle **Vendée militaire** les territoires qui se soulevèrent en 1793 contre la Convention : en Anjou, les Mauges, autour de Cholet ; en Poitou, la Gâtine, le Bocage et le Marais vendéens, régions de pénétration difficile, coupées de haies et favorables aux embuscades ; le pays de Retz, autour du lac de Grand-Lieu. On distingue la Vendée militaire, contrôlée par l'Armée catholique et royale, des pays de chouannerie (Maine, Normandie, Bretagne), où les royalistes opérèrent en ordre dispersé.

Vive Dieu! Vive le Roi! – L'exécution de Louis XVI, la conscription et la persécution des prêtres sont à l'origine de l'insurrection qui éclate en mars 1793 à St-Florent-sur-Loire, puis qui s'étend rapidement à toutes les Mauges angevines et au Bas-Poitou.

Dirigés au début par des chefs de souche populaire, tels **Cathelineau**, colporteur au Pin-en-Mauges, ou **Stofflet**, garde-chasse à Maulévrier, les paysans font ensuite appel à leurs «messieurs». Dans les Mauges, les gars de Beaupréau vont chercher **d'Elbée** et ceux de St-Florent le marquis de **Bonchamps**. Au cœur du Bocage et du Marais, Sapinaud et le chevalier de **Charette** conduisent leurs fermiers, comme en Gâtine le châtelain de la Durbelière, **La Rochejaquelein**, et celui de Clisson, **Lescure**.

Ces «Brigands», armés de faux et de fourches, puis de fusils pris aux Républicains, sont groupés en paroisses, tous portant le scapulaire au cœur enflammé que surmonte une croix. Le drapeau des Vendéens est blanc, semé de fleurs de lys, et porte souvent la devise «Vive Louis XVII». La base de leur tactique est la surprise : les bons tireurs enveloppent la force adverse et, dissimulés dans les haies, déciment l'ennemi. Puis tout le monde se jette à l'assaut au cri de : «Rembarre! Vive la Religion! Vive le Roi!»

Prends ton fusil, Grégoire! – En avril 1793, les Bleus (républicains) ont réagi et, malgré un grave échec à Chemillé, ont repoussé sur la Sèvre l'Armée catholique et royale. Puis celle-ci reprend l'avantage et s'empare de l'Anjou en juin. Mais son chef, Cathelineau, le «saint de l'Anjou», trouve la mort, devant Nantes; d'Elbée prend le commandement.

Inquiète, la Convention fait donner l'armée de Mayence conduite par **Kléber**, Westermann et Marceau. Vaincue d'abord à Torfou, cette armée remporte la sanglante bataille de Cholet où Lescure, le «saint du Poitou», et Bonchamps sont atteints mortellement. Les Vendéens se retirent sur St-Florent où Bonchamps mourant fait grâce aux prisonniers. Puis l'Armée catholique et royale passe la Loire pour se réfugier dans le Maine et en Bretagne où, après les désastres du Mans et de Savenay, elle se désagrège. «Châtiment» de la révolte et des atrocités vendéennes, la répression commence alors; elle est effroyable durant l'hiver 1794. Des milliers de Blancs (royalistes) sont fusillés ou guillotinés tandis que les **colonnes infernales** dévastent la Vendée. Ces troupes, placées sous le commandement du général en chef Turreau, se composent de deux armées divisées chacune en six colonnes; leur mission est de passer au fil de l'épée les soldats de l'armée vendéenne et même les habitants leur faisant obstacle.

La guérilla – Cependant, au cours de cette année 1794, la Vendée résiste encore et mène une guerre d'usure contre l'occupant : dans les Mauges, Stofflet tient la campagne et défait les Bleus sur plusieurs sites; dans le Marais et le Bocage, Charette harcèle les Républicains par de petits raids inopinés. Ces actions de détail se révèlent payantes et, au début de 1795, la Convention traite : la paix est signée avec Charette à la Jaunaye, avec Stofflet à St-Florent. Quelques mois plus tard toutefois, à l'instigation du comte d'Artois, Charette et Stofflet reprennent la lutte. Mais la Vendée est à bout de souffle et, le frère du roi ne secourant pas ses fidèles, **Hoche** assure la victoire de la République (juillet 1795).

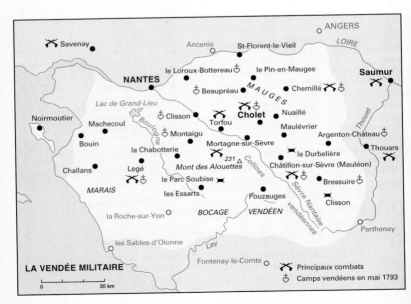

LA VENDÉE MILITAIRE

⚔ Principaux combats
⚜ Camps vendéens en mai 1793

PRINCIPAUX PERSONNAGES DE LA RÉGION

Les écrivains sont mentionnés au chapitre *Littérature (voir p. 39)*.

1079-1142 **Pierre Abélard** (Le Pallet) – Philosophe et théologien, *voir p. 90*.

1122-1204 **Aliénor d'Aquitaine** (Nieul-sur-l'Autisse) – *Voir p. 24*.

1494-1547 **François Ier** (Cognac) – Roi de France, *voir p. 91*.

1552-1630 **Agrippa d'Aubigné** (près de Pons) – Calviniste, il fut le compagnon d'arme d'Henri IV, mais reste surtout connu pour ses écrits, *voir p. 130*.

1567-1635 **Samuel de Champlain** (Brouage) – Fondateur de Québec en 1608, il en devint le gouverneur 25 ans plus tard, *voir p. 66*.

1586-1653 **Théophraste Renaudot** (Loudun) – Médecin et historiographe du roi Louis XIII, il fut aussi le fondateur du premier journal imprimé, *voir p. 124*.

1635-1719 **Mme de Maintenon** (Niort) – *Voir p. 158*.

1683-1757 **René Ferchault de Réaumur** (La Rochelle) – Physicien et naturaliste, il inventa le thermomètre, *voir p. 221*.

1703-1770 **François Fresneau** (Marennes) – Ingénieur, il fut surnommé le «père du caoutchouc» car, après avoir découvert l'hévéa en Guyane, il mit au point une technique d'exploitation du latex, *voir p. 145*.

1736-1806 **Charles de Coulomb** (Angoulême) – Physicien, il énonça les lois de torsion avant de s'intéresser à celles du magnétisme et de l'électrostatique.

1772-1794 **Henri de La Rochejaquelein** (château de la Durbelière) – Chef vendéen, *voir p. 146*.

1827-1910 **Léon Édoux** (St-Savin) – Ingénieur, il inventa l'élévateur hydraulique ancêtre de l'ascenseur.

1841-1929 **Georges Clemenceau** (Mouilleron-en-Pareds) – Homme politique, *voir p. 155*.

1874-1947 **Louis Delage** (Cognac) – Ingénieur et industriel, il fut l'un des pionniers de l'industrialisation automobile.

1889-1952 **Jean-Marie de Lattre de Tassigny** (Mouilleron-en-Pareds) – Il s'illustra notamment, en tant que général, pendant la Seconde Guerre mondiale. La dignité de maréchal de France lui fut conférée à titre posthume, *voir p. 155*.

1907-1977 **Henri-Georges Clouzot** (Niort) – Cinéaste, il réalisa des films à suspense dont certains figurent parmi les classiques du cinéma français (*Quai des Orfèvres, Le Salaire de la peur, Les Diaboliques*).

1916-1996 **François Mitterrand** (Jarnac) – Homme politique, ministre de l'Intérieur (1954) puis de la Justice (1956), il fut élu, pendant deux septennats successifs, à la présidence de la République, à partir de mai 1981.

Henri de la Rochejacquelein – Détail du vitrail de l'église N.-D. (Beaupréau)

Phototype Inventaire Général/© SPADEM

1920-1996 **Robert Hersant** (Vertou) – Homme de presse, il développa son groupe en lançant, après-guerre, *L'Auto-Journal*, puis en rachetant des quotidiens régionaux et nationaux, d'où son surnom de «papivore».

Né en 1943 **Jean-Louis Foulquier** (La Rochelle) – Homme de radio, il est le créateur des «Francofolies», *voir p. 227*.

Né en 1945 **Joël Robuchon** (Poitiers) – Restaurateur jusqu'en 1996, il fait partie des grands chefs que compte la cuisine française.

Né en 1947 **Bernard Giraudeau** (La Rochelle) – Acteur et réalisateur, il s'est imposé devant la caméra au début des années 80.

Né en 1955 **Dominique Rocheteau** (Saintes) – Footballeur très populaire, international à 20 ans, il fut un attaquant plein de style.

L'art

ÉLÉMENTS D'ARCHITECTURE

Architecture religieuse

CHAUVIGNY – Plan de l'église St-Pierre (11ᵉ-12ᵉ s.)

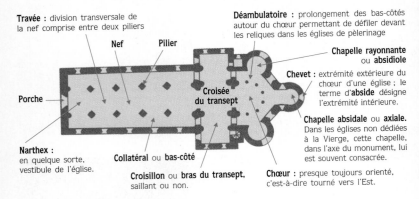

Travée : division transversale de la nef comprise entre deux piliers

Nef

Pilier

Porche

Narthex : en quelque sorte, vestibule de l'église.

Collatéral ou **bas-côté**

Croisillon ou **bras du transept**, saillant ou non.

Croisée du transept

Déambulatoire : prolongement des bas-côtés autour du chœur permettant de défiler devant les reliques dans les églises de pèlerinage

Chapelle rayonnante ou **absidiole**

Chevet : extrémité extérieure du chœur d'une église ; le terme d'**abside** désigne l'extrémité intérieure.

Chapelle absidale ou **axiale**. Dans les églises non dédiées à la Vierge, cette chapelle, dans l'axe du monument, lui est souvent consacrée.

Chœur : presque toujours orienté, c'est-à-dire tourné vers l'Est.

ANGOULÊME – Coupe du transept de la cathédrale St-Pierre (12ᵉ s.)

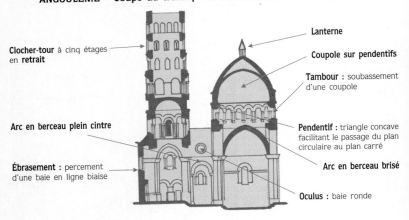

Clocher-tour à cinq étages en **retrait**

Arc en berceau plein cintre

Ébrasement : percement d'une baie en ligne biaise

Lanterne

Coupole sur pendentifs

Tambour : soubassement d'une coupole

Pendentif : triangle concave facilitant le passage du plan circulaire au plan carré

Arc en berceau brisé

Oculus : baie ronde

AULNAY – Portail Sud de l'église St-Pierre (12ᵉ s.)

Intrados : surface intérieure d'un arc ou d'une voûte

Tailloir

Chapiteau historié : décoré de scènes à personnages

Base : pied de colonne

Voussures : arcs concentriques couvrant l'embrasure d'une baie ; l'ensemble des voussures forme l'**archivolte**.

Piédroits : montants verticaux sur lesquels retombent les voussures

Fût de colonne : partie comprise entre la base et le chapiteau

SAINTES – Clocher de l'église de l'Abbaye aux Dames (12ᵉ s.)

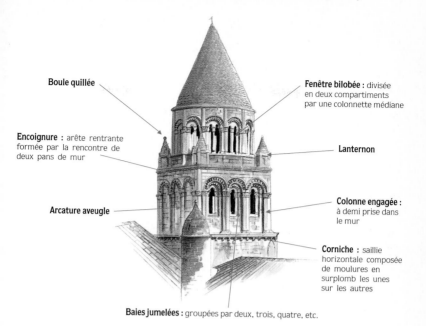

Boule quillée

Fenêtre bilobée : divisée en deux compartiments par une colonnette médiane

Encoignure : arête rentrante formée par la rencontre de deux pans de mur

Lanternon

Arcature aveugle

Colonne engagée : à demi prise dans le mur

Corniche : saillie horizontale composée de moulures en surplomb les unes sur les autres

Baies jumelées : groupées par deux, trois, quatre, etc.

POITIERS – Façade de l'église Notre-Dame-la-Grande (12ᵉ s.)

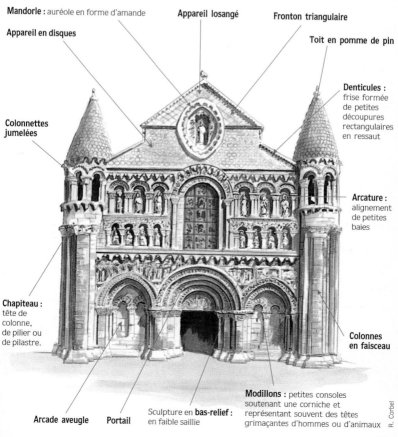

Mandorle : auréole en forme d'amande

Appareil losangé

Fronton triangulaire

Appareil en disques

Toit en pomme de pin

Denticules : frise formée de petites découpures rectangulaires en ressaut

Colonnettes jumelées

Arcature : alignement de petites baies

Chapiteau : tête de colonne, de pilier ou de pilastre.

Colonnes en faisceau

Arcade aveugle

Portail

Sculpture en **bas-relief :** en faible saillie

Modillons : petites consoles soutenant une corniche et représentant souvent des têtes grimaçantes d'hommes ou d'animaux

R. Corbel

POITIERS – Élévation de la nef de l'église St-Hilaire-le-Grand (11ᵉ et 12ᵉ s.)

Cette ancienne collégiale se distingue par sa voûte constituée d'une file de coupoles et par les sept vaisseaux conduisant au chœur : la nef principale et une exceptionnelle paire de triple collatéraux.

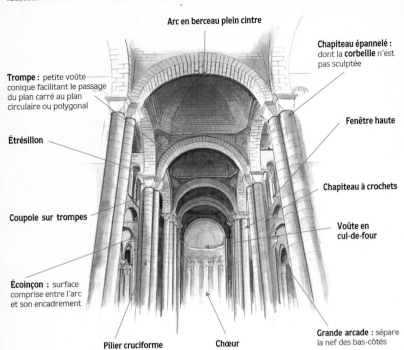

Arc en berceau plein cintre

Chapiteau épannelé : dont la **corbeille** n'est pas sculptée

Trompe : petite voûte conique facilitant le passage du plan carré au plan circulaire ou polygonal

Fenêtre haute

Étrésillon

Chapiteau à crochets

Coupole sur trompes

Voûte en cul-de-four

Écoinçon : surface comprise entre l'arc et son encadrement

Pilier cruciforme

Chœur

Grande arcade : sépare la nef des bas-côtés

MELLE – Chevet de l'église St-Hilaire (12ᵉ s.)

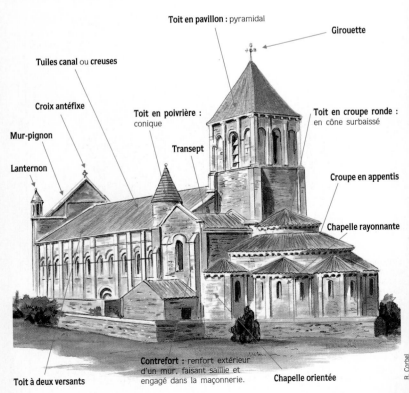

Toit en pavillon : pyramidal

Girouette

Tuiles canal ou creuses

Croix antéfixe

Toit en poivrière : conique

Toit en croupe ronde : en cône surbaissé

Mur-pignon

Transept

Lanternon

Croupe en appentis

Chapelle rayonnante

Contrefort : renfort extérieur d'un mur, faisant saillie et engagé dans la maçonnerie.

Toit à deux versants

Chapelle orientée

R. Corbel

30

Architecture militaire

ESNANDES – Église fortifiée (14ᵉ et 15ᵉ s.)

Les vicissitudes de la guerre de Cent Ans transformèrent la physionomie de cette église, qui reprend plusieurs éléments du système défensif des châteaux forts moyenâgeux.

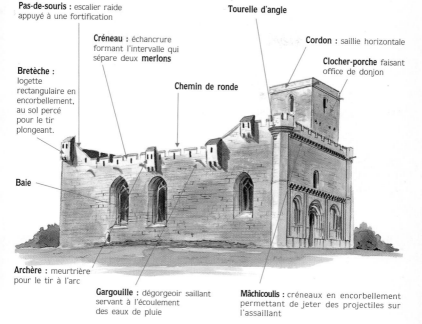

Pas-de-souris : escalier raide appuyé à une fortification

Tourelle d'angle

Créneau : échancrure formant l'intervalle qui sépare deux **merlons**

Cordon : saillie horizontale

Clocher-porche faisant office de donjon

Bretèche : logette rectangulaire en encorbellement, au sol percé pour le tir plongeant.

Chemin de ronde

Baie

Archère : meurtrière pour le tir à l'arc

Gargouille : dégorgeoir saillant servant à l'écoulement des eaux de pluie

Mâchicoulis : créneaux en encorbellement permettant de jeter des projectiles sur l'assaillant

Château de CHAMBONNEAU – Châtelet d'entrée (15ᵉ s.)

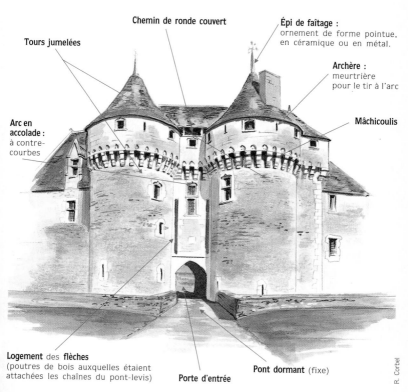

Chemin de ronde couvert

Épi de faîtage : ornement de forme pointue, en céramique ou en métal.

Tours jumelées

Archère : meurtrière pour le tir à l'arc

Arc en accolade : à contre-courbes

Mâchicoulis

Logement des flèches (poutres de bois auxquelles étaient attachées les chaînes du pont-levis)

Porte d'entrée

Pont dormant (fixe)

R. Corbel

Île d'AIX – Fort Liédot (début du 19ᵉ s.)

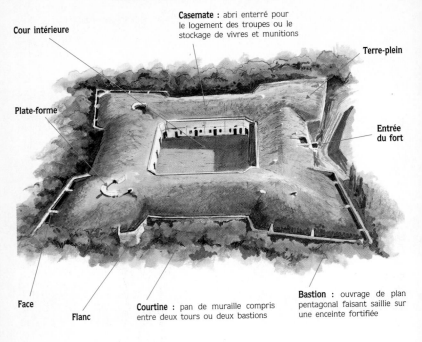

Cour intérieure

Casemate : abri enterré pour le logement des troupes ou le stockage de vivres et munitions

Terre-plein

Plate-forme

Entrée du fort

Face

Flanc

Courtine : pan de muraille compris entre deux tours ou deux bastions

Bastion : ouvrage de plan pentagonal faisant saillie sur une enceinte fortifiée

Architecture civile

Château de CRAZANNES (15ᵉ s.)

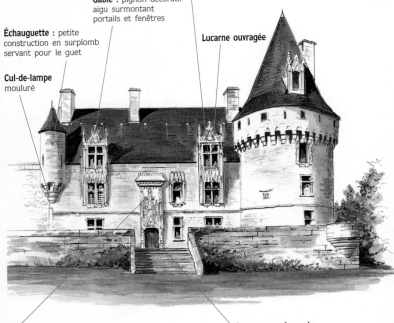

Fenêtre à meneaux : le **meneau** est l'élément vertical d'un **remplage.**

Gâble : pignon décoratif aigu surmontant portails et fenêtres

Échauguette : petite construction en surplomb servant pour le guet

Lucarne ouvragée

Cul-de-lampe mouluré

Pinacle : amortissement élancé de plan carré ou polygonal, plus ou moins orné

Arc en anse de panier

R. Corbel

32

FONTENAY-LE-COMTE – Château de Terre-Neuve (fin du 16ᵉ s. et 1850)

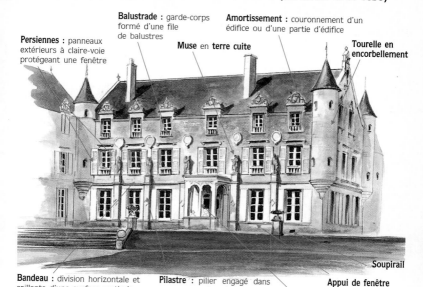

Balustrade : garde-corps formé d'une file de balustres

Amortissement : couronnement d'un édifice ou d'une partie d'édifice

Muse en **terre cuite**

Persiennes : panneaux extérieurs à claire-voie protégeant une fenêtre

Tourelle en encorbellement

Bandeau : division horizontale et saillante d'une surface verticale : scande en général la façade en délimitant différents niveaux.

Pilastre : pilier engagé dans un mur sur lequel il fait une faible saillie

Porche en arcade

Appui de fenêtre

Soupirail

ROYAN – Villa de bord de mer (début du 20ᵉ s.)

Autour des conches de Royan s'alignent les villas balnéaires construites à la fin du 19ᵉ et au début du 20ᵉ s. : imitations de palais Renaissance et, surtout, pavillons aux façades colorées sous des toitures élaborées.

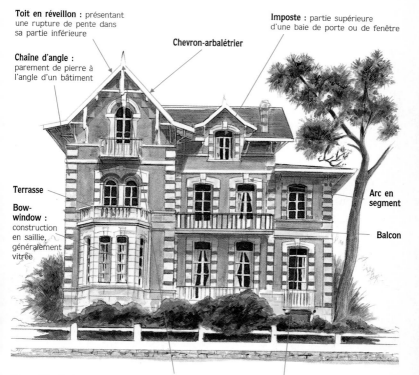

Toit en réveillon : présentant une rupture de pente dans sa partie inférieure

Imposte : partie supérieure d'une baie de porte ou de fenêtre

Chevron-arbalétrier

Chaîne d'angle : parement de pierre à l'angle d'un bâtiment

Terrasse

Bow-window : construction en saillie, généralement vitrée

Arc en segment

Balcon

Ferme débordante : la ferme (ensemble de pièces de bois ou de fer destiné à supporter la couverture d'un édifice) est dite débordante quand elle est en surplomb par rapport à un mur-pignon.

Agrafe : élément ornemental placé sur la clé d'une baie

R. Corbel

33

L'ART EN POITOU, EN VENDÉE ET DANS LES CHARENTES

Époque gallo-romaine

De l'Aquitaine romaine, dont les capitales étaient Bordeaux, Poitiers, Saintes, nous sont parvenus, malgré le vandalisme du 19e s., d'assez nombreux témoignages. Et les ruines d'amphithéâtres (Saintes), de théâtres (Les Bouchauds, Vieux-Poitiers), de temples et de thermes (Sanxay), d'arcs votifs (Saintes) permettent de connaître les grands traits de la civilisation gallo-romaine.

Amphithéâtres – Désignés couramment sous le nom d'arènes, ils comportent extérieurement deux étages d'arcades surmontés d'un étage bas appelé « attique ». En haut de l'attique sont encastrés les poteaux servant à l'amarrage d'un immense voile *(velum)* qui abrite les spectateurs. À l'intérieur, clôturant l'arène, un mur protège le public contre les bêtes sauvages lâchées sur la piste où se déroulent aussi les combats de gladiateurs, voire, sous certains empereurs, des persécutions de chrétiens.

Théâtres – Ils comprennent : des gradins, l'orchestre réservé aux personnalités, la scène surélevée par rapport à l'orchestre. Les acteurs, le visage masqué, chaussés de cothurnes (chaussures montantes) pour la tragédie, jouent devant un mur percé de trois portes par où se font les entrées. Recouvrant la scène, un toit incliné rabat les sons et porte au loin la voix des comédiens.

Art roman (11e-12e s.)

Après les périodes troublées du haut Moyen Âge marquées par les conflits entre grands féodaux, l'an mille marque un renouveau. Un élan de foi se développe, que concrétisent croisades et grands pèlerinages. Dans le Sud-Ouest les principaux sanctuaires s'élèvent au long des chemins de St-Jacques-de-Compostelle *(voir carte dans l'Introduction).*

Le plan – En Poitou, les églises romanes comportent généralement une haute nef centrale, à voûte en berceau, contrebutée par des bas-côtés ou collatéraux à peine moins élevés qu'elle, la lumière pénétrant par les baies des bas-côtés.
Dans l'Angoumois et en Saintonge, la nef unique, très large, est tantôt voûtée en berceau, tantôt couverte d'une **file de coupoles** : il s'agirait dans ce cas d'une influence périgourdine qui aurait été transmise par Girard, évêque d'Angoulême.

Les façades – Elles se caractérisent par leurs arcades ou superpositions d'arcatures. Toutefois, la série d'arcatures à l'étage est plutôt un fait angoumois ou saintongeais, tandis qu'une division verticale tripartite, avec de grandes arcades séparées par des contreforts-colonnes, se retrouve souvent dans le Poitou, N.-D.-la-Grande à Poitiers faisant un peu figure d'exception.

Poitevine ou saintongeaise, la façade est généralement surmontée d'un pignon triangulaire et encadrée de colonnes ou de faisceaux de colonnes que surmontent parfois des lanternons à toit conique, couvertes d'imbrications, de même que certains clochers. La façade est souvent peuplée de statues et de bas-reliefs : le frontispice de N.-D.-la-Grande est un des exemples le plus achevés de ces « façades-écrans » s'ordonnant en une « page sculptée » où la Bible se lit à livre ouvert.
Les façades sont généralement plus sobres en Angoumois ; cependant, celle de St-Pierre d'Angoulême est célèbre pour illustrer, en 70 personnages, le Jugement dernier.

Portails – En Poitou, Angoumois et Saintonge, les portails sont très profonds et ornés de voussures et de chapiteaux richement sculptés, par contre ils sont généralement privés de tympan. Ils sont souvent flanqués, comme à N.-D.-la-Grande, d'arcatures latérales aveugles, elles aussi ornementées, où certains ont voulu voir la réminiscence des arcs de triomphe romains.

Église de Vouvant – Détail de la façade

B. Regent/DIAF

Église de Rioux – Détail du chevet

Dans maints portails se manifestent des influences hispano-mauresques, en raison de la position de beaucoup de sanctuaires sur la route de St-Jacques-de-Compostelle ou à proximité de celle-ci : arcs outrepassés, **arcs polylobés** ou découpés en festons (Châtre), arcs en alvéoles *(voir Celles-sur-Belle)*.

Les clochers – La plupart des clochers romans sont cantonnés de hauts contreforts ou de tourelles d'angle, et percés d'arcatures qui s'ajourent dans les étages supérieurs.

Quelques-uns forment porche, comme celui de St-Porchaire à Poitiers ; la plupart, centraux, marquent la croisée du transept, tel celui de l'église de l'abbaye aux Dames, à Saintes. La flèche conique à imbrications qui couvre ce dernier est en fait répandue aussi dans le Poitou ; elle dériverait de modèles romains.

Les chevets – Les sanctuaires à déambulatoire et absidioles rayonnantes à contreforts-colonnes sont fréquents dans le Poitou : l'église St-Hilaire à Melle en offre un bon témoignage.

Par contre, certains chevets saintongeais, comme celui de l'église de Rioux, offrent l'originalité d'une simple abside à cinq pans et contreforts-colonnes, ornée de baies avec archivoltes décorées à l'étage médian, d'arcatures aveugles à colonnettes à l'étage supérieur, lequel se couronne d'une élégante frise sous une corniche à modillons sculptés.

Sculpture – La pierre calcaire, facile à travailler, a permis de sculpter, sur les façades, sur les chevets, aux voussures et aux arcatures, sur les modillons et les chapiteaux, un décor de qualité, remarquable à la fois par sa finesse, son abondance et sa variété : ranceaux et feuilles d'acanthe antiques, entrelacs préromans, monstres orientaux y sont prodigués au même titre que les scènes de la Bible ou de la Légende dorée des saints, voire de la vie quotidienne.

Si la façade de N.-D.-la-Grande à Poitiers est remarquable par la somptuosité de son décor, la richesse de la sculpture est surtout une caractéristique saintongeaise. L'opulence du décor ne doit pas faire oublier sa minutie et il ne faut pas craindre de chercher à le déchiffrer, le détail étant presque toujours d'une rare saveur.

Les thèmes – Certains sont classiques, tel le Jugement dernier, illustration parfaitement adaptée aux grandes pages que sont les façades de St-Jouin-de-Marnes ou d'Angoulême. D'autres sont plus particuliers au Poitou et à la Saintonge : les Vertus et les Vices, les Vierges sages et les Vierges folles, le Cavalier.

Sur de multiples voussures de portails on reconnaît les Vices sous la forme de monstres, terrassés par des femmes armées symbolisant les Vertus.

Dans d'autres voussures se font face les figures des Vierges sages et des Vierges folles, symboles des Élus et des Réprouvés au Jugement dernier : les unes à la mise simple tiennent des lampes allumées, les autres à la toilette plus luxueuse tiennent des lampes renversées.

À la façade des églises chevauche le **Cavalier** *(voir Melle)*, abrité sous une arcade, son cheval foulant aux pieds un petit personnage. Il pourrait s'agir de la réminiscence d'une statue romaine de Marc Aurèle que les pèlerins prenaient pour Constantin, le personnage terrassé symbolisant ainsi le paganisme vaincu par le premier empereur chrétien.

Fresque et peinture murale – La fresque (de l'italien fresco : frais) est une peinture murale exécutée à l'eau sur une couche de mortier frais, à laquelle elle s'incorpore. Le nombre des couleurs est limité puisque l'on n'utilise que des terres ou des oxydes de fer allant du jaune au rouge, ainsi le vert, le violet et le bleu de cobalt.

St-Savin réunit l'ensemble le plus extraordinaire de peintures murales de l'école poitevine. Ces compositions sont remarquables tant par la beauté des coloris, l'unité d'ensemble et la perfection de la technique, que par l'intensité de vie qui s'en dégage. À la même école sont attribuées les délicates peintures de la crypte de Montmorillon.

Les cimetières – Ils abritaient deux sortes de monuments, très répandus dans la région : les lanternes des morts et les croix hosannières. Toutes deux se dressaient, à l'origine, au cœur du cimetière qui, souvent, a été déplacé.

Lanterne des morts – C'est un pilier creux, en pierre, au sommet duquel était placé un fanal allumé, symbole de la vie éternelle des âmes. La lanterne comprend un soubassement recouvrant un ossuaire, des degrés accédant à un autel où le prêtre disait la prière des morts, la colonne à l'intérieur de laquelle se trouve parfois un escalier, le logement du fanal et un toit couronné d'une croix.

La lanterne de Fenioux en est un bel exemple, de même que celle de St-Pierre-d'Oléron.

Croix hosannières – Elles étaient ainsi nommées parce que, le dimanche des Rameaux, on commémorait l'entrée du Christ à Jérusalem. Au pied de la croix le célébrant psalmodiait l'Évangile des Rameaux, puis l'assistance défilait en chantant l'Hosanna et en déposant les rameaux, les « hosannas ».

Les croix les plus connues sont celles d'Aulnay et surtout de Moëze.

Du roman au gothique : le style Plantagenêt

Le style Plantagenêt, dit aussi **angevin**, tient son nom d'Henri Plantagenêt. Ce style marque, à ses débuts, la transition du roman au gothique ; il atteint son apogée au début du 13e s. et s'éteint avant la fin du siècle.

La voûte angevine – Alors que, dans les voûtes gothiques normales, toutes les clés sont situées sensiblement à la même hauteur, l'architecture Plantagenêt se caractérise par la voûte bombée sur croisée d'ogives, probablement issue de la coupole ; la clé d'ogive domine d'environ 3 m les clés des formerets et des doubleaux.

À la fin du 12e s. les voûtes angevines s'allègent, les nervures plus nombreuses, plus légères, plus gracieuses retombent sur de sveltes colonnes rondes.

Le début du 13e s. voit le style Plantagenêt à son apogée. C'est alors que s'élèvent ces vaisseaux dont les hautes et fines colonnes portent de légères voûtes à liernes. La voûte angevine est employée en Vendée, Poitou (cathédrale de Poitiers, Saint-Jouin-de-Marnes, Airvault), en Saintonge et jusque dans les pays de la Garonne.

Les Chemins de St-Jacques

La légende et l'histoire – L'apôtre saint Jacques le Majeur, évangélisateur de l'Espagne, est enterré sur la côte de Galice. Sur son tombeau, miraculeusement retrouvé au début du 9e s., on édifie une église. Lors de la reconquête de l'Espagne sur les Maures, saint Jacques devient le patron des chrétiens : en 844, en effet, à Clavijo, il apparaît dans un combat sur un cheval blanc et terrassant les Maures, d'où son surnom de Matamore.

Le pèlerinage – Durant tout le Moyen Âge, le tombeau de saint Jacques va attirer en Espagne une foule considérable de pèlerins. La dévotion envers « Monsieur saint Jacques » est si vivante dans toute l'Europe que Santiago (Compostelle) devient un centre de rassemblement exceptionnel, aussi réputé que Rome ou Jérusalem.

Depuis le premier pèlerinage français accompli par l'évêque du Puy dès 951, des millions de **Jacquets**, Jacquots ou Jacobits se sont mis en chemin pour aller vénérer les reliques de l'apôtre, à partir des principaux centres de regroupement que constituaient pour l'Europe entière Paris (et Tours), Vézelay, Le Puy et Arles. Le costume du pèlerin ressemblait à celui des voyageurs de l'époque, mis à part le gros bâton à crosse, ou bourdon, et les insignes du pèlerinage : médaille et **coquille** (coquille Saint-Jacques qu'on trouve

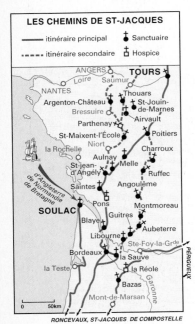

LES CHEMINS DE ST-JACQUES

— itinéraire principal   ⬩ Sanctuaire
---- itinéraire secondaire   ⌂ Hospice

RONCEVAUX, ST-JACQUES DE COMPOSTELLE

en bancs sur les côtes de Galice). De nombreux tableaux et des statuettes montrent le chapeau de feutre à larges bords et la vaste cape (pèlerine) ou le mantelet court (esclavine) couvrant les épaules, que portait le pèlerin. Une panetière (musette), une gourde, un couvert, une écuelle, un coffret en tôle abritant les papiers et sauf-conduits complétaient son attirail.

Un réseau important d'hospices est créé par les bénédictins de Cluny, secondés par d'autres grands ordres religieux : Cîteaux, Prémontrés, et aidés par les chevaliers du Temple et les Hospitaliers de Saint-Jean dans leurs commanderies ; ces derniers assurent la sécurité des chemins où des bornes sculptées, les « Montjoie », servent de repères. Il facilite le voyage et pourvoit, le long des principaux itinéraires, à l'hébergement des pèlerins et au maintien de leur bonne santé spirituelle. Tout est prévu pour leur réconfort et leur sécurité : ainsi vers 1140 un *Guide du pèlerin* – œuvre probable du Poitevin Aymeri Picaud, moine à Parthenay-le-Vieux –, assaisonné de remarques parfois dépourvues d'aménité sur les mœurs des habitants et la mentalité indigène, enseigne les coutumes, les climats et signale les curiosités. En route, le « jacquet » visite les grands sanctuaires dont il vénère les reliques ; des maladreries, hôpitaux, hostelleries, aux mains des religieux de Cluny, le reçoivent s'il est malade ou fatigué.

Châtellerault – Église St-Jacques, statue du saint

Mais, au cours des siècles, la foi s'émousse. Des perspectives de lucre et de brigandage rassemblent des bandes de « coquillards », faux pèlerins, dont fit partie le poète Villon. Avec les guerres de Religion, le protestantisme et le jansénisme, les mentalités changent et la méfiance populaire voit volontiers sous la pèlerine un aventurier ou un escroc.

Art gothique (12e-15e s.)

Excepté le style Plantagenêt, qui conserve de nombreux éléments romans, l'art gothique n'a guère eu d'écho dans l'Ouest et le Sud-Ouest. On y rencontre cependant des exemples de gothique méridional, caractérisé par la nef unique, très large et sans transept.

Aux 14e-15e s., des influences anglaises sont perceptibles dans les tours carrées, flamboyantes, de certaines églises de Saintonge (St-Eutrope à Saintes, Marennes).

Châteaux, donjons, places fortes – Le touriste rencontre à Niort, Parthenay, Coudray-Salbart, etc. des forteresses féodales.

Opérations de sièges – Le premier soin de l'assiégeant est d'investir la place. Les fortifications dont il l'entoure (fossés, palissades, tours, ouvrages appelés bastilles) sont conçues pour empêcher la sortie des assiégés et l'attaque d'une armée de secours.

Pour faire brèche, l'assiégeant utilise la sape, galerie souterraine sous les fondations du rempart, la baliste, machine de jet qui emploie un ressort pour lancer des projectiles, le bélier, poutre dont le chariot destinée à enfoncer les portes et ponts-levis.

Les soldats se ruent dans les brèches, on dresse des échelles sous les projectiles des assiégés qui s'acharnent à les renverser et, par les mâchicoulis, jettent de la poix ou de l'huile bouillantes sur les troupes d'assaut.

Si l'assiégeant pénètre dans la place, il doit encore réduire les ouvrages autonomes, donjon, grosses tours.

Art Renaissance

La Renaissance n'a pas surgi d'un coup de baguette magique à la suite des expéditions d'Italie. Mais l'arrivée d'une vingtaine d'artistes italiens amenés de Naples par Charles VIII, fin 1495, apporte un souffle nouveau à l'architecture française.

Architecture civile – L'architecture Renaissance locale procède de celle du val de Loire et se développe sous l'impulsion de l'entourage saintongeais ou angoumois de François Ier. L'aile François Ier du château d'Oiron présente une enfilade d'arcs en anse de panier, tandis que le château de La Rochefoucauld rappelle, avec sa célèbre cour à trois étages de galeries, les palais italiens.

La décoration abondante en arabesques, grotesques… et nourrie de réminiscences antiques s'impose dans les châteaux d'Oiron, Usson, Dampierre-sur-Boutonne. Les toits sont hauts et à pente unique pour chaque versant. La saillie du bâtiment central s'explique par la présence de l'escalier d'honneur.

On retrouve ces éléments dans d'autres châteaux de la région, comme l'ancien château royal de Cognac (salle des gardes et galerie) ou dans des hôtels Renaissance : hôtel Fumé de Poitiers, hôtel Saint-Simon d'Angoulême.

Architecture religieuse – L'architecture religieuse Renaissance en Angoumois et en Saintonge n'offre guère que les exemples d'Oiron, de St-Marc-la-Lande et de Lonzac. C'est surtout après 1520 que le style Renaissance pénètre dans l'art religieux. Cette évolution se manifeste dans les ornements, mais on conserve, dans l'ensemble, l'ordonnance gothique.

Art classique

La fin de la Renaissance avait été une époque de stagnation pour l'art français. Avec Henri IV commence une ère de prospérité matérielle qui permet à l'art de s'engager dans une voie nouvelle. L'avènement de la dynastie des Bourbons amène un changement radical. L'art dit classique s'étend de 1589 à 1789.

Fortifications classiques – Nées au 16ᵉ s., elles protègent surtout les cités frontalières, courtines et bastions étant couronnés d'une plate-forme où sont placés les canons ; des tourelles suspendues permettent de surveiller fossés et alentours. Brouage, édifiée au début du 17ᵉ s., est l'exemple type de ces fortifications qui annoncent celles de **Vauban** (1633-1707).

Ce dernier s'attache à donner à ses ouvrages une valeur esthétique en les agrémentant d'entrées monumentales en pierre ; il atteint à une beauté empreinte de majesté : les entrées de St-Martin-de-Ré en sont de beaux exemples.

Architecture Henri IV-Louis XIII – Tantôt sobre, tantôt surchargée, s'inspirant de l'art baroque ou de l'art antique, l'architecture Henri IV-Louis XIII présente une grande variété. La symétrie oriente l'établissement des plans de construction (St-Loup-Lamairé). Suivant la tradition, une tour abritant l'escalier d'honneur peut remplacer l'avant-corps (St-Loup-Lamairé).

Les portes sont coiffées d'un fronton : l'architecte de St-Loup-Lamairé relie les chaînages des fenêtres par un fronton en plein cintre qui termine le mouvement. Les lucarnes sont rectangulaires ou en œil-de-bœuf.

De petits campaniles se dressent sur des hôtels de ville, des églises, des châteaux. L'influence italienne se fait encore sentir dans l'hôtel de ville de La Rochelle qui présente une abondante ornementation de végétaux, de trophées, d'effigies grotesques, de statues placées dans des niches. La pompe du style Louis XIV et l'élégance raffinée de l'architecture Louis XV n'ont guère laissé de traces dans la région.

Architecture Louis XVI – De majestueux bâtiments évoquent le style Louis XVI, inspiré de l'art antique, dont l'architecte parisien Louis fut un insigne représentant : sa manière, noble et sobre, s'exprime dans maints châteaux de Saintonge parmi lesquels celui de Plassac. Au 19ᵉ s., le **gothique troubadour**, caractérisé par une imitation superficielle des formes gothiques, eut son heure de gloire, surtout dans les nombreux châteaux reconstruits après la Révolution : Bressuire et Les Essarts en témoignent.

Fort Louvois (fort Chapus)

Culture et traditions

LITTÉRATURE

Moyen Âge – **Guillaume IX** (1071-1127), duc d'Aquitaine, 7ᵉ comte de Poitiers, est le « premier des troubadours » : en terre poitevine, de langue d'oïl, il adopte curieusement l'occitan pour versifier.
Surtout connu pour ses amours avec Héloïse, **Abélard** (1079-1142), né au Pallet, se fait cependant un nom dans l'enseignement de la philosophie et de la théologie.

L'âge d'or de la Renaissance – L'humanisme remet en honneur l'Antiquité.
Un foyer humaniste, que fréquente, dans sa jeunesse, Rabelais, se crée à Fontenay-le-Comte au début du 16ᵉ s. Autour de l'université de Poitiers se rassemblent des érudits dont Rabelais et plusieurs poètes de la Pléiade, tels Du Bellay et Baïf. **Scévole de Ste-Marthe** (1536-1623), auteur de nombreux poèmes en latin, tient salon à Loudun.
L'Angoumois et la Saintonge sont plus assujettis à l'art de cour tel qu'il est pratiqué dans les châteaux d'Angoulême ou de Cognac par **Marguerite d'Angoulême** (1492-1549) et **Mellin de Saint-Gelais** (1491-1558) dont les poèmes furent prisés de François Iᵉʳ comme de Henri II.
En Saintonge se trouve le génie littéraire le plus original de l'époque, **Agrippa d'Aubigné** (1552-1630), polémiste dans *Les Tragiques*, chanson de geste huguenote, mais qui sait se faire élégiaque dans des *Sonnets* qui comptent parmi les plus purs de la langue française.

Un grand siècle classique : le 17ᵉ s. – En fait de moraliste, l'Angoumois revendique **Guez de Balzac** (1597-1654) et **La Rochefoucauld**. Le premier rédige des *Lettres* dans lesquelles il expose ses idées de morale politique et de critique littéraire, l'autre, La Rochefoucauld (1613-1680), montre son pessimisme dans les fameuses *Maximes*.
Né à La Rochelle, **Tallemant des Réaux** (1619-1690) se montre dans ses *Historiettes* un remarquable observateur de son époque. En tant que « fondateur de la presse française », **Théophraste Renaudot** (1586-1653), à qui on doit l'ancêtre du journal, *La Gazette*, a sa place parmi les hommes de lettres.

Romantisme et époque contemporaine – Au 19ᵉ s., les écrivains du Centre-Ouest ne cultivent guère le vague à l'âme, à l'exception d'**Alfred de Vigny** qui se retire, après sa rupture avec Marie Dorval, au Maine-Giraud ; là, dans sa « tour d'ivoire », il compose *La Mort du loup*.
Tout autre est la vie de René **Caillié** (1799-1838), audacieux explorateur originaire de Mauzé-sur-le-Mignon, dans les Deux-Sèvres, qui relate son périlleux voyage à Tombouctou dans un excellent journal de voyage.
À la fin du 19ᵉ s., deux romanciers font preuve d'une très riche sensibilité : ce sont le Rochelais **Eugène Fromentin** (1820-1876) et le Rochefortais **Pierre Loti** (1850-1923) qui décrivent respectivement leur pays natal dans *Dominique* et *Le Roman d'un enfant*. Mais l'essentiel de l'œuvre de Loti exprime la tendance à l'exotisme de cet écrivain que fascine la magie de l'Orient.
Considéré comme le père du roman policier français, **Émile Gaboriau** (1832-1873), né à Saujon, fut un auteur estimé *(Le Crime d'Orcival)*.
Grande figure politique, le Vendéen **Georges Clemenceau** (1841-1929) a fait le point sur sa vie dans *Grandeurs et Misères d'une victoire*.
Au début du 20ᵉ s., on remarquera : **Jacques Chardonne** (1884-1968), né à Barbezieux, romancier de *l'Épithalame*, du *Bonheur de Barbezieux*, œuvres ayant pour cadre les Charentes. **Jean Yole** (1878-1956), né à Soullans où un musée lui est consacré, est le chantre de la Vendée. **Maurice Fombeurre** (1906-1981), né à Jardres (Vienne), qui publia des recueils, tel *À dos d'oiseau*, tient une place de choix dans la poésie contemporaine.
De nos jours, **Michel Ragon** (né à Fontenay-le-Comte en 1924), écrivain aux facettes multiples, s'est attaché à décrire la Vendée de son enfance *(L'Accent de ma mère ; Enfances vendéennes)*, à faire revivre les guerres de Vendée *(Les Mouchoirs rouges de Cholet ; La Louve de Mervent)*. Originaire de Charente-Maritime, **Hortense Dufour** (née en 1946) situe dans ce département l'intrigue de quelques-uns de ses romans *(Le Bouchot, La Fille du saulnier)*. Il faut retenir également le Yonnais **Yannick Jaulin** (né en 1959), conteur et chanteur, qui décrit dans ses spectacles l'univers folklorique de Pougne-Hérisson *(localité décrite dans les environs de Parthenay)*, utilisant ses racines paysannes pour puiser, dans la tradition orale, la trame de ses récits truculents qu'il transpose au mode de vie de notre époque.
On ne saurait omettre de citer les écrivains qui, à diverses époques, ont séjourné dans la région, tels **Choderlos de Laclos** *(voir La Rochelle)*, **Honoré de Balzac** *(Angoulême)*, **René Bazin** *(Sallertaine)*, **Paul Léautaud** *(Pornic)*, le Belge **Georges Simenon** dont certains romans ont pour cadre une ville de la région *(Le Voyageur de la Toussaint : La Rochelle ; Maigret a peur : Fontenay-le-Comte)*, ou encore **Pierre Barouh**, dont l'enfance vendéenne inspira les paroles de célèbres chansons *(La Bicyclette ; Les Ronds dans l'eau)*.

TRADITIONS

Les hommes

Naguère, Chabichous du Poitou, Ventrachoux de Vendée, Cagouillards de Charente et Gilets rouges de Saintonge avaient en commun le parler lent qu'accentue le roulement de l'« r ».

Poitevins – Ils avaient une personnalité différente suivant le « pays » qu'ils habitaient. Le **plainaud** était généralement un petit propriétaire de la Plaine, féru de progrès. Le **maraîchin** se montrait volontiers frondeur dans son Marais poitevin.

De nos jours, la religion réformée – qui pénétra à La Rochelle dès 1558, où elle occupe encore de fortes positions au sein des vieilles familles – est très répandue dans les régions de Loudun, Châtellerault et Niort où chaque village a son temple tandis que, isolées dans la campagne, les tombes protestantes s'entourent d'un enclos que signalent deux ou trois cyprès. Elle compte même des adeptes du côté de Chantonnay et de Pouzauges, dans la très catholique Vendée.

Au Sud de Bressuire, près de Courlay, se maintiennent quelques sectateurs de la **Petite Église** dont les ancêtres vendéens, en 1801, refusèrent le Concordat.

Vendéens – En Vendée et dans la Gâtine de Parthenay, le **bocain** vivait retiré aux détours des chemins de son bocage, respectait les vertus ancestrales où l'honneur, le courage et la fidélité à la parole donnée n'étaient pas de vains mots.

Entouré d'eau la moitié de l'année, le **maraîchin** du Marais breton-vendéen profitait du dimanche pour rompre son isolement ; il se rendait à la messe en yole, puis s'installait au café pour d'interminables parties de cartes (l'aluette ou la mouche). Ce travailleur, méfiant à l'égard des hommes et des innovations hasardeuses, était un homme de foi ; le vendredi saint, il veillait à envelopper sa « fraïe » (bêche) d'un linge afin de ne pas faire « saigner la terre ».

C'est dans le Marais breton-vendéen que se déroulait autrefois la curieuse coutume du **maraîchinage**. Maraîchiner consistait à s'asseoir à deux, sous un grand parapluie, et à s'embrasser à l'abri des regards indiscrets. Le rite exigeait que la maraîchine repousse d'abord les avances du galant en bredouillant : « É diro' o churaïe (curé). » Puis elle finissait par consentir en spécifiant prudemment : « Fais tôt' ce que tu veille mais vaque à ma coëf' (coiffe). »

Charentais – Même sous les nuages lourds, les « vaches noires » de la mauvaise saison, il gardait un sens de l'ironie en se définissant lui-même « gueux, glorieux, gourmand » ; son indolence le fit surnommer **Cagouillard**, la cagouille étant un petit escargot de vigne. En réalité, le cagouillard alliait un sens subtil des affaires à beaucoup de finesse ; n'est-ce pas lui qui, dit-on, se débarrassait des intrus en leur offrant une piquette, surnommée « chasse-cousins ».

La gourmandise des Charentais et leur penchant pour le bon vin s'expriment dans le proverbe : « Les Charentais boiront du lait quand les vaches mangeront les raisins », ce qui ne les empêche pas de se délecter d'une sorte de lait caillé, la caillebotte.

Dans le Marais et les îles, les femmes portaient autrefois la coiffe longue et étroite, destinée, selon la légende, à décourager les entreprises galantes de l'envahisseur anglais, d'où son nom de **quichenotte** (kiss not : n'embrassez pas).

Les maisons rurales

Pays à vocation agricole, la région Poitou Vendée Charentes abrite des maisons paysannes dont le schéma de construction est établi généralement sur le plan suivant : deux pièces au rez-de-chaussée surmontées d'un grenier.

Maisons poitevines – Riche d'un sous-sol à la géologie variée (calcaire, granit, meulière, tuffeau), le Poitou a vu son paysage se couvrir d'un habitat diversifié. Si les constructions du Nord ont emprunté au voisin breton la tuile plate ou l'ardoise, celles du Sud ont adopté la tuile creuse, dite « tige de botte ».

On observe un contraste saisissant entre les fermes en pisé et brandes (sur assise de moellons) d'Archigny, les maisons de terre d'Ouzilly-Vignolles et les « cabanes » du Marais poitevin qui rassemblent habitation et dépendances sous un même toit.

Maisons vendéennes – Au Nord-Est de la Vendée, le Marais breton-vendéen cache encore quelques **« bourrines »**, petites maisons basses en « bourre » (terre malaxée avec de la paille), blanchies à la chaux et couvertes de « rouches » (roseaux). Isolées parmi les cultures et les prairies naturelles, les grandes exploitations du Marais desséché ont un volume linéaire où seul le corps de logement possède un étage. Le bocage abrite de vastes métairies (bâtiments entourant une cour) et des fermes bâties sur un plan plus simple (quadrangulaire) dont le volume reste important.

Maisons charentaises – Le littoral regroupe des maisons basses orientées en fonction du vent. Sur les îles, portes et volets des maisons de pêcheurs se distinguent par des couleurs vives. Tout en conservant une couverture à faible pente, le volume des maisons s'accroît à mesure que l'on s'éloigne de la mer. La pierre de taille saintongeaise met en valeur les fermes viticoles à cour carrée fermée qu'une porte charretière soustrait au regard. Grange à porte cintrée et escalier extérieur protégé par un « balais » (auvent) constituent les caractéristiques locales.

Les maisons rurales

Ferme poitevine

Ferme du bocage

Bourrine vendéenne

Cabane du Marais poitevin

Ferme saintongeaise

GASTRONOMIE

La table

En Poitou-Charentes, la cuisine «simple, honnête et directe, voire campagnarde» (Curnonsky) utilise les produits sains et savoureux d'une terre et d'une mer généreuses.

Les viandes – Région d'élevage, le Poitou et les Charentes proposent bœuf, porc, mouton, volaille (oies du Poitou, poulardes de Bressuire et de Barbezieux, canards blancs de Challans) et notamment gibier d'eau : canard sauvage, sarcelle, bécassine, sans oublier le lapin de garenne dont on fait un pâté vendéen. Le mouton de pré salé, ainsi nommé car il se nourrit dans les herbages baignés par le vent marin chargé de sel et d'iode, possède une chair savoureuse. On pourra déguster le **farci poitevin** : poitrine de porc, ail, oseille, laitue, le tout haché et enveloppé dans des feuilles de chou. En Vendée le jambon de pays est généralement servi chaud et accompagné de ces haricots blancs secs appelés «mojettes», qu'on cultive dans le Marais poitevin.

Les poissons et coquillages – Le littoral offre un choix varié de produits de la mer. La **mouclade** charentaise est un plat succulent composé de moules préparées à la marinière et nappées d'une sauce ; l'**éclade** est un plat où les moules sont disposées verticalement sur une planche, recouvertes d'aiguilles de pins que l'on enflamme. Les crustacés du littoral charentais ne sont pas en reste : homards, langoustines, crabes, crevettes. Les huîtres de Marennes-Oléron, engraissées dans les claires, peuvent se manger au naturel ou accompagnées parfois de petites saucisses chaudes ou d'une tranche de pâté. Dans le Marais poitevin, une spécialité : la **bouilliture** ou **matelote d'anguilles**. Dans le Poitou, les escargots (petits-gris appelés «lumas») peuvent se consommer à la vigneronne, c'est-à-dire avec une sauce au vin, oignons ou échalotes, et ail. Dans les Charentes la potée de **cagouilles** (terme local pour escargots) comblera les amateurs.

Fruits de mer

Les soupes – En Vendée on déguste des soupes épaisses souvent faites à base de choux verts, de jambon fumé, de pommes de terre et d'ail. L'Océan donne la **chaudrée**, soupe de poissons au vin blanc où entrent congre, merlan, sole, plie.

Les fromages – Fabriqués à partir de lait de chèvre, ce sont des fromages frais et fermentés dont l'ambassadeur est le **chabichou** du Poitou (appellation contrôlée). Du pays rochefortais, la **jonchée** est une spécialité au lait de vache coagulé mélangé à des plantes : ce fromage enveloppé de paillons de jonc se déguste arrosé d'eau de lauriers amandée.

Le beurre – Très apprécié des gourmets pour sa finesse, il constitue encore une part notable de l'activité de l'industrie laitière régionale et bénéficie d'une appellation d'origine contrôlée (beurre Charentes-Poitou).

Les desserts – Le **tourteau fromagé** (ou fromager), spécialité du Poitou, est fait de fromage blanc mis en pâte, mélangé à la farine et cuit au four. Il est assez répandu, de même que la **brioche vendéenne**, jadis préparée lors des fêtes de Pâques, des noces et des battages. Citons aussi les macarons du Poitou, l'angélique de Niort, les marguerites et les duchesses d'Angoulême (bonbons au chocolat), les nougatines de Poitiers et les fruits au cognac.

Le cognac

Eau-de-vie connue du monde entier, le cognac provient de la distillation des vins blancs produits dans la région délimitée d'appellation « Cognac » (essentiellement la Charente et la Charente-Maritime). Plus de 80 % des ventes se font à l'exportation, la Grande-Bretagne et les États-Unis achetant, à eux seuls, 40 % du cognac exporté.

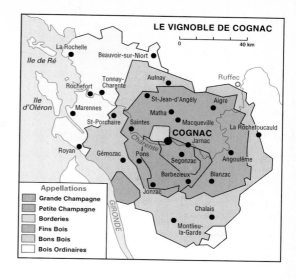

Une longue histoire

– Pratiquée dans la région dès le 16e s., la distillation du vin se généralise au début du 17e s. : les Charentais brûlent leurs vins –jusqu'alors expédiés, concurremment avec le sel, vers les pays du Nord – pour en faire une eau-de-vie dont le commerce est à l'origine entre les mains des Anglais et surtout des Hollandais. Ces derniers lui donnent le nom de « brandewijn » (vin brûlé), dont les Anglais tirent le terme « brandy » employé dans les pays de civilisation anglo-saxonne. Sur place, l'eau-de-vie prend bientôt le nom de la ville où elle est commercialisée, Cognac.

L'avantage du brandevin est sa bonne conservation pendant le transport et son moindre encombrement (1 barrique d'eau-de-vie pour 7 de vin). Par la Charente, les gabares chargées de barriques gagnent Tonnay-Charente et La Rochelle où se fait le transbordement sur les voiliers en partance soit pour l'Europe du Nord, soit pour les Colonies.

Ruiné par le phylloxéra au 19e s., le vignoble est replanté par la bourgeoisie cognaçaise qui a échappé à la faillite grâce à ses stocks d'eau-de-vie en cours de vieillissement. Les Britanniques ont une grande part dans la diffusion du « brandy ». Plusieurs grandes maisons de cognac portent encore des noms à consonance anglo-saxonne.

Les crus

– Le vignoble couvre près de 90 000 ha. Planté surtout en cépage Ugni blanc, improprement appelé « St-Émilion des Charentes » dans la région, il doit son unité au sol calcaire et au climat tempéré, humide en hiver, ensoleillé en été.

Mais les eaux-de-vie des Charentes n'atteignent pas partout la même qualité, et l'on distingue 6 crus officiels dont 5 formant une couronne autour de la Grande Champagne où le cognac atteint le sommet de sa perfection.

L'élaboration du cognac

– Dans l'alambic traditionnel dit « charentais », en cuivre martelé, la distillation des vins se fait en deux temps, par brûlage « à feu nu et doux » : une première chauffe (durée : 8 h environ) donne un alcool titrant de 25 à 35°, le **brouillis**, que l'on réintroduit dans la chaudière (ou cucurbite), après évacuation des vinasses, pour ce qu'on appelle la « repasse » ou « bonne chauffe » (12 h) ; les vapeurs comprimées dans le chapiteau passent dans le col de cygne qui, traversant la chauffe-vin où elles se refroidissent (et dont s'échauffe le contenu, destiné au remplissage de la chaudière), les envoie se condenser dans le serpentin d'une cuve réfrigérante. Au sortir de l'alambic, l'eau-de-vie, qui ne doit pas dépasser 72°, est ardente mais incolore et faiblement parfumée.

Dans l'obscurité des chais, le vieillissement va lui donner tout son caractère. La maturation se fait dans des fûts fabriqués avec des chênes du Limousin ou du Berry dont les fibres favorisent l'oxydation du cognac et lui donnent sa robe ambrée. Mais une évaporation intense, appelée **« la part des anges »**, fait perdre l'équivalent d'environ 12 millions de bouteilles par an.

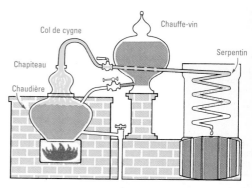

Schéma d'un alambic charentais

Enfin, dans les grandes maisons de négoce, les coupages d'eaux-de-vie de crus et d'âges différents, dosés et surveillés suivant une tradition séculaire, procurent au cognac une qualité constante et les caractères spécifiques de chaque marque.

Les cognacs – Selon leur durée de vieillissement en fûts de chêne, on distingue plusieurs types de cognac.
Le trois étoiles est un cognac de qualité courante de deux à quatre ans d'âge.
Les sigles VO (Very Old), VSOP (Very Superior Old Pale), Réserve s'appliquent à des cognacs d'âge moyen de quatre à six ans.
Les termes XO (Extra Old), Vieille Réserve, Napoléon, Extra s'appliquent à des cognacs de six ans ou plus.
La fine champagne désigne une eau-de-vie de Grande et de Petite Champagne.

Le pineau des Charentes

Vin de liqueur d'appellation d'origine contrôlée, le pineau, blanc ou rosé, se consomme très frais en apéritif. Ses limites de production correspondent à celles de la production des eaux-de-vie de cognac. Son origine remonte au 16ᵉ s. où un vigneron laisse, sans le vouloir, du moût de raisin dans une barrique contenant un fond de cognac. Quelle agréable surprise, quand il découvre quelques années plus tard un vin doux et capiteux, délicieusement fruité !
Le pineau provient de cépages utilisés pour la production de cognac. Les moûts utilisés avant le mutage (addition de cognac) doivent titrer 10° d'alcool. Après addition de cognac, le pineau doit avoir un degré alcoolique supérieur à 16°,5. Des fûts de chêne entreposés pendant plusieurs mois dans des chais obscurs lui assurent le vieillissement, avant qu'une commission de dégustation ne lui délivre l'appellation : pineau des Charentes.
Le pineau occupe une place importante sur le marché national et compte parmi ses clients étrangers la Belgique, le Canada, l'Allemagne, les États-Unis et le Luxembourg.

P. Somelet/DIAF

Cognac – Manipulation de fine champagne

Le muscadet

Vin bénéficiant de l'appellation d'origine contrôlée (AOC) depuis 1936, le **muscadet** appartient, avec le gros-plant et les Coteaux d'Ancenis, au groupe des **Vins de Nantes** dont le vignoble s'étend principalement au Sud de la Loire, couvrant tout le Sud du département de la Loire-Atlantique et une petite partie de la Vendée et du Maine-et-Loire.
Le muscadet est issu d'un cépage originaire de Bourgogne, le « melon », qui fut implanté en pays nantais après l'hiver terrible de 1709 du fait de sa résistance au gel. On distingue trois appellations correspondant à trois régions : le muscadet de Sèvre et Maine (deux rivières aux alentours de Vallet), qui représente la majeure partie de la production, le muscadet des Coteaux de la Loire (autour d'Ancenis – *voir le guide Vert Michelin Châteaux de la Loire*) et le muscadet (autour de St-Philbert-de-Grand-Lieu).
Vin blanc sec, léger, dont la teneur en alcool est limitée à 12°, le muscadet, servi frais, accompagne à merveille poissons et fruits de mer.
Le **gros-plant du pays Nantais** est un vin délimité de qualité supérieure (VDQS) depuis 1954. Son cépage est la Folle blanche d'origine charentaise, cultivé dans tout le pays nantais depuis le 16ᵉ s. Vin léger (11° maximum), servi frais, il convient aux fruits de mer en général et aux coquillages en particulier.

Quelques curiosités insolites proposées dans ce guide

Poitiers – Les Polychromies de N.-D.-la-Grande (création Skertzò)

Villes
et Curiosités

AIRVAULT

3 230 habitants (les Airvaudais)
Cartes Michelin n° 67 pli 18 ou 232 pli 45 – 24 km au Nord-Est de Parthenay
Schéma p. 274

Petite cité nichée au creux d'un vallon, Airvault s'est développée sous la protection de son abbaye et du château des vicomtes de Thouars. Située à la jonction de la Gâtine granitique et du Mirebalais calcaire, c'est une ville-marché dont le centre est formé par la rue des Halles, la place St-Pierre et la place du Minage (**minage** : droit du seigneur sur le mesurage des grains vendus sur son fief, l'unité de mesure étant la mine).

CURIOSITÉS

Église St-Pierre – Elle dépendait d'une abbaye d'augustins dont le célèbre cardinal Dubois fut, au 18ᵉ s., abbé commendataire.

Bâtie en pierre calcaire, l'abbatiale est remarquable par la juxtaposition des styles poitevin (12ᵉ s.) et angevin (13ᵉ s.). Si la façade indique le roman poitevin avec ses contreforts-colonnes et son cavalier (mutilé), le clocher du 13ᵉ s. ressort plutôt de l'école angevine par sa flèche de pierre sans nervures, flanquée de clochetons presque aussi effilés qu'elle.

Formant narthex, le **porche**★, à demi enterré, est couvert de voûtes d'arêtes, que renforce un curieux arc doubleau à décor de billettes. Ses ouvertures sont pourvues de grilles très décoratives.

Dès l'entrée, il faut admirer la perspective de la nef et du chœur que termine un superbe hémicycle. Les piliers supportent de beaux chapiteaux sculptés. À hauteur de ceux qui reçoivent la retombée des voûtes, on remarque des statues (12ᵉ s.) posées sur des consoles figurant des monstres ; cette disposition est peu fréquente. Les hautes voûtes gothiques, bombées et compartimentées à la manière angevine, sont analogues à celles de St-Jouin-de-Marnes et présentent de belles clés sculptées (scènes de l'Ancien Testament, Christ entouré des symboles des Évangélistes...).

Remarquer, au revers de la façade, un devant d'autel roman du 12ᵉ s. (le Christ entre les Évangélistes) et surtout, dans la chapelle du croisillon gauche, le tombeau, lui aussi roman, du premier abbé d'Airvault, Pierre de Saine-Fontaine, que veillent le Christ et les apôtres, alignés sous des arcades.

Ancien cloître – À droite de l'abbatiale subsistent quelques arcades du cloître (15ᵉ s.) et la salle capitulaire (12ᵉ s.), restaurée.

Abbaye-musée des Arts et Traditions populaires ⊘ – Installé dans les bâtiments abbatiaux (11ᵉ au 17ᵉ s.), il occupe essentiellement le **logis abbatial** (14ᵉ et 17ᵉ s.) où les collections, groupées par thèmes (agriculture, artisanat, commerce, enseignement, cuisine, costumes), évoquent la vie quotidienne et les activités des Poitevins au 19ᵉ et au début du 20ᵉ s. On peut voir aussi la prison, la chapelle abbatiale, située au-dessus de deux salles souterraines du 11ᵉ s. voûtées d'arêtes, et la belle salle du cuvier (voûtes du 12ᵉ s.) où s'élaborait le vin.

Château – Couronnant la colline, au Nord de l'église, il commandait à la fois le vallon d'Airvault et la vallée du Thouet. On y accède par des ruelles pittoresques. L'enceinte, assez dégradée, présente trois tours carrées dont l'une servait de donjon.

Fontaine souterraine – Située sous la place du Minage, cette ancienne fontaine publique fut recouverte à la fin du siècle dernier par mesure de salubrité. Un étroit escalier conduit à une salle voûtée, où coule le ruisseau St-Pierre qui traverse encore la ville basse, et au puits qui alimentait autrefois la cité.

Pont de Vernay – *1 km au Sud.* La route descend à flanc de coteau en offrant de jolies vues sur le Thouet.

Le pont, du 12ᵉ s., assez fortement restauré, a été édifié par les augustins d'Airvault. Il comporte 11 arches cintrées que séparent des piles à bec.

Gagner le centre du pont pour apprécier le tableau formé par le Thouet qui coule paisiblement entre les saules et les peupliers.

Île d'AIX ★

199 habitants
Cartes Michelin n° 71 pli 13 ou 233 pli 14 – Au large de Fouras

La petite île d'Aix (133 ha) séduit par la douceur de son climat et la pureté de son ciel. Elle intéresse par son urbanisme et ses fortifications.

LA DESTINÉE D'UN EX-EMPEREUR

Le souvenir de Napoléon déchu accompagne la visite d'Aix, terre solitaire et livrée au passé. Basse sur l'horizon, l'île, croissant bordé de plages et de falaises, jouit d'un climat doux et ses bois de chênes verts, de pins, de tamaris donnent au paysage un ton presque méditerranéen.

Les insulaires s'adonnent à la pêche des crevettes et des coquillages ; un artisanat de la nacre s'y est développé (un atelier existe en face de l'église). Des « claires » pour le verdissement des huîtres ont remplacé les marais salants.

Quelques vignes produisent un vin blanc sec et léger, à l'accent de terroir. Tourisme, pêche, cultures maraîchères et fruitières, qui ont trouvé leur place sur un sol sablon-neux, constituent les principales ressources de l'île.

Clé de l'embouchure de la Charente et du pertuis (passage étroit) d'Antioche, commandant les approches de La Rochelle, Rochefort et Brouage, l'île d'Aix fut fortifiée par Vauban. Les Anglais ayant débarqué lors de la guerre de Sept Ans firent sauter les remparts, mais ceux-ci furent réparés ensuite par une équipe d'ingénieurs parmi lesquels figurait Choderlos de Laclos, le futur auteur des *Liaisons dangereuses*.

En 1794, dans d'effroyables conditions, 1 154 religieux et prêtres, même assermentés, furent déportés sur deux anciens navires négriers (300 furent ensevelis dans l'île) : c'est l'affaire des pontons de Rochefort.

C'est dans la rade des

Basques, au cours de la fameuse **« Journée des brûlots »** (11 avril 1809), que la flotte anglaise détruisit l'escadre française de Brest, qui relâchait avant de faire voile vers les Antilles, au moyen de barils de goudron enflammés et d'une trentaine de brûlots, petits bateaux bourrés d'explosifs qu'une mèche allumée mettait en action.

La semaine fatidique – C'est aux abords de l'île d'Aix, qu'il avait inspectée en 1808, au faîte de sa gloire, que **Napoléon Ier** a passé sa dernière semaine française, du 8 au 15 juillet 1815.

L'Empereur voyage alors à bord de la frégate *La Saale* et attend d'être fixé sur son sort et peut-être de gagner l'Amérique, en faussant compagnie à la flotte anglaise qui le surveille. Le 9, il visite les fortifications d'Aix, sous les acclamations des 1 500 marins de la garnison. De retour à bord, il apprend que Fouché lui laisse le choix : partir, s'il le peut, ou négocier son avenir avec les Anglais.

Le capitaine de *La Saale* n'a qu'une hâte : se débarrasser d'un passager encombrant. Entre le 11 et le 13, il est bien question d'une possible évasion, mais dès le 10 juillet, Bertrand et Las Cases ont engagé des pourparlers avec le capitaine Maitland, commandant du navire anglais *Bellérophon*. Napoléon, qui répugne à l'idée de s'échapper en abandonnant ses amis, s'est installé le 12 juillet chez le commandant de l'île d'Aix, où son frère Joseph vient lui dire adieu. Le 13 juillet, Gourgaud, Savary, la maréchale Bertrand (d'origine britannique) supplient l'Empereur de s'en remettre à la magnanimité anglaise. Il ne se laisse convaincre qu'à minuit.

Le temps encore de rédiger la fameuse lettre au prince-régent d'Angleterre par laquelle il s'abandonne à l'ennemi et, à l'aube du 15 juillet, Napoléon quitte l'île d'Aix et embarque à bord du *Bellérophon*, à destination d'une autre petite île, loin, si loin de la France...

Une prison – L'île d'Aix allait devenir un lieu d'incarcération et le **fort Liédot** (*voir illustration au chapitre de l'Art – Éléments d'architecture*) connut bon nombre de locataires : prisonniers russes de la guerre de Crimée, prisonniers prussiens de la guerre de 1870, insurgés de la Commune, bagnards en partance pour Cayenne dont le bateau s'était échoué sur les rochers, prisonniers russes de la guerre 1914-18.

Ben Bella, un des leaders du FLN algérien, y fut détenu pendant sept ans avec des compagnons.

ACCÈS ⊘

Au départ de la pointe de la Fumée et, en saison, de La Rochelle, d'Oléron ou de l'île de Ré. Le trajet direct (25 mn) procure des vues intéressantes, au Nord, sur la côte jusqu'à La Pallice et sur l'île de Ré, à l'Ouest sur les forts Enet et Boyard *(voir ce nom)*, puis sur l'île d'Oléron. On aborde au môle de la pointe Ste-Catherine, sous le fort de la Rade.

La circulation motorisée dans l'île est réservée aux véhicules utilitaires.

Île d'Aix – Le bourg

LE BOURG

Protégées par une enceinte à la Vauban doublée de fossés profonds, ses artères se coupant à angle droit lui donnent l'air d'une ville. Mais ses maisons basses blanchies à la chaux, bordées de roses trémières, et son église sont celles d'un village où les automobiles sont rares. De là, on peut entreprendre le tour de l'île à pied (2 h 30) ou faire une **promenade en calèche** ⊘.

Place d'Austerlitz – Au-delà du môle, une porte à pont-levis donne accès à la place d'Austerlitz, ancienne place d'Armes, aux belles allées de cyprès. Le 9 juillet 1815, Napoléon y fit manœuvrer une compagnie du 14ᵉ régiment de marine. À droite, sitôt franchie la porte, on découvre le bâtiment à arcades de l'ancienne gare maritime.

Fort de la Rade – Son origine remonte au 17ᵉ s. : en 1699 Vauban dessine ses fortifications et entreprend la construction d'une citadelle à cinq bastions. Les travaux sont terminés dès 1702, mais en 1757 le fort est en grande partie détruit par les Anglais. Les fortifications présentent, côté mer, un contrevallement protégé par une digue et une large douve en eau ; le fort lui-même étant construit comme une île dans l'île. En 1793 le Comité de salut public reconnut l'importance stratégique de cette petite terre, mais il fallut attendre 1810 pour voir la réédification du fort sur l'ordre de Napoléon, son achèvement n'ayant eu lieu qu'en 1837.

Le fort porte deux phares. De la jetée on aperçoit, à environ 3 km, la masse allongée du fort Boyard.

Musée Napoléonien ⊘ **(Fondation Gourgaud)** – Il est installé dans la maison construite en 1808 sur l'ordre de Napoléon et qui l'abrita du 12 au 15 juillet 1815. L'une des seules maisons à étages de l'île, elle est surmontée de l'aigle impériale et présente une porte d'entrée encadrée de deux colonnes classiques. Le baron Gourgaud, arrière-petit-fils de l'officier d'ordonnance de l'Empereur, l'acheta en 1925 et la légua aux Musées nationaux.

Une profusion de souvenirs relatifs à l'Empereur, à sa famille, à son entourage remplit les 10 salles : œuvres d'art, meubles, armes, vêtements, autographes, portraits par Isabey, Gros, Appiani, etc. Dans le jardin, frêne greffé sur ormeau par Napoléon, en 1808, et buste à l'antique du souverain, ancienne figure de proue de navire.

La chambre de l'Empereur, au premier étage, est particulièrement évocatrice, car sa disposition n'a pas changé depuis ces jours tragiques où Napoléon suivait du balcon, à la lorgnette, les évolutions de la flotte anglaise. Ici fut rédigée la lettre au prince-régent :

« En butte aux factions qui divisent mon pays et à l'inimitié des plus grandes puissances de l'Europe, j'ai terminé ma carrière politique et je viens, comme Thémistocle, m'asseoir sur le foyer du peuple britannique. Je me mets sous la protection de ses lois que je réclame de Votre Altesse Royale, comme au plus puissant, au plus constant et au plus généreux de mes ennemis. »

Un fac-similé du brouillon de cette lettre est exposé. Le général Gourgaud fut chargé de porter la lettre à Londres, mais il ne fut pas autorisé à débarquer à Plymouth. Napoléon lui fit don du document.

Musée Africain ⊙ **(Fondation Gourgaud)** – Aménagé dans une suite d'anciens logements militaires, il expose une collection ethnographique et zoologique constituée de 1913 à 1931 par le baron Gourgaud.

D'intéressants spécimens de la faune africaine sont présentés dans des dioramas. Le dromadaire blanc que montait Bonaparte durant la campagne d'Égypte fut ramené au Jardin des Plantes à Paris et naturalisé après sa mort. Le Muséum le déposa au musée d'Aix en 1933.

Église St-Martin ⊙ – C'est l'ancienne église d'un prieuré occupé par des moines bénédictins de Cluny ; il n'en reste que le transept, l'abside et l'absidiole. La crypte du 11ᵉ s. conserve de belles colonnes coiffées de chapiteaux à feuillages.

EXCURSION DANS L'ÎLE D'AIX

Se déplacer

Location de vélos – Prestation offerte dès l'arrivée au port et dans le village (comparer les prix). La solution de louer une remorque peut s'avérer judicieuce lorsqu'on se déplace avec de jeunes enfants.

Promenade en calèche – Deux sympathiques attelages attendent paisiblement l'arrivée des bateaux à l'entrée de la place Austerlitz, agréablement ombragée.

Se restaurer

« BUDGET »

Les Paillotes – Le Bois Joly, ☎ 05 46 84 66 24. Fermé d'octobre à mars. À 500 m au Nord par la porte de l'Église (direction Coudepont). Un charmant patio ouvre sur l'anse du Saillant et ses parcs à huîtres. Produits de la mer : environ 100 F.

Le Pressoir – Le Bois Joly, ☎ 05 46 84 09 37. Fermé de novembre à mars. 50 m à l'Ouest des Paillotes (accès à la plage de Tridoux). Intérieur chaleureux avec cheminée, appréciable lorsque le temps fraîchit. Produits de la mer et grillades : environ 100 F.

Se baigner

Les plages de l'île (plus agréables à marée haute) ne sont pas équipées de postes de surveillance. Deux types de rivages s'offrent aux baigneurs : les longues plages de sable fin à l'Ouest de l'île (de l'anse de la Croix à la batterie de Jamblet) et sur une petite partie Est (anse du Saillant) et les charmantes petites criques du Nord-Est de l'île (les Sables Jaunes, Baby Plage) dominées par les chênes verts.

Île d'Aix – Promenade en calèche

S. Sauvignier/MICHELIN

Spécialités

Huîtres – Ramener sur le continent une bourriche d'huîtres : cabanes ostréicoles (au Nord-Est du village) ou étales dans le bourg (en saison).

Nacres – Rue Gourgaud, 17123 Île d'Aix, ☎ 05 46 84 66 17. La boutique ouvre sur l'atelier où l'on peut observer le minutieux travail de l'artisan.

ANGLES-SUR-L'ANGLIN ★

424 habitants (les Anglais)
Cartes Michelin n° 68 pli 15 ou 238 pli 25 – 16 km au Nord de St-Savin
Schéma p. 81

Bâtie au-dessus de l'Anglin, Angles s'étage au pied des ruines de son château.

Comme l'Angleterre, le village doit son nom, semble-t-il, à une turbulente tribu germanique, les Angles, qui avait participé, au milieu du 5e s., à l'invasion de la grande île. Au 9e s. Charlemagne dut diriger une partie des descendants de ceux qui étaient restés en Germanie vers les bords d'une rivière, affluent de la Gartempe, qui fut l'Angla avant de devenir l'Anglin.

Les **«jours d'Angles»**, encore exécutés sur place, sont des broderies réputées, à fils tirés. Près de la localité, des fouilles effectuées dans des abris-sous-roche ont permis de mettre au jour d'importantes pièces sculptées datant de l'époque magdalénienne.

Victime de ses fillettes – C'est ce que dut penser le cardinal **Balue** lorsque Louis XI le fit enfermer dans l'une des «fillettes», inconfortables cages de fer dont le cardinal était lui-même, croit-on, l'inventeur. Né à Angles en 1421 d'une famille très modeste, Balue avait rapidement gravi les degrés de la fortune et de la gloire, étant successivement aumônier du roi, intendant des finances, secrétaire d'État, évêque d'Évreux, puis d'Angers, avant de recevoir le chapeau de cardinal. Mais, abusant de la confiance de Louis XI, il vendit au duc de Bourgogne des secrets d'État. Démasqué, il expia durant onze ans cette trahison; libéré à la demande du pape, il se retira à Rome et vécut onze années encore, comblé d'honneurs.

Angles-sur-l'Anglin – Vue d'ensemble

CURIOSITÉS

★ **Le site** – C'est d'une terrasse, proche d'un calvaire et d'une petite chapelle romane élevés à l'extrémité Sud-Est du promontoire rocheux supportant le château, que l'on découvre la meilleure **vue**★ d'ensemble sur le site de la ville : au-delà d'une coupure de la falaise dite «tranchée des Anglais» se dressent les murailles et les tours du château; au Nord, sur une autre butte, se détache le clocher roman de l'église haute. Au pied de l'escarpement, l'Anglin, rivière calme avec ses roseaux et ses nénuphars, serpente entre deux haies de peupliers. Un pont de pierre, près duquel tourne un ancien moulin, donne accès au faubourg Sainte-Croix où s'élève l'ancienne église abbatiale précédée d'un beau portail du 13e s.

★ **Ruines du château** ⊘ – Le château d'Angles, qui était au Moyen Âge une position de premier ordre par sa situation et l'importance de ses défenses, fut laissé à l'abandon au 18e s. La Révolution de 1789 ajouta à ses malheurs en permettant qu'on l'utilise comme carrière de pierres.

*La légende page 4 donne la signification
des signes conventionnels employés dans ce guide.*

ANGOULÊME ★★

42 875 habitants (les Angoumois, ou Angoumoisins)
Cartes Michelin n° 72 plis 13, 14 ou 233 plis 29, 30 – Schéma p. 73

De la N 141, au Nord-Ouest, s'offre une vue sur le **site★** d'Angoulême dominant la Charente.

Une ville acropole – Angoulême se divise en deux parties. La **ville haute**, appelée « le plateau », cernée de remparts, est bâtie sur le promontoire qui sépare la Charente de l'Anguienne. On y distingue au Nord le vieil Angoulême, dont le lacis de rues étroites a fait l'objet d'une restauration soignée, au Sud le quartier de la Préfecture (18e-19e s.), dont les voies spacieuses sont bordées de façades aristocratiques, à l'Est le quartier commerçant piétonnier.

La **ville basse**, commerçante et industrielle, comprend la plupart des faubourgs. Là s'exerçait l'activité traditionnelle d'Angoulême, la papeterie, née de la pureté des eaux des rivières. Au 17e s., près de 100 moulins fournissaient à la Hollande du papier filigrané dont les rames s'entassaient dans les entrepôts de l'Houmeau. C'est d'ailleurs en Hollande qu'émigrèrent beaucoup de fabricants de papier après la révocation de l'édit de Nantes. De nos jours, seuls le moulin du Verger de Puymoyen et celui de Fleurac (voir ci-après l'Angoumois) à Nersac fabriquent encore du papier à la forme ; des usines spécialisées dans le papier mince et le papier à lettres fonctionnent à Ruelle, à St-Michel et à la Couronne.

En janvier de chaque année, un festival international consacre Angoulême comme capitale de la BD (bande dessinée), art auquel un musée à l'architecture insolite est également dédié. La ville s'est dotée en outre d'un lycée de l'Image et du Son (avenue Marguerite-de-Navarre, par la D 674 au Sud) dont l'architecture (1989) due à Jean-Jacques Morisseau n'est pas sans références à l'antique ; les élèves peuvent s'y spécialiser dans le domaine de l'audiovisuel.

La Marguerite des Marguerites – C'est le surnom donné par François Ier à sa sœur, Marguerite de Valois (1492-1549), connue sous le nom de **Marguerite d'Angoulême**. Née dans la ville, où elle passa une partie de son enfance, elle joua un rôle considérable à la cour et se rendit à Madrid pour adoucir la captivité de son frère. Très cultivée, elle correspondait avec Érasme en hébreu, en grec, en latin ; elle parlait également italien et espagnol : son Heptaméron, recueil de contes imités de Boccace, lui donne une bonne place dans la littérature française. Marguerite d'Angoulême a donné son nom à deux spécialités : les « marguerites » (chocolats) et les « duchesses » (voir Carnet d'adresses).

ANGOULÊME

B Ancienne chapelle des Cordeliers
F Cathédrale St-Pierre
H Hôtel de ville
M² Musée municipal des Beaux-Arts
M³ Atelier-musée du papier
M⁴ Musée de la Société archéologique

Angoulême – Cathédrale St-Pierre

Un de ses contemporains, le poète angoumois Mellin de Saint-Gelais (1491-1558), parent d'Octavien de Saint-Gelais *(voir Cognac)* et ami de Marot, fut très en vue à la cour. On a prétendu qu'il corrigeait les vers de François Ier.

Les deux Balzac – L'un, **Guez de Balzac** (1597-1654), né à Angoulême, revint y ensevelir son humeur sombre et son naturel vaniteux ; styliste rigoureux, il fut surnommé « restaurateur de la langue française ». L'autre, **Honoré de Balzac**, adopté par la ville, la décrivit dans *Les Illusions perdues*.

★★LA VILLE HAUTE

★★**Promenade des Remparts** (YZ) – *Partir de la place des Halles et faire le tour de l'escarpement dans le sens contraire à celui des aiguilles d'une montre.* Des tours rondes et des bastions rectangulaires formant balcon au-dessus de la Charente, on domine un immense horizon.

Front Nord – Perspectives plongeantes sur le pont et le faubourg St-Cybard, sur la vallée de la Charente et les établissements industriels qui la jalonnent. De la tour Ladent, le général Resnier, né à Angoulême (1728-1811), s'élança dans le vide muni d'un appareil de son invention, effectuant ainsi, en 1806, le premier vol sans moteur. Une plaque commémore cet événement. S'étant brisé la jambe à l'atterrissage, le général renonça à exploiter son appareil, conçu, paraît-il, en vue d'une éventuelle descente de l'armée impériale en Angleterre.

Place Beaulieu – Cette esplanade est située à l'extrémité du promontoire, où le lycée Guez-de-Balzac a remplacé une abbaye de bénédictines. Apparaissent au premier plan le faubourg et l'église St-Ausone, bâtie par Abadie au 19e s. ; au second, le confluent de l'Anguienne et de la Charente. En contrebas, le jardin Vert est un lieu de promenade fréquenté.

Front Sud – Vues sur la vallée de l'Anguienne et ses coteaux verdoyants.

★**Cathédrale St-Pierre** ⊙ (Y F) – Elle date du 12e s. ; en partie détruite en 1562 par les calvinistes, elle a été restaurée en 1634 et, surtout, à partir de 1866, par Abadie.

★★**Façade** – De style poitevin, la façade représente un grand tableau sculpté où plus de 70 personnages, statues et bas-relief, illustrent le thème du Jugement dernier auquel préside un admirable Christ en majesté, entouré des symboles des Évangélistes, d'anges et de saints dans des médaillons. On peut détailler aussi les archivoltes et les frises des portails latéraux sculptés de feuillages, d'animaux et de figures d'une grande finesse. Au linteau du premier portail latéral aveugle, à droite, on remarque de curieuses scènes de combat, tirées d'épisodes de la *Chanson de Roland*.
La haute tour à six étages en retrait, qui s'élève à l'extrémité du croisillon gauche, a été en partie reconstituée par Abadie.

Intérieur – Il en impose par son ampleur. Son envolée de coupoles sur pendentifs est d'une grande hardiesse.
À l'extrémité du croisillon gauche, on pénètre dans une vaste chapelle, qui supporte la tour ; on y admire quelques remarquables chapiteaux.

Jeter un coup d'œil à gauche, dans la nef, sur un bas-relief roman représentant une Vierge à l'Enfant, et sur les orgues du 18e s. Le chœur se distingue par des chapiteaux à décor végétal provenant de la cathédrale élevée au 9e s. par Grimoald de Mussidan.

Hôtel de ville ⊙ **(YZ H)** – Abadie le construisit dans le style gothico-Renaissance à l'emplacement du château des comtes d'Angoulême dont il ne subsiste que la « tour polygonale », ancien donjon des 13e et 14e s. **(panorama)**, et une tour ronde du 15e s. dans laquelle serait née Marguerite d'Angoulême.
Partant des jardins fleuris de l'hôtel de ville (au Sud), la place de New York, promenade plantée d'arbres, aboutit aux remparts où elle se termine par une statue monumentale de Carnot.

Ancienne chapelle des Cordeliers ⊙ **(Y B)** – Aujourd'hui chapelle de l'hôpital, c'était l'église du couvent où fut moine **André Thevet** qui rapporta du Brésil en 1556, avant Nicot, le tabac auquel il donna le nom d'« herbe angoumoisine ».
Elle possède un élégant clocher gothique dont le côté saillant repose sur deux petites trompes. Remarquer dans la nef, à gauche, le tombeau de Guez de Balzac, inhumé en 1654.

Vieux hôtels (Y) – Aux alentours de la cathédrale St-Pierre et du palais de justice se situent quelques hôtels anciens : 79, rue de Beaulieu : majestueuse façade, à trois tourelles carrées et colonnade ionique (1783) ; 17, rue du Soleil : sur cour, façade Louis XVI ; 15, rue Turenne : porte Louis XIII, en face porte de l'ancien couvent des Carmélites (1739) ; 15, rue de la Cloche-Verte (hôtel St-Simon) : jolie cour Renaissance.

Espace St-Martial (YZ 65) – Cette place moderne aménagée en zone piétonne près de l'église St-Martial (19e s., clocher-porche) constitue un lieu de promenade attrayant. Un petit square avec des bancs, un plan d'eau et des sculptures modernes (main tenant un crayon, main ouverte portant un oiseau) agrémentent l'ensemble.

★LE CNBDI ⊙ (Y)

Entrée : rue de Bordeaux. Accès possible par un escalier, au départ de l'avenue de Cognac.

Aménagé dans des bâtiments industriels du début du siècle, le **Centre national de la Bande dessinée et de l'Image** présente une architecture originale, œuvre de Roland Castro, où des éléments résolument modernes habillent l'ancien édifice, lui conférant l'allure d'une construction de fiction.

F. Bourgeon – *Les Passagers du vent*

Sa médiathèque, où depuis 1982 un exemplaire de tout ce qui est édité en matière de BD (magazines et albums) parvient en dépôt légal, rassemble la quasi-totalité de la production française depuis 1946. Quant à son musée, il possède une riche collection de planches et dessins originaux, exposés par roulement. Le Centre comprend aussi un Département d'imagerie numérique où l'on forme des étudiants à cette technique. Au rez-de-chaussée, le **musée** rend hommage aux grands auteurs de la BD qu'évoquent une notice, une ou plusieurs planches ou dessins originaux, voire un écran lumineux assorti de commentaires enregistrés, tandis que des films vidéo retracent les grands moments de la BD Parmi les précurseurs figurent le Suisse Töpffer au milieu du 19e s., Christophe (*La Famille Fenouillard*, 1889), Pinchon (*Bécassine*, 1905), Forton (*Les Pieds Nickelés*, 1908), Alain St-Ogan (*Zig et*

Puce, 1925). Après eux, citons, parmi une myriade de talents, les Belges Hergé (*Tintin*, 1929) et Franquin (*Gaston Lagaffe*, 1957), les Américains Raymond (*Flash Gordon*, 1934) et Schulz (*Peanuts*, 1950) et, en France, Goscinny et Uderzo (*Astérix*, 1959), Gotlib, Claire Bretécher, Reiser, Bourgeon, Wolinski, Loustal, Bilal, Baudoin, Tardi, Teulé.

Au 1ᵉʳ étage, la **médiathèque** offre en consultation libre un important fonds d'albums et de revues ainsi que des cassettes vidéo.

AUTRES CURIOSITÉS

Musée municipal des Beaux-Arts ⊘ (Y **M²**) – Il occupe l'ancien évêché du 12ᵉ s., qui a été remanié aux 15ᵉ et 16ᵉ s.

Le rez-de-chaussée présente une collection d'objets médiévaux (chapiteaux, crosses, sculptures), des céramiques pour la plupart régionales et des peintures françaises des 18ᵉ et 19ᵉ s.

L'étage abrite le **casque d'Agris ★**, chef-d'œuvre de l'orfèvrerie celtique du 4ᵉ s. avant J.-C., ainsi qu'un ensemble éclectique de toiles italiennes et flamandes des 17ᵉ s. et 18ᵉ s., et des peintures et sculptures d'artistes charentais.

Le musée doit surtout sa réputation à la qualité et à la richesse de ses collections d'art africain et océanien (statuettes rituelles du Congo, masques, reliquaire kota, dénéraux akans).

Atelier-musée du Papier ⊘ (Y **M³**) – Sise sur la Charente, l'ancienne papeterie Bardou-Le Nil, spécialisée dans la fabrication du papier à cigarettes, fonctionna jusqu'en 1970. Elle a été convertie en musée de l'industrie papetière, à la mémoire de cette activité qui a fait la prospérité du département.

On y voit encore une des six roues à aubes en métal qui, placées dans les canaux ou coursiers, fournissaient l'énergie à la fabrique, jusqu'à la fin du 19ᵉ s., date à laquelle on utilisa l'électricité.

Sous le titre « Suivez la fibre ! », une exposition révèle, par des panneaux explicatifs, les différentes phases de la fabrication industrielle du papier et du carton. La matière première – d'abord les chiffons, ensuite le bois et les déchets de papier – est transformée en pâte puis en feuille, celle-ci étant produite en ruban continu depuis l'invention en 1799, par Louis-Nicolas Robert, de la machine à papier. Une fois séchée, la feuille subit encore de nombreux traitements avant d'obtenir sa consistance définitive.

L'exposition « État des lieux » est consacrée au patrimoine industriel dans le département, des origines à nos jours.

À l'étage, on peut voir une exposition sur l'histoire de l'industrie papetière, renouvelée régulièrement ainsi que des expositions temporaires d'art contemporain.

Musée de la Société archéologique ⊘ (Z **M⁴**) – Il rassemble dans ses salles et dans un jardin des collections de préhistoire départementale, des mosaïques gallo-romaines, des collections lapidaires de l'époque romaine au 18ᵉ s. et diverses sortes d'antiquités régionales : faïences, armes, émaux limousins, bibelots.

EXCURSIONS

St-Cybardeaux *21 km au Nord-Ouest par la D 939*

Ce vieux village est agréablement placé sur les bords de la Nouère, affluent de la Charente. À 5 km au Nord-Est, au-dessus du hameau des Bouchauds, le **théâtre gallo-romain des Bouchauds** fait face à un paysage campagnard et tranquille. De cet édifice de 105 m de diamètre, seuls subsistent les soubassements de la scène et les gradins dont la partie inférieure a été dégagée.

L'Angoumois *30 km – environ 3 h. Quitter Angoulême à l'Ouest*

Château de l'Oisellerie – Construit au 16ᵉ s., c'est aujourd'hui un lycée agricole. Le dressage des oiseaux de proie pour la chasse lui valut son nom. François Iᵉʳ y aurait séjourné et participé à des chasses. Un châtelet d'entrée donne accès à une cour au fond de laquelle s'élève un édifice à galerie, flanqué d'une tour crénelée.

Ancienne abbaye de la Couronne – Consacrée en 1201, l'**abbatiale**, d'une ampleur exceptionnelle, avait été édifiée dans un style de transition romano-gothique ; la façade et les deux premières travées de la nef furent reconstruites au 15ᵉ s. Sous l'Empire, l'édifice servit de carrière de pierres. Le plan offre un tracé cistercien avec son chevet plat et son transept, presque aussi long que la nef, sur lequel s'ouvrent quatre chapelles carrées dont l'une est encore intacte ; l'élévation est plutôt du style angevin : chapiteaux encore romans et voûtes gothiques bombées. On admire plus spécialement la majesté du chœur et du transept dont les hautes arcades se détachent sur le ciel.

Il reste peu de chose du cloître du 13ᵉ s. situé à droite de l'abbatiale et englobé dans des logements, par contre le **palais abbatial** attenant, bâti au 18ᵉ s., a survécu. Seule la cour d'honneur, dans laquelle on pénètre par un beau portail Louis XV à volutes orné de ferronneries, est accessible.

ANGOULÊME DE BULLE EN BULLE

Se déplacer

Parking – 3 parcs de stationnement payant au centre-ville : place St-Martial, place Bouillaud (fermé de minuit à 6 h), place des Halles (fermé de 2 h à 6 h).

Bus – Un titre de transport à la journée (ticket tourisme, 25 F) est vendu à l'Office de tourisme et au kiosque STGA, place du Champ-de-Mars, du lundi au vendredi de 13 h 30 à 18 h 30 (16 h 30 le samedi). ☎ 05 45 65 25 25.

Se loger

« BUDGET »

Hôtel du Palais (Y α) – 4, place Francis-Louvel, ☎ 05 45 92 54 11. Au cœur d'Angoulême, sur une jolie place classique patinée par le temps. 49 chambres à partir de 250 F. Parking.

« NOTRE SÉLECTION »

Mercure Hôtel de France (Y e) – 1, place des Halles, ☎ 05 45 95 47 95. En contrebas des halles, près du centre-ville. 89 chambres à partir de 420 F.

« OPTION PRESTIGE »

Le Moulin du Maine Brun – Asnières/Nouère, Hiersac, 11 km au Nord-Ouest par la N 141, puis la D 120, ☎ 05 45 90 83 00. Fermé de mi-octobre à mi-avril. Installé sur la Nouère, un ancien moulin a été aménagé en hôtellerie. 18 chambres à partir de 570 F, avec vue sur le jardin ou la rivière ; beau mobilier du 18e et du 19e s.

Se restaurer

« BUDGET »

Preuve par trois – 5, rue Ludovic-Trarieux, ☎ 05 45 90 07 97. Ouvert uniquement le midi (fermé le dimanche). Une petite salle toute jaune et une terrasse dans le quartier piétonnier, où l'on déjeune agréablement pour moins de 100 F. Amusant et original : on peut aussi y chiner la vaisselle ancienne.

« NOTRE SÉLECTION »

La Ruelle – 6, rue Trois-Notre-Dame, ☎ 05 45 95 15 19. Fermé le samedi midi, le dimanche et en août. Dans la salle aux murs de pierre, on goûtera notamment le foie gras poêlé aux coings ou le sabayon froid au cognac. Menus à partir de 170 F.

La Cigogne – Impasse de la Cabane-Bambou, Soyaux, ☎ 05 45 95 89 23. Fermé le lundi et vacances de février et de Toussaint. Terrasse agréable ouvrant sur la campagne. Menus à partir de 100 F.

Achats

Marchés – Marché couvert tous les matins, place des Halles ; marché aux Puces le 3e dimanche du mois, d'octobre à mai, de 8 h à 18 h.

Chocolats – **Letuffe**, 10, place Francis-Louvel, 16000 Angoulême. La ville est connue pour les chocolats « marguerites » et les « duchesses » (nougatines fourrées de praliné). On visite la chocolaterie au bourg de Trois-Palis : du lundi au vendredi (9 h-11 h 30 et 14 h-18 h) et samedi, dimanche et jours fériés (14 h-18 h).

Moulin de Fleurac ⊙ – Cet ancien moulin à blé, converti en moulin à papier, perpétue une tradition multiséculaire en Angoumois et témoigne de ce qui fut autrefois une industrie florissante sur les bords de la Charente. La production de papier de luxe repose sur des techniques héritées du 18e s. : la pâte, obtenue à partir du broyage de fibres végétales (lin, coton ou chanvre), est pétrie par de lourds maillets de bois ou par la pile hollandaise, actionnés par la roue du moulin. Une fois prête, elle est mise en feuilles qui seront pressées, séchées puis encollées suivant une méthode exclusive : le collage au trempé.
Dans la cour, un bâtiment rénové abrite l'étendoir et un musée ; des passerelles donnent accès aux îles de la Charente et à l'écluse.

Musée du papier d'Angoumois – Il retrace l'histoire des supports de l'écriture : tablettes d'argile et de bois de l'Antiquité ; contribution des Chinois, des Arabes puis des Italiens ; invention de la machine à papier par Louis-Nicolas Robert à la fin du 18e s.

St-Michel – Localité industrielle (papeteries) située entre trois rivières, St-Michel possède une **église** du 12ᵉ s., au plan exceptionnel. Cet édifice octogonal, qui présente une coupole unique, restaurée par Abadie, et huit absidioles, servit de chapelle-refuge aux pèlerins de Compostelle *(voir dans l'Introduction « les Chemins de St-Jacques »)*. Les sculptures auraient été exécutées par des artistes de passage ; remarquer le Saint Michel du portail, les modillons, pleins de verve, qui soutiennent les corniches, et la décoration des voussures du portail et des arcatures latérales : palmettes et acanthes, auxquelles s'ajoutent entrelacs et vanneries, sont à rapprocher de celles de la mosquée de Cordoue en Espagne.

Église de Fléac – *Voir p. 72.*

Vallée de la Touvre 55 km – environ 3 h 1/2

Quitter Angoulême à l'Est par la N 141.

Ruelle-sur-Touvre – Cette petite ville a vu naître en 1750 la Fonderie nationale établie par le marquis de Montalembert sur une île de la Touvre, dont elle utilisait les eaux, tandis que le charbon de bois provenait de la forêt de la Braconne et le fer de la vallée du Bandiat.
L'usine a été longtemps spécialisée dans la fonte des tubes de fort calibre acheminés vers l'arsenal de Rochefort par la Charente ; les 400 de marine utilisés pendant la guerre 1914-18 et la grosse artillerie des cuirassés *Richelieu*, *Jean-Bart*, sortaient de Ruelle. Aujourd'hui l'entreprise (Direction des constructions navales) se consacre surtout à la fabrication de missiles.

Magnac-sur-Touvre – En se plaçant sur le pont de la Touvre, en aval des papeteries, on jouit du plaisant tableau de l'église et des jardins bordant la rivière. L'église St-Cybard, romane, porte une tour carrée reposant sur une coupole à pendentifs. L'édifice est en forme de croix grecque.

★**Touvre** – *Voir p. 277.*

★**Grottes du Quéroy** ⊙ – Explorées par Norbert Casteret, ces deux grottes s'étendent sur plus de 1 km et composent un labyrinthe de salles riches en concrétions très variées, certaines d'une blancheur immaculée, d'autres rendues brunes par la présence de manganèse. Des stalactites et stalagmites, dont plusieurs excentriques, des draperies, des nids d'abeilles et des marmites de géants présentent des formes originales.
La route passe en vue des tours crénelées du château de la Tranchade (14ᵉ-17ᵉ s.).

Église de Dirac – Elle possède une élégante façade romane au décor finement sculpté.

La route qui descend jusqu'au moulin du Verger traverse un joli paysage de bois et de pitons rocheux (école d'escalade).

Moulin du Verger ⊙ – Dans cette papeterie dont l'origine remonte à 1539, le papier est toujours fabriqué à l'ancienne à base de cellulose, coton, lin et chanvre. On visite l'atelier et une salle où est exposée la production.

★**Vallée de la Charente** – *Description p. 71*

APREMONT

1 152 habitants
Cartes Michelin n° 67 plis 12, 13 ou 232 pli 39 – 15 km à l'Est de St-Gilles-Croix-de-Vie

Dans la riante vallée de la Vie, Apremont, avec son rocher escarpé, présente un site paisible. Le village est couronné par les restes de son château.

CURIOSITÉS

Château ⊙ – Du 12ᵉ s., il a été remanié au début du 16ᵉ s. par Philippe Chabot, amiral de France sous François Iᵉʳ. Il en subsiste, accessibles par une poterne médiévale et un frais jardin, les tours Nord et Sud, Renaissance, le chevet de l'ancienne chapelle, la « voûte cavalière », galerie demi-souterraine en pente raide aboutissant au pied du rocher, la tour de l'Échauguette (12ᵉ s.) et deux grandes salles de communs.
De la plate-forme de la tour Sud, vue intéressante sur la vallée et le plan d'eau de la Vie, et par temps clair sur la pointe Nord-Ouest de Noirmoutier.

Château d'eau ⊙ – L'ascenseur de cette tour de 80 m fait accéder à une rotonde vitrée. De cet observatoire, on peut découvrir, allant jusqu'à l'océan à l'Ouest, un immense **panorama** sur la campagne vendéenne.

ARCHIGNY

992 habitants

Cartes Michelin n° 68 plis 14, 15 ou 232 pli 47 – 13 km au Nord de Chauvigny

Le nom de ce village est lié à l'histoire des Acadiens.

La Ligne acadienne – En 1773 et 1774, des colons français chassés d'Acadie (actuelles provinces canadiennes de Nouvelle-Écosse et du Nouveau-Brunswick), lors du Grand Dérangement (1755), s'installent au Sud-Est de Châtellerault sur des terres en friche mises à leur disposition par le marquis de Pérusse des Cars.

58 fermes toutes semblables, en pisé et brande (bruyère), sur assise de moellons, sont alors construites entre Archigny et La Puye, constituant la « Ligne acadienne ».

Déçus par le fait que la charte de propriété qu'ils espéraient ne leur est toujours pas remise, certains colons se résignent à quitter les lieux pour Nantes, d'où ils rallieront plus tard la Louisiane. Ce n'est qu'en 1793 que les Acadiens de la Ligne obtiendront leur acte de propriété.

Il reste encore 38 maisons sur la Ligne ; elles sont signalées par un panneau, de même que l'emplacement de celles qui ont disparu.

De nos jours, les Acadiens du Poitou organisent une fête annuelle (le 15 août) aux Huit-Maisons pour commémorer cette période de leur histoire.

FERME ACADIENNE ⊙

Au lieu dit **les Huit-Maisons** *(6 km à l'Est, accès signalé)*, une ancienne ferme acadienne a été transformée en musée. Sous un même toit, on trouve la pièce d'habitation qui renferme du mobilier d'époque, l'étable contenant du matériel agricole, et la grange où sont présentés des documents sur l'histoire des Acadiens et leur retour en Poitou.

À l'extérieur une plaque a été apposée par le Nouveau-Brunswick en l'honneur des habitants du Poitou, ancêtres des Acadiens.

ARGENTON-CHÂTEAU

1 078 habitants

Cartes Michelin n° 67 pli 7 ou 232 pli 44 – 17 km au Nord-Est de Bressuire

À l'abri de ce qui reste de ses murailles, Argenton coiffe un éperon rocheux au confluent des vallées encaissées de l'Argenton et de l'Ouère. Le chroniqueur Philippe de Commynes, sénéchal du Poitou sous Louis XI, fut seigneur de l'endroit et possesseur du château qui subsiste partiellement, avec sa chapelle des 11e-13e s.

CURIOSITÉS

Église St-Gilles – Son remarquable **portail** roman, dont les voussures abritent des personnages au corps étiré, illustre les thèmes habituels à l'iconographie poitevine : anges, Vertus exterminant les Vices, Vierges sages et Vierges folles, apôtres, signes du zodiaque et travaux des mois. À gauche de l'archivolte, une scène évoque la parabole du festin du mauvais riche, tandis qu'à droite deux autres scènes montrent les Damnés jetés dans la gueule d'un monstre (Enfer) et les Élus groupés dans le sein d'Abraham (Paradis). Remarquer les chapiteaux où des animaux fantastiques symbolisent la luxure.

À l'intérieur, voûtes en brique et pierre des 13e et 15e s., et deux baies du 11e s.

Chemin de la Salette – S'embranchant à environ 100 m au Sud du carrefour des routes de Thouars et d'Angers, cet agréable sentier conduit à l'oratoire de la Salette *(1/4 h à pied AR)* dans un cadre de beaux arbres. La promenade, à partir de la place Léopold-Bergion, offre d'intéressantes vues sur le site d'Argenton et sur le lac d'Hautibus.

Lac d'Hautibus – À l'emplacement d'un lac qui se trouvait là au temps de Commynes, ce plan d'eau occupe un site verdoyant, au fond de la vallée de l'Ouère (affluent de l'Argenton), et offre les aménagements d'une base de loisirs.

ENVIRONS

Moulin des Plaines ⊙ – *1 km à l'Ouest par la D 759 (route de Mauléon).* Ce moulin à vent, remontant probablement au 18e s., resta en activité jusqu'en 1913. Restauré, il moud de nouveau le grain. Couvert de bardeaux, il est équipé d'ailes à lamelles de bois (système Berton), qu'on met au vent en orientant la toiture à l'aide d'une grande poutre extérieure.

Château d'Ebaupinaye – *2,5 km au Nord-Est par la D 759 (route de Thouars), puis la D 31.* Édifié en granit d'un rose délicat, entouré de douves, Ebaupinaye date du 15e s. Son plan dessine un quadrilatère à quatre tours d'angle dont l'une servait de chapelle ; sur l'un des côtés, une tour supplémentaire enferme l'escalier. Les toits ont disparu, mais les hautes lucarnes ont résisté.

Pont de Grifferus – *5,5 km à l'Est par la D 759 (route de Thouars), puis la D 181.* Site sauvage. L'Argenton, torrentueux, coule entre des gorges de schiste où, au printemps, fleurissent l'ajonc, le genêt, l'aubépine et la digitale.

AUBETERRE-SUR-DRONNE★

388 habitants

Cartes Michelin n° 75 pli 3 ou 233 plis 40, 41 – 12 km à l'Est de Chalais

Dominant la vallée de la Dronne et ses verts pâturages, Aubeterre est une petite cité ancienne aux rues étroites et escarpées, bâtie en amphithéâtre, au pied de son château, sur les pentes d'un cirque interrompant la falaise de craie blanchâtre qui est à l'origine de son nom (alba terra : blanche terre).

Paisible, la place Trarieux, dominée par le buste de Ludovic Trarieux, enfant d'Aubeterre, fondateur de la Ligue pour la Défense des droits de l'homme et du citoyen, marque le centre de la localité. De là, on accède en montée à l'église St-Jacques, en descente à l'église monolithe.

ÉGLISES

★★Église monolithe ⊘ – Dédiée à saint Jean, cette église appartient à un type rare que les archéologues nomment «monolithe» (d'un seul bloc de pierre), dont l'autre exemple se trouve à Saint-Émilion *(se reporter au guide Vert Michelin Pyrénées Aquitaine)*. Par un couloir bordé d'enfeus, on pénètre dans une vaste cavité taillée dans le roc, dont le dépouillement allié à la rudesse de la matière saisit et impressionne.

Aubeterre-sur-Dronne – Église monolithe

Une cuve baptismale du 5e ou du 6e s., sculptée en croix grecque, témoigne de la présence d'une église primitive et évoque la pratique du baptême par immersion. La crypte a dû, pour sa part, accueillir des adeptes de Mithra, divinité orientale concurrente du christianisme primitif dont le culte, caractérisé par le sacrifice d'un taureau ou taurobole, fut répandu en Gaule par les soldats de l'Empire romain.

L'église actuelle fut probablement entreprise au 12e s. pour abriter les reliques du Saint-Sépulcre de Jérusalem, rapportées de la croisade par Pierre II de Castillon, alors possesseur du château. Utilisée comme atelier de salpêtre sous la Révolution, ce fut ensuite le cimetière d'Aubeterre jusqu'en 1865.

Parallèle à la falaise, la nef, haute de 20 mètres ne possède qu'un seul bas-côté où filtre encore une petite source, sans doute bénéfique et vénérée des premiers pèlerins. L'abside abrite un monument reliquaire monolithe, laissé en réserve lors du creusement de l'église. Il renfermait la châsse contenant les reliques du Saint-Sépulcre.

À l'autre extrémité de la nef, on découvre la chapelle primitive du 6e s. transformée en nécropole au 12e s., après l'aménagement de l'église ; une série de sarcophages sont creusés à même le roc.

Dans la partie haute de la nef, une galerie figurant un déambulatoire suspendu permet d'avoir une intéressante vue d'ensemble sur ce lieu de culte empreint de spiritualité primitive.

Il existait autrefois au-dessus de l'église un château dont les seigneurs pouvaient, par un petit escalier caché toujours visible, accéder facilement à la galerie, et de là épier les foules et participer aux offices.

Église St-Jacques – Ancienne abbatiale bénédictine St-Sauveur, puis collégiale de chanoines, l'église présente une façade romane, rythmée d'arcades et d'arcatures au décor finement sculpté de motifs géométriques d'inspiration arabe. À gauche du portail central, remarquer la frise sculptée évoquant les travaux des mois.

En contrebas de l'église, une tour à mâchicoulis protège le logis du chapitre (16e s.).

*Dans les **guides Michelin**,
les cartes et les plans de villes sont orientés le Nord en haut.*

Église St-Pierre d'AULNAY ★★

1 462 habitants

Cartes Michelin n° 72 pli 2 ou 233 pli 17 – 17 km au Nord-Est de St-Jean-d'Angely

Sur le grand chemin de St-Jacques-de-Compostelle, aux confins du Poitou et de la Saintonge, l'église St-Pierre-de-la-Tour apparaît solitaire *(en bordure de la D 950 au Nord-Ouest du village)* dans le cadre mélancolique des cyprès de son vieux cimetière.

VISITE

Une rare unité, des lignes harmonieuses, un décor somptueux mais ordonné, la chaude patine de la pierre font de cet édifice du 12e s. une réussite de l'art roman poitevin. Pour en avoir la meilleure vue générale, il faut se placer au fond du cimetière en se décalant légèrement sur la gauche par rapport à la façade.

Façade – Cantonnée de lanternons, elle comprend, au centre, un portail en arc légèrement brisé, entre deux arcades brisées aveugles formant enfeus : au tympan de l'arcade de gauche est sculptée la Crucifixion de saint Pierre, au tympan de l'arcade de droite, on voit le Christ en majesté entouré de deux personnages qui seraient saint Pierre et saint Paul.

Les voussures du portail sont ornées de sculptures, souples et gracieuses, illustrant les thèmes favoris des « imagiers » poitevins : 1re voussure (en bas), anges adorant l'Agneau ; 2e voussure, Vertus exterminant les Vices ; 3e voussure, Vierges sages (à gauche) et Vierges folles ; 4e voussure, signes du zodiaque et travaux des mois. À l'étage, la baie centrale aveugle encadrait jadis une statue de l'empereur Constantin à cheval.

Transept – Il est très développé. Le clocher carré, qui servait de repère aux pèlerins et aux voyageurs, en surmonte la croisée.

Le **portail du croisillon droit** *(voir illustration au chapitre de l'Art – Éléments d'architecture)* mérite d'être admiré, car ses voussures sont couvertes d'un décor sculpté fouillé et plein de verve. On reconnaît les sujets suivants :

1re voussure, animaux (griffons, centaures) et rinceaux en léger relief d'inspiration orientale.

2e voussure, apôtres et disciples du Christ ; cette voussure est soutenue, à l'intrados, par des atlantes assis.

3e voussure, les vieillards de l'Apocalypse (ils sont ici 31 au lieu des 24 habituels) tenant chacun une fiole à parfum et un instrument de musique ; à l'intrados de la voussure, autres atlantes, cette fois agenouillés.

4e voussure, personnages et animaux de fantaisie : on reconnaît au passage l'âne musicien, un bouc, un cerf, une chouette, une sirène, etc.

Au-dessus de ce portail s'ouvre une grande baie dont la voussure médiane est décorée de quatre belles effigies de Vertus terrassant les Vices.

Chevet – De chaque côté de la fenêtre centrale du chevet, de curieux rinceaux de style oriental encerclent des figures énigmatiques.

Intérieur – La nef, voûtée en berceau brisé, est contrebutée par des collatéraux élevés : remarquer la profondeur des ouvertures, plus étroites au Nord qu'au Midi, les piliers massifs coupés de deux étages de chapiteaux.

La croisée du transept est couverte d'une belle coupole sur pendentifs, dont les nervures rayonnent autour d'une ouverture circulaire par où l'on hissait les cloches.

J.-P. Clapharn/MICHELIN

Église St-Pierre d'Aulnay – Cimetière

Les **chapiteaux** constituent un ensemble très remarquable. On examinera surtout ceux du transept : éléphants aux oreilles minuscules (croisillon droit, à l'entrée du bas-côté) ; Samson endormi est lié par Dalila, tandis qu'un Philistin lui coupe la chevelure avec d'énormes ciseaux (pilier Nord-Ouest de la croisée) ; diablotins tirant la barbe d'un pauvre homme (croisillon gauche, à l'entrée du bas-côté), etc.

Cimetière – Jonché de pierres tombales en forme de sarcophages, il possède encore sa **croix hosannière** du 15e s., avec son pupitre, où le prêtre lisait l'Évangile des Rameaux, et ses statues sous dais des saints Pierre, Paul, Jacques et Jean.

ENVIRONS

Dampierre-sur-Boutonne – *8,5 km au Nord-Ouest par la D 121. Voir p. 106.*

St-Jean-d'Angély – *17 km au Sud-Ouest par la D 950. Voir p. 247.*

BARBEZIEUX

4 774 habitants (les Barbeziliens)
Cartes Michelin n° 72 pli 12 ou 233 pli 28 – 33 km au Sud-Est de Cognac

La capitale de la Petite Champagne *(voir la carte « le vignoble de Cognac » dans l'Introduction)* couronne une butte dont le sommet, arasé en esplanade (place de Verdun), supporte les deux belles tours rondes d'une porte fortifiée, restes d'un château du 12e s. restauré au 15e s. par Marguerite de La Rochefoucauld. Ses rues étroites ont gardé leur nom d'antan : rue du Minage, rue du Puits du Prêche, rue Coudée, rue Froide, Grand'Rue du Limousin...

Les habitants de Barbezieux s'adonnent, entre autres activités, au commerce des eaux-de-vie, de la volaille, des fruits confits et marrons glacés.

Jacques Chardonne (pseudonyme de Jacques Boutelleau : 1884-1968), enfant de la ville, intitula *Le Bonheur de Barbezieux* une délicate évocation de ses souvenirs de jeunesse : « Il y a quarante ans, dans une petite ville de Charente, tout le monde était heureux autant qu'il est possible sur terre. »

INCURSION DANS LES FINS BOIS

Circuit de 60 km – environ 2 h.

Quitter Barbezieux par le Nord-Est en empruntant la N 10, direction Angoulême. Après 15 km, prendre à droite la D 22.

Église de Plassac-Rouffiac – Consacré à saint Cybard d'Angoulême, cet édifice se détache sur la crête d'une colline d'où la vue porte jusqu'à la vallée de la Charente. L'architecture, d'un style pur, relève de l'école locale. La partie la plus caractéristique en est le clocher octogonal coiffé d'une flèche conique à imbrications, de type archaïque. L'abside en cul-de-four, percée d'un oculus, est bâtie sur une crypte.

Prendre la D 107 en direction de Jurignac, puis tourner à gauche sur la D 7.

Manoir du Maine-Giraud – Ce modeste manoir date du 15e s. Enclavé dans les bâtiments d'une exploitation agricole, il n'a pas changé depuis le temps où le comte **Alfred de Vigny** (1797-1863) y méditait sur l'inconstance et la cruauté des hommes dans le silence de sa « tour d'ivoire », une tourelle que surmonte une girouette aux initiales AV découpées dans le métal.

L'intérieur du manoir a été aménagé en **musée** ⊙ ; Il est possible de visiter également les chais et la distillerie du domaine.

Revenir et poursuivre sur la D 7.

Un poète vigneron

Le mélancolique auteur de *Chatterton* appréciait la solitude de l'austère campagne entourant le Maine-Giraud, qu'il nommait « mon cher désert ». Après sa rupture avec Marie Dorval, Alfred de Vigny se retire à l'automne 1838, avec son épouse anglaise, Lydia, dans cette propriété dont il vient d'hériter. Là, il conçoit en une nuit *La Mort du loup*, exaltation du stoïcisme. En 1848, il se présente à la députation en Charente, sans succès. De 1850 à 1853, il se confine de nouveau au Maine-Giraud ; il parraine une cloche de l'église de Champagne, qui porte son nom gravé sur les flancs.

En affaires, le « grand dadais », comme disait Chateaubriand, se montre moins romantique qu'en littérature. À partir de 1849, sa correspondance avec le régisseur du domaine le montre soucieux du temps, du stockage des récoltes, de la vente des eaux-de-vie. Sur place, Vigny tente d'améliorer la distillation de ses produits ; il ne dédaigne pas de traiter en négociant à l'hôtel Monte-Cristo de Blanzac.

Blanzac – Ancienne place forte des La Rochefoucauld, ce village s'étire le long de la vallée du Né.

Église St-Arthémy – Elle comprend un long chœur roman qui précède une courte nef gothique. Imposante et élancée, la façade présente certains éléments hérités du style roman local, tels les faisceaux de colonnes surmontés de clochetons et les festons décorant le portail ; par contre le gâble du portail, la rosace et les trois arcades aveugles trilobées sont typiquement gothiques. À l'intérieur, la disposition de la croisée du transept surprend. Cette croisée est en effet presque entièrement occupée par la base d'un clocher appartenant à l'église qui précéda l'édifice actuel : quatre piliers aux beaux chapiteaux sculptés de motifs végétaux y soutiennent une coupole octogonale sur trompes, supportant le clocher.

Quitter Blanzac par le Sud-Ouest en empruntant la D 7.

Chapelle des Templiers de Cressac ⊙ – Ancien siège d'une commanderie de Templiers, cette chapelle de l'Église Réformée de France renferme de remarquables **fresques** illustrant un épisode de la deuxième Croisade. Ces fresques, probablement exécutées entre 1170 et 1180, très endommagées sous la Révolution, relatent la bataille qui opposa en 1163 Guillaume IV Taillefer, comte d'Angoulême, Geoffroy Martel, Hugues VIII de Lusignan et les Templiers de Gilbert de Larcy aux troupes de l'émir Nur el-Din, maître d'Alep et de Damas.

Les importants fragments qui couvrent le mur Nord de la chapelle témoignent de la vie militaire des croisés et des Sarrasins en Palestine. Le registre inférieur laisse apparaître sur un fond ocre un camp de croisés, théâtre d'un échange de prisonnier contre rançon. Le registre supérieur, sur fond blanc, évoque le départ au combat des chevaliers et une charge de cavalerie contre une armée musulmane en déroute.

Poursuivre la route et prendre à droite sur la D 7. Peu après, emprunter sur la droite la D 434. Au lieudit Malatret, prendre tout droit sur la petite route en montée.

Église de Conzac – Situé à l'orée du hameau, cet édifice roman présente une abside à chapiteaux et modillons sculptés que surmonte une tour carrée, formant lanterne à l'intérieur. Dans le chœur en hémicycle, les arcades reposent sur de fortes colonnes.

Prendre la D 130 sur la gauche, puis encore à gauche la D 46. Après 2 km, tourner à droite vers Brie. Emprunter successivement la D 58, la D 142, puis la D 128.

Église de Berneuil – De style roman, elle est édifiée dans un site agréable à flanc de coteau. La façade remaniée au 16e s. révèle une niche surmontée d'un Christ en croix entouré de la Vierge et de saint Jean.

Poursuivre sur la D 128. La D 731 ramène à Barbezieux.

Abbaye de BASSAC

Cartes Michelin n° 72 plis 12, 13 ou 233 plis 28, 29 – 7 km au Sud-Est de Jarnac
Schéma p. 73

Fondée peu après l'an mille, ravagée pendant la guerre de Cent Ans et les guerres de Religion, l'abbaye de Bassac était desservie par des bénédictins qui embrassèrent la réforme de St-Maur en 1666. Plusieurs reliques insignes y étaient conservées parmi lesquelles les Saints Liens qui auraient servi à attacher le Christ lors de la Flagellation. Désaffectée à la Révolution, domaine privé à partir de 1820, l'abbaye fut rendue à la vie religieuse, en 1947, par les frères missionnaires de Ste-Thérèse-de-l'Enfant-Jésus.

VISITE

Pénétrer dans la cour abbatiale : en face se trouve l'église, à droite le couvent.

★**Église** – L'intéressante façade de style roman saintongeais fut pourvue au 15e s. de défenses consistant en un pignon percé de meurtrières et flanqué d'échauguettes. Durant la Révolution une main patriote y traça la parole de Robespierre : « Le peuple français reconnaît l'Être suprême et l'immortalité de l'âme. » La tour carrée comporte quatre étages disposés en retrait, de plus en plus ajourés et terminés par une flèche à écailles.

À l'intérieur de l'édifice, la nef unique à chevet plat, couverte de voûtes bombées, témoigne de l'expansion du style gothique angevin *(se reporter à l'Introduction)*. On remarque à droite un panneau peint du 17e s. représentant la Mise au tombeau, et une statue de saint Nicolas probablement du 13e s., dont les pieds ont été rognés par la caresse insistante de jeunes filles désireuses de trouver un mari.

Le vaste chœur des moines a été réaménagé au début du 18e s. : la clôture à laquelle s'adossent deux petits retables, les 40 stalles finement sculptées, le monumental aigle-lutrin, le retable du maître-autel sont l'œuvre des pères bénédictins aidés par des artisans locaux. Ce décor sobre et élégant s'adapte parfaitement à l'architecture médiévale du sanctuaire.

Bâtiments conventuels ⊘ – Ils ont été reconstruits aux 17e et 18e s. Une majestueuse porte encadrée de pilastres ioniques, suivie d'un long passage voûté d'ogives, conduit à l'ancien cloître. Les galeries du cloître ont été démolies en 1820 (les amorces sont visibles le long des murs), mais les bâtiments monacaux subsistent, surmontés de charmantes lucarnes à frontons. On voit, au rez-de-chaussée, la salle capitulaire aujourd'hui chapelle (belle voûte du 17e s.; vitraux de facture moderne, 1954), le chauffoir, la cuisine, l'escalier à balustres dans l'aile Sud. Devant la façade sur la Charente s'étend un jardinet en terrasses.

Musée des Tumulus de BOUGON ★★

Cartes Michelin n° 68 pli 12 ou 233 pli 6 – 4 km au Nord-Est de La Mothe-St-Héray

Cette dénomination désigne à la fois un site préhistorique et un musée de conception moderne situés près du village de Bougon, bien connu par ailleurs pour ses fromages de chèvre.

Une nécropole mégalithique – Les cinq tumulus de Bougon, sépultures monumentales de pierre et de terre de forme allongée ou circulaire, dont certaines remontent à 4 700 ans avant J.-C., soit 2 000 ans avant les Pyramides d'Égypte, constituent l'une des plus anciennes architectures funéraires connues dans le monde. Ces constructions mégalithiques sont l'œuvre de sociétés néolithiques qui vivaient dans des villages environnants dont les habitations n'ont laissé que fort peu de traces.

Bougon – Tumulus F0

VISITE ⊘

Musée

Cet élégant péristyle de métal et de verre résolument contemporain, construit sur le sol calcaire initial, s'édifie autour des vestiges d'un prieuré cistercien. Il constitue le point de départ d'une promenade à travers la préhistoire, depuis la création de l'univers jusqu'à la nécropole de Bougon.

Le parcours retrace l'évolution humaine, technologique, géologique et climatique depuis les origines de l'homme à travers une scénographie de conception moderne. Des reconstitutions partielles, grandeur nature, des maisons du village de Çatal Hüyük en Anatolie (dont une grotte sanctuaire peinte, où des vautours immenses enlèvent de petits hommes), d'une cabane de branches et de joncs de Charavines en Isère, de la chambre à couloir mégalithique de Gavrinis (Morbihan) et pour finir la salle consacrée aux tumulus de Bougon où dans une « fausse » tombe sont disposés offrandes et crânes dont un triplement trépané, donnent une image plus concrète et plus vivante d'un monde à l'origine de notre société.

La **chapelle** du 12e s. sert de trait d'union entre le musée et le site néolithique.

Parcours des découvertes

On accède au site des tumulus par un chemin pédestre agrémenté de reconstitutions animant le parcours, tels le « calendrier » luni-solaire (plan de Stonehenge en Angleterre), l'érection d'une dalle mégalithique, un jardin botanique...

Les Tumulus – Le premier à avoir été découvert (1840), le **tumulus A** circulaire, a été édifié au début du 4e millénaire avant J.-C. Sa chambre funéraire, l'une des plus grandes qu'on connaisse (7,80 m de long), est couverte d'une dalle unique, pesant

90 t, et séparée en deux parties par une dalle verticale. Outre quelque 220 squelettes, on y a découvert un riche mobilier funéraire. De forme allongée, le **tumulus B** englobait à l'Est deux coffres funéraires, à l'Ouest deux dolmens à couloirs. Les tessons de poterie qu'il contenait ont été datés du milieu du 5e millénaire avant notre ère, ce qui en fait le monument le plus ancien de la nécropole. Le **tumulus C** est composé d'une butte circulaire de 5 m de haut (3500 avant J.-C.), recouvrant un petit dolmen à couloir, et d'une plate-forme rectangulaire qui servait peut-être de lieu cultuel. Entre les tumulus C et E s'étend un mur de 35 m de long, qui semble séparer le sanctuaire en deux zones. Le **tumulus E** comprend deux dolmens qui, précédés d'un couloir orienté vers l'Est, contenaient des ossements et un mobilier funéraire (entre 4000 et 3500 avant J.-C.). Ce sont les plus anciens dolmens connus du Centre-Ouest de la France.

Enfin, le plus long (80 m), le **tumulus F** englobe en fait deux monuments principaux : au Nord, un tumulus (F2) avec dolmen à couloir de type dit angoumoisin (chambre rectangulaire), datant du début du 4e millénaire avant J.-C.; au Sud, un tumulus (FO) avec chambre à voûte en encorbellement et un couloir orienté à l'Est : dans cette chambre (4700 avant J.-C.) ont été reconstituées des sépultures.

Six nouveaux guides Verts Michelin :
Venise - Floride - Danemark, Norvège, Suède, Finlande - Europe - Berlin - Vienne

BRESSUIRE

17 827 habitants
Cartes Michelin n° 67 pli 17 ou 232 plis 43, 44
32 km au Nord-Ouest de Parthenay

Au sein du bocage vendéen dont il est la capitale, Bressuire est aussi un gros marché agricole, comme en témoignent les vastes dimensions de sa place Notre-Dame, de ses halles et de son foirail où se tiennent tous les mardis d'importants marchés aux bestiaux. On y fabrique des conserves de viande et du mobilier scolaire.

Basses et coiffées de tuiles bombées, ses maisons grimpent à l'assaut d'une colline bordant le Dolo qui, plus loin, prend le nom de Ton avant de se jeter dans l'Argenton.

Les misères de la guerre – Durant les guerres de Vendée, Bressuire obéit au marquis de Lescure, le «saint du Poitou», châtelain de Clisson *(8 km au Sud-Est)*; la ville servait alors parfois de quartier général aux chefs de l'Armée catholique et royale. Aussi est-elle mise à feu et à sang, le 14 mars 1794, par les «colonnes infernales» du général Grignon *(se reporter à l'Introduction);* cet ancien marchand de bœufs se fait fort de tenir une comptabilité rigoureuse des Vendéens abattus par lui et se vante d'en avoir occis 200 en une seule journée, aux abords de Bressuire.

CURIOSITÉS

Église Notre-Dame – Son architecture s'apparente aux monuments du Val de Loire. C'est ainsi que la nef unique, très large et couverte de voûtes gothiques bombées, avec des portails et des chapiteaux encore romans, est caractéristique du style Plantagenêt au 13e s. De même le vaste chœur quadrangulaire, de style gothique flamboyant, semble avoir subi les influences angevines, bien qu'il soit seulement de la fin du 15e s.

La tour, conçue d'un seul jet au 16e s., unit harmonieusement les styles gothique et Renaissance, ce dernier s'affirmant dans la partie supérieure; elle évoque les clochers de la cathédrale de Tours. Couronnée d'un dôme à lanternon, elle surgit à 56 m de hauteur au-dessus de la cité et du bocage.

Musée municipal ⊙ – Sur la jolie place où s'élève l'hôtel de ville, construit au début du 19e s. à l'emplacement du couvent des Cordeliers, l'ancienne halle aux grains abrite un petit musée consacré à l'art et à l'histoire locaux. Un intérieur régional, des faïences (St-Porchaire, Parthenay, La Rochelle), des souvenirs des guerres de Vendée, etc., y sont présentés.

Château ⊙ – Jadis fief de la puissante baronnie des Beaumont-Bressuire, il comprend deux enceintes en partie ruinées, que jalonnent 48 tours semi-circulaires. L'enceinte extérieure date du 13e s. et se développe sur 700 m. On la suivra à gauche sur 100 m, pour découvrir la vision romantique des murailles aux tours croulantes. L'enceinte intérieure remonte au 11e s. Une poterne donne accès à la cour seigneuriale.

Incendié pendant la Révolution, le logis seigneurial du 15e s., en ruine, a été remplacé par un bâtiment de style «troubadour».

Du pont sur le Dolo *(route de Cholet),* on a une bonne vue sur le château et ses murailles.

BROUAGE ★

498 habitants
Cartes Michelin n° 71 pli 14 ou 233 pli 14 – 8 km au Nord-Est de Marennes

Battus par le vent salé de l'océan, les remparts de Brouage, encore assez bien conservés, jaillissent avec leurs échauguettes au-dessus du marais monotone.
Souvenirs de guerre et d'amour planent sur Brouage la Morte, livrée au silence, mais qui semble appelée à devenir la ville-mémorial de l'amitié franco-québécoise comme en témoignent les nombreux drapeaux qui flottent au vent.

UN PEU D'HISTOIRE

Grandeur et décadence – Dès le Moyen Âge, Brouage joue un rôle commercial important. Bien abrité au fond du «plus beau havre de France», le bourg est la capitale du sel, recueilli dans les marais salants voisins (8 000 ha) et expédié surtout en Flandre et en Allemagne.
Entre 1567 et 1570 naît à Brouage, d'une famille protestante, **Samuel de Champlain**. Navigateur avisé, aux ordres du roi Henri IV, il colonisa une partie du Canada et, parti de Honfleur (Normandie) en 1608, fonda Québec *(se reporter au guide Vert Michelin Canada)*. Un monument, érigé en 1970, marque l'emplacement de sa maison (**B**).
Le siège de La Rochelle (1628) ayant fait de Brouage l'arsenal de l'armée royale, Richelieu charge l'ingénieur picard Pierre d'Argencourt d'en reconstruire les fortifications. Au terme de ces travaux, activement poussés durant 10 ans, la cité de Champlain, qui peut entretenir une garnison de 6 000 hommes, constitue la plus forte place de la côte atlantique...
Si forte que, lors de la Fronde, Du Dognon, gouverneur de la ville, s'y enferme et s'en déclare souverain. Richelieu l'eût fait décapiter, Mazarin traite : il offre au révolté 100 000 écus et le bâton de maréchal... puis s'attribue le gouvernement de Brouage.
À la fin du 17e s., Brouage connaît une période de déclin. Le rétablissement de l'enceinte de La Rochelle et la fondation de Rochefort lui enlèvent une part de son rôle militaire. Vauban entreprend cependant de renforcer ses remparts, mais le havre s'envase et les marais salants passent à l'état de «marais gâts», générateurs de fièvres.
Brouage ne vit que d'une maigre garnison, lorsque sous la Révolution on y enferme des religieux réfractaires, vite décimés par la maladie.

Amour et raison d'État – En 1659, Louis XIV aime **Marie Mancini**, nièce de Mazarin ; ils ont vingt ans et veulent se marier. Or la raison d'État s'oppose à leurs desseins, car le cardinal désire sceller la paix avec l'Espagne par un mariage du roi et de l'infante Marie-Thérèse. Et l'idylle s'achève «malgré lui, malgré elle»...

Brouage – Vue aérienne

À La Rochelle où Mazarin l'a expédiée, la brune Marie apprend la conclusion du mariage espagnol. Du 4 septembre au 30 décembre, elle va cacher son chagrin à Brouage, dont son oncle est gouverneur : « Comme la solitude était plus propice à entretenir mes rêveries, je choisis le château de Brouage... » Et Mazarin l'autorise à rentrer à Paris.

Six mois plus tard, à St-Jean-de-Luz, Louis épouse l'infante. Sur le chemin du retour, il fausse compagnie au cortège et gagne Brouage. Il y occupe l'ancienne chambre de Marie et arpente le rempart et les grèves, en soupirant après sa fiancée perdue. Racine s'est inspiré de cette triste histoire dans sa tragédie *Bérénice*.

★★LES REMPARTS ⊙

Les remparts de Brouage, bâtis de 1630 à 1640, constituent un exemple capital de l'art des fortifications avant Vauban *(se reporter à l'Introduction)*.

Dessinant un carré de 400 m de côté, ils sont défendus par sept bastions, eux-mêmes munis d'échauguettes en encorbellement d'une grâce délicate. Les murs, hauts de 13 m, sont surmontés d'un parapet de briques percé de canonnières. Deux portes s'y ouvraient : la porte Royale et celle de Marennes.

Le côté Nord formait le front de mer, donnant sur le havre, aujourd'hui réduit à un chenal. La place d'armes se trouvait au Sud, près des casernes.

Le rempart Ouest était protégé par une demi-lune, détachée de la courtine.

Si la plupart des maisons de Brouage ont disparu, dont l'hôtel du Gouverneur, où descendirent Marie Mancini puis Louis XIV, les dépendances militaires ont mieux résisté.

Chemin de ronde – On peut parcourir presque entièrement le sommet des remparts, tapissé d'herbe. La disposition de la place forte apparaît nettement, tandis qu'une vue étendue se développe sur le marais, les îles d'Aix et d'Oléron.

Porte royale – Percée dans le bastion Nord, dit **bastion Royal**, elle donnait jadis accès aux quais. Dans le passage voûté, sur le mur de droite, en sortant, on distingue des graffiti anciens représentant divers types de bateaux. À l'extérieur, la porte est surmontée d'un fronton aux armes (à demi effacées) de France et de Navarre ; dans le pan de muraille à gauche de la porte, remarquer les vestiges des fers qui, placés entre les blocs, assuraient la solidité de l'appareil.

Forges royales – Elles étaient adossées au bastion Royal. Au centre de celle qu'occupe le bureau du tourisme s'élève encore une imposante cheminée. À gauche de cette forge, l'« escalier Mancini » (**D**) est celui que Marie empruntait quand elle allait rêver sur le rempart. Parallèle à cet escalier, une rampe permettait de hisser les canons.

À gauche s'alignent les **hangars de la Porte royale**, anciens magasins ou ateliers, transformés en boutiques. Au Sud de ceux-ci s'élevait l'hôtel du Gouverneur.

AUTRES CURIOSITÉS

Église St-Pierre – Sobre et austère, elle présente un portail à fronton classique aux armes royales encadrées par les écussons des d'Espinay-Saint-Luc et des Comminges qui gouvernaient la place lors de sa construction en 1608. Sa remise en état a été effectuée aux frais de la ville de Québec.

À l'intérieur, remarquer une Vierge en bois, ancienne figure de proue d'un navire suédois naufragé. Les bas-côtés abritent une exposition sur les origines et l'évolution de la « Nouvelle France » devenue le Canada, ainsi que sur les échanges franco-québécois. Deux vitraux ont été offerts par le gouvernement de la province du Nouveau-Brunswick et la ville de Québec.

Autres installations militaires – La **halle aux vivres**, restaurée, arbore de belles voûtes de brique et pierre reposant sur des piliers de pierre ; à côté s'élève l'ancienne **tonnellerie (F)**. Plus au Sud, dans le bastion de la Brèche, se dissimule l'entrée d'un **port souterrain**, l'un des deux abris dont disposait Brouage pour les barques. Aménagé dans les flancs du rempart, il est couvert d'une voûte de pierre ; à l'extérieur, côté campagne, on remarque des armoiries. Près du bastion de la Brèche, la **poudrière de la Brèche**, édifice voûté de pierre et couvert de dalles, était l'une des deux poudrières de la ville forte. Datant de 1692, elle est due à Vauban. Les latrines publiques qui avaient été aménagées à l'intérieur des remparts, à l'Ouest, dans la **Courtine de la Mer (G)** surprennent par leur décoration : frontons et fenêtres à meneaux.

Bastion St-Luc – Sous son échauguette d'angle font saillie les armes de Richelieu *(visibles de la D 3)*.

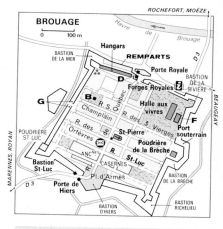

B	Emplacement de la maison de Samuel de Champlain
D	Escalier Mancini
F	Ancienne Tonnellerie
G	Courtine de la Mer

CELLEFROUIN

563 habitants (les Cellefrouanais)
Cartes Michelin n° 72 Sud du pli 4 ou 233 pli 19
20 km au Nord de la Rochefoucauld

Cellefrouin, dont le nom signifie « ermitage de Frouin », évoque surtout, pour l'amateur d'architecture romane, une église et une lanterne des morts.

CURIOSITÉS

Église – Située dans un agreste vallon, c'est l'ancienne abbatiale d'un monastère d'augustins, florissant au Moyen Âge, mais qui, au 18e s., ne comptait plus qu'un moine. L'édifice, sobre et pur, a été restauré avec goût mais la façade, rythmée d'arcatures et de colonnes engagées, aurait plus d'élan si elle n'était restée quelque peu enterrée. De même l'exhaussement du sol nuit aux proportions et à la perspective, à l'intérieur de l'église. Reposant sur des colonnes massives, la nef et les collatéraux sont voûtés en berceau ; la base de la 3e colonne à droite, qui a été dégagée, montre le degré d'élévation du sol actuel.
Une imposante coupole sur trompes, supportant le clocher, couvre la croisée du transept. Au fond du croisillon gauche, sculptures encastrées dans le mur, dont une représente la main bénissante du Seigneur.

Lanterne des morts – Élancée, la lanterne, haute de 12,50 m, est formée d'un faisceau de huit colonnes que surmonte un toit conique. Dans une des colonnes s'ouvre la niche où l'on plaçait la veilleuse symbolique.

CELLES-SUR-BELLE

3 425 habitants
Cartes Michelin n° 72 Nord du pli 2 ou 233 pli 6 – 20 km au Sud-Est de Niort

Celles s'est développée à l'ombre du haut et puissant clocher de son ancienne abbaye d'augustins établie en terrasse sur le bord du vallon formé par la Belle.

Celles-sur-Belle – Ancienne abbaye

CURIOSITÉS

Église Notre-Dame ⊙ – Ancienne abbatiale, elle est le siège d'un pèlerinage à la Vierge, dit « la Septembresche », qui a lieu le 1er dimanche de septembre. Le roi Louis XI y venait régulièrement faire ses dévotions. Détruite par les huguenots en 1568, l'église fut relevée cent ans plus tard, dans le style du 15e s., par l'architecte **François Leduc**. Son goût pour l'architecture de l'ordre toscan *(se reporter au guide Vert Michelin Rome)* lui valut le surnom de Toscane.
Dans le narthex, on admire le très curieux **portail**★ roman qui appartenait à la première abbatiale. Ses voussures polylobées, aux masques grimaçants, indiquent une influence orientale, diffusée en France le long des chemins de St-Jacques.

La nef et ses collatéraux frappent par leur luminosité ; admirer la pureté de ligne des piliers qui jaillissent vers les hautes voûtes bombées. Au fond du chœur apparaît la statue (17e s.) de N.-D.-de-Celles.

Abbaye ⊘ – *Accès par le grand portail en contrebas de l'église.*
Trois de ses abbés ont laissé un nom : Geoffroy d'Estissac *(voir Maillezais)*, le cardinal de La Rochefoucauld qui fut Premier ministre de Louis XIII, et enfin le fameux Talleyrand.

Les bâtiments conventuels sont dus, comme l'église, à Leduc. La façade principale, longue de 85 m, ne manque pas d'allure avec ses pilastres ioniques s'appuyant sur des contreforts à volutes. Malheureusement l'aile droite n'a pas été achevée. À l'intérieur on voit un bel escalier, l'ancien réfectoire, la cuisine, une galerie de cloître, le tout du 17e s.

Dans l'enclos, ruines de l'ancienne église paroissiale St-Hilaire et sa crypte du 12e s.

ENVIRONS

Maison du Protestantisme poitevin *11 km au Nord*

Transformés en lieux d'exposition, les temples protestants de Beaussais et de La Couarde forment la maison du Protestantisme poitevin.

Temple de Beaussais – Cette ancienne église catholique du 12e s., qui conserve un chœur roman voûté en cul-de-four, a été aménagée en petit **musée du Protestantisme** ⊘. Les panneaux de l'entrée évoquent les activités des protestants au 20e s., tandis que ceux de la nef retracent l'histoire du protestantisme en France, notamment dans le Poitou.

Un « sentier huguenot » de 4 km relie Beaussais à La Couarde *(descriptif disponible au musée).*

Temple de la Couarde – Une autre section de la **maison du Protestantisme poitevin** ⊘ est installée dans ce temple édifié en 1904. Les panneaux et vitrines (voir les « méreaux », jetons qui permettaient d'identifier les fidèles) ont trait principalement au « Désert », période de clandestinité et de répression ayant suivi la révocation de l'édit de Nantes (1685). Une « Assemblée du Désert » (réunion secrète), avec sa chaire démontable, a été reconstituée. Films vidéo.

Logis de la CHABOTTERIE★★

Cartes Michelin n° 67 plis 13, 14 ou 232 pli 40
15 km au Sud-Ouest de Montaigu

Vers 1560 apparaît une nouvelle forme de construction en Vendée : le logis clos. Ce type d'habitat a pour caractéristique de regrouper, autour de sa cour fermée et fortifiée, à la fois la demeure seigneuriale et les communs. Cette architecture se maintiendra jusqu'au 18e s.

C'est dans les bois de la Chabotterie que s'acheva la guerre de Vendée, avec la capture, le 23 mars 1796, du chef royaliste **Charette**.

Le logis de la Chabotterie ⊘ a retrouvé, grâce à une restauration soignée, l'atmosphère raffinée de la fin du 18e s. : mélange de rusticité et de délicatesse propre à la société rurale du Bas-Poitou de l'époque.

S. Sauvignier/MICHELIN

Logis de la Chabotterie

Salles historiques – De subtils fonds sonores (murmure de conversation, crépitement d'un feu de cheminée, orage, etc.) donnent à chaque pièce une sympathique ambiance de vie. Les salles présentent un ameublement et des objets authentiques : la cuisine (table sur laquelle Charette fut amené pour y être soigné), la salle à manger (table dressée, sièges estampillés, lustre à cristaux taillés), la chambre (lit à la duchesse en toile de Nantes, 1783), le cabinet d'érudit (tapisseries d'Aubusson des 17e et 18e s.), la salle de commandement, les combles. Un film vidéo, « Charette général vendéen », résume le combat qu'entreprit le chevalier, fusillé à Nantes le 29 mars 1796.

Salle des maquettes – Les reproductions d'une dizaine de logis vendéens y sont exposées et commentées. L'une d'entre elles est couplée à un film vidéo : une lumière éclaire la partie de maquette présentée à l'image.

Parcours spectacle – *20 mn. L'atmosphère des lieux est susceptible de choquer les jeunes enfants et certaines personnes sensibles.* Installées dans un bâtiment récent, trois salles, communiquant par des sas, évoquent la guerre de Vendée.
Salle 1 : Un « bleu » et un « chouan » soliloquent sur leur sort respectif.
Salle 2 : Quatre maquettes aux belles perspectives s'animent sur 360°.
Salle 3 : Traqué et blessé, Charette profite de ses derniers instants de liberté pour évoquer les massacres provoqués par les « colonnes infernales ».
Le parcours se termine par une série de dessins retraçant la prise de Charette dans les bois de la Chabotterie. Une exposition temporaire complète la visite.

Jardin clos – Recréé, il se divise en deux espaces : le jardin d'agrément avec sa roseraie, et le potager aux floraisons quelquefois très spectaculaires.

Croix de Charette – *1/2 h AR.* Cette croix de granit, érigée en 1911 dans le bois de la Chabotterie, indique l'emplacement où le chef vendéen fut capturé.

EXCURSION

★**Sur les pas de Charette** – *Circuit de 45 km. Voir p. 128.*

CHALAIS

2 172 habitants
Cartes Michelin n° 75 pli 3 ou 233 pli 40 – 30 km au Sud-Est de Barbezieux

Connu pour ses foires et marchés, Chalais comprend la ville basse moderne, établie près de la Tude, et un quartier ancien sur la colline qui sépare la Tude de la Viveronne.

CURIOSITÉS

Église St-Martial – *Accès par un chemin se détachant de la D 674, au Nord de Chalais.* Intéressante **façade** romane. Les voussures du portail présentent un décor géométrique et des festons d'inspiration mauresque ; aux arcades latérales on reconnaît, à droite, les Trois Marie portant des vases de parfum au tombeau du Christ, à gauche le Christ entre saint Pierre et saint Martial ; ces personnages ont été décapités pendant la Révolution.

Château – Il appartenait aux Talleyrand-Périgord, princes de Chalais. L'un d'eux, Henri, conspirateur notoire, fut décapité sur ordre de Richelieu : il ne fallut pas moins de 30 coups de hache pour que sa tête tombât.
Par le châtelet (fin 16e s.), flanqué d'échauguettes et précédé d'un pont-levis, on entre dans la cour. À droite s'élève un bâtiment du 17e s. Dans le fond, mail de tilleuls à l'extrémité duquel se découvre une jolie vue sur les toits de Chalais.

CHAMPDENIERS

1 456 habitants (les Campidénariens)
Cartes Michelin n° 68 pli 11 ou 233 pli 6 – 21 km au Nord de Niort

Champdeniers s'étire sur l'échine d'un promontoire. Les foires aux mules qui se déroulaient autrefois étaient renommées. L'ancienne Grande-Rue, parallèle à la voie de traversée actuelle, ne manque pas de cachet.
On a une bonne vue du site de Champdeniers lorsqu'on emprunte la route de Niort au Sud (D 748).

Église – Situé sur le rebord du promontoire, au-dessus de la vallée de l'Egray, cet édifice relève de l'art roman poitevin, bien que la tour octogonale fasse penser aux écoles limousine ou auvergnate ; le chevet date du 15e s.
On remarque la variété des chapiteaux, décorés de feuillages stylisés et de têtes grimaçantes. Dans le vaisseau latéral Nord du chœur, grande Vierge en bois du 17e s. Dans la crypte, les voûtes d'arêtes des trois nefs s'appuient sur des colonnes monolithes dont les chapiteaux, sculptés en faible relief, datent du 11e s.

ENVIRONS

Église de St-Marc-la-Lande – *4,5 km au Nord-Est par la D 134.* Elle possède une remarquable **façade★** Louis XII, celle d'une collégiale jadis desservie par les antonins, religieux hospitaliers de l'ordre de saint Antoine (fin 11ᵉ s.), qui soignaient le mal des ardents, fièvre violente appelée aussi « feu de saint Antoine ».

L'intérêt principal de cette façade, outre la qualité de la sculpture, réside dans la juxtaposition d'éléments flamboyants et Renaissance : c'est ainsi que les contreforts d'angle, d'un modèle très original, sont formés de colonnettes torsadées Renaissance, tandis qu'au centre un grand arc gothique abrite deux baies flamboyantes surmontant deux portes Renaissance en anse de panier. On admire le raffinement des niches, sculptées avec une suprême finesse.

Église de Fenioux – *13 km au Nord-Ouest par la D 128 puis la D 25.* À l'intérieur de ce petit édifice roman, la coupole sur pendentifs et les chapiteaux ornés de gros masques ou d'oiseaux révèlent une influence saintongeaise.

VALLÉE DE L'EGRAY *itinéraire de 12 km jusqu'à St-Maxire*

Le cours encaissé et capricieux de l'Egray est souligné de trembles.

À 2 km de Champdeniers apparaissent, sur la droite, des abrupts rocheux couverts de pins et de châtaigniers. Un sentier signalé indique les rochers de la Chaize (point de vue et école d'escalade).

Au-delà, le vallon est tapissé de prés enclos de haies vives.

Église de Ste-Ouenne – Cet édifice roman se signale par son petit clocher carré et son élégant chevet décoré, à contreforts-colonnes. La nef unique, évasée, conserve des chapiteaux d'une facture intéressante, surtout dans le chœur (feuillages et oiseaux).

1 km après Ste-Ouenne, à une bifurcation, prendre à gauche.

Après Ste-Ouenne, la route offre des échappées lointaines en direction de Niort.

On aperçoit bientôt, à gauche en contrebas, le charmant **château de Gazeau**, du 15ᵉ s., accompagné d'une chapelle de même époque ; une jolie vue se dégage sur le coteau de la rive gauche.

Vallée de la CHARENTE★

Cartes Michelin n° 72 plis 11 à 13 et 71 pli 4 ou 233 plis 27 à 29 et 15 et 16

Formant une spacieuse vallée que baigne une lumière nacrée, la Charente, escortée de peupliers, déroule lentement ses méandres dans les grasses prairies qu'elle inonde en hiver. Voilées par beau temps d'un halo bleuté, des collines aux contours mesurés l'accompagnent. L'ensemble compose un tableau qui charme par sa douceur.

Un fleuve paisible – Longue de 360 km, la Charente, née près de Rochechouart en Limousin, arrose l'Angoumois et la Saintonge, servant de trait d'union entre les pays qu'elle traverse, du Confolentais au Marais. Leurs principales villes, qui furent d'abord des escales pour la batellerie, faisaient d'elle, au dire d'Henri IV, « le plus beau fossé du royaume ».

Fleuve de faible pente et de débit régulier, la Charente a établi sa vallée, tantôt rétrécie, tantôt évasée, dans les plateaux calcaires de l'Angoumois (champagnes) puis dans la craie saintongeaise. Son tracé tourmenté provient soit d'accidents de structure, failles dues à des dislocations, soit de phénomènes de capture qui ont détourné son cours.

Dans les fonds s'étale largement « la prée », prairies communales où paissent les troupeaux qui ont valu aux Charentes leur réputation laitière. Les pentes portent des cultures et ces vignes qui, d'Angoulême à Saintes, donnent les eaux-de-vie de Cognac. En aval d'Angoulême, dans le vignoble, on remarque le plan caractéristique des maisons de maître, blanches sous le ciel : le colombier, le logis et les dépendances délimitent une cour dans laquelle on pénètre par une porte cochère cintrée, de noble allure.

Un « chemin qui marche » – La Charente est navigable à partir d'Angoulême et la marée se fait sentir jusqu'à Saintes. Mais son trafic est devenu insignifiant.

Dès l'époque romaine, les bateliers transportaient vers l'intérieur sel et poissons. À partir du 17ᵉ s. le papier et la pierre de taille d'Angoulême, les canons de Ruelle, les eaux-de-vie de Cognac descendent le fleuve sur les gabares, grandes embarcations à fond plat, qui chargent à la remontée le sel du marais, les bois et, par la suite, les charbons du Nord. Sous Louis-Philippe, des bateaux à vapeur, avec restaurant à bord, assurent le transport des passagers, de Saintes à Rochefort. Chaque bourg a son quai. De nos jours, de nombreuses **croisières** ⊙ sont organisées sur le fleuve, au départ d'Angoulême, de Cognac, Saintes ou St-Savinien : un **circuit « Val de Charente** ⊙ **»** est également possible.

1 D'ANGOULÊME À SAINTES

Itinéraire de 95 km – environ une demi-journée – schéma ci-dessous.

★★**Angoulême** – *Voir p. 53.*

Église de Fléac – Cet édifice roman du 12ᵉ s. est dépourvu de transept ; la nef et le chœur sont coiffés de trois coupoles successives. Joli portail décoré d'animaux chimériques.

Par la D 103 qui descend au milieu des vignes et des arbres fruitiers (nombreux noyers), on atteint le fond de la vallée, tapissé de prairies.

Trois-Palis – **Église** romane avec un clocher à deux étages dont la flèche conique est couverte d'écailles. Elle présente une façade dont le pignon est orné d'un Christ, qu'entourent les symboles des Évangélistes, et un intérieur sans transept dont la nef et le chœur sont séparés par une coupole sur pendentifs (chapiteaux historiés : à droite le Sacrifice d'Isaac).

Chocolaterie Letuffe ⊘ – Entreprise artisanale où sont fabriquées notamment les spécialités d'Angoulême : marguerites et duchesses. Film vidéo.

La route vers Nersac mène au pont de la Meure d'où se découvre une jolie perspective sur le fleuve.

Au lieu dit Rochecorail, une des grottes aurait servi de refuge au célèbre **Calvin** ; celui-ci y aurait achevé l'*Institution de la religion chrétienne*, ouvrage capital où est exposée toute sa doctrine.

D'abord encadrée de sapins, la route serpente ensuite agréablement entre bois et vignobles. Passé Sireuil, la route court à flanc de coteau et ne redescend au niveau du fleuve qu'à l'approche de St-Simeux.

St-Simeux – Village fleuri, étagé au bord de la Charente.

Du pont de la D 422 vers Mosnac, charmante **vue★** sur une anse du fleuve qui borde un moulin à eau et sur St-Simeux dominé par son église.

Après St-Simeux la route se relève et franchit un bois ; du sommet de la côte, jolie vue, à gauche, sur la vallée.

Du pont de Châteauneuf, coup d'œil sur le fleuve – que l'on perdra ensuite de vue jusqu'à Jarnac – divisé en deux bras par un îlot boisé.

Châteauneuf-sur-Charente – *Voir p. 78.*

Abbaye de Bassac – *Voir p. 63.*

Un peu avant **Triac**, sur la droite, une pyramide érigée à quelques mètres de la route marque l'endroit où Condé, blessé, fut achevé par Montesquiou.

Jarnac – *Voir p. 120.*

De Jarnac à Cognac, l'itinéraire traverse une campagne verdoyante et paisible où se succèdent vignobles, boqueteaux, pâturages.

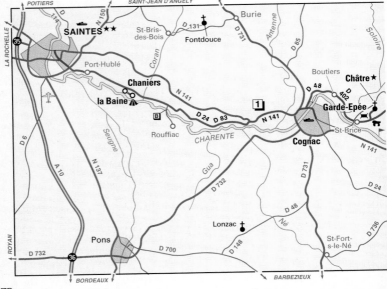

Bourg-Charente – Sur la rive gauche de la Charente, Bourg-Charente regarde la rivière qui se divise en plusieurs bras, enserrant des îles basses, tapissées de prairies.

Église – De style roman saintongeais, elle présente une façade à trois étages surmontée d'un fronton triangulaire ; remarquer son plan en forme de croix latine et l'alignement des trois coupoles sur pendentifs. Sur le mur de gauche de la nef, une fresque du 13e s. représente l'Adoration des Mages.

Château – Élevé sur une butte, de l'autre côté de la Charente, il date d'Henri IV. Le pavillon qui le flanque, imposante bâtisse à baies surmontées de frontons et de hauts toits à la française, est caractéristique de l'époque.

Dolmen de Garde-Épée – Gris foncé, le dolmen (accès signalé) se détache sur les champs plus clairs ; de formes régulières, il présente une belle dalle tabulaire.

★**Église de Châtre** ⊙ – Émouvante dans sa solitude et son abandon, l'église Notre-Dame apparaît au creux d'un vallon humide aux pentes boisées. C'était l'abbatiale d'un couvent d'ermites augustins, dévasté lors des guerres de Religion et transformé par la suite en manufacture de faïences. De puissants contreforts-colonnes encadrent sa façade romane saintongeaise, sobrement décorée mais gracieuse et très élégante.

Dans le détail, admirer la découpe des festons du portail central et la finesse des motifs sculptés ornant frises, arcs et arcatures. Une file de quatre majestueuses coupoles sur pendentifs couvre la nef que prolonge un chœur gothique à chevet plat, remplaçant l'abside primitive.

Château de Garde-Épée – Le château du 17e s., accompagné d'un colombier, comprend une enceinte fortifiée avec entrée monumentale : porte cochère et porte pour piétons, défendues par des mâchicoulis.

À la Branderaie de Garde-Épée vécut Jacques Delamain (1874-1953), le grand ami des oiseaux dont il décrivit les mœurs dans un livre admirable : *Pourquoi les oiseaux chantent*.

La route longe le fleuve avant d'atteindre Cognac.

Cognac – *Voir p. 91.*

Les sinuosités de la route longeant la rive Nord de la Charente épousent constamment le pied du coteau : à gauche s'étendent de vastes prairies parfois divisées en bandes longitudinales résultant de partages d'héritage ; à droite alternent cultures, vignobles et quelques carrières.

Église de Chaniers – De style roman, elle présente une originale abside fortifiée de plan tréflé et un beau clocher au-dessus d'une coupole sur trompes ; hors œuvre, chapelle du 15e s.

La Baine – Joli site au bord de la Charente qui se divise ici pour former deux îles reliées par des passerelles. Peupleraie et barques.

Près de Port-Hublé, route et voie ferrée courent, parallèles, entre le fleuve et la falaise crayeuse, avant de pénétrer dans Saintes.

★★**Saintes** – *Voir p. 261.*

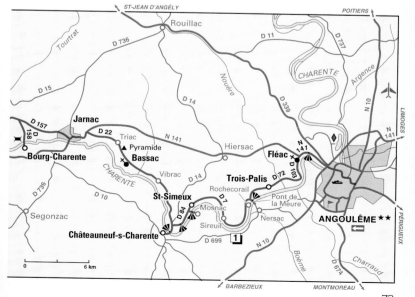

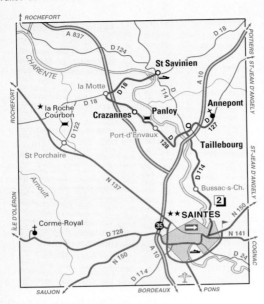

Itinéraire de 35 km – environ 3 h – schéma ci-dessus.

La route suit d'assez près la Charente dont on a çà et là quelques aperçus sur le cours sinueux. Cette section du fleuve est parcourue par la marée qui remonte jusqu'à Saintes.

Quitter Saintes par le Nord-Est en empruntant la D 114, direction St-Savinien.

Taillebourg – Étagé sur les pentes d'un vallon adjacent à la Charente, ce village est dominé par les ruines de son château féodal où Charles VII fit enfermer Jacques Cœur. Ses quais attestent qu'il possédait jadis un port fluvial. Taillebourg a donné son nom à une bataille qui mit aux prises, en juillet 1242, Saint Louis et le roi d'Angleterre Henri III Plantagenêt, et s'acheva par la déroute des Anglais.

Château – *Laisser la voiture sur l'esplanade du monument aux morts (route d'Annepont).* En passant entre deux pavillons du 18ᵉ s., pénétrer dans le parc public aménagé dans les ruines où se dresse encore une haute tour d'angle à mâchicoulis. De la terrasse du parc, belle vue sur la paisible vallée de la Charente, tapissée de prairies.

Quitter Taillebourg par l'Est en empruntant la D 127.

Église d'Annepont – Petit édifice roman ; à droite du portail, niche du 15ᵉ s.

Au Sud de Taillebourg, après le pont sur la Charente, en surplomb de la route, court une **chaussée romaine** refaite en 1220, dont les traces se perdent un peu avant St-James.

Prendre à droite la D 128 en direction de Port-d'Envaux.

Château de Panloy ⊙ – Édifié de 1770 à 1773 sur les bases d'un ancien château dont il a conservé les deux pavillons d'entrée de style Renaissance, le château de Panloy offre une harmonieuse façade en regard d'une large cour d'honneur, fermée par une balustrade de pierre ajourée.

À l'arrière du château, où débouche le chemin d'accès, se situent les écuries et un **pigeonnier** daté de 1620, qui a conservé son échelle tournante. On visite successivement une grande salle à manger aux boiseries Louis XV, puis un salon de même époque, au décor raffiné : au-dessus des portes, de petites scènes historiées ont pour thème les saisons, tandis que les panneaux muraux sont ornés de cinq belles **tapisseries de Beauvais★**, d'après des cartons de J.-B. Huet, représentant des scènes pastorales du 18ᵉ s. Une porte du salon donne accès à la galerie de chasse ajoutée au 19ᵉ s. et décorée de quelque 70 têtes de cerfs et de chevreuils. Au bout de la galerie, un petit couloir d'angle contenant quelques tableaux du 17ᵉ s. mène au pavillon opposé présentant un mobilier Renaissance. Remarquer en sortant l'ornementation des murs : colonnettes et masque Renaissance.

Crazannes – *Voir p. 105.*

Poursuivre sur la D 128, puis au lieu dit la Motte prendre à droite sur la D 18.

St-Savinien – Ce gros bourg, étagé en bordure d'un coude de la Charente, conserve quelques vestiges moyenâgeux et, surtout, une **église** (13ᵉ-14ᵉ s.) dont le massif clocher à arcatures et la façade romane à pignon sont remarquables.

CHARROUX ★

1 428 habitants (les Charlois)
Cartes Michelin n° 72 pli 4 ou 233 pli 19 – 28 km au Nord-Est de Ruffec

Dans un vallon de la rive droite de la Charente, Charroux est né d'une abbaye bénédictine. La place a conservé une halle en bois, du 15e s.

UN PEU D'HISTOIRE

Les reliques, sources de richesses – La personnalité du protecteur des premiers moines, Charlemagne lui-même, assura la renommée de l'établissement. Des conciles s'y tinrent à plusieurs reprises et l'un d'eux, en 989, posa les bases de la « Trêve de Dieu ». En 1096 le pape Urbain II consacrait la nouvelle église.
Propriétaire de reliques insignes (parcelles de la Vraie Croix, chair et sang du Christ), le monastère devint l'objet d'un pèlerinage qui, en juin, rassemblait environ 25 000 personnes. Les visiteurs de marque enrichissaient le trésor de dons en argent et de magnifiques objets d'art. Et les possessions de l'abbaye de St-Sauveur s'étendaient jusqu'en Angleterre.

Le déclin – Cette prospérité s'effondra avec les guerres de Religion au cours desquelles l'abbaye subit les derniers outrages. Supprimée en 1762, elle a été plus qu'à moitié démolie au début du 19e s. C'est à Mérimée, inspecteur général des Monuments historiques sous le Second Empire, que revient le mérite d'avoir préservé ce qui en restait. Les fouilles et les restaurations entreprises de 1946 à 1953 ont permis de restituer le plan de l'église et de dégager la crypte. Le cloître a été mis en valeur, tandis que les sondages pratiqués dans la salle capitulaire amenaient la découverte de sarcophages contenant un beau mobilier funéraire.

★ ABBAYE ST-SAUVEUR ⊙

Abbatiale – Le plan de l'abbatiale alliait le plan traditionnel en croix latine et le plan circulaire de l'église du St-Sépulcre de Jérusalem. Précédé d'un narthex, l'édifice comprenait une nef, un transept à chapelles orientées et une abside à absidioles rayonnantes. À la croisée du transept, le « sanctuaire » circulaire,

Charroux – Tour polygonale de l'abbaye St-Sauveur

75

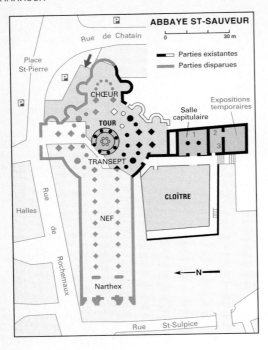

ABBAYE ST-SAUVEUR

0 — 30 m

■□ Parties existantes
▨ Parties disparues

Rue de Chatain

Place St-Pierre

CHŒUR

Salle capitulaire

Expositions temporaires

TOUR

1 2 3

TRANSEPT

CLOÎTRE

Rue de Rochemaux

Halles

NEF

← N →

Narthex

Rue St-Sulpice

entouré de trois collatéraux concentriques, reposait sur une crypte; il était surmonté par une haute tour encore debout. L'ensemble, qui mesurait 126 m de long, présentait des analogies avec certaines églises primitives d'Orient.

L'abbatiale appartenait au style roman poitevin, à l'exception de la façade Ouest, gothique, dont quelques éléments sont enclavés dans une maison.

La **tour**★★ polygonale date du 11ᵉ s.; elle marquait le centre de l'église. Elle se dresse comme un gigantesque ciborium au-dessus du sanctuaire en rotonde abritant le maître-autel qui surmonte lui-même la crypte où étaient exposées les reliques. Les deux premiers étages de cette tour, évidés, se trouvaient à l'intérieur de l'église; la partie supérieure se terminait vraisemblablement par une flèche.

Cloître – Aujourd'hui à ciel ouvert et bien dépouillé, il a été reconstruit au 15ᵉ s. sous la direction de l'abbé Chaperon dont les armes, trois chaperons, sont reproduites aux chapiteaux des piliers de la salle capitulaire.

Salle capitulaire – De dimensions imposantes, elle abrite d'admirables **sculptures**★★ du 13ᵉ s. provenant du portail central de la façade de l'abbatiale. Ce sont le Christ du Jugement (1) jadis au tympan, et plusieurs figures logées autrefois dans les voussures : abbés de Charroux, rois, prophètes et ces délicieuses statues de Vierges sages et de Vierges folles (2), fréquentes dans le Poitou. Cet ensemble est attribué au même sculpteur que celui des portails de la cathédrale de Poitiers.

★**Trésor** (3) – Il contient une précieuse collection de bâtons pastoraux romans et de pièces d'orfèvrerie gothique. Les bâtons pastoraux en ivoire, en forme de « T » ou de crosse, proviennent des sépultures d'abbés découvertes sous la salle du chapitre. Les objets d'orfèvrerie comprennent surtout deux reliquaires en vermeil, magnifiquement ouvragés; l'un, du 13ᵉ s., est sans doute une ancienne pyxide (coffret à hosties); l'autre, du 14ᵉ s., travail vénitien, présente un cylindre à parois de corne transparente soutenu par les Quatre Évangélistes et surmonté d'un couvercle que bordent sept petits pignons.

Thermes de CHASSENON★

Cartes Michelin n° 72 pli 16 ou 233 pli 21 – 5,5 km au Nord-Ouest de Rochechouart

Aux confins de la Charente et du Limousin, un remarquable ensemble gallo-romain est mis au jour depuis 1958.

Cassanomagus ou Cassinomagus – L'explication étymologique de ce terme reste discutable. Dans son ouvrage sur les noms de lieux de la France, Auguste Longnon cite Cassanomagus, composé du celte *cassanos*, chêne, et de *magos*, marché. Une autre interprétation donne Cassinomagus (de Cassinus, nom d'homme, et de *magos*), terme mentionné sur la Table de Peutinger (schéma routier du Bas-Empire). De toute façon, l'un ou l'autre de ces deux noms évoque la civilisation gauloise. Si on ignore quel rôle ce site a pu jouer avant la conquête romaine, il est sûr que les Romains ont tout de suite compris l'intérêt d'un lieu qui se trouvait idéalement placé à un carrefour routier (auquel appartenait notamment la voie Lyon-Saintes, dite Agrippa) et possédait peut-être des eaux thermales. Longtemps, on a même cru qu'une ville s'était établie ici et que l'immense édifice que l'on visite aujourd'hui était le palais d'un gouverneur romain. En fait, le toponyme se rattache à la catégorie des sanctuaires ruraux, à savoir des lieux de rassemblement à vocations multiples : religieuse, curative et économique. Les ruraux, en effet, y accouraient en grand nombre dans l'espoir de plaire aux dieux, de recouvrer la santé, de se divertir et de vendre les produits de leur ferme ou de leur artisanat.

À Chassenon on rencontre : un ou plusieurs temples, un théâtre, un forum et des thermes. Un grand mur, dont on voit des traces, ceinturait l'ensemble. Du grand temple et du théâtre, il ne reste plus grand-chose, le forum est encore enfoui, seuls les thermes ont subsisté.

Les thermes – Ils ont la particularité d'être doubles et d'avoir une fonction curative. La clientèle qui les fréquentait se composait essentiellement de pèlerins-curistes observant tout un rituel religieux (le temple était distant de 230 m).

Les curistes franchissaient d'abord les portes de la façade orientale de l'établissement (situées de l'autre côté du chemin actuel) et entraient dans le vestiaire où ils se changeaient. Ils passaient alors dans une autre salle (**2**), chauffée, dont la destination reste énigmatique (contrôle ? lieu de paiement ?). Ils s'avançaient ensuite dans la vaste salle centrale (**1**), puis, dans le *tepidarium* (salle tiède) où l'on se raclait longuement la peau à l'aide de strigiles (spatules métalliques), le *caldarium* (**3**) (salle chaude) où l'étuve et les bains très chauds provoquaient une abondante sudation, et le *frigidarium* (salle froide) où, après avoir repassé au *tepidarium*, on se plongeait dans un bain d'eau froide.

La palestre jouxtait le *frigidarium* Sud : on s'y livrait à toutes sortes d'exercices physiques dont la natation. Ces thermes avaient certainement, en plus, des salles thérapeutiques spécialement adaptées aux cas des malades.

Apogée et décadence – Le sanctuaire atteignit son apogée au 2e s. On imagine alors l'allure grandiose de ses thermes, richement ornés de revêtements de marbre et d'œuvres d'art multiples.

La décadence commença à la fin du 3e s. et s'accéléra au rythme des progrès du christianisme. Les statues mutilées retrouvées dans le caniveau et les égouts prouvent que l'on s'acharna à détruire ces symboles païens. Les invasions barbares contribuèrent aussi à la ruine de l'édifice. Celui-ci se transforma d'ailleurs partiellement en atelier métallurgique, les fours subissant des modifications à cet effet. Un centre de fabrication de sarcophages en « brèche de Chassenon » fit même son apparition. Pourtant il semblerait que certaines activités médicales liées à la persistance du paganisme local se soient prolongées jusqu'au 6e s., époque à laquelle saint Junien opéra des guérisons miraculeuses qui ôtèrent toute raison d'être à l'ancien sanctuaire gallo-romain.

VISITE ⊙

L'édifice, dont les murs ont encore une hauteur de 5 m, comprend trois niveaux ; la partie Sud, la mieux conservée, faisait pendant à la partie Nord. Il était desservi par deux aqueducs qui assuraient l'approvisionnement à l'évacuation des eaux.

Le circuit de visite – Il débute par la partie Nord : on parcourt l'esplanade charretière (où était déchargé le combustible) au pied des hautes murailles, puis on pénètre dans les salles souterraines voûtées et obscures (**1**). Elles paraissent avoir été construites pour la circulation des eaux : les passages en chicane qui les font communiquer permettaient une décantation optimale. Dans l'un de ces couloirs sont exposées des pièces recueillies au cours des fouilles.

On découvre ensuite, à l'étage intermédiaire, les chaufferies ou salles de service. On y admire l'ingénieuse organisation du système de chauffage par hypocaustes. Les fours,

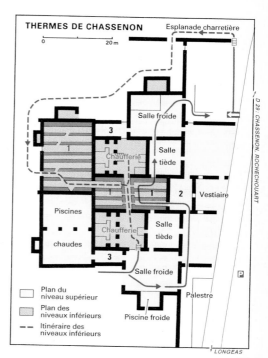

THERMES DE CHASSENON

Esplanade charretière

0 — 20 m

Salle froide

3

Chaufferie

Salle tiède

Piscines

1

2 Vestiaire

chaudes

Chaufferie

Salle tiède

3

Salle froide

☐ Plan du niveau supérieur

▨ Plan des niveaux inférieurs

--- Itinéraire des niveaux inférieurs

Piscine froide

Palestre

🅿

D 29 : CHASSENON, ROCHECHOUART

LONGEAS

dont la température pouvait être portée à plus de 300°, étaient alimentés au charbon de bois. La chaleur dégagée circulait jusqu'à l'hypocauste, fait d'un empilement de briques liées à l'argile et de conduits rayonnants qui diffusaient la chaleur dans le sol de la pièce supérieure par un système de double plancher. La température obtenue dans les salles sur hypocaustes avoisinait 20 à 25°.

Le rez-de-chaussée Sud est resté relativement complet et permet d'imaginer l'aspect de ces salles dans lesquelles affluaient les usagers. On passe par la salle froide Sud et d'autres salles avant de pénétrer dans la plus vaste au cœur de l'établissement.

En ce qui concerne la fonction de cette grande salle (**1**), percée de six fenêtres et de six portes, d'une superficie de 235 m², plusieurs hypothèses ont été émises : salle des ex-voto, salle des pas perdus, salle de consultation médicale ou salle consacrée à la divinité guérisseuse.

L'itinéraire se termine par la visite des salles tiède et froide de la partie Nord.

CHÂTEAUNEUF-SUR-CHARENTE

3 522 habitants (les Castelnoviens)
Cartes Michelin n° 72 pli 13 ou 233 pli 29 – 20 km au Sud-Ouest d'Angoulême
Schéma p. 73

Cette petite ville, qui s'étage sur les coteaux de la rive gauche de la Charente, fut l'objet de nombreuses convoitises au cours des siècles. Sa position stratégique lui donna une place importante pendant la guerre de Cent Ans, les guerres de Religion, la Fronde. Les Anglais l'occupèrent après le traité de Brétigny (1360) pour l'abandonner en 1376.

Châteauneuf, dans la partie haute, conserve une intéressante église romane.

Église St-Pierre – Belle façade saintongeaise : portail à voussures richement sculptées de feuillages, d'animaux, de personnages, flanqué de deux arcatures aveugles. Le premier étage, séparé du rez-de-chaussée par une corniche soutenue par des modillons sculptés (amusants personnages), est percé d'une baie encadrée de deux statues d'apôtres. À gauche, statue équestre de l'empereur Constantin (décapité).

ENVIRONS

Château de Bouteville – *7 km à l'Ouest par la D 699 puis la D 95.* La route offre, à l'arrivée, une belle **vue**★ plongeante sur le château.

Portant un nom que les Montmorency illustrèrent, Bouteville se campe sur un socle calcaire d'où l'on découvre à perte de vue une campagne ondulée qui va, couverte de vignes, suivant les contours de la Charente, d'Angoulême à Cognac.

Le château est très délabré ; on remarque le corps de logis du début du 17ᵉ s., encadré de tours rondes, et des murs surmontés de merlons sculptés d'une facture originale.

Non loin du château, en contrebas, l'église St-Paul est le seul vestige, très remanié, d'un prieuré bénédictin fondé vers 1028-1029.

CHÂTELLERAULT

34 678 habitants (les Châtelleraudais)
Cartes Michelin n° 68 pli 4 ou 232 pli 47 – 35 km au Nord-Est de Poitiers

Un château bâti au 10ᵉ s. par Ayraud, vicomte de Poitou, est à l'origine de la cité qui lui doit son nom et qui s'est développée sur les deux rives de la Vienne au terminus de son cours navigable.

La petite métallurgie poitevine concentrée au bord du Clain dès le 13ᵉ s. y donna naissance à la coutellerie au 18ᵉ s., puis, en 1820, à une manufacture d'armes éloignée de la frontière. Cette dernière, qui fonctionna jusqu'en 1968, a contribué à l'essor de la ville, qui depuis a vu l'installation de nombreuses industries (zones industrielles Nord, du Sanital et Sud-Nonnes).

CURIOSITÉS

Pont Henri-IV (**AYZ**) – Construit de 1575 à 1611 par Charles Androuet du Cerceau, membre d'une célèbre famille d'architectes, il est long de 144 m et large de 21 ; côté rive gauche, deux puissantes tours coiffées d'ardoises, autrefois reliées par un corps de logis, en protégeaient l'entrée, sage précaution au lendemain des guerres de Religion. En amont, au milieu du pont, une croix à laquelle pendent deux ancres évoque le temps où la batellerie était en pleine activité : ce trafic fluvial a disparu au milieu du siècle dernier.

Musée municipal ☉ (**AZ M²**) – Il est installé dans l'hôtel Sully, édifié au 17ᵉ s. par Charles Androuet du Cerceau, et qui est précédé d'une belle cour monumentale.

Le musée expose des collections d'armes, de couteaux, de faïences et de porcelaines du 17ᵉ s. au 19ᵉ s., ainsi que des dossiers de chaises en bois sculptés, sculptures, peintures et objets d'art. Une salle est réservée à Rodolphe Salis (1851-1897), né à Châtellerault, fondateur du cabaret parisien *Le Chat Noir*; on peut y voir les affiches, menus, cartes des vins de l'ancien cabaret ainsi que des ombres chinoises en tôle représentant le défilé d'une armée. L'histoire locale est évoquée des origines à nos jours (archéologie avec l'évocation du site gallo-romain du Vieux-Poitiers, gravures sur Châtellerault, anciennes notes d'auberge y compris la part du cheval). Au moyen de tableaux explicatifs, documents, photographies, une section retrace l'histoire des Acadiens (leur départ de France, la Nouvelle-France, leur retour en Poitou) et donne un aperçu du rôle économique et culturel de l'Acadie (région orientale du Canada comprenant la Nouvelle-Écosse et le Nouveau-Brunswick) d'aujourd'hui.

Le musée présente également des coiffes, bonnets, châles, robes de baptême portés dans la région du 18ᵉ au début du 20ᵉ s. La dextérité de la lingère se reconnaît à la variété des formes et à la richesse des broderies.

Église St-Jacques (BZ) – Ancienne priorale des 12ᵉ et 13ᵉ s., elle doit au 19ᵉ s. ses deux tours et sa façade néo-romanes, mais le chevet à contreforts-colonnes et le transept sont d'origine.

La voûte de la nef est à croisées d'ogives de style gothique angevin, celle de la chapelle latérale Sud est à liernes, tiercerons et clefs historiées. Dans le croisillon Nord, statue de saint Jacques vêtu en pèlerin de Compostelle, en bois polychrome du 17ᵉ s., rappelant ainsi le rôle d'étape joué par l'église sur les chemins de St-Jacques.

La tour Nord abrite un **carillon** de 52 cloches.

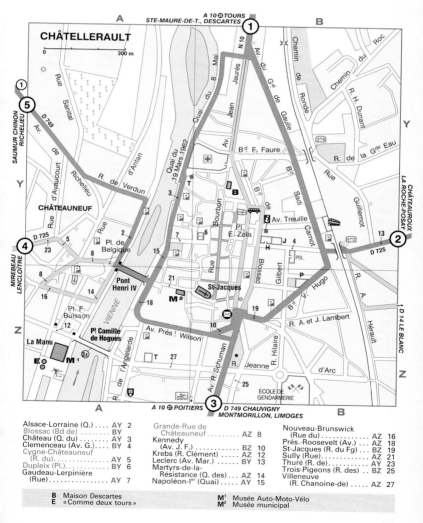

Châtellerault – « Comme deux tours »

Maison Descartes (BY **B**) – *En cours de restauration.* Dans cette maison familiale du 16ᵉ s., le philosophe passa plusieurs années de sa jeunesse.

La Manu (AZ) – Situé sur la rive gauche de la Vienne, ce lieu réhabilite, par un espace architectural, l'ancienne Manufacture d'armes. Rénovés, les anciens bâtiments abritent désormais, dans un cadre verdoyant, divers complexes où se mêlent culture, enseignement et loisirs.

Musée Auto-Moto-Vélo ⊙ (**M¹**) – Sur 4 300 m², ce musée propose de retracer les débuts confidentiels de l'automobile jusqu'à sa popularisation, à travers de rutilantes voitures. Les autres principaux moyens de déplacement individuel sont également évoqués.

« Comme deux tours » (**E**) – Créée en 1994, cette œuvre de Jean-Luc Vilmouth a été conçue à partir de deux hautes cheminées industrielles. En greffant à chacune d'elles une plate-forme reliée par une passerelle, accessible par un élégant escalier hélicoïdal ajouré, l'artiste permet au visiteur de s'élever au-dessus des toits pour embrasser du regard la ville et ses environs.

Bâtiment de l'Horloge – Il regroupe des unités d'enseignement dont la Maison de la formation et l'ITES (Institut Technologique Européen de Sécurité).

Canal de l'Envigne – Bordé par la patinoire et un jardin parsemé de cèdres et de séquoias, il est aménagé pour la promenade et les activités nautiques.

Le quai de la rive droite de la Vienne, accessible par le **Pont Camille de Hogues** (Pont-Neuf), permet d'avoir une vision d'ensemble de la Manu ; de nuit, les **illuminations** confèrent au site une ambiance fantastique.

EXCURSIONS

① Les routes de Richelieu

Circuit de 140 km – environ 6 h.

Quitter Châtellerault par la sortie ④ du plan en empruntant la D 725. Franchir l'autoroute, puis prendre à droite la D 14 jusqu'à Thuré. Au village prendre au Nord la D 43, puis à gauche la D 74.

St-Gervais-les-Trois-Clochers – Dans l'église, à gauche, Crucifixion de l'école de Breughel.

Quitter St-Gervais par l'Ouest en empruntant la D 22 et rejoindre la D 46 en direction de Richelieu par la D 23 et la D 66.

Château de la Roche-du-Maine ⊙ – Érigé vers 1520 par Charles Tiercelin, capitaine des armées de Louis XII et de François Iᵉʳ, en Italie, ce château occupe un promontoire dominant les vastes étendues de la plaine loudunaise. Avec ses tours coiffées en poivrière, cet édifice, caractéristique de la première Renaissance,

a cependant conservé des traits défensifs hérités du Moyen Âge : pont-levis, chemin de ronde sur mâchicoulis, canonnières ouvertes à la base des tours, châtelet d'entrée, grosse tour d'angle. Mais la Roche-du-Maine a été confié à des décorateurs de grand talent, qui, servis par une pierre excellente, ont déployé une réelle virtuosité et donné à cette demeure seigneuriale son aspect italianisant. Comme Louis XII à Blois, Charles Tiercelin s'est fait représenter sous la forme d'une statue équestre, au-dessus du portail d'entrée.

Poursuivre vers la D 46.

★ **Richelieu** – *Voir p. 208.*

Quitter Richelieu par l'Ouest en empruntant la D 58.

Loudun – *Voir p. 123.*

Quitter Loudun par la sortie ④ du plan en empruntant la N 147, direction Poitiers. Aux Angliers, prendre à gauche la D 64.

Après Guesnes, les deux routes pittoresques D 64 et D 67 puis la D 24 traversent la forêt de Scevolles.

À l'entrée de Verrue, prendre à gauche la D 20 puis à droite la D 7.

Château de Coussay ⊘ – Petit, mais accompagné de toutes ses dépendances, ce château du 16e s. appartint au futur cardinal de Richelieu ; ce dernier, tout d'abord nommé évêque du Luçon, y effectua de fréquents séjours.

Le châtelet d'entrée est flanqué du ravissant pavillon de la Fontaine qui abrite une source ; cantonné d'échauguettes en poivrière, surmonté de lucarnes très ouvragées, il s'ouvre sur la cour par une grande arcade ciselée de rinceaux et de motifs Renaissance. L'enceinte rectangulaire, protégée par des douves en eau, a gardé ses tourelles d'angle. Le château proprement dit comprend quatre tours rondes, dont la plus importante, à mâchicoulis, servait de donjon. Portes et baies, à décor Renaissance, sont d'une rare élégance.

À la sortie de Coussay, prendre à gauche la D 41 puis la D 72. À l'entrée de Doussay, prendre à droite la D 20.

Église de Lencloître – Le nom même du village rappelle un passé monastique. L'église fut jusqu'à la Révolution la chapelle d'un prieuré de femmes relevant de Fontevraud. C'est un édifice de style roman poitevin du 12e s. Le beffroi présente

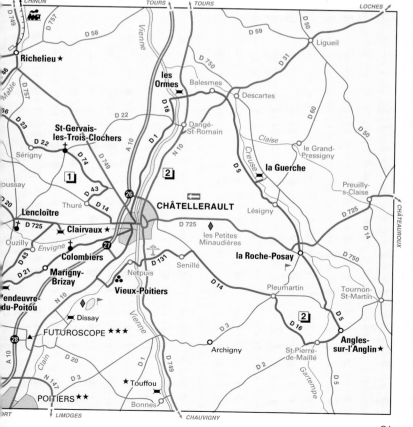

une grosse tour carrée, surmontée d'une flèche minuscule. Au Nord s'ouvre un joli portail à arc en plein cintre. À l'Ouest, la façade a été fortifiée au 15e s. par l'adjonction de deux pittoresques échauguettes.

L'intérieur comprend trois vaisseaux et un transept surmonté d'une coupole sur pendentifs ; remarquer les gros piliers à huit colonnes accolées. Intéressants chapiteaux à figures fantastiques symbolisant les Vices et les Vertus, d'influence saintongeaise.

Par le porche à l'Est de la place, on peut pénétrer dans l'ancien clos du prieuré pour avoir une bonne vue sur le chevet de l'église et les restes du couvent avec la chapelle St-Jean.

Quitter Lencloître par l'Est en empruntant la D 725 en direction de Châtellerault.

★Château de Clairvaux – *Voir p. 88.*

Reprendre la D 725 en direction de Lencloître sur 1 km, puis prendre à gauche la D 43.

Vendeuvre-du-Poitou – Le château des Roches, de 1519, comprend une enceinte et un logis seigneurial aux toits aigus que protège une belle entrée flanquée de tours à mâchicoulis.

Quitter Vendeuvre par l'Est en empruntant la D 21 en direction de Châtellerault.

Marigny-Brizay – Village viticole ; ses vins blancs et rouges sont très appréciés.

Pittoresque route de crête sur une côte de tuffeau (calcaire poreux), la D 21 sépare la Clain de l'Envigne ; vignes et vergers alternent avec champs et taillis. On produit ici des vins du Haut-Poitou, classés Vins délimités de qualité supérieure (VDQS) depuis 1970.

Église de Colombiers – Gracieux édifice de style roman poitevin.

Retour à Châtellerault par la D 21 qui traverse la forêt communale.

② Les vallées de la Vienne et de la Creuse

Circuit de 115 km – environ une demi-journée.

Quitter Châtellerault par le Nord en empruntant la D 1 qui longe la rive gauche de la Vienne.

Les Ormes – Au bord de la nationale à la sortie Nord du village, s'ouvrent les grilles du **château**. Une belle allée de platanes et de marronniers conduit à la cour d'honneur aux vastes pelouses, au fond de laquelle s'étendent symétriquement de majestueux bâtiments : le corps principal (reconstruit au début du 20e s.) est relié par des galeries basses à terrasses à deux pavillons du 18e s. que prolongent des ailes en retour. De l'autre côté de la nationale s'allongent les anciennes écuries, appelées **« la bergerie »**, au noble fronton classique.

Quitter les Ormes par l'Est. À Lilette, prendre à droite la D 5.

La Guerche – Au milieu des frondaisons, qui rendent plus noires encore les eaux profondes de la Creuse, surgit un imposant **château** ☉, aux longues courtines jalonnées de tours, construit vers 1485. À l'intérieur, on visite la salle des gardes, dite du Pont-Levis, et un salon. Au sous-sol, deux étages voûtés révèlent un immense grenier à grains, une prison et des emplacements d'artillerie.

Poursuivre sur la D 5.

La Roche-Posay – *Voir p. 234.*

Quitter La Roche-Posay par le Sud-Est en empruntant la D 5 qui longe la Gartempe.

★Angles-sur-l'Anglin – *Voir p. 52.*

Quitter Angles par le Sud-Ouest en franchissant l'Anglin par la D 2. À St-Pierre-de-Maillé, franchir la Gartempe puis prendre la deuxième route à droite en empruntant la D 16 jusqu'à Pleumartin. Prendre ensuite la D 14 sur 14 km en direction de Châtellerault, puis à gauche la D 133, et à Senillé la D 131 jusqu'à Netpuis.

Vestiges du Vieux-Poitiers ☉ – Entre le Clain et les hauteurs voisines s'étendait une ville gallo-romaine dont subsiste un élément de l'enceinte du théâtre aménagé sur la pente regardant le Clain ; on y examinera une manière de bâtir à l'époque : un blocage de moellons noyés dans le mortier est revêtu d'un bel appareil régulier de pierres qu'interrompt, par intervalles, une assise de briques plates.

À 400 m du théâtre, fours de potiers gallo-romains. En contrebas dans la plaine, un menhir porte une inscription celtique.

Entre le Vieux-Poitiers et Moussais-la-Bataille se serait déroulée en 732 la fameuse **bataille de Poitiers** au cours de laquelle Charles Martel mit en déroute l'envahisseur sarrasin *(voir Poitiers).*

Franchir le Clain pour rejoindre la N 10 qui ramène à Châtellerault.

CHAUVIGNY ★

6 665 habitants (les Chauvinois)
Cartes Michelin n° 68 plis 14, 15 ou 233 pli 9 – 23 km à l'Est de Poitiers

Chauvigny s'est développée dans la vallée de la Vienne comme un centre commercial et industriel où la fabrication de porcelaines constitue l'activité essentielle. L'exploitation traditionnelle de la pierre de taille, d'un calcaire à grain fin et régulier, a gardé une certaine importance.

★ VILLE HAUTE

Elle se dresse sur un éperon, au pied des ruines déchiquetées de plusieurs châteaux forts que domine l'élégant clocher de l'église St-Pierre.

Château baronnial (B) – Construit au 11e s. alors que les évêques de Poitiers étaient seigneurs de Chauvigny, il comprend encore une partie haute, formée par un énorme donjon, et une partie basse, environnée de remparts sur lesquels subsistent les vestiges du Château Neuf.

Spectacle de fauconnerie ⊙ – L'enceinte du château se prête à merveille aux démonstrations de haut vol d'une centaine de rapaces (aigles, faucons, vautours).

Château d'Harcourt (D) – Édifié du 13e au 15e s. au sommet de la butte, il appartint à l'origine aux vicomtes de Châtellerault. Il possède encore de puissants remparts avec châtelet d'entrée.

★ **Église St-Pierre** – Cette ancienne collégiale de style roman, fondée par les seigneurs de Chauvigny, fut commencée au 11e s. par l'abside et terminée au siècle suivant par la nef.

Bâtie en belle pierre grise, elle est surmontée d'un clocher carré à deux étages de baies. Le chevet est remarquable par l'harmonieux équilibre de l'abside et des absidioles ; il frappe par la richesse de ses sculptures.

L'intérieur, défiguré par des bariolages du 19e s., montre une nef voûtée en berceau brisé dont les colonnes portent des chapiteaux à palmettes.

Le chœur présente un intérêt tout particulier avec ses remarquables **chapiteaux★★** historiés. Des scènes évangéliques et bibliques, parmi lesquelles on reconnaît le Pèsement des âmes, l'Annonce aux bergers, Babylone, l'Annonciation, l'Adoration des Mages, la Tentation, alternent avec un extraordinaire déploiement de monstres ailés, sphinx, sirènes, démons faisant subir à des humains résignés les pires tourments. Ces représentations d'une facture très stylisée mais cependant expressive témoignent d'un imaginaire encore hanté par les terreurs de l'an mille.

★ **Donjon de Gouzon (E)** – Vestiges du château de Gouzon. Celui-ci fut acquis à la fin du 13e s. par la famille de Gouzon puis acheté vers 1335 par l'évêque Fort d'Aux. À l'origine, le donjon carré était soutenu par des contreforts rectangulaires qui ont été par la suite surmontés de contreforts arrondis.

CHAUVIGNY

Moulin St-Just.... 3
Moulin St-Léger.. 4
Pouzillard (R.).... 5
St-Pierre (R.)..... 6

B	Château baronnial	E	Donjon de Gouzon
D	Château d'Harcourt	M	Musée de Chauvigny

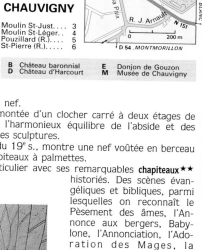

Chauvigny – Chapiteaux de l'église St-Pierre

B. Regent/DIAF

Espace d'Archéologie industrielle ⊙ – La restauration du donjon en 1988 a permis d'accueillir dans ses murs la mémoire archéologique du Pays Chauvinois. Installé dans une tour, un **ascenseur vitré** enlacé d'un escalier en spirale et coiffé d'un dôme transparent permet d'accéder aux niveaux aménagés (espaces informatique et vidéo), ainsi qu'au sommet du donjon où une terrasse invite à profiter d'une **vue** étendue sur la région.

Musée de Chauvigny ⊙ (**M**) – Aménagé dans une maison représentative de l'architecture traditionnelle locale, il regroupe des objets évoquant la vie des Chauvinois de naguère et une salle d'archéologie (céramiques du 1er s.).

AUTRES CURIOSITÉS

Église Notre-Dame – À la croisée du transept, intéressants chapiteaux et, dans le croisillon Sud, fresque du 14e s. représentant le Portement de croix. Le Christ, plié sous le poids d'une très longue croix, est aidé par une multitude de religieux et de civils.

St-Pierre-les-Églises – *2 km au Sud par la D 749.* Isolée sur la rive droite de la Vienne, la petite **église** ⊙ préromane présente une abside en hémicycle, ornée de fresques très altérées, figurant la Crucifixion. Datant probablement du 9e ou du 10e s., ce sont les plus anciennes connues en Poitou.
Du charmant cimetière qui entoure l'église, ombragé de tilleuls et de cyprès séculaires, et parsemé de vestiges gallo-romains et carolingiens, on découvre une belle vue sur la Vienne.

ENTRE VIENNE ET GARTEMPE

Circuit de 95 km – environ une demi-journée.

Quitter Chauvigny par le Nord-Ouest en empruntant la route longeant la rive gauche de la Vienne.

★**Château de Touffou** – *Voir p. 276.*

Poursuivre la route vers le Nord jusqu'à la D 86. Prendre à droite et franchir la Vienne. Emprunter à gauche la D 749 puis, à la hauteur du pont de Bonneuil, à droite la D 3.

Archigny – *Voir p. 59.*

Poursuivre la D 3 sur 3 km puis prendre à droite la D 9.

Ferme acadienne des Huit-Maisons – *Voir p. 59.*

Poursuivre sur la D 9.

Le jardin des Rosiers ⊙ – *3 km au Sud de La Puye.* À l'ombre d'une ancienne ferme, un vaste jardin cache un trésor de pétales au parfum subtil. Dans un cadre reposant, 200 roses anciennes et botaniques, arbres (prunus) et potager rivalisent de couleurs. De la pergola à l'étang, plusieurs espaces verts invitent à la promenade.

Revenir à La Puye. À l'église, emprunter à droite la D 2, puis à la sortie du village (calvaire) prendre sur la droite la D 2^A.

★★**St-Savin** – *Voir p. 256.*

Quitter St-Savin par le Sud en empruntant la D 11.

Vallée de la Gartempe – La Gartempe est jalonnée d'édifices religieux ou civils ornés de peintures murales qui justifient ce nom de « vallée des fresques » qu'on lui a parfois donné.
La technique utilisée à Jouhet et à Antigny, qui s'inspire par certains côtés de celle que l'on trouve à Montmorillon et à St-Savin, et la parenté des sujets traités permettent d'affirmer que ces peintures ont été exécutées à la même époque (fin du 15e s.) et sans doute par les mêmes artistes. Expression de l'art populaire, elles n'en présentent pas moins un grand intérêt.

Antigny – Sur la vaste place triangulaire située devant l'église se dresse une lanterne des morts. Des restes de sarcophages reposent sous le porche couvert, à droite de l'église.

Église – Du 12e s., coiffée d'un petit clocher que surmonte une flèche à crochets, elle abrite, à droite du chœur, une chapelle seigneuriale dont la voûte en berceau est ornée de peintures murales d'une facture naïve ; ces peintures du 16e s., où dominent les tons jaunes et ocre, représentent des scènes de la Passion.

Poursuivre sur la D 11, puis prendre à gauche la D 11^B.

Jouhet – Ce petit bourg possède, non loin de l'église paroissiale *(près du pont, face au monument aux morts)*, une **chapelle** funéraire ornée d'intéressantes peintures murales. Les **fresques**★, exécutées au 15e s., sont d'une facture souvent naïve. Le Christ en majesté, entouré des symboles des Évangélistes, occupe la partie supérieure de la voûte, au-dessus de l'autel. On reconnaît, sur la voûte, à gauche la

Création, la Tentation d'Adam et Ève, la légende des trois Morts et des trois Vifs ; à droite, l'Annonciation, la Nativité, l'Annonce aux bergers, l'Adoration des Mages, le Jugement dernier.

Repasser la Gartempe pour emprunter la D 115 puis la D 83.

Civaux – *Voir p. 86.*

Quitter Civaux par le Nord en empruntant la D 14.

Morthemer – Le château et l'église, bel ensemble des 14e et 15e s., témoignent de la puissance passée de ce qui fut l'une des plus importantes baronnies du Poitou au Moyen Âge. Ils dominent toujours les maisons aux toits ocre et l'étroit vallon arrosé par la Dive, dont l'un des bras alimente un modeste lac.

Château – Il ne subsiste qu'un imposant donjon pentagonal à tourelles d'angle, très restauré au 19e s. C'est là que mourut, en 1370, le connétable John Chandos, lieutenant du Prince Noir, blessé lors de la bataille de Lussac.

Église – Accolée au château, elle présente dans sa nef unique un curieux mélange de style roman et gothique français. Elle repose sur une crypte romane qui renferme des tombeaux mutilés du 14e et du 15e s., ainsi que des fresques de la même époque, représentant un Christ en majesté et une Vierge à l'Enfant. Au fond de l'église le beau gisant de Renée Sanglier, épouse d'un seigneur de Morthemer, date du début du 16e s.

La D 8 ramène à Chauvigny en offrant de jolies vues sur la rive droite de la Vienne.

Forêt de CHIZÉ

Cartes Michelin n° 71 plis 2 ou 3 ou 72 plis 1 et 2 ou 233 plis 16 et 17
20 km au Sud de Niort

Vestige de la vaste forêt d'Argenson qui couvrait au Moyen Âge l'ensemble de la région, ce massif forestier s'étend encore sur plus de 5 000 ha. Situé au Sud-Est de Niort, aux confins de la Charente, ce bois de chênes et de hêtres est implanté sur un sol de calcaire permettant le développement d'espèces méridionales. Cette forêt pittoresque, traversée en diagonale par la D 1, offre de nombreux points de départ pour la promenade vers les chemins forestiers ; la route est également bordée d'agréables aires de pique-nique.

★Zoorama européen ⊙ – En plein cœur de la forêt de Chizé, il occupe une partie de l'ancienne zone militaire clôturée par les Américains à la fin de la dernière guerre.

Ce parc zoologique a pour vocation de faciliter l'observation de la faune européenne représentée par près de 600 animaux, sur un espace forestier de 25 ha. La première partie du parc est consacrée aux prédateurs mammifères (chats sauvages, fouines, genettes, loups, loutres, lynx, ours bruns, renards roux), aux oiseaux (rapaces diurnes et nocturnes, échassiers, palmipèdes), reptiles et batraciens (vivarium), dans des conditions qui s'efforcent de recréer les biotopes d'origine.

Forêt de Chizé

S. Sauvignier/MICHELIN

La plus grande partie du parc animalier est réservée aux grands mammifères, qui évoluent dans de vastes enclos boisés. Au gré de sa fantaisie, le visiteur pourra admirer la grâce des cervidés (cerfs axis, élaphe et sika, chevreuils), l'agilité des bouquetins, chamois et mouflons, l'imposante masse des rares bisons d'Europe et des sangliers. Le parc possède également des aurochs (taureaux sauvages) et des tarpans (chevaux sauvages), deux espèces disparues récemment reconstituées. Le plus local des animaux du parc est sans conteste le sympathique baudet du Poitou dont la race parvient en ce lieu à se préserver de l'extinction.

Moulin de Rimbault ⊘ – Situé à la lisière Nord-Est de la forêt de Chizé, il domine la plaine niortaise. Érigé en 1682, le moulin a tourné sous la conduite d'un meunier jusqu'en 1928. Abandonné, il sera restauré, retrouvant sa toiture mobile posée sur un rail de bois graissé, son guivre, une partie de sa mécanique interne et ses ailes aux volets de bois superposés.

CIVAUX

682 habitants (les Civaliens ou Civausiens)
Cartes Michelin n° 68 plis 14, 15 ou 233 pli 9 – 15 km au Sud de Chauvigny

Ce modeste village recèle de rares richesses archéologiques, qui attestent l'importance du rôle de Civaux dans la pénétration du christianisme en Poitou.

CURIOSITÉS

★**Nécropole mérovingienne** – L'enceinte actuelle du cimetière, en couvercles de sarcophages dressés, date du 17ᵉ s., et ne correspond pas aux limites de l'ancienne nécropole qui s'étendait sur près de 3 ha où furent dénombrées plus de 15 000 tombes. Aujourd'hui, les sarcophages n'occupent plus qu'un quadrilatère restreint, mais s'étagent sur plusieurs niveaux. L'origine de cette nécropole reste mystérieuse, mais il pourrait s'agir des tombes des guerriers francs tombés lors d'une bataille opposant Clovis à Alaric, le roi des Wisigoths, ou des sépultures de repentis qui se seraient fait enterrer à l'endroit même de leur conversion.
La chapelle ruinée, sous le vocable de Ste-Catherine, fut remaniée à plusieurs reprises depuis l'époque romane.

Musée archéologique ⊘ – À proximité du cimetière, ce petit musée abrite des objets gallo-romains et mérovingiens (stèles, céramique, mobilier funéraire) et surtout d'intéressantes reconstitutions des divers types de sépultures découvertes dans la nécropole : en cercueil ou en pleine terre, en caisson de pierres sèches ou à simple entourage dressé, en sarcophage enfin.

Église St-Gervais-et-St-Protais – Cette église fut érigée sur l'emplacement d'un temple romain dont subsistent d'importants vestiges, parmi lesquels une cella carrée où fut aménagé un baptistère.
L'abside, du 4ᵉ s., porte un clocher de pierre à deux étages d'arcatures. Dans la nef du 10ᵉ s., voûtée en berceau, les piliers cylindriques sont surmontés de **chapiteaux historiés** dont les sculptures ont pour thème la peur de l'enfer et de la damnation. L'abside conserve, scellée dans son mur droit, une stèle funéraire du 4ᵉ s., gravée d'un chrisme flanqué de l'alpha et de l'oméga.

CIVRAY

2 814 habitants
Cartes Michelin n° 72 pli 4 ou 233 pli 19 – 17 km au Nord-Est de Ruffec

Civray offre un plan original : deux rues parallèles descendent vers deux ponts qui franchissent la Charente ; entre elles, la place Gambetta et la place du Maréchal-Leclerc forment le centre urbain.
On fabrique à Civray des macarons. Les chabichous (fromages de chèvre), en vente au marché, sont fabriqués principalement à St-Saviol, petit village à l'Ouest de Civray.

CURIOSITÉS

★**Église St-Nicolas** – De style roman, elle présente une façade historiée d'inspiration poitevine alors que son clocher octogonal dénote plutôt une influence limousine. L'édifice a été restauré par deux fois non sans quelques dommages : c'est ainsi qu'en 1858 un tympan a été ajouté au portail central. On peut aller admirer le chevet renforcé des colonnes aux chapiteaux à palmettes ou ornés d'animaux dans le jardin du presbytère.

★★**Façade** – Rectangulaire, solidement renforcée sur les côtés par des contreforts-colonnes, la façade compte, en élévation, deux registres horizontaux dont les dispositions se répètent : deux arcades aveugles y encadrent un portail au rez-de-chaussée, une baie à l'étage. Le décor sculpté s'affirme par sa profusion. Les thèmes traités sont conformes aux traditions poitevines. Toutes ces sculptures étaient jadis peintes et des cabochons de couleur brillaient dans les prunelles des personnages.

Civray – Façade de l'église St-Nicolas

Dans les voussures du portail central sont représentés, de bas en haut, le Christ honoré par les anges, les Vierges sages (à gauche) et les Vierges folles (à droite), l'Assomption, les Travaux des mois accompagnés des signes du zodiaque *(les lire de gauche à droite)*. Les arcades latérales abritent des arcatures géminées.

À l'étage, l'archivolte de l'arcade centrale évoque le combat des Vertus et des Vices, les Vertus portant une tunique serrée à la taille, les Vices étant personnifiés par des démons squelettiques ; de chaque côté de la baie figurent saint Pierre et saint Paul. Dans l'arcade de gauche se trouve la statue mutilée d'un cavalier figurant, pense-t-on, l'empereur Constantin, qu'entourent des anges musiciens. L'arcade de droite est divisée en deux registres : en bas la scène représenterait saint Nicolas sauvant trois jeunes filles que leur père indigne allait livrer à la débauche ; en haut sont placés les Quatre Évangélistes ; la voussure porte douze vieillards de l'Apocalypse, l'un tenant un instrument de musique, les autres des livres ou des rouleaux de papyrus.

Intérieur – De proportions trapues, et se rétrécissant d'Ouest en Est, il s'orne d'une tour-lanterne octogonale édifiée sur la croisée du transept. La décoration peinte, surabondante, est moderne, sauf dans le croisillon Sud où une fresque du 14ᵉ s. illustre trois épisodes de la légende de saint Gilles : il protège une biche pourchassée par un archer ; il célèbre la messe, un ange lui apporte le parchemin sur lequel est inscrit le péché que Charles Martel n'osait avouer ; Charles Martel reçoit l'absolution.

Hôtel de la Prévôté – Maison Renaissance, au nᵒ 10 de la rue Louis-XIII qui débouche sur la place du Maréchal-Leclerc, en face de l'église.

EXCURSIONS

★**Charroux** – *11 km à l'Est par la D 148. Voir p. 75.*

Château d'Épanvilliers ⊙ – *11 km au Nord-Ouest par la D 7.* Au bout d'une longue allée, la façade classique de cette demeure de la fin du 17ᵉ s.semble émerger de la plaine. Ancien domaine des Montalembert, ce château propose aux visiteurs une intéressante approche de la vie au 18ᵉ s. : mobilier, lingerie, etc. recréent l'ambiance de l'époque, des salons en enfilade du rez-de-chaussée aux chambres à alcôve du premier étage.

Couhé – *20 km au Nord-Ouest par la D 7.* Sise sur la rive droite de la Dive, cette cité ancienne (maison du 15ᵉ s., rue Bigeon-Croisil) possède de remarquables **vieilles halles**. Érigée en 1580, la construction en pierre surprend par sa dimension, sa belle charpente et son dallage d'origine.

Les îles de Payré – *25 km au Nord-Ouest par la D 7.*
Dans un cadre de verdure, cette base de loisirs de 22 ha abrite un plan d'eau constitué de plusieurs chenaux. Un **port miniature** ⊙ accueille les apprentis marins rêvant de piloter chalutier, ferry-boat, vapeur du Mississippi... Ces répliques de bateaux (électriques) peuvent transporter jusqu'à 6 personnes dans un décor maritime. Base de modélisme naval (compétitions), ce site propose également des aires de baignade, de pêche et de pique-nique.

Château de CLAIRVAUX ★

Cartes Michelin n° 68 pli 4 ou 232 pli 47 – 10 km à l'Ouest de Châtellerault
Schéma p. 81

Seigneurie connue depuis le 11e s., Clairvaux a vu son nom rattaché au bourg de Scorbé qui remonte à l'époque romaine.

Quittant leur château féodal du Haut-Clairvaux où se dressent encore les ruines d'un donjon et d'une chapelle, les Chabot se firent construire ici à la fin du 15e s. une nouvelle demeure en équerre, flanquée d'une tour ronde décorée à l'arrière d'une fenêtre richement sculptée. Au 18e s., y fut accolé le corps de logis qui constitue l'harmonieuse façade actuelle, à l'avant-corps central surmonté d'un fronton.

VISITE ⊙

Au-delà d'une vaste cour d'honneur, le château, entouré de douves en eau, se dissimule derrière un gracieux châtelet d'entrée, à balustrade de pierre ajourée (17e s.).

On visite, dans la partie la plus ancienne, la cuisine, couverte d'une belle voûte gothique, la salle de garde conservant des fresques du 16e s. représentant des combats de chevaliers, et les élégantes salles de la tour d'angle où est installé le **musée international du Jeu d'échecs** : riche collection de 150 échiquiers du monde entier, garnis de figurines pittoresques exécutées dans des matières parfois précieuses (jade, ivoire). On remarquera les jeux ayant appartenu à Napoléon Ier (plateau en cuir) et à l'amiral Nelson (ivoire peint).

On pénètre également dans le pigeonnier carré à toit de pierre avec lanternon : remarquer les 1 800 boulins et la grande échelle tournante.

CLISSON ★

5 495 habitants
Cartes Michelin n° 67 pli 4 ou 232 pli 29

Clisson occupe un **site** pittoresque au confluent de la Sèvre Nantaise et de la Moine. En 1794, la ville fut mise à feu et à sang par les « colonnes infernales » *(voir dans l'Introduction « la guerre de Vendée »)*, si bien qu'à la fin de la Révolution elle avait été désertée par presque tous ses habitants.

Au début du 19e s., Clisson se relève de ses ruines. Sous l'impulsion de deux Nantais, les frères Cacault, et du sculpteur **Frédéric Lemot**, qui ont séjourné en Italie, la ville va s'italianiser : ainsi, nombre de demeures de Clisson et divers moulins à eau ou manufactures des environs, reconnaissables notamment à leurs baies en plein cintre appareillées en brique, sont autant de témoignages de cet engouement dont on trouve les prémices dans le parc de la Garenne-Lemot.

LA VIEILLE VILLE

Les ponts – Atteindre par la N 149 le viaduc qui franchit la Moine : agréable vue sur le château, la rivière elle-même, ses berges verdoyantes et son pont St-Antoine du 15e s. Au passage de l'autre pont du 15e s. sur la Sèvre, on découvre également une vue pittoresque sur la rivière dominée par la masse du château.

Halles (**B**) – Créées au 15e s., elles montrent une belle charpente de chêne (17e-18e s.).

CLISSON

Bertin (R.) 2
Cacault (R.) 3
Clisson (R. O. de) 4
Dr-Boutin (R.) 6
Dimerie (R. de la) 7
Grand-Logis (R. du) 8
Halles (R. des) 12
Leclerc (Av. Gén.) 13
Nid-d'Oie (Pont de) 14
Nid-d'Oie (Rte de) 16
St-Jacques (R.) 18
Trinité (Gde-R. de la) 22
Vallée (R. de la) 23

B Halles
E Maison du Jardinier
F Temple de l'Amitié

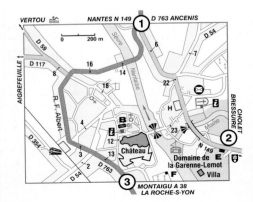

Clisson – Villa Lemot

Château d'Olivier de Clisson ⊘ – Il dresse ses ruines imposantes au-dessus de la Sèvre Nantaise. Aux confins du duché de Bretagne, il protégeait celui-ci face à l'Anjou et au Poitou. Ses premiers seigneurs furent les sires de Clisson parmi lesquels figure le célèbre connétable Olivier de Clisson (1336-1407) *(se reporter au guide Vert Michelin Bretagne)*. En 1420, le château est confisqué par le duc de Bretagne.

Un premier château remonterait aux 11e et 12e s. Au 13e s., on éleva une construction polygonale flanquée de tours, à laquelle fut accolé au 14e s. un donjon également polygonal, dont il subsiste un pan de mur encore couronné de mâchicoulis. La cuisine, le logis seigneurial et la chapelle datent aussi du 14e s. Au 15e s., pour moderniser les fortifications, le duc de Bretagne François II fait édifier une deuxième enceinte comprenant des prisons et une nouvelle porte monumentale munie d'un pont-levis en remplacement de l'ancienne barbacane. Enfin, par crainte de la Ligue, trois bastions sont construits au 16e s. afin de renforcer le château.

Au centre de la cour d'honneur, on peut voir le puits où en 1794 furent précipités 18 habitants de Clisson qui s'étaient réfugiés dans le château.

★DOMAINE DE LA GARENNE-LEMOT *accès par la N 149*

En 1805, Frédéric Lemot acquiert le bois de la Garenne et charge l'architecte Mathurin Crucy d'y réaliser différents aménagements dans le goût italien.

Parc ⊘ – Dans cet espace vert se disséminent diverses statues et «fabriques» se référant à l'Antiquité (temple de Vesta imitant celui de Tivoli en Italie, borne milliaire, oratoire, tombeau), la grotte d'Héloïse, deux rochers gravés de poèmes. Ne pas manquer, au bord de la Sèvre, le joli site rocheux baptisé «Bains de Diane».

Villa Lemot ⊘ – De style néoclassique, cet édifice est précédé d'une colonnade en hémicycle rappelant celle de Bernin à St-Pierre de Rome. Le Centre d'Études sur le Patrimoine, l'Italianité et les Arts (CEPIA) y organise des expositions. De la terrasse à l'arrière de la villa, jolie **vue** sur la ville et son château, sur la Sèvre et sur le temple de l'Amitié (**F**), construction à péristyle où repose Frédéric Lemot.

Maison du Jardinier ⊘ (**E**) – *À droite de l'entrée du parc.* Accoté d'une tourpigeonnier, cet édifice, imitation d'une maison rustique italienne, servit de modèle à maintes constructions de la région. À l'intérieur, on trouve une maquette du parc, une présentation vidéo et une exposition permanente sur l'architecture italienne à Clisson : Clisson ou le Retour d'Italie.

LE PAYS DU MUSCADET DE SÈVRE ET MAINE

Circuit de 65 km – environ 4 h.

Clisson est une des portes d'entrée du vignoble du muscadet de Sèvre et Maine *(voir p. 44)* ainsi que de celui du gros-plant. De part et d'autre de la verdoyante vallée de la Sèvre Nantaise, au cours sinueux, se succèdent, sur les coteaux, les domaines des viticulteurs.

Quitter Clisson par la sortie ① du plan en empruntant la D 763 puis la N 149 en direction de Nantes.

Le Pallet – C'est le village natal de **Pierre Abélard** (1079-1142), philosophe scolastique, dialecticien et théologien, dont le génie marqua profondément son époque. Sa célébrité est également due à la passion amoureuse qu'il voua à l'égard d'Héloïse, la nièce du cruel Fulbert *(se reporter au guide Vert Michelin Champagne Ardenne)*.

Musée du Vignoble nantais ⊙ – Installé dans un vaste bâtiment vitré, d'architecture contemporaine, ce musée rassemble le patrimoine vinicole et viticole de la région. Après une présentation des zones de production, le visiteur est invité à découvrir le travail du vigneron : techniques de greffage, vendanges, pressurage, élaboration du vin, commerce. Parmi tous ces objets (sécateurs, serpettes, sulfateuses, charrues et tracteurs) utilisés naguère, on remarquera un monumental **pressoir à long fût** du 18ᵉ s. La dernière partie évoque la tonnellerie (outils et pèse-barriques) ainsi que l'ethnographie locale.

Quitter le Pallet par l'Est en empruntant la route qui longe la Sanguèse.

Mouzillon – On y célèbre début juillet « La nuit du Muscadet ». Au Sud de l'église, **pont gallo-romain** sur la Sanguèse.

Quitter Mouzillon par le Nord en empruntant la D 763.

Vallet – Cette commune viticole est considérée comme la capitale du muscadet.

Quitter Vallet par le Nord-Ouest en prenant la D 37.

Château de la Noë de Bel-Air ⊙ – Au cœur du vignoble s'élève cet élégant château. Détruit à la Révolution, il a été reconstruit en 1836 et présente, face au parc, une vaste loggia à colonnes toscanes. L'agencement de la brique dans la construction des communs et de l'orangerie est à rapprocher des modèles clissonnais.

Poursuivre sur la D 37.

Le Moulin du Pé – Désaffecté, il offre de son sommet une **vue** prenante sur le vignoble et les marais de Goulaine.

Revenir et poursuivre sur la D 37.

Le Loroux-Bottereau – Formant un corps d'élite lors de l'insurrection de 1793, les habitants de cette commune déclenchèrent les foudres de Turreau qui fit détruire la ville en 1794.

Église St-Jean-Baptiste – Elle possède deux fresques du 12ᵉ s. représentant la légende de saint Gilles. Du **clocher** ⊙, la vue s'étend sur les coteaux du vignoble.

Quitter le Loroux-Bottereau par le Sud-Est en empruntant la D 7.

Marais de Goulaine – Cette étendue verdoyante de 1 500 ha est traversée par de nombreux canaux bordés de roseaux. Les amateurs de nature peuvent découvrir l'intérieur du marais à l'aide de **barques** ⊙ ou en longeant à pied les canaux. Par la route, près du légendaire **Pont de l'Ouen**, la butte de la Roche, émergeant du site, offre une belle vue.

Prendre sur la droite la D 74.

Château de Goulaine – *Voir p. 119.*

Revenir et poursuivre sur la D 74. À Haute-Goulaine, prendre au Sud la DF 105. À l'entrée de Vertou tourner à gauche, puis emprunter la D 59 en direction de Clisson. Après 500 m, prendre sur la gauche la D 539.

La Haye-Fouassière – Une spécialité, la fouace, sorte de galette, aurait donné son nom au village. Près du château d'eau, la **maison des Vins de Nantes** ⊙, siège du Comité interprofessionnel des Vins de Nantes, fournit des informations sur ces vins et en propose la dégustation. À proximité, jolie vue sur les coteaux ponctués de villages qui dominent la vallée de la Sèvre Nantaise.

Quitter la Haye-Fouassière par le Sud en franchissant la Sèvre Nantaise par la D 74, puis prendre à gauche la D 76 qui longe la rivière.

Église de Monnières – L'édifice, des 12ᵉ et 15ᵉ s., possède d'intéressants vitraux modernes, dont la vigne et le vin constituent les thèmes décoratifs essentiels.

La D 76 ramène à Clisson en offrant de jolies vues sur la Sèvre Nantaise.

COGNAC

19 534 habitants
Cartes Michelin n° 72 pli 12 ou 233 pli 28 – 28 km au Sud-Est de Saintes
Schéma p. 72

Berceau de François Ier, métropole des eaux-de-vie qui portent son nom, Cognac est une cité paisible et grave, aux maisons noircies, à proximité des chais, par les champignons microscopiques qu'engendrent les vapeurs d'alcool.

Centre animé de la ville, la **place François-Ier**, ornée d'une fontaine, fait charnière entre le vieux Cognac, serré sur le coteau de la Charente, et les vastes quartiers modernes. Non loin de là, au n° 10, place Jean-Monnet, a été aménagée une **cognathèque** (Z B).

Parmi les activités industrielles, citons l'usine de verrerie St-Gobain.

Un « séjour d'honneur » – C'est ainsi que le poète cognaçais Octavien de Saint-Gelais (1468-1502), futur évêque d'Angoulême, surnommait Cognac lorsque la cour lettrée et artiste des Valois-Angoulême y tenait ses assises, de la fin du 14e s. à l'avènement de **François Ier**. Celui-ci, fils de Charles d'Angoulême et de Louise de Savoie, naquit à Cognac « environ dix heures après midy, 1494, le douzième jour de septembre ». Il passa une partie de sa jeunesse au château des Valois, près de la Charente, menant libre vie en compagnie de sa sœur Marguerite *(voir Angoulême)* et des filles bâtardes de Charles d'Angoulême, Madeleine et Souveraine, qu'on élevait avec les enfants légitimes, suivant la coutume du temps.

LES CHAIS

Répartis sur les quais, près du port et dans les faubourgs, ces magasins abritent les futailles dans lesquelles s'accomplit la lente alchimie entre l'eau-de-vie et le chêne, donnant au cognac toute sa subtilité.

Camus ⊘ (Y F) – La visite de cette maison de négoce du cognac, fondée en 1863, permet de se familiariser avec l'histoire du cognac, sa distillation, son vieillissement et son assemblage. On pénètre ensuite dans la tonnellerie et dans les chais avant d'assister à l'embouteillage.

Hennessy (Y D) – Après 12 ans de service dans la brigade irlandaise des régiments de Louis XV, le capitaine Richard Hennessy, lassé de la vie des camps, découvre la Charente en 1760, et s'installe à Cognac. Séduit et conquis par le délicieux élixir, il en expédie quelques fûts à ses proches restés en Irlande et, en 1765, fonde une société de négoce qui connaîtra une grande prospérité. Ses descendants, aujourd'hui encore, dirigent la maison.

Les quais Hennessy ⊘ – Les chais de cette maison s'étendent de part et d'autre de la Charente. Sur la rive droite se dresse un bâtiment de pierre blanche, œuvre moderne de l'architecte Wilmotte, qui reprend les trois symboles du cognac : le cuivre (alambic), le chêne (tonnellerie), le verre (bouteille).

Le voyage initiatique dans le monde du cognac débute par la traversée de la Charente en bateau. Appuyés par d'efficaces scénographies (sons, odeurs), les chais dévoilent les étapes nécessaires à l'élaboration du cognac : double distillation, fabrication des fûts de chêne, vieillissement et assemblage des eaux-de-vie. Un film et la visite d'exposition précèdent la dégustation du cognac sur glace.

A. le Bot/DIAF

Cognac – Chai de vieillissement chez Martell

Martell ☉ (**Z E**) – La plus ancienne des grandes maisons de Cognac, elle doit son nom à Jean Martell, natif de l'île de Jersey, venu s'installer dans le pays en 1715. Visite de la chaîne d'embouteillage, presque entièrement automatisée, puis des chais de stockage et de vieillissement où le cognac se bonifie pendant 6-8 ans en fûts de chêne ; cette essence est préférée pour son tanin léger qui donne au cognac sa belle coloration, et ses fibres serrées qui limitent l'évaporation de l'alcool. Dans le chai d'assemblage où l'on pénètre ensuite sont effectuées les « coupes », mariages de cognacs de différentes origines assurant la permanence des qualités. La salle de dégustation est le domaine réservé des ingénieurs œnologues, concepteurs des « coupes » dont certaines, tel le Cordon Bleu, ont atteint une immense renommée. Dans la maison du fondateur, trois pièces récemment restaurées restituent l'atmosphère de vie et de travail d'un entrepreneur du début du 18e s.

Avant de rejoindre le hall pour une dégustation, le visiteur est invité à jeter un coup d'œil aux chais les plus prestigieux : le « purgatoire » et le « paradis » où séjournent en dame-jeanne des eaux-de-vie parfois plus que centenaires.

Otard – *Voir ci-après « Ancien château ».*

Prince Hubert de Polignac ☉ – *4 km au Sud-Est par la N 141. Prendre la direction d'Angoulême et sortir au premier échangeur ; passer sous la route nationale et suivre la direction Z.A.* Société coopérative regroupant divers viticulteurs charentais, fondée en 1949. Visite des installations au pavillon du Laubaret.

Rémy Martin ☉ – *4 km au Sud-Ouest par la D 732. Prendre la direction de Pons, puis tourner à gauche sur la D 47 vers Merpins.* Cette entreprise fondée en 1724 élabore exclusivement ses cognacs à partir des deux premiers crus de la région : la Grande et la Petite Champagne. La visite s'effectue à bord du train de la Fine Champagne. On traverse la tonnellerie, puis une parcelle de vigne et des chais de vieillissement ; deux spectacles audiovisuels clôturent le parcours.

ENTRE LES CHAIS DE COGNAC

Se garer

Les parkings payants sont gratuits le lundi. Les parcs situés place Camille-Godard, place Beaulieu, rue du 14-Juillet et rue des Allées le sont en permanence.

Se loger

« BUDGET »

Hôtel d'Orléans – 25, rue d'Angoulême, ☎ 05 45 82 01 26. En zone piétonne. On peut dîner dans la petite cour intérieure, ornée d'une belle glycine et d'une fontaine fréquentée par des tortues. Un escalier du 17e s. mène aux chambres (à partir de 250 F). Garage.

« NOTRE SÉLECTION »

Domaine du Breuil – 104, rue R.-Daugas, ☎ 05 45 35 32 06. À proximité du parc François 1er, la façade blanche de cette demeure du 19e s. est protégée par un parc paysager de 7 ha. 24 chambres à partir de 290 F.

« OPTION PRESTIGE »

Château de l'Yeuse – 65, rue de Bellevue, Châteaubernard, ☎ 05 45 36 82 60. Sur la route de la Grande Champagne, ce joli bâtiment rayé rouge et blanc, coiffé d'un toit d'ardoise, est entouré d'yeuses. 24 chambres à partir de 550 F, piscine, sauna et parking privé.

Se restaurer

« BUDGET »

La Boîte à Sel – 68, avenue Victor-Hugo, 16100 Cognac, ☎ 05 45 32 07 68. Fermé le lundi. Une ancienne épicerie, dont on a conservé les étagères garnies de bouteilles, abrite ce petit restaurant. Cuisine traditionnelle et du terroir, menus à partir de 75 F.

« NOTRE SÉLECTION »

Les Pigeons blancs – 110, rue Jules-Brisson, ☎ 05 45 82 16 36. Fermé le dimanche soir. Cette maison du 17e s. est en fait un ancien relais de poste. Aux beaux jours, les repas peuvent être servis en terrasse, face au parc. Menus à partir de 140 F.

Le Saulnier – 19, rue Saulnier, ☎ 05 45 36 05 00. Fermé le lundi. Restaurant au bas du vieux Cognac, dans un hôtel particulier du 18e s. Une cuisine raffinée est servie dans deux salles décorées de boiserie, ou au jardin quand il fait beau. Carte et menus à partir de 100 F.

COGNAC

Angoulême (R. d') .... Y
Armes (Place d') .... Y
Bazoin (R. Abel) .... Y 6
Boucher (R. Cl.) .... Y 7
Briand (R. A.) .... Y

Canton (R.) .... Y 8
Champ de Mars (Allées du) Z 9
Château (Q. du) .... Y 10
Cordeliers (R. des) ...... Y 11
Corderie (Allée de la).... Z 12
François-Ier (R.) .... Y 13
Germain (R. H.) .... Y 14
Grande (Rue) .... Y 15

Isle-d'Or (R. de l') ..... Y 16
Lusignan (R. de) .... Y 20
Magdeleine (R.) .... Y 21
Martell (Pl. Ed.) .... Z 22
Monnet (Pl. Jean) .... Z 23
Palais (R. du) .... Y 24
Victor-Hugo (Av.) .... Z
14-Juillet (R. du) .... Z 26

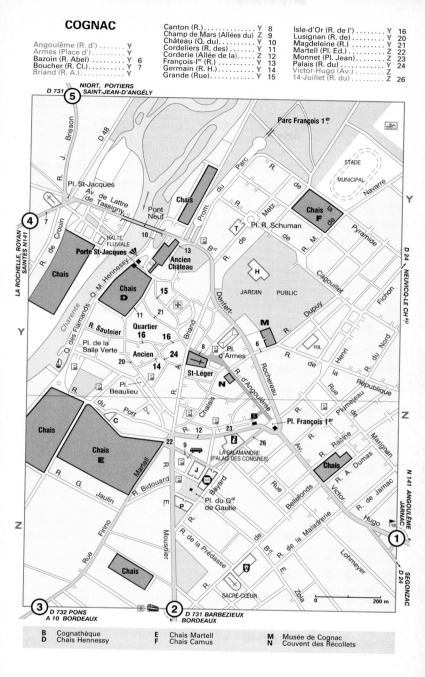

| B | Cognathèque | E | Chais Martell | M | Musée de Cognac |
| D | Chais Hennessy | F | Chais Camus | N | Couvent des Récollets |

LE QUARTIER ANCIEN

Il était jadis ceint de remparts. Deux axes principaux y délimitent un réseau de ruelles et de placettes : la montante Rue Grande, et la commerçante rue Aristide-Briand.

La partie basse du vieux Cognac paraît presque abandonnée et les anneaux du port, où se pressaient les gabares de sel et d'eau-de-vie, ne voient plus s'amarrer que quelques bachots ou vedettes d'excursion.

Ancien château – Cet édifice des 15e-16e s. évoque le souvenir des Valois et de François Ier qui y naquit. Devenu, sous Louis XVI, propriété du comte d'Artois (le futur Charles X), il fut mis sous séquestre à la Révolution. La façade sur la Charente présente un balcon, dit «balcon du roi», soutenu par un cul-de-lampe sculpté de salamandres, emblème du roi-chevalier.

Chais Otard ⊙ – Depuis 1795, le château est occupé par les chais d'une maison créée par un descendant d'une vieille famille écossaise. On visite la salle au Casque où Richard Cœur de Lion maria son fils Philippe avec Amélie de Cognac. Cette salle conserve une magnifique cheminée surmontée d'un casque, construite par Jean le Bon ; dans un angle, vestiges du château féodal des Lusignan, du 13e s. De grandes pièces voûtées d'ogives, parmi lesquelles la salle des Gardes, sont d'une élégance remarquable. Le parcours se termine par les chais.

Porte St-Jacques et rue Grande (**15**) – Restaurée, la porte St-Jacques (15e s.), flanquée de deux tours rondes à mâchicoulis, qui commandait un pont disparu, donne accès à la rue Grande, à l'entrée de laquelle on remarque, à gauche, une fontaine Renaissance. Voie principale du Cognac d'autrefois, cette rue Grande est typiquement médiévale par son tracé irrégulier et ses maisons du 15e s. à pans de bois et en encorbellement (voir en particulier la maison de la lieutenance).

Rue de l'Isle-d'Or (**16**) – Hôtels du 17e s. avec de belles façades restaurées.

Rue Saulnier – Par sa distinction aristocratique, la rue Saulnier, qui date de la Renaissance, contraste avec la rue Grande ; son nom rappelle une des activités traditionnelles de Cognac, le commerce du sel. Très large pour l'époque, elle a gardé ses vieux pavés disjoints et ses beaux hôtels des 16e et 17e s. À son extrémité, maison Renaissance avec boutique.
La **rue du Palais** (**24**), la **rue H.-Germain** (**14**), la **rue Magdeleine** (**21**) et sa maison de la Salamandre sont également intéressantes à parcourir.

AUTRES CURIOSITÉS

Musée de Cognac ⊙ (**Y M**) – Municipal, il est installé dans l'hôtel Dupuy d'Angeac, situé dans le parc de l'hôtel de ville, jardin accidenté qu'agrémentent pelouses et rocailles.

Rez-de-chaussée (Arts et Traditions populaires) – Histoire et civilisation du pays de Cognac des origines à nos jours : estampes, cartes, plans, photographies ; reconstitution d'une maison rurale évoquant la vie d'un viticulteur charentais vers 1875 ; costume traditionnel : coiffes, bonnets ; verrerie : collection de Claude Boucher (inventeur de la machine à fabriquer les bouteilles par moulage en 1897) ; céramiques : faïences de Cognac, d'Angoulême, de La Rochelle ; fossiles (coquillages) trouvés dans les terrains calcaires de la région à l'ère secondaire ; archéologie : préhistoire (pirogue monoxyle néolithique et céramique), époque gallo-romaine (poterie, statuettes, bracelets).

Sous-sol (Galerie ethnologique du cognac) – Le cognac fait l'objet d'une rétrospective historique, illustrée par des documents. À leur suite, six salles font revivre, à l'aide d'outils et de machines : la culture de la vigne et les travaux du vin, la distillation, le négoce des eaux-de-vie et du pineau charentais, l'artisanat, la tonnellerie, la bourrellerie. Une salle est consacrée à l'agriculture traditionnelle.

Premier étage (Beaux-Arts) – Peintures, sculptures, meubles et objets d'art français et étrangers du 15e au 19e s.
Sur le palier, intéressantes pièces en pâte de verre d'Émile Gallé (1846-1904), un des principaux initiateurs de l'Art nouveau.
Les collections de peintures anciennes proviennent de pays clients du célèbre cognac ; remarquer deux très bonnes œuvres de l'école anversoise du 16e s. : *Loth et ses filles* par Jan Massys, *Adam et Ève* par Frans Floris. Une salle rassemble quelques tableaux d'art contemporain.

Le pineau des Charentes est un jus de raisin frais additionné de cognac.
La Fine Champagne désigne une eau-de-vie de Grande et Petite Champagne.
Le sigle V.S.O.P. signifie Very Superior Old Pale.

Église St-Léger (**Y**) – Monument du 12e s. profondément remanié. La partie la plus intéressante en est la façade romane percée au 15e s. d'une grande rosace flamboyante ; remarquer le portail dont l'archivolte est ornée de sculptures représentant les Travaux des mois et les signes du zodiaque. L'intérieur révèle une vaste nef dont les murs sont du 12e s. Dans le bras droit du transept, beau tableau du 17e s. : l'*Assomption de la Vierge*.
À droite du portail l'« espace prieural », un cloître du 18e s., donne accès à la bibliothèque.

Couvent des Récollets (**Y N**) – Restauré, il abrite des salles d'exposition et sièges d'associations. S'avancer pour admirer la jolie salle voûtée d'oviges et le puits couvert bâti au milieu du cloître.

Parc François-Ier (**Y**) – Bordé à l'Ouest par la Charente, c'est l'ancien parc du château que prolonge une futaie. Louise de Savoie l'appelait son « dedalus » (labyrinthe) tant il était profond et touffu. Planté principalement en chênes et chênes verts, il se développe dans l'axe du château.

ENVIRONS

Gensac-la-Pallue – *9 km au Sud-Est par la N 141 puis la D 49.* Avant d'arriver à Gensac, la D 49 côtoie la « Pallue » (marais) qui a donné son nom à la localité.

Église – Édifice du 12ᵉ s. dont la façade romane est décorée de hauts-reliefs montrant à droite la Vierge, à droite saint Martin, patron de l'église, tous deux dans une gloire en amande (mandorle) et emportés au ciel par des anges ; la nef romane, couverte de quatre coupoles sur pendentifs, se termine par un chœur gothique.

EXCURSIONS

Les Borderies

Circuit de 35 km – environ 2 h.

Quitter Cognac par l'Ouest en empruntant la route de Saintes. Au rond-point, rejoindre Javrezac, puis prendre la D 401.

Richemont – Les vestiges du château et l'église sont enfouis dans la verdure sur un promontoire au-dessus de l'Antenne. L'**église** présente une charmante crypte préromane de la fin du 10ᵉ s., bâtie sur une ancienne forteresse comme en témoignent les meurtrières.

Quitter Richemont par le Nord et rejoindre l'Épine. Prendre à droite la D 731, puis, 1 km plus loin, tourner à droite sur la D 85 vers Cherves.

Château-Chesnel – Cette curieuse demeure du 17ᵉ s. fut bâtie entre 1610 et 1625 par Charles-Roch Chesnel. Le château, encore imprégné de l'influence de l'architecture militaire médiévale, comme l'attestent ses profondes douves sèches, semble hésiter entre le style Renaissance et le classicisme du 17ᵉ s. commençant. Le corps principal et les tours qui se dressent à chaque angle sont couronnés d'un parapet aux allures de mâchicoulis. L'ensemble de l'édifice s'inscrit dans un vaste quadrilatère, délimité par d'imposants bâtiments agricoles.

Poursuivre sur la D 85. Peu après Vignolles, prendre sur la gauche la D 120.

Migron – À 2 km au Nord du bourg, un petit musée consacré au cognac a été aménagé dans une exploitation située au milieu des vignes.

Écomusée du Cognac ⊙ – On y voit la reconstitution d'une salle de distillation avec un vieil alambic et le lit du bouilleur de cru qui restait à proximité durant toute l'opération, des pressoirs dont un pour le foulage au pied, un atelier de tonnelier, des outils de vigneron, un intérieur saintongeais et les grands alambics en cuivre encore utilisés pour la distillation. Producteur depuis 1850, le domaine assure l'élaboration de pineau des Charentes et de vieux cognac.

Quitter Migron par le Sud en empruntant la D 131. À Burie, la D 731 ramène à Cognac.

Le vignoble des Fins Bois

Circuit de 40 km – environ 2 h.

Quitter Cognac par le Nord-Est en empruntant la D 24. À Ste-Sévère, prendre vers les Buges et poursuivre sur la D 24.

Macqueville – Au cœur du vignoble des Fins Bois (*voir carte « Le vignoble de Cognac » dans l'Introduction*), ce paisible village voue au cognac ses distilleries modernes et ses blanches maisons à toit de tuiles, cour fermée et porche de style Empire. De l'ancien **château de Bouchereau**, bâti au 11ᵉ s., subsiste une façade à pignon décoré et poivrière.

Église St-Étienne – Située sur une place ombragée, elle est un charmant exemple de l'art roman saintongeais au 12ᵉ s. avec son clocher à absidiole, remplaçant le bras Nord absent du transept, son chevet plat, ses murs à arcatures en plein cintre, son portail Nord sculpté à voussures, les amusants modillons de ses corniches. À l'intérieur, des voûtes gothiques et une magnifique croisée de transept à nervures recouvrent le vaisseau évasé dont les piliers encastrés s'ornent d'élégants chapiteaux.

Quitter Macqueville par l'Est en empruntant la D 227.

Neuvicq-le-Château – Ce village conserve de pittoresques maisons basses à toits de tuiles. Dominant un vallon, le château, qui abrite la poste, comprend un corps principal du 15ᵉ s. avec une jolie tourelle d'escalier, et un pavillon du 17ᵉ s. coiffé d'un haut toit à la française.

Quitter Neuvicq-le-Château par le Sud en empruntant la D 23. À Sigogne, prendre la D 15 qui ramène à Cognac.

Les voies piétonnes vous permettent de vous promener tranquillement. Elles sont indiquées sur nos plans.

Les COLLINES VENDÉENNES ★

Cartes Michelin n° 67 pli 16 ou 232 pli 42 – Au Nord-Est de la Vendée

Silencieuses et sévères, les Collines vendéennes ou « Haut Bocage vendéen » constituent l'arête dorsale de la Vendée. Dressés entre Sèvre Nantaise et bocage, leurs monts et leurs puys s'alignent des Herbiers à St-Pierre-du-Chemin *(au Sud-Est de Pouzauges)*, se prolongeant par les hauteurs de la Gâtine jusqu'au Sud de Parthenay.

Couverts de landes désertiques que genêts et ajoncs relèvent d'or pâle dès la fin de l'hiver, ces sommets granitiques, derniers contreforts de la chaîne hercynienne bretonne, se suivent en ligne de file du Nord-Ouest au Sud-Est, suivant la direction de la branche « armoricaine » du plissement hercynien à l'époque primaire.

Arrosée par les nuées atlantiques qui viennent se déchirer sur ses pentes, la chaîne se relève au Nord-Ouest où elle domine le bocage vers la mer. Là sont les principaux « monts » : mont des Alouettes (231 m), puy du Fou, **mont Mercure** qui, avec ses 285 m, revendique le titre de point culminant du massif, bois de la Folie (278 m) et puy Crapaud (270 m).

Ces hauteurs eurent longtemps une importance militaire. Les Romains avaient établi une chaussée épousant la ligne des crêtes et un temple couronnait le mont Mercure. Durant la Révolution, les Vendéens s'en servirent pour échanger des signaux, soit par feux, soit en modifiant la position des ailes de leurs moulins.

Au pays des moulins – Pendant des siècles les Collines vendéennes ont été parsemées d'innombrables moulins à vent où l'on venait moudre, parfois même à la nuit tombée, lorsque le vent arrivait de la mer, blé et seigle des riches plaines voisines. Mais l'utilisation de ces moulins, pendant la Révolution, comme télégraphe optique (grâce à la position des ailes de ceux-ci, les Vendéens pouvaient indiquer les mouvements de l'ennemi) leur valut souvent d'être incendiés par les troupes républicaines. La mécanisation au 19e s. mit un terme à l'activité de ceux qui avaient été relevés.

On s'attache de nos jours à les restaurer et à les faire fonctionner.

Le moulin vendéen, en pierre, a la forme d'une tour cylindrique. Il est coiffé d'une toiture mobile, souvent revêtue de bardeaux, et à laquelle sont fixées les ailes. Pour amener celles-ci au vent, on manœuvre la toiture à l'aide du **guivre**, longue poutre descendant jusqu'au sol. Les ailes en bois sont tantôt couvertes de toile (jadis du chanvre), tantôt constituées de lamelles de bois articulées selon le **système Berton**, inventé en 1848.

① ROUTE DES MOULINS

Circuit de 90 km – environ une journée – schéma ci-après.

Pouzauges – *Voir p. 195.*

Quitter Pouzauges par le Nord-Ouest en empruntant la D 752 en direction des Herbiers.

★**Moulins du Terrier-Marteau** ⊙ – À droite apparaissent ces charmantes constructions blanches, à toits de bardeaux, dont il est plaisant de voir tourner les ailes entoilées. Édifiés au milieu du 19e s., ces deux moulins ont été restaurés en conservant une toiture mobile où les ailes sont orientées au vent avec l'aide extérieure du guivre (poutre). Dans l'un des moulins, le visiteur peut découvrir l'univers insolite du meunier, entouré de bruits et de l'odeur enivrante du grain en train d'être moulu.

Belle **vue**★ sur le bocage à l'Ouest.

Revenir sur la D 752 en direction des Herbiers.

Par une courbe suivie d'une contre-courbe harmonieuse, la route descend dans un vallon dessinant une sorte d'ensellement qui sépare Pouzauges de St-Michel-Mont-Mercure.

★**St-Michel-Mont-Mercure** – Au sommet des Collines vendéennes, cette localité essaime ses maisons de granit autour de l'église dédiée à saint Michel *(voir St-Michel-en-l'Herm)* dont le culte a succédé à celui de Mercure, protecteur des voyageurs.

L'église, moderne (1898), haute de 47 m, est visible à plusieurs lieues à la ronde. Une gigantesque statue de cuivre (9 m de haut) de saint Michel la surmonte. Par 194 marches on peut monter au sommet du **clocher** ⊙ d'où l'on découvre un **panorama**★★ immense, jusqu'à la mer, sur le bocage qui, vu de haut, semble une forêt touffue ; on distingue fort bien la ligne de crête des Collines vendéennes, limitée au Sud par le bois de la Folie, près de Pouzauges, au Nord par le mont des Alouettes, près des Herbiers.

Quitter St-Michel-Mont-Mercure par le Nord en continuant sur la D 752 en direction de St-Laurent-sur-Sèvre.

Passé St-Michel, la D 752, en lacet, franchit un vallon. Puis on arrive à proximité d'une butte couronnée d'un moulin sans ailes (moulin des Landes) avant d'atteindre les Épesses dont les deux églises apparaissent côte à côte.

Mallièvre – Cette ancienne cité du tissage domine, sur son éminence de granit, la vallée de la Sèvre Nantaise. Le village peut être sillonné à pied en parcourant le **sentier Génovette**; ce circuit des fontaines est jalonné de bornes sonores, de la maison de l'Eau à l'arboretum.

Maison de l'Eau ⊙ – Elle est située en bordure de rivière, au pied du château, dans une ancienne maison de maître. On remarque dès l'entrée une fluorescente horloge à eau, puis le visiteur est invité à franchir le **couloir du néant** relatant la formation du big-bang et l'apparition de l'eau. Un parcours initiatique (avec jeux pédagogiques) est proposé à travers plusieurs salles où l'on apprend à mieux connaître ce précieux liquide, de la première pluie (4,4 milliards d'années) au problème actuel de son économie. Une pièce est consacrée à l'histoire locale où de nombreux moulins à foulon utilisaient l'énergie de la Sèvre pour la fabrication des tissus.

Quitter Mallièvre en repassant la Sèvre Nantaise, puis prendre sur la droite la D 72 vers St-Mâlo-du-Bois.

★★**Le Puy du Fou** – *Voir p. 196.*

Prendre la D 27 vers le Nord pour rejoindre la route de Cholet.

★**Mont des Alouettes** – Il marque, avec ses 231 m, l'extrémité des Collines vendéennes. Ce site tient son nom des alouettes de bronze qui décoraient les casques de légionnaires gaulois de l'armée romaine ayant campé en ces lieux. En 1793, on y comptait six moulins. Durant les guerres de Vendée, les Blancs se servaient des ailes de ceux-ci pour émettre des signaux; tous les moulins furent alors incendiés. Après maintes autres péripéties, l'un d'eux a été remis en service en 1989.

Mont des Alouettes – Moulin et chapelle

Ces moulins sont typiques de la région, avec leur guivre fait d'un chêne à peine équarri, qui s'engage sous le toit en éteignoir, couvert de bardeaux. L'un est dédié à l'écrivain vendéen Jean Yole *(voir dans l'Introduction)*. Le **moulin** ⊙ voisin, encore en activité, mout le blé, grâce à ses ailes garnies de voiles. La petite chapelle en granit, de style gothique troubadour, a été édifiée à partir de 1823 en l'honneur de l'Armée catholique et royale. L'édifice n'a été clôturé et vitré qu'en 1968.

La **vue**★★ se dévoile, immense, vers Nantes, la mer et, en direction de Pouzauges, vers la chaîne des collines où pointe l'église de St-Michel-Mont-Mercure. C'est là qu'on saisit la nature mystérieuse et redoutable de ce bocage coupé de haies et de boqueteaux.

Poursuivre sur la N 160.

Dans la descente la route offre une belle vue plongeante sur la ville des Herbiers.

Les Herbiers – Cette petite ville est agréablement située sur une butte dominant la Grande Maine. L'**église** est précédée par un puissant clocher-porche au portail flamboyant qu'encadrent les effigies des saints Pierre et Paul.

Chemin de fer de la Vendée ⊙ – Ce pittoresque train circule en saison sur l'ancienne voie reliant Les Herbiers à Mortagne-sur-Sèvre *(voir ce nom)*. C'est une façon originale de découvrir, à faible allure, une partie du bocage vendéen sur 22 km, avec une halte à la gare des Épesses *(voir ci-dessous)*.

Quitter Les Herbiers par l'Ouest en empruntant la N 160 en direction de La Roche-sur-Yon.

Forêt des Bois-Verts – Ce petit bois agrémenté d'un étang constitue un but de promenade et un lieu de pique-nique très fréquenté dès les beaux jours.

Revenir sur la N 160 que l'on poursuit pendant 4 km, puis prendre à gauche.

Abbaye N.-D.-de-la-Grainetière ⊙ – À la lisière de la forêt de Soubise, l'abbaye N.-D.-de-la-Grainetière fut fondée en 1130 par des bénédictins venus du monastère de Fontdouce, près de Saintes. Sous l'impulsion des seigneurs de la région, l'abbaye fut suffisamment puissante au 13ᵉ s. pour entreprendre les fortifications lui permettant de soutenir le siège des Anglais en 1372. Mais au 15ᵉ s. le règne des abbés commendataires engendra un déclin, qui s'aggrava durant les guerres de Religion ; les troubles révolutionnaires et les guerres de Vendée achevèrent, à la fin du 18ᵉ s., de ruiner le monastère. Transformé ensuite en exploitation agricole et utilisé comme carrière, il fit l'objet d'une restauration à partir de 1963. Depuis 1978, un prieuré bénédictin s'est établi dans l'abbaye.

Du cloître ne subsiste que le côté Ouest, constitué d'une galerie aux fines colonnes jumelées. En face, la salle capitulaire du 12ᵉ s. conserve ses voûtes reposant sur des piliers de granit. Trois absidioles représentent les seuls vestiges de l'église abbatiale. Quant aux fortifications, elles se réduisent aujourd'hui à la tour Sud-Ouest, dite tour de l'Abbé, munie d'une meurtrière.

Revenir au carrefour et prendre à droite. Après 500 m, tourner à droite.

Mouchamps – Située au-dessus de la vallée du Petit-Lay, Mouchamps a vu naître le **commandant Guilbaud**, disparu en 1928 dans les glaces arctiques alors qu'il se portait avec son hydravion, le *Latham 47*, au secours du dirigeable *Italia*.

Depuis le 17ᵉ s., époque où les Rohan, seigneurs du Parc-Soubise, soutenaient le parti huguenot, le bourg est resté citadelle protestante en pays papiste ; les maisons catholiques se distinguaient des autres, il y a encore peu de temps, par une croix blanche tracée au-dessus de la porte.

Quitter Mouchamps par le Nord-Ouest en empruntant la D 13.

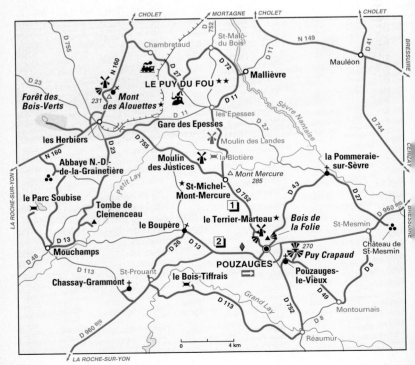

Château du Parc-Soubise — Longtemps domaine des Rohan-Soubise, le château, des 16e-17e s., a été brûlé en 1794 par les « colonnes infernales » qui y massacrèrent 200 femmes, vieillards et enfants ; la toiture seule a été restaurée. Proche d'un étang (28 ha) entouré de vieux chênes, il rappelle le souvenir d'Henri IV qui s'y arrêta en 1589 et y entreprit le siège de sa cousine, la fière Anne de Rohan. Au Vert Galant qui lui demandait par où il fallait passer pour se rendre à sa chambre, la jeune fille aurait répondu : « Par la chapelle, Sire ! »

Revenir à Mouchamps et poursuivre vers l'Est sur la D 13.

Tombe de Clemenceau — La route suit le vallon du Petit-Lay et aboutit à la ferme-manoir (16e s.) du **Colombier**, qui appartenait à la famille Clemenceau. Au terme de la route, pousser le portail qui ouvre, à gauche, sur un mail où apparaît une stèle ornée d'une effigie de Minerve, que le Tigre fit ériger de son vivant. En contrebas, sur la pente descendant vers le Petit-Lay, se cachent la tombe de Clemenceau et celle de son père, veillées par un cèdre.

Revenir au carrefour et prendre à droite la route menant à la D 48, que l'on emprunte à droite en direction des Herbiers, jusqu'à la sortie d'Ardelay.

Gare des Épesses — Elle se trouve sur la ligne Les Herbiers-Mortagne et possède l'architecture caractéristique des gares de village du début du 20e s.

Musée de l'histoire des chemins de fer en Vendée ⊘ — Installé dans la gare, il évoque à travers affiches, objets et documents un passé récent mais révolu du fait des mutations du réseau ferroviaire.

Revenir à la D 755 que l'on prend à gauche en direction de St-Michel-Mont-Mercure.

Moulin des Justices ⊘ — Construction de la fin du 19e s., le moulin est perché à 275 m sur une butte où l'on rendait la justice, d'où son nom. Ce moulin, où l'on produit de la farine biologique, est coiffé d'un toit orientable par un treuil intérieur et couvert de bardeaux. Ses ailes ont une largeur variable, grâce à leurs lamelles de bois articulées se déployant selon le système Berton.

Du jardin de l'auberge voisine, vue au Nord sur les Épesses, le moulin des Landes et le château de la Blotière.

Retour à Pouzauges par la D 755 puis la D 752.

② ENTRE SÈVRE NANTAISE ET GRAND LAY

Circuit de 75 km — environ 6 h — schéma ci-contre.

Pouzauges — *Voir p. 195.*

Quitter Pouzauges par le Sud-Ouest en empruntant la D 960 bis en direction de Chantonnay.

Église du Boupère — Édifiée au 13e s., elle a été fortifiée au 15e s. Sa façade est encadrée de contreforts percés de meurtrières et de canonnières et surmontés de deux échauguettes que relie un chemin de ronde à mâchicoulis. Les côtés sont défendus par des bretèches.

Quitter Le Boupère par le Sud-Ouest en empruntant la D 26 jusqu'à St-Prouant.

Prieuré de Chassay-Grammont ⊘ — Ce monastère, qu'aurait fondé vers 1196 Richard Cœur de Lion, a fait l'objet d'une importante restauration. C'est un bon exemple de l'architecture de l'ordre de Grammont. Ermites vivant en communauté dans un lieu retiré, les Grandmontains étaient attachés à la pauvreté, aussi leurs monastères ou « celles » étaient-ils empreints de sobriété et de dépouillement.

À Chassay, tous les bâtiments conventuels sans exception, ainsi que l'église, se groupent en quadrilatère autour d'une cour où se trouvait le cloître. Dans l'église, à nef unique dépourvue de décor, la lumière n'était fournie que par les trois baies de l'abside. Au rez-de-chaussée, la salle capitulaire, avec une voûte de style roman angevin, et le réfectoire, grande salle qui a retrouvé, lors de sa reconstruction, sa voûte de style gothique angevin (13e s.), ne manquent pas d'élégance. À l'étage, on peut voir le dortoir des moines.

Revenir à St-Prouant où, à l'entrée du village, on prend sur la droite la D 23.

Château du Bois-Triffrais — Il abrite un musée qui retrace l'histoire et les vicissitudes du protestantisme dans l'Ouest et particulièrement dans le Poitou.

Musée de la France protestante de l'Ouest ⊘ — Des panneaux explicatifs, étayés de nombreux documents, mettent l'accent sur les principaux épisodes : prédication de Calvin dans le Poitou (1534), édit de Nantes (1598) et sa révocation en 1685, entraînant l'émigration et la pratique clandestine dite « du Désert », enfin édit de Tolérance (1787). Différents objets dont des bibles et des reproductions de méreaux (médailles qui permettaient aux pasteurs de reconnaître leurs fidèles pendant la période du Désert), ainsi qu'une chaire démontable (pour les assemblées du Désert) complètent cette évocation.

Poursuivre sur la D 113 puis prendre la D 8 jusqu'à Réaumur.

Église de Pouzauges-le-Vieux — *Voir p. 195.*

Prendre la D 49 en direction de Montournais.

Puy Crapaud – S'élevant à 270 m d'altitude, c'est un des points culminants des Collines vendéennes. Il est couronné par les vestiges d'un moulin, transformé en restaurant.

Pour accéder à la table d'orientation (escalier difficile), s'adresser au bar. Au sommet du moulin s'étend un vaste **panorama**★★ sur toute la Vendée, jusqu'à l'océan ; admirer particulièrement la perspective sur l'alignement des monts en direction de Pouzauges et de St-Michel-Mont-Mercure.

Revenir sur la D 49 puis, à Montournais, prendre au Nord la D 8 jusqu'à St-Mesmin.

Environ 1 km après St-Mesmin, sur la route de Cerisay, on remarque sur la droite les ruines féodales du **château de St-Mesmin**, pittoresquement situé ; le donjon a conservé ses mâchicoulis.

Au carrefour, prendre à gauche la petite route qui rejoint la D 27.

La Pommeraie-sur-Sèvre – Un pont romain enjambe la Sèvre. Dans l'**église** ⊘ gothique, dont la nef porte d'élégantes voûtes Plantagenêt, des fresques du 15e s. représentent les sept péchés capitaux, symbolisés par des personnages chevauchant des animaux.

Quitter La Pommeraie-sur-Sèvre par l'Ouest, en empruntant la D 43.

Bois de la Folie – Ce fut vraisemblablement un *lucus* (bois sacré) à l'époque romaine, après avoir été un lieu de réunion pour les druides qui y coupaient le gui et accomplissaient les sacrifices rituels.

Sur une butte formée par un amoncellement de roches granitiques, ce bois groupe chênes, pins et hêtres. Les Vendéens ont surnommé cette épaisse touffe d'arbres, isolée et visible de très loin, le « bouquet de Pouzauges » ou le « phare de la Vendée ». De là, **vue**★ au Nord-Est sur le bocage.

On peut revenir directement sur Pouzauges ou bien contourner le Bois de la Folie en longeant les moulins du Terrier-Marteau *(voir ci-avant)* et rattraper la D 752 qui ramène à Pouzauges.

*Pour tout ce qui fait l'objet d'un texte dans ce guide
(villes, sites, curiosités isolées, rubriques d'histoire ou de géographie, etc.),
reportez-vous à l'index.*

CONFOLENS

2 904 habitants
Cartes Michelin n° 72 pli 5 ou 233 pli 20 – 40 km au Nord-Est de la Rochefoucauld

À la limite du Limousin et de l'Angoumois, Confolens occupe un site agréable au confluent de la Vienne et du Goire, d'où son nom.
Elle est la patrie d'un disciple de Pasteur, le docteur **Émile Roux** (1853-1933), qui découvrit le traitement contre la diphtérie en 1894.
Confolens est également réputée pour son Festival international de folklore qui se déroule chaque année en août.

Festival international de folklore

*LE VIEUX CONFOLENS

★Pont Vieux – Il daterait du 12ᵉ s., mais il a été modernisé au début du 19ᵉ s. Longtemps il ressembla à une forteresse car il portait trois tours ; la dernière tour, côté rive gauche, était pourvue d'un pont-levis qui permettait d'isoler totalement la ville, et qu'une arche supplémentaire remplaça au 18ᵉ s.

Légèrement en dos d'âne, ce pont constitue un lieu de promenade particulièrement agréable. Il conduit au quartier de la Fontorse – du nom de l'élégante fontaine qui en est l'ornement –, est le faubourg actif de Confolens.

Prendre à droite la rue E.-Roux, puis, à la place de la Liberté, tourner à gauche dans la rue des Buttes. À mi-hauteur de cette rue, un passage mène à la porte fortifiée.

Porte de ville (B) – Cette porte franchie, on découvre, en se retournant, la façade – percée à bonne hauteur de deux fenêtres romanes – d'un édifice seigneurial datant peut-être de la fin du 11ᵉ s., qui abritait le tribunal et la prison du

CONFOLENS

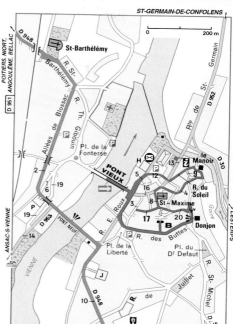

seigneur de Confolens. Cette construction faisait partie intégrante des fortifications qui ceignaient la ville établie sur la rive droite de la Vienne.

En repassant sous la porte, on se dirige vers le **«donjon»** (11ᵉ s.) par la rue des Buttes, qui occupe l'emplacement de l'ancien fossé : jadis, le voyageur venant de Limoges passait par une porte dont on voit encore quelques traces au pied du «donjon» et sur une tour plus basse qui lui fait face.

Tout près se trouve la terrasse dite «plan d'Olivet» d'où l'on a une belle **vue** sur les toits de la ville.

Redescendre par la rue du Vieux-Château, puis emprunter la rue Pinaguet.

Rue Pinaguet (17) – Elle est bordée de maisons médiévales (l'une d'elles, très haute, possède une tour abritant un escalier à vis).
À l'angle de la rue Bournadour, une autre tour fait saillie, coiffée d'une construction carrée à colombage.

Revenir sur ses pas jusqu'au carrefour et tourner à gauche dans la rue Fontaine-de-Pommeau.

Église St-Maxime ⊙ – Restaurée au 19ᵉ s., elle présente un clocher octogonal gothique troubadour se terminant par une flèche à crochets. À son chevet, on remarque une jolie maison à colombage.
Prendre la rue de la Côte.

Le Manoir – La rue de la Côte débouche sous les murs d'un édifice à haut pignon, orné de fleurons sculptés. Cette demeure fut construite au 16ᵉ s. par le comte de Confolens.
Du pont de Goire, prendre la rue du Soleil.

Rue du Soleil – Rue principale jusqu'au 19ᵉ s., elle est bordée de hautes maisons qui ouvrent sur des terrains et des jardins suspendus que l'on ne voit pas depuis la rue. L'une d'elles est dite **Maison du duc d'Épernon★**, car elle aurait servi de point de ralliement aux conjurés rassemblés par le duc d'Épernon en 1619 pour faire évader Marie de Médicis. Elle date des 15ᵉ et 16ᵉ s. et présente au-dessus du rez-de-chaussée, en retrait, trois étages de colombages.

Aussitôt après s'amorce, à gauche, la **rue des Francs-Maçons (9)**, ruelle en escalier très étroite, aux maisons coiffées de toits débordants.

Traverser la place de l'Hôtel-de-Ville et prendre la rue de la Ferrandie qui mène au Pont Vieux.

AUTRE CURIOSITÉ

Église St-Barthélemy – Situé sur l'autre rive, cet intéressant édifice roman présente un clocher carré au toit presque plat, couvert de tuiles romanes.
La façade, très sobre, s'ouvre par un portail en plein cintre et présente : au-dessus de la porte, un large bandeau horizontal décoré de sculptures primitives, parmi lesquelles on reconnaît l'Agneau nimbé dans une gloire soutenue par deux anges, ainsi que des animaux fantastiques, sortes de centaures aux têtes monstrueuses. À l'intérieur, trois chapelles du 15e s., voûtées d'ogives, flanquent la nef sur le côté Nord. Dans la chapelle centrale, les nervures rejoignent une belle clef pendante.

ENVIRONS

Lesterps – *8,5 km à l'Est par la D 30.* Se prononce Létère.

Église St-Pierre – Les restes d'une abbaye fondée au début du 11e s. sont précédés d'un imposant **clocher-porche ★** en granit gris. Au-dessus du porche à trois baies, orné de chapiteaux très frustes, se dresse un puissant clocher. À l'intérieur, l'étroitesse des bas-côtés contraste avec la largeur de la nef, voûtée en berceau. On retrouve dans celle-ci des vestiges de l'ancien chœur, des chapiteaux du 12e s.

Brigueuil – *18 km au Sud-Est par la D 30.* Ce vieux bourg perché a conservé d'importants vestiges de ses fortifications médiévales : rempart à sept tours et deux portes. Près de l'église romane (remaniée aux 14e et 15e s.) se trouvent les restes de l'ancien château (donjon tronqué du 11e s.) et un logis reconstruit au 16e s. Remarquer aussi plusieurs maisons anciennes, une lanterne des morts et, au hameau proche de la Boulonie, un curieux mausolée roman dit de « saint Georges ».

Château de Rochebrune – *17 km au Sud-Est par la D 948.* Situé à la limite des anciennes provinces du Poitou et du Limousin, cet édifice, bâti sur un rocher basaltique, reflète dans ses douves la silhouette de ses tours. Au 16e s., le château devient la propriété du maréchal Blaise de Monluc, maréchal de France et gouverneur de Guyenne, qui se distingue en menant contre les protestants une lutte implacable *(se reporter au guide Vert Michelin Pyrénées Aquitaine).*
Après avoir admiré les communs aux toits de tuiles rondes, on pénètre dans la cour d'honneur du château en franchissant les douves par un petit pont de pierre. Trois corps de bâtiment relient entre elles les quatre grosses tours rondes, des 11e et 13e s. Au-dessus des portes figurent les armes du maréchal de Monluc. Les appartements renferment un mobilier de style Renaissance et Empire, ainsi que de nombreux souvenirs de l'époque napoléonienne.

VALLÉE DE LA VIENNE

Circuit de 50 km – environ 1 h 1/2.
Quitter Confolens par le Nord en longeant la rive droite de la Vienne.

St-Germain-de-Confolens – Autrefois siège d'une importante châtellenie, St-Germain occupe un site pittoresque au confluent de la Vienne et de l'Issoire. Sur une butte dominant la vallée encaissée de l'Issoire se dressent les ruines des énormes tours, envahies par le lierre, du château de St-Germain au pied duquel se blottit une petite église romane.
De la terrasse proche de l'église se développe une jolie vue sur la vallée.
Après avoir franchi le pont, remonter la Vienne par la rive gauche en empruntant la D 71, la D 952, la D 16 et la D 370.

Exideuil – Dominant le bourg et la Vienne, le château de la Chétardie est une construction du 16e s.

Église St-André – Ancienne priorale bâtie en 1200, elle comporte un chevet plat et un portail à boudins. La nef, avec sa voûte en berceau brisé et ses piliers encastrés, toute revêtue de moellons, est d'une accueillante simplicité ; elle abrite trois pierres tombales et une cuve baptismale du 13e s. située au cœur du baptistère.

Traverser la Vienne par la D 165 vers Chirac.
On rejoint Confolens en empruntant la D 59, puis la D 948.

Les cartes Michelin sont constamment tenues à jour.
Ne voyagez pas aujourd'hui avec une carte d'hier.

Phare de CORDOUAN ★

Cartes Michelin n° 71 pli 15 ou 233 pli 25 – Au large de Royan

Aussi attachant par son architecture que par son isolement, le fanal de Cordouan commande les passes, souvent agitées, de la Gironde, que bouleversent de dangereux courants. Le banc rocheux qui le porte rejoignait jadis la pointe de Grave; réduit à un îlot aux 16e-17e s., il ne se découvre plus, de nos jours, qu'à marée basse.

UN OUVRAGE D'ART

Dès le 14e s., le Prince Noir *(voir l'abbaye de Nouaillé-Maupertuis)* ordonna d'élever une tour octogonale au sommet de laquelle un ermite allumait de grands feux; une chapelle et quelques maisons l'accompagnaient. À la fin du 16e s., cette tour menaçant de s'écrouler, le maréchal de Matignon, gouverneur de Guyenne, fit appel à **Louis de Foix**, ingénieur et architecte, qui venait de déplacer l'embouchure de l'Adour, entreprise gigantesque pour l'époque *(se reporter au guide Vert Michelin Pyrénées Aquitaine)*.

Louis de Foix bâtit donc, avec plus de 200 ouvriers, une sorte de belvédère surmonté de dômes et de lanternons, qu'on entoura d'une plate-forme protectrice. En 1788, l'ingénieur Teulère reconstruisit la partie supérieure de l'édifice dans le style Louis XVI, dont la sobriété contraste avec la richesse des étages inférieurs.

TOUR DE CORDOÜAN

Le phare de Cordouan au début du 17e s.

Accès

Au départ de Royan ou de la pointe de Grave *(se reporter au guide Vert Pyrénées Aquitaine)* où se trouve un musée du Phare de Cordouan.

Visite ⊙

Avec ses étages Renaissance, qu'une balustrade sépare du couronnement classique, le phare, haut de 66 m, donne une impression de majesté et de hardiesse. Une poterne conduit au bastion circulaire qui protège l'édifice des fureurs de l'océan; là habitent les gardiens du phare. Au rez-de-chaussée de la tour, un portail monumental donne accès au vestibule où commence l'escalier de 301 marches montant à la lanterne (qui abrite un feu à occultation). Au 1er étage, dont la base s'entoure d'une galerie extérieure, se situe l'appartement du Roi; au 2e étage, couronné d'une autre galerie circulaire, la **chapelle** (au-dessus de la porte, buste de Louis de Foix) est coiffée d'une belle coupole.

Église de CORME-ROYAL

1 204 habitants (les Cormillons)
Cartes Michelin n° 71 Sud du pli 4 ou 233 pli 26 – 14 km à l'Ouest de Saintes
Schéma p. 267

Cet édifice, qui dépendait de l'abbaye aux Dames de Saintes, a été restauré en 1970 et rendu à son état primitif. Il est surtout connu pour sa **façade** romane à deux étages qui présente d'intéressantes sculptures, particulièrement à l'étage supérieur.

VISITE

On admire les petits personnages qui ornent la frise, les Vierges sages et les Vierges folles, vêtues de robes à larges manches, du grand arc de décharge au-dessus de la baie centrale, les Vertus et les Vices de l'arc de droite, les effigies de l'arc de gauche (sainte Catherine d'Alexandrie, saint Georges et, d'après la tradition locale, Geoffroy Martel en chevalier et son épouse Agnès de Bourgogne).

Le portail, encadré de deux arcatures en arc brisé, montre le Christ donnant la règle bénédictine aux moines ainsi qu'un groupe d'acrobates se tenant par les pieds. L'intérieur, qui a retrouvé sa voûte d'origine, s'éclaire de vitraux modernes. On y remarque un bel alignement de colonnes gothiques (15e s.) et un bénitier creusé dans un chapiteau gallo-romain, en marbre à feuilles d'acanthe.

À droite de l'église, dans la cour de l'ancien prieuré donné par Geoffroy Martel à l'abbaye aux Dames, subsiste le mur Sud de cet édifice, fortifié au 15e s.

Château du COUDRAY-SALBART ★

Cartes Michelin n° 71 pli 1 ou 233 plis 5, 6 – 11 km au Nord de Niort

Dressée sur un escarpement dominant la Sèvre Niortaise, la **forteresse** du Coudray-Salbart représente une curieuse réalisation de l'architecture militaire du 13ᵉ s. Elle a fait l'objet d'une importante restauration.

Près du pont sur la Sèvre s'embranche le chemin qui monte au château.

La construction du château (1202-1225) est liée à la phase finale de la lutte opposant les Capétiens (Philippe Auguste, Louis VIII) aux Plantagenêts (Jean sans Terre, Henri III) pour la possession de la Guyenne.

C'est dans ce contexte que les Larchevêque, seigneurs de Parthenay et vassaux des Plantagenêts, entreprennent l'édification d'une forteresse, afin de contrôler les voies de communication entre Niort et la Gâtine.

VISITE ⊙

Entourée de douves sèches, l'enceinte dessine un trapèze flanqué de quatre tours d'angle et de deux tours intermédiaires au milieu des courtines. L'originalité du Coudray-Salbart apparaît dans la présence d'éperons destinés à contrer les effets destructeurs des boulets, l'épaisseur considérable des murs (5 à 6 m pour la tour Double), et surtout par l'existence dans les remparts d'un tunnel voûté d'environ 1 m de large, permettant le déplacement rapide des troupes, ainsi que les tirs dirigés aussi bien vers l'intérieur que l'extérieur de l'enceinte, grâce à des archères. L'ennemi pouvait ainsi être combattu, même après avoir pris pied dans la place.

La **galerie** permet de suivre une partie des remparts : à l'Ouest, la tour du Portal, défendue par un pont-levis, s'ouvre par un passage à voûte gothique sur la cour intérieure ; à droite, la tour du Moulin, protégée par un assommoir, renferme deux salles superposées ; à l'angle Sud-Est se dresse la Grosse Tour aux allures de donjon qui abrite une belle salle voûtée à huit croisées d'ogives ; la galerie traverse ensuite la tour St-Michel pour pénétrer dans la tour Double, d'où l'on découvre l'ample paysage de la vallée de la Sèvre ; enfin, on rejoint la tour de Bois-Berthier et sa cheminée monumentale.

Le Coudray-Salbart n'eut jamais à démontrer l'ingéniosité et l'efficacité de son système défensif. En 1224, Louis VIII annexe le Poitou, privant la forteresse de sa raison d'être. Ignorée par la guerre de Cent Ans, elle a déjà largement amorcé son déclin lorsque Dunois, ancien compagnon de Jeanne d'Arc, en hérite au 15ᵉ s. Abandonnée au 16ᵉ s., elle est acquise en 1776 par le comte d'Artois qui la revend à la famille des actuels propriétaires.

COULON ★

1 870 habitants
Cartes Michelin n° 71 Nord du pli 2 ou 233 pli 5 – 11 km à l'Ouest de Niort
Schéma p. 139

Capitale du Marais poitevin, Coulon, en bordure du Marais mouillé, est le principal point de départ pour les **promenades en barque** ⊙ à travers la « Venise Verte ».

À partir de Coulon, on peut aussi arpenter les chemins du Marais en **petit train** ⊙ (le Pibalou) et en **minibus** ⊙ (le Grenouillon).

Du pont sur la Sèvre Niortaise, agréable **perspective** sur la rivière canalisée coulant lentement entre des quais qui bordent les maisons des bateliers.

En remontant les quais de la rive droite, la place de la Coutume rappelle qu'autrefois les bateliers empruntant la Sèvre Niortaise devaient s'acquitter du **droit coutumier**. Cette redevance, perçue sur la marchandise transportée, permettait l'entretien de la rivière.

CURIOSITÉS

Église – Romane à l'origine, remaniée dans le style gothique (portails Ouest et Sud), c'est une des rares églises de France à posséder une chaire à prêcher extérieure, qui affecte ici la forme d'une tour à auvent.

Aquarium ⊙ – Sur la place de l'Église, une maison abrite cet aquarium qui rassemble des poissons de rivière (anguilles, carpes, gardons, perches, etc...). Un diaporama donne une bonne présentation du Marais poitevin : le Marais et les quatre saisons, la flore, la faune.

Maison des Marais mouillés ⊙ – Installé dans l'ancienne maison des percepteurs de la coutume *(voir ci-dessus)*, ce musée retrace la conquête et l'adaptation de l'homme sur cette terre d'eau. La grande salle du rez-de-chaussée est consacrée à des expositions temporaires sur le Marais poitevin. À l'étage, un intérieur maraîchin de la fin du 19ᵉ s. précède le **Maraiscope** où une maquette simule les grandes étapes de la formation du marais à l'aide d'effets d'images, de jeux de lumières et de sons. Une salle nature évoque l'environnement (faune et flore) et les activités traditionnelles des maraîchins (pêche à l'anguille, fabrication d'une bosselle). La visite se conclut par la présentation de la batellerie locale (construction du « balai ») et la découverte d'objets de l'âge de bronze trouvés sur différents sites autour de Coulon.

Coulon – Promenade en barque

ENVIRONS

Église de Benet – *6 km au Nord par la D 1.* Un clocher carré du 15ᵉ s. signale cet édifice dont la façade romane a pâti de l'adjonction d'un porche gothique. On remarquera, aux arcades latérales, le cavalier habituel aux édifices poitevins et un personnage portant une balance, puis la voussure historiée de la baie centrale, enfin les deux saints, plus au-dessus des contreforts.

EXCURSION

L'Est de la Venise verte – *Circuit de 30 km au départ de Coulon. Voir p. 138.*

CRAZANNES

357 habitants
Cartes Michelin n° 71 pli 4 ou 233 plis 15, 16 – 15 km au Nord de Saintes
Schéma p. 74

Campé sur la rive gauche de la Charente, ce paisible village saintongeais cache d'étranges carrières de pierre et abrite un charmant château ; celui-ci aurait inspiré Charles Perrault lors de l'écriture de ses célèbres *Contes du temps passé*.

UNE PIERRE CONTRE VENTS ET MARÉES

Crazannes recèle dans son sous-sol une pierre calcaire blanche au grain serré, dont étaient extraits des blocs de grandes dimensions. Réputée pour sa résistance aux intempéries et aux assauts répétés de la mer, la **pierre de Crazannes** fut utilisée pour la construction ou la rénovation de ports (La Rochelle), de forts (Boyard), de ponts (Tonnay-Charente), de phares (Cordouan) et même de cathédrales (Bayonne). Facile à travailler, elle fit le bonheur des sculpteurs comme en témoignent les ornements de la porte d'entrée du château de Crazannes *(voir ci-après)*.
Exploitée depuis deux millénaires, la pierre de Crazannes connut son apogée dans la seconde moitié du 19ᵉ s. L'avènement de nouveaux matériaux de construction, puis des coûts de production trop élevés entraînèrent la fermeture des carrières peu après la fin de la Seconde Guerre mondiale.

Le carrier – Artisan robuste et courageux, il exploitait une parcelle qui avait été préalablement délimitée lors de la « découverte ». Pour extraire un bloc de pierre, il creusait trois tranchées verticales, à l'aide d'un pic à trancher, puis décollait le bloc en plaçant des « paumelles » (cales de fer) sous la partie inférieure de la pierre ; les coups répétés sur les « coins » parvenaient à désolidariser le bloc qui était ensuite « sonné » afin de détecter d'éventuels défauts (silex). Le carrier utilisait alors un pic à brocher pour rectifier le bloc et le livrer sous forme d'un parallélépipède pesant de 50 à 250 kg.

CURIOSITÉS

Musée de la pierre de Crazannes ⊙ – *Accès par l'A 837 (Saintes-Rochefort) ou par la D 119 (Crazannes-Plassay).* Installé sur une aire de repos de l'autoroute, il permet de se familiariser avec les techniques employées par les carriers saintongeais pour extraire les blocs de cette pierre réputée. Les carrières, le transport par voie d'eau et la vie sociale sont également évoqués dans un film vidéo.

★Les anciennes carrières ⊙ – Abandonnées en 1955, les carrières furent rapidement reconquises par la nature. Par endroits, la végétation y est si luxuriante que
le lierre tombant des parois rocheuses et les scolopendres tapissant le sol donnent
parfois l'illusion de pénétrer dans une forêt tropicale. La flore (hélianthèmes,
orchidées, potentilles, valérianes) et la faune (blaireaux, grenouilles, loriots, milans
noirs, renards) ont su s'adapter pour former un biotope insolite pour la région.

Château de Crazannes ⊙ – *Voir illustration au chapitre de l'Art – Éléments
d'architecture.* Une allée de tilleuls conduit à la terrasse du château édifié au 15ᵉ s.
sur les bases d'un château féodal du 11ᵉ s. dont subsistent une petite chapelle
romane, surmontée d'un clocher-pignon, un donjon et les vestiges de l'ancienne
enceinte (en particulier douves, tourelle de défense et pont-levis). Le château,
construit en pierre de Crazannes *(voir ci-avant)*, présente un logis seigneurial orné à
gauche d'une tourelle d'angle et flanqué à droite d'une puissante tour à mâchicoulis.
La face Nord, percée de fenêtres à la Renaissance, offre une **porte★** de style
gothique flamboyant à la délicate ornementation sculptée : dans les pinacles latéraux
sont logés des artisans tailleurs de pierre représentés avec leurs emblèmes, tandis
que l'accolade porte deux hommes sauvages tenant un heaume et deux femmes
sauvages accroupies. Une inscription gravée dans la pierre rappelle que le château,
domaine de la famille de Tonnay-Charente, fut au 18ᵉ s. la résidence estivale des
évêques de Saintes.

La grande salle, décorée de boiseries sculptées et d'une cheminée du 15ᵉ s., se
distingue surtout par son plafond de bois du 15ᵉ s.; remarquer aussi les portes
basses en arcades donnant accès aux petits salons; de l'un d'eux part un escalier à
vis, orné des célèbres coquilles des pèlerins de Compostelle.

EXCURSIONS

★Vallée de la Charente – De Saintes à St-Savinien. *Voir p. 74.*

DAMPIERRE-SUR-BOUTONNE
335 habitants
Cartes Michelin n° 72 plis 1, 2 ou 233 plis 16, 17 – 8,5 km au Nord-Ouest d'Aulnay

Bien située dans la fraîche vallée de la Boutonne, la localité est connue pour son
château Renaissance, qui a pour cadre une île enserrée par les bras de la Boutonne.
C'est aussi, depuis 1981, un centre d'élevage du fameux «baudet du Poitou».

CURIOSITÉS

Château ⊙ – Des quatre côtés qui délimitaient la cour intérieure, il ne reste que le
corps de logis principal, dont la défense était assurée, vers l'extérieur, par deux
grosses tours. Le bâtiment présente sur la cour un aspect moins austère : deux
harmonieuses **galeries★** Renaissance à arcs en anse de panier s'y superposent,
séparées par une frise sculptée de rinceaux et de feuillages. La galerie supérieure
est remarquable par son plafond dont les 93 caissons sont ciselés d'emblèmes
(cygne transpercé d'une flèche, emblème de Claude de France, épouse de François Iᵉʳ), de chiffres (Catherine de Médicis et Henri II) et surtout de scènes allégo-

Baudet du Poitou

riques et de symboles, accompagnés de phylactères où s'inscrivent des devises, la plupart en latin (remarquer un Cupidon chevauchant une chimère, un laby-rinthe, etc.). L'écrivain Fulcanelli a donné dans son ouvrage alchimique *Les Demeures philosophales* (1931) une interprétation de ces figures.

Dans les appartements, on verra des tapisseries des Flandres et un superbe cabinet d'ébène (Italie, 16e s.); sur la cheminée de la salle des gardes court une sage devise : «Estre, se cognestre et non parestre.»

Dans le pavillon d'accueil, expositions : l'Art et l'alchimie (détails sur les caissons) et les Chevaux de Dali (œuvres du peintre inspirées par ces mêmes caissons).

Maison du baudet du Poitou ⊙ – *À la Tillauderie, à 5 km par la D 127 vers Chizé.* Le **baudet du Poitou**, âne de grande taille, à robe bai brun, pourvu de longs poils laineux, fut élevé dans la région pendant des siècles : par le croisement du baudet avec la jument mulassière poitevine (principalement dans les «ateliers» de St-Martin-lès-Melle, près de Melle), on obtenait des mulets, animaux hybrides stériles, qu'on désignait par le nom de «mules poitevines». Particulièrement aptes à porter de lourdes charges sur des parcours difficiles, celles-ci firent l'objet d'un important commerce jusqu'au début du 20e s., avant la motorisation des campagnes. Depuis les années 50, l'âne du Poitou est menacé de disparition. La création, près de Dampierre, de l'Asinerie nationale expérimentale permettra peut-être d'en sauvegarder la race, atteinte de consanguinité.

Les panneaux et les films vidéo du petit musée illustrent l'histoire et la sauvegarde des baudets du Poitou.

Baudets du Poitou et ânesses portugaises paissent dans les prés voisins. On peut aussi voir, dans l'écurie, le robuste étalon mulassier que possède l'Asinerie.

Château de DISSAY

2 498 habitants
Cartes Michelin n° 68 plis 4, 14 ou 232 pli 47 – 15 km au Nord-Est de Poitiers
Schéma p. 189

Dissay s'allonge près du Clain, au pied du plateau que couvre la forêt de Moulière.

Pierre d'Amboise, évêque de Poitiers et frère de Georges d'Amboise, le cardinal ministre de Louis XII, bâtit ce château au titre de résidence de campagne. Ses armes et une statue de saint Michel surmontent la porte du châtelet.

VISITE ⊙

Dans la cour intérieure, la tourelle d'angle polygonale abrite l'escalier qui se termine par une magnifique voûte en palmier dont les clés sont ornées de médaillons sculptés figurant les apôtres.

La chapelle a conservé son carrelage et ses vitraux d'origine. Ses murs sont couverts de **peintures murales★**, rehaussées d'or moulu, d'une grande finesse. Exé-cutées au début du 16e s., elles évoquent les thèmes du repentir et du pardon : vers une fontaine de miséricorde se tournent les grands pécheurs que furent Adam et Ève, Nabuchodonosor, Manassé, David et Bethsabée (sur cette dernière composi-tion, on reconnaît distinctement l'entrée du château).

ENVIRONS

Parc de loisirs de St-Cyr – *2 km au Nord. Voir p. 188.*

Château de Vayres – *4,5 km au Sud. Voir p. 188.*

ESNANDES

1 730 habitants
Cartes Michelin n° 71 pli 12 ou 233 pli 3 – 12 km au Nord de La Rochelle

Au contact du plateau de l'Aunis et du Marais poitevin, au creux de l'anse de l'Aiguillon s'alignent les humbles maisons basses, chaulées, d'Esnandes, qui abritent tout un peuple de gens de mer, voué à l'élevage des moules et des huîtres.

Le rivage de l'ancien golfe du Poitou *(se reporter à l'Introduction)* se reconnaît par sa falaise morte, façonnée par l'érosion marine et présentant des stratifications régulières. Celle-ci s'achève par la **pointe St-Clément** au sommet de laquelle s'offre une large vue sur l'anse de l'Aiguillon et l'île de Ré.

Les premiers bouchots – L'élevage de la moule sur bouchot remonterait au 13e s. Son bateau ayant fait naufrage dans la baie de l'Aiguillon, le capitaine, un Irlandais nommé Walton, s'installa à Esnandes. Pour survivre, il capturait les oiseaux, en fixant un filet sur des pieux plantés dans la vase. Il s'aperçut bientôt que ces derniers finissaient par se couvrir de petites moules qui grossissaient plus rapidement que sur les bancs naturels... Ainsi seraient nés les premiers bouchots.

CURIOSITÉS

★**Église** ⊘ – *Voir illustration au chapitre de l'Art – Éléments d'architecture.* Elle évoque plus une forteresse qu'un sanctuaire. De fait, si elle a conservé sa façade romane à la frise sculptée, son aspect général a changé aux 14e et 15e s., lorsqu'elle fut fortifiée. Mise sur un plan rectangulaire, pourvue sur tout son pourtour de murs de 3,85 m d'épaisseur que surmonte un chemin de ronde à merlons percés d'archères, renforcée de bretèches sur trois côtés, elle reçut sur sa façade une ligne de mâchicoulis encadrés de deux échauguettes d'angle ; le clocher-porche fit office de donjon.

Le chemin de ronde offre de belles vues aux alentours.

Maison de la Mytiliculture ⊘ – Ce musée retrace l'histoire de l'anse de l'Aiguillon et l'évolution des techniques d'élevage des moules depuis le 15e s. Les activités du boucholeur et son matériel, bouchots (rangées de pieux longues d'une cinquantaine de mètres), accon (simple caisse que l'on fait glisser sur la vase à marée basse), y sont minutieusement décrits. Montage vidéo.

ENVIRONS

Marsilly – *3 km au Sud-Ouest par la D 105. Voir p. 233.*

Nieul-sur-Mer – *7 km au Sud-Ouest par la D 105 et la D 106. Voir p. 230.*

★★★**La Rochelle** – *12 km au Sud par la D 105. Voir p. 220.*

FENIOUX ★

133 habitants
Cartes Michelin n° 71 pli 4 ou 233 pli 16 – 8,5 km au Sud-Ouest de St-Jean-d'Angély

Au flanc d'un vallon, quelques maisons entourent l'église, sanctuaire de campagne à un seul vaisseau, et une élégante et robuste lanterne des morts.

Église – Sa construction remonte à l'époque carolingienne (9e s.) pour les murs de la nef : on y remarque en effet le petit appareil caractéristique de l'époque et de très rares baies, minces dalles de pierre ajourées dessinant un réseau d'entrelacs qu'on nomme « fenestrelles ».

La **façade** appartient à l'art roman saintongeais. Des faisceaux de colonnes encadrent un immense portail, très ébrasé, qui compte dix piédroits, et dont les voussures évoquent de haut en bas les Travaux des mois et signes du zodiaque, les Vierges sages et les Vierges folles, les Anges adorant l'Agneau, les Vertus terrassant les Vices. Sur le côté gauche de la façade, un petit portail charme par la grâce de son décor végétal et floral. Le clocher à jours est célèbre dans l'histoire de l'art roman par sa légèreté et son audace ; il a souvent inspiré les architectes pasticheurs de la fin du 19e s. Malheureusement, une restauration trop radicale a encore accentué la sécheresse de ses lignes un peu grêles.

★**Lanterne des morts** – Elle se dresse au milieu d'un ancien cimetière ; un caveau voûté lui est accolé. Constituée par un faisceau de onze colonnes supportant un lanternon ceint lui-même de treize colonnettes, elle est terminée par une pyramide couverte d'imbrications et surmontée d'une croix. Un escalier à vis *(37 marches)* occupe l'intérieur du fût.

Fenioux – Lanterne des morts

Marcou/PIX

FONTENAY-LE-COMTE

14 456 habitants
Cartes Michelin n° 71 pli 1 ou 233 pli 4 – 32 km au Nord-Ouest de Niort
Schéma p. 149

Fontenay s'abrite au creux d'un repli de terrain, sur les rives de la Vendée, au contact de la Plaine, du bocage et du Marais poitevin. Bâtie en pierre calcaire parfois couverte de crépi, la ville s'étire le long de deux axes perpendiculaires à la rivière : le Vieux Fontenay se serre de part et d'autre des rues Guillemet, des Orfèvres, des Loges, St-Jean, des Jacobins ; la ville moderne s'étend au Sud-Ouest de la percée rectiligne que tracent la rue Clemenceau, le pont Neuf et la rue de la République. Centre de la ville, la place Viète occupe l'emplacement d'un bastion de l'ancienne enceinte.

Au Moyen Âge et pendant la Renaissance, la capitale du Bas-Poitou était une place forte qui subit de violents assauts. Une héroïne, la belle Jeanne de Clisson, la défendit en 1372 contre Du Guesclin. À la fin du 16ᵉ s., Fontenay fut disputée entre parpaillots (protestants) et papistes (catholiques). Deux siècles plus tard, Vendéens et Républicains s'opposèrent à deux reprises sous les murs de la ville.

UNE FONTAINE DE BEAUX ESPRITS

Au 16ᵉ s., Fontenay, qui doit son nom à la fontaine des Quatre-Tias *(voir ci-après)*, est un foyer de la Renaissance.

En 1520, le jeune **Rabelais** frappe à la porte des cordeliers dont la maison se trouvait à l'emplacement actuel de l'hôtel de ville. Il a quitté les cordeliers d'Angers et vient s'initier aux lettres grecques sous la direction du frère Pierre Amy, un précurseur de la Réforme, qui le met en rapports épistolaires avec le savant helléniste Guillaume Budé. À Fontenay, Rabelais et ses amis se réunissent à l'ombre d'un bosquet de lauriers, dans le jardin d'**André Tiraqueau** (1480-1558), docte juriste, « heureux » père de 30 enfants et auteur — éclairé! — d'un traité sur les lois matrimoniales pour lequel Rabelais compose une épigraphe en vers grecs. En 1523, Rabelais se réfugie chez les bénédictins de Maillezais *(voir ce nom)*, son supérieur ayant découvert chez lui des livres favorables à la Réforme.

Dans la seconde moitié du siècle, d'autres humanistes fontenaisiens apparaissent, parmi lesquels Barnabé Brisson, président au Parlement de Paris, pendu en 1591 pendant les troubles de la Ligue (association catholique fondée en 1576 par le duc de Guise pour combattre les calvinistes et visant à renverser le roi Henri III), et **François Viète** (1540-1603), mathématicien génial, créateur de l'algèbre.

Le poète **Nicolas Rapin** (vers 1535-1608) tient une place spéciale. Sévère magistrat, il participe, lors des Grands Jours de Poitiers *(voir ce nom)*, à un tournoi poétique dont le thème est une puce qui folâtre sur la blanche gorge de Mlle des Roches, célèbre bas-bleu poitevin : Rapin remporte la palme avec un morceau appelé *La Puce*, suivi de *L'Anti-puce*. Venu à Paris à la suite de ces exploits, il prend une grande part à la *Satire Ménippée* (pamphlet politique dirigé contre la Ligue en 1594), avant de se retirer dans son château de Terre-Neuve, « Doux Hermitage » *(voir ci-après)*.

CURIOSITÉS

Musée Vendéen ⊙ (AY M) — Le rez-de-chaussée et le 1ᵉʳ étage sont réservés aux collections d'archéologie (verreries gallo-romaines provenant de sépultures locales), d'ornithologie (oiseaux naturalisés) et d'ethnographie (mobilier du Sud de la Vendée).

Le 2ᵉ étage est consacré à l'histoire de la ville et aux artistes ayant des attaches en Vendée : peintures de Paul Baudry *(Diane surprise)*, Auguste Lepère (*Vues des dunes de St-Jean-de-Monts*, *Le Grain* — arrivée d'un orage sur la mer), Ch. Milcendeau *(Vue du Marais mouillé*, *Les Brodeuses*, *Le Rouet)* ; esquisses de Lepère ayant servi à l'exécution de gravures.

Une petite salle consacrée à l'art moderne rassemble des œuvres d'Émile Lahner *(La Cuisine*, *L'Égyptienne*, ainsi que des tableaux abstraits très colorés : *1959*, *1960)*. Des frères Jan et Joël Martel, remarquer une sculpture monumentale, *Olonnaise revêtue d'un châle*.

Église Notre-Dame ⊙ (AY B) — Un harmonieux **clocher★** du 15ᵉ s. la signale : fine et élégante, sa flèche terminale à crochets, haute de 82,50 m, refaite en 1700 par François Leduc dit Toscane, est analogue à celle de la cathédrale de Luçon.

Le portail principal est de style flamboyant, avec sa grande baie à remplage remplaçant le tympan. Ses voussures logent Vierges sages avec leurs lampes dressées et Vierges folles avec leurs lampes renversées ; une délicate Madone du 19ᵉ s. occupe la niche du trumeau.

Rue du Pont-aux-Chèvres, la chapelle Brisson, Renaissance, fait saillie sur le chœur. À l'intérieur de l'église, jeter un coup d'œil sur la chaire d'époque Louis XVI, sur la chapelle Brisson et sur les chapelles absidiales d'époque François Iᵉʳ, dissimulées par le grand retable du 18ᵉ s.

La **crypte** du 9ᵉ s., découverte accidentellement au 19ᵉ s., constitue un précieux témoignage de l'architecture primitive en Bas-Poitou. De dimensions modestes, elle est voûtée d'arêtes, soutenues par des piliers aux chapiteaux byzantins.

Rue du Pont-aux-Chèvres (**AY 20**) – Cette voie conserve plusieurs maisons anciennes : au n° 3 un logis du 15e s. à tourelle d'escalier, ancien prieuré bénédictin ; au n° 6, l'hôtel de Villeneuve-Esclapon avec un monumental portail Louis XIII que surmonte un *Laocoon* (groupe de sculpture antique représentant le prêtre d'Apollon, Laocoon, étouffé avec ses deux fils par des serpents – l'original se trouve au Vatican *(se reporter au guide Vert Michelin Rome)* – entre les statues d'Hercule et de Diane ; au n° 14, bel exemple d'hôtel Renaissance, récemment amputé de son aile gauche, autrefois habité par André Rivaudeau, maire de Fontenay à la fin du 16e s., et auteur d'une tragédie, *Aman*, dont Racine s'inspira pour composer *Esther* ; au n° 9, la maison des évêques de Maillezais (16e-17e s.), avec un bel escalier à balustres.

Place Belliard (**AY 2**) – Sur cette calme place se trouvent la statue et la maison natale (n° 11) du général Belliard (1769-1832) qui sauva Bonaparte à Arcole, lui faisant un rempart de son corps.
Sur un des côtés s'alignent cinq intéressantes maisons bâties par l'architecte Morisson sous Henri IV ; trois d'entre elles ont des arcades. Celle du n° 16 fut habitée par Morisson qui s'est représenté au sommet du fronton, tenant un compas, symbole de son art, tandis qu'au-dessus de la baie du 1er étage est inscrite sa devise : « Peu et Paix. »

Fontaine des Quatre-Tias (**AY D**) – Tias signifie tuyaux en patois poitevin. Construit en 1542 par l'architecte Lienard de Réau, le monument porte la devise donnée à Fontenay par François Ier : « Fontanacum felicium ingeniorum fons et scaturigo », c'est-à-dire « fontaine et source de beaux esprits ». On remarque la salamandre et le blason du roi au fronton du monument. Des inscriptions évoquent les noms des principaux magistrats de la cité parmi lesquels celui de Nicolas Rapin.

Rue des Loges (**ABY**) – Artère principale de la ville au 18e s., coupée de ruelles aux noms désuets (rue du Lamproie, rue de la Pie, rue de la Grue), la rue des Loges, devenue voie piétonne commerçante, conserve d'anciennes façades : au n° 26 (demeure présentant des balcons en ferronnerie et une façade ornée de mascarons humains) ; au n° 85 (beau portail fin 16e s. à pierres en bossage) ; au n° 94 (maison médiévale en encorbellement) ; au coin de la rue St-Nicolas (maison à pans de bois, début 16e s., habilement restaurée).

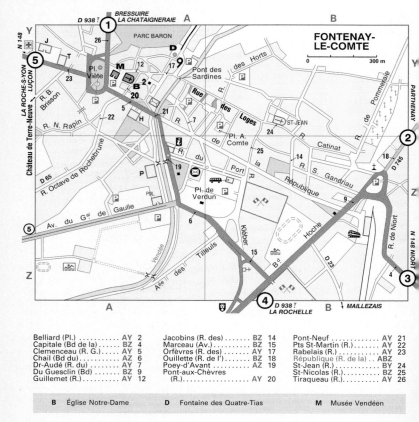

B Église Notre-Dame   **D** Fontaine des Quatre-Tias   **M** Musée Vendéen

Château de Terre-Neuve ⊙ – *Sortir par la rue B.-Brisson.* Construit à la fin du 16ᵉ s. par l'architecte Jean Morisson pour son ami le poète Nicolas Rapin, auteur des *Plaisirs du gentilhomme champestre*, Terre-Neuve fut restauré et embelli vers 1850 par l'archéologue et aquafortiste Octave de Rochebrune qui y réunit de nombreuses œuvres, recréant ainsi un bel ensemble d'inspiration Renaissance, où se mêlent les influences classiques. L'édifice est constitué de deux corps de bâtiment disposés en équerre et flanqués aux angles d'échauguettes. La façade est ornée de muses en terre cuite de la Renaissance italienne et d'un porche originaire du château de Coulonges-sur-l'Autize.

L'**intérieur**★ présente quelques éléments remarquables : une très belle cheminée dessinée par Philibert Delorme dont le

Fontenay-le-Comte – Château de Terre-Neuve

B. Régent/DIAF

décor sculpté évoque la symbolique alchimique de la Renaissance, des boiseries Louis XIV provenant de Chambord ainsi que la porte du cabinet de travail de François Iᵉʳ, un beau mobilier des époques Louis XV et Louis XVI, des toiles du 17ᵉ et du 18ᵉ s., et des collections de mortiers, clefs, armes, ivoires et costumes. La salle à manger possède un beau décor Renaissance, avec son plafond aux caissons de pierre sculptée, l'encadrement de sa porte monumentale et son imposante cheminée que soutiennent deux griffons.

L'usine-étoile – À *2 km du centre-ville par la N 148 (sortie ③ du plan).* Édifiée en 1970 suivant les plans du peintre Georges Mathieu, elle abrite une société de matériel informatique.

Sur les cartes routières Michelin au 1/200 000, le nom des localités dotées d'un hôtel ou d'un restaurant sélectionné dans le guide Rouge Michelin France est souligné en rouge.

FOURAS

3 238 habitants (les Fourasins)
Cartes Michelin n° 71 pli 13 ou 233 pli 14 – 10 km au Nord-Ouest de Rochefort

À proximité de l'embouchure de la Charente, Fouras (prononcer Foura) est une station balnéaire familiale, établie à la base de l'étroite pointe de la Fumée.
Fouras connut bien des péripéties au cours des siècles. Suite aux invasions des Barbares, puis des Normands venus par la mer, la ville se fortifia pour mille ans.
Après 1666, Fouras occupa une position stratégique importante dans la défense avancée du port de guerre de Rochefort. Devenue une véritable place forte, Fouras fit face aux Hollandais au 17ᵉ s. puis aux Anglais au 18ᵉ s. En 1805, la flotte de Napoléon subit un échec notoire dans les eaux de la rade. Dix ans plus tard, l'Empereur y embarquait pour l'île d'Aix *(voir ci-après)*. En 1945, la reddition de la poche de La Rochelle fut signée dans une villa située sur la route de la Fumée.

Dotée d'un agréable bord de mer et d'une ceinture verte de bois d'essences variées (chênes verts, tamaris, pins, etc.), Fouras dispose de quatre plages de sable fin, diversement orientées, si bien qu'il en est toujours une d'abritée, d'où que vienne le vent.
À marée basse apparaissent d'immenses étendues de vase ; la retenue d'eau de mer de la plage du Sémaphore permet alors le bain.

Promenades en mer ⊙ – Approche du fort Boyard.

B. Regent/DIAF

Fouras – La station balnéaire et la pointe de la Fumée

CURIOSITÉS

Fort Vauban – Cette forteresse défendait l'accès de la Charente. Un **donjon** du 15ᵉ s. et une enceinte du 17ᵉ s., due à Vauban, lui dessinent une silhouette altière. Une partie du donjon est aménagée en **musée régional** ⊙. Celui-ci abrite, en sous-sol, la crypte, avec puits, du 12ᵉ s., renfermant une collection lapidaire. L'histoire de la cité est présentée aux étages ; on peut voir en outre des collections de fossiles, crustacés, poissons, oiseaux de mer, ainsi que des maquettes de fortifications et de navires. Sur la plate-forme du sommet, qui domine la mer de 40 m, deux tables d'orientation aident à découvrir un intéressant **panorama**★ : au Nord-Ouest la pointe de la Fumée, les forts Enet et Boyard, l'île d'Aix, l'île de Ré, La Rochelle ; au Sud-Ouest, l'île Madame et l'île d'Oléron, dont le pont apparaît par temps clair ; au Sud-Est Rochefort et le pont transbordeur de Martrou ; enfin, à l'Est, au pied même du château, les toits de tuiles orangées de Fouras.

Anse de Port-Sud – C'est de là que le 8 juillet 1815 Napoléon embarqua pour l'île d'Aix : en raison des lames déferlantes et des hauts-fonds, l'Empereur fut porté à dos d'homme jusqu'à la chaloupe qui devait le conduire à bord de la frégate *La Saale*.
Un petit monument commémoratif a été élevé sur la plage, en contrebas de la promenade.

Promenade des Sapinettes – Elle est disposée en terrasses au-dessus de la plage du Sémaphore, la principale de la station. Jolie **vue**, d'un côté, sur les chênes verts du parc du Casino, appelé aussi Bois Vert, la pointe de la Fumée, l'île d'Aix et les forts, de l'autre, sur les îles Madame et d'Oléron.

ENVIRONS

Pointe de la Fumée – *3 km au Nord-Ouest par la D 214.* Au-delà, les parcs à huîtres s'alignent de chaque côté de la presqu'île. À la pointe de la Fumée se dégage une **vue** étendue : on identifie, de gauche à droite, Fouras, les îles Madame et d'Oléron, le fort Boyard, l'île d'Aix, l'île de Ré et la côte de l'Aunis jusqu'à La Rochelle.
À marée basse, entre la pointe, le fort Enet *(accessible alors à pied)* et l'île d'Aix, apparaissent un banc riche de coquillages et d'huîtres sauvages ainsi que les bouchots à moules. À marée montante on y pêche la crevette, abondante en cette région.

Pour organiser vous-même votre voyage
vous trouverez, au début de ce guide,
la carte des principales curiosités et un choix d'itinéraires de visite.

Le FUTUROSCOPE ★★★

Cartes Michelin n° 68 plis 13, 14 et 233 pli 5 – 10 km au Nord de Poitiers
Schémas p. 81 et p. 189

Aux portes de Poitiers, entre la rivière du Clain et l'autoroute Aquitaine (A 10), une poussée de modernisme provoqua l'éruption, en 1987, d'un site de conception originale. Dans un décor futuriste conçu par l'architecte français **Denis Laming**, le Futuroscope réussit la performance de réunir à la fois les loisirs, la formation et le travail, autour d'un thème commun : la communication.

Attirant un nombre croissant de visiteurs sur deux jours, le Futuroscope s'est adjoint une zone d'hébergement de proximité, permettant aux voyageurs de se rendre à pied sur le site.

LE PARC EUROPÉEN DE L'IMAGE ☉

Ce parc de 70 ha a pour vocation d'initier le public aux nouvelles réalités technologiques et de le sensibiliser aux mutations d'une civilisation dominée par l'image. Une place bordée de boutiques (Office de tourisme, vente de produits régionaux) donne accès au réseau de chemins sillonnant le parc. Dès les premiers pas, le visiteur se trouve plongé dans un univers architectural aux formes singulières où dominent le verre et l'acier. Intégrée dans un espace paysager soigné, chaque construction érigée est une œuvre d'art donnant force et mouvement au parc. Une zone ludique et deux lacs traversés par une jolie passerelle complètent harmonieusement l'ensemble.

La plupart des films présentés sur le site sont renouvelés tous les ans.

Futuroscope – Le Parc européen de l'Image

Culture, sciences et techniques

★**Le Pavillon du Futuroscope** – Érigé sur une butte, ce bâtiment associant deux volumes (un prisme et une sphère) lança, en 1987, le concept architectural néofuturiste du parc. Symbolisant les grandes mutations, il abrite des expositions temporaires, un espace **Hologrammes** de 400 m² et **Futurobanque** (présentation de la banque de demain).

Le Pavillon de la communication – *350 places.* Une gigantesque goutte d'eau diffuse ses ondes dans toute la masse blanche du bâtiment qui abrite deux spectacles.

La **salle haute résolution** entraîne, en une odyssée humoristique, à la découverte des paysages de la région Poitou-Charentes.

La **salle multi-écrans** évoque l'épopée de la communication, des tam-tams aux autoroutes de l'information. Remplissant harmonieusement l'espace mural, dix écrans de tailles variées composent un ballet d'images.

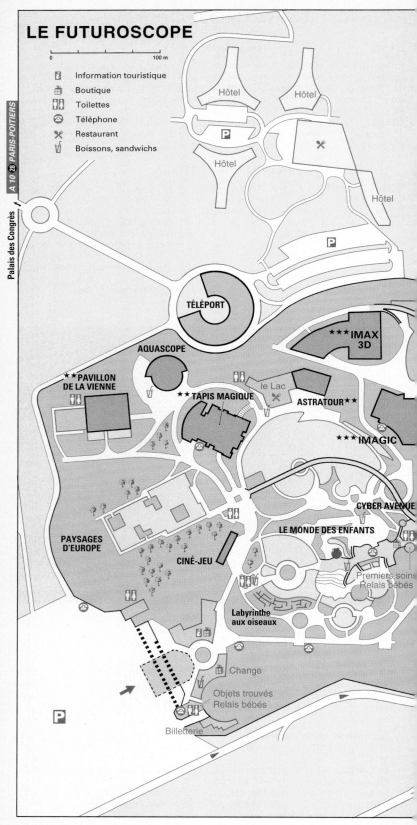

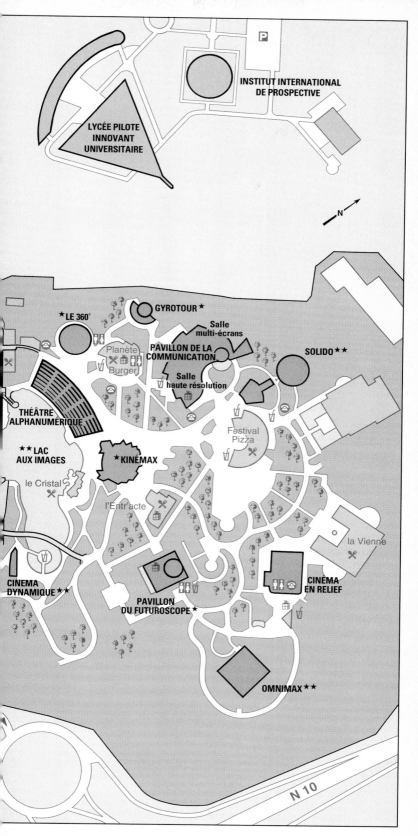

INSTITUT INTERNATIONAL
DE PROSPECTIVE

LYCÉE PILOTE
INNOVANT
UNIVERSITAIRE

N

★ LE 360°

GYROTOUR ★

Salle
multi-écrans

PAVILLON DE LA
COMMUNICATION

SOLIDO ★★

Planète
Burger

Salle
haute résolution

THÉÂTRE
ALPHANUMÉRIQUE

Festival
Pizza

★★ LAC
AUX IMAGES

★ KINÉMAX

le Cristal

l'Entr'acte

la Vienne

CINÉMA
DYNAMIQUE ★★

CINÉMA
EN RELIEF

PAVILLON
DU FUTUROSCOPE ★

OMNIMAX ★★

N 10

115

LE FUTUROSCOPE AU PRÉSENT

Pratique

À l'entrée du Parc – Parking gratuit ; poussettes, fauteuils roulants et chenil payants (les animaux ne sont pas admis à l'intérieur du Parc).

Service – Depuis la gare de Poitiers, des taxis-navettes assurent des courses régulières jusqu'au Futuroscope pour un prix forfaitaire (45 F AR).

Soirée au Parc – À partir de 18 h, en saison, un forfait avantageux *(voir les Conditions de visite)* permet de bénéficier des activités du Parc et du spectacle nocturne.

Se loger

Hôtels – Toutes les catégories sont présentes à proximité du site, offrant plus de 1 500 chambres. *Voir sélection dans le guide Rouge Michelin.*

Camping – À 1 500 m du site, Le Futuriste dispose d'une vue étendue sur le Parc. Les autres terrains sont plus éloignés *(voir le guide Camping Caravaning Michelin France).*

Se restaurer

Le Roller – Inséré dans le complexe de l'Hôtel du Parc, il propose une restauration simple dans une ambiance rock'n' roll ; salle de jeux et « cyber-café ».

L'Illusion – Dans une atmosphère plus feutrée, le restaurant du Novotel affiche des menus rendant hommage au cinéma.

Cybernétique

Cyber Avenue – Scintillant de lumières fluorescentes, cet espace souterrain de 800 m^2 présente de nombreux jeux vidéo (payants) qui réclament une certaine souplesse et une forte anticipation. Répartie sur deux niveaux, la Cyber Avenue est principalement fréquentée par des adolescents pressés de tester les dernières créations interactives. Un bar et une boutique spécialisée dans le multimédia complètent le site.

Cyber Média – Une superficie de 800 m^2 réunit des jeux virtuels (immersion dans le monde cybernétique), Internet en libre consultation et des ateliers multimédias pour grands et petits.

Effets spéciaux

★★★**Imagic** – *600 places.* Un drôle de magicien (Jean-Claude Dreyfus) apprend à ses dépens que le clonage peut générer de périlleuses situations. À partir d'une machine de sa fabrication, cet apprenti sorcier va devoir composer avec un habile concurrent qui, très vite, tentera de l'évincer. De formidables trucages (images flottant dans l'air, apparitions, disparitions) contribuent à la réussite du spectacle auxquel se joignent de nombreux acteurs (Roland Blanche, Darry Cowl) échappés d'un film !

Grands espaces

★**Le Kinémax** – *420 places.* Installé depuis la création du site, il constitue la référence architecturale du parc. Sa masse de cristaux de roche géants pointe ses miroirs vers le ciel, exposant ses parois de verre au caprice du temps et aux couleurs des saisons.
À l'intérieur du bâtiment, un **écran plat de 600 m^2**, haut comme un immeuble de sept étages et large comme un court de tennis, transporte le spectateur au cœur de l'image.

★★**L'Omnimax** – *351 places.* Les portes de ce cube transparent pénétré d'une sphère s'ouvrent sur un **écran en demi-sphère de 900 m^2**, permettant de couvrir les 180° du champ visuel que possède chaque individu. Celui-ci est baigné par un océan d'images diffusées par un objectif « fish-eye » depuis la salle de projection, installée sous les sièges. La sortie s'effectue en longeant l'extérieur de l'écran dont la matière est criblée de perforations, indispensables pour une excellente acoustique.

★★**Le Tapis magique** – *246 places.* Cet édifice mire ses tubes anthracite dans le plan d'eau qui le borde. De tailles variées, les fûts semblent communier avec le ciel, par une mélodie spirituelle. À force d'écouter la musique céleste, on s'envole sur son tapis magique...

Cette prouesse est réalisée grâce à l'association de deux écrans : l'un **vertical, de 672 m²**, l'autre **horizontal, de 748 m²**. Ce dernier, placé à 25 m sous les pieds du public (plancher de verre), laisse défiler des images surprenantes donnant au spectateur la sensation de léviter.

★**Le 360°** – *450 places debout*. Vaste salle circulaire dont les parois portent **9 écrans**. Au cœur de l'action, le spectateur peut choisir, à sa convenance, sa propre vision du film parmi les images diffusées par 9 projecteurs synchronisés électroniquement, sur les 272 m² d'écran.

Images en 3 D

Le Cinéma en relief – *420 places*. Chaussé de lunettes polarisantes, vous avez l'illusion d'être côtoyé par les personnages du film. Ce phénomène est créé par la projection de deux images légèrement décalées.

★★★**L'Imax 3 D** – *578 places*. Une gigantesque mire quadrillée, s'apprêtant à recevoir une sphère dans une partie concave, évoque le phénomène de la profondeur de champ. Cette jolie façade cache un pavillon équipé d'un **écran plat de 600 m²**, face auquel le spectateur, muni de lunettes à verres polarisants, vit intensément les aventures intrépides d'un héros de film de fiction.

★★**Le Solido** – *295 places*. Cet édifice sphérique n'est pas sans évoquer la grande coupole d'un observatoire. Équipé de lunettes à cristaux liquides, on pénètre dans l'espace Omnimax où le procédé restitue le relief sur un **écran de 900 m²**. Parfois, la tentation étant trop forte, le public tend les bras dans l'espoir de saisir un objet venant à sa rencontre.

Sensations fortes

★★**Le Pavillon de la Vienne** – Il possède une jolie façade vitrée qui, soulevant légèrement sa jupe d'eau, offre au public un accès plein de charme. Le bâtiment est divisé en deux salles.

Le mur vidéo – *192 places*. Composé de **850 moniteurs** vidéo formant un écran de 162 m², ce mur d'images est piloté par ordinateur. Un tourbillon d'images entraîne le spectateur dans la dimension technologique du Futuroscope.

Le simulateur – *192 places*. Face à un écran de 300 m², le spectateur vit intensément le film, grâce à l'action conjuguée des mouvements imprimés à son siège et à la parfaite synchronisation des images.

★★**Cinéma Dynamique** – *45 places*. Cette construction en terrasses abrite un cinéma de mouvement dans une version très remuante. Après une ultime recommandation, le spectateur, assis sur une longue banquette montée sur **vérins hydrauliques**, part pour le pays de l'image virtuelle à la cadence vertigineuse de 60 images-seconde. Bon voyage…

★★**Astratour** – *80 places*. Même technique que le cinéma dynamique… émotions garanties !

Voyages interactifs

L'Aquascope – *268 places*. Ce bâtiment abrite un écran semi-cylindrique (146°) de 248 m².
Derrière un pupitre muni d'une console informatique, le visiteur est invité à tester ses connaissances sur l'eau.

Ciné-Jeu – *192 places*. Répartis en deux équipes, les spectateurs s'affrontent dans de mémorables parties (basket-ball, ping-pong, simulateur de vol). Équipé d'une palette à réflecteurs rouges et verts, chaque joueur intervient en temps réel en visant les images projetées sur un écran vidéo géant de 18 m².

Divertissements de plein air

★**La Gyrotour** – Une gigantesque roue aux allures de bobine de film s'élève à l'horizontale vers le sommet en tournant autour d'un long pylône. Parvenue à 45 m de hauteur, sa rotation offre au visiteur une **vue** insolite du parc.

Le Lac et son théâtre alphanumérique – Situé au centre du parc et dominé par le Kinémax, ce lac propose un spectacle où de nombreux jets d'eau jaillissent au rythme de la musique.

★★**Le Lac aux Images** – La nuit, lumières, effets laser, projections sur écrans d'eau et feux d'artifice viennent se mêler aux jeux d'eau pour former un ballet féerique.

Le Monde des Enfants – Cette zone ludique, cernée par de nombreuses pièces d'eau, regroupe des jeux de plein air (toboggans géants, jeux nautiques), une salle de jeux et de découverte (jeux interactifs, images virtuelles, trucage vidéo, carré musical). Une grande partie de ces jeux fonctionnent avec des jetons (payants).

Les paysages d'Europe – À bord de bateaux tractés par un câble d'acier, le public est convié à une promenade à travers différentes régions européennes. Monté au ras de l'eau, chaque paysage prend une dimension nouvelle grâce à un astucieux jeu de miroirs.

AUTOUR DU PARC

En dehors du Parc européen de l'Image, le Futuroscope accueille des centres de formation et industriels, axés sur la haute technologie et la communication.

L'aire de formation – Ce site regroupe des établissements d'enseignement et de recherche, dans une architecture conforme à celle du Parc.

Lycée pilote innovant universitaire – Un vaste bâtiment triangulaire à armature métallique, dû à l'architecte Jean Nouvel, abrite des salles de classe de la seconde à bac + 5.

CNED – Le Centre National d'Enseignement à Distance occupe un bâtiment en forme d'observatoire.

ENSMA – L'École Nationale Supérieure de Mécanique et d'Aérotechnique forme des ingénieurs dans les domaines de l'aéronautique et de l'espace.

Institut international de prospective – Évoquant une soucoupe volante, cette construction accueille des colloques et des conférences.

Le Téléport – Une cinquantaine d'entreprises (créatrices d'images, de logiciels, etc.) se partagent cet outil de communication à la pointe du progrès.

Le Palais des Congrès – Un nouveau bâtiment regroupant les principales caractéristiques architecturales du Futuroscope remplace celui qui était initialement inséré dans le Parc.

Les principaux parcs à thème européens

Alton Towers – Description dans le guide Vert Michelin Grande-Bretagne.

Archeon – Description dans le guide Vert Michelin Hollande.

Disneyland Paris – Description dans le guide Vert Michelin Île-de-France.

De Efteling – Description dans le guide Vert Michelin Hollande.

Europa-Park – Description dans le guide Vert Michelin Pays Rhénans du Sud.

Le Futuroscope – Description dans le guide Vert Michelin Poitou Vendée Charentes.

Parc Astérix – Description dans le guide Vert Michelin Île-de-France.

Port Aventura – Description dans le guide Vert Michelin Espagne et dans le guide Vert Michelin Barcelone et la Catalogne.

Walibi – Description dans le guide Vert Michelin Belgique Grand-Duché de Luxembourg.

Warner Brothers Movie World – Description dans le guide Vert Michelin Allemagne.

GENÇAY

1 580 habitants
Cartes Michelin n° 68 pli 14 ou 233 pli 8 – 25 km au Sud de Poitiers
Schéma p. 189

Gençay est un marché de bestiaux, de volailles, de beurre et de fromages.
Du pont sur la Clouère (route de Poitiers), on a de belles perspectives sur la rivière bordée de peupliers et les ruines imposantes du **château** du 13ᵉ s. où Jean le Bon aurait été enfermé après la bataille de Poitiers *(voir ce nom)*.

Église de St-Maurice-la-Clouère – *0,5 km, sur la rive droite de la Clouère.* De style roman poitevin, elle se distingue par quelques dispositions originales : plan tréflé, croisillons du transept se terminant par des murs à pans, clocher fortifié dont les angles sont renforcés de tourelles à échauguettes. Les parties les plus remarquables sont le portail du collatéral gauche avec ses voussures délicatement sculptées, l'abside et les absidioles à contreforts-colonnes.

À l'intérieur, on remarque que les extrémités des croisillons se terminent non par un mur à pans comme à l'extérieur mais par un mur circulaire. Des peintures murales montrent un Christ en majesté du 14ᵉ s. à la voûte en cul-de-four du chœur et une Visitation du 16ᵉ s. sur le côté droit.

Château de la Roche-Gençay ⊙ – *1,5 km au Sud par la D 13.* Entre deux parcs aménagés au 18ᵉ s., le château présente une façade mi-gothique flamboyant, mi-Renaissance, complétée par une chapelle fin 15ᵉ s. ; l'autre façade et les communs sont d'époque Louis XIII.

Musée de l'Ordre de Malte – Il est aménagé dans les communs du château. À l'origine ordre des Hospitaliers de Saint-Jean de Jérusalem, il fut fondé en 1099 afin de secourir les pèlerins et les chrétiens malades. En 1113, pour assurer la protection des chrétiens contre les musulmans, les hospitaliers se militarisèrent. La chute de Jérusalem, en 1187, entraîna l'installation de l'ordre à St-Jean-d'Acre, puis à Chypre en 1291 et Rhodes en 1309. Les hospitaliers alors dénommés chevaliers de Rhodes restèrent dans la cité jusqu'en 1522 avant d'être chassés par les Turcs. En 1530 Charles Quint leur donna l'île de Malte, ils prirent alors le nom de chevaliers de Malte. Bonaparte, en 1798, envahit Malte, les chevaliers se dispersèrent et, en 1831, s'installèrent à Rome. De nos jours l'ordre, qui a perdu son côté militaire, se consacre entièrement à l'aide hospitalière internationale et possède de nombreux hôpitaux à travers le monde.

ENVIRONS

Château de Chambonneau – *10 km au Nord par la D 1. Voir p. 190.*

Château-Larcher – *9 km au Nord-Ouest par la D 742. Voir p. 189.*

Vivonne – *14 km au Nord-Ouest par la D 742. Voir p. 189.*

Château de GOULAINE

Cartes Michelin n° 67 pli 4 ou 232 pli 28 – 13 km à l'Est de Nantes

Ce bel édifice, entouré de vignobles, fut bâti entre 1480 et 1495 par Christophe de Goulaine, gentilhomme de la chambre des rois Louis XII et François Ier, sur les fondations d'une ancienne forteresse médiévale qui, avec Clisson et Nantes, défendait le duché de Bretagne contre la France.

VISITE ⊙

De ce passé militaire subsistent une tour à mâchicoulis et un castelet que précède un pont enjambant des douves. Cette belle demeure se compose d'un corps de logis du 15e s., construit en tuffeau du Saumurois dans le style ogival, et de deux ailes ajoutées au début du 17e s.

Intérieur – Un escalier à vis conduit à l'étage qui s'ouvre sur le **grand salon**, dominé par une monumentale cheminée Renaissance sculptée. Au mur, une belle tapisserie des Flandres du 16e s. représente la chute de Phaéton. Le **salon Bleu** a conservé intact son décor du début du 17e s. : plafond à caissons bleu et or, cheminée à colonnes corinthiennes et cariatides, lambris ornés de délicats paysages, grande tapisserie royale des Gobelins. Le **salon Gris** est remarquable par ses panneaux en lambris et les scènes de mythologie figurant sur les trumeaux.

Volière à papillons – Accolée au mur d'enceinte du château, une vaste serre plantée de fleurs et d'arbustes tropicaux abrite des papillons exotiques.

Lac de GRAND-LIEU

Cartes Michelin n° 67 pli 3 ou 232 plis 27 et 28
20 km au Sud-Ouest de Nantes

Situé à l'Est du pays de Retz, le lac de Grand-Lieu fut autrefois un véritable lac, mais depuis un siècle, la végétation envahissante en fait un marais, immense et mélancolique, dont les rives indécises, cachées par les roseaux et les ajoncs, font un site ornithologique exceptionnel.

Communiquant avec l'estuaire de la Loire par l'Acheneau (cheneau : chenal), appelé aussi étier de Buzay, ce lac est depuis 1980 une réserve naturelle. Sa superficie varie suivant les saisons : de 8 000 ha en hiver, elle diminue de moitié en été.

Le fond rocheux, d'une profondeur de 1 à 2 m suivant les saisons, est recouvert par endroits d'une importante couche de vase. Sous ce linceul serait ensevelie la ville d'Herbauge, maudite pour ses mœurs dissolues ; le tintement de sa cloche peut encore être entendu, selon la légende, au milieu du lac, à minuit, durant la nuit de Noël.

Héron cendré

Important site de nidification du héron cendré et de la rare spatule, le lac de Grand-Lieu, situé sur une voie de migration atlantique, accueille plus de 200 espèces d'oiseaux : bécassines, canards, sarcelles, grèbes, râles, oies...

Les **promenades en barque** ⊙ ne sont autorisées qu'exceptionnellement sur le lac dont seuls les musées (la maison du Pêcheur, *ci-dessous*, et la maison du Lac, à St-Philbert-de-Grand-Lieu) permettent de découvrir les beautés naturelles.

Passay – Typique hameau de pêcheurs, c'est le seul endroit d'où l'on peut approcher le lac de Grand-Lieu.

Maison du Pêcheur ⊙ – Installé au pied d'une **tour observatoire** dominant le lac et ses environs, ce petit musée révèle un milieu exceptionnellement riche. Le lac et son écosystème (faune, flore) sont clairement présentés, ainsi que les activités qui y sont liées, notamment la pêche avec ses techniques particulières. Des aquariums abritent les espèces indigènes : brochets, sandres, anguilles, carpes...

EXCURSIONS

St-Philbert-de-Grand-Lieu – *10 km au Sud de Passay par la D 65. Voir p. 255.*

★★**Safari africain** – *25 km au Nord-Ouest de Passay par la D 65 et la D 11. Voir p. 244.*

JARNAC

4 786 habitants
Cartes Michelin n° 72 pli 12 ou 233 pli 28 – 14 km à l'Est de Cognac
Schéma p. 73

Sur la rive droite de la Charente, nichée dans la verdure, Jarnac vit de la distillation et du commerce des eaux-de-vie.

La notoriété de Jarnac est désormais liée à **François Mitterrand** (1916-1996), l'ancien président de la République ayant choisi d'être inhumé dans sa terre natale au cimetière des Grand's Maisons, à l'Ouest de la ville.

UN PEU D'HISTOIRE

Le coup de Jarnac – Gui Chabot, baron de Jarnac, offensé par La Châtaigneraie, familier d'Henri II, le provoque en combat singulier. La rencontre, organisée comme un « Jugement de Dieu », a lieu le 10 juillet 1547, à St-Germain-en-Laye, en présence du roi, de la reine, de Diane de Poitiers et de la cour. Jarnac, sur le point d'être vaincu, porte à son adversaire une botte régulière mais imprévue qui lui coupe le jarret. Depuis, on donne le nom de « coup de Jarnac » aux attaques de ce genre, mais en y ajoutant un sens de perfidie fort injuste pour le brave Chabot.

Jarnac – Quai de l'Orangerie

La bataille de Jarnac – Calvin ayant fait en 1534 et 1535 de nombreux séjours dans la région, Aunis, Saintonge et Angoumois devinrent très vite d'actifs foyers protestants. Le 13 mars 1569, pendant les guerres de Religion, se déroula, près du village de Triac, une bataille connue sous le nom de bataille de Jarnac. Les catholiques commandés par le duc d'Anjou (futur Henri III) défirent les compagnies protestantes du prince de Condé. Fait prisonnier lors d'un assaut et tombé de son cheval, Condé blessé fut achevé sur l'ordre du duc d'Anjou par Montesquiou, capitaine des gardes.

CURIOSITÉS

Donation François-Mitterrand ⊘ – Ce musée est installé au bord de la Charente dans un ancien chai de cognac réhabilité en espace culturel dit de l'Orangerie (la bibliothèque conserve l'intégralité des discours prononcés par le président Mitterrand lors de ses deux septennats).
Après la Nièvre (se reporter au guide Vert Bourgogne), la Charente accueille la quatrième donation de l'ancien président de la République, qu'il inaugura en mars 1995. Présentée dans un vaste espace vitré, l'exposition rassemble une partie des œuvres (céramiques, gravures, peintures, sculptures...) provenant du monde entier, offertes au président pendant ses quatorze ans de mandat. En sortant, ne pas manquer la lecture du livre d'or.

Église – Ancienne abbatiale, l'église du 11e s. présente un clocher carré revêtu d'arcatures aveugles. L'étage est ajouré de deux baies à colonnettes. La crypte du 13e s. renferme des vestiges de peintures murales.

Maison Courvoisier ⊘ – Place du Château. Un petit **musée** (entrée : près du pont) retrace l'histoire de la distillerie et les étapes de l'élaboration du cognac. La silhouette de Napoléon Ier sur les bouteilles de cette marque rappelle qu'Emmanuel Courvoisier, le fondateur, approvisionnait l'empereur et que l'entreprise fut décrétée en 1869 fournisseur de la cour de Napoléon III. On visite également un chai où l'on assiste à une projection de diapositives, sur une sphère.

Maison Louis Royer ⊘ – Quai de la Charmille. Par une entrée décorée d'une belle marqueterie, le visiteur pénètre dans « l'Espace Voyage ». Ce lieu d'accueil original présente l'univers du cognac, de la vigne à l'exportation dans le monde entier. Après ce voyage initiatique, on part à la découverte des chais de vieillissement d'où émanent des parfums singuliers. Une exposition temporaire et des ateliers reconstitués évoquent les métiers liés au cognac.

JONZAC

3 998 habitants
Cartes Michelin n° 71 pli 6 ou 233 pli 27 – 19 km au Sud-Est de Pons
Schéma p. 191

Agréablement provinciale avec ses places plantées de tilleuls, Jonzac vit du beurre, des eaux-de-vie et du pineau des Charentes. C'est aussi une station thermale.

CURIOSITÉS

Site – Pour apprécier le site de Jonzac, il faut se placer sur le pont de pierre (le plus en amont) qui enjambe la Seugne coupée de cascatelles et encadrée de jardinets. Sur la rive droite, deux collines portent l'une le quartier de l'église, l'autre la « cité » jadis ceinte de remparts, englobant le château. Sur la rive gauche, dans le faubourg des Carmes, œuvraient les artisans, mégissiers, tanneurs, tonneliers...

Château ⊘ – Par une porte fortifiée du 15e s. on débouche sur une vaste esplanade. Le front Ouest est majestueux avec son puissant châtelet du 15e s. et ses tours de flanquement dont l'une sert de beffroi. Le château eut comme hôtes illustres Henri IV, en 1609, puis 50 ans plus tard Louis XIV, en route pour la signature du traité des Pyrénées et pour son mariage à St-Jean-de-Luz avec l'infante d'Espagne Marie-Thérèse.
De la terrasse avoisinante, vue sur la vallée.

Ancien couvent des Carmes ⊘ – Fondé en 1505 par Jean de Sainte-Maure, seigneur de Jonzac, ce couvent, ruiné par les guerres de Religion, fut reconstruit au 17e s., puis confisqué comme bien national durant la Révolution. Il a fait l'objet d'une importante restauration : le cloître a retrouvé une partie de sa galerie dessinée par des arcs en plein cintre ; les chapelles de l'église ainsi que les pièces de l'étage sont devenues musée archéologique.

Thermes – Situés à proximité de l'hôpital, ils sont installés dans les anciennes carrières d'Heurtebise qui furent exploitées dès le Moyen Âge et ont servi de refuge aux protestants au 16e s., avant d'être utilisées comme champignonnière. Des forages réalisés en 1980 ont révélé l'existence d'une profonde nappe aquifère (1 800 m), dont la température oscille entre 65 et 68°. Les propriétés thérapeutiques des eaux ont permis l'ouverture d'une station thermale spécialisée dans le traitement de l'arthrose.

ENVIRONS

Château de Meux ⊙ – *7,5 km à l'Est par la D 2.* Édifié en 1453 (à la fin de la guerre de Cent Ans) sur les vestiges d'une forteresse du 13e s., il appartint durant quatre siècles à la famille Chesnel dont deux membres furent chevaliers de l'ordre de Malte. C'est en fait un manoir-ferme, entouré de ses dépendances (voir les cuves ou « buroirs » qui servaient pour la lessive). Flanquée d'une tour tronquée, la façade, percée de fenêtres sobrement moulurées, est précédée d'une tourelle d'escalier polygonale. L'édifice a été renforcé de contreforts au 18e s. À l'intérieur, l'escalier à vis dessert les différents étages où l'on remarque des cheminées de pierre blanche sculptée.

Abbaye de LIGUGÉ

Cartes Michelin n° 68 pli 13 ou 233 pli 8 – 8 km au Sud de Poitiers
Schéma p. 189

Sur la rive gauche du Clain, l'abbaye de Ligugé revendique le titre du « plus ancien monastère d'Occident ».
Après plus de trois siècles d'interruption, la vie monastique bénédictine y a été restaurée en 1853 par quatre moines venus de Solesmes.

Sous le signe de saint Martin – C'est en 361 qu'un soldat, originaire de l'actuelle Hongrie, établit sa cellule dans les ruines d'une villa gallo-romaine de la vallée du Clain : c'est le futur saint Martin. Il a d'abord été officier dans l'armée romaine. Un jour qu'il se trouvait aux portes d'Amiens, le jeune soldat rencontre un mendiant transi de froid, coupe son manteau en deux et en donne la moitié au pauvre homme. Ayant vu en songe le Christ couvert de la moitié de son manteau, il se fait baptiser.
Devenu disciple d'Hilaire, évêque de Poitiers, Martin passe quelque dix ans à Ligugé. Sa foi, sa charité le font connaître et les habitants de Tours viennent le supplier de devenir leur évêque (370) ; il fonde près de Tours le monastère de Marmoutier.
Saint Martin meurt à Candes, sur les bords de la Loire, en 397. Les moines de Ligugé et ceux de Marmoutier se disputent son corps, mais les Tourangeaux, profitant du sommeil des Poitevins, portent le cadavre dans une barque et regagnent leur ville à toutes rames. Un miracle s'opère alors : sur le passage du corps, et bien que l'on soit en novembre, les arbres verdissent, les plantes fleurissent, les oiseaux chantent ; c'est l'été de la Saint-Martin.

VISITE

Les fouilles – Pratiquées à partir de 1953, devant et sous la nef de l'actuelle église St-Martin, elles ont permis de dégager une série exceptionnelle d'édifices préromans : villa gallo-romaine, basilique primitive antérieure à 370, découverte en 1956, martyrium (sanctuaire votif) du 4e s., église du 6e s. et basilique du 7e s.
On remarque principalement :
– À gauche, le mur d'une salle de la villa gallo-romaine dont le sol est fait de béton. Le martyrium avait succédé à cette salle ; à droite une arcade de ce martyrium.
– Le croisillon droit de la basilique du 7e s., croisillon formant le soubassement de l'actuel clocher ; voûte de l'an mille ; chapiteau ionique du 4e s. en réemploi ; maquette et plans documentaires.
– La crypte de la basilique du 7e s. sous la nef de l'église St-Martin. Derrière la crypte, abside de la basilique primitive construite par Martin au 4e s.
– L'absidiole gauche de cette même basilique du 7e s. Le pavement composé d'éléments émaillés à motifs géométriques serait le plus ancien de France, dans ce genre.

Église St-Martin – Aujourd'hui église paroissiale, elle fut reconstruite au début du 16e s. par Geoffroy d'Estissac *(voir Maillezais)*, alors prieur de Ligugé. La façade flamboyante, complétée par un clocher de même style, est fort élégante. Sur l'une des portes Renaissance à vantaux sculptés, on retrouve l'image de saint Martin, partageant son manteau.

Monastère – Ses bâtiments englobent quelques éléments anciens. On remarque, incorporée dans l'enceinte extérieure, la tour ronde dite de Rabelais, que le célèbre conteur habita fréquemment de 1524 à 1527, alors qu'il était secrétaire de Geoffroy d'Estissac.

Une quarantaine de bénédictins occupent le monastère placé dans un joli site qui charma l'écrivain **Huysmans**, reçu oblat (personne qui se lie à une communauté religieuse pour bénéficier de son soutien spirituel) bénédictin à Ligugé en 1901 ; Paul Claudel y fut postulant ; les peintres Georges Rouault et Forain, le poète Louis Le Cardonnel y séjournèrent avec Huysmans.

Dans la **galerie d'émaux** ⊘ est exposée la production de l'atelier qui a porté dans le monde entier le nom du monastère poitevin.

Un petit **musée** ⊘ d'histoire et de géographie monastiques termine la visite.

Église de LONZAC

Cartes Michelin n° 71 pli 5 ou 233 pli 27 – 15 km à l'Est de Pons
Schéma p. 191

En Angoumois et en Saintonge, rares sont les églises Renaissance. Or il s'en trouve une à Lonzac, due à la magnificence de Galiot de Genouillac.

Un mécène – Jacques de Genouillac, dit **Galiot de Genouillac**, seigneur d'Assier en Quercy, grand maître d'artillerie de France, contribua à la victoire de Marignan où ses canons organisés en corps autonome jouèrent un rôle décisif. Grand seigneur, homme de guerre certes, mais courtisan ambitieux, aimant le faste et la gloire, Genouillac fut un humaniste s'intéressant à l'art et à l'architecture autant qu'à l'extraction de l'or, l'exploitation des forêts, l'élevage des chevaux. Il avait épousé la fille du baron de Lonzac, Catherine d'Archiac, qu'il perdit en 1514. C'est pour perpétuer son souvenir et lui donner une sépulture digne de son état que fut élevée, de 1515 à 1530, l'église de Lonzac.

VISITE

Construite d'un seul jet, elle allie de façon harmonieuse une structure gothique et un décor Renaissance.

L'édifice est dominé par un clocher haut de 40 m, qu'on aperçoit de très loin. Ses angles sont amortis par de puissants contreforts. Une frise fait le tour des murs, portant les initiales K et I (Katherine et Iacques ou Jacques), alternées avec les emblèmes (boulets ou grenades) et la devise à double sens du grand maître : « J'aime fortune » ou « J'aime fort une ».

Le **portail**★, raffiné, se présente sous la forme de portes jumelées que surmontent trois niches et une grande accolade se terminant par la salamandre de François Ier. Les portes sont surmontées de deux bas-reliefs évoquant les Travaux d'Hercule, discrète allusion aux activités débordantes du grand maître ; on distingue Hercule, enfant dans son berceau, étranglant les serpents, et Hercule abattant le lion de Némée.

Intérieur – La nef porte des voûtes gothiques retombant sur des pilastres Renaissance. Aux clés de voûte sont sculptés les blasons des Archiac et des Genouillac et aux chapiteaux les emblèmes (boulets et canons) de Galiot de Genouillac. À gauche du chœur, la chapelle seigneuriale, couverte d'une voûte à caissons, était destinée à recevoir le tombeau de dame Catherine. Au-dessus du maître-autel, un tableau peint en 1787 par P. Vincent représente l'Adoration des Mages.

LOUDUN

7 854 habitants
Cartes Michelin n° 67 pli 9 ou 232 plis 45, 46 – 25 km à l'Est de Thouars

Située sur une butte et circonscrite de boulevards ombragés, qui ont remplacé les remparts, Loudun, cité abondamment fleurie, vit de quelques industries.

Très prospère au Moyen Âge, Loudun comptait quelque 20 000 âmes au 17e s. C'était alors un foyer intellectuel où les idées de la Réforme trouvèrent un terrain propice. D'antiques demeures, d'élégants hôtels en pierre des 17e-18e s., des maisons basses rappellent que Loudun fut jadis un centre militaire et intellectuel avant que Richelieu ne le poursuive de sa vindicte, allant jusqu'à ordonner la démolition de sa forteresse. La révocation de l'édit de Nantes acheva la cité.

PRESSE ET SCANDALE

Quelques fertiles intelligences – Sous Louis XIII, le vénérable Scévole de Sainte-Marthe et ses fils (auteurs d'ouvrages monumentaux sur la Gaule chrétienne) recevaient tous les hommes illustres du Poitou. Parmi eux, on notait Urbain Grandier et un médecin, **Théophraste Renaudot** (1586-1653), qui fonda en 1631 le premier journal imprimé, *La Gazette*, organisa le premier bureau de placement existant en France, et donna à Paris son premier Mont-de-Piété.

Une ténébreuse affaire (1634) – Cultivé et brillant, **Urbain Grandier** devint, à 27 ans, curé de St-Pierre-du-Marché. Ses succès de prédicateur, son arrogance, ses sarcasmes contre les ordres religieux, la liberté de ses mœurs lui attirèrent beaucoup d'ennemis. Or, il advint que les ursulines d'un couvent de Loudun se trouvèrent possédées du démon et la rumeur accusa Grandier de les avoir ensorcelées. Un procès s'ouvrit à l'instigation, dit-on, de Richelieu, mécontent des intrigues que Grandier menait contre lui. Le curé de St-Pierre fut déclaré coupable et condamné à être brûlé vif. La sentence fut exécutée le jour même, place Ste-Croix.

CURIOSITÉS

Tour Carrée ⊘ (AY) – Dominant Loudun, cette tour de guet, renforcée de contreforts, fut élevée en 1040 par Foulques Nerra, comte d'Anjou de 987 à 1040, et fougueux guerrier. Elle fut découronnée en 1631 sur ordre de Richelieu, en même temps que fut rasé le château adjacent. De son sommet *(143 marches)*, beau **panorama★** sur les environs.

Promenade Foulques-Nerra (AY) – À l'emplacement de l'ancienne forteresse, elle forme une esplanade dominant la campagne. Les tilleuls du mail, les allées sablées et le kiosque à musique composent un agréable tableau provincial.

Église St-Hilaire-du-Martray (AY) – Commencée au 14ᵉ s., elle s'ouvre sur le côté Sud par un beau portail du 16ᵉ s. aux voussures garnies de niches à dais où s'abritent des anges thuriféraires (porteurs d'encensoirs).
À l'intérieur, la porte primitive est ornée de pampres. Au fond de la nef, derrière le maître-autel, une grande baie à remplage flamboyant est éclairée par une verrière du 19ᵉ s.

LOUDUN

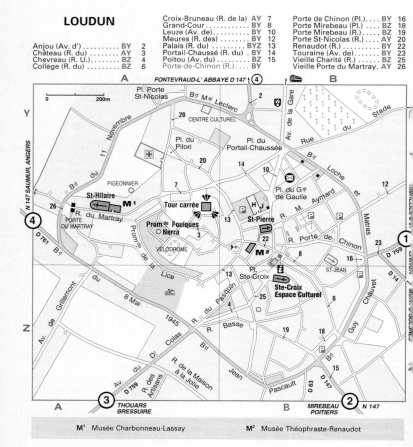

M¹ Musée Charbonneau-Lassay   M² Musée Théophraste-Renaudot

Église St-Pierre-du-Marché (BY) – Fondée en 1215 par Philippe Auguste, continuée par Saint Louis, coiffée au 15e s. d'une flèche de pierre effilée qui la signale à l'attention du touriste, elle présente un imposant portail Renaissance, avec tympan à jour coupé par un trumeau sculpté ; anges et médaillons dans les voussures.

Église Ste-Croix (BZ) – Le chœur roman de cette église se présente comme un rond-point délimité par des colonnes trapues. À la croisée du transept, les chapiteaux sont sculptés d'anges tenant un blason et de moines portant un livre. Des peintures murales du 13e s. ont été découvertes : elles sont en cours de restauration.

Musée Théophraste-Renaudot – Presse à bras

Musée Charbonneau-Lassay ⊘ (AY M¹) – Installé dans un hôtel particulier du début du 18e s., il abrite les collections réunies par Louis Charbonneau-Lassay (1871-1946). Cet érudit, passionné d'histoire locale, collecta une masse imposante d'objets et de documents relatifs au passé de Loudun : outillage de l'âge de la pierre, céramiques médiévales, armes blanches, mobilier, peintures, art religieux, artisanat...

Musée Théophraste-Renaudot ⊘ (BY M²) – Belle demeure du 16e s., la maison natale du fondateur de la presse française a été aménagée en musée de cire retraçant en plusieurs tableaux la vie et l'œuvre de Théophraste Renaudot. Parmi les pièces, meublées en style Louis XIII, remarquer une imposante presse à bras du 17e s. (possibilité d'imprimer la première Gazette de 1631). La cave et un jardin de plantes médicinales complètent la visite.

LA CÔTE LOUDUNAISE

Itinéraire de 25 km – environ 2 h.

Quitter Loudun par le Sud-Ouest en empruntant la D 759 (sortie ⑤ du plan), puis la D 19.

La route suit en balcon les collines dominant les peupleraies de la vallée de la Dive à travers champs, vergers et vignes.

Église de Glénouze – Petit édifice roman à clocher-pignon.

Quitter Glénouze par l'Ouest en empruntant la D 19.

Ranton – Autour d'une petite place pittoresque se groupent l'entrée du château, porte fortifiée du 14e s. où sont encore visibles les traces du pont-levis et flanquée d'une tour à mâchicoulis, et l'église qui présente un portail roman.

Musée Paysan ⊘ – Installé dans une ancienne ferme du 19e s., il fait revivre l'activité des paysans du Loudunais partagée entre la polyculture et l'élevage. Une partie des bâtiments repose sur une profonde cave, creusée dans le calcaire, qui abritait le pressoir, le four à pain, ainsi que des écuries.

Poursuivre sur la D 19.

Curçay-sur-Dive – Ce village aux rues étroites occupe un emplacement agréable face à la vallée de la Dive ; son donjon carré, élancé, du 14e s., a été pourvu au 19e s. de mâchicoulis et d'échauguettes.

Quitter Cursay par le Nord en empruntant la D 39 puis la D 19. À l'entrée du village de Ternay, prendre à droite la D 14.

Château de Ternay ⊘ – Au détour d'une allée bordée de vieux arbres se dresse cet imposant château, ouvrage défensif érigé au 12e s., qui devait à l'origine contrôler la vallée de la Dive et la plaine s'étendant jusqu'à Thouars.

Vers 1440, Bertrand de Beauveau, sénéchal d'Anjou, et son épouse Françoise de Brézé entreprennent d'importants travaux d'aménagement (donjon, chapelle) du vieux castel féodal. Ruiné par les guerres de Religion, Ternay renonce à sa finalité militaire au 17ᵉ s. en se dotant d'une belle façade que surmonte un comble à la Mansart, et c'est au 19ᵉ s. que l'édifice prend sa configuration actuelle : une partie des douves est remblayée, le comble à la Mansart est rasé et les derniers vestiges des remparts, ainsi que les tours de l'ancienne enceinte sont détruits. Du Moyen Âge, le château a cependant conservé le donjon octogonal, couronné de mâchicoulis et percé de meurtrières, et la chapelle, chef-d'œuvre de l'art gothique finissant (1444), où se mêlent les styles angevin et flamboyant.

Une longue salle voûtée d'ogives, dont les doubleaux reposent sur des corbeaux ornés d'écus et de curieuses têtes grimaçantes, précède la **chapelle**. On accède à celle-ci par une baie sculptée d'une élégante frise et fermée par une très belle menuiserie d'époque. L'oratoire compte deux travées que jouxtent deux petites pièces d'où les seigneurs assistaient à la messe. Des sculptures de personnages et d'animaux rehaussent les clefs de voûte, l'arc triomphal et les arcs.

La D 14 ramène à Loudun en traversant le bois de Fête.

LUÇON

9 099 habitants
Cartes Michelin n° 71 pli 11 ou 233 pli 3

Charmante cité épiscopale, Luçon, naguère port de mer, est devenue un centre commerçant et agricole important, aux confins du Marais et de la Plaine.

Richelieu – Le 21 décembre 1608, un jeune homme au visage pâle reçoit dans la cathédrale l'hommage d'une poignée de chanoines. Armand du Plessis de Richelieu, âgé de 23 ans, prend possession du « plus vilain évêché de France, le plus crotté et le plus désagréable », comme il l'écrit à une amie peu après son arrivée.

De fait, le séjour de Luçon manque pour lors d'agréments : la ville a été ruinée par les guerres de Religion et les fièvres des marais y règnent, fièvres qui obligeront le jeune évêque à se retirer de temps à autre au château de Coussay *(voir ce nom)*. À l'évêché, déserté depuis 30 ans, il n'y a pas une cheminée en bon état.

Mais Richelieu ne se décourage pas et fait son métier avec constance, réformant son chapitre et son clergé, restaurant sa cathédrale et son palais, fondant un séminaire. Il fait également édifier la ville de Richelieu. Parallèlement, il se forme par l'étude de la théologie et de l'histoire, comme par les amitiés qu'il noue avec les Bouthillier, futurs diplomates, le père Joseph, future « Éminence grise » du cardinal en matière de politique étrangère, le cardinal de Bérulle, qui aida à la renaissance catholique au 17ᵉ s., et cet abbé de Saint-Cyran qu'il fera enfermer à Vincennes quelques lustres plus tard.

CURIOSITÉS

Cathédrale Notre-Dame – Cette église abbatiale devint cathédrale en 1317. Outre Richelieu, le siège épiscopal compta un titulaire au nom célèbre : Nicolas Colbert, frère du ministre, évêque de 1661 à 1671.

Bâti en belle pierre calcaire aux tons chauds, l'édifice appartient en grande partie au style gothique. Cependant, le bras gauche du transept remonte à l'époque romane. Quant à la façade principale du monument, elle a été entièrement refaite dans les dernières années du 17ᵉ s., sous la direction de François Leduc, dit Toscane.

Par son équilibre et son ordonnance rigoureusement classique (ordres antiques superposés, volutes) cette façade, formant clocher-porche, contraste avec la fine flèche de style gothique rebâtie en 1828 et s'élevant à 85 m.

De lignes harmonieuses, la nef et le chœur sont gothiques. Des boiseries et un baldaquin du 18ᵉ s. ornent le chœur. Dans le bas-côté gauche est déposée une chaire dans laquelle Richelieu aurait prêché ; elle est peinte de fleurs et de fruits habilement traités. Dans le croisillon droit du transept, une Descente de croix (école florentine du 16ᵉ s.) a été restaurée par les Beaux-Arts. À la tribune, grand orgue de Cavaillé-Coll (19ᵉ s.).

Évêché – À droite de la cathédrale, l'évêché présente une façade du 16ᵉ s. On accède au **cloître** par une porte surmontée d'un arc en accolade encadrant les armes de Louis, cardinal de Bourbon, évêque de Luçon de 1524 à 1527. Des galeries ont été élevées au 16ᵉ s. et juxtaposent des éléments gothiques et Renaissance. L'étage Ouest, ancienne bibliothèque du chapitre, est percé de baies Renaissance.

★**Jardin Dumaine** – Ce parc rappelle l'époque Napoléon III par ses massifs et allées d'arbres alternant avec pelouses et pièces d'eau. On découvrira tour à tour l'allée d'ifs, l'original kiosque de fer forgé voisinant avec un bassin encadré de cèdres, le mail d'acacias, la pièce d'eau et l'île avec ses roseaux et bambous, la grande pelouse avec ses plates-bandes de fleurs, son tulipier, ses palmiers, ses magnolias, ses orangers, ses citronniers en bacs et ses massifs floraux sur le thème des *Fables* de La Fontaine.

ENVIRONS

Mareuil-sur-Lay – *10 km au Nord-Ouest par la D 756.* Mareuil, connue pour ses vins (« Fiefs vendéens »), est bâtie dans un site pittoresque, au-dessus d'une boucle du Lay : du pont, vue agréable sur la localité.

St-Cyr-en-Talmondais – *13 km à l'Ouest par la D 949.* Situé aux confins du bocage et du Marais desséché, ce village abrite deux curiosités empreintes de romantisme.

★ **Parc floral** ⊙ – Un parcours initiatique sillonne un parc de 10 ha où se rencontrent diverses associations végétales (sous-bois, marécages, pelouses). De petits ponts de bois, enjambant des jardins aquatiques, mènent au spectaculaire **lac de lotus** (floraison dès la fin juin). Quelques animaux (cygnes, daims) vivent parmi les massifs de fleurs et des plantes de toutes sortes (roseraie de 250 variétés, espace de 30 000 tulipes, allées de bananiers, rideaux de bambous).

St-Cyr-en-Talmondais – Lac de lotus du Parc floral

Château de la Court d'Aron ⊙ – *Attention, cet édifice se trouve à l'intérieur du parc floral (seul accès possible actuellement).* Restauré au 19e s. sur les plans d'Octave de Rochebrune, érudit et graveur à l'eau-forte, il abrite de très intéressantes **collections artistiques ★**. En parcourant les appartements, décorés avec goût, on admire quelques belles cheminées du 17e s., de superbes tapisseries des Flandres (*Triomphes des dieux* d'après Jules Romain, scènes de chasses et de banquets d'après Jost Amman...), le tombeau en marbre blanc de Suzanne Tiraqueau (17e s.) et plusieurs portraits. Il faut aussi signaler des vitrines d'objets préhistoriques et antiques (ceinturon de général romain), des émaux du Moyen Âge et de la Renaissance, des médailles Renaissance par Laurana (Louis XI) et Spenradio (Francesco Sforza), des ivoires et os sculptés ou gravés, etc.

Les LUCS-SUR-BOULOGNE

Cartes Michelin n° 67 plis 13, 14 ou 232 pli 40
21 km au Nord-Ouest de La Roche-sur-Yon

Le 28 février 1794, une des « colonnes infernales » du général Cordelier massacre un grand nombre d'habitants du Grand-Luc, et, le 5 mars, les paroissiens du Petit-Luc, réfugiés dans l'église. Les représailles des colonnes infernales républicaines ne sévirent pas seulement aux Lucs, et c'est à la mémoire de toutes ces victimes qu'un monument a été édifié en mai 1993.

Église St-Pierre – Construite en 1902 ; ses vitraux historiés racontent les massacres de 1794 *(commande de la bande sonore à côté de l'orgue).*

À la sortie de la ville en direction de Belleville-sur-Vie, remarquer sur le rond-point le monument commémoratif **« Vendée 93 »** et son carillon.

★SUR LES PAS DE CHARETTE

Circuit de 45 km – environ 3 h.

Quitter les Lucs-sur-Boulogne par le Nord-Est en empruntant la D 18. Sitôt la Boulogne franchie, prendre sur la droite la petite route qui conduit à un vaste parking.

★**Chemin de la Mémoire des Lucs** ⊙ – Parcours historique et spirituel, ce lieu d'évocation et de recueillement, dédié à tous les martyrs et victimes de la Terreur, est une création contemporaine, ensemble végétal et architectural conduisant des berges de la Boulogne jusqu'à la chapelle au sommet de la colline.

L'allée de l'Histoire, jalonnée de repères historiques, remet en mémoire les grands événements de la guerre de mars à décembre 1793.

Plus avant se dresse le **Mémorial de Vendée**, à l'architecture dépouillée, où le couloir de la Mémoire reconstitue à travers 4 salles la fin de l'insurrection et l'anéantissement de la Vendée, au moyen de scènes reconstituées et d'objets symboliques (ostensoir en carton, tapisserie sur le thème du Sacré Cœur, faux retournées). La crypte perpétue le souvenir de toutes les victimes inconnues évoquées par des dizaines de stèles.

Après avoir franchi la passerelle sur la Boulogne, on aboutit à un mur « calciné » évoquant la destruction des habitations. Un chemin conduit à la **chapelle N.-D.-du-Petit-Luc** érigée en 1867 sur les vestiges de l'ancienne église incendiée.

Rejoindre la D 18 et prendre à droite vers St-Sulpice-le-Verdon.

★★**Logis de la Chabotterie** – *Voir p. 69.*

Rejoindre la D 18 et prendre à droite. Franchir la D 763, puis à la Copechanière, tourner à gauche sur la D 86. Aux Brouzils, emprunter la D 7 en direction des Essarts.

La D 7 puis la D 6 (à droite, direction Belleville-sur-Vie) longent la **forêt de Grasla** où Charette et ses hommes trouvèrent refuge le 11 janvier 1794. Une croix commémorative est dressée à l'entrée d'un étrange village caché en pleine forêt.

Refuge de Grasla – En 1793, de nombreux habitants des paroisses de la région s'enfoncèrent dans la forêt de Grasla pour échapper aux « Bleus ». Solidaires, quelque 2 000 Vendéens survécurent en dressant un village de huttes en bois.

Une reconstitution grandeur nature (chapelle, forge) et un film vidéo permettent de découvrir l'histoire de ce lieu insolite.

Poursuivre sur la D 6. À St-Denis-la-Chevasse, prendre sur la droite la D 39 qui ramène aux Lucs-sur-Boulogne.

LUSIGNAN

2 749 habitants (les Mélusins)
Cartes Michelin n° 68 pli 13 ou 233 pli 7 – 25 km au Sud-Ouest de Poitiers

Cette petite cité poitevine s'allonge sur la crête d'un promontoire dominant d'un côté la Vonne, qui décrit un méandre encaissé, et de l'autre un vallon au sein duquel s'est bâti le faubourg commerçant, en lisière de la route de Poitiers.

La fée Mélusine – Ceci se passait dans des temps très anciens. Raimondin, comte du Poitou, vient de tuer accidentellement son oncle d'un coup d'épieu, alors que tous deux achevaient un sanglier furieux. Sombre, le jeune homme chemine dans la forêt de Coulombiers, près de Lusignan, lorsque tout à coup une source apparaît, la font de Sé, qui sourd au pied d'un promontoire au sommet duquel se détachent les frêles silhouettes blanches de trois dames. L'une d'elles est la fée Mélusine que Raimondin va épouser.

Bien que mariée, Mélusine conserve son pouvoir magique : le moindre coup de baguette fait surgir des palais de rêve. C'est ainsi qu'elle fonde le château de Lusignan à l'endroit où elle a rencontré Raimondin, mais aussi les forteresses de Pouzauges, Tiffauges, Mervent, Vouvant, Parthenay *(voir ces noms)* et Châteaumur. Hélas ! Mélusine cache un secret. Ayant autrefois assassiné son père, elle a été condamnée à prendre, tous les samedis, l'apparence d'une femme-serpent. Nul ne devait la voir sous cette forme. Or, un beau samedi, Raimondin, poussé par la jalousie, fend d'un coup d'épée la porte de la chambre de l'enchanteresse. Stupéfait, il découvre Mélusine transformée en sirène, se baignant en peignant ses longs cheveux d'or... Alors s'envola par la fenêtre la belle Mélusine, qui se mua en serpent gigantesque et fit trois fois le tour de la ville et de la forteresse, avant de s'abattre sur la tour-poterne du château et de s'évanouir dans les airs.

CURIOSITÉS

Vestiges du château – À l'extrémité du promontoire dominant la Vonne, cette forteresse appartint d'abord aux Lusignan qui prétendaient descendre de Mélusine ; des membres de cette famille régnèrent à Jérusalem et à Chypre.

Du château, il ne subsiste que des salles souterraines et les bases de plusieurs tours d'enceinte. À son emplacement fut plantée au 18e s. la promenade de Blossac, du nom de l'intendant qui la fit aménager.

Une allée de tilleuls entourée de jardins conduit à une terrasse d'où se révèle une jolie **vue** sur la vallée de la Vonne, franchie par un viaduc long de 432 m. On admirera l'harmonie de la courbe tracée par la rivière et le contraste de tons entre des prés d'un vert clair et le manteau sombre des bois escaladant les coteaux.

Église – Des proportions imposantes distinguent ce monument, bon spécimen d'art roman poitevin, bâti au 11ᵉ s. grâce aux Lusignan. Dans le collatéral droit, gisant gothique. Le maître-autel s'élève au-dessus d'une crypte à la triple voûte en berceau. À l'extérieur, sur le côté droit de l'édifice, un porche ajouté au 15ᵉ s. fait face à une intéressante maison de la même époque, à pans de bois et en encorbellement.

ENVIRONS

Église de Jazeneuil – *6 km au Nord-Ouest par la D 94*. Cet édifice roman dresse sur le bord même de la Vonne son magnifique chevet à contreforts-colonnes. Admirer aussi le grand portail sculpté en plein cintre et les modillons de la façade latérale Sud.
L'intérieur, restauré, est curieux par son transept réduit au croisillon Sud, sa coupole sur pendentifs et ses voûtes : en berceau dans la nef, en cul-de-four dans l'abside ; quelques chapiteaux décorés de feuillages ou d'animaux méritent examen.

LUSSAC-LES-CHÂTEAUX

2 297 habitants
Cartes Michelin n° 68 pli 15 ou 233 plis 9, 10 – 12 km à l'Ouest de Montmorillon

À l'écart de la plaine alluviale et inondable de la Vienne, dans une région quelque peu accidentée où les sources vauclusiennes ne manquent pas, Lussac-les-Châteaux doit sa réputation non pas à son château, détruit durant les guerres de Religion, mais à son site préhistorique.

CURIOSITÉS

Musée de Préhistoire ⊙ – Installé dans une demeure du 15ᵉ s. qui passe pour être la maison natale de Mme de Montespan, il abrite un important ensemble de bifaces, racloirs, percuteurs, burins découverts dans les abris sous roche qui bordent l'étang.
Une série de vitrines est consacrée à la **grotte de la Marche**, l'un des sites majeurs du paléolithique supérieur, contemporain de ceux de la vallée de la Vézère (vers 12 500 ans). Des fouilles entreprises à partir de 1937 y livrèrent, outre plusieurs milliers d'outils en silex, en os et en bois de renne, 1 512 plaquettes et galets gravés, figurant des animaux (félins, cervidés, ours, mammouths) et des profils humains, datant du Magdalénien moyen.

Étang – La falaise qui borde l'étang recèle les nombreuses grottes et abris sous roche occupés à l'époque préhistorique.
À l'extrémité du plan d'eau, au lieu dit l'Ermitage, se trouve un énigmatique monument appelé **Léproserie**. Il s'agit d'une construction de pierre, au toit pyramidal, comprenant trois salles voûtées communiquantes, dont les murs sont creusés de niches, à l'intérieur comme à l'extérieur. Cet étrange édifice ne semble pas antérieur au 17ᵉ s.

ENVIRONS

Civaux – *7 km au Nord-Ouest par la D 749. Voir p. 86.*

Île MADAME

Cartes Michelin n° 71 pli 13 ou 233 pli 14 – 15 km à l'Ouest de Rochefort

Située entre le petit port de pêche de Port-des-Barques et l'île d'Aix *(voir ces noms)*, l'île Madame est reliée à la terre ferme par la **Passe aux Bœufs ★**, découverte à marée basse. Son nom serait lié à l'abbesse de l'abbaye aux Dames de Saintes, qui portait le titre de « Madame de Saintes ». Sous la Révolution l'île se nomma l'île Citoyenne. À l'extrémité Sud-Est une grande **croix de galets**, à même le sol, marque l'endroit où furent ensevelis, en 1794, 275 prêtres réfractaires qui après avoir, en 1790, refusé de prêter serment à la constitution civile du clergé, moururent de maladie ou d'épuisement à bord des pontons de Rochefort.

L'ÎLE AUJOURD'HUI

Longue de 1 km, large de 600 m, l'île n'est occupée que par une ferme et quelques maisons. De la côte Nord, défendue par un fort aujourd'hui désaffecté, on découvre de jolis points de vue sur Fouras, l'île d'Aix et ses forts, l'île d'Oléron ; au Sud s'étendent des marais salants délaissés et transformés en pâtures.
Des parcs à huîtres sont exploités tout autour de l'île, et sur les bancs rocheux prolifèrent coquillages, huîtres sauvages, coques, palourdes.

MAILLEZAIS ★

930 habitants (les Malacéens)
Cartes Michelin n° 71 pli 1 ou 233 plis 4, 5 – 12 km au Sud-Est de Fontenay-le-Comte
Schéma p. 139

Un peu à l'écart du bourg, devant les vastes étendues mouillées du Marais poitevin, les ruines grandioses de l'abbaye de Maillezais se découpent sur le ciel.

Fondée à la fin du 10ᵉ s. par Guillaume Fier-à-Bras, comte de Poitou, sur une île calcaire battue par la mer, l'abbaye St-Pierre fut confiée aux bénédictins qui y honoraient le bras de saint Rigomer. Au 13ᵉ s., elle fut mise à sac par un Lusignan, soi-disant fils de Mélusine *(voir Lusignan et Parthenay)*, Geoffroi la Grand-Dent, dont Rabelais fera l'ancêtre du vorace Pantagruel.

En 1317, le pape français Jean XXII fit de Maillezais un évêché, mais autorisa les moines à rester sur place. Pendant les guerres de Religion, les bâtiments furent dévastés et l'évêque de Luçon, Richelieu, fit transférer le siège épiscopal à La Rochelle.

DEUX HUMANISTES

Geoffroy d'Estissac – Évêque de Maillezais entre 1518 et 1542, ce périgourdin d'origine pratique le cumul des bénéfices : abbé de Celles-sur-Belle, de St-Liguaire près de Niort, de Cadouin en Périgord, il est aussi prieur de Ligugé, de l'Hermenault, près de Fontenay-le-Comte, et doyen de St-Hilaire de Poitiers.

Grand bâtisseur, Geoffroy remanie les établissements sous sa dépendance et entreprend la construction du château de Coulonges-sur-l'Autize dont les éléments décoratifs ont été transportés au château de Terre-Neuve à Fontenay-le-Comte.

Érudit et libéral, il accueille à Maillezais, en 1523, Rabelais expulsé de Fontenay et en fait son secrétaire. Le jeune moine passera avec lui trois ans, le suivant dans ses résidences poitevines, et, plus tard, de Rome, lui enverra les premières graines de la salade dite « romaine » qui aient poussé en France.

Agrippa d'Aubigné (1552-1630) – Protestant ardent, quatre fois condamné à mort pour ses opinions, ce Saintongeais, reître, savant autant que poète, est l'auteur des *Tragiques*. Parmi les 9 264 vers que compte cette chanson de geste huguenote, il en est de célèbres, tel celui-ci :

> « Une rose d'automne est plus qu'une autre exquise. »

De 1584 à 1619 d'Aubigné réside souvent, soit en son fort du Doignon, près de Maillé au Sud de Maillezais, soit à l'abbaye même où il entretient des troupes de « parpaillots » qui en fortifient les murs. C'est à Maillé que fut imprimée la première édition des *Tragiques*.

★ ABBAYE ⊙

Autour du monastère règne une enceinte fortifiée due à Agrippa d'Aubigné qui fit transformer l'évêché en maison forte. Face au marais, un bastion en forme de proue, surmonté d'une échauguette, flanque à gauche l'entrée de l'abbaye : dirigé vers le Sud, il servait de cadran solaire.

Église abbatiale – Elle fut édifiée au début du 11ᵉ s. De cette époque, il subsiste le narthex et le mur du bas-côté gauche.

Le narthex était encadré de deux tours carrées suivant une disposition qui évoque la Normandie – en effet les abbatiales normandes se signalent par deux tours vigoureuses encadrant la façade ; sa façade a été murée lors des travaux menés par d'Aubigné.

La nef avait été modifiée au 13ᵉ s. comme le montrent trois grandes baies en tiers-point percées dans le mur du bas-côté gauche. Les bas-côtés étaient surmontés de tribunes comme dans les abbatiales normandes.

Addition du 14ᵉ s., le transept, dont il reste une partie du croisillon gauche, appartenait au style gothique. On peut monter au sommet d'un des clochetons découronnés qui encadrent son pignon : vue sur les ruines, le bourg et le marais. Le chœur, très vaste et dont on voit encore l'emplacement, avait été rebâti au 16ᵉ s. par Geoffroy d'Estissac.

Monastère – Il datait en majeure partie du 14ᵉ s. On a retrouvé les assises du cloître, son pavage, son puits et le lavabo des moines, un cellier du 12ᵉ s., des tombes d'abbés ou d'évêques.

Des bâtiments conventuels subsiste une aile. Il est possible de visiter : en sous-sol, la cave à sel ; au rez-de-chaussée, les réfectoires et la cuisine octogonale dans laquelle sont exposés les objets trouvés au cours des fouilles (modillons, chapiteaux) ; à l'étage, le dortoir des hôtes (infirmerie) avec sa grande cheminée centrale.

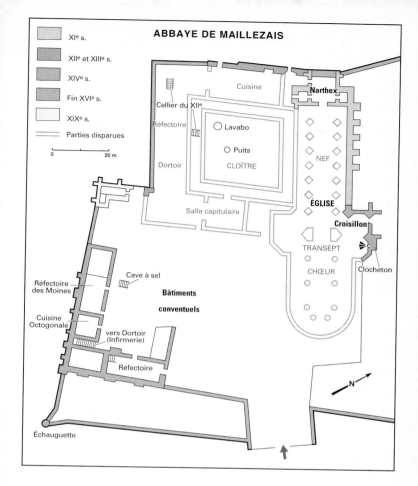

ABBAYE DE MAILLEZAIS

XIᵉ s.

XIIᵉ et XIIIᵉ s.

XIVᵉ s.

Fin XVIᵉ s.

XIXᵉ s.

Parties disparues

0   20 m

Cuisine

Narthex

Cellier du XIIᵉ

Réfectoire

Lavabo

Puits

CLOÎTRE

NEF

Dortoir

Salle capitulaire

ÉGLISE

Croisillon

TRANSEPT

CHŒUR

Clocheton

Cave à sel

Réfectoire
des Moines

Bâtiments

conventuels

Cuisine
Octogonale

vers Dortoir
(Infirmerie)

Réfectoire

N

Échauguette

AUTRES CURIOSITÉS

Promenade en barque ⊘ – *Accès piéton à partir du parking de l'abbaye.* Installé dans le coude d'une conche ombragée, le petit port accueille des barques en partance pour le Marais mouillé (vue insolite sur l'abbaye).

Église paroissiale St-Nicolas ⊘ – Imposant édifice roman poitevin, mais trop restauré. On remarque le portail principal avec son décor de petits atlantes formant un des piédroits. À l'entrée du chœur, à gauche, Vierge du 14ᵉ s.

EXCURSION

Le Marais sauvage – *Circuit de 50 km au départ de Maillezais. Voir p. 140.*

Le MARAIS BRETON-VENDÉEN ★

Cartes Michelin n° 67 plis 1, 2, 11, 12 ou 232 plis 26, 27, 38, 39
Au Nord-Ouest de la Vendée

Il s'étend de Bourgneuf à St-Gilles-Croix-de-Vie. Dans cette zone existait jadis un golfe marin dont il est possible de repérer le rivage grâce au chapelet d'îles qui le précédait. Celles-ci : Bouin, Beauvoir, Monts, Riez, formant barrage, ont été à l'origine du colmatage du golfe, Monts et Riez en se réunissant ont même constitué un cordon de dunes, appelé la Barre de Monts, qui s'allonge de Fromentine à la Vie.

Au Nord des collines de Beauvoir on distingue le marais de Machecoul et l'ancienne île de Bouin séparés par l'étier du Dain. Au Sud, le marais de Monts et celui de Challans séparés par le canal du Perrier. L'ensemble couvre plus de 20 000 ha.

À l'image du Marais poitevin *(voir ce nom)*, le Marais breton-vendéen a été lentement asséché au cours des siècles à l'aide de canaux et d'étiers (chenaux de marée), d'abord grâce au travail acharné des moines puis au 17ᵉ s. grâce aux techniciens hollandais.

De nos jours, ses vastes espaces dénudés dessinent un damier de prés très verts où paissent des chevaux de race vendéenne ou «postier breton», des vaches maraîchines petites et brunes et, près du littoral, des moutons de pré-salé. Les marais salants, nom-

Le Marais breton-vendéen – Étier et barrière typique

breux jusqu'à ces derniers temps près de Bourgneuf et de Beauvoir, se transforment peu à peu en marais «gâts» (gâtés) et en pâtures fermées par de typiques barrières à contre-poids; certains sont aménagés pour l'élevage du poisson (mulets, anguilles...).
Sur les «mottes» se détachent, isolées, des maisons basses, les **«bourrines»** *(voir p. 40)*. Villages et moulins cylindriques se groupent sur des buttes plus importantes, en général d'anciennes îles. Sur les canaux, où barbotent d'innombrables canards, le maraîchin circulait en **yole**, à l'aide de sa **ningle**, perche dont il se servait aussi pour sauter les fossés.
Lors des grandes foires se déroulait dans le Marais la curieuse coutume du **maraîchinage** *(voir p. 40)*.

★ ① DU GRAND ÉTIER À L'ÉTIER DU DAIN

Circuit de 105 km – environ 6 h

Challans – Cet important centre agricole est le pôle économique de la région. Célèbre pour ses fameux canards, tant convoités par les plus grands restaurants, Challans se diversifie par l'augmentation croissante de l'élevage de poulets noirs.
En saison, pendant la **foire des quatre jeudis**, toute la ville replonge dans les années 1910 avec de nombreuses animations d'époque : marché aux canards, salle de classe, danses folkloriques, jeux traditionnels, courses de vélo...
Quitter Challans par le Nord-Ouest en empruntant la D 948 en direction de Beauvoir-sur-Mer.

Sallertaine – Au 11ᵉ s., c'était encore une île, lorsque des moines venus de Marmoutier, près de Tours, y fondèrent un prieuré et édifièrent une église romane à coupole. René Bazin a situé près de Sallertaine son émouvant roman *La Terre qui meurt*. En saison, l'«île aux artisans» (nombreux ateliers et boutiques) est le point de départ pour visiter le marais en canoë.
Quitter Sallertaine par le Nord-Ouest en direction de St-Urbain.

Moulin de Rairé ⊙ – Dominant le marais, il n'a jamais cessé de tourner. Construit au 16ᵉ s., ce moulin est pourvu d'une toiture tournante manœuvrable de l'intérieur et d'ailes à voilure blanche munies du système Berton *(voir p. 96)*.
En poursuivant la route, on franchit bientôt le Grand Étier.

La bourrine à Rosalie ⊙ – Maison à toit de rouches (roseaux) typique du marais, composée d'une pièce commune au lit surélevé (pour parer aux inondations), d'une laiterie et d'une «belle chambre» où l'on recevait les hôtes de marque.
Poursuivre sur la D 119, puis prendre à droite la D 82.

Salle panoramique ⊙ – Un ascenseur installé dans un **château d'eau** permet d'accéder à une vaste terrasse d'où l'on découvre, à 70 m au-dessus de la mer, une **vue**★ très étendue : à l'Est le marais qui confine au bocage à proximité de Challans, au Nord la baie de Bourgneuf et le pont de Noirmoutier, à l'Ouest et au Sud le cordon forestier de la Côte de Monts.
Revenir et poursuivre sur la D 82.

Notre-Dame-de-Monts – Cette station balnéaire possède un Centre régional de char à voile. Une piste cyclable la relie à La Barre-de-Monts à travers une odorante forêt de pins.

Pont d'Yeu – Au Sud de la commune, un escalier de bois jeté sur la dune donne accès à la plage du Pont d'Yeu. Lors des grandes marées, la mer découvre une étrange chaussée rocailleuse, longue de 3 km, aussitôt accaparée par une nuée de pêcheurs à pied. On pense qu'il s'agit des vestiges d'un isthme qui reliait l'île d'Yeu au continent lors des glaciations quaternaires.

Quitter Notre-Dame-de-Monts par le Nord en empruntant une petite route parallèle à la D 38.

Cette pittoresque **route de la Rive** trace une limite naturelle entre la **forêt des Pays de Monts** et les prémices du Marais. Côté forêt, de nombreux sentiers mènent vers la mer et ses plages aux dunes couvertes d'oyats.

Pey de la Blet – Ses 41 m en font le point culminant de l'ancienne île de Monts. Entouré de pins et chênes vert, ce site est aménagé pour accéder au sommet et y découvrir une jolie **vue** sur le marais et la mer.

Fromentine – Cette petite station balnéaire est enclavée entre mer et forêt. Porte des Îles, elle est le point de départ vers l'île d'Yeu (liaison régulière par **bateau** ⊘ depuis l'estacade) et l'île de Noirmoutier (par le pont).

Rejoindre le centre de la Barre-de-Monts et prendre la route face à l'église.

★**Écomusée du Daviaud** ⊘ – Installé dans une ancienne métairie de la fin du 19ᵉ s., ce **centre de découverte du Marais breton-vendéen** présente une synthèse de l'architecture locale et des activités maraîchines traditionnelles. Il permet de pénétrer un monde marqué par l'isolement et des conditions d'existence difficiles.

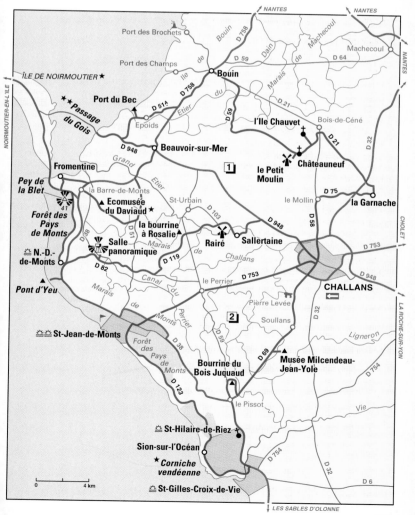

Dans une bourrine, une maquette animée décrit les différents types de constructions, et l'organisation de l'espace d'une ferme maraîchine ; une salorge, ancien grenier à sel, située à proximité d'un marais salant, abrite une exposition consacrée à la récolte du sel ; dans une grange-étable, bâtiment bas en torchis chaulé au toit couvert de roseaux, est installé l'écomusée qui présente le milieu naturel (géomorphologie, faune, flore, diaporama sur les oiseaux migrateurs). Un peu plus loin, la reconstitution d'un intérieur maraîchin du début du siècle évoque la rigueur et la simplicité des vies d'autrefois.

Le centre propose également la pratique d'activités spécifiques au Marais : ningle (perche destinée à franchir les étiers) ou yole (barque à fond plat).

Continuer sur la même route, puis prendre à gauche la D 51.

Beauvoir-sur-Mer – Autrefois bordée par l'océan, cette commune possédait un important château, érigé au 11e s., qu'Henri IV assiégea en 1488, avant qu'il ne soit détruit un an plus tard. L'**église St-Philbert**, du 11e s., au clocher trapu, présente un élégant portail.

Quitter Beauvoir-sur-Mer par l'Ouest en empruntant la D 948.

★★**Passage du Gois** – *Voir p. 165.*

Reprendre la route vers Beauvoir-sur-Mer sur 2 km, puis prendre à gauche.

Port-du-Bec – Dans la baie de Bourgneuf, peuplée de parcs à huîtres depuis les années 50, et au Sud des polders de Bouin où se développe une aquaculture de pointe (écloseries et nurseries de coquillages, culture d'algues), ce **«port chinois»**, situé sur l'Étier du Dain, accueille les bateaux des ostréiculteurs. C'est à marée basse, lorsque se dégage la forêt de pilotis qui soutiennent les passerelles d'accès aux quais, que l'on découvre le mieux la justification de son surnom.

À l'Époids, prendre la D 51A, puis à gauche la D 758.

Bouin – Cette ancienne île cernée par la mer et le Dain (ancien bras de mer) fut maintes fois submergée jusqu'en 1940. Depuis, une solide digue de 14 km protège le charmant village aux ruelles sinueuses, et les polders aquacole et ostréicole.

De Bouin, on peut se rendre au port des Champs *(3 km à l'Ouest par la D 21A)* ou à celui des Brochets *(4 km au Nord par la D 21).*

Quitter Bouin par le Sud-Est en empruntant la D 21 sur 2 km, puis prendre à droite la D 59.

Châteauneuf – Le clocher de l'église abrite une cloche datée de 1487.

Le Petit Moulin ⊙ – Depuis 1703, date de sa création à l'emplacement d'un moulin en bois, il n'a pratiquement jamais cessé de moudre les céréales. Restauré, il possède une toiture tournante orientable de l'intérieur et des ailes équipées d'une voilure de planches, selon le système Berton.

Quitter Châteauneuf par le Nord-Est en empruntant la D 28.

Abbaye de l'Île-Chauvet ⊙ – Elle fut fondée vers 1130 par des moines bénédictins que fit venir le seigneur de La Garnache. Le site n'était alors qu'une île. La guerre de Cent Ans endommagea l'abbaye que les moines finirent par abandonner en 1588, pendant les guerres de Religion. En 1680, le site reprit vie avec l'arrivée des camaldules qui y restèrent jusqu'en 1778, mais la Révolution acheva sa ruine. Dans les vestiges de l'abbatiale, on admire un beau portail à arc brisé orné de cinq voussures et d'entrelacs. Des bâtiments abbatiaux des camaldules, il ne subsiste rien. Dans l'aile où résidaient les bénédictins, on visite le dortoir, couvert d'une remarquable charpente du 13e s. À côté s'élevait l'hospice des pèlerins.

Avant l'entrée de Bois-de-Céné, prendre en face la D 21.

La Garnache – Cette ancienne cité médiévale dont les puissants seigneurs possédaient de nombreux biens alentour ferme la limite Nord-Est du marais.

Château ⊙ – Longtemps dissimulé par un épais couvert végétal, cet édifice, érigé au 12e s., comprenait à l'origine une enceinte fortifiée. Remanié aux 13e et au 15e s., il fut en partie rasé en 1622 sur ordre de Louis XIII, puis ruiné durant les guerres de Vendée. Il conserve d'importants vestiges de ses remparts dominés par deux tours éventrées, et la base d'un donjon carré.

Musée Passé et Traditions ⊙ – Il recrée un intérieur paysan, avec sa pièce commune et sa «belle chambre», réservée aux visiteurs de marque. Cette maison abrite également une collection de coiffes et de costumes, des instruments agricoles et la reconstitution d'une laiterie.

Quitter la Garnache par l'Ouest en empruntant la D 75.

Cette route est bordée de curieux îlots de pins. Au Mollin la D 58 ramène à Challans.

② DU FRONT DE MER AUX PORTES DU BOCAGE

Circuit de 60 km – environ 3 h

Challans – *Voir ci-avant.*

Quitter Challans par l'Ouest en empruntant la D 753.

⌂⌂**St-Jean-de-Monts** – *Voir p. 249.*

Quitter St-Jean-de-Monts par le Sud en rejoignant la D 123 par le front de mer.

Sion-sur-l'Océan – Cette station balnéaire est très appréciée des amateurs de pêche à pied, fort attirés par la qualité des crevettes locales.

★**Corniche vendéenne** – À la sortie de Sion, l'itinéraire offre de belles perspectives sur des rochers ruiniformes dont les plus curieux sont les **Cinq Pineaux**. Puis l'on découvre le bord de la falaise aride, coupée de criques où vient battre l'Océan. À l'extrémité d'un promontoire, le **Trou du Diable** laisse échapper une bien étrange complainte. Pendant les grandes marées, la mer s'engouffrant dans le creux jaillit violemment, laissant son écume percuter la plate-forme rocheuse en retombant.

La Corniche vendéenne prend fin à la pointe de Grosse-Terre où, près du phare, un escalier permet d'accéder au pied de la falaise. À marée basse, on peut ainsi s'aventurer parmi les rochers pour pratiquer la pêche à pied ou en promenade découvrir l'envers du site.

La route emprunte ensuite la **corniche de Boisvinet**, bordée de villas de la Belle Époque. Une jolie vue permet de découvrir la pointe de la Garenne et l'entrée du port.

⌂**St-Gilles-Croix-de-Vie** – *Voir p. 246.*

Quitter St-Gilles-Croix-de-Vie par le Nord en empruntant la D 38^B.

À droite de la route, la vue se perd sur l'immense étendue d'eau formée par les marais bordant la rive droite de la Vie.

⌂**St-Hilaire-de-Riez** – Le bourg, dominant la vallée de la Vie, groupe des maisons autour de son église, reconstruite au 19e s., et qui renferme trois retables en pierre polychrome du 17e s.

Revenir et poursuivre sur la D 38^B. Au Pissot, continuer tout droit en empruntant la D 59 en direction du Perrier.

Bourrine du Bois Juquaud ⊙ – Bien abritée par un rideau d'arbres, cette habitation typique des marais de Challans et de Monts a été restaurée pour former, avec son environnement, une unité agro-pastorale.

Dans l'enclos ou « tcheraïe » sont groupées diverses petites constructions, pour la plupart en terre : la bourrine avec son intérieur du début du siècle et le four à pain adjacent, les dépendances telles que grange, grande galerie (pour la charrette), petite galerie (pour le bois), toit à poules, laiterie, etc. Le jardin potager fait également partie de l'enclos.

Poursuivre sur la petite route, puis tourner à gauche pour emprunter la D 69 en direction de Soullans.

Musée Milcendeau-Jean-Yole ⊙ – Il évoque l'œuvre de deux personnalités enracinées dans le Marais breton-vendéen, le peintre Charles Milcendeau et l'écrivain Jean Yole. Dissimulé derrière un rideau d'arbres, le musée est installé dans la maison que Milcendeau acquit en 1905. Élève de Gustave Moreau, dessinateur, puis pastelliste, cet artiste influencé par l'Espagne, comme en témoigne la décoration mozarabe de son atelier, puisa l'essentiel de son inspiration dans la vie quotidienne des maraîchins, portraits et scènes d'intérieur conférant à son œuvre un caractère presque ethnologique. L'ensemble est complété par un montage audiovisuel.

Né lui aussi à Soullans, Léopold Robert (1878-1956), dit Jean Yole, médecin et sénateur de Vendée, fut l'auteur de romans et d'essais consacrés à la crise du monde paysan.

De Soullans, la D 69 ramenant à Challans longe des espaces boisés abritant le menhir de Pierre-Levée.

Soullans – Musée Milcendeau-Jean-Yole

135

Le MARAIS POITEVIN ★★

S'étirant sur trois départements (Charente-Maritime, Deux-Sèvres, Vendée), le Marais poitevin offre des ciels immenses et lumineux, des prés bordés de peupliers et de saules, d'innombrables bras d'eau sur lesquels glissent les barques noires des maraîchins.

Le marais se divise d'une part en **Marais mouillé** vers l'intérieur, limité au Nord par la plaine calcaire de Vendée et au Sud par les coteaux calcaires de l'Aunis, d'autre part en **Marais desséché** près de l'océan.

Le golfe du Poitou et ses îles – La baie de l'Aiguillon, anse vaseuse en voie de colmatage, est le témoin des temps historiques de ce vaste golfe marin qui, au début, s'étendait entre la plaine calcaire au Nord et les collines de l'Aunis. S'allongeant jusqu'à Niort, le golfe était parsemé d'îles calcaires comme celles d'Elle, de Marans, Champagné, St-Michel-en-l'Herm, Maillezais... Son rivage, que les falaises mortes permettent encore de reconnaître, était jalonné par Moricq, Luçon, Velluire, Fontaines, Benet au Nord, et Mauzé, Nuaillé, Esnandes au Sud.

Le Marais poitevin – Lentilles d'eau

L'épopée du marais – Petit à petit les cours d'eau que sont Lay, Vendée, Autise, Sèvre Niortaise accumulent les alluvions et les courants marins amassent une vase argileuse, nommée « bri ». Au golfe marin succède le marais.

Les moines interviennent dès le 11ᵉ s., aménageant écluses, pêcheries, moulins, créant cultures et pacages. Au 13ᵉ s., les titulaires des abbayes de Nieul, St-Michel-en-l'Herm, Maillezais, l'Absie, St-Maixent creusent le canal des Cinq-Abbés qui draine le marécage au Nord; de son côté, Philippe le Hardi fait établir l'Achenal-le-Roi. Interrompus par les guerres, les travaux sont repris sous Henri IV : un ingénieur venu de Bergen-op-Zoom crée la Ceinture des Hollandais. Par la suite, la Levée des Limousins, la Digue de 1771, le Village de l'An VII témoignent de la colonisation progressive du marais. En bordure de la baie de l'Aiguillon, des polders ont été conquis sur la mer à l'abri de digues, du 16ᵉ au 19ᵉ s.

Le marais d'aujourd'hui – Situé de part et d'autre de la Sèvre Niortaise, il s'étend sur environ 80 000 ha. Sa structure est faite de digues ou « bots » dont la crête est empruntée par les routes. À leur pied, les fossés principaux, dits « contrebots », refluent en période de crue dans les « achenaux » qui se déversent eux-mêmes dans les « rigoles » puis dans les « conches » (délimitées par des petits arbres). Entre ces canaux s'étendent des pièces de terre fertiles (pâturages et cultures).

Les traditions – Les maraîchins habitaient des maisons basses, blanchies à la chaux et groupées en villages sur des îlots ou des digues, à l'abri des inondations. Chacun disposait aussi d'une cabane isolée. La plupart des maisons possédaient, au bord de

L'anguille

Familière du Marais poitevin et du Marais breton-vendéen *(voir ce nom)*, l'anguille européenne *(Anguilla anguilla)* reste une dizaine d'années en eau douce où elle prend sa couleur argentée avant de descendre les estuaires pour gagner, à 6 000 km de l'Europe, la mer des Sargasses (près des Bermudes) où elle se reproduit, à très grande profondeur.

Les larves d'anguilles entreprennent alors une migration en sens inverse à travers l'Atlantique. À leur arrivée près des côtes, sept à neuf mois après, elles se transforment en civelles (on dit **« pibales »** de la Gironde aux Pyrénées) au corps translucide, et remontent les estuaires et les cours d'eau entre novembre et mars. Lors de leur croissance, on les appelle anguilles jaunes.

On attrape les anguilles avec des nasses en osier ou à l'aide de la **« vermée »**, corde où l'on fixe, en « pelote », des vers et qu'on suspend à une gaule. L'anguille fuyant la lumière, il est d'usage de pratiquer cette pêche la nuit.

l'eau, leur **« cale »**, crique miniature où venaient s'amarrer les barques. Celles-ci constituaient le moyen de transport habituel. On les manœuvrait avec une gaffe, la **« pigouille »**, ou avec une rame courte nommée **« pelle »**. Légères et effilées, les **« yoles »** servaient à aller au marché, à la messe, ou à conduire les enfants à l'école ; larges et massives, les **« plates »** étaient utilisées pour le transport des récoltes ou du bétail.

Le maraîchin livrait son lait à des coopératives qui fabriquaient un beurre renommé, restituant le petit-lait pour l'engraissement des porcs. Il traquait le mulet, la perche, la carpe, le gardon, l'écrevisse, et confectionnait des **« bourgnons »** (nasses en osier) pour capturer les anguilles. La chasse au gibier d'eau (canard, pluvier, bécassine) était pratiquée en hiver.

La faune – Le Marais poitevin attire une multitude d'oiseaux, sédentaires ou migrateurs, en quête de nourriture ou à la recherche d'un lieu de repos ou de nidification. Une situation privilégiée des rivages vendéens et charentais sur le passage des migrateurs venus du Nord de l'Europe, de Sibérie ou du Canada et se rendant sur les côtes ibériques ou africaines n'est pas étrangère à cet afflux.

Au gré des saisons ou des migrations, on observera notamment de nombreux laridés (mouettes, goélands, sternes) et anatidés (canards sauvages, tadornes, bernaches, oies sauvages), de grands échassiers (hérons, aigrettes, spatules, cigognes), et surtout des **limicoles** (petits échassiers de rivage et de marais) : pluviers, chevaliers, bécasseaux, huîtriers-pies, échasses, avocettes, vanneaux huppés, etc.

On ne manquera pas d'apercevoir dans les cours d'eau le museau de quelque **ragondin** (myocastor), gros rongeur au pelage foncé, qui prolifère dans le Marais. Plus difficile à rencontrer, la discrète **loutre d'Europe** *(Lutra lutra)*, au pelage luisant et brun, ne sort guère de son terrier que la nuit. On repère les traces de son passage sur les berges à ses déjections, à forte odeur de poisson, appelées « épreintes ». Du fait de la pollution et des transformations parfois brutales du milieu dans lequel elle évolue, la loutre a bien du mal à trouver sa subsistance (du poisson principalement) et à survivre.

Si la barque conduit au cœur du Marais mouillé, les parcours à bicyclette ou en voiture permettent de saisir le contraste entre le Marais mouillé, fouillis d'arbres donnant l'illusion d'une immense forêt, et le Marais desséché, vaste étendue plate.

★★LE MARAIS MOUILLÉ

C'est le plus pittoresque, particulièrement à l'Est de l'Autise, de part et d'autre de la Sèvre Niortaise. Surnommé la **Venise verte**, il s'étend sur environ 15 000 ha.

Les peupliers de l'espèce « blanc du Poitou », les frênes élevés, les saules, les aulnes croissent à foison le long du labyrinthe des chemins d'eau enserrant de gras herbages où paissent les vaches de race maraîchine, frisonne ou normande. Les parcelles en culture portent d'abondantes récoltes d'artichauts, oignons, aulx, melons, courgettes, fèves et ces délicieux haricots blancs nommés **« mojettes »**. En 1983 une terrible tempête a détruit quelque 90 000 arbres.

Visite – En été, le Marais mouillé permet de profiter d'un charmant paysage bucolique et d'apprécier sa relative fraîcheur. Mais c'est en période d'inondation (février-mars) que le marais montre son véritable visage ; le visiteur peut alors percevoir combien pouvait être difficile la vie des maraîchins d'antan. En cette saison, un paysage insolite est offert au regard : prairies noyées, routes recouvertes d'eau *(avancer avec prudence)* ou parfois coupées.

Promenade en barque

La plus belle façon de découvrir le Marais mouillé, d'apprécier son originalité, son silence et sa poésie est de faire une promenade en barque.

La barque glisse lentement sur les miroirs d'eau que forment « conches » et « rigoles », couvertes en été d'une épaisse voûte de feuillage, tamisant la lumière et lui donnant des reflets verts ou glauques. Le batelier-guide propose souvent à ses passagers de tenter l'expérience du spectaculaire **« feu d'eau »**.

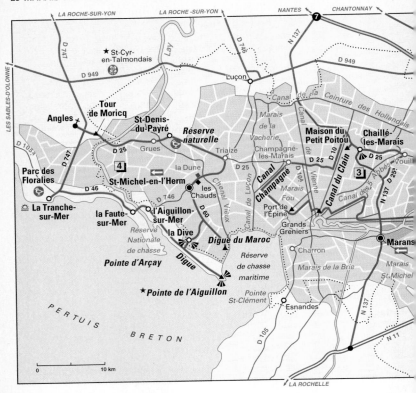

Conseil – Avec l'essor du tourisme, la plupart des villages ou hameaux du Marais mouillé se sont dotés d'embarcadères. Pour une première incursion dans ce labyrinthe de voies d'eau, il convient de louer une barque (la plate en bois traditionnelle a été malheureusement remplacée par un ersatz de barque en matière plastique) menée par un guide-batelier. Les tarifs (attention aux prix affichés par personne) varient suivant la notoriété du site d'embarquement ; de plus, les endroits les plus touristiques n'abritent pas forcément l'embarcadère proposant la promenade la plus intéressante.

Les deux circuits routiers ci-après décrivent quelques petits ports nichés en plein Marais.

① L'Est de la Venise verte

Circuit de 30 km – environ 2 h 1/2.

★Coulon – *Voir p. 104.*

Quitter Coulon par l'Ouest en empruntant la D 123. À la sortie du village, prendre la rue du port de Brouillac (laiterie) en direction du Grand Coin.

L'itinéraire emprunté débute par une vision agricole du marais limitrophe.

En bout de route, prendre à gauche et franchir le canal. Tout de suite après le pont tourner, de nouveau à gauche.

Le barrage du Grand Coin offre un bel exemple de **« passe-bateaux »**. La route longe le canal bordé de peupliers et de saules pleureurs où s'abritent les pêcheurs. Après avoir passé un petit pont, on peut découvrir sur la droite une solide ferme poitevine aux pierres remarquablement appareillées.

Au bout du canal, prendre sur la droite la D 123 en direction d'Irleau.

La rive droite de la Sèvre Niortaise offre des vues saisissantes sur de charmantes « cabanes » (quelques-unes ne sont accessibles qu'en barque). La rivière, jalonnée de conches et de rigoles, voit la pente de son lit chuter brutalement à l'**écluse de la Sotterie**, passant de trente centimètres par kilomètre à moins de cinq centimètres ; ralentie dans sa progression, l'eau envahit le marais.

Après avoir franchi le pont d'Irleau, prendre la première route à gauche.

Les premiers « têtards » marquent l'entrée du Marais mouillé ; ces frênes, plantés pour consolider les berges, doivent leur aspect singulier à une taille régulière effectuée tous les cinq à sept ans.

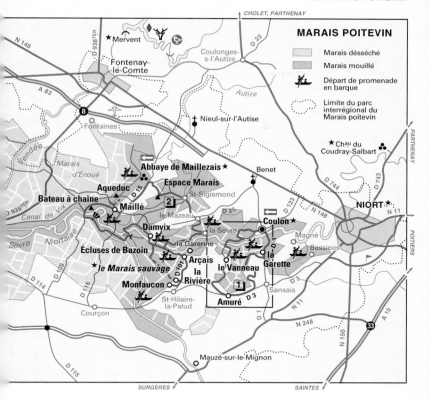

Au bout de la route, prendre à droite.

En franchissant un petit pont, on découvre sur la gauche une importante usine de panneaux de contre-plaqués (la matière première abonde dans cette partie du marais).

Au carrefour, continuer tout droit puis tourner à gauche sur la D 102.

Le Vanneau – Ce village de bateliers, éponyme de l'oiseau échassier à huppe noire, possède un **port★** joliment aménagé ; une **vue★**, remarquablement bien dégagée, s'étend sur un site bucolique (embarcadère, passerelle caractéristique, rangée de saules). En bout de cale, la conche centrale s'enfonce dans le Marais mouillé, au-delà d'un rideau de peupliers.

La rue de Gémond (à droite) puis la rue des Vergers (à gauche) conduit sur la D 102 ; tourner à gauche en direction de Sansais.

200 m plus loin, prendre une petite route sur la droite (balisage circuit vélo n° 1).

Le paysage a changé : les cultures céréalières closes par des haies ont remplacé les bois.

Au bout de la route, tourner à gauche (route non bitumée), puis à droite (route bitumée) ; 200 m plus loin, tourner à gauche.

Un écrin de verdure enveloppe à nouveau le visiteur qui, en franchissant un pont, peut apprécier la beauté et le calme enchanteur du site.

À la prochaine intersection, prendre sur la droite et franchir, plus loin, un petit pont. Au carrefour, tourner à droite.

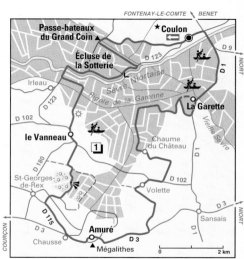

139

Comme par enchantement, les arbres disparaissent subitement et font place à des champs ; sur la gauche, le bleu d'un silo donne une touche de couleur au paysage, assez austère hors saison.

Au carrefour, prendre en face et rattraper la D 115. Tourner à gauche (sortie de St-Georges-de-Rex), puis au carrefour de Chausse tourner à gauche sur la D 3 en direction de Sansais. Après 400 m, emprunter sur la gauche la V 8.

Amuré – L'église du 12e s. accueille, en saison, des expositions ; dans le cimetière, une croix hosannière du 15e s. domine des tombes sur pilotis. Deux mégalithes qui, dit-on, possèdent un pouvoir guérisseur, reposent dans un autre cimetière !

Quitter Amuré par l'Est en empruntant la D 3 en direction de Sansais. Après 1,7 km, prendre sur la gauche une petite route non revêtue (balisage circuit vélo n° 3). 900 m plus loin, tourner à gauche sur la route bitumée.

Au lieu dit Vollette, on peut admirer un bel exemple de ferme poitevine, transformée en gîte rural.

Au carrefour, emprunter la D 102 sur la droite, puis 400 m plus loin, tourner à gauche. À l'intersection suivante (700 m), prendre à gauche (ne plus suivre le balisage circuit vélo n° 3).

Le pont de la Chaume du Château marque le retour du Marais mouillé. Cette portion de route peut être fermée à la circulation en période d'inondation ou lors de la « passée » des canards sauvages (matin et soir). *Suivre la route bitumée.*

Après 2,2 km, la route est coupée par une barrière en bois ; prendre à droite et franchir un petit pont. 600 m plus loin, tourner à gauche.

La Garette – Cet ancien hameau de bateliers est typique par l'alignement de ses maisons sans fondation, qui ont la particularité d'offrir un double accès, d'une part sur une « conche », d'autre part sur la route. La rue principale *(interdite à la circulation)*, jalonnée de petits embarcadères, s'étire jusqu'à la Vieille Sèvre *(voir ci-après)*.

Du parking, prendre la rue montante qui rejoint bientôt la D 1 ; au carrefour, prendre à gauche.

La route traverse la partie Est de La Garette et franchit la Vieille Sèvre ; du pont, vue sur la rivière et ses quais. La D 1 qui ramène à Coulon marque la limite entre la zone humide (à gauche) et la zone sèche (à droite).

② **Le Marais sauvage**

Circuit de 50 km – environ 3 h.

★**Maillezais** – *Voir p. 130.*

Quitter Maillezais par le Sud en empruntant la D 15. À la Croix-de-Maillé, prendre à droite sur la D 25 et poursuivre jusqu'au pont situé au Nord de Maillé. Laisser la voiture et prendre sur la droite le chemin de halage.

Aqueduc de Maillé – *1 km A/R.* Dans un site bucolique, cet ouvrage hydraulique complexe permet au canal de Vix (Marais desséché) de croiser celui de la Jeune Autise (Marais mouillé).

Maillé – Bien des légendes courent sur ce vieux village, comme semblent en témoigner les personnages (acrobates, athlètes portant des lions) qui illustrent les voussures du **portail roman** de l'église Notre-Dame. Bien situé en bordure du canal du Bourneau, le port accueille un embarcadère niché sous des saules. Au-delà du pont-écluse, on peut partir en balade vers l'île de la Chatte.

Face à l'église, prendre la rue fléchée « Dognon, Millé ».

Au lieudit **Fort Dognon** s'élevait autrefois le donjon d'Agrippa d'Aubigné où le poète fit imprimer en 1616 *Les Tragiques (voir Maillezais)*. La route franchit ensuite un petit pont d'où l'on jouit d'une vue étendue sur le marais. Le long des conches, le regard est attiré par d'étranges petits radeaux de matière plastique blanche dont le rôle est de piéger les trop nombreux ragondins.

1,3 km après la ferme de Millé, un virage marque le départ d'un sentier pédestre (le chemin est fermé par une chaîne : accès interdit aux véhicules).

★**Sentier du bateau à chaîne** – *600 m A/R.* Suivre l'itinéraire fléché du GR Pays : « *Entre Sèvre et Autizes* ». Ce parcours insolite permet de découvrir la face cachée du marais (faune, flore). Longeant une conche, cet étroit chemin s'enfonce au cœur d'une végétation si luxuriante qu'elle freine parfois la progression du promeneur-explorateur. Le sentier débouche sur un des derniers **« bateau à chaîne »** de la région, que l'on peut utiliser (avec prudence) pour franchir la conche.

Poursuivre sur la même route. Au carrefour, prendre à gauche la D 25b. Traverser la Sèvre puis tourner à gauche à la sortie du pont du Sablon.

L'itinéraire remonte la Sèvre Niortaise par la rive gauche en offrant de belles vues sur l'île de la Chatte *(voir ci-avant)* et ses cabanons de pêcheurs. Une aire de pique-nique est aménagée peu après l'écluse du canal de la Rabatière.

Marais poitevin – Bateau à chaîne

S. Sauvignier/MICHELIN

*Au carrefour du pont de la Croix-des-Mary, prendre tout droit en direction de Damvix.
Au carrefour suivant, tourner à gauche et franchir l'écluse.*

Une succession de ponts permet de rejoindre la rive droite de la Sèvre Niortaise en
franchissant les **écluses de Bazoin**, important carrefour hydraulique.

Damvix – Malmené lors des guerres de Religion, cet ancien village de pêcheurs se
distingue par ses petites passerelles qui franchissent les étroits canaux. Un alignement de maisons basses s'étire le long de la Sèvre Niortaise ; près du pont, chaque
berge est pourvue d'un embarcadère.

*Passer la Sèvre Niortaise et emprunter la D 104 en direction d'Arçais. Après 200 m,
prendre à droite une petite route (camping des Conches) qui franchit un pont.
Attention : l'itinéraire conduisant jusqu'au village de la Rivière par le Marais sauvage
emprunte une route non revêtue praticable seulement par temps sec ; en cas de forte
pluie, rejoindre directement Arçais.*

★**Le Marais sauvage** – Quelques planches de bois jetées sur une conche, puis
(prendre la route de gauche) le barrage de la rigole de la Garette (jolie vue) mènent
à l'entrée du Marais sauvage *(à la fourche, prendre à droite)*. Cette zone protégée
de 1 600 hectares est quadrillée par 100 km de voies d'eau où canaux, conches et
écluseaux forment un véritable labyrinthe.

Le village de **la Rivière**, aux belles maisons maraîchines, marque la limite du marais.
Au Nord, la route qui rejoint la D 101 offre un contraste étonnant entre le marais
boisé (à gauche) et les vastes champs vallonnés (à droite) ; au Sud, **Monfaucon**
comporte un sympathique embarcadère.

Arçais – Aménagé dans le coude d'un bief, le **Grand-Port★★**, s'abrite sur une vaste
cale pavée ; l'embarcadère fait face à une typique « cabane ». À chaque extrémité du
port, deux grues en bois rappellent le temps où les billes de peupliers, acheminées
par voie d'eau, étaient hissées sur le quai. Au Nord, le quartier de **la Garenne** est
remarquable pour ses fermes à double accès qui s'étirent le long du bief Minet.

*Quitter Arçais par le Grand-Port en empruntant la D 102 en direction de Damvix. Aux
Bourdettes, franchir le barrage puis l'écluse et prendre à droite le chemin de la Foulée.*

L'itinéraire remonte la Sèvre Niortaise par la rive droite jusqu'au Village de la Sèvre.
À hauteur d'une passerelle caractéristique, prendre sur la gauche la route de Sèvre
qui conduit au port du Mazeau (embarcadère après le pont).

*Quitter Le Mazeau par le Nord-Ouest en empruntant la D 68 en direction de Maillezais.
1 km après St-Sigismond, au lieudit La Ragée, tourner à gauche vers Anchais. Au bout
de la route, prendre sur la gauche le chemin du Port d'Anchais.*

L'Espace Marais ⊙ – Une vaste grange abrite des reconstitutions évoquant les
métiers pratiqués naguère dans le marais. Un labyrinthe à énigme, un aquarium
(poissons régionaux) et le jardin du diable (présentation des plantes toxiques)
complètent la visite.

*Rejoindre le carrefour des Quatre Chemins et remonter vers le Nord ; au-delà du Moulin
de Bouteline, la D 68 ramène à Maillezais.*

LES MYSTÈRES DU MARAIS MOUILLÉ

Se déplacer

Croisière sur la Sèvre Niortaise – À l'heure du déjeuner, le *Collibert* quitte le port d'Arçais pour les quais de Coulon. Nouvelles Croisières, route de Damvix, Arçais, ☎ 05 49 35 31 85.

Découverte du Marais – Les randonnées pédestre ou cycliste, voire équestre (nombreux circuits fléchés) restent le meilleur moyen de musarder à travers les chemins de terre du Marais.
Cependant, un minibus et un petit train *(voir les Conditions de visite de Coulon)* sillonnent le marais pour la plus grande joie des enfants et des moins sportifs.

Embarcadères – Outre Coulon et Arçais, de nombreuses localités proposent des promenades en barque *(voir carte ci-avant)*, avec ou sans guide.

Location de vélos – La Bicyclette Verte, rue du Coursault, Arçais, ☎ 05 49 35 42 56, propose un large choix (vélo simple ou électrique) et organise des randonnées «découvertes-nature» (brochure sur demande).

Se loger

« BUDGET »

St-Nicolas – Rue du Docteur-Daroux, Maillezais, ☎ 02 51 00 74 45. Fermé de mi-novembre à mi-février. Petit hôtel proche de l'église. 16 chambres à partir de 230 F, garage.

« NOTRE SÉLECTION »

Au Marais – Quai Louis-Tardy, Coulon, ☎ 05 49 35 90 43. Fermé en janvier. Donnant sur le quai droit de la Sèvre Niortaise, cet hôtel est installé dans une ancienne maison de batelier. L'intérieur aménagé avec goût incite à la détente (salle de lecture au premier). 18 chambres spacieuses et coquettes à partir de 290 F.

Se restaurer

« BUDGET »

La Loge du Picton – 4, rue du Couhé, Coulon, ☎ 05 49 35 85 85. Fermé le lundi (en hiver), le mardi et la deuxième quinzaine de décembre. Entre la place de l'église et les quais, une ancienne maison maraîchine propose une carte régionale (crème brûlée à l'angélique). À l'intérieur, on peut remarquer la différence de niveau entre les pièces (autrefois utile lors des inondations). Environ 100 F.

La Grange aux Roseaux – Le Grand Port, Maillezais, ☎ 02 51 00 77 54. Fermé en semaine de novembre à mars. En bordure de conche, une tonnelle abrite quelques tables où il est bien agréable de s'installer, en saison, pour goûter les plats du terroir (100 F) et profiter du site.

« NOTRE SÉLECTION »

Les Mangeux de Lumas – La Garette, Sansais, ☎ 05 49 35 93 42. Fermé le lundi soir, le mardi (sauf saison) et en janvier. La terrasse domine la conche qui arrose les cales individuelles disposées à l'arrière des maisons. La petite bête à cornes (luma) est une des spécialités maison. Menus à partir de 130 F.

Spécialités

Le farci poitevin, la sauce aux lumas, la fricassée d'anguilles, le filet de perche aux pleurotes, le jambon vendéen grillé aux mojettes, le beurre d'Échiré, la mizotte (fromage), le vin de Mareuil (rouge ou rosé), l'angélique.

Préparation de la matelote d'anguilles – Dépouiller une anguille, l'ébarder, la vider, la couper en tronçons. Fariner ceux-ci et les faire revenir dans une poêle, puis les flamber à l'eau-de-vie. Enlever l'anguille de la poêle et y faire revenir quelques oignons. Verser le contenu d'une demi-bouteille de mareuil rouge. Faire réduire la sauce. Remettre l'anguille et laisser mijoter 1/4 h.

★LE MARAIS DESSÉCHÉ

Il se compose d'étendues découvertes que coupent digues et canaux. Noire, la terre de bri demande de l'engrais mais produit du blé, de l'orge, des fèves, des haricots, tandis que les pacages sont dévolus aux bovins et aux moutons de pré-salé. Les exploitations sont plus vastes que dans le Marais mouillé. Dans la baie de l'Aiguillon, qui s'envase lentement, on élève des moules sur des «bouchots» : Esnandes et Charron sont les deux centres de cet élevage.

③ Marais du Petit Poitou *Circuit de 60 km – environ 3 h*

Marans – Marché du Marais desséché, notamment pour les grains (silos), Marans, connu autrefois pour ses faïences, entretient quelques industries, laboratoires pharmaceutiques, chantier naval, produits congelés.

Le port est relié à l'océan par un canal ; une écluse maintient le niveau d'eau du bassin à flot où stationnent quelques caboteurs et plaisanciers.

Quitter Marans par le Nord en empruntant la N 137 en direction de Luçon. Au Sableau, prendre à droite sur la D 25^A, puis à Vouillé tourner à gauche sur la D 25.

Après 2 km de paysage agricole (silo), peu après le lieudit «la Groie», on peut observer, sur la gauche, un **«bot»** (digue) qui borde le marais. Puis, on longe les surprenantes falaises mortes du Village de l'An VII (ancien îlot calcaire) jadis percutées par les vagues.

Chaillé-les-Marais – Fixé à une butte calcaire, ce village est une ancienne île du golfe du Poitou qui domine la plaine autrefois immergée. C'est le centre du Marais desséché du Petit Poitou, le premier de cette province à avoir été asséché. Du belvédère (place de l'église) se dégage une belle **vue** sur le marais d'où émergent, sur la gauche, les anciens îlots d'Aisne et du Sableau.

Rejoindre la N 137 et prendre à droite (rue de l'An VI) en direction de Luçon. 900 m après l'Office de tourisme, tourner à gauche.

Maison du Petit Poitou ⊙ – Installée dans l'ancienne habitation du maître de digue, cette maison permet de se documenter sur l'assèchement du marais, sa faune et sa flore, les activités de ses habitants : À l'extérieur, on peut voir dans leurs enclos les animaux traditionnels du marais : le baudet du Poitou, la chèvre poitevine, la vache maraîchine et la poule de Marans.

Reprendre la N 137 en direction de Luçon. Après 700 m, franchir le pont de la Coube et prendre tout suite à gauche la D 10.

La route longe le pittoresque **canal du Clain** d'où se découvre une vue originale sur les falaises mortes de Chaillé. Le canal, jalonné par quelques rares fermes, est bordé de prairies humides (à gauche) et de champs de céréales (à droite).

Au carrefour de Ste-Radegonde-des-Noyers, prendre à droite sur la D 25. À la sortie de Champagné-les-Marais, tourner à gauche avant le pont pour emprunter le «chemin Sud du canal».

Le **canal de Champagné**, très fréquenté par les amateurs de pêche, traverse une vaste plaine de culture. De part et d'autre de la route, on peut observer la faune (envol d'un héron) et la flore (chardons, roseaux) du Marais desséché, souvent concentrées près des bondes.

Au bout de la longue ligne droite, prendre à gauche, puis au prochain carrefour (3 km), continuer tout droit.

La route contourne le Marais fou. À droite, un clocher et un château d'eau semblent émerger d'une mer de champs. Plus loin, une belle vue s'étend, depuis le pont-écluse, sur le petit **port de l'Épine** où mouillent des bateaux équipés pour la pêche à la civelle (*voir Introduction*). Peu après, une ferme est entourée de pins maritimes (rares en plein marais).

Prendre la D 10^A sur la droite puis, après 1,1 km, emprunter sur la gauche une petite route qui traverse le canal de Vienne. 100 m plus loin, tourner à droite.

Au carrefour, faire halte devant le hangar aménagé sur le canal du Clain. Bien à l'abri, on découvre un curieux **«bac à râteau»** qui était employé naguère au curage des canaux envasés. Ce nettoyage titanesque était entrepris tout les sept à huit ans en milieu d'hiver ; c'était l'occasion de rassembler le village et d'organiser une grande fête.

La route franchit une succession de portes (écluses) dont celle, fort pittoresque, des Grands Greniers (maison d'éclusier). Au Sud, la Sèvre Niortaise forme un important réseau hydraulique en irriguant cinq canaux (Vienne, Clain, Cinq Abbés, Mouillepied, Vix) depuis le méandre des Fagnes.

Au bout de la longue ligne droite qui longe le canal de Mouillepied, tourner à droite. À la Hutte de la Briand, prendre à gauche.

Après avoir contourné le bien nommé marais de Mouillepied, jalonné de singulières «cabanes», le canal de Vix offre au regard un bel exemple de «contre-bot».

Au pont-écluse, prendre à droite sur la N 137 qui ramène à Marans.

④ Le Marais maritime *Circuit de 70 km – environ 3 h*

St-Michel-en-l'Herm – *Voir p. 255.*

Quittez St-Michel par le Sud en empruntant la D 60.

Après avoir passé un silo, on découvre, à droite, émergeant à l'horizon, la butte de la Dive *(voir ci-après)*. Peu après, la D 60 *(prendre tout droit au carrefour)* franchit une succession de digues et de «prises» (polders) gagnées sur la mer. La route vient mourir au pied de la **digue du Maroc** (1912) où se dressent d'étonnants perchoirs à rapaces (faucons, chouettes).

Revenir au carrefour et prendre à gauche.

La Dive – Cette ancienne île était encore entourée d'eau au 17e s. À l'entrée d'une ancienne carrière, la route s'élève et parcourt la butte sur 700 m en dominant le marais. La **vue** s'étend de la pointe d'Arçay à l'anse de l'Aiguillon en passant par l'île de Ré et son pont-viaduc. Revenu au niveau de la mer, on découvre au-delà d'un pré, la falaise morte (largement entaillée par les flots) recouverte en partie de lierre.

Continuer en direction de la mer, puis au carrefour prendre à gauche.

Digue de L'Aiguillon – Créée par des ingénieurs hollandais, la digue porte, sur 6 km, une route que protège un brise-lames ; on distingue à gauche d'anciens marais salants reconvertis en parcs à huîtres. Des plages bordées de dunes se succèdent (nombreux accès) à partir des Sablons.

Gagner l'extrémité de la digue.

★Pointe de l'Aiguillon – Cordon littoral qui se prolonge jusqu'au cœur des eaux grises et des vases de l'anse de l'Aiguillon (réserve de chasse maritime). La **vue**, très dégagée, porte, de droite à gauche, sur l'embouchure du Lay et la pointe d'Arçay, l'île de Ré et le port de La Pallice. Les alignements de bouchots à moules apparaissent seulement à marée basse.

Reprendre la digue en sens inverse.

L'Aiguillon-sur-Mer – Les maisons basses s'alignent sur la rive gauche de l'estuaire du Lay, dans un paysage dépouillé qui est déjà celui de l'Aunis. Leurs habitants partagent leurs activités entre la culture florale, la pêche côtière, l'élevage des huîtres et des moules.

Franchir le Lay.

La Faute-sur-Mer – Sise sur la Côte de Lumière, c'est une station balnéaire familiale, pourvue d'une longue plage de sable fin et d'un casino. Au Sud, le cordon de dunes s'étire jusqu'à la **pointe d'Arçay** (réserve nationale de chasse).

La Tranche-sur-Mer – Cette station balnéaire bénéficie d'une spacieuse plage de sable fin *(13 km)* et d'une pinède de 600 ha. Sur 5 ha, le plan d'eau du Maupas permet l'initiation à de nombreux sports nautiques (planche à voile, funboard, dériveur, etc.). Au printemps, un corso fleuri est organisé lors de la Fête des Fleurs *(se reporter aux Renseignements pratiques).*

Parc des Floralies ⊙ – Depuis 1953 a été introduite, avec grand succès, la culture de la tulipe. Des sentiers, ombragés de pins maritimes, sillonnent un parc vallonné (7 ha) où s'épanouissent en massifs multicolores bégonias, jacinthes, narcisses, tulipes, etc.

Quittez La Tranche-sur-Mer par le Nord en empruntant la D 747.

Angles – Ancienne abbatiale dont le pignon porte un gros ours qui, d'après la légende, aurait été changé en pierre par un ermite du nom de Martin. À l'intérieur, le chœur et le transept sont romans, tandis que la nef appartient au style Plantagenêt.

Revenir au rond-point et prendre en face.

Tour de Moricq – Aujourd'hui isolée au milieu d'un pré, cette grosse tour carrée fortifiée, du 15e s., défendait jadis un petit port sur le Lay.

Prendre la D 25 en direction de Grues. Après la traversée de St-Denis-du-Payré, poursuivre la route sur 2 km.

Réserve naturelle de St-Denis-du-Payré ⊙ – Elle couvre 207 ha de marais que fréquentent de nombreux oiseaux en période de migration, d'hivernage ou de nidification. Au cœur du village, la **Maison de la Réserve** présente un diaporama et une exposition sur la faune et la flore des prairies humides. Puis, on peut se rendre dans le marais pour voir évoluer les oiseaux depuis l'**observatoire** voisin qui est équipé de longues-vues.

Poursuivre sur la D 25. À Triaize, prendre sur la droite la D 746.

Juste avant le franchissement du Chenal Vieux, on remarque sur la droite un ancien îlot calcaire au lieudit La Dune. 500 m plus loin, la ferme «Les Chaux» *(on ne visite pas)* est bâtie sur une **butte de coquilles d'huîtres** qui daterait de l'an mille ; du bord de la route, on aperçoit, au niveau des étables, cet incroyable amoncellement de coquilles qui naguère étaient employées à la fabrication de poudre destinée aux volailles (ancienne usine de broyage à gauche de la ferme).

Poursuivre sur la D 746 qui ramène à St-Michel-en-l'Herm.

MARENNES

4 634 habitants

Cartes Michelin n° 71 pli 14 ou 233 pli 14 – 22 km au Sud-Ouest de Rochefort

Jadis île du golfe de Saintonge, Marennes est la métropole de l'huître.

François Fresneau (1703-1770), officier du Génie né et mort à Marennes, étudia le caoutchouc de l'hévéa en Guyane et posa les bases de son utilisation industrielle ; une rue porte son nom et une inscription sur la façade de la sous-préfecture lui rend hommage.

La « Marennes-Oléron » – C'est le nom qu'on donne aux huîtres à chair verte, engraissées dans les « claires » du bassin de Marennes-Oléron, qui comprend l'embouchure de la Seudre, la côte au Nord de Marennes et la côte Est d'Oléron.
La croissance de l'huître *(se reporter à l'Introduction)* s'effectue dans des parcs mais c'est seulement dans cette région que l'huître adulte, placée dans des bassins nommés **« claires »**, engraisse, s'affine et subit les effets d'une algue microscopique, la « navicule bleue », qui lui donne sa couleur verte et son parfum délicat.

CURIOSITÉS

Vidéorama de l'huître ⊙ – *Dans les locaux du Syndicat d'initiative.* Intéressante projection ayant trait au bassin de Marennes-Oléron : histoire de l'ostréiculture, activités des ostréiculteurs.

Église St-Pierre-de-Sales – De type anglais, sa haute tour carrée du 15ᵉ s., soutenue par des contreforts d'angle et terminée par une flèche à crochets culminant à 85 m, se voit de très loin : elle servait d'amer pour la navigation.
L'intérieur présente une large nef bordée de chapelles surmontées de tribunes à balustres. Les travées sont voûtées en ogives à huit branches.

Terrasse de la tour ⊙ – Accessible par 291 marches, on découvre, depuis 55 m de haut, un **panorama★** très caractéristique sur le marais, les huîtrières, la presqu'île d'Arvert et les îles.

Château de la Gataudière ⊙ – *1,5 km au Nord.* François Fresneau *(voir ci-avant)* le fit élever dans le style Louis XIV vers 1749, sur l'emplacement d'une demeure médiévale, au cœur d'anciens marais, les gataudières. Côté parc, la façade est bordée d'une longue terrasse à balustrade en fer forgé. Un fronton à l'antique orné d'un Triomphe de Flore domine le pavillon central décoré de trophées symbolisant les ressources agricoles de la région : viticulture, saliculture et ostréiculture.

Embouchure de la Seudre – Claires à huîtres

À l'intérieur, l'étage noble présente un remarquable salon aux murs de pierre ouvragés de pilastres cannelés d'ordre corinthien représentant les Arts et les Sciences, ainsi que les Quatre saisons. Le salon bleu et la salle à manger renferment un mobilier Louis XV.

Dans la cour, un bâtiment abrite une exposition de véhicules hippomobiles.

ENVIRONS

★ **Brouage** – *6,5 km au Nord-Est par la D 3. Voir p. 66.*

Bourcefranc-le-Chapus – *4 km au Nord-Est par la D 26.* Agglomération de coquettes maisons, neuves ou rénovées, et centre ostréicole renommé. Au bord des chenaux, remplis d'embarcations, s'alignent les magasins et bassins d'expédition («dégorgeoirs») des ostréiculteurs. Bourcefranc est doté d'un Lycée agricole et maritime.

Pointe du Chapus – *7 km au Nord-Est par la D 26.* De l'ancien embarcadère du bac d'Oléron s'offre une belle **vue**★, en avant sur le pont et l'île d'Oléron, au Nord sur le phare de la tour de Juliard et l'île d'Aix, au Sud sur la côte de Ronce-les-Bains.

★ **Fort Louvois** ⊙ – Également appelé fort du Chapus, il se découpe à 500 m environ du rivage. On y accède à marée basse par une chaussée tracée entre les huîtrières et les viviers à poissons (à marée haute, une navette assure une pittoresque liaison). Chaque année, la visite de ce fort du 17ᵉ s. est accompagnée d'une exposition ostréicole.

*Pour tout ce qui fait l'objet d'un texte dans ce guide
(villes, sites, curiosités isolées, rubriques d'histoire ou de géographie, etc.),
reportez-vous à l'index.*

MAULÉON

3 168 habitants
Cartes Michelin n° 67 pli 16 ou 232 pli 43 – 22 km au Nord-Ouest de Bressuire

Située au Nord-Ouest des Deux-Sèvres, aux confins de la Vendée et du Maine-et-Loire, cette commune domine de son éperon rocheux la vallée de l'Ouin. Mauléon, qui s'appelait alors **Châtillon-sur-Sèvre**, fut de mai à octobre 1793 la capitale de la Vendée militaire. On y imprimait même des «bons royaux», correspondant aux assignats.

Musée du BRHAM ⊙ – Le Bureau de Recherche Historique et Archéologique du Mauléonais est installé dans l'ancienne abbaye de la Trinité, bel édifice de granit, remanié au 19ᵉ s. dans le style Louis XIV.

On pourra notamment s'attarder sur les **roches gravées**★ des Vaux, dont une salle rassemble huit exemplaires : au 19ᵉ s. furent découverts dans les environs plus de 200 de ces blocs que les hommes ont couverts de motifs (croix, étoiles, cercles, personnages stylisés) dont la date et la signification restent une énigme. Les autres salles évoquent les guerres de Vendée et les traditions populaires (art religieux, coiffes du Poitou, mobilier du bas Poitou).

La vie des jouets ⊙ – Une jolie fresque naïve, d'enfants jouant dans un jardin public, signale l'entrée du musée. La collection présentée comprend près de 3 000 pièces retraçant 150 ans d'histoire du jouet à partir de 1830. Les enfants découvrent émerveillés ces drôles d'objets dépourvus de composants électroniques, mais si attachants au regard nostalgique des adultes. Sept salles à thèmes abritent poupées, dinettes, figurines (cyclistes du Tour de France), avions, bateaux, voitures et de nombreux jeux de société.

La rue se poursuit jusqu'au **portail d'entrée** de l'ancien château féodal (12ᵉ s.). Flanqué de deux tours, celui-ci donne accès à une esplanade accueillant une demeure du 17ᵉ s., un cinéma à la façade vitrée très originale et un belvédère donnant une vue étendue sur les Collines vendéennes *(voir ce nom).*

ENVIRONS

St-Aubin-de-Baubigné – *5 km à l'Est par la D 759.* Une statue, œuvre de Falguière (1895), a été élevée en hommage à **Henri de La Rochejaquelein** *(voir dans l'Introduction et ci-dessous)* qui fut inhumé dans la chapelle funéraire de l'église, auprès de la dépouille de son cousin, le chef vendéen Lescure.

Château de la Durbelière – *2 km au Nord de St-Aubin-de-Baubigné par la D 153.* Cette ruine fait partie d'une vaste exploitation rurale. Le logis seigneurial (15ᵉ-17ᵉ s.), entouré de douves en eau, est flanqué de massifs pavillons carrés dont l'un vit naître en 1772 Henri de La Rochejaquelein. C'est dans la cour du château que « monsieur Henri », haranguant deux mille paysans, prononça ces paroles célèbres :

« Si j'avance, suivez-moi !
Si je recule, tuez-moi !
Si je meurs, vengez-moi ! »

En octobre 1793, le beau La Rochejaquelein devint le très jeune généralissime de l'Armée catholique et royale ; après le passage de celle-ci en Bretagne, il fut tué par un Bleu à Nuaillé, près de Cholet, en 1794.

St-Laurent-sur-Sèvre – *13 km au Nord-Ouest par la N 149. Voir p. 251.*

La Rochejaquelein

MELLE

4 003 habitants
Cartes Michelin n° 72 Nord-Est du pli 2 ou 233 plis 17, 18
27 km au Sud-Est de Niort

C'est en arrivant par la route de St-Jean-d'Angély que l'on apprécie le mieux le site de Melle, établie à l'angle d'un vallon et de la barrière de verdure que forme l'étroite vallée de la Béronne.

Melle doit son existence au plomb argentifère, exploité dans les collines de St-Hilaire, sur la rive droite de la Béronne, qui alimentait au Moyen Âge un atelier monétaire. Acquise à la Réforme, la ville connut une certaine prospérité avec son collège, datant de 1623.

Avant la motorisation des campagnes, Melle était un centre réputé d'élevage d'ânes, les fameux « baudets du Poitou » *(voir Dampierre-sur-Boutonne).*

Melle a la particularité de posséder trois églises romanes : deux d'entre elles, qui appartenaient à des monastères bénédictins, accueillaient les pèlerins sur la route de St-Jacques-de-Compostelle *(se reporter à l'Introduction).*

CURIOSITÉS

★**Église St-Hilaire** – *Voir illustration au chapitre de l'Art – Éléments d'architecture.* Bâtie dans le style roman poitevin le plus pur, elle dépendait de l'abbaye bénédictine de St-Jean-d'Angély. La sobriété de son chevet et de sa façade flanquée de clochetons coniques est très harmonieuse.

Au-dessus du portail latéral gauche chevauche un **« cavalier »** célèbre dans l'histoire de l'art par les controverses qu'il a soulevées. Dans ce personnage couronné dont le cheval foule aux pieds une petite figure assise, vêtue d'une longue robe, on a cru reconnaître Charlemagne, ou le Christ écrasant l'Ancienne Loi, ou bien l'empereur Constantin triomphant du paganisme.

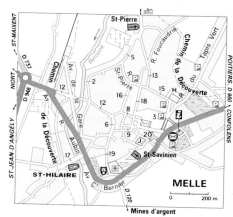

MELLE

Abreuvoir (R. de l')	2		Guillotière (R.)	13
Bujault (Pl.)	3		Huileries (R. des)	15
Champs (R. des)	5		Jules-Ferry (R.)	16
Croix-Paillère (R.)	6		Pont-St-Hilaire (R. du)	17
Fossés (R. des)	8		St-Jean (R.)	18
Grand-Rue	9		Treille (R. de la)	19
Gour (R. de la)	12		3-Marchands (R. des)	20

Melle – Le «cavalier» de l'église St-Hilaire

Au chevet, trois absidioles rayonnantes, à contreforts-colonnes et modillons sculptés, se greffent sur un déambulatoire accolé au transept, ce dernier lui-même pourvu de deux chapelles orientées et supportant une tour de croisée (le clocher).

Intérieur – L'envergure des trois nefs et du déambulatoire indique que l'édifice devait être un sanctuaire de pèlerinage. Des piliers de section quadrilobée soutiennent la voûte en berceau brisé. Admirer les chapiteaux sculptés : le 3e à droite en entrant par la façade principale montre une chasse au sanglier. Dans le bas-côté droit, on verra un portail décoré intérieurement, ce qui est très rare : à l'archivolte, le Christ et les saints qui l'accompagnent terrassent des animaux fantastiques symbolisant les forces du mal.
Au fond du bas-côté droit, un appareil diffuse de la musique rituelle ou sacrée du monde entier (plus de 500 morceaux).

Église St-Pierre – Elle appartenait à un prieuré bénédictin dépendant de l'abbaye de St-Maixent. De style roman poitevin, elle s'élève sur le bord de la colline dominant la Béronne.
Le portail latéral et le chevet sont remarquables par leur ornementation sculptée.
Au-dessus du portail Sud court une corniche soutenue par des modillons historiés (symboles des Évangélistes) entre lesquels sont sculptés les signes du zodiaque ; une niche abritant le Christ en majesté surmonte cette corniche.
Au chevet, remarquer la décoration des baies, les savoureux modillons de l'absidiole centrale et, couronnant un contrefort-colonne, un chapiteau figurant deux paons, symboles d'immortalité.

Intérieur – Les trois nefs sont voûtées en berceau brisé ; le chapiteau du 3e pilier à gauche évoque la Mise au tombeau du Christ.

Ancienne église St-Savinien – Du 12e s., cette église, désaffectée en 1801, a longtemps servi de prison. De nos jours, elle accueille des expositions et un **festival de musique**. Elle présente un portail au linteau en bâtière, fait rare en Poitou ; on distingue sur ce linteau un Christ auréolé, debout entre deux lions.

Mines d'argent des Rois francs ⊙ – Le sol calcaire de Melle recèle des géodes, sortes de poches où s'est cristallée la galène argentifère qui contient du plomb et un faible pourcentage d'argent (environ 3 %). Dès le 5e s., on exploite ce minerai et, sous Charlemagne, un atelier monétaire destiné à frapper les monnaies royales en argent est installé à Melle. Au 10e s., l'atelier est transféré et la mine, désaffectée, tombe dans l'oubli jusqu'au 19e s.
On a dégagé 350 m de galeries de leurs gravats pour les rendre accessibles aux visiteurs. Au cours de la promenade souterraine, on peut voir les traces d'oxydation créées par les feux qui permettaient de faire éclater la roche, les cheminées d'aération, un petit lac et quelques concrétions. Un montage sonore restitue l'ambiance de la mine.
À l'extérieur, dans le **jardin carolingien**, sont cultivées des plantes consommées ou utilisées à l'époque de l'exploitation de la mine.

Chemin de la Découverte – Arboretum – Empruntant des tronçons d'une voie ferrée désaffectée, ce chemin, réservé aux piétons, ceinture, sur 5 km, la presque totalité de la ville ancienne. Les zones de végétation naturelle y alternent avec les sections plantées d'arbres et d'arbustes d'espèces étrangères qu'un étiquetage permet d'identifier (voir notamment le **Bosquet d'écorces**, au Nord de l'église St-Hilaire)

EXCURSIONS

Chef-Boutonne – *16 km au Sud-Est par la D 948 puis la D 737.* Le nom de ce bourg, signifiant « Tête de la Boutonne », est dû au fait que la Boutonne prend sa source à proximité. Dans le faubourg de Javarzay, l'église, ancien prieuré bénédictin, date des 12ᵉ et 16ᵉ s. À côté se remarquent quelques vestiges de l'ancien **château** des Rochechouart, édifié vers 1515. De sa grande enceinte, jadis jalonnée de douze tours, il subsiste un gracieux châtelet d'entrée, flanqué de tourelles et percé de fenêtres à décor Renaissance, ainsi qu'une tour ronde à mâchicoulis. La chapelle, construite dans le style gothique, s'ouvre par une porte Renaissance.

Pers – *20 km à l'Est par la D 950 puis la D 14 et la D 15.* Dans le cimetière jouxtant l'église romane, une **lanterne des morts** (13ᵉ s.) dresse son fût de pierre flanqué de quatre colonnettes, dont les angles se terminent par des chapiteaux, supportant un lanternon surmonté d'une croix. Au-dessous du toit pyramidal, quatre fenêtres en plein cintre indiquent l'espace où brûlait une lampe à huile lors des cérémonies funéraires. À l'Est de la lanterne se trouve un ensemble de cinq sarcophages, probablement des 11ᵉ et 12ᵉ s.

Forêt de MERVENT-VOUVANT ★

Cartes Michelin n° 67 pli 16 et n° 71 pli 1 ou 233 plis 4, 5
7 km au Nord-Est de Fontenay-le-Comte

Située à la jonction du bocage et de la plaine vendéens, la forêt domaniale de Mervent-Vouvant couvre, sur 5 000 ha, un plateau granitique revêtu de sable et d'argiles et entrecoupé de vallées encaissées (la Vendée, son affluent la Mère et le ruisseau des Verreries) qu'occupe, depuis 1956, un lac de retenue de 130 ha créé par la construction de quatre barrages.

Des fouilles ont permis de mettre au jour des restes de fours à verre de l'époque gallo-romaine, montrant ainsi l'existence d'une habitation déjà ancienne. Au 12ᵉ s., la forêt appartenait aux Lusignan, propriétaires à la fois du château de Mervent et de celui de Vouvant. Rattachée au domaine royal en 1674, la forêt est donnée en apanage au comte d'Artois en 1778. La Révolution en fait une propriété d'État.

Sombres et profondes, les futaies de chênes et de résineux donnaient asile jadis à des loups. Elles abritent encore cerfs, chevreuils et sangliers. Les promeneurs y trouveront de nombreux sentiers pédestres aménagés, ainsi que des circuits équestres.

SUR LES PAS DE MÉLUSINE

Itinéraire de 35 km – environ 5 h.

Fontenay-le-Comte – *Voir p. 109.*

Quitter Fontenay-le-Comte par le Nord en empruntant la D 938ᵗᵉʳ, direction la Châtaigneraie. 1,5 km après Pissotte, prendre sur la droite une route à sens unique.

★Barrage de Mervent – Annoncé par une sculpture en pierre représentant une sirène, œuvre des frères Martel *(voir St-Jean-de-Monts)*, ce barrage de 130 m de long sur la Vendée a déterminé une retenue de 8 500 000 m³, alimentant en eau les communes de la moitié Sud du département et quelques-unes des départements voisins. Ses ramifications se développent en amont entre les pentes boisées, faisant un effet très pittoresque. En contrebas est installée l'usine de traitement des eaux et de production électrique.

Poursuivre la route à sens unique, puis tourner à gauche sur la D 65.

Parc zoologique du Gros Roc ⊘ – Aménagé sur les coteaux dominant la Vendée, ce domaine de 5 ha, planté de nombreuses essences d'arbres, héberge une grande variété d'animaux des cinq continents.

Poursuivre sur la D 65, puis prendre à droite la D 116.

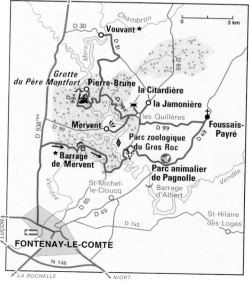

Parc animalier de Pagnolle ⊙ – Ce parc rassemble, dans un grand espace abondamment fleuri, plus de 1 000 animaux dont quelque 260 variétés d'oiseaux, allant des petites espèces exotiques à l'autruche.

Poursuivre sur la D 49.

Foussais-Payré – Ce bourg, où se déroulent tous les ans des fêtes folkloriques animées, conserve quelques belles maisons Renaissance et des halles du 17e s. Remarquer, à droite de l'église, une maison d'angle datée de 1552.

Église – Cette église de prieuré, en granit, possède une **façade** sculptée du 11e s. Au centre, le portail s'inscrit sous une archivolte aux savoureuses figures : de gauche à droite, la Chasteté terrassant la Luxure, des baladins, des apôtres, le Christ entre les symboles des Évangélistes, puis de nouveau des apôtres et des baladins, enfin des animaux fantastiques parmi lesquels une sirène, symbole de l'attrait du péché. Encadrant le portail central, deux arcades aveugles présentent, à gauche, une scène de la Passion, assez rare en Poitou à l'époque romane : une Déposition de croix et, au-dessus, les ailes d'un ange entre la lune et le soleil voilés de ténèbres ; à droite, le Repas chez Simon et, dans la partie supérieure, l'apparition du Christ à Marie-Madeleine. Ces sculptures sont l'œuvre de Giraud Audebert, moine de l'abbaye de St-Jean-d'Angély.

Quitter Foussais-Payré par le Sud-Ouest en empruntant la D 99. Au carrefour (1 km après Sérigny), tourner à droite.

La Jamonière – Le **musée des Amis de la Forêt** ⊙ permet de se documenter sur la forêt de Mervent-Vouvant, sur sa faune et sur les anciennes activités forestières (film vidéo).

Quitter la Jamonière par le Sud-Ouest en empruntant la D 65 jusqu'aux Quillères.

Château de la Citardière – En partie masqué par de vieux arbres, la Citardière mire sa façade du 17e s. dans de larges douves. Dans le château est installé un restaurant.

Quitter les Quillères par le Sud-Ouest en empruntant la D 99.

Mervent – Perché sur un éperon rocheux au fin fond de la forêt *(à l'emplacement de la mairie)*, le château fut au Moyen Âge le repaire des Lusignan ; il n'en reste rien.

Du parc de la mairie *(près de la place de l'église)*, on découvre une belle **vue★** ; en contrebas sur la retenue du barrage de Mervent une plage est aménagée à l'Est : baignade, pédalos.

Revenir vers les Quillères et prendre, à gauche, la D 99^A.

Grotte du Père Montfort – Louis-Marie Grignion de Montfort *(voir St-Laurent-sur-Sèvre)* se réfugia vers 1715 dans la forêt pour y méditer au cours d'une mission de conversion de protestants : la caverne où il trouva asile est devenue l'objet d'un pèlerinage. La D 99^A mène à un calvaire où l'on quitte la voiture. Juste derrière la croix s'amorce le sentier qui dévale vers la grotte. Celle-ci s'ouvre à flanc de vallée au-dessus de la Mère. De là on descend à la Maison du curé, où s'était retiré un ecclésiastique.

On peut alors revenir directement au calvaire ou gagner à pied *(1/4 h)* le site de Pierre-Brune, en prenant à droite le chemin qui suit la rive droite de la Mère.

Pierre-Brune – Près d'un petit barrage, et face à un abrupt rocheux, ce site comprend un hôtel, des restaurants et un **parc d'attractions** ⊙ où circule un petit train appelé le Tortillard.

Revenir dans la direction de Mervent, puis prendre sur la gauche après le pont.

★Vouvant – *Voir p. 279.*

MESCHERS-SUR-GIRONDE ★

1 862 habitants (les Michelais)
Cartes Michelin n° 71 pli 15 ou 233 plis 25, 26 – 10 km au Sud-Est de Royan

Criblées de cavernes, les blanches falaises crayeuses de Meschers (prononcer Mèché), le long desquelles s'alignent une multitude de carrelets, sont baignées par les eaux de la Gironde.

PLAGES ET FALAISES

Plage des Nonnes – Plage principale de Meschers, c'est une belle anse ourlée de sable fin qui dessine une courbe harmonieuse entre deux falaises et en avant d'un bois de chênes verts.

En direction de la pointe de Suzac, au Nord, se succèdent trois autres vastes plages encadrées de rochers : la plage des Vergnes, celle de l'Arnèche et celle de Suzac.

Boulevard de la Corniche – Il offre de belles vues sur l'estuaire.

Meschers – Les grottes de Regulus

Les grottes – Creusées par l'érosion, incrustées de coquillages fossiles, elles ont été habitées dès la fin de la préhistoire. Progressivement agrandies, elles abritèrent ensuite pirates, contrebandiers, protestants traqués pendant les guerres de Religion et pêcheurs. Chacune d'elles possédait un foyer et une petite source filtrant au travers du calcaire. Elles étaient desservies par des escaliers taillés dans le roc. Transformées pour la plupart en résidences, donc inaccessibles, elles ne sont visibles que du fleuve, à l'exception de la grotte de Matata (bar, restaurant) et des grottes du Regulus *(voir ci-dessous)*.

Grottes du Regulus ⊙ – *Accès signalé depuis l'église.* Elles tiennent leur nom d'un bateau qui s'est sabordé au large en 1814 pour ne pas tomber aux mains des Anglais. On y a reconstitué l'habitat des pêcheurs miséreux qui les occupaient au 19e s. Au pied des falaises voisines se remarquent de nombreux carrelets.

MONTENDRE

1 647 habitants
Cartes Michelin n° 71 pli 7 ou 233 pli 27 – 19 km au Sud de Jonzac

Aux confins de la Charente-Maritime et de la Gironde, Montendre s'est développé autour d'un ancien oppidum romain (Mons Andronis), au cœur des forêts de la Haute-Saintonge.

Tour carrée – À l'Ouest, dominant la ville et formant châtelet d'entrée, cette tour, élevée au 12e s., remaniée au 15e s. et très restaurée au début du 20e s., rappelle que Montendre fut une place stratégique que se disputèrent au Moyen Âge Français et Plantagenêts. Du château subsistent également des vestiges de remparts et une tour ronde démantelée. La Tour carrée abrite un petit **musée** ⊙, consacré aux arts et traditions populaires locaux.

À 2 km au Sud, un **lac** entouré de pins (baignade, pêche, activités nautiques) contribue à l'agrément de la localité.

ENVIRONS

Église de Sousmoulins – *8 km au Nord-Est par la D 155.* Cet édifice roman des 12e et 15e s. renferme quatre beaux panneaux peints du 18e s. Acquises en 1818, ces peintures anonymes, de facture très classique, représentent l'Assomption, la Visitation et la Nativité (transept Est) et, au-dessus de la porte, Dieu le Père.

Maison de la Forêt de Haute-Saintonge – *12 km au Sud-Est par la D 730.* Situé à proximité de l'échangeur de Montlieu-la-Garde, ce centre propose des expositions à thèmes et un **sentier de découverte** *(document-guide en vente à l'accueil)* permettant de découvrir les variétés d'arbres (alisiers, châtaigniers, chênes, merisiers, pins...) peuplant ce massif forestier. Équipée d'une table d'orientation, la **Tour de Guet**

permet de visualiser l'étendue des 30 000 ha de forêt et le paysage bocager (polyculture) qui le borde au Nord. Autour d'un banc de scie des années 30, les ateliers des métiers du bois complètent la visite.

Montguyon – *20 km au Sud-Est par la D 730.* Ce village saintongeais est dominé par les ruines d'un château médiéval, à l'imposant donjon. Ce château a appartenu à une illustre famille du Poitou, les La Rochefoucauld *(voir ce nom)*, qui eut comme membre l'auteur des célèbres Maximes.

À 2 km au Nord-Est, une allée d'ormeaux conduit à l'**allée couverte de la Pierre-Folle**, monument mégalithique dont la dalle-toit, à 3,90 m du sol dans sa partie la plus haute, est colossale. Agréable panorama sur la campagne et ses châteaux.

MONTMOREAU-ST-CYBARD

1 120 habitants (les Montmoréliens)
Cartes Michelin n° 75 Nord-Est du pli 3 ou 233 pli 29
30 km au Sud d'Angoulême

Du pont sur la Tude et de la route de Ribérac (D 709) se découvrent des vues pittoresques sur Montmoreau, petite ville occupant une butte isolée au centre d'un bassin qu'encadrent des collines crayeuses. Au sommet de la butte, un château aux lignes équilibrées domine les vieux toits de tuiles du quartier ancien, sillonné de ruelles en forte pente, et le quartier neuf en bordure de la D 674.

CURIOSITÉS

Château – Le château des marquis de Rochechouart date du 15e s. À son côté subsiste une inhabituelle chapelle romane sur plan circulaire que précède un porche qui servait aussi d'entrée au château ; admirer les chapiteaux sculptés d'animaux fantastiques, de palmettes et d'acanthes. Cette chapelle servait d'abri aux pèlerins de Compostelle.

Église St-Denis – Cette église appartenait à un prieuré bénédictin situé sur la route de St-Jacques-de-Compostelle. Du 12e s., elle est d'un style roman assez homogène, à l'exception de la chapelle de la Vierge, reconstruite au 15e s. Lors de la restauration de l'édifice par Abadie, vers 1850, le clocher a été refait à l'imitation de celui de Courcôme.

La partie la plus intéressante de l'église est sa façade dont le portail est décoré de festons trilobés, de caractère mauresque.

ENVIRONS

Abbaye de Puypéroux – *8 km au Nord par la D 674 et la D 54.* Ce monastère, occupé par les religieuses de la Sainte Famille de Bordeaux, domine un carrefour de vallées. Du promontoire battu par les vents et circonscrit de vieux trembles, on embrasse une région de collines boisées, aux confins de l'Angoumois et du Périgord.

Église St-Gilles – L'abbatiale romane a été restaurée en 1895. Sa disposition est originale : le carré du transept, couvert d'une coupole octogonale, est encadré d'étroits passages, courbes près de la nef, rectilignes vers le chœur, qui devaient permettre d'accéder de la nef à l'abside sans traverser le carré où se dresse l'autel. Le chœur lui-même est entouré de sept absidioles accolées les unes aux autres. On examinera aussi, au carré du transept, des chapiteaux historiés dont l'un, à droite, évoque la Tentation sous l'aspect d'une sirène.

MONTMORILLON

6 667 habitants
Cartes Michelin n° 68 pli 15 ou 233 pli 10 – 25 km au Sud-Est de Chauvigny

Montmorillon s'est développé autour d'un château fort érigé au 11e s. sur un coteau dominant la Gartempe. Si le château n'existe plus, le site demeure agréable ; nombre d'hôtels du 18e s. et plusieurs monuments intéressants rendent la ville attachante. Montmorillon a une spécialité : les macarons.

CURIOSITÉS

Église Notre-Dame – Accrochée au rocher dominant la rive gauche de la Gartempe, l'église a conservé, du 11e s., un beau chevet roman en hémicycle, tandis que la nef, voûtée vers la fin du 12e s. dans le style gothique angevin, a été remaniée par la suite, ainsi que la façade, en partie du 14e s. Sur le transept, surmonté d'une coupole sur pendentifs, s'ouvrent deux chapelles orientées qui ont retrouvé leur toiture primitive en pierres plates. Le clocher, quant à lui, est moderne.

Montmorillon – Fresque de la crypte Ste-Catherine

Crypte Ste-Catherine – L'église basse, située sous le chœur, se compose d'une abside en cul-de-four et d'un vaisseau voûté en berceau.

La sobriété de son architecture offre un contraste saisissant avec la grande richesse de ses **fresques★**. Les peintures murales, qui à l'origine couvraient entièrement la crypte, ne subsistent plus que dans l'abside et la partie Est du vaisseau. Exécutées dans le dernier quart du 12ᵉ s., elles s'inspirent des principaux épisodes de la vie de sainte Catherine d'Alexandrie. Sur la voûte en cul-de-four est représentée, dans une mandorle, une Vierge en majesté accompagnée de la sainte. À la base du mur la sainte répond aux rhéteurs convoqués par l'empereur Maxence. Ces peintures, où dominent les tons verts et ocre, témoignent d'un art évolué, par la grâce des attitudes, l'élégance des drapés, l'expression des visages. De la terrasse située entre l'église et l'hôpital, on domine le chevet de l'église Notre-Dame, le vieux pont et les quartiers de la rive droite de la Gartempe.

La Maison-Dieu – De cet hôpital-monastère fondé à la fin du 11ᵉ s. par Robert le Pieux, de retour de Terre sainte, il subsiste, outre quelques vestiges de fortifications (musée de la Tour), la chapelle St-Laurent et un curieux édifice appelé l'Octogone. Les bâtiments monastiques (transformés en maison de retraite : *on ne visite pas*) et la grange dîmière abritant le musée de Préhistoire ont été édifiés par les augustins qui occupèrent les lieux de 1615 à la Révolution.

Chapelle St-Laurent ⊙ – Désaffectée. La façade du 12ᵉ s., très restaurée, est flanquée d'un élégant clocher octogonal surmonté d'une très belle flèche de pierre. La partie haute est décorée d'une délicate frise, taillée dans un calcaire très fin, représentant divers épisodes de l'enfance du Christ : Annonciation, Nativité, Annonce aux Bergers, Présentation au Temple, Adoration des Mages et Fuite en Égypte. Bien que partiellement mutilée, cette frise, de facture gothique, est remarquable par la finesse de son exécution et la délicatesse de sa composition. L'intérieur, dont les parois ont été couvertes de peintures murales au 19ᵉ s., est utilisé pour des concerts et des expositions.

Chauffoir (**D**) – Près de la chapelle St-Laurent, ce petit édifice octogonal construit au 17ᵉ s. par les augustins, autour d'un foyer central, permettait aux moines et aux malades de trouver en hiver un peu de réconfort.

Musée de la Tour ⊙ (**M¹**) – Installé dans les vestiges des fortifications de l'ancienne Maison-Dieu, il renferme des collections d'histoire locale, notamment des objets provenant des fouilles du sanctuaire gallo-romain de Masamas.

Octogone ⊙ (**B**) – Dans la cour de l'ancienne Maison-Dieu se dresse un curieux monument octogonal construit au centre du cimetière de la Maison-Dieu à la fin du 11ᵉ s. ou au début du 12ᵉ s. On suppose que cet édifice, dont la forme s'inspire du Saint-Sépulcre de Jérusalem, était à l'origine une chapelle funéraire.

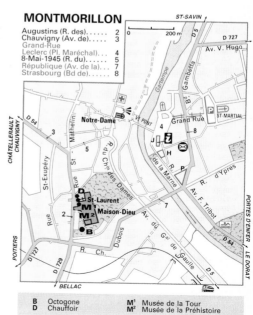

MONTMORILLON

Augustins (R. des)...... 2
Chauvigny (Av. de).... 3
Grand-Rue
Leclerc (Pl. Maréchal)... 4
8-Mai-1945 (R. du)...... 5
République (Av. de la)... 7
Strasbourg (Bd de)...... 8

| B | Octogone | M¹ | Musée de la Tour |
| D | Chauffoir | M² | Musée de la Préhistoire |

À l'intérieur, au niveau supérieur, la chapelle présente une belle voûte angevine du 13e s. et un sol à gradins qui épouse la forme de la coupole voûtant l'ossuaire de la partie inférieure. On accède à celui-ci par un étroit escalier à vis logé dans le mur Nord. À l'extérieur, la porte est surmontée de quatre groupes de statues d'assez belle facture. À la base du toit, remarquer une intéressante série de modillons.

Musée de Préhistoire ⊙ (**M²**) – Cet austère musée occupe la **grange dîmière** des augustins (17e s.), à l'imposante charpente apparente. Importantes collections ayant trait à la préhistoire ; remarquer le matériel archéologique provenant du gisement de la piscine de Montmorillon (paléolithique supérieur).

ENVIRONS

★**Les Portes d'Enfer** – *15 km au Sud-Est par la D 5 et la D 12. 3/4 h à pied AR.* Avant le pont sur la Gartempe, laisser la voiture et emprunter, à droite, le sentier signalé, glissant et accidenté, longeant la rive droite. À mi-parcours, des rocs font office de belvédères au-dessus des rapides encaissés de la Gartempe *(balisée pour les compétitions de canoë-kayak).* Lorsque le sentier se divise, prendre à droite. On aboutit, 100 m au-delà d'un rocher fendu en trois, à un énorme bloc surplombant de façon vertigineuse le lit tumultueux du torrent : joli coup d'œil sur ce dernier et sur les roches, en aval, dites « Portes d'Enfer », dont les parois en vis-à-vis ne laissent qu'un étroit passage à l'eau écumante.

L'Île aux Serpents ⊙ – *13 km à l'Est par la D 727.* À l'entrée de La Trimouille, un bâtiment d'architecture moderne abrite 300 spécimens de reptiles. Après la projection d'un film tentant de réhabiliter le serpent, le visiteur découvre les vivariums. Un parcours initiatique présente trois catégories d'espèces : les serpents des campagnes françaises, les serpents bijoux aux couleurs chatoyantes et les colosses rampants (boas, pythons).

Dans les guides Michelin,
les cartes et les plans de villes sont orientés le Nord en haut.

MORTAGNE-SUR-GIRONDE
972 habitants
Cartes Michelin n° 71 pli 6 ou 233 pli 26 – 29 km au Sud-Est de Royan

Agrippé au bord d'une falaise, le « Bourg » domine de 60 m son port appelé la « Rive » et de vertes prairies.

Le port – *1 km au Sud-Ouest par la D 6.* Du type port-canal, il comprend un bassin à flot, centre d'hivernage de yachts, près duquel se sont établis une minoterie et un chantier de construction de bateaux de plaisance. Ce fut jadis le 3e port de la Gironde, après Bordeaux et Blaye. On y armait naguère pour la pêche à l'**esturgeon**, nommé ici « créa », énorme poisson allongé mesurant couramment de 1,50 m à 5 m de longueur, qui remonte la Gironde au printemps pour frayer, en même temps que le saumon. Si la chair de ce poisson est savoureuse, les œufs de la femelle étaient particulièrement appréciés, puisqu'ils étaient utilisés dans la préparation du caviar qui se faisait principalement à Mortagne, à St-Seurin-d'Uzet et à Talmont, après la Seconde Guerre mondiale. La Gironde est le seul estuaire d'Europe occidentale où l'esturgeon vient se reproduire, aussi, pour protéger ce poisson qui tendait à se raréfier depuis les années 70, en a-t-on interdit la capture en 1982, tout en mettant en œuvre un plan scientifique de sauvegarde de l'espèce. Aujourd'hui la pêche (lamproie, alose, civelle ou « pibale »...) n'occupe guère à Mortagne qu'une quinzaine de personnes.

Ermitage St-Martial ⊙ – *1,5 km au Sud-Est par la D 245.* Fondé, croit-on, au 2e s. par saint Martial, cet ermitage monolithe fut peu à peu aménagé, entre le 4e et le 10e s., dans la falaise dont le pied baignait dans la Gironde. Au Moyen Âge, des ermites, adonnés à la pêche, assuraient le passage de l'estuaire aux pèlerins se rendant à St-Jacques-de-Compostelle par St-Christoly-Médoc.
Les excavations, formant quatre pièces ayant servi de vestibule, cuisine, réfectoire et dortoir, plus deux cellules dont une isolée, et enfin la chapelle ouvrent sur une agréable terrasse ombragée, côté Gironde.

★**Chapelle** – Sculptée dans le roc pour tous ses éléments, y compris la balustrade du chœur, elle comporte un déambulatoire et une tribune découpée de telle sorte que la lumière du jour se concentre en permanence sur l'autel.

ENVIRONS

St-Dizant-du-Gua – *10 km au Sud-Est par la D 145.* À l'entrée du village, à droite, commence le parc de 13 ha où se dresse un château.

Château de Beaulon ⊙ – Ancienne résidence d'été des évêques de Bordeaux, ce petit manoir gothique du 15ᵉ s. abrite un colombier et des chais du 18ᵉ s.

Descendre la pente de la pelouse fleurie et plantée d'arbres, de bananiers même, jusqu'à la lisière du bois derrière laquelle se cachent les **Fontaines Bleues★**, étonnant chapelet de cavités profondes (plus de 18 m parfois), en entonnoir, remplies d'une eau bleue fraîche et limpide, et baptisées de noms élégiaques (Miroir des Fées, Fontaines sereines, Sources vives, Fontaine de la Main rouge), qui sont les sources d'un des petits affluents de la Gironde, appelé l'Étier de Beaulon.

MOUILLERON-EN-PAREDS

1 184 habitants

Cartes Michelin n° 67 plis 15, 16 ou 232 pli 42 – 9 km à l'Ouest de la Châtaigneraie

Mouilleron, typique village du bocage vendéen, a donné le jour à deux figures exceptionnelles de l'histoire de France, **Georges Clemenceau** et **Jean-Marie de Lattre de Tassigny**. C'est aussi la patrie de l'astronome **Charles-Louis Largeteau** (1791-1857).

Jean-Marie de Lattre de Tassigny – 1889-1952. La vie de Jean de Lattre coïncide avec l'histoire de la première moitié du 20ᵉ s. Originaire d'une famille de notables vendéens, il est admis à St-Cyr. Officier de dragons puis d'infanterie durant la Grande Guerre, il part en 1920 pour le Maroc où il s'illustre au cours de la guerre du Rif. Brillant officier, il est promu colonel, puis général en 1939. Arrêté en 1942, il s'évade un an plus tard, rejoint Londres et de là gagne Alger. Il débarque en Provence en 1944, et à la tête de la Iʳᵉ armée libère l'Alsace, franchit le Rhin et atteint le Danube. Le 8 mai 1945, il signe au rang des Alliés l'acte de capitulation de l'Allemagne. Nommé haut-commissaire en Indochine, en 1950, il meurt à Paris en janvier 1952. Quatre jours plus tard il est élevé à la dignité de maréchal de France.

MUSÉES NATIONAUX ⊙

Non loin de l'**église** au clocher du 12ᵉ s. (dont le carillon de 13 cloches retentit toutes les heures), la mairie abrite le **musée des Deux Victoires** qui met en parallèle le destin et la carrière de deux hommes d'exception, Clemenceau et de Lattre, pris dans la tourmente des deux guerres mondiales. Parmi les objets, les documents et les trophées présentés, remarquer une canne au pommeau sculpté d'un tigre, offerte à Clemenceau par ses Poilus, ainsi que la tête de l'aigle qui trônait sur le fronton du Reichstag, que le maréchal soviétique Joukov remit à de Lattre en 1945.

Dans le village, deux plaques signalent la maison natale du Tigre et celle du roi Jean devenue **musée Jean-de-Lattre-de-Tassigny.** L'intérêt de ce musée réside dans la reconstitution du cadre de vie des de Lattre, caractéristique de celui d'une génération de notables vendéens. Cette maison a conservé son mobilier d'origine et renferme un ensemble de vitrines évoquant la vie familiale et la carrière du maréchal.

En sortant de la maison, prendre en face pour atteindre le cimetière où est enterré de Lattre au côté de son fils, tué en Indochine.

Enfin, pour compléter cette évocation, deux sites ont été consacrés à sa mémoire : le mémorial (au lieu dit La Boinière) et l'oratoire qui est aménagé dans un ancien moulin à vent situé sur la **colline des Moulins** *(2 km à l'Est).* De là, belle vue sur le bocage.

NIEUL-SUR-L'AUTISE

943 habitants

Cartes Michelin n° 71 pli 1 ou 233 pli 5 – 12 km au Sud-Est de Fontenay-le-Comte
Schéma p. 139

Le village s'est développé autour d'une abbaye fondée en 1068 par le seigneur de Vouvant.

CURIOSITÉS

Abbaye – Au 12ᵉ s., on impose aux chanoines réguliers la règle de saint Augustin. Au siècle suivant, les chanoines entreprennent d'assainir le marais voisin. L'abbaye, sécularisée en 1715, est bientôt désaffectée.

Église – De caractère poitevin, cet édifice roman a été restauré au 19ᵉ s. Sa façade présente un riche décor sculpté de masques d'animaux fantastiques et de motifs géométriques, rehaussés de palmettes et d'entrelacs au-dessus du portail central et des arcades latérales. Le vaisseau central, d'une majestueuse ampleur, est voûté d'un berceau que renforcent de puissants doubleaux.

Nieul-sur-l'Autise – Cloître de l'abbaye

★Cloître ⊙ – Intact, il permet de prendre conscience de ce que peut être la « paix monacale ». Dessinant un carré parfait, ses quatre galeries romanes, aux lignes sobres et robustes, sont voûtées d'arêtes ; elles forment un promenoir où chaque arcade livre une perspective différente, sur le puits, sur l'abbatiale, sur les toits de tuiles en faible pente recouvrant le dortoir des moines.

Autour du cloître s'ordonnent la spacieuse salle capitulaire, revoûtée au 17e s. et contenant une pierre tombale de 1319, la chapelle des Chabot, le lavabo précédant l'entrée du réfectoire, les celliers.

Maison de la Meunerie ⊙ – Restauré, un ancien **moulin à eau** a été aménagé en musée. Mû depuis les années 20 par un moteur Diesel, il avait cessé de fonctionner en 1970. Lors de la visite *(commentaire enregistré)*, on découvre la roue à aubes et le mécanisme permettant la mouture du blé, ainsi que les pièces où vivaient le meunier et sa famille. Près de l'accueil, voir la reconstitution d'une saboterie.

Camp néolithique de Champ-Durand ⊙ – *Accès par la rue de Champ-Durand : 2 km.* Le camp a été découvert en 1971. On y voit trois murs concentriques en pierre calcaire, bordés de fossés plus tardifs, qui remonteraient au 3e millénaire avant J.-C. Ce serait les vestiges d'un lieu de rencontre de populations du néolithique qui habitaient dans les environs.

NIORT★

57 012 habitants
Cartes Michelin n° 71 pli 2 ou 233 plis 5, 6

Aux bords des eaux vertes de la Sèvre Niortaise, Niort, abondamment fleuri durant la belle saison, dégage une impression de prospérité et de quiétude bourgeoises qui n'est pas sans charme.

La ville est le point de départ d'excursions dans le Marais poitevin *(voir ce nom)*.

DE LA CHAMOISERIE AUX MUTUELLES

Niort naquit à l'époque romaine d'un gué sur la Sèvre (Novum Ritum : nouveau gué).

Le site urbain – Niort occupe le penchant de deux collines se faisant face. Sur l'une sont érigés le donjon et l'église Notre-Dame, sur l'autre l'ancien hôtel de ville et le quartier St-André. Cœur de la ville, la rue Victor-Hugo remplace, au creux du vallon, le marché médiéval dont elle a respecté le tracé. À l'Est, elle se termine par la place de la Brèche, vaste quadrilatère bordé d'arbres, où convergent les principales routes d'accès au centre-ville. De vieilles rues tortueuses, bordées de maisons basses à toit de tuiles rondes, escaladent les pentes. Nombre d'entre elles ont conservé leurs noms d'autrefois : rue de l'Huilerie, de la Regratterie, du Tourniquet, du Rabot ; quant à la rue du Pont et à la rue St-Jean, c'étaient des voies commerçantes où se pressaient les étals.

Activités locales – Au contraire de la Plaine, du Bocage et du Marais poitevin, Niort, nœud de voies de communication, joua de tout temps un rôle commercial.

Dès le Moyen Âge, leur ville ayant été reconnue « franche commune » par Aliénor d'Aquitaine, les Niortais tiraient orgueil et profit de leurs foires et marchés, pourvus de halles qui comptaient parmi les plus belles du royaume. Creusé par ordre de Jean de Berry, comte du Poitou, le port, très actif, expédiait sel et poisson, blé et laine, jusqu'en Flandre et en Espagne, tandis qu'il recevait les pelleteries de l'Europe du Nord, puis du Canada. Déjà au 14e s. les artisans se livraient au travail de la draperie, de la mégisserie, de la **chamoiserie**, cette dernière technique consistant à tanner des peaux de moutons à l'huile de poisson ou de baleine pour, après ponçage et blanchiment sur pré, en faire des gants, lavables et doux au toucher. À la veille de la Révolution il y avait une trentaine de moulins à fouler et plus de 30 régiments de cavalerie se fournissaient à Niort en culottes de peau.

De nos jours, Niort conserve une modeste place dans la chamoiserie et la ganterie, mais d'autres industries se sont développées : chimie, équipement agro-industriel, machines-outils, matériel électrique, textile. L'assurance (la ville est le siège des plus grandes mutuelles nationales), la vente par correspondance et l'informatique de pointe (domotique) complètent son éventail économique. Le commerce est à l'honneur chaque année au mois de mai, lors d'une importante foire-exposition.

Qui ne connaît enfin la suave **angélique**, plante aromatique dont les tiges sont confites, cuites (confiture) ou distillées (liqueur d'angélique), et le **tourteau fromagé**, délicieux gâteau au fromage de chèvre. L'anguille et le petit-gris, provenant du Marais voisin, figurent aussi parmi les spécialités niortaises.

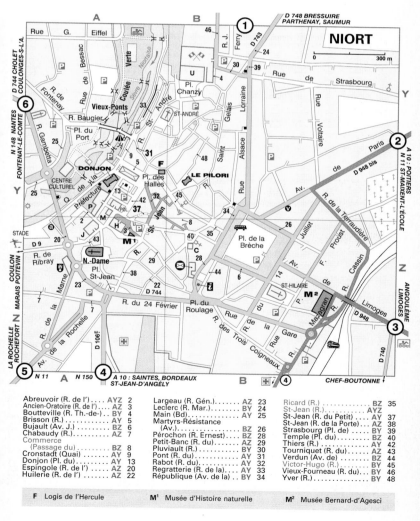

F	Logis de l'Hercule	**M¹**	Musée d'Histoire naturelle	**M²**	Musée Bernard-d'Agesci

Madame de Maintenon – Petite-fille du poète Agrippa d'Aubigné *(voir Maillezais)*, *Françoise d'Aubigné* naît à Niort en 1635 dans une maison de la rue du Pont, à l'ombre du château où son père était enfermé pour dettes impayées. La jeune d'Aubigné, « Bignette » pour les intimes, est ensuite envoyée chez une tante au château de Mursay sur la Sèvre, à quelques lieues de Niort, où elle passe le plus clair de son temps à garder des dindons. Le séjour à Mursay est cependant la période la plus heureuse de son enfance errante. Après avoir partagé quelque temps la vie assez misérable de sa mère et de ses frères aux Antilles et à La Rochelle, la jeune Françoise est confiée à diverses familles saintongeaises. Son caractère orgueilleux et passionné lui vaut d'être placée au couvent des ursulines de Niort, alors qu'elle atteint 14 ans. Elle n'en sort que pour gagner un autre couvent, à Paris cette fois, avant d'épouser le poète Scarron. Devenue veuve, elle entre à la cour où elle sait se faire apprécier de Louis XIV qui la fait marquise de Maintenon. À la mort du Roi-Soleil (1715), épousé secrètement en 1683, Madame de Maintenon se retire dans l'institution qu'elle avait fondée à Saint-Cyr en 1685, pour l'éducation des jeunes filles nobles sans fortune. Elle y finira ses jours en 1719.

CURIOSITÉS

★**Donjon** (AY) – C'était l'élément majeur d'un château fort entrepris par Henri II Plantagenêt et terminé par Richard Cœur de Lion. Il était défendu par une enceinte de 700 m de tour dessinant un quadrilatère que délimitent aujourd'hui les rues Brisson, Thiers, de l'Abreuvoir et de la Sèvre. L'ensemble formait une petite « cité » qui englobait des habitations, des jardins et une place d'armes où s'élevait la collégiale St-Gaudens, ruinée au cours des guerres de Religion. Sous les Bourbons, le donjon servit de prison d'État.

Son étrange silhouette domine la Sèvre. Le plan est peu commun ; deux tours massives carrées, que relie un bâtiment du 15e s. substitué aux courtines primitives, sont flanquées de tourelles engagées servant de contreforts.

L'intérieur abrite un **musée** ⊙. Au niveau de l'entrée, la **salle de la chamoiserie et de la ganterie**★ *(aménagée pour les non-voyants)* est consacrée à ces activités traditionnelles de la ville. Dans les salles basses, voûtées (18e s.), est disposée la **collection archéologique :** outillage de pierre, collier d'or de St-Laurs (début de l'âge du bronze), céramiques et objets provenant des fouilles des tumulus de Bougon, roue de char de Coulon (8e s. avant J.-C.), stèle d'Usseau (fin de l'époque gauloise), sarcophages mérovingiens, monnaies carolingiennes de Melle, manche de couteau en ivoire représentant un berger jouant de la cornemuse (14e s.).

À l'étage, la section ethnologique présente un intérieur poitevin (vers 1830), des costumes, des instruments domestiques.

Monter sur la plate-forme supérieure pour avoir une vue sur la ville et sur la Sèvre.

Niort – Le donjon

Logis de l'Hercule ⊙ (**AY F**) – Dans cette auberge, jadis à l'enseigne d'Hercule, se déclara le 6 mai 1603, au début de la grande foire royale, le premier cas de l'épidémie de peste qui, durant sept mois, décima la population. Le rez-de-chaussée abrite les salles voûtées du 16ᵉ s., réaménagées dans le style du bas Moyen Âge, où sont présentés les objets trouvés dans des fouilles (monnaies, céramiques) et des tableaux, qui, commentés, font revivre le passé de la cité.

Dans l'une des salles, un petit **musée** consacré à l'angélique rappelle que cette plante, introduite à Niort au 17ᵉ s. par des religieuses, fut longtemps considérée par la pharmacopée comme le seul remède efficace contre la peste.

★ **Le Pilori** (**BY**) – Ce curieux édifice est en fait l'ancien hôtel de ville, construit à l'emplacement du pilori médiéval. Bâti sur un plan presque triangulaire, il fut remanié au 16ᵉ s. par l'architecte Mathurin Bertomé, qui le flanqua de tours

SAUT DE CHAMOIS À NIORT

Se déplacer

Parking – Payant, place de la Brèche, quai Cronstadt et de l'autre côté de la Sèvre.

Bus – 6 lignes TAN (Transports Agglomération Niortaise) desservent Niort et sa banlieue ; renseignements et billetterie au Kiosque, place de la Brèche, en semaine (fermé entre 12 h 30 et 13 h 30) et le samedi matin. ☎ 05 49 24 50 56.

Se loger

« BUDGET »

Le Moulin (**AZ a**) – 27, rue de l'Espingole, ☎ 05 49 09 07 07. Fermé entre Noël et jour de l'An. À 300 m du donjon, cette construction récente borde la Sèvre Niortaise. 34 chambres à partir de 250 F.

« NOTRE SÉLECTION »

Grand Hôtel (**BY v**) – 32, avenue de Paris, ☎ 05 49 24 22 21. Un hôtel central, dont les chambres confortables donnent sur l'avenue, pas trop passante, ou sur l'arrière du bâtiment. 38 chambres à partir de 420 F.

Se restaurer

« BUDGET »

Restaurant du Donjon – 7, rue Brisson, ☎ 05 49 24 01 32. Pratique pour déjeuner en sortant des halles ou dîner après la visite du donjon, un restaurant classique et agréable. Menu maraîchin à 105 F.

« NOTRE SÉLECTION »

Relais St-Antoine – 1, avenue des Martyrs-de-la-Résistance, ☎ 05 49 24 02 76. Fermé le samedi (sauf le soir de septembre à juin), le dimanche, les vacances

Préparation de l'angélique

de février et de Toussaint. On y goûte notamment le saumon fumé au bois de peuplier des marais et le sorbet à l'angélique. Menus à partir de 130 F.

Achats

Marché – Halles de Niort. Tous les jours sauf lundi ; grand marché jeudi et samedi.

Angélique – Verte et savoureuse, l'angélique se décline en tiges confites, liqueur, coulis, crème, confiture et chocolats. **Angéli Cado**, 6ᵇⁱˢ, rue Ste-Marthe, ☎ 05 49 24 10 23. **Thonnard**, avenue de Sevreau, ☎ 05 49 73 47 42.

Spécialités régionales – Produits du terroir : cognac et pineau, sel de mer, tourteau fromagé, confiseries et chocolats, foie gras, objets en faïence ou en bois, etc. **Marché des saveurs Poitou-Charentes**, aire des Ruralies, A 10.

semi-circulaires, le couronna de merlons sur mâchicoulis et le perça de fenêtres à meneaux. La partie supérieure du beffroi date du 17ᵉ s. et le clocheton du 19ᵉ.

Le Pilori abrite des expositions temporaires.

Coulée verte ⊙ – Constituée par les quais de la Regratterie, Cronstadt et de la Préfecture qui ont été rénovés, elle permet une agréable promenade au bord de la Sèvre Niortaise. Des **vieux ponts**, on a une belle vue sur le donjon.

Église Notre-Dame (**AZ**) – L'élégance de son clocher (15ᵉ s.) est due à l'allégement de la tour carrée par l'adjonction aux contreforts de pinacles dentelés et creusés de niches dont quatre abritent encore des statues. D'autre part, l'édification de lucarnes et de clochetons à la base de la flèche atténue la disproportion de volume entre celle-ci et la tour. Enfin la flèche, lancée à 76 m de haut, est renforcée d'arcs de décharge superposés qui dessinent un décor de chevrons.

La façade Nord, rue Bion, montre une belle porte de style flamboyant.

À l'intérieur – dont la disposition a été inversée au 18ᵉ s. –, on voit dans la 1ʳᵉ chapelle du bas-côté gauche les curieux mausolées, de 1684, de Charles de Baudéan-Parabère, gouverneur de Niort, de sa femme et de son fils lui aussi gouverneur de la ville, qui sont représentés sortant de leur tombeau, le jour de la Résurrection des Morts ; dans la 3ᵉ chapelle, *Saint Bernard foulant aux pieds le décret du pape Anaclet*, tableau peint par Lattainville (18ᵉ s.). Les fonts baptismaux, du début du 16ᵉ s., ont servi pour le baptême de Françoise d'Aubigné. La chaire en bois sculpté, de style gothique, ainsi que le chemin de croix datent de 1877.

Musée d'Histoire naturelle ⊙ (**AZ M¹**) – Au rez-de-chaussée est exposée une importante collection d'oiseaux naturalisés : oiseaux de la région, rapaces diurnes (faucons, busards), oiseaux de mer et d'estuaires (macareux du Cap-Ferret, goéland argenté de l'embouchure de la Vilaine, pingouin de Fromentine, etc.). La préhistoire est illustrée par une section de paléontologie et de fossiles des Deux-Sèvres. Au 1ᵉʳ étage, minéraux, insectes, reptiles, ostéologie (squelettes d'animaux).

Musée Bernard-d'Agesci ⊙ (**BZ M²**) – *28, avenue de Limoges*. Réhabilitant l'ancien lycée Jean-Macé, cet espace a pour vocation de rassembler les collections des musées de la ville. En cours d'aménagement, il accueille tout d'abord le musée des Beaux-Arts, proposant aux visiteurs quelques salles de préfiguration dont celle de Pierre-Marie Poisson, sculpteur niortais contemporain. Les nostalgiques pourront s'attarder dans l'ancienne cour de récréation bordée d'arbres.

Maisons anciennes – Elles se trouvent pour la plupart dans la rue St-Jean et les rues adjacentes. Citons au n° 30 la maison du Gouverneur, du 15ᵉ s., et au n° 3 de la rue du Petit-St-Jean (**AY 37**) l'hôtel d'Estissac, élégante demeure Renaissance. Voir aussi, rue du Pont (**AY 31**), de vieilles maisons à encorbellement et, dans une cour, au n° 5 de cette rue, la maison natale de Françoise d'Aubigné.

ENVIRONS

Les Ruralies – *9 km au Sud-Est. Accès : par l'A 10 (dans les deux sens) ou par la D 948 (une petite route quitte la D 174 au Sud de Vouillé).* Ce vaste complexe conçu principalement comme une aire de détente pour les usagers de l'autoroute groupe, outre la Chambre départementale d'agriculture, un hôtel, des restaurants et des centres de vente de produits régionaux et d'expositions.

Maison des Ruralies ⊙ – Une exposition permanente intitulée **L'Aventure humaine en Poitou-Charentes** évoque, à l'aide de photos, documents, objets, reconstitutions et maquettes, le peuplement de la région, des temps préhistoriques à nos jours. Des expositions temporaires à thèmes variés y sont également présentées.

Musée agricole ⊙ – Il montre l'évolution des techniques à travers le matériel agricole : araires et charrues, pressoirs à huile, alambics, moissonneuses, tracteurs. Dans la section consacrée à l'apiculture, on peut observer une ruche en activité. Projection de films vidéo.

★**Château de Coudray-Salbart** – *11 km au Nord par D 743. Voir p. 104.*

Châteaux de Cherveux – *15 km au Nord-Est par la D 8.* Édifié au 15ᵉ s., ce château est un intéressant exemple de forteresse féodale avec son donjon et ses tours à mâchicoulis.

★**Coulon** – *11 km à l'Ouest par la D 9. Voir p. 104.*

Sur un plan de ville, les curiosités apparaissent en orange.
Elles sont identifiées soit par leur nom propre,
soit par une lettre repère
reprise en légende dans un encadré vert.

Île de NOIRMOUTIER ★

Cartes Michelin n° 67 pli 1 ou 232 plis 25, 26, 37, 38

Au Sud de l'estuaire de la Loire, Noirmoutier n'est séparée du continent que par un goulet dont l'ensablement, préoccupant, est visible à marée basse.

Tapie sur l'horizon, elle a été dotée par la nature d'un climat doux, d'un ciel lumineux et de sites qui en font un séjour recherché.

Auguste Renoir y séjourna avec palette et pinceaux ; à un ami il écrivit : « Je viens de Noirmoutier, c'est un coin admirable, beau comme le midi mais avec une mer autrement belle que la Méditerranée. »

DUNES, SEL ET MIMOSAS

Depuis l'époque romaine, des affaissements successifs ont réduit les dimensions de Noirmoutier longue encore de 20 km, mais large à peine de 1 km à la Guérinière, là où, en 1882, les flots faillirent la couper en deux.

L'île se divise en trois secteurs. Au Sud, les dunes de Barbâtre s'allongent vers la côte vendéenne dont elles sont seulement séparées par la **fosse de Fromentine**, large de 800 m, mais parcourue de violents courants. En son centre l'île rappelle la Hollande, des polders et des marais salants, situés au-dessous du niveau de la mer et protégés par des digues, sont quadrillés de chenaux dont le principal, l'étier de l'Arceau, traverse l'île de part en part. Au Nord, enfin, des criques échancrent une côte rocheuse que revêtent chênes, pins et mimosas dont les fleurs sont expédiées par tonnes chaque année. Au sommet des dunes, plantées de pins maritimes, s'alignent quelques moulins.

Ressources – Noirmoutier garde une vocation agricole. Enrichie de goémon, la terre dispense des pommes de terre hâtives et des primeurs réputées. Des talus, des murets de pierre sèche, des haies de tamaris ou des rangées de cyprès protègent les cultures du vent marin.

Les richesses dues à l'océan ne sont cependant pas négligées. Le port de l'Herbaudière se livre à la pêche du bar et des crustacés ; celui de Noirmoutier-en-l'Île sert plutôt de havre d'hivernage. On pratique l'ostréiculture en baie de Bourgneuf.

Scintillant sous le soleil, les **marais salants** ⊙ *(se reporter à l'Introduction)* produisent annuellement plusieurs centaines de tonnes de sel. La production de sel est en effet largement tributaire de l'ensoleillement, de l'amplitude des marées et des intempéries. Des 700 ha qu'ils couvrent, 100 ha seulement sont exploités par 40 « paludiers », propriétaires groupés en un syndicat s'occupant de l'entretien des étiers et formant une coopérative de commercialisation.

Les insulaires habitent des maisons basses aux tuiles rouges et aux murs blanchis à la chaux. Depuis 1959, une canalisation sous-marine apporte l'eau potable du continent.

Le sang coule à Noirmoutier – La guerre de Vendée n'a pas épargné Noirmoutier, position stratégique importante pour les Vendéens qui espéraient recevoir de l'aide des émigrés réfugiés en Angleterre. En mars 1793, l'île est aux mains du royaliste Guerry de la Fortinière, en avril elle est reprise par le républicain Beysser. Dans la nuit du 11 au 12 octobre 1793, M. de Charette, à la tête de 2 000 paysans pataugeant dans le Gois encore sans chaussée, surgit et se jette sur la garnison républicaine qui baisse les armes. L'hiver suivant, le général Haxo revient en force et massacre les Vendéens, parmi lesquels le général d'Elbée, commandant des royalistes, et son épouse.

ACCÈS ET PROMENADES EN MER

Pont routier – Supporté par 9 piles jumelées, cet ouvrage d'art en béton précontraint, long de 700 m, traverse le goulet de Fromentine depuis 1971. En venant du continent, on découvre sur la droite la baie de Bourgneuf.

★★**Passage du Gois** – *Description du site page suivante.* Conditions pour emprunter cette route pittoresque :
– pendant le premier ou le dernier quartier de lune par beau temps (vents hauts) : d'une heure et demie environ avant la basse mer à une heure et demie environ après la basse mer ;

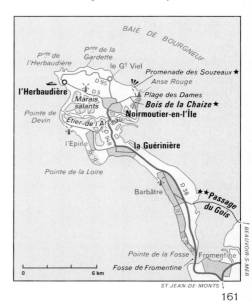

161

Île de Noirmoutier – Passage du Gois

– pendant la pleine lune ou la nouvelle lune par temps normal : deux heures avant la basse mer à deux heures après la basse mer ;
– en toutes périodes par mauvais temps (vents bas), ne pas s'écarter de l'heure de la basse mer.

Promenades en mer – De l'Herbaudière à l'île du Pilier et en direction de l'île d'Yeu (estacade de la Fosse à Barbâtre).

NOIRMOUTIER-EN-L'ÎLE

Blanche capitale de l'île, Noirmoutier est bâtie en longueur, parallèlement à un port-canal d'où la mer se retire à marée basse. Sa Grande-Rue s'étire sur 1 km pour aboutir à la place d'Armes qui ouvre sur le port.

Place d'Armes – Sur cette esplanade fut fusillé le **général d'Elbée**. Non remis de ses blessures contractées à la bataille de Cholet *(se reporter au guide Vert Michelin Châteaux de la Loire)*, le général, incapable de se mouvoir, fut transporté dans un fauteuil (visible au château) jusqu'à la place d'Armes, lieu de son exécution.
Un peu en retrait, sur une légère éminence, le château voisine avec l'église. On remarque deux édifices du 18ᵉ s. : à droite, si l'on fait face au château, l'hôtel Lebreton des Grapillières (aujourd'hui hôtel du Général d'Elbée), à gauche, l'hôtel Jacobsen dont le nom rappelle une famille néerlandaise qui travailla à l'assainissement de Noirmoutier.

Château – Son enceinte du 15ᵉ s., austère et nue, forme un rectangle interrompu seulement par deux tours d'angle et des échauguettes. Un chemin de ronde court sur son pourtour d'où se découvrent des perspectives pittoresques sur la ville, les marais salants, l'océan. L'enceinte enferme le logis du Gouverneur et un donjon carré du 11ᵉ s. où est installé un **musée**.

Rez-de-chaussée – Histoire locale : archéologie et guerre de Vendée. L'exécution du général d'Elbée y est évoquée (on peut voir le fauteuil où il fut fusillé). Un tableau de Julien Le Blant (19ᵉ s.) illustre la scène.

Premier étage – Présentation de divers objets ayant trait à la marine : figures de proue, maquettes de bateaux, croix de coquillages du début du 19ᵉ s., hache et sabre d'abordage, etc.

Deuxième et troisième étages – Consacrés aux beaux-arts, ils abritent les œuvres de peintres (A. Baudry, F. Palvadeau, O. de Rochebrune) séduits par la beauté de l'île, ainsi que des expositions contemporaines (en saison).

Logis du gouverneur – À l'étage, on peut admirer une très belle collection de **faïences anglaises★** (18ᵉ-19ᵉ s.) fabriquées dans le Staffordshire, certaines dites de Jersey car c'est dans cette île qu'on les entreposait. La variété des formes, des motifs décoratifs, des couleurs lui donne un éclat particulier.
De la tourelle de la Vigie, **panorama** sur Noirmoutier et le littoral ; le regard porte au Nord jusqu'à La Baule, au Sud jusqu'à l'île d'Yeu.

Église St-Philbert – C'est l'ancienne abbatiale bénédictine de styles roman (chœur) et gothique (nef). Sous le chœur, de part et d'autre duquel on remarque deux somptueux autels baroques, une belle **crypte** du 11ᵉ s. occupe l'emplacement de la chapelle mérovingienne primitive ; elle abrite le cénotaphe de saint Philbert, tombeau vide érigé au 11ᵉ s., le sarcophage d'origine ayant été transporté à St-Philbert-de-Grand-Lieu *(voir ce nom)*, lors des invasions normandes.

Aquarium-Sealand ⊙ – Dans un cadre figurant des cavernes sous-marines et des carcasses de bateaux enfouis, des spécimens de la faune locale ainsi que quelques poissons tropicaux sont présentés. Un vaste bassin accueille des otaries. Devant chaque bassin quelques lignes explicatives permettent de faire connaissance avec chaque espèce.

Musée de la Construction navale ⊙ – Installé dans une ancienne salorge (grenier à sel), utilisée comme chantier naval artisanal, ce musée expose les techniques traditionnelles en matière de construction navale : sciage, demi-coques, plans, gabarits, gréements, voiles... L'ensemble restitue l'atmosphère de cet ancien atelier.

AUTRES CURIOSITÉS

★**Bois de la Chaize** – *2 km au Nord-Est par la D 948 (suivre la signalisation Plage des Dames)*. Ce bois en bordure de l'océan paraît un coin de Côte d'Azur égaré sur les rivages de l'Atlantique. Des futaies de pins maritimes, de chênes verts, des fourrés de mimosas embaumant en février, lors de la floraison, lui font sa renommée.

La **plage des Dames** tiendrait son nom des druidesses qui opéraient en ces lieux. Bien abritée, toute de sable fin, elle dessine une courbe harmonieuse. Là débute la charmante **promenade des Souzeaux**★ *(3/4 h à pied AR)*, le long de criques boisées.

Noirmoutier – Le bois de la Chaize

S'engager à gauche sous les chênes verts dans le sentier qui part à gauche de l'estacade. Prendre ensuite le premier chemin à gauche, en montée. Après le phare des Dames, les pins se mêlent aux chênes. La falaise rocheuse domine une mer ponctuée de récifs ; vues sur la côte de Jade et Pornic. On rencontre la délicieuse anse Rouge que surveille la tour Plantier avant d'arriver à la plage des Souzeaux.

L'Herbaudière – *5 km au Nord-Est par la D 5*. Le va-et-vient des bateaux colorés anime ce petit port de pêche dont les produits (poissons, langoustes, homards) sont vendus chaque jour à la criée ; les fanions multicolores qui servent à repérer en mer les casiers à crustacés donnent aux caseyeurs des airs de fête. Des bateaux de plaisance dressent leurs mâts dans le bassin voisin. De la jetée qui sépare le port de pêche du port de plaisance, vue sur le phare et l'île du Pilier qu'une chaussée reliait jadis à Noirmoutier.

La Guérinière – *4 km au Sud par la D 948*. La côte Nord de ce village abrite le port du Bonhomme (cabanes ostréicoles) ; la côte Sud baigne des plages de sable fin que dominent le bois des Éloux et des moulins en enfilade.

Musée des Arts et Traditions populaires ⊙ – Il présente une synthèse des activités traditionnelles de Noirmoutier à la fin du 19ᵉ et au début du 20ᵉ s. : agriculture, pêche, marais salants, artisanat. Il abrite également des reconstitutions d'intérieurs noirmoutrins, des collections de costumes et de coiffes, des œuvres d'art populaire (marines réalisées par des cap-horniers sur des morceaux de voile).

EN PASSANT PAR NOIRMOUTIER

Se déplacer

Location de vélos – Le meilleur moyen pour découvrir les petits chemins de l'île et éviter les bouchons estivaux (pistes cyclables). Au Nord de l'île : Charier cycles, 23, avenue Pineau, Noirmoutier-en-l'Île, ☎ 02 51 39 01 25. Au Sud de l'île : Maurice Gaborit, 2, rue de la Poste, Barbâtre, ☎ 02 51 39 63 48.

Se loger

« BUDGET »

Château de Pélavé – 9, allée de Chaillot, Noirmoutier-en-l'Île, ☎ 02 51 39 01 94. Fermé de novembre à mi-décembre. Au cœur du Bois de la Chaize, ledit château est en fait une monumentale résidence balnéaire (caractéristique de cette partie de l'île) transformée en hôtel. 20 chambres à partir de 280 F, parc et parking ombragés.

« NOTRE SÉLECTION »

Général d'Elbée – Place du Château, Noirmoutier-en-l'Île, ☎ 02 51 39 10 29. Fermé d'octobre à mars. Cet hôtel du 18ᵉ s. donne sur la place où fut fusillé le célèbre chef vendéen. L'intérieur, sobrement aménagé, dégage l'atmosphère particulière des demeures chargées d'histoire. 30 chambres à partir de 495 F, piscine.

« OPTION PRESTIGE »

Punta Lara – Route de la Noure, La Guérinière, ☎ 02 51 39 11 58. Fermé de mi-octobre à mars. À l'écart des grands axes, cet hôtel bénéficie d'un site privilégié (pinède en bordure de mer). Les 60 chambres (rez-de-chaussée ou premier étage) donnent toutes sur la mer (accès direct) ; à partir de 750 F (haute saison). Agréable piscine.

Se restaurer

« BUDGET »

Le Bistrot des îles – Pointe de la Fosse, Barbâtre, ☎ 02 51 39 68 95. Fermé le mardi soir (sauf saison) et de novembre à mars. Près de l'embarcadère en partance pour l'île d'Yeu, ce restaurant semble tout droit sorti d'une île antillaise. Face à la mer, on découvre la baie de Bourgneuf et le Gois.

La Marine – 5, rue Marie-Lemonnier, L'Herbaudière, ☎ 02 51 39 23 09. Fermé le mercredi. Dominant le port de pêche, il présente une carte variée, à base de produits de la mer. La salle principale (décor marin) ouvre sur un agréable jardin.

Tantine Berthe – 1, rue du Père-Crépier, Le Vieil, ☎ 02 51 35 83 96. Fermé d'octobre à mars. Dans un village typique du Nord de l'île, une maison de pays aux volets verts abrite un petit restaurant fort sympathique. Poissons, coquillages et crustacés à partir de 90 F.

« NOTRE SÉLECTION »

Les Douves – 11, rue des Douves, Noirmoutier-en-l'Île, ☎ 02 51 39 02 72. Fermé en janvier. La salle aménagée façon 18ᵉ s. est agrémentée de trois jolies baies donnant sur le château. Produits du terroir, menu découverte à 165 F.

Le Grand Four – 1, rue de la Cure, Noirmoutier-en-l'Île, ☎ 02 51 39 61 97. Fermé le dimanche soir, le lundi (d'octobre à mars), de mi-novembre à mi-décembre et en janvier. Derrière la partie haute du château, une façade couverte de lierre cache une salle agréable. Menu saveur iodée à 135 F.

Se baigner

Les plages – Près de 40 km de plages de sable fin occupent le littoral de l'île. Sur la partie Ouest s'étendent de vastes plages, de la pointe de la Fosse (au Sud de Barbâtre) à l'Herbaudière, avec quelques sites particulièrement agréables : plage des Sables d'Or (La Guérinière), plage des Éloux (L'Épine), plage de Luzéronde (L'Herbaudière). Au Nord, les plages du Vieil contrastent avec celles du Nord-Est, où se succèdent de charmantes petites criques, et les belles plages « chics » du Bois de la Chaize.

Océanile – Route de Noirmoutier, L'Épine, ☎ 02 51 35 91 35. En bordure des marais salants, ce parc aquatique propose de nombreuses attractions (cascades, vagues, torrent, toboggans, etc.) dans une eau à 28°. La partie couverte est ouverte de mi-février à mi-novembre ; l'extérieur ne fonctionne qu'en saison.

Spécialités

Douceurs – Pavés du Gois (caramel et noisette), pommes de terre de Noirmoutier (pâte d'amande), haricots du Pays (bonbons à la nougatine) et galettes St-Philbert sont les principales spécialités réalisées par P. Giraudet, rue piétonne, Noirmoutier-en-l'Île, ☎ 02 51 39 07 83. Salon de thé (jardin) et petit déjeuner.

Pommes de terre – Coopérative agricole de Noirmoutier, le Petit Chessé, Noirmoutier-en-l'Île, ☎ 02 51 35 76 76. Plusieurs variétés, dont la célèbre bonotte (en mai) sont disponibles au détail ou en bourriche de 5 kg.

Sel – Maison du Sel, Aquasel, rue des Marouettes, Noirmoutier-en-l'Île, ☎ 02 51 39 08 30. Comme les paludiers de l'île, cette maison vend le classique gros sel, mais aussi la fleur de sel et le sel aromatisé (thym, etc.).

★★**Le Gois** – *12 km au Sud-Est par la D 948 (rond-point au niveau de Barbâtre).* Ce passage supporte une chaussée submersible de 4,5 km, qui fut la seule voie d'accès carrossable de la fin du 19ᵉ s. à 1971, date de la mise en service du pont. Des hauts-fonds ont formé le Gois dont le nom viendrait du terme local « goiser » (patauger). Des balises-refuges jalonnent le parcours, permettant ainsi aux gens surpris par la marée montante de se hisser et d'attendre... la marée descendante. Là on peut voir s'affairer pêcheurs, ostréiculteurs et boucholeurs.

Abbaye de NOUAILLÉ-MAUPERTUIS ★

Cartes Michelin n° 68 pli 14 ou 233 pli 8 – 11 km au Sud-Est de Poitiers
Schéma p. 189

Dans un vallon boisé se dissimule l'ancienne abbaye bénédictine de Nouaillé.

La bataille de Poitiers (1356) – Sur la rive Nord du Miosson, à l'Ouest de la petite route des Bordes, se déroula une des plus sanglantes batailles de la guerre de Cent Ans, la bataille dite « de Poitiers » au cours de laquelle **Jean le Bon** fut défait et capturé par le **Prince Noir**, fils du roi d'Angleterre Édouard III, ainsi nommé à cause de la couleur de son armure.
Jean le Bon, entouré de quelques compagnons, s'était avancé sur un mamelon, le « Champ Alexandre », où l'armée anglo-gasconne l'assaillit. Revêtu de son armure semée de fleurs de lys d'or, le roi résista longtemps avec l'aide de son plus jeune fils, Philippe, encore un enfant, qui l'avertissait du danger :
« Père, gardez-vous à droite... père, gardez-vous à gauche... »
Enfin, épuisé, blessé au visage, Jean le Bon se rendit au Prince Noir.

VISITE

De la D 12 en venant de Poitiers, on découvre une jolie vue plongeante sur l'abbaye dont les courtines et tours ont été dégagées et rénovées.
L'enceinte qui la protège comprend des tours en partie arasées, et des douves qu'alimentent les dérivations du Miosson. Au-delà d'un charmant ponceau, franchir la porte Nord voûtée et pénétrer dans la cour d'abbaye. Contigu à l'entrée, le logis abbatial (15ᵉ s.) est desservi par une jolie tourelle d'escalier.

Église – Se placer sur le côté gauche pour en avoir une vue d'ensemble. À droite, le clocher-porche du 12ᵉ s. présente une grande baie percée au 15ᵉ s. Au centre le mur latéral attire l'attention par une élévation très curieuse : deux étages d'arcatures remontant au 11ᵉ s. sont surmontés de baies et d'arcs eux aussi romans, mais de la fin du 12ᵉ s. Les parties hautes du transept et le chœur ont été refaits au 17ᵉ s., l'abside semi-circulaire fut alors remplacée par un chevet plat.
L'importante coupole sur trompes, renforcée de nervures, forme la première travée de la nef. Celle-ci, voûtée en berceau au 12ᵉ s., est encadrée de collatéraux très étroits. Près de la porte latérale gauche a été réemployée une colonne romaine en marbre gris-bleu.
Un bel ensemble de boiseries du 17ᵉ s. fait comme un îlot au centre de l'abbatiale : ce sont un jubé, les stalles, un aigle-lutrin.
Au fond du chœur, derrière le maître-autel du 17ᵉ s., dans un enfeu décoré de peintures murales, est déposé le **tombeau**★, du 9ᵉ s., dit « châsse de saint Junien », énorme masse de pierre sculptée et peinte. De chaque côté du chœur (restauré au 17ᵉ s.), deux escaliers descendent à la crypte *(on ne visite pas)* où étaient vénérées les reliques du saint. Dans le bras droit du transept, un autre escalier donne accès à une nécropole.

Bâtiments conventuels – Il en subsiste, à droite de l'église, une aile couronnée d'une curieuse cheminée romane – pour certains, ancienne lanterne des morts – et, plus loin, un bâtiment du 17ᵉ s., regardant le Miosson.

OIRON ★

1 009 habitants

Cartes Michelin n° 68 pli 2 ou 232 pli 45 – Schéma p. 274

Le modeste village d'Oiron possède deux monuments trop peu connus : le château des Gouffier et une charmante collégiale Renaissance.

Les Gouffier – Artus Gouffier, chambellan de François Ier, accompagna son souverain en Italie. Conquis par l'art italien, il entreprit au début du 16e s. la construction de la collégiale et de la galerie basse du château. L'aîné de ses enfants, Claude, termina le château et la collégiale, y accumulant les œuvres d'art. Grand écuyer de France et très fortuné, « Monsieur le Grand » avait le titre de comte de Caravas : la légende en fit le marquis de Carabas. En 1705 Mme de Montespan fit l'acquisition du château où elle séjourna fréquemment jusqu'à sa mort en 1707.

CURIOSITÉS

★**Château** ⊙ – Le château d'Oiron intrigue autant qu'il séduit. Sans cesse remanié, mais dans un style curieusement toujours en retard sur son époque, il résume deux siècles d'histoire de l'architecture française.

Précédé de deux petits pavillons du 17e s., ce château comprend un corps de logis central du 17e au toit à la française, flanqué de deux pavillons carrés couronnés d'une balustrade, une aile du 16e s. à étage et une aile du 17e s. à terrasse encadrant la cour d'honneur.

Visite – En réalisation d'un projet visant à associer **art contemporain** et patrimoine, le château s'est enrichi d'une collection d'œuvres qui lui ont été spécialement destinées. Leurs récents créateurs se sont inspiré de l'idée des cabinets de curiosité du 16e s., et du principe des cinq sens et des quatre éléments.

À gauche, l'aile à étage fut commencée par Artus Gouffier en 1515 et achevée par son fils Claude. D'esprit gothique, la charmante **galerie à arcades** en anse de panier est surmontée de médaillons de marbre sculptés de profils d'empereurs romains. Sur la paroi de la galerie, le grand écuyer avait fait peindre les meilleurs chevaux d'Henri II. Georg Ettl, en 1992, y a dessiné sur les vestiges de l'enduit ocre des panneaux des profils de chevaux.

Par un bel escalier à noyau central dont la moulure en spirale sert de rampe, on accède à l'étage formant une majestueuse **galerie**★★. Ici, 14 peintures, aux couleurs fanées mais au dessin et à la composition remarquables, animent les murs de thèmes tirés de l'histoire de Troie et de *L'Énéide*. Louis Gouffier fit exécuter le plafond Louis XIII, composé de 1 670 panneaux-caissons peints de sujets variés : mammifères, oiseaux, armes composent une véritable encyclopédie aérienne. De là, on gagne le pavillon des Trophées et l'ancienne chapelle (**1**) de Claude Gouffier.

Le pavillon central, dû à Louis Gouffier et terminé par La Feuillade, a conservé des constructions du 16e s. L'admirable escalier Renaissance, à noyau central évidé et volée droite, s'inspire de celui d'Azay-le-Rideau. La **salle du Roi,** ou salle d'armes, possède un sompteux plafond aux poutres peintes de personnages mythologiques et de grotesques, sur lequel veillent les douze *Corps en morceaux* de Daniel Spoerri (1993), assemblages de membres articulés et d'objets hétéroclites.

Le pavillon du Roi renferme deux salles dont l'exubérance décorative est caractéristique du style Louis XIII. La chambre du Roi est couverte d'un extra-ordinaire plafond surchargé de lourds motifs dorés encadrant des caissons peints. Le cabinet des Muses (**2**) doit son nom aux Muses qui décorent ses lambris.

On découvre aussi au cours de la visite des animaux imaginaires dans le cabinet des Monstres, œuvre de Thomas Grünfeld (1992), dans la salle à manger la collection d'assiettes peintes aux profils des 150 habitants du village par Raoul

CHÂTEAU D'OIRON (1er ÉTAGE)

0   20 m

▨ XVIe s.   ▨ XVIIe s.

PAVILLON DES TROPHÉES   PAVILLON DU ROI

Escalier Renaissance

Salon Arlequin

Chambre du Roi   **2**

Salle du Roi

1

Terrasse

GALERIE ★★

Cour d'honneur

Terrasse

N

3

4

Tour de l'Épée

Tour de Mme de Montespan

Château d'Orion – Le cabinet des Muses

Marek, ou les très originaux **Étuis d'or** par Hubert Duprat, perles et pierres précieuses (de 2,5 cm de longueur !), assemblées par des trichoptères élevés en aquarium (1993).

Dans la **Tour de Madame de Montespan** (aile Sud), la Salle des ouvrières de la Reine (**3**) offre les senteurs d'un grand mur de cire d'abeille construit par Wolfgang Laib et, dans la salle cylindrique, la lévitation (**4**) *Decentre Acentre*, de Tom Shannon, compose une allégorie de la terre et du cosmos (1992).

★**Collégiale** – La façade Renaissance comporte en élévation des portes jumelées et un grand arc surmonté d'un fronton aux armes des Gouffier.

Dans le transept, on admire les tombeaux des Gouffier, œuvres de l'atelier des Juste, sculpteurs toscans établis à Tours. Les deux plus grands ont été exécutés vers 1537 ; les deux petits datent de 1559 et sortent de l'atelier de Jean II Juste.

Dans le croisillon gauche, le tombeau de Philippine de Montmorency, deuxième épouse de Guillaume Gouffier, morte en 1516, la représente gisante, en habit de veuve ; non loin a été érigé le mausolée de son fils, l'amiral de Bonnivet, tué à Pavie en 1525.

Dans le croisillon droit sont placés le tombeau d'Artus Gouffier, frère de l'amiral, revêtu de son armure, et celui de son fils Claude. Une peinture du 16e s. d'après Raphaël représente saint Jean-Baptiste.

De chaque côté du chœur, les chapelles seigneuriales offrent un ravissant décor Renaissance. On peut voir dans la chapelle Nord une toile du 18e s., *La Sainte Famille*, et dans la chapelle Sud un portrait de saint Jérôme, du 16e s., ainsi que des clefs de voûte très ouvragées. On remarquera les pittoresques statues d'apôtres (16e s.) au retable du maître-autel, une belle Résurrection, peinture de l'école maniériste flamande (16e s.), sur la paroi droite du chœur, et le portrait de Claude Gouffier sur la paroi Nord.

Les guides Rouges, les guides Verts et les cartes Michelin composent un tout.

Ils vont bien ensemble, ne les séparez pas.

Île d'OLÉRON ★

Cartes Michelin n° 71 plis 13, 14 ou 233 plis 13, 14

L'île d'Oléron accueille en été les familles venues chercher la mer, la pinède odorante, un air salubre et le soleil.

LES RÔLES D'ALIÉNOR

Prolongement de la Saintonge, Oléron est la plus vaste des îles françaises (si l'on excepte la Corse), avec 30 km de long sur 6 km de large. Le Pertuis (passage) d'Antioche et celui de Maumusson, parcouru de dangereux courants, la séparent des côtes charentaises.

Basse sur l'horizon, l'île est composée de terrains calcaires et de sables formant de longs chapelets de dunes boisées au Nord (dune des Saumonards) et à l'Ouest (Côte Sauvage). Les blanches maisons s'entourent de mimosas, lauriers-roses, tamaris, figuiers et agaves ; de-ci de-là apparaissent d'anciens moulins à vent.

Les ressources – À l'Est, le littoral et les terres basses entre St-Trojan et Boyardville sont entièrement dévolus à l'ostréiculture, richesse essentielle de l'île avec les primeurs et la vigne. Celle-ci, localisée surtout autour de St-Pierre et de St-Georges, dispense un vin blanc ou rosé de saveur iodée agréable.

Les marais salants, nombreux jadis près d'Ors, St-Pierre ou la Brée, ont été transformés en « claires » *(se reporter à l'Introduction)*.

L'aquaculture s'est développée dans l'île, plusieurs fermes marines produisant palourdes, truites et anguilles.

Le principal port de pêche de l'île est celui de La Cotinière. À la pointe de Chassiron, un aspect original de pêche littorale survit dans les **écluses à poissons**, enceintes de murs comportant à leur extrémité des orifices grillagés par où l'eau s'écoule à marée descendante : quand la mer est basse, les pêcheurs capturent leurs proies à l'aide de « fouënes » (genre de harpon) et « espiottes » (genre de sabre).

Sur la Côte Sauvage la pêche au lancer se pratique surtout en juin et septembre, pour le bar et le maigre.

Un centre de thalassothérapie s'est installé à St-Trojan.

Les « Rôles d'Oléron » – Au crépuscule d'une vie agitée, une pénitente de 76 ans, **Aliénor d'Aquitaine**, séjourne en 1199 dans son château d'Oléron, avant de se retirer à l'abbaye de Fontevraud où elle mourra en 1204. Elle a jadis donné prise au scandale par la liberté de ses manières. On voit une reproduction de sa statue gisante au musée Aliénor-d'Aquitaine à St-Pierre-d'Oléron.

Pour lors, assagie, elle se préoccupe de mettre un peu d'ordre dans son île. La dangereuse Côte Sauvage est en proie aux pilleurs d'épaves : c'est ce qu'on appelle pudiquement « le droit d'aubaine ». La douairière décrète alors que ces bandits seront punis : « Ils doivent être mis à la mer et plongés tant qu'ils soient à demi morts, et puis les retirer dehors, et les lapider, et les assommer, comme on fait aux loups et chiens enragés ».

Aliénor fait ensuite rédiger une série de règles « touchant le fait des mers, des nefs, des maistres, compagnons mariniers et aussi merchants ». Ce code maritime, connu sous le nom de Rôles d'Oléron, servira de base à tout ce qui sera promulgué à l'avenir en la matière.

Après le règne d'Aliénor, l'île d'Oléron sera convoitée par les Anglais et les Français. En 1372, les Anglais abandonneront l'île, emportant avec eux tous les documents officiels.

La poche d'Oléron – Occupée en 1940, l'île d'Oléron était libérée les 30 avril et 1er mai 1945. Une opération de grande envergure dite opération Jupiter, alliant forces terrestres, maritimes et aériennes, aboutit à la capitulation d'une garnison forte d'environ 15 000 hommes.

ACCÈS ET PROMENADES EN MER

Pont-viaduc – Ce pont routier aux lignes simples, le plus long de France avec ses 3 027 m, relie depuis 1966 l'île au continent. Construit en béton précontraint, il repose sur 45 piles de section rectangulaire ; ses travées centrales, d'une portée de 79 m, s'élèvent à 23 m au-dessus des plus hautes mers. Son tablier, large de 10,60 m, supporte une chaussée de 7 m, deux pistes cyclables et deux trottoirs. On en aura la meilleure vue d'ensemble depuis l'ancien embarcadère du Chapus.

Promenades en mer ⊙ – Liaisons avec l'île d'Aix, en saison, et croisières.

ST-PIERRE-D'OLÉRON

Situé au cœur de l'île, en bordure des marais, St-Pierre en est le centre administratif et commercial.

En été, le centre-ville avec ses rues piétonnes connaît une intense animation.

Église – Son clocher octogonal (18e s.) de couleur claire sert d'amer aux marins. De chaque côté du chœur, chapelle précédée d'une arcature trilobée reposant sur des piliers en marbre noir.

De la plate-forme, à 32 m de haut, le **panorama**★ embrasse la totalité d'Oléron, les îles d'Aix et de Ré, l'estuaire de la Charente.

Lanterne des morts – Haute de 30 m, elle se trouve place Camille-Memain, à l'emplacement de l'ancien cimetière. Elle a été érigée lors de l'occupation anglaise au 13ᵉ s. Ses lignes sobres et élancées sont celles du style gothique commençant ; elle se termine par une pyramide du 18ᵉ s.

À l'intérieur est conservé l'escalier par lequel on accédait au fanal ; un autel s'adosse à l'une des faces.

Maison des Aïeules – C'est dans cette maison, demeure de ses grands-parents maternels, au n° 19 de la rue qui porte son nom, que **Pierre Loti**, né à Rochefort *(voir ce nom)*, vint passer ses vacances d'adolescent. Là, il fut enterré en 1923 « sous le lierre et les lauriers » dans le jardin familial, à l'instar de ses ancêtres huguenots ; près de son corps ont été placés, selon ses désirs, son seau et sa pelle d'enfant ainsi que le paquet de lettres d'Aziyadé.

Devant la mairie le buste de l'écrivain rappelle son séjour à St-Pierre.

Musée de l'île d'Oléron Aliénor-d'Aquitaine ⊙ – *31, rue Pierre-Loti*. Une maison oléronaise abrite ce musée d'arts et de traditions. Une cuisine locale reconstituée (meubles, objets domestiques, personnages en costumes) évoque la vie d'autrefois. On y voit également des coquillages provenant des côtes ainsi qu'une présentation sur l'activité maritime, agricole et viticole de l'île. Des documents sur la vie et l'œuvre de Pierre Loti, ainsi qu'une maquette du fort Boyard (1867) complètent le musée.

⌂ ST-TROJAN-LES-BAINS

Agréable station balnéaire et climatique, fleurie de mimosas de janvier à mars, bénéficiant d'une végétation quasi méditerranéenne, St-Trojan dissémine sous une magnifique forêt de pins maritimes ses coquettes villas.

Elle possède un institut de thalassothérapie où sont traités les rhumatismes, les suites de traumatisme, le surmenage.

Le Gulf Stream vient baigner quatre plages de sable fin.

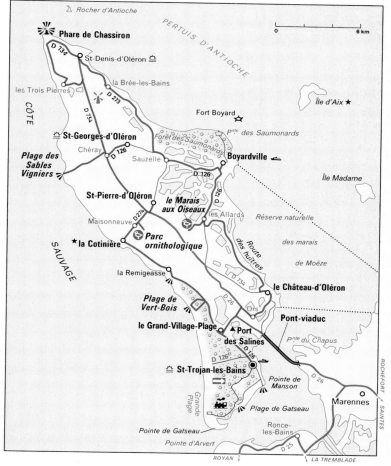

Île d'Oléron – Plage de Gatseau

Forêt de St-Trojan – Vaste (2 000 ha) et profonde, la forêt domaniale couvre les dunes dont certaines atteignent 36 m de hauteur. Plantée surtout en pins maritimes avec quelques intercalations ou sous-bois de chênes verts et de fourrés de genêts, elle est exploitée pour le bois.
Des laies permettent de s'y promener à pied ou à bicyclette.

Grande Plage – *3 km à l'Ouest de St-Trojan par la D 126 ^{E1}.* Sur la Côte Sauvage battue par les vents, la Grande Plage, de sable fin et bordée de dunes, s'étend à perte de vue.

Pointe de Manson – *2,5 km au Sud de St-Trojan.* La route de la pointe de Manson aboutit à une estacade (digue) d'où l'on jouit de **vues** sur la pointe d'Ors, le pont-viaduc, la pointe du Chapus, l'embouchure de la Seudre et la presqu'île de La Tremblade qui délimitent une petite mer intérieure.

Plage de Gatseau – *4 km au Sud-Ouest de St-Trojan.* La route des préventoriums mène aux sables fins de Gatseau, plage propice à la baignade.
Au cours de la promenade s'offrent de belles **vues** sur la pointe d'Arvert, Ronce-les-Bains et le clocher de Marennes.

Pointe de Gatseau – À l'extrémité Sud de la Grande Plage, ce lieu isolé du trafic routier est l'un des plus évocateurs de la Côte Sauvage. On y accède par un petit **train touristique** ☉ allant de St-Trojan à la Côte Sauvage.

VISITE DE L'ÎLE

Circuit au départ de St-Trojan-les-Bains

85 km – compter une journée – schéma voir ci-avant.

⌂**St-Trojan-les-Bains** – *Voir ci-avant.*

Le Grand-Village-Plage – Cette station balnéaire associe sport, détente et culture.
La Maison paysanne de la Coiffe et du Costume ☉ – Par la reconstitution d'une ferme oléronaise des siècles passés, ce lieu préserve la mémoire folklorique de l'île. La maison d'habitation, à pièce et fenêtre uniques, renferme un mobilier complet, recréant l'atmosphère de la vie paysanne d'autrefois. Dans les dépendances : chai, écurie, hangars, est exposé le matériel rappelant les activités traditionnelles liées à la mer et à la viticulture. En annexe, la petite maison de la **Coiffe et du Costume oléronais** ★ présente d'une façon attrayante le costume traditionnel (fête ou travail) porté dans l'île au siècle dernier.
Le Port des Salines ☉ – Enclavé entre la route menant au pont-viaduc, les claires à huîtres et la forêt domaniale, ce site fait revivre d'anciens marais salants que l'on peut découvrir à pied grâce à deux circuits balisés. À l'entrée, des **cabanes ostréicoles** aux couleurs vives abritent des expositions (maquettes, vidéo) retraçant les activités pratiquées jusqu'alors dans l'île : histoire du sel en Saintonge, les écluses à poissons et l'ostréiculture.
Aménagée autour d'une **«cabane à Sau»** permettant de stocker 200 t de sel, une saline permet d'assister, à nouveau sur l'île, à la récolte des cristaux blancs (le dernier saunier oléronais ayant cessé son activité en 1990). La fleur de sel, la salicorne et des produits à base d'algues sont en vente au grenier à sel.

OLÉRON EN LONG ET EN LARGE

Se déplacer

Bus – Liaisons par autobus entre la gare SNCF de Rochefort et Le Château-d'Oléron, et entre la gare SNCF de Saintes et la plupart des agglomérations de l'île. Renseignements dans les offices de tourisme.

Se loger

« BUDGET »

Atlantic – 11, rue de la Sablière, La Menounière, St-Pierre-d'Oléron, ☎ 05 46 47 07 09. Un hôtel très calme, dans un hameau non loin de la Cotinière et de St-Pierre. Chambre à partir de 285 F. Parking.

« NOTRE SÉLECTION »

L'Albatros – 11, boulevard du Docteur-Pineau, St-Trojan-les-Bains, ☎ 05 46 76 00 08. Fermé de mi-novembre à mi-février. Une digue de pierre protège ce petit hôtel entouré d'arbres À marée haute, la mer vient s'échouer au pied de la terrasse. 13 chambres à partir de 320 F.

Île d'Oléron – Petit train touristique de St-Trojan

« OPTION PRESTIGE »

Le Grand Large – Baie de la Rémigeasse, Dolus-d'Oléron, ☎ 05 46 75 37 89. Fermé d'octobre à avril. Dans un parc face à la mer, en contrebas de la route de la Cotinière. 21 chambres à partir de 820 F.

Novotel – Plage de Gatseau Sud, St-Trojan-les-Bains, ☎ 05 46 76 02 46. Fermé la première quinzaine de décembre. En bordure de plage, ce bâtiment moderne, entouré de forêt, propose des chambres avec vue sur la mer ou sur la pinède. Centre de thalassothérapie. Chambres à partir de 790 F.

Se restaurer

« BUDGET »

Fleur de Sel – 11, rue du Maréchal-Foch, Le Château-d'Oléron, ☎ 05 46 47 60 07. Fermé le dimanche soir, le lundi (sauf vacances scolaires) et de Noël à mi-janvier. Au cœur du village, une petite rue abrite ce restaurant au décor évoquant l'île. Menus océan à partir de 90 F.

La Criée – Port de St-Trojean-les-Bains, ☎ 05 46 76 04 96. Fermé le lundi (sauf saison) et d'octobre à mars. Face au port où mouillent des bateaux aux couleurs soutenues, la terrasse s'étire le long d'un quai. Menus de bord de mer à partir de 80 F.

« NOTRE SÉLECTION »

La Belle Cordière – 76, rue de la République, St-Trojan-les-Bains, ☎ 05 46 76 08 95. Fermé le mardi soir, le mercredi (hors saison), la deuxième quinzaine de mars et de mi-novembre à mi-décembre. La salle ornée de plantes vertes ouvre sur une terrasse donnant sur la rue. Menus carte à partir de 150 F.

L'Écailler – 65, rue du Port, La Cotinière, ☎ 05 46 47 10 31. Fermé le dimanche soir, le lundi (en octobre) et de novembre à janvier. Installé face au port, ce restaurant affiche une carte iodée. Belle salle sobrement décorée et agréable terrasse. Menus à partir de 105 F.

Le Moulin du Coivre – D 734, St-Pierre-d'Oléron, ☎ 05 46 47 44 23. Fermé le dimanche et le lundi (sauf jours fériés) de septembre à mi-juillet Un ensemble en blanc et vert, où le restaurant occupe l'ancienne maison du minotier, près du moulin. Menus à partir de 145 F.

Relais des Salines – Port des Salines, Petit Village, Grand-Village-Plage, ☎ 05 46 75 82 42. Fermé d'octobre à mi-mars. Cabane ostréicole aux murs colorés, où l'on mange devant un paysage de salines et d'herbes couchées par le vent. Carte, environ 140 F.

« OPTION PRESTIGE »

Amiral – Place de la Remigeasse, Dolus-d'Oléron, ☎ 05 46 75 37 89. Fermé d'octobre à avril. Le restaurant bénéficie du site de l'hôtel du Grand Large *(voir ci-dessus)*. Menus gastronomiques à partir de 280 F, mais on peut profiter du prix déjeuner (180 F).

Achats

Des huîtres, bien sûr : on les trouve en gros et au détail dans les quartiers portuaires de toutes les agglomérations oléronaises : du sel de mer ; les succulents bonbons et caramels au beurre salé.

Un bel échantillon de chalutiers et de bateaux ostréicoles mouillent dans les eaux d'un petit port. Celui-ci donne accès à un chenal ceinturant le jas (vasière), permettant de découvrir la flore et la faune du marais lors d'une **promenade en barque**. Enfin, le quai des Hôtes propose aux visiteurs un choix de produits du terroir.

Le Château-d'Oléron – Ancienne place forte du 17e s., le Château conserve les restes d'une citadelle construite à l'initiative de Richelieu. En 1666, la construction du port de Rochefort amena Louis XIV à créer une ceinture de feu pour protéger l'embouchure de la Charente. Fouras et l'île d'Aix furent alors fortifiées, la citadelle remaniée et renforcée. Sous la Révolution elle reçut de nombreux déportés laïques et religieux.

La localité s'ordonne géométriquement autour d'une vaste place ornée d'une jolie fontaine Renaissance, soulignée par quatre colonnes torsadées. Le port s'enfonce dans la ville : on y découvrira le spectacle des barques se rendant sur les parcs à huîtres ou en revenant.

La petite route côtière des Allards, au Nord, est connue localement sous le nom de **« route des huîtres »**. Étroite mais revêtue, elle permet en effet la desserte des multiples chenaux, « ports » ou « cabanes » ostréicoles, échelonnés face aux parcs à huîtres de la côte Est, donnant ainsi, surtout à marée basse, un aperçu fort intéressant sur l'activité de l'ostréiculteur oléronais.

Le Marais aux oiseaux ⊘ – *Aux Grissotières*. Ce **parc animalier** s'inscrit dans le cadre d'une réserve naturelle, constituée pour l'essentiel d'anciens marais salants entourés de chênes, site d'hivernage et de nidification de nombreux oiseaux migrateurs. Hérons, aigrettes, pélicans, bernaches évoluent dans de grands enclos reconstituant les milieux humides d'origine de ces oiseaux.

Boyardville – Le nom de cette localité vient des cabanes d'ouvriers installées pendant la construction du fort Boyard *(voir ci-après)*. Ancienne station-école de torpilleurs, Boyardville possède un petit port de plaisance. La plage, longue de 8 km, est la façade sur mer de la dune des Saumonards que couvre une futaie de pins vallonnée (450 ha), propice aux promenades. Une route forestière mène à l'ancien fort des Saumonards, aujourd'hui terrain militaire.

Fort Boyard – *On ne visite pas*. Étrange vaisseau de pierre à la carcasse ventrue, qui se dresse sur un bras de mer, au cœur même du Pertuis, face à l'île d'Oléron. Bâti pour garder l'embouchure de la Charente, le fort fut mis en chantier en 1804 et achevé en 1859 sous Napoléon III. Mais les progrès de l'artillerie, plus rapides que ceux de la construction, le rendirent inutile aussitôt achevé. En 1871, il devint la prison de bon nombre de Communards avant leur jugement et leur déportation vers la Nouvelle-Calédonie.

Au début des années 90, des producteurs avisés ont transformé le fort (laissé à l'abandon) en une aire de jeux télévisés, lui donnant une renommée internationale. En saison, des promenades en mer permettent une approche du fort : peut-être apercevrez-vous l'auguste silhouette du Père Fouras...

Après Sauzelle, prendre à droite la route de St-Denis-d'Oléron (signalisation Foulerot, le Douhet, la Brée), ponctuée de petites stations balnéaires.

Après La Brée-les-Bains, prendre la route côtière.

Phare de Chassiron ⊘ – Ce phare noir et blanc construit en 1836 s'élève à 50 m de hauteur. Par 224 marches on monte au sommet d'où se découvre un vaste **panorama★** sur Oléron, le rocher d'Antioche, qui rappelle une ville engloutie, les îles d'Aix et de Ré, La Rochelle et La Pallice ; autour de la pointe se distinguent, à marée basse, les écluses à poissons.

Suivre la route côtière vers le Sud pour gagner St-Georges-d'Oléron.

La route, qui se maintient sur les petites falaises marquant le début de la **Côte Sauvage**, est bientôt bordée par une plaine où poussent des cultures maraîchères.

Île d'Oléron – Pointe de Chassiron

St-Georges-d'Oléron – L'église est un édifice roman des 11e-12e s., restauré en 1618 puis en 1968, dont la façade est joliment décorée de motifs géométriques. L'arc en tiers-point du portail central a été refait au 13e s., de même que les voûtes gothiques de la nef. Sur la place : belle halle.

Plage des Sables Vigniers – Au pied des dunes boisées, entre deux éperons rocheux, elle offre des vues sur la Côte Sauvage et un océan souvent houleux.

St-Pierre-d'Oléron – *Voir ci-avant.*

Parc ornithologique de Maisonneuve ⊙ – Environ 200 espèces d'oiseaux, arborant une multitude de couleurs, y sont présentées : loris de Nouvelle-Guinée à calotte noire, grues couronnées à huppe jaune, aras, toucans, etc.

★La Cotinière – Charmant port très animé, au centre de la Côte Sauvage. Une trentaine de petits chalutiers y sont basés. Ils pêchent surtout, en été, la crevette, grise ou rose (« bouquet d'Oléron ») ; soles, crabes, homards alimentent aussi les transactions qui ont lieu à la halle appelée ici **« la criée** ⊙ **».**
Une chapelle des Marins (1967) se dresse sur la dune dominant le port.

La route suit la Côte Sauvage à travers les dunes, passe par **La Remigeasse,** puis s'enfonce dans les bois de pins ou de chênes verts, offrant des échappées sur l'océan.

Plage de Vert-Bois – Une route à sens unique, décrivant une boucle à travers les dunes couvertes de pins et de joncs marins, permet d'atteindre la grève d'où se dégage une **vue★** impressionnante sur l'océan qui déferle en puissants rouleaux, dès qu'il y a un peu de vent.

BAIGNEURS, SOYEZ PRUDENTS.

Les plages non abritées du littoral atlantique, continental ou insulaire, peuvent être dangereuses, même pour des nageurs confirmés. Pensez à la marée et aux lames de fond !

Évitez de vous baigner, même en groupe, en dehors des zones surveillées.

Zoo de La PALMYRE ★★★

Cartes Michelin n° 71 pli 15 ou 233 pli 25 – 15 km au Nord-Ouest de Royan

Situé dans la forêt de la Palmyre, à l'entrée Est de la station, ce parc animalier de 14 ha est installé sur un site accidenté. De nombreux bancs placés sur le parcours permettent aux visiteurs de profiter de l'environnement, à l'ombre de pins maritimes et de chênes.

VISITE ⊙

Des flamants roses, au pied d'un rocher du haut duquel tombe une cascade, accueillent les visiteurs. Pour ne rien manquer, le zoo est sillonné par un itinéraire fléché d'environ 4 km ; ce parcours est jalonné de panneaux qui expliquent le mode de vie et le caractère des différentes espèces.

La présentation de plus de 1 600 animaux de tous les continents est particulièrement soignée, la forêt de pins émaillée de pièces d'eau et les accidents du terrain ayant été utilisés pour reconstituer leur milieu naturel. Il est aisé d'observer ici l'étonnante richesse de la nature et les coutumes des animaux.

Les carnivores – Les prédateurs les plus redoutables (guépard, lion, loup, tigre de Sibérie) côtoient de plus doux mammifères (petit panda, suricate).

Les oiseaux – Les espèces les plus variées (autruche, cigogne, calao, goura) sont présentes sur le site. On peut découvrir aussi de superbes plumages d'oiseaux exotiques : perroquets, cacatoès, ibis rouges, aras hyacinthe bleu nuit munis d'un bec qui fait office de troisième pied !...

Les ongulés – Les mastodontes (éléphant, hippopotame, rhinocéros) contrastent singulièrement avec les espèces douées d'agilité (blesbok, impala, zèbre).

Les reptiles – Dans une atmosphère lourde et humide, un vivarium abrite des crocodiles du Nil, des pythons royaux, des tortues des Seychelles, etc.

Les singes – On est fasciné par une variété infinie de petits singes au regard pénétrant : tamarin lion doré, originaire du Brésil, au pelage flamboyant (orange vif) ; tamarin empereur, dont le mâle se caractérise par de magnifiques moustaches blanches. Quelques centimètres de vitres séparent le visiteur des familles de gorilles d'Afrique, le plus imposant des singes, qui amusent par leurs facéties.

Animations – Les spectacles d'otaries actives et joueuses, de perroquets et de cacatoès (on verra ces derniers faire de la bicyclette, conduire des voitures ou évoluer sur des patins) raviront les enfants. Le repas des fauves reste un moment très impressionnant.

Insolite – De multiples pièces de monnaie sont éparpillées autour des crocodiles du Nil. Explication : un dicton thaïlandais dit que tout argent jeté où se trouve un crocodile favorise la réalisation d'un vœu !

Frisson – On peut se faire une idée de l'activité des chauves-souris géantes (roussettes) en pénétrant dans la grotte qui a pour voûte un ciel étoilé.

Nourriture – 250 t de fourrage, 180 t de fruits et légumes, 70 t de paille, 50 t de viande, 20 t de poissons et 7 000 litres de lait sont consommés chaque année.

Reproduction – Le zoo assure la reproduction d'espèces menacées d'extinction (éléphants, guépards, lycaons, etc.) ; quel plaisir de voir dans la nursery les bébés lions.

Spectaculaire – S'il est devenu commun de voir évoluer les loutres et les otaries, il n'en est pas de même pour les ours blancs. Le **bassin des ours** est une immense piscine (1 000 m³ d'eau) aménagée en banquise. En contrebas une large vitre permet de voir avec quelle aisance nagent et jouent ces colosses de 450 kg.

Zoo de La Palmyre

PARTHENAY ★

10 809 habitants

Cartes Michelin n° 67 pli 18 ou 232 pli 44 — Schéma p. 274

Pittoresquement située sur un promontoire baigné par le Thouet, Parthenay est la capitale de la Gâtine, région vouée à l'élevage des bovins et des ovins. Cette spécialisation a permis le développement d'industries d'abattage et de transformation. Le **marché au bétail** ⊘ qui se déroule tous les mercredis dans le quartier de Bellevue *(derrière la gare)* est le second de France pour les bovins de boucherie.

D'autres industries (aéronautique, électronique, mécanique) complètent l'activité économique de la ville dont divers salons, accueillis dans le Palais des congrès, reflètent le dynamisme.

UN PEU D'HISTOIRE ET DE LÉGENDE

L'inévitable Mélusine – La fée-serpent **Mélusine** *(voir aussi à Lusignan)* aurait présidé à la naissance de Parthenay comme à celle de beaucoup de places fortes poitevines. La seigneurie de Parthenay resta d'ailleurs dans sa lignée jusqu'au Moyen Âge, puisqu'elle appartenait aux Larchevêque, branche cadette de la famille de Lusignan, issue de Mélusine.

Les pèlerins de St-Jacques – À l'époque médiévale, Parthenay fut une étape importante sur la route de St-Jacques-de-Compostelle. Venue de Thouars, la troupe harassée de pèlerins s'arrêtait d'abord à la Maison-Dieu, dont la chapelle existe toujours *(route de Thouars)*, et y déposait ses malades. Puis, franchissant le pont et la porte St-Jacques, elle se dispersait dans les auberges de la rue de la Vaux-St-Jacques. Venait ensuite la visite aux différents sanctuaires (au nombre de 16) tels N.-D.-de-la-Couldre et Ste-Croix. Leurs dévotions terminées, les pèlerins se répandaient dans les tavernes en admirant les gracieuses Parthenaisiennes qu'une chanson populaire a célébrées :

« À Parthenay, y avait
Une tant belle fille... »

LA VILLE MÉDIÉVALE

★**Site** – Du Pont-Neuf (Y), **vue**★ sur le vieux Parthenay et, en particulier, sur le pittoresque ensemble formé par le pont et la porte St-Jacques.

Au Moyen Âge, Parthenay était réputée imprenable.

À l'extrémité du promontoire, la Citadelle, ceinte de remparts, enfermait le donjon et le logis seigneurial ainsi que la collégiale Ste-Croix. En contrebas, le Thouet et le vallon de la Vaux-St-Jacques offraient une protection naturelle.

Au creux du vallon, le bourg St-Jacques et, sur la partie haute, le bourg St-Laurent étaient circonscrits par une autre enceinte dont la porte St-Jacques formait l'élément principal.

★**Pont et porte St-Jacques** (Y) – Par l'étroit pont St-Jacques qui remonte au 13e s. se faisait l'entrée en ville, côté Nord. Un pont-levis unissait celui-ci à la porte St-Jacques, de même époque, qui conserve ses hautes tours jumelles et son chemin de ronde sur mâchicoulis.

Musée municipal Georges-Turpin ⊘ (Y M¹) – Installé dans la **Maison des Cultures de Pays** à l'architecture contemporaine, il comporte deux entrées : par la porte St-Jacques ou par le quai de la rive droite du Thouet *(parking)*.

À l'aide de maquettes animées, ce musée retrace l'histoire et l'évolution de Parthenay. De nombreuses vitrines (archéologie, collection numismatique, mobilier...) ainsi que des expositions temporaires offrent au visiteur un large aperçu du passé en Gâtine. Une salle est entièrement consacrée à la délicate **faïence de Parthenay** représentée par les œuvres (1882-1916) du tandem Jouneau-Amirault, rénovateurs de cet art du feu.

★**Rue de la Vaux-St-Jacques** – Autrefois commerçante, elle s'inscrit entre la porte St-Jacques et la porte de la Citadelle. Elle évoque, par son aspect moyenâgeux, le temps des pèlerins de St-Jacques. Les antiques demeures en encorbellement et à colombage présentent par endroits de larges baies marquant l'emplacement des anciennes boutiques.

Gravissant la côte du Vau-Vert, la rue longe à son extrémité l'enceinte de la Citadelle dont on distingue les tours arasées.

Citadelle (Y) – Ancienne « cité » des Larchevêque, renforcée de murailles au 12e s. Pénétrer à l'intérieur de l'enceinte par la **porte de la Citadelle** (ou de l'Horloge), puissante construction gothique encadrée de tours à bec. Cette porte servit de beffroi au 15e s. : grosse cloche datant de 1454.

De la terrasse près de l'hôtel de ville : **vues** sur l'abside de l'église Ste-Croix, les vieux toits de la ville basse et les jardins en terrasses ; à l'arrière-plan, viaduc du chemin de fer. Du jardin près du commissariat de police, **vue** sur le Thouet et son pont du 16e s. On rencontre ensuite l'église Ste-Croix (12e s.), puis l'**église N.-D.-de-la-Couldre**, dont il reste un beau portail roman poitevin.

PARTHENAY

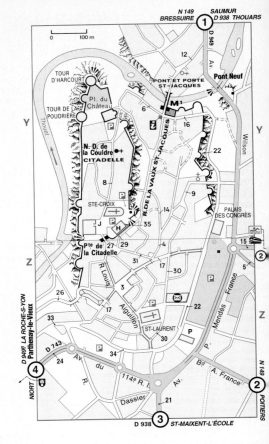

On arrive à la vaste esplanade gazonnée qui portait le château dont il subsiste deux tours (tour de la Poudrière et tour d'Harcourt) : **vues** plongeantes sur la boucle du Thouet et le quartier de la Vaux-St-Jacques.

Un sentier pédestre aménagé au pied des remparts permet de regagner la porte de la Citadelle.

Parthenay-le-Vieux – *1,5 km à l'Ouest*. Sur une butte dominant la rive droite du Thouet, un clocher octogonal signale de loin l'église du prieuré de Parthenay-le-Vieux fondé par les moines de la Chaise-Dieu.

★**Église St-Pierre** ⊘ – Elle présente une façade romane poitevine, remarquable par sa symétrie, le portail et les deux arcatures aveugles, surmontés de trois baies, annonçant les trois vaisseaux intérieurs. D'après la tradition ce serait la fée Mélusine qui figure à la voussure du portail. Aux tympans des arcatures latérales sont représentés Samson terrassant le lion et un cavalier couronné portant un faucon. Sous la corniche sont rangées des têtes de félins, aux oreilles pointues, symbolisant des diablotins.
L'intérieur, d'une majestueuse homogénéité, comprend une nef à berceau légèrement brisé, qu'épaulent deux collatéraux en demi-berceau. À la croisée du transept, la coupole sur trompes porte le clocher. De chaque côté du chœur, chapiteaux sculptés de lions et de chèvres.

ENVIRONS

★**Haute vallée du Thouet** – *Voir p. 274.*

Pougne-Hérisson – *12 km à l'Ouest par la D 140.* Fief du conteur Yannick Jaulin *(voir Introduction)*, ce village devient le « nombril du monde » les années paires *(voir les Renseignements pratiques).*

L'EUROPE en une seule feuille :

carte Michelin n° 970, échelle 1/3 000 000.
Tourisme, routes, relief, répertoire des noms.

POITIERS★★

78 894 habitants (les Poitevins)
Cartes Michelin n° 68 plis 13, 14 ou 233 pli 8

C'est du plateau des Dunes dans le faubourg St-Saturnin *(voir ci-après)*, sur la rive droite du Clain, qu'il faut observer le site de la ville, perchée sur un promontoire isolé par le Clain et la Boivre. Dans ce cadre, Poitiers offre à l'amateur d'art un rare choix de monuments. Par ailleurs, les quartiers médiévaux, au cœur de la cité, alimentent la curiosité du flâneur ; l'activité universitaire leur confère une animation particulière, notamment sur la place devant l'hôtel de ville.

UN PEU D'HISTOIRE

L'aube du christianisme – Les premiers chrétiens se groupèrent au sein de la ville romaine aux 3e-4e s. et le baptistère St-Jean fut un de leurs sanctuaires. Quant à leur premier grand évêque, **saint Hilaire** (mort en 368), il tonna contre les hérésies, tout en instruisant son plus cher disciple, saint Martin. S'étant rendu sans y être invité au concile de Séleucée, les Pères refusèrent de lui laisser place : « lors, miraculeusement, la terre s'éleva en forme d'un beau siège plus haut que les autres, dont les assistants furent ébahis », rapporte le chroniqueur de *La Légende dorée*.
Autre gloire de l'Église poitevine, **sainte Radegonde**, épouse de Clotaire Ier, se réfugia à Poitiers en 559 et y fonda le monastère Ste-Croix dans l'enceinte duquel son confident saint Fortunat récita les poèmes qu'il composait en latin.

Une date inoubliable : 732 – Des trois batailles intitulées « bataille de Poitiers » *(voir dans l'Introduction et à Nouaillé-Maupertuis)*, celle au cours de laquelle Charles Martel sauva la chrétienté en repoussant l'invasion arabe, à quelques lieues au Nord de Poitiers, est de loin la plus fameuse.
Les Arabes, s'étant rendus maîtres de l'Espagne *(se reporter au guide Vert Michelin Espagne)*, envahirent la Gaule par le Sud. Tenus en échec une première fois par Eudes, duc d'Aquitaine, ils l'écrasèrent près de Bordeaux et continuèrent leur avancée vers le centre du pays, ravageant tout sur leur passage. Eudes appela à son secours Charles Martel, maire du palais mérovingien. Les Arabes, qui venaient de brûler l'église St-Hilaire de Poitiers, se heurtèrent aux troupes franques à proximité de la ville. La cavalerie franque tailla en pièces l'armée musulmane qui, petit à petit, évacua l'Aquitaine. 732 restera dans l'histoire le symbole de la première victoire de l'Occident chrétien sur les musulmans.

La cour de Jean de Berry – Passée sous la domination anglaise par deux fois, au 12e s., sous Henri Plantagenêt et Aliénor d'Aquitaine, puis au 14e s. après la bataille de Poitiers de 1356, la ville, grâce à Du Guesclin, est rendue à la couronne, en la personne du frère de Charles V : Jean, duc de Berry et d'Auvergne, comte du Poitou. Le gouvernement de Jean de Berry *(se reporter au guide Vert Michelin Berry Limousin)*, qui s'étendit de 1369 à 1416, donna à Poitiers un essor rapide, à l'instar de Bourges et de Riom. Mécène fastueux et raffiné, Jean traîne à sa suite sa ménagerie, dont il ne se sépare jamais, et un cortège de grands artistes : des architectes comme les Dammartin, un sculpteur, aussi enlumineur, nommé André Beauneveu, et plus tard des miniaturistes comme les frères de Limbourg.

Poitiers sous la Renaissance – Le rayonnement de son université qui compte 4 000 étudiants fait de la cité des Pictons un foyer intellectuel auquel vient se chauffer maint « pisseur d'encre ».
À la suite de son protecteur Geoffroy d'Estissac *(voir Maillezais)*, Rabelais y séjourne plusieurs fois de 1524 à 1527. « Forte et grosse ville », pleine d'écoliers, Poitiers, abondant en prêtres et en moines (on compte 67 églises), venait alors, pour l'étendue, immédiatement après Paris et Lyon. Un peu plus tard, après Calvin, certains écrivains de la Pléiade, ou leurs disciples, viennent se frotter aux doctes de l'Université, tels Jacques Pelletier du Mans, ami de Ronsard, qui professe les mathématiques, Du Bellay et Baïf dont *Les Amours de Francine* évoquent les cénacles littéraires locaux.

Les Grands Jours de Poitiers – Ils se tiennent en 1579 pour essayer de mettre fin aux discordes religieuses et rassemblent tout ce que le Poitou compte de natures distinguées, parmi lesquelles Nicolas Rapin *(voir Fontenay-le-Comte)* et un grand avocat, Étienne Pasquier. La bonne société de Poitiers ouvre grandes ses portes aux congressistes.

Un sommeil de quatre siècles – Les guerres de Religion apportent destruction et misère à Poitiers qui par deux fois subit les rigueurs d'un siège. Dès lors s'amorce la décadence de la ville qui, le long des 17e et 18e s., voit ses activités stagner ou régresser. L'université, malgré le nom bientôt célèbre de certains de ses étudiants, tel Descartes, connaît un identique effacement. En dépit des efforts de l'intendant, le **comte de Blossac**, cette somnolence se confirme au-delà de la Révolution.
Sous l'impulsion d'une population rajeunie, la ville connaît, après la Seconde Guerre mondiale, un dynamisme nouveau et se pose en capitale régionale de Poitou-Charentes.

★★LA CITÉ

Le centre monumental

★★Église N.-D.-la-Grande (DY) – L'ancienne collégiale N.-D.-la-Grande tiendrait son nom de l'église Ste-Marie-Majeure de Rome.

Longue de 57 m pour 13 m de largeur et 16,60 m de hauteur, elle témoigne de la perfection de l'art roman, par son architecture harmonieuse, aux lignes équilibrées. Sa façade, fort bien restaurée (1994), est l'une des plus célèbres de France.

★★★Façade – *Voir illustration au chapitre de l'Art – Éléments d'architecture.* Elle est du 12e s. et offre un bon exemple de l'architecture romane poitevine, bien qu'influencée par l'art de Saintonge. Elle est animée d'une vie intense, accentuée suivant l'heure du jour par les effets d'ombre et de lumière jouant sur le décor sculpté *(la lire de gauche à droite et de bas en haut).*

L'étage inférieur présente un portail à quatre voussures, encadré de deux arcades en arc brisé montrant à l'intérieur des arcatures jumelles. Au-dessus des arcs, des bas-reliefs figurent : Adam et Ève (**1**) et Nabuchodonosor sur son trône (**2**); les 4 prophètes (**3**) Moïse, Jérémie, Isaïe et Daniel ; l'Annonciation (**4**) et l'Arbre de Jessé (**5**) ; à droite, la Visitation (**6**), la Nativité (**7**), le bain de l'Enfant Jésus (**8**) et la méditation de saint Joseph (**9**).

Au-dessus du portail s'inscrit une baie, encadrée d'une double rangée d'arcatures, entre lesquelles se situent les apôtres (**10**) et, aux deux extrémités, les effigies présumées de saint Hilaire (**11**) et de saint Martin (**12**).

Les voussures des arcades et arcatures sont ornées d'un décor végétal et d'un bestiaire fantastique, traités avec virtuosité.

Le pignon présente, dans une gloire en amande, un Christ en majesté (**13**) entouré des symboles des Évangélistes et surmonté d'une palme de lumière (le soleil) et d'un croissant (la lune), symboles d'éternité à l'époque romane.

La façade est flanquée de part et d'autre d'un faisceau de colonnes supportant un lanternon ajouré, aux corniches droites ou en arcatures, coiffé d'un toit en écailles en forme de pomme de pin.

Flanc gauche – Sur le côté gauche de l'édifice ont été ajoutées des chapelles du 15e s. contre le chœur et du 16e s. le long du collatéral.

Remarquer aussi la silhouette originale du clocher datant du 12e s., sur plan carré surmonté d'une tourelle ajourée, coiffée d'un toit conique à écailles en forme de pomme de pin.

Intérieur – De type poitevin mais dépourvu de transept, il fut repeint en 1851 dans le style chargé alors en faveur. La nef, voûtée en berceau, est encadrée de bas-côtés voûtés d'arêtes. Sur le 2e pilier à gauche en entrant, remarquer un groupe, sculpté et peint (15e-16e s.), représentant la lignée de sainte Anne, qu'on appelle aussi la « Sainte Parenté ».

Dans le chœur, on verra un lutrin de cuivre du 17e s. Derrière le maître-autel, une statue de Notre-Dame des Clefs, du 16e s., a remplacé l'œuvre originale détruite en 1562. Elle évoque un miracle advenu en 1202, par lequel les clés de la ville furent subtilisées à un traître qui allait les remettre aux Anglais. Les six puissantes colonnes rondes qui forment l'hémicycle du chœur portent la voûte en cul-de-four décorée d'une fresque du 12e s. représentant la Vierge en majesté et le Christ en gloire.

À droite du déambulatoire, l'absidiole primitive a été remplacée par une chapelle (aujourd'hui chapelle Ste-Anne) fondée en 1475 par Yvon du Fou, sénéchal du Poitou, dont on voit les armes au-dessus du bel enfeu flamboyant qui abritait sa sépulture. À sa place : Mise au tombeau du 16e s., en pierre polychrome, venant de l'abbaye de la Trinité de Poitiers, et œuvre d'artistes italiens.

J. Benazet/PIX

Palais de Justice – Tour Maubergeon

Hôtel de Rochefort (**DY N**) – *102, Grand-Rue.* Cet hôtel, qui abrite des services de la Direction des Affaires culturelles, présente une façade sur cour (fin 16ᵉ s.-début 17ᵉ s.) percée de cinq fenêtres mansardées et, à droite, de trois oculi.

Palais de Justice ⊘ (**DY J**) – La façade, d'époque Restauration, masque la grande salle et le donjon de l'ancien palais ducal, rares témoignages de l'architecture civile urbaine au Moyen Âge. Le donjon, dit **tour Maubergeon**, remonte au début du 12ᵉ s. et a été aménagé en appartement pour Jean de Berry.

Vaste nef, longue de 47 m et large de 17, la **grande salle★** était réservée aux audiences solennelles, aux grands procès, aux réunions des États provinciaux ; le Parlement y siégea sous Charles VII, et Jacques Cœur y fit amende honorable après le jugement prononcé contre lui par la juridiction d'exception chargée de le condamner.

Son édification fut menée à bien sous les Plantagenêts, à la fin du 12ᵉ s., mais le mur-pignon a été refait, sous la direction de Gui de Dammartin, pour Jean de Berry. Ce mur est remarquable par ses trois cheminées monumentales que surmontent un balcon et un fenestrage flamboyants. Tout en haut, quatre admirables statues représentent, de gauche à droite, Jean de Berry, son neveu Charles VI, Isabeau de Bavière et Jeanne de Boulogne, épouse de Jean.

Dans ce palais, en 1429, Jeanne d'Arc subit son interrogatoire devant une commission du Parlement : elle fut reconnue investie d'une mission providentielle.

La façade postérieure du palais de justice *(à voir de la rue des Cordeliers)* comprend à droite la tour Maubergeon, ornée de statues, à gauche le mur-pignon de la grande salle, d'une construction très ingénieuse, les trois conduits de cheminée étant en partie dissimulés sous des gâbles fleuronnés. Dans le square attenant, vestiges de la muraille gallo-romaine.

Hôtel de l'Échevinage (**DY D**) – Ancien hôtel de ville, ce bâtiment du 15ᵉ s., avec chapelle d'époque, abrita d'abord les « Grandes Écoles » de l'université, puis l'échevinage.

Église St-Porchaire (**DY E**) – De l'église bâtie au 11ᵉ s., seul subsiste le clocher-porche coiffé d'un toit pyramidal à quatre pans que nous admirons aujourd'hui.

Trois étages d'arcatures et baies se superposent au-dessus d'un grand arc en plein cintre servant d'entrée et orné de chapiteaux romans. Celui de droite montre Daniel livré aux lions mais heureusement sauvé par un envoyé de Dieu, tandis que les chapiteaux de gauche présentent des oiseaux buvant dans un calice et deux lions séparés par une tige végétale.

Le clocher abrite la cloche de l'université, fondue en 1451, jadis utilisée pour annoncer l'ouverture des cours. Derrière le clocher, église à deux nefs reconstruite au 16ᵉ s.

Musée de Chièvres ⊘ (**CY M**) – Le musée occupe l'ancien hôtel particulier Rupert de Chièvres. Il rassemble des œuvres allant du 16ᵉ au 18ᵉ s. : beau mobilier des tapisseries de Felletin et des Flandres, vitrines de céramique, d'émaux de Limoges et de statuettes en bois, et tableaux.

Remarquer, au rez-de-chaussée, dans les salles en enfilade, deux portraits par Jean Valade, peintre poitevin du 18ᵉ s., une corbeille peinte par Monnoyer (17ᵉ s.), *Mars vaincu par Minerve*, par Doyen, deux têtes de marbre du 3ᵉ s., une rare représentation du Saint-Sépulcre, incrustée de nacre et d'ivoire (17ᵉ ou 18ᵉ s.), *Ulysse et Nausicaa*, par le Poitevin Louis Gauffier, *Énée et Didon fuyant l'orage*, par de Valenciennes ; dans le couloir, têtes de marbre d'époque romaine.

À l'étage, dans le couloir, on admire des portraits des écoles flamande et hollandaise des 16ᵉ et 17ᵉ s. (*Portrait de femme*, par Nicolaes Maes, *Le Duo* de Theodoor Rombouts) et, dans la première salle, un paysage d'hiver, par le Hollandais Valkenborch.

Hôtel Jean-Beaucé (**DZ F**) – *À l'angle de la rue Louis-Renard et de la rue du Puygarreau.* Bel édifice Renaissance. Trois éléments tranchent sur l'ensemble par leur originalité : la lanterne coiffée d'une coupole à droite, au centre la tourelle d'escalier aux ouvertures obliques, à l'angle gauche les petites baies juxtaposées permettant d'observer ce qui se passe de chaque côté, sans avoir besoin de recourir à l'échauguette traditionnelle.

POITIERS

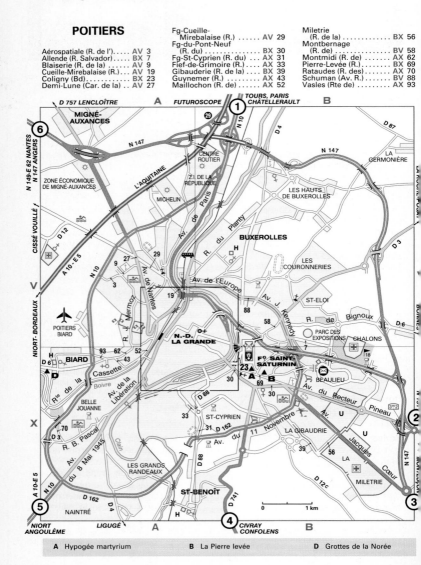

A Hypogée martyrium   B La Pierre levée   D Grottes de la Norée

Au Nord : les 3 Quartiers

Hôtel Fumé (DY **K**) – *Au nº 8 de la rue Descartes*. Occupé par la faculté des Lettres, il date du début du 16ᵉ s. Sa façade sur rue (récemment restaurée) se pare de lucarnes flamboyantes. La cour est d'une harmonie discrète, avec sa tourelle d'escalier, sa **galerie** aux colonnes torsadées et son grand balcon en encorbellement.

Église de Montierneuf (DY) – L'église du « moutier neuf » dépendait d'une abbaye clunisienne dont les bâtiments conventuels, reconstruits au 17ᵉ s., subsistent encore, quoique défigurés. Le sanctuaire proprement dit remonte au 11ᵉ s., mais a été complètement remanié aux époques gothique et classique. L'imposant portail de l'abbaye donne accès à l'ancienne cour abbatiale à l'extrémité de laquelle s'élève la façade de l'église, refaite au 17ᵉ s.

Longer le flanc gauche de l'église pour gagner le jardin situé à l'arrière de l'abside.

La partie basse, romane, qui présente des chapelles orientées au transept et des chapelles rayonnantes au chevet, contraste avec la partie haute de style gothique, épaulée par de légers arcs-boutants qui lui confèrent une grâce surprenante.

Au Sud-Est : le quartier épiscopal

★**Cathédrale St-Pierre** (DZ) – Commencée à la fin du 12ᵉ s. et presque achevée à la fin du 14ᵉ s., date de sa consécration, St-Pierre surprend par l'ampleur de ses dimensions.

Extérieur – Sa large façade, ornée d'une rosace et de trois portails du 13ᵉ s., est flanquée de deux tours dissymétriques ; celle de gauche conserve, sur un support de colonnettes engagées, un étage octogonal surmonté d'une balustrade.
Admirer les sculptures des trois portails dont les tympans décrivent : à gauche la Dormition et le Couronnement de la Vierge ; au centre, de bas en haut, les morts sortis en hâte des tombeaux, les élus de Dieu séparés des réprouvés livrés au Léviathan et, au-dessus, le Christ en gloire célébré par les anges ; à droite, l'apostolat de saint Thomas, patron des tailleurs de pierre : édification miraculeuse d'un « palais mystique » pour le roi des Indes.

Contourner l'édifice par la gauche jusqu'à la rue Arthur-de-la-Mauvinière.

Noter au passage l'absence d'arcs-boutants et la puissance des contreforts ; se retourner pour apprécier la muraille vertigineuse du **chevet** (49 m de haut), uniformément plat et mis en valeur par la déclivité du sol.

Intérieur – Dès l'entrée s'impose la puissance architecturale du large vaisseau divisé en trois nefs de hauteur presque égale ; l'impression d'une perspective fuyante vers le chevet est accentuée par le rétrécissement progressif de la largeur des nefs et l'abaissement de la voûte centrale à partir du chœur. 24 voûtes ogivales bombées, dénotant l'influence du style Plantagenêt, coiffent les huit travées de chaque nef ; le chevet, plat à l'extérieur, est creusé de trois absidioles ; une coursière, supportée par une corniche, ornée de plaisants modillons historiés, règne sur le pourtour des murs décorés d'arcatures aveugles.
La cathédrale est éclairée par des verrières en partie anciennes. Au chevet, dans l'axe du chœur, Crucifixion de la fin du 12ᵉ s., au centre de laquelle rayonne un Christ en croix entouré de la Vierge et de saint Jean ; de part et d'autre s'inscrivent : au-dessous la Crucifixion de saint Pierre et la Décollation de saint Paul, au-dessus les apôtres aux visages levés vers le Christ en gloire, figuré dans une mandorle.
Dans le chœur, **stalles**★ du 13ᵉ s., passant pour être les plus vieilles de France ; aux dosserets, les écoinçons sculptés évoquent la Vierge et l'Enfant, des anges porteurs de couronnes, l'architecte au travail.
Revenir vers la porte Ouest pour observer les orgues du 18ᵉ s., œuvre de F. H. Clicquot, placées au revers de la façade, sur une belle tribune-coquille en anse de panier.

★**Église Ste-Radegonde** (DZ **R**) – Cette ancienne collégiale fut fondée vers 552 par Radegonde pour servir de sépulture à ses moniales de l'abbaye Ste-Croix. Elle est caractérisée par une abside et un clocher-porche romans que relie une nef de style gothique angevin. D'une majestueuse et robuste ordonnance, le clocher-porche, sur plan carré, puis octogonal, a été pourvu, au 15ᵉ s., d'un portail flamboyant dont les niches abritent les statues modernes des saints protecteurs de Poitiers. À sa base subsiste l'enclos ceint de bancs de pierre où se rendait la justice ecclésiastique.
Du petit jardin à l'Est de l'église, on a une vue agréable sur le **chevet** et sur les lignes harmonieuses de l'ensemble.

B	Espace Mendès France	**F**	Hôtel Jean-Beaucé	**N**	Hôtel de Rochefort
D	Hôtel de l'Echevinage	**J**	Palais de Justice	**R**	Eglise Ste-Radegonde
E	Eglise St-Porchaire	**K**	Hôtel Fumé		
		M	Musée de Chièvres		

★**Baptistère St-Jean** ⊘ (DZ) – Édifié au milieu du 4e s., ce baptistère est le plus ancien témoignage de l'architecture chrétienne en France. Il est enterré de 4 m, à la suite de l'éboulement progressif des sols et des remblais effectués au 18e s. ; un aménagement récent l'éloigne de la circulation automobile et l'entoure d'un espace vert.

Primitivement, il comprenait deux salles rectangulaires, la salle baptismale et le narthex, que précédait un couloir d'entrée encadré de deux vestiaires.

Il présente actuellement une salle baptismale rectangulaire, à laquelle sont accolées une abside quadrangulaire à l'Est, datant des 6e-7e s., et deux absidioles jadis de plan carré, transformées vers le milieu du 19e s. en absidioles semi-circulaires. L'ancien narthex, restauré au 10e s., a pris une forme polygonale. On observe, sous les fenêtres en partie bouchées et percées d'oculi, des traces d'un petit appareil romain cubique et, sous les pignons, de curieux pilastres à chapiteaux sculptés en faible relief.

Intérieur – Il renferme un important musée lapidaire, en particulier une belle collection de sarcophages mérovingiens, découverts à Poitiers et dans ses environs, des stèles et bas-reliefs, une ancienne mesure dîmière taillée dans la pierre, des moulages de la décoration sculptée extérieure du baptistère. Le narthex est relié à la salle baptismale par trois grandes arcades, percées dans le mur édifié en retrait du portail d'entrée. Des voûtes en cul-de-four couvrent l'abside principale et les deux absidioles. Au centre de la salle baptismale se situe la piscine octogonale qui servait au baptême par immersion : le catéchumène, dépouillé de ses vêtements dans les vestiaires, descendait dans la piscine où l'évêque procédait aux onctions rituelles ;

puis il revêtait une tunique blanche et était introduit solennellement dans la cathédrale. Au 7e s., pour procéder au baptême par affusion (eau versée sur la tête), on boucha la cuve sur laquelle furent installés des fonts baptismaux (il n'y en eut pas d'autres à Poitiers avant le 12e s.). Admirer le décor de colonnes de marbre et de colonnettes soutenant les arcatures, et les chapiteaux richement sculptés de feuilles, tresses, perles, à la mode antique.

Des **fresques** romanes, en partie recouvertes par des peintures des 13e-14e s., animent les murs : Ascension au-dessus de l'abside principale, Christ en majesté au cul-de-four de cette même abside ; sur les murs de la salle rectangulaire sont représentés quatre cavaliers parmi lesquels figure l'empereur Constantin et, sur le mur de gauche, des paons, symboles d'immortalité.

★★ Musée Ste-Croix ⊘ (DZ) – Il occupe un édifice moderne élevé à l'emplacement de l'ancienne abbaye Ste-Croix.

Collections archéologiques – *Au sous-sol : accès par un escalier situé au fond de la 1re salle.* Elles concernent le Poitou depuis la préhistoire. On y présente la chronologie du paléolithique et, en vitrine, des silex, outils, objets provenant des fouilles de la cachette de N.-D.-d'Or dans la Vienne (fragment de broche à rôtir en bronze du 7e s. avant J.-C.), du dépôt de Vénat à St-Yrieix-sur-Charente (objets enfouis vers 700 avant J.-C. : lingot de cuivre pur).

Autour de vestiges de murs antiques se répartissent d'importantes collections gallo-romaines : inscriptions, fragments de colonnes, bas-reliefs et statues, parmi lesquelles une célèbre Minerve de marbre blanc (1er s.) trouvée à Poitiers et une tête d'homme ; stèles funéraires (belles stèles venant de Civaux dont *L'Homme à l'enfant*).

Prendre l'escalier au fond de la galerie. On y voit le *Tailleur de pierre*, bas-relief médiéval trouvé aux abords de l'église St-Hilaire. Une salle évoque Poitiers à l'époque de la Contre-Réforme : belle série de peintures du Hollandais Nicolaes Maes représentant *Les Mystères de la vie du Christ* (17e s.), provenant de l'abbaye Ste-Croix ; la statue funéraire de Claude de l'Aubespine par Nicolas Guillain (17e s.) ; un buste de Louis XIII, en marbre, par Guillaume Berthelot, provenant du château de Richelieu.

À l'étage, remarquer le *Chapiteau de la Dispute* (12e s.) et un médaillon Renaissance dessinant les traits du Christ.

Collections ethnologiques – Situées à l'étage, elles évoquent les métiers urbains : cordonnier, tourneur sur bois, textiles, ainsi que le manège fantaisiste du facteur Bonnet.

Galeries de peinture – Répartie sur plusieurs niveaux reliés entre eux par des escaliers, une riche collection de peintures, accompagnée de quelques sculptures, illustre l'art de la fin du 18e s. à nos jours.

La 1re salle réunit quelques œuvres d'artistes de la **fin du 18e s.** : le Poitevin J.-A. Pajou (*Œdipe maudissant Polynice*) ; entourage de Géricault (*Anatomie masculine*). Au milieu : gisant de Mademoiselle de Montpensier, plâtre de James Pradier ; marbre de Jean Escoula représentant *Le Sommeil* (1885).

Plus loin, atelier reconstitué du sculpteur Jean-René Carrière (1888-1982).

La salle suivante *(descendre quelques marches)* est consacrée au **19e s.** : le Poitevin Alfred de Curzon (*Le Jardin du couvent*), Octave Penguilly-l'Haridon (*Parade de Pierrot*), Charles Brun (*Portrait de Germaine Pichot*), Léopold Burthe (*Ophélia*; 1852). Au centre, marbre d'Auguste Ottin (*Jeune fille portant une amphore*, 1861), terre cuite de Carrier-Belleuse (*Le Messie*, 1861).

Quelques **orientalistes** sont réunis un peu plus haut : Alfred Dehodencq (*Fête juive à Tanger*), Eugène Fromentin (*Fantasia*), André Brouillet (*Une rue à Constantine*) ; à côté : trois bronzes animaliers de Barye (19e s.), petits bronzes de Rodin (*L'Homme au nez cassé*, *L'Adolescent désespéré*), Maillol et Camille Claudel.

Dans une salle voisine *(monter quelques marches)*, remarquer un paysage de jeunesse de Mondrian, des peintures de Vuillard, Bonnard, Sisley (*Rue dans un village*) sont regroupées.

Tout en haut se trouve la collection d'art moderne et contemporain (expositions), des œuvres de Marquet (*Les Sables-d'Olonne*), Lépine, Max Ernst, les nouveaux réalistes, ainsi qu'un buste de Colette par Sarah Lipska.

Plus bas, toiles de l'Américaine Romaine Brooks (*Le Poète en exil*, *Portrait de Gabriele D'Annunzio*). Sur un petit palier voisin, carton de tapisserie de Gustave Moreau (*La Sirène et le poète*) et bronze de Maillol (*Les Nymphes de la prairie*).

Espace Mendès France (DZ B) – Consacré aux sciences, à la technique et à l'industrie, cet édifice moderne abrite des **expositions** ⊘ et un centre de conférences. Sous la coupole blanche est aménagé un **planétarium** ⊘ où est projeté, en saison, un spectacle multimédia consacré à la ville.

SAINT-HILAIRE-LE-GRAND

0   20 m

CHEVET

N

Rue du Doyenné

3

Déambulatoire

CHŒUR

TRANSEPT

1   Crypte

2   2

Clocher

NEF

Rue   St-Hilaire

XIᵉ siècle   XIIᵉ siècle

Parties subsistantes   Parties subsistantes

Parties reconstruites au XIXᵉ s.   Parties reconstruites au XIXᵉ s.

Parties disparues

Au Sud-Ouest : le quartier Blossac

★★ Église St-Hilaire-le-Grand (CZ) – Cette très ancienne église est considérée par les amateurs d'archéologie comme la plus intéressante de Poitiers. La contourner extérieurement pour observer, au chevet, les chapelles greffées sur le transept et le déambulatoire : ornées de colonnes portant des chapiteaux très ouvragés, elles présentent des corniches décorées de modillons sculptés (têtes de chevaux, feuillages, petits monstres).

Intérieur ⊘ – *Voir illustration au chapitre de l'Art – Éléments d'architecture.* Au 11ᵉ s. St-Hilaire était déjà une grande église dont les trois nefs, couvertes de plafonds de bois, servaient d'abri aux pèlerins sur le chemin de St-Jacques-de-Compostelle. Malheureusement, au 12ᵉ s., elle fut ravagée par un incendie et, pour la restaurer, en la couvrant d'une voûte de pierre, les architectes d'alors durent réduire la largeur de ses vaisseaux. Ils partagèrent donc chaque bas-côté primitif en deux nefs par la construction de piliers centraux venant étayer les voûtes d'arêtes en leur milieu. Ceux de gauche ont alors englobé le clocher du 11ᵉ s., dont la base forme une superbe salle aux colonnes massives supportant de remarquables chapiteaux archaïques et des voûtes renforcées d'énormes bandeaux.

De même on éleva dans la nef principale une rangée de colonnes qui se raccordent de façon très ingénieuse aux murs d'origine et portent la série des coupoles sur pendentifs. Ainsi sont nés les sept vaisseaux de l'église actuelle. C'est du transept qu'apparaissent le mieux l'ampleur et l'originalité architecturale de l'édifice.

Le **chœur**, lieu du culte, et le transept sont considérablement surélevés par rapport à la nef. L'avant-chœur est orné au sol d'une belle mosaïque et, aux piliers, de chapiteaux intéressants dont, à gauche, celui de la mise au tombeau de saint Hilaire (1) ; on observe également, sur les piliers précédant le transept, des fresques très anciennes représentant les évêques de Poitiers (2). Dans les absidioles, d'autres fresques relatent des épisodes de la vie de saint Quentin et de saint Martin. Le chœur est fermé par un hémicycle de huit colonnes à la base desquelles on admire des grilles de ferronnerie du 12ᵉ s. Observer, adossée au mur du déambulatoire, dans l'axe de l'église, une originale statue de la Trinité (3) : Dieu le Père coiffé d'une tiare présente son fils en croix ; au sommet de la croix, la colombe du Saint-Esprit.

Dans la **crypte**, un coffret (19ᵉ s.) contient les reliques de saint Hilaire.

Parc de Blossac (CZ) – Il fut aménagé au cours du 18ᵉ s. L'entrée principale se fait par des grilles portant les armes du comte de Blossac.

Un cours rectiligne conduit aux **remparts** en bordure de la « tranchée » scindant l'isthme qui sépare les vallées du Clain et de la Boivre. Agréables vues plongeantes, en particulier de la tour à l'Oiseau à l'angle Sud-Ouest du parc. Le parc présente des oiseaux (perroquets, goélands...), des singes, des chèvres, etc.

FLÂNER DANS LA CITÉ POITEVINE

Se déplacer

Bus – Ils desservent Poitiers et son district. STP, avenue de Northampton, ☎ 05 49 44 77 00.

Parkings – De Gaulle (Notre-Dame-la-Grande), Carnot (hôtel de ville) et Rivaud (Blossac) sont les principales aires de stationnement payantes du centre-ville.

Piétons – De la place Charles-de-Gaulle partent deux circuits piétons identifiables par un marquage au sol : le jaune sillonne le Nord de la cité, le bleu descend vers le Clain. Les circuits sont jalonnés de lutrins et de plaques explicatifs.

Se loger

« BUDGET »

Le Plat d'Étain (**DY s**) – 7, rue du Plat-d'Étain, Poitiers, ☎ 05 49 41 04 80. Fermé de mi-décembre à la première semaine de janvier. Caché derrière le théâtre, il est le repère des comédiens en tournée. Les chambres portent un nom évoquant la flore, thème de leur décoration. 24 chambres à partir de 255 F.

« NOTRE SÉLECTION »

Clarine (Europe) (**CZ n**) – 39, rue Carnot, Poitiers, ☎ 05 49 88 12 00. À deux pas des rues piétonnes, cet hôtel calme (en retrait de la rue) bénéficie d'une véranda ouvrant sur un jardin. 88 chambres à partir de 300 F, vaste parking privé.

Le Bois de la Marche – RN 11, 86240 Ligugé, ☎ 05 49 53 10 10. *Prendre la route d'Angoulême (N 10), puis celle de Lusignan (N 11).* À proximité de l'abbaye de Fontaine-le-Comte, ce complexe hôtelier est entouré d'un parc de 13 ha. 53 chambres, dont certaines meublées en style Louis XV, à partir de 300 F.

« OPTION PRESTIGE »

Manoir de Beauvoir – 635, route de Beauvoir, Mignaloux, ☎ 05 49 55 47 47. Fermé de mi-décembre à la première semaine de janvier. *Prendre la route de Montmorillon (N 147) ; 1,5 km à droite après Mignaloux.* De style victorien, cet édifice du 19e s. s'élève au milieu d'un parc boisé de 90 ha (golf 18 trous). 43 chambres à partir de 430 F.

Se restaurer

« BUDGET »

Les Bons Enfants – 11bis, rue Cloche-Perse, Poitiers, ☎ 05 49 41 49 82. Fermé le dimanche et le lundi soir. Près de la médiathèque, l'enseigne de ce petit restaurant ajoute au quartier (maisons à pans de bois) une atmosphère médiévale. Menus à partir de 70 F.

Le Saint-Nicolas – 7, rue Carnot, Poitiers, ☎ 05 49 41 44 48. Fermé le dimanche midi et le mercredi. Un porche ouvre sur une cour où s'installe, en saison, la terrasse de ce restaurant.

« NOTRE SÉLECTION »

Le St-Hilaire – 65, rue Théophraste-Renaudot, Poitiers, ☎ 05 49 41 15 45. Fermé le mardi midi, le dimanche et la première quinzaine de janvier. La façade d'un immeuble moderne cache une porte, où se dérobe un escalier qui plonge le « visiteur » dans le Moyen Âge. Une salle voûtée du 12e s. (cellier de St-Hilaire-le-Grand ?) abrite un restaurant où règne une ambiance médiévale. Menu du terroir à 140 F.

La Chênaie – La Berlanderie, Croutelle, ☎ 05 49 57 11 52. Fermé le dimanche soir, le lundi (sauf jours fériés) et la dernière semaine de janvier. *Prendre la route d'Angoulême (N 10) et sortir aux Hauts-de-Croutelle.* Aménagée avec goût, la salle à manger s'ouvre sur un agréable jardin (terrasse). Menu saveur : 165 F.

« OPTION PRESTIGE »

Les Trois Piliers – 37, rue Carnot, Poitiers, ☎ 05 49 55 07 03. Fermé le dimanche soir, le lundi (sauf jours fériés) et vacances de février. À proximité de l'hôtel de ville, ce restaurant discret possède une charmante cour colorée de roses trémières. Menu découverte à 170 F.

Chalet de Venise – 6, rue du Square, St-Benoît-Bourg, ☎ 05 49 88 45 07. Fermé le dimanche soir et le lundi, la dernière semaine d'août et la deuxième quinzaine de février. *Du pont St-Cyprien, prendre la D 88.* Sous des balcons à balustres, la terrasse est agrémentée d'un jardin au bord de l'eau. Menus à partir de 150 F.

Achats

Artisans – La Grand-Rue abrite trois boutiques dont les devantures d'antan exposent le savoir-faire d'artisans chevronnés : au n° 113, **ciergerie** fondée en 1735, François Guédon, ☎ 05 49 41 07 43 ; au n° 137, création de **parapluies**, François Frères, ☎ 05 49 41 18 77 ; au n° 151, vente et restauration de **poupées anciennes**, La Maison de la Poupée, ☎ 05 49 88 17 08.

Commerces – Au cœur de la cité, de nombreuses rues piétonnes s'étirent de l'hôtel de ville à l'église Notre-Dame-la-Grande. **Le Printemps** (place du Maréchal-Leclerc) et **Monoprix** (1, rue des Cordeliers) constituent les deux plus grandes vitrines du centre-ville.

Marché – Au pied de N.-D.-la-Grande, du lundi au samedi.

Spécialités – Macarons de Montmorillon, gâteau macaroné et croquets aux amandes chez **Rannou-Métivier**, 30, rue des Cordeliers, ☎ 05 49 30 30 10 ; les Romanes de Poitiers chez **Tissier**, 20, rue des Cordeliers, ☎ 05 49 41 01 62 ; le broyé du Poitou.

Douceurs pour palais gourmands : les Chardons du Poitou (pâte d'amande, kirsh, noisettes), les Nougatines du Poitou (amandes grillées), le Mouton du Poitou (noix et pâte d'amande pistache), le St-Hilaire (praliné) chez Rannou-Métivier.

S'informer

Presse – *La Nouvelle République* et *Centre Presse* (quotidiens), *Le Picton* (bimestriel) et *Poitou Magazine* (trimestriel) se partagent l'information de la vie locale et régionale.

Radios FM – Chérie FM (93.3), Delta FM (90,2), Nostalgie (101.5), Pulsar (95.9), Radio Forum (91.7) alternent musique et informations pratiques.

Se divertir

Cinémas – Installées près de l'hôtel de ville, les salles CGR sont réparties sur deux cinémas : **Le Rabelais**, 4, rue Claveurier et **Le Castille**, 24, place du Maréchal-Leclerc. Dans le même périmètre : **Le Théâtre**, 1, place du Maréchal-Leclerc.

Guinguette – Aux beaux jours, l'île Jouteau (accès par la rive gauche du Clain) retrouve les ambiances d'avant-guerre depuis la réouverture de la **maison Jouteau**, 5, chemin du Tison, ☎ 05 49 60 06 33.

Pause détente – Un long couloir, débouchant sur une cour fleurie, conduit au **Jasmin Citronnelle**, 32, rue Gambetta, ☎ 05 49 41 37 26 qui présente des pâtisseries originales et une large variété de thés. Un salon de thé plus classique est installé à l'étage de la **pâtisserie Bajard**, 8, rue Carnot, ☎ 05 49 41 22 49.

Prendre un verre – En saison, il est agréable de profiter des terrasses des bars de la place du Maréchal-Leclerc ou de la place Charles-de-Gaulle. Sur la place de la Liberté, l'**Auberge du Pilori** (maison du 15ᵉ s. tronquée au 18ᵉ s.) étanche la soif des Poitevins depuis le Moyen Âge. La terrasse du bar de l'Espace Mendès-France permet de contempler la cathédrale St-Pierre ou d'assister à un spectacle (le mardi soir en saison).

Spectacles – Salle polyvalente, **Le Théâtre**, 1, place du Maréchal-Leclerc, ☎ 05 49 41 28 33, accueille aussi danse, musique et chanson. **Le Carré Bleu**, 1bis, rue de Nimègue, ☎ 05 49 45 88 78, est fréquenté par les amateurs de jazz. **Le Pince Oreille**, 11, rue des 3-Rois, ☎ 05 49 60 25 99, est spécialisé dans le café-théâtre et l'ambiance piano-bar. Un ancien entrepôt a été réhabilité en espace culturel « branché » (salle de spectacle, expositions d'art contemporain, bar, restaurant) ; **Le Confort Moderne**, 185, faubourg du Pont-Neuf, ☎ 05 49 46 08 08.

Sports – Outre la natation (4 piscines) et le tennis (15 courts), Poitiers offre la possibilité de pratiquer des loisirs plus surprenants : le canoë-kayak sur la base de St-Benoît, le roller sur l'aire de Rébeilleau et l'escalade sur les rochers de Beauvoir à Pouzioux (5 km à l'Ouest de la cité).

Des couleurs dans la nuit

Pendant les mois d'été, à la tombée de la nuit, deux monuments de la cité poitevine dévoilent leurs secrets grâce à des créations signées Skertzò.

Les Polychromies de Notre-Dame-la-Grande – *À 22 h 30 du 21 juin au 31 août et à 21 h 30 du 1ᵉʳ au 20 septembre.* Une foule attentive remplit le parvis de l'église pour assister (1/4 h) à la montée en lumière de polychromies sur la façade restaurée. Il existe 14 versions différentes dont deux « archéologiques ».

Les Fresques de lumière du baptistère St-Jean – *De 22 h à minuit.* Les fresques romanes qui ornent les murs intérieurs du baptistère sont projetées (en boucle) sur l'extérieur de l'édifice (6 sujets : environ 1/2 h).

FAUBOURG ST-SATURNIN (BX)

Il s'étend le long de la rive droite du Clain, au pied de la falaise rocheuse, et de chaque côté de la rue du Faubourg-du-Pont-Neuf. Le boulevard Coligny monte au sommet du **plateau des Dunes** que dominent la statue de Notre-Dame-des-Dunes et les casernements de l'ancienne école d'artillerie.

Statue de Notre-Dame-des-Dunes – Elle étend son bras protecteur vers la cité. Devant l'entrée de celle-ci, depuis la table d'orientation, se dégage une très belle **vue★** (surtout en fin de journée) sur le site de Poitiers ; on remarquera l'alternance des toits de tuiles rondes (maisons) et d'ardoises (édifices publics), ainsi que les nombreux clochers. En contrebas, un éperon rocheux, le rocher Coligny, servit de poste d'observation à l'amiral de Coligny lorsque les protestants assiégèrent la ville en 1569.

Hypogée des Dunes ⊙ (**A**) – *Accès par la rue de la Pierre-Levée, puis la rue de St-Saturnin (1ʳᵉ rue à gauche).* Dans un jardin planté d'imposants conifères, parsemé de sarcophages, s'élève une construction de style gallo-romain (1909) abritant l'un des monuments les plus étranges du haut Moyen Âge, qui ne fut découvert qu'en 1878 : une chapelle souterraine érigée au centre d'un cimetière chrétien primitif à la fin du 6ᵉ s., par un abbé qui y établit sa sépulture. L'hypogée renferme un mobilier varié, autel, stèles funéraires, bas-reliefs, et surtout une colonne sur laquelle figurent sculptés en ronde-bosse deux personnages en position de suppliciés, représentant la crucifixion des deux larrons, rare exemple de sculpture figurative de l'art mérovingien finissant. Les marches de l'escalier s'ornent de représentations symboliques caractéristiques du christianisme primitif (poissons, serpents entrelacés, rinceaux de lierre…).

La Pierre levée (**B**) – *Accès par la rue de la Pierre-Levée, puis la rue du Dolmen (2ᵉ rue à gauche).* Ce dolmen, brisé au 18ᵉ s., était un but d'excursions, très fréquenté au temps de Rabelais. Celui-ci raconte, dans *Pantagruel*, que les « escholiers » l'escaladaient pour y « banqueter à force flacons, jambons et pâtés, et écrire leur nom dessus avec un couteau ».

① DE LA FORÊT DE MOULIÈRE À LA VALLÉE DE LA BOIVRE

Circuit de 110 km – environ une journée

Quitter Poitiers par l'Est en empruntant la D 6 qui longe le Parc des Expositions.

Le Breuil-Mingot – Charmant manoir du début du 17ᵉ s.

Poursuivre sur la D 6. À l'entrée de Bignoux, prendre à droite la D 139.

Le Bois-Dousset ⊙ – Élégant édifice des 16ᵉ et 17ᵉ s., ceint de douves.

Poursuivre la D 139. À Lavoux, prendre au Nord-Ouest la D 20 sur 5 km.

Peu après l'entrée de la **forêt de Moulière**, le lieu dit du Grand Recoin abrite la **Maison de la Forêt** ⊙. C'est le point de convergence des amateurs de nature qui y trouveront un plan géant du massif boisé.

Au carrefour suivant, prendre sur la droite la D 3.

La route est bordée de nombreux chemins forestiers qui offrent d'agréables parcours de promenade.

Bonneuil-Matours – Joliment installé sur la Vienne, ce bourg possède un moulin hydraulique. L'église romane, restaurée, est ornée d'intéressants chapiteaux primitifs à la croisée du transept et dans le chœur.

Quitter Bonneuil par l'Ouest en empruntant la D 82.

Réserve naturelle du Pinail – La route traverse cette réserve qui s'étend sur 135 ha en bordure de la forêt de Moulière. C'est une lande où croissent la bruyère à balais (brande), l'ajonc nain et la molinie (herbe à longue tige), et où se dissimulent plus d'un millier de mares, résultat de l'exploitation de la pierre meulière qui servait autrefois à faire les meules des moulins. Deux circuits fléchés permettent de parcourir la réserve *(bottes recommandées)*.

Poursuivre sur la D 82.

Parc de loisirs de St-Cyr ⊙ – Autour d'un vaste lac artificiel (85 ha), ceinturé de collines et de futaies, ce parc propose une gamme très étendue d'activités : baignade, voile, planche à voile, golf, aires de jeux, tennis, pêche...

Poursuivre sur la D 82 qui traverse bientôt la N 10.

Beaumont – Ce village vigneron est installé sur le rebord d'une butte-témoin détachée du front de côtes qui forme talus entre Châtellerault et Vendeuvre. De la Grand-Place part un chemin qui conduit à un donjon démantelé sous Louis XIV : vue étendue sur les vallées du Clain et de la Vienne.

Quitter Beaumont par le Sud-Ouest. La route passe bientôt sous la N 10.

Château de Dissay – *Voir p. 107.*

Quitter Dissay par le Sud-Ouest en empruntant la D 4.

Château de Vayres ⊙ – Ce charmant manoir date des 15e-16e s. De ses jardins à la française en terrasses descendant vers le Clain et précédés de cèdres, on découvre une jolie perspective sur la façade Ouest mise en valeur par un puissant mur de soutènement à contreforts. Le remarquable pigeonnier contient 2 620 cases ; offert par Anne d'Autriche, il a été construit en 1656.

Prendre au Nord la route qui enjambe le Clain.

★★★ Le Futuroscope – *Voir p. 113.*

Quitter le Futuroscope en franchissant, au Nord, l'autoroute A 10. En empruntant la D 62, traverser les villes de Neuville-de-Poitou et Vouillé.

Au Sud, la D 40 traverse la forêt de Vouillé-St-Hilaire.

Abbaye du Pin – Fondée en 1120, elle fut confiée aux cisterciens. De la grande abbatiale à nef unique restent les murs et le pignon Ouest. Les beaux bâtiments monastiques de la fin du 16e s. ont été transformés en château.

Poursuivre sur la D 6, puis après 4 km tourner à gauche.

Château de Montreuil-Bonnin – Dans une belle position au-dessus de la Boivre, le château, en partie ruiné, date du 13e s. Son enceinte dessine un rectangle jalonné de tours ; l'entrée en est défendue par un châtelet à pont-levis ; à l'angle Sud-Ouest, sur la vallée, se trouve la salle seigneuriale éclairée par d'élégantes baies gothiques. Le donjon a des murs épais de 3 m ; la salle supérieure était couverte d'une gigantesque coupole aux bases encore apparentes. Au 15e s. fut élevé un autre logis seigneurial, encore en bon état. Des terrasses plantées d'énormes cèdres, vues plongeantes sur la vallée de la Boivre.

Quitter Montreuil-Bonnin par l'Est. Au carrefour, prendre la D 3 sur 500 m, en direction de Poitiers, puis tourner à gauche pour rejoindre plus loin la D 6.

La route pittoresque longe en sous-bois la rive gauche de la Boivre.

Grottes de la Norée ⊙ (AX D) – Dans un site charmant, près d'un coude de la Boivre que coupe un moulin en ruine, elles comptent environ 500 m de salles fort intéressantes, formées dans un terrain dur (calcaire à bancs de silex) donnant par endroits de curieuses concrétions à forte teneur en silice.

La vallée sinueuse est bordée par une falaise entaillée de cavernes. La route de la Cassette ramène à Poitiers.

② LES VALLÉES DU CLAIN, DE LA CLOUÈRE ET DU MIOSSON *circuit de 65 km – environ une demi-journée*

Quitter Poitiers par l'avenue de la Libération (AX) et prendre à gauche pour longer le Clain.

La **vallée du Clain** est une grande voie de pénétration du Poitou menant jusqu'au fameux « Seuil » qui sépare le Poitou de l'Angoumois, les pays de langue d'oïl de ceux de langue d'oc. Le Clain, parfois encaissé et coupé de moulins, serpente dans un cadre verdoyant de prairies et de coteaux souvent troués de cavernes.

St-Benoît – Au débouché du vallon du Miosson, ce gros village est profondément encaissé entre les pentes escarpées de collines boisées. L'**église** ⊙, ancienne abbatiale bénédictine, est bâtie dans un style roman très sobre qui paraît étranger à la manière habituelle de l'école poitevine. À l'intérieur, la disposition des pierres des murs de la nef retiendra l'attention : l'appareil, en blocage dans le bas, en réseau dans le haut, marque une construction du 11e s. Les boiseries et les stalles sont du 18e s., le tabernacle du 17e s. À droite de l'édifice, vestiges d'une galerie de cloître du 12e s., dans laquelle est incorporée l'entrée de la salle capitulaire.

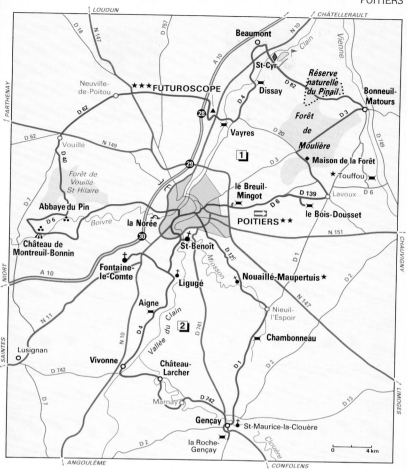

Quitter St-Benoît par le Sud-Ouest pour rejoindre la D 4. À l'entrée de Ligugé, prendre à droite la D 87.

Abbaye de Fontaine-le-Comte – Construite vers 1126-1136 par le comte de Poitiers Guillaume VIII, père d'Aliénor d'Aquitaine, cette ancienne abbaye de l'ordre de Saint-Augustin conserve une vaste église dont la nef unique est voûtée en berceau.

Revenir sur la D 87 pour rejoindre Ligugé.

Abbaye de Ligugé – *Voir p. 122.*

Quitter Ligugé par le Sud en empruntant la D 4.

Château d'Aigne – Édifice Renaissance, très restauré, dans une position dominante. De la terrasse, vue plongeante sur la vallée ; au flanc du coteau, grotte dite de Rabelais.

Poursuivre sur la D 4.

Vivonne – Petite ville juchée sur un éperon, Vivonne commande le confluent de trois rivières, la Vonne, le Palais et le Clain, ce dernier s'y divisant en plusieurs bras qui enserrent de vertes prairies et une petite plage.

Église – D'architecture quelque peu disparate mais non sans saveur, elle comprend un croisillon gauche du 12e s., une nef gothique, dans laquelle on pénètre par un beau portail en tiers-point du 13e s., un croisillon droit et un chevet de la fin du 16e s. Ravaillac y aurait eu la vision d'un infidèle enfermé dans un triangle d'épées, apparition qui le confirma dans son dessein de faire périr Henri IV.

Quitter Vivonne par le Sud-Est en empruntant la D 742.

Château-Larcher – Pittoresquement situé sur la Clouère, ce bourg conserve des vestiges de son enceinte et de son château. Église romane au portail sculpté ; dans le cimetière, lanterne des morts du 12e s.

Quitter Château-Larcher par le Sud en empruntant la D 144. Après Marnay, prendre à droite la D 742.

Gençay – *Voir p. 118.*

Quitter Gençay par le Nord en empruntant la D 1.

Château de Chambonneau ⊙ – *Voir illustration au chapitre de l'Art – Éléments d'architecture.* Ses premiers aménagements dateraient du 13ᵉ s., époque à laquelle la forteresse s'inscrivait dans un vaste système défensif comprenant sept châteaux (Château-Larcher, Gençay, Morthemer...) reliés par des souterrains. À la fin du 15ᵉ s., Guy Frotier, seigneur de la Messelière, modifie l'édifice qui prend alors sa configuration actuelle. De face, le château frappe par son aspect défensif : le châtelet d'entrée, flanqué de deux tours rondes percées d'archères et couronnées d'un chemin de ronde couvert sur mâchicoulis, commandait jadis un pont-levis. Les trois corps de bâtiment de l'aile Sud s'appuient sur les courtines. La cour s'ouvre sur une esplanade délimitée à l'origine par quatre tours d'angle.

Poursuivre sur la D 1. Après l'église de Nieuil-l'Espoir, prendre à gauche la D 12.

★**Abbaye de Nouaillé-Maupertuis** – *Voir p. 165.*

La D 12ᶜ ramène directement vers les quartiers Sud de Poitiers.

PONS

4 412 habitants (les Pontois)
Cartes Michelin n° 71 pli 5 ou 233 pli 27 – 20 km de Saintes

L'avenante petite cité de Pons (prononcer Pon) s'étire sur une colline. Son donjon et ses remparts veillent sur le cours languissant de la Seugne, affluent de la Charente qui se divise en multiples bras, coulant entre les prés, les peupliers et les saules.
Étape sur la route de Compostelle au Moyen Âge, Pons devint, aux alentours de 1900, une forteresse du radicalisme militant et de l'anticléricalisme en la personne de son maire Émile Combes (1835-1921).

CURIOSITÉS

Ancien château – Il couvrait jadis la surface actuellement occupée par la place et le jardin public. Ses possesseurs, les sires de Pons, ne relevaient que du roi de France ; ils commandaient à plus de 60 villes ou bourgs et plus de 600 paroisses ou seigneuries, ce qui donna naissance à l'adage : « Si roi de France ne puis être, sire de Pons voudrais être... »

★**Donjon** ⊙ – Érigé au 12ᵉ s., il atteint 30 m de hauteur ; on y pénétrait par des échelles qu'on retirait en cas de danger. Son couronnement actuel, refait en 1904, relève de la fantaisie, mais l'ensemble de la construction épaulée par des contreforts peu saillants donne une impression de puissance. Du sommet, **panorama** sur la ville et la vallée.

Au fond de l'abrupt, l'ancien logis seigneurial comprend un corps de bâtiment du 17ᵉ s. que flanque une tourelle d'escalier plus ancienne. Il abrite l'hôtel de ville.
Au-delà, le charmant jardin public établi en terrasses sur les remparts offre de jolies vues plongeantes sur les bras de la Seugne. À l'extrémité du jardin apparaît l'ancienne chapelle du château (St-Gilles). Sous son chevet, on trouvera une porte romane qui commandait une des entrées de l'enceinte ; à côté a été remontée la façade d'une maison Renaissance.

Église St-Vivien – *Au Sud de la ville, près du cours Jean-Jaurès.* Cette ancienne chapelle d'un prieuré à façade du 12ᵉ s. suscite l'intérêt par son portail roman très profond à voussures et par ses deux petits clochers-arcades, installés au 18ᵉ s., qui encadrent de façon insolite le pignon de la façade.

Église Notre-Dame-de-l'Hôpital-Neuf – *À 1 km au Sud-Ouest de Pons, sur l'ancienne route de Bordeaux.* Elle fut édifiée au début du 12ᵉ s., servant de nécropole aux seigneurs de Pons jusqu'en 1793. Aujourd'hui, cet édifice accueille un mausolée et un **musée historique** ⊙ consacrés à cette lignée de seigneurs qui jouèrent de grands rôles dans l'Histoire de France.
Face à l'église, un hôpital fut érigé dans la deuxième moitié du 12ᵉ s. Ces établissements religieux, nombreux au Moyen Âge, ont rarement survécu. Celui-ci, hors des murs de Pons, offrait un refuge aux voyageurs ou aux pèlerins arrivant de nuit après la fermeture des portes de la ville.

★**Passage voûté** – Franchissant la route, il relie l'église à l'Hôpital-Neuf. Le portail de la salle des malades s'ouvre sous des voussures plein cintre ornées de motifs végétaux ou géométriques. On peut s'amuser à chercher dans la pierre la fameuse Anguille de Pons. De chaque côté du passage, des bancs de pierre permettaient aux pèlerins harassés de se reposer ou d'attendre la fin des intempéries : on les imagine, traçant, pour tromper l'ennui, les graffiti qu'on distingue encore sur les murs. Dans les enfeus, des fosses étaient sans doute destinées à recevoir les corps des pèlerins décédés.

Château d'Usson ⊙ – *1 km au Sud par la D 249.* Bel exemple d'architecture Renaissance, ce château, bâti par la famille de Rabaine, s'élevait près de Lonzac, à deux lieues à l'Est de Pons. À la fin du siècle dernier, menacé de destruction, il fut transporté et remonté, pierre par pierre, à son emplacement actuel.

La cour suscite l'intérêt par la variété de son ornementation : au fond, la galerie à arcades en anses de panier est remarquable par son décor de médaillons (les douze Césars), ses statues de marmousets, ses sentences gravées, etc. À l'extrémité d'une des ailes, une tour, au toit original, est toute sculptée de blasons, d'emblèmes (coquilles et croissants figurant sur les armes de Rabaine) et, sous le rebord du toit, d'une frise découpée en panneaux par des tronçons de colonnes creuses.

À l'intérieur, remarquer le salon, paré de ravissantes **boiseries★** Régence, blanches à rechampis d'or, provenant du château de Choisy-le-Roi et, dans la salle d'honneur, la porte de l'ancienne chapelle, sculptée par Nicolas Bachelier, élève de Michel-Ange.

LA RÉGION PONTOISE *circuit de 95 km – environ 4 h*

En plus de ses châteaux, la région pontoise réserve aux amateurs d'art la découverte d'une série d'églises de village, romanes ou Renaissance, présentant des éléments architecturaux ou décoratifs particulièrement dignes d'intérêt.

Quitter Pons par le Nord-Est en empruntant la D 732.

Église de Pérignac – Elle est remarquable par sa **façade** de style roman saintongeais qu'animent deux rangées d'arcatures sculptées : au registre inférieur, les apôtres entourant la Vierge contemplent l'Ascension du Christ, et au registre supérieur s'affrontent les Vices et les Vertus. La voussure, ornée de têtes de chevaux, de la grande fenêtre centrale est caractéristique de la région.

Quitter Pérignac par le Sud-Est en empruntant la D 128. À Coulonges, prendre à droite la D 146.

Église d'Échebrune – Le portail de cet édifice roman prend beaucoup d'importance par rapport aux arcades latérales, toutes petites, mais son décor très sobre se borne aux chapiteaux joliment découpés en feuilles d'acanthe. Au-dessus de la corniche, une rangée de hautes arcatures occupe toute la largeur de la façade ; celle du centre est polylobée.

Quitter Échebrune par l'Est en empruntant la D 700 en direction d'Archiac. Après 2,5 km, prendre à gauche la D 148.

Église de Lonzac – *Voir p. 123.*

Quitter Lonzac par le Sud-Est en empruntant la D 128. À Cierzac, prendre à gauche la D 731.

Dolmen de St-Fort-sur-le-Né – *1,5 km au Sud-Est du village par la D 151.* Ce monument mégalithique est entouré d'une mer de vignes. Il comporte une grande roche plate reposant à l'horizontale sur trois rocs équarris. Vue circulaire sur le vignoble cognaçais de la Grande Champagne.

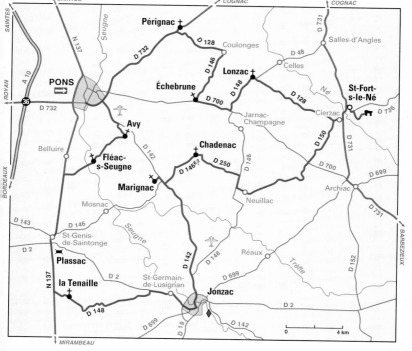

Quitter St-Fort-sur-le-Né par le Sud et revenir à Cierzac. Peu après l'église, prendre à gauche la D 150 et suivre cette route jusqu'à Neuillac. Au carrefour, emprunter à droite la D 148.

On suit le tracé de l'ancienne **voie romaine** qui reliait Saintes à Périgueux ; un virage en coude marque la déviation occasionnée par la route moderne. Coupant un bois, un chemin communal a permis de mettre au jour une partie de la voie romaine. Une **table de lecture** en lave émaillée permet d'interpréter la partie de route dégagée lors des fouilles archéologiques de 1996.

Poursuivre sur la D 148, puis prendre à gauche la D 250.

Église de Chadenac – La façade romane présente une exubérante décoration sculptée illustrant le thème du Bien et du Mal :
– au centre du portail figure le Christ couronné de l'Ascension ; les voussures sont habitées par tout un peuple de saints, de monstres et de figures allégoriques : Vierges sages et folles (voussure centrale), Vertus et Vices (en bas) ;
– les arcades latérales sont garnies de statues, mutilées en 1840 et surmontées d'un molosse attaquant un agneau qui fuit et un bœuf qui fait front ; dans les écoinçons se font face saint Georges et la princesse de Trébizonde, saint Michel et son dragon ;
– les chapiteaux d'angle de

Église de Chadenac – Détail de la décoration sculptée ornant la façade

la façade représentent à droite les Saintes femmes au tombeau, à gauche Constantin à cheval près d'un palmier, foulant l'Hérésie ;
– la frise sous corniche est ornée de motifs géométriques et de têtes.
Quitter Chadenac par le Sud-Ouest en empruntant la D 146 E2.

Marignac – Accroché à flanc de coteau, ce petit village naquit d'un prieuré de l'abbaye de Charroux. Dans l'église St-Sulpice, du 12e s., l'**abside★** romane, sur plan tréflé, attire le regard par son originalité, les absidioles se confondant avec les bras arrondis du transept. Admirer la richesse de sa frise sculptée dont les motifs, les personnages (l'homme-tonneau au Sud-Est), les animaux sont traités avec une savoureuse fantaisie. La croisée du transept retient l'attention par ses dispositions : arcades doubles, consoles supportant les bases des trompes de la coupole. Détailler les chapiteaux (scène de chasse au pilier Sud-Ouest, deux amours au pilier Sud-Est) décorés d'une frise répondant à celle de l'extérieur ; l'aspect hispano-mauresque du décor s'affirme avec force.

Quitter Marignac par le Sud-Est en empruntant la D 142.

Jonzac – *Voir p. 121.*
Quitter Jonzac par le Nord-Ouest en empruntant la D 2. 1 km après St-Germain-de-Lusignan, prendre à gauche la D 148.

Abbaye de la Tenaille – Ce monastère bénédictin est occupé aujourd'hui par une ferme. L'abbatiale romane, à façade saintongeaise, a vu s'effondrer deux de ses trois superbes coupoles sur pendentifs. Le château (1830) possède une **façade** de pur style Louis XVI avec son décor de guirlandes et ses balustrades.

Rejoindre la N 137 et prendre à droite en direction de St-Genis-de-Saintonge.

Château de Plassac – Il fut bâti vers 1772, pour l'évêque d'Autun, par le célèbre architecte Victor Louis. En 1832 le château abrita la duchesse de Berry avant qu'elle ne tente de soulever la Vendée *(voir Blaye, guide Vert Michelin Pyrénées Aquitaine)*. En pénétrant par l'allée principale, on peut voir, dans la cour de la ferme, la tour du pèlerin, reste d'un château du 15e s.

Poursuivre sur la N 137. Avant Belluire, tourner à droite sur la D 144.

Église de Fléac-sur-Seugne – Édifice Renaissance dont le clocher, d'un dessin original, présente une base carrée coiffée d'un dôme octogonal surmonté d'une lanterne. De chaque côté du portail, deux colonnes torsadées supportent deux lions.

Poursuivre sur la D 144.

Avy – Joli village accroché à flanc de coteau. La façade de l'**église** romane est percée d'un portail dont la voussure représente un concert burlesque. À l'intérieur, à gauche, s'ouvre une chapelle ornée d'une peinture murale du 14e s. : deux donateurs présentés par leur saints patrons vénèrent une Vierge à l'Enfant, portant l'équipement du parfait pèlerin : chapeau, bourdon, besace... La chapelle recouvre un ossuaire dont on voit l'orifice à l'extérieur.

La D 142 ramène à Pons.

PORNIC ⚓

9 815 habitants
Cartes Michelin n° 67 pli 1 ou 232 pli 26 – 25 km au Sud-Est de St-Nazaire

Un site de crique étroite qu'occupe un petit port de pêche, de vieux quartiers serrés sur la colline, des villas cossues aux jardins plantés de pins parasols, un terrain de golf, des plages de sable abritées, un important port de plaisance et un institut de thalassothérapie font de Pornic une station balnéaire privilégiée.

CURIOSITÉS

Vieille ville – C'était jadis une place forte dont la protection naturelle était assurée au Sud par le port et à l'Ouest par un vallon, aujourd'hui «jardin de Retz». Le château et des remparts, suivant le tracé de la promenade de la Terrasse puis de la rue de la Douve, constituaient le dispositif de défense.

Le port de pêche – Il offre un abri à une flottille de bateaux de pêche et de temps à autre à quelque caboteur.

De l'extrémité du port, séduisantes perspectives à droite vers la ville étagée sur la pente, en face sur l'anse à l'entrée de laquelle on distingue au milieu des frondaisons la silhouette du château.

Château – Enfoui dans la verdure, le château de Pornic, bâti en granit, domine la petite plage du Château. Il fut entouré d'eau et son accès se faisait par un pont-levis qu'a remplacé un pont fixe sous lequel passe la rue des Sables.

Élevé aux 13e-14e s., il appartint au célèbre Gilles de Rais *(voir Tiffauges)*; il a été remanié au 19e s.

Promenade de la Terrasse – Aménagée sur l'emplacement des anciens remparts, elle permet de découvrir des vues agréables sur le château et sur le jardin de Retz, envahi par les pépinières.

PORNIC

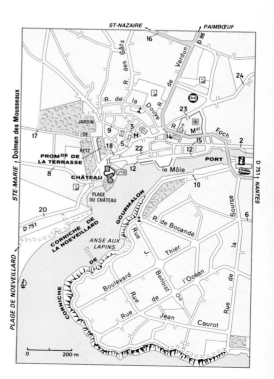

Pornic – La vieille ville vue de la corniche de Gourmalon

★**Corniche de la Noéveillard** – *1/2 h à pied AR. Prendre le sentier longeant la mer à partir de la plage du Château.* On rejoint un chemin en balcon sur mer, qui offre des vues agréables sur l'anse de Pornic, les rochers et l'océan. On domine bientôt les installations du vaste port de plaisance avant d'atteindre la plage de la Noéveillard, de sable fin.

Corniche de Gourmalon – La route suit le bord de la corniche, passe au-dessus de l'anse aux Lapins (plage), puis sur la pointe de Gourmalon. Vues sur Pornic, le château, la corniche de la Noéveillard.

Dolmen des Mousseaux – *Signalé au départ de la plage du Château.* Cette double allée couverte, surmontée de pierres étagées en gradins, aurait eu un double rôle de tombeau et de monument de prestige pour des cultivateurs du néolithique, aux alentours de l'an 3500 avant J.-C. Les deux chambres ont la particularité, répandue près de l'estuaire de la Loire, d'avoir un plan transepté, c'est-à-dire un couloir à chambres latérales *(panneau explicatif).*

PORNIC EXPRESS

Se loger et se restaurer

« NOTRE SÉLECTION »

Le Relais Saint Gilles – 7, rue Fernand-de-Mun, ☎ 02 40 82 02 25. Fermé de mi-octobre à mars. Hôtel aménagé dans un relais de poste du 19ᵉ s. Chambres à partir de 300 F. Parking.

« BUDGET »

Cœur et Crème – Passage des Arcades, quai Leray, ☎ 02 40 82 34 98. Fermé le lundi de novembre à mars. Restaurant de fruits de mer et produits régionaux, à déguster dans la salle ou le passage ombragé. Menus de 70 F à 245 F.

Achats

Marché – En matinée, les jeudi et dimanche, place des Halles et de la Terrasse. En saison, marché supplémentaire le mardi.

★LA CÔTE DE JADE

De Pornic à la pointe de St-Gildas – *14 km par la D 751 – environ 3/4 h.*

De Pornic à St-Brévin-les-Pins, un chapelet de stations balnéaires fréquentées jalonne le littoral du pays de Retz, nommé la **Côte de Jade** en raison de la couleur de ses flots d'un vert soutenu. Entre Pornic et St-Gildas, les schistes, formant une corniche échancrée de criques sablonneuses, lui donnent un caractère pittoresque.

Ste-Marie – À proximité de la plage Mombeau, un sentier en corniche permet de jouir d'une jolie **vue** sur la côte rocheuse où s'inscrivent des plages de sable fin. On remarque de nombreux carrelets installés pour la pêche.

Prendre la direction « Le Porteau par la côte ».

De la plage des Sablons à celle du Porteau, la route suit la mer, longeant en balcon une côte déchiquetée.

Du Porteau à Préfailles, la route ne côtoie plus le littoral ; seuls les adeptes de la marche à pied pourront s'en rapprocher en empruntant le sentier de randonnée (Tour du Pays de Retz) qui domine l'océan.

★**Pointe de St-Gildas** – *Laisser la voiture sur le parc aménagé près du port de plaisance.* Couverte de l'herbe rase de la lande, que parsèment les vestiges du mur de l'Atlantique, elle se prolonge par des écueils de schiste sur lesquels se brisent les vagues. C'est au large de la pointe de St-Gildas que sombra, le 14 juin 1931, le vapeur nantais *St-Philibert*, entraînant la mort de 500 passagers de retour d'une excursion à Noirmoutier.

De l'extrémité de la pointe, la vue se développe de la côte bretonne, entre St-Nazaire et Le Croisic, jusqu'à Noirmoutier, basse sur l'horizon.

POUZAUGES

5 473 habitants
Cartes Michelin n° 67 pli 16 ou 232 pli 42 – 19 km au Sud–Est des Herbiers
Schéma p. 98

Au cœur des Collines vendéennes *(voir ce nom)*, Pouzauges est étagée sur la pente d'une colline que couronne le bois de la Folie, face à une vaste étendue de bocage où se pratique l'élevage intensif qui a donné naissance à une grande entreprise agro-alimentaire (fabrication de plats cuisinés) : Fleury-Michon.

CURIOSITÉS

Vieux château – Cette forteresse féodale fut apportée en dot à Gilles de Rais *(voir Tiffauges)* par sa femme. Son enceinte est jalonnée de 10 tours rondes ruinées, et un donjon carré, flanqué de tourelles engagées, en protège l'entrée. Une croix rappelle le souvenir des 32 Vendéens fusillés à cet endroit pendant la Révolution.

Église St-Jacques – De type vendéen, en granit, trapue et équilibrée, avec une tour carrée sur la croisée du transept, elle présente une courte nef et un transept du 12e s. dont le style marque la transition du roman au gothique. Le vaste chœur gothique flamboyant à trois vaisseaux a été édifié au 15e s.

Église de Pouzauges-le-Vieux ⊙ – *1,5 km au Sud-Est.* De style roman, à l'exception du chœur refait au 14e s., cet édifice en granit, aux lignes très simples, érigée sur un tertre planté de cyprès, compose un tableau harmonieux. Son portail au dessin pur, son transept très saillant, sa courte tour carrée à la croisée du transept ont donné le ton à maints sanctuaires vendéens. L'intérieur, voûté en berceau brisé, est pavé de dalles funéraires. Sur le mur gauche, **peintures murales** du 13e s. : Rencontre de sainte Anne et de saint Joachim à la Porte Dorée, Présentation de la Vierge au Temple, Entretien de la Vierge avec un ange.

Puy Crapaud – *2,5 km au Sud-Est. Voir p. 100.*

★**Moulins du Terrier-Marteau** – *1 km par la D 752 puis une petite route à droite. Voir p. 96.*

Bois de la Folie – *1 km au Nord. Voir p. 100.*

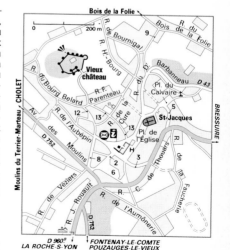

POUZAUGES

Champ-de-Foire (R.)	2
Clemenceau (R. G.)	3
Guichet (R. du)	5
Lattre-de-T. (Pl. Mar.)	6
Pavé (R. du)	8
Puy-Trumeau (R. du)	9
Remparts (R. des)	12
Vieux-Château (R. du)	13

Le PUY DU FOU ★★

Cartes Michelin n° 67 pli 15 ou 232 pli 42 – 12 km au Nord-Est des Herbiers
Schéma p. 98

Le nom du domaine dérive du latin : le « puy » (de « podium ») désigne une éminence où croissait un hêtre ou « fou » (de « fagus »).

Le site – Le château du Puy du Fou brille la nuit sous les feux d'un célèbre Son et Lumière. Le jour, un musée y évoque le passé de la Vendée tandis que le site s'anime des attractions du « Grand Parcours ».

LE CHÂTEAU

Édifié aux 15ᵉ et 16ᵉ s., il ne fut probablement jamais achevé et brûla partiellement durant les guerres de Vendée *(se reporter à l'Introduction)*. Il en subsiste cependant, au fond de la cour, un beau pavillon, du style de la Renaissance finissante, que précède un péristyle à colonnes engagées ioniques, constituant l'entrée de l'écomusée de la Vendée. L'aile gauche est construite sur une longue galerie.

★**Écomusée de la Vendée** ⊘ – Dans l'entrée, remarquer le bel escalier à volées droites et plafond à caissons. En préambule à la visite, la chapelle et la salle des gardes proposent des vues du château et un film sur les musées en Vendée.
La première partie de l'écomusée est consacrée au passé de la région, de sa formation géologique à la fin de l'Ancien Régime ; chaque grande période est évoquée par une approche thématique, illustrée par des objets témoins et des reconstitutions (sépulture mégalithique, cuisine gallo-romaine, façade d'église romane...).
La seconde partie propose une approche des guerres de Vendée par un montage audiovisuel retraçant les opérations militaires de 1793 à 1796.
Ensuite, on explique l'émergence d'une mémoire populaire locale fondée sur des récits et des témoignages, qui fut structurée et officialisée par la Restauration, et qui s'exprima par une abondante iconographie (portraits des chefs vendéens), un courant littéraire et des récompenses royales.
À cette conception s'oppose à la fin du 19ᵉ s. une vision républicaine qui exalte le souvenir des héros révolutionnaires (Bara, Hoche), tandis que l'art officiel imposait une image bretonnante des combattants de l'Ouest.
Enfin vient une évocation du patrimoine industriel de la Vendée ; on remarque une machine à vapeur Piguet (début du 20ᵉ s.) qui entraînait une machine à filer la laine cardée.

★★★LA CINÉSCÉNIE ⊘

On ne visite pas pendant la journée. 13 500 places. La terrasse de la façade postérieure du château offre une agréable perspective sur une pièce d'eau et compose le décor et l'aire scénique (15 ha) de l'éblouissante cinéscénie du Puy du Fou. « Jacques Maupillier, paysan vendéen » met en scène 800 acteurs, baptisés « Puyfolais », venant des quinze communes environnantes, et 50 cavaliers qui font revivre l'histoire de la Vendée avec des moyens impressionnants : jets d'eau, effets spéciaux, éclairages et pyrotechnie informatisés, structure sous-marine autotractée, laser, etc.

Le Puy du Fou – La Cinéscénie

★★LE GRAND PARCOURS ⊘

Longeant des étangs ou traversant des bois de châtaigniers, les chemins qui sillonnent le domaine de 35 ha entourant le château permettent une agréable promenade ponctuée d'intéressantes étapes.

Faune

★★Chemin des Volières – Des panneaux explicatifs accompagnent les nombreuses volières de rapaces qui bordent le chemin grimpant vers le vieux château.

Clairière aux renards – Goupil et les siens rôdent au Nord du bois.

★Conservatoire animal – De vastes enclos accueillent les animaux de la ferme, parmi lesquels le baudet du Poitou *(voir Dampierre-sur-Boutonne)* qui s'avère être le plus affectueux de tous... moyennant un quignon de pain.

Étable de Grand-Père – Il est spectaculaire de voir le paysan s'employer de la voix et du geste à faire reculer un attelage de bœufs vers l'entrée de la vieille étable.

Pigeons voyageurs – Utilisés jusqu'à la Première Guerre mondiale, ces volatiles étaient dressés pour porter des messages entre deux lieux éloignés.

Sentier des terriers – Des reconstitutions de galeries en coupe permettent de découvrir la vie souterraine des lapins et des renards (animaux naturalisés).

Tanière des loups – Au 18e s., ces animaux de légendes parcouraient par horde la campagne française. Cette tanière raconte l'histoire du dernier loup de Vendée : nous sommes en 1908...

Le Grand Parcours – Fête de Chevalerie

Flore

★Arboretum de France – Un agréable parcours permet de se familiariser avec un grand nombre de plantes. Souvent rencontrées au bord des chemins lors de promenades, le flâneur peut avoir du mal à mettre un nom sur l'objet de son attention ! Des pancartes explicatives tentent de remédier à cette lacune.

Chemin des bruyères – Plusieurs variétés de bruyères poussent parmi les fougères et les rocailles, à l'ombre d'arbres (chêne, noisetier).

★Roseraie Renaissance – Une centaine de variétés composent un tableau de couleurs d'où émanent de subtils parfums.

Sentier de la vie des pierres – D'où viennent les roches ? Des panneaux explicatifs et des « échantillons » de pierre (amphibolite, granit, rhyolite, schiste, etc.) jalonnent cette austère promenade.

★★Vallée fleurie – Plantes et essences diverses sont soigneusement associées le long de sentiers bordés d'étangs et de cascades. Parfois, une brume artificielle (pulvérisation d'eau) enveloppe le site, donnant à ce lieu de verdure des accents de romantisme.

Mémoire

★★Chemin creux des guerres de Vendée – *L'atmosphère particulière des lieux est susceptible de choquer les jeunes enfants et les personnes sensibles.* Dans une semi-obscurité, un parcours souterrain est jalonné de scènes dramatiques ; celles-ci évoquent les massacres perpétrés par les colonnes infernales lors des guerres de Vendée.

LE PUY DU FOU
LE GRAND PARCOURS

- 🛈 Information
- ☎ Téléphone
- ✕ Restauration
- 🥤 Boissons
- 🚻 Toilettes

★★ GRAND SPECTACLE
DE FAUCONNERIE

★★ CHEMIN

DES

VOLIÈRES

Orgue

Pont
flottant

Tribune panoramique

LA CINÉSCÉNIE ★★★

FÊTE DE
CHEVALERIE ★★

CHÂTEAU
(ÉCOMUSÉE DE
LA VENDÉE ★)

Billetterie

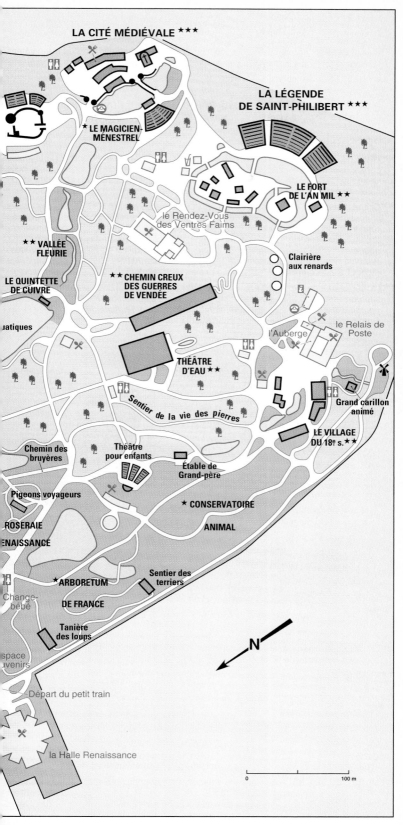

LA CITÉ MÉDIÉVALE ★★★

LA LÉGENDE
DE SAINT-PHILIBERT ★★★

★ LE MAGICIEN-
MÉNESTREL

LE FORT
DE L'AN MIL ★★

le Rendez-Vous
des Ventres Faims

★★ VALLÉE
FLEURIE

Clairière
aux renards

LE QUINTETTE
DE CUIVRE

★★ CHEMIN CREUX
DES GUERRES
DE VENDÉE

uatiques

le Relais de
Poste

l'Auberge

THÉÂTRE
D'EAU ★★

Grand carillon
animé

Sentier de la vie des pierres

LE VILLAGE
DU 18ᵉ s. ★★

Chemin des
bruyères

Théâtre
pour enfants

Étable de
Grand-père

Pigeons voyageurs

★ CONSERVATOIRE

ROSERAIE
ENAISSANCE

ANIMAL

Change-
bébé

★ ARBORETUM

Sentier des
terriers

DE FRANCE

Tanière
des loups

N

space
uvenirs

Départ du petit train

la Halle Renaissance

0   100 m

199

Musique

Grand carillon animé – Tous les quarts d'heure, vingt et une cloches interprètent d'anciennes mélodies ; des personnages vendéens s'animent chaque demi-heure.

★**Le quintette de cuivre** – Coiffés de perruques, des musiciens en livrée interprètent de la musique baroque.

Orgues aquatiques – Sur la berge, des pupitres permettent de commander des jets d'eau à distance.

Spectacles

★★**Fête de Chevalerie** – *Spectacle de 25 mn ; 3 500 places.* Tournois et joutes permettent aux chevaliers de s'illustrer, afin d'attirer sur eux le regard de la belle Catherine du Puy du Fou. Parades et cascades équestres, sauts d'obstacles et de haies de feu complètent ce spectacle coloré par de superbes costumes.

★★**Grand spectacle de Fauconnerie** – *Spectacle de 30 mn ; 1 700 places.* Les ruines d'un château du 13e s. servent de cadre au vol libre de rapaces dressés. Installé au centre du site, un fauconnier, en costume d'époque, commente l'historique de cet art et les différentes techniques de chasse. Postés aux quatre coins des ruines, les dresseurs attirent des oiseaux de proie de toutes tailles (aigles, buses, hiboux, faucons, vautours) en faisant tournoyer un appât. Attirés par la nourriture, les rapaces fondent en piqué vers leur « proie », frôlant parfois la tête de spectateurs.

★★★**La légende de St-Philibert** – *Spectacle de 30 mn ; 3 000 places.* Des effets spéciaux spectaculaires (drakkar surgissant de l'eau) et de formidables courses-poursuites (cavalcades de chevaux, combats) retracent l'épopée *(voir St-Philbert-de-Grand-Lieu)* de ce moine mort à Noirmoutier en 685.

Le Grand Parcours – La légende de St-Philibert

★**Le magicien-ménestrel** – *Spectacle de 20 mn ; 800 places.* Une toile, dressée au pied des remparts de la cité médiévale, abrite les tours de joyeux compères.

★★**Théâtre d'eau** – *Spectacle de 20 mn ; 600 places.* Le Puy du Fou est évoqué dans une chorégraphie originale. Orchestrés par ordinateurs, 1 500 jets d'eau jaillissent et se croisent à travers des jeux de lumières multicolores.

Théâtre pour enfants – *Spectacle de 15 mn ; 400 places.* Spectacle de marionnettes où le facétieux Pigouille raconte une bien étrange histoire.

Villages

Trois villages d'époques différentes ont été reconstitués au Nord du site.

★★**Le fort de l'an Mil** – Entouré de palissades de bois et de fossés remplis d'eau, le village semble à l'abri de toute attaque. Les artisans (forgeron, tisserand) profitent de cette période de calme pour montrer leur savoir-faire, bien installés dans leurs maisons de pierre au toit de chaume pentu.

★★★**La cité médiévale** – Un pont-levis permet d'accéder au village féodal que protège une enceinte fortifiée. À l'ombre des tours, artisans, enlumineurs et ménestrels se croisent au hasard des venelles. Dans la chapelle romane, le visiteur est convié à un adoubement avant de se rendre dans la crypte.

★★**Le village du 18ᵉ s.** – On peut voir à l'ouvrage des artisans en costumes d'époque ; des musiciens traditionnels donnent parfois une aubade ; des jongleurs rivalisent de virtuosité.

UNE JOURNÉE CHEZ LES PUYFOLAIS

En saison, seules deux journées (le vendredi et le samedi) permettent d'enchaîner la visite du Grand Parcours, voire de l'écomusée, et le spectacle de la Cinéscénie.

Accès

Transport – Un service de cars de tourisme permet de se rendre au Puy du Fou sans fatigue (très appréciable pour le retour de nuit). Des circuits de ramassage sont organisés sur le littoral (vendéen et charentais) ainsi que dans les terres. Se renseigner auprès des offices de tourisme ou à Tourisme Océan, 34, rue Merlet, 85000 La Roche-sur-Yon, ☎ 02 51 47 54 45.

Pratique

Animaux – Nos amies les bêtes ne sont pas admises sur le site.

Cave – Installé sous le restaurant L'Auberge, elle propose la dégustation de vins de Mareuil (6 F le verre) ou de la Trouspinette (apéritif local : 10 F le verre). À consommer avec modération. Vente à emporter.

Parkings – Au nombre de trois (grandes capacités), ils sont gratuits. Le visiteur ne peut se garer où bon lui semble, il doit se conformer aux instructions données par les employés du site (le parking situé près de l'entrée est rempli le premier).

Point d'information – Situé à proximité du restaurant L'Auberge (Nord du site), il est pourvu d'une infirmerie.

Visite – Une fiche détaillée comprenant les horaires des différents spectacles est remise, à l'entrée du site, à chaque visiteur. Un petit train (réservé en priorité aux personnes âgées ou à mobilité réduite) dessert le village du 18ᵉ s.

Se restaurer

« BUDGET »

La Halle Renaissance – *Réservations obligatoires sur place (720 couverts)*. Située derrière l'Espace Souvenir, cette salle monumentale accueille des repas animés (deux services à 105 F : 11 h 45 et 13 h 30 ; services supplémentaires les soirs de cinéscénie à 18 h 30 et 20 h 15). Trois salles en escalier font face à une estrade où l'intendant du Puy du Fou présente, à sa façon, chaque plat servi par des pages zélés. À cheval, le maître des lieux vient remercier ses convives.

Le Relais de Poste – *Réservations obligatoires sur place (300 couverts)*. Au Nord du site, une belle salle aux poutres apparentes s'ouvre sur une cour pourvue de tables où prennent place les amateurs de ripaille désireux d'assister aux repas animés par des musiciens et des danseurs (deux services à 105 F : 11 h 45 et 13 h 30 ; services supplémentaires les soirs de cinéscénie à 18 h 30 et 20 h 15).

« NOTRE SÉLECTION »

L'Auberge – *Réservations obligatoires sur place*. Mitoyen avec le Relais de Poste, ce restaurant gastronomique propose des repas à base de produits régionaux (service de 11 h 30 à 14 h 30 ; service supplémentaire les soirs de cinéscénie de 19 h à 21 h). Cadre chaleureux et service costumé, repas des Gourmets à 170 F.

Attention, il y a étoile et étoile !
Sachez donc ne pas confondre les étoiles :
- des régions touristiques les plus riches et celles de contrées moins favorisées ;
- des villes d'art et celles des bourgs pittoresques ou bien situés ;
- des grandes villes et celles des stations élégantes ;
- des grands monuments (architecture) et celles des musées (collections) ;
- des ensembles et celles qui valorisent un détail…

Île de RÉ ★

Cartes Michelin n° 71 pli 12 ou 233 plis 2, 13 – Au large de La Rochelle

Allongée à fleur d'eau, nette et dépouillée, l'île de Ré, que coupent seulement quelques vignobles et bois de pins, est devenue l'un des rendez-vous favoris des amateurs de vacances estivales au soleil et au grand air.

Elle a su conserver, du moins en partie, son caractère insulaire et ses célèbres marais salants.

De nombreuses pistes cyclables balisées permettent de sillonner l'île en toute quiétude.

ÎLE BLANCHE ET HABITS ROUGES

La rivalité franco-anglaise – De la guerre de Cent Ans à la chute de Napoléon, elle se donna libre cours à l'île de Ré où les « habits rouges » tentèrent de nombreux coups de main. Les guerres de Religion n'épargnèrent pas l'île, qui connut bien des heurs et malheurs pendant cette période.

En 1625 le brave **Toiras** gouverne l'île qu'il a conquise sur les protestants, puis renforcée par l'édification du fort de la Prée et de la citadelle de St-Martin. C'est un homme aussi habile que spirituel. La chronique rapporte qu'un officier lui ayant demandé, à la veille d'une bataille, la permission d'aller voir son père malade, il lui répondit : « Allez... Tes père et mère honoreras... afin de vivre longuement ! »

Pour l'instant, Ré est sous les armes. Une flotte anglaise, dirigée par le duc de Buckingham, se présente devant les Sablanceaux. L'infanterie de Sa Gracieuse Majesté débarque et vient assiéger St-Martin, défendu par 1 400 Français, et le fort de la Prée. Assez rapidement la place manque de vivres. Il n'y a plus qu'un jour de pain lorsque le miracle se produit : une trentaine de vaisseaux de la Marine royale débouchent dans le Pertuis breton et, avec l'avantage du vent, réussissent à pénétrer dans le port.

Le siège continue cependant. Le 6 novembre, 6 000 Anglais entonnent les psaumes puis se jettent à l'assaut des murailles. Ils sont repoussés après de sanglants corps à corps. C'est alors que Louis XIII, arrivant sous La Rochelle, envoie à Ré un contingent de renfort, commandé par le maréchal de Schomberg. Les Anglais, pris entre deux feux, sont rejoints au pont de Feneau, près de Loix, et taillés en pièces. Toiras sera fait maréchal de France.

Le pays et les hommes – Ré, qu'on surnomme « l'île blanche », s'étend sur près de 30 km. Elle est formée d'une suite d'îlots calcaires maintenant soudés dont les principaux sont Ré proprement dit, Loix et Ars. Au Nord, la baie du Fier d'Ars et les marais qui la bordent constituent la **réserve naturelle de Lilleau des Niges** ⊙, peuplée de milliers d'oiseaux : courlis cendrés, pluviers argentés, sarcelles, bernaches... Au Sud, une ligne de dunes repose sur un plateau rocheux qui se poursuit loin vers le large : ces rivages battus par les flots forment la Côte Sauvage.

Île de Ré – Dune de la pointe du Fier

Île de Ré – Port de St-Martin-de-Ré

La partie orientale de l'île, la plus large et la plus fertile, est consacrée aux cultures, morcelées en lopins minuscules : primeurs, asperges et surtout vigne qui donne un vin blanc, rouge ou rosé, savoureux, au goût d'algue. Quant au pineau, il vaut celui d'Oléron. À l'Ouest, jusqu'à La Couarde s'étendent bois de pins et vignes ; au-delà de La Couarde, au pays d'Ars-en-Ré, c'est le domaine des salines, en voie de disparition *(se reporter à l'Introduction)*.

L'île est parsemée de villages aux maisons basses, d'une blancheur éclatante, dont les façades sont égayées de quelque treille, glycine, et de fleurs, roses trémières, belles-de-nuit.

Les Rétais sont plus terriens que marins. Des fruits de la mer ils ne retiennent guère que le goémon (le «sart») ramassé à l'aide de grands râteaux, les coquillages ou les crevettes qui pullulent sur le «platin» rocheux ceignant le littoral et découvrant à marée basse.

L'ostréiculture a été introduite dans la Fosse de Loix et le Fier d'Ars.

Autrefois, les îliennes avaient l'habitude de se couvrir la tête d'une coiffe : la **quichenotte** *(voir «Les traditions» dans l'Introduction)*, utilisée comme protection contre un soleil ardent. D'autres traditions sont également perdues, n'apparaissant plus que sur les cartes postales : les ânes de l'île, qui ont disparu, portaient un pittoresque pantalon rayé ou à carreaux, comme protection contre les mouches et les moustiques dans les marais salants, et un chapeau de jardinier.

ACCÈS ET PROMENADES EN MER

Pont-viaduc ⊙ – Ce pont routier, à péage, long de 2 960 m, dont la dorsale culmine à 32 m au-dessus du niveau des plus hautes eaux, relie depuis 1988 l'île au continent.

Promenades en mer ⊙ – En saison, liaisons avec l'île d'Aix et croisières.

★ST-MARTIN-DE-RÉ

La capitale de l'île, jadis place militaire puissante et port actif, est devenue une charmante cité de tourisme, aux rues étroites et paisibles, bossuées de pavés, reluisantes de propreté, et qui dans l'ensemble ont gardé leur aspect du Grand Siècle.

★**Fortifications** – Elles remontent au début du 17ᵉ s. mais ont été entièrement remaniées par Vauban, après le siège de 1625. Afin de renforcer la défense des installations navales de Rochefort créées par Colbert en 1666, Vauban vint inspecter l'île de Ré en 1674. La fortification de St-Martin-de-Ré fut achevée en 1692.

L'enceinte est percée de deux portes monumentales, la porte Toiras et la porte des Campani, précédées par des demi-lunes et pourvues de corps de garde sur leur face interne.

La citadelle, édifiée en 1681, servit de prison sous l'Ancien Régime et Mirabeau y fut enfermé pour avoir enlevé la fille d'un prévôt de police. Elle est devenue pénitencier.

On ne visite pas la citadelle, mais on peut parcourir les bastions du front de mer d'où se découvrent de belles **vues** sur le Pertuis breton et le continent : remarquer les embrasures à canons et les tourelles de guetteurs. L'entrée principale de l'ouvrage se fait par une majestueuse porte classique dont le fronton est sculpté d'emblèmes guerriers ; face à cette porte, entre deux bastions, est aménagé le petit port particulier de la citadelle. En dépassant la citadelle et les tennis en contrebas, on atteint une plage de sable fin.

Parc de la Barbette – À l'abri des fortifications ont poussé de beaux arbres d'essences souvent méridionales, parfois abîmés par les tempêtes : pins, chênes verts, acacias, robiniers.

Agréable promenade surplombant la mer, offrant une vue sur la côte Sud-vendéenne au loin.

Le port – Ses relations commerciales avec le Canada et les Antilles lui firent connaître au 17ᵉ s. une période de prospérité. Les bateaux de plaisance et quelques bateaux de pêche ont remplacé les voiliers venus du Nord chercher le sel ou le vin, et les goélettes des Antilles chargées d'épices. Le port et le bassin font comme une ceinture à l'ancien quartier des marins, aujourd'hui bordé de commerces, qu'ils encerclent complètement, constituant un pittoresque îlot. Les quais sont pavés avec le lest des anciens navires marchands.

Hôtel de Clerjotte (Ancien arsenal) (M) – De hautes toitures d'ardoises couronnent ce bel édifice mi-flamboyant mi-Renaissance, qui était l'hôtel des Officiers des Seigneurs de Ré, avant de devenir arsenal.

Dans la cour bordée de galeries Renaissance, on admire l'élégante porte flamboyante à accolade fleuronnée qui donne accès à la tourelle d'escalier. Aujourd'hui, cet hôtel abrite un musée régional ainsi que l'Office de tourisme.

Musée Ernest-Cognacq ⊘ – Sur deux niveaux, il évoque l'histoire locale à travers des objets de marine, des gravures (cartes et plans), des dessins et peintures des 17ᵉ et 18ᵉ s., ainsi que des objets maçonniques ; un ensemble de documents (affiches, maquette d'un marais salant) et de costume (coiffes) retracent la vie économique et traditionnelle rétaise. Enfin, des collections de faïences (plat de Delft) et de porcelaines de Chine rappellent les échanges commerciaux effectués dans le monde entier grâce à la mer.

Église St-Martin ⊘ – Appelée « Grand Fort », en raison des défenses qui la protégeaient, encore visibles au transept, l'église date du 15ᵉ s. Ruinée par les bombardements de la flotte anglo-hollandaise en 1696, elle a été restaurée au début du 18ᵉ s. Une chapelle, dédiée aux marins, contient des ex-voto des 18ᵉ et 19ᵉ s.

Ancien hôtel des Cadets de la marine (H) – Il abrite l'hôtel de ville et la poste. Ce bâtiment fut construit au 18ᵉ s. pour servir de logement à une compagnie de cadets des troupes de marine. Au début du 20ᵉ s., Ernest Cognacq, négociant, fondateur des grands magasins de la Samaritaine à Paris, en fit don à sa ville natale.

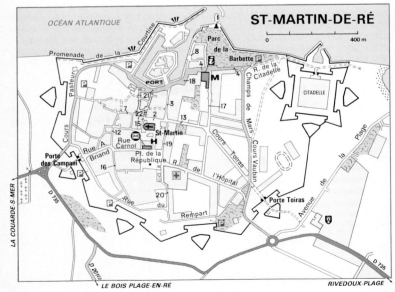

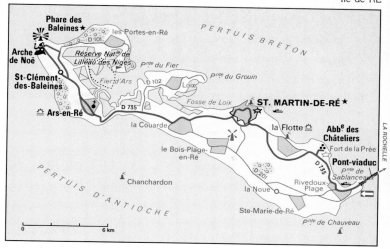

VISITE DE L'ÎLE

Du pont-viaduc à St-Martin-de-Ré *13 km – environ 1/2 h*

La route, D 735, longe la côte et arrive en vue du fort de la Prée, jadis défenseur de La Rochelle, qu'elle laisse à droite pour bifurquer vers l'intérieur.

Ancienne abbaye des Châteliers – Sur la lande couvrant le promontoire des Barres, face au Pertuis breton, le vent joue dans les vestiges d'une abbaye cistercienne fondée au 12e s. et ruinée en 1623. De l'abbatiale subsistent la façade et les murs dessinant une nef et un chevet plat à la mode de Cîteaux ; le chœur est percé d'une élégante baie en tiers-point. À gauche de l'église, piliers et départs d'ogives attestent qu'il y eut là un cloître : des fouilles ont ramené au jour des chapiteaux, pièces de monnaie, squelettes.

De St-Martin-de-Ré au phare des Baleines *17 km – environ 1 h*

⌂**Ars-en-Ré** – Un réseau de ruelles, si étroites qu'il a fallu tailler les angles des maisons pour que les attelages puissent virer, s'enchevêtre au centre d'Ars, dont le port recevait les vaisseaux de Hollande et de Scandinavie venus embarquer le sel.

Sur la place centrale qui fut cimetière, maintenant remblayée et plantée d'ormes, s'élèvent l'**église St-Étienne** et son **clocher** ⊙ fin comme une aiguille, peint en blanc et noir pour servir d'amer. Un beau portail roman, à demi enterré, précède la nef de même époque que renforcent d'épaisses nervures en ogives. Le chœur gothique, plus long que la nef et flanqué de larges collatéraux, porte des voûtes bombées angevines.

Rue Gambetta, non loin de l'église *(au Sud, à 50 m)*, maison du Sénéchal, Renaissance, à deux tourelles d'angle.

St-Clément-des-Baleines – La **maison des Marais** ⊙ *(16, rue de l'École)* est un centre d'information sur la flore et la faune de l'île de Ré. Des sorties pédestres y sont organisées pour découvrir la dune, le littoral ou le marais.

L'Arche de Noé ⊙ – À proximité du phare des Baleines *(voir ci-après)*, ce **centre attractif et culturel** invite à découvrir un monde magique et merveilleux au sein d'un parc floral peuplé de diverses espèces d'animaux (singes, oiseaux) : histoire de la navigation retracée par des dioramas et des maquettes (l'Aventure de la marine), collection de crustacés et de coraux (Océanorama), oiseaux de l'île naturalisés, labyrinthe, animaux exotiques, jungle de perroquets. Dans le **Naturama★**, on verra une remarquable collection d'animaux naturalisés du monde entier, groupés selon leurs milieux de vie, une collection de papillons exotiques et d'insectes présentés d'une façon décorative, des aquariums ainsi qu'une tortue de 537 kg échouée en 1978 sur une plage de l'île.

Un planétarium accueille le spectacle « musicarium », qui associe la musique (orgue et synthétiseurs) à des jeux de lumières (fibres optiques).

RÉ D'UN BOUT À L'AUTRE

Se déplacer

Bus – Le réseau **Rébus**, St-Martin-de-Ré, ☎ 05 46 09 20 15, dessert l'île de Ré (de Sablanceaux aux Portes-en-Ré) à partir de la gare SNCF de La Rochelle. Il existe des cartes d'abonnement de 10 voyages et des billets aller-retour.

Bicyclette – La location de vélo est possible un peu partout dans l'île, où les Offices de tourisme suggèrent 5 parcours évocateurs des divers visages de Ré : chemins de la Forêt, du Littoral, des Marais, de la Campagne, de l'Histoire.

Se loger

« BUDGET »

L'Hippocampe – 16, rue du Château-des-Mauléons, La Flotte-en-Ré, ☎ 05 46 09 60 68. À mi-distance entre St-Martin-de-Ré et l'abbaye des Châteliers, ce petit hôtel tout simple est situé à 300 m de la mer. 15 chambres à partir de 130 F.

« NOTRE SÉLECTION »

L'Océan – 172, rue St-Martin, Le Bois-Plage, ☎ 05 46 09 23 07. Fermé en janvier. Hôtel réunissant plusieurs maisons autour d'une cour intérieure. Décor dans la tradition rétaise. 24 chambres à partir de 400 F.

Auberge de la Marée – Route de St-Martin, Rivedoux-Plage, ☎ 05 46 09 80 02. Fermé de mi-novembre à mars. Composé de plusieurs bâtiments entourés de petits jardins, l'hôtel abrite une piscine. 30 chambres coquettes, à partir de 390 F, portent des noms évocateurs : Trousse-chemise, Quichenotte, etc.

« OPTION PRESTIGE »

Le Richelieu – 44, avenue de la Plage, La Flotte-en-Ré, ☎ 05 46 09 60 70. Ce luxueux hôtel abrite un centre de thalassothérapie. Chambre à partir de 800 F (prix selon la vue, mer ou jardin). Piscine chauffée, tennis.

Se restaurer

« NOTRE SÉLECTION »

La Baleine Bleue – Quai Launay-Razilly, St-Martin-de-Ré, ☎ 05 46 09 03 30. Fermé le lundi (sauf saison). Restaurant sur le quai : petite terrasse donnant sur le port et le quai, salle, terrasse arrière. Menus à partir de 120 F et carte selon le marché du jour.

Le Chasse Marée – Place de la Liberté, Les Portes-en-Ré, ☎ 05 46 29 52 03. Fermé de mi-novembre à mars. À l'extrémité de l'île, un restaurant à la façade verdoyante. Menus à partir de 130 F.

« OPTION PRESTIGE »

L'Écailler – 3, quai Sénac, La Flotte-en-Ré, ☎ 05 46 09 56 40. Fermé le lundi (sauf vacances scolaires) et de Toussaint à Pâques. Une salle aux boiseries 17e s. ouvre sur la terrasse sobre donnant sur le port et sur une cour intérieure. Ce restaurant est spécialisé dans les produits de la mer, à la carte uniquement : environ 250 F.

Le Richelieu – 44, avenue de la Plage, La Flotte-en-Ré, ☎ 05 46 09 60 70. Fermé de début janvier à mi-février. Ce restaurant gastronomique bénéficie du site de l'hôtel du même nom *(voir ci-dessus)*. Menus à base de produits de la mer à partir de 300 F.

Sortir

Le Bastion de la mer – Cours Pasteur, St-Martin-de-Ré, ☎ 05 46 09 21 92. Night-club et discothèque, sur le site des anciennes poudrières des fortifications de St-Martin. Vue sur la mer, rythmes éclectiques, soirées à thème.

Achats

Souvenirs – Paniers de spécialités (fleur de sel, salicornes, bière, caramels, etc.), **L'Île en Ré-ve**, 10, rue de Sully, St-Martin-de-Ré, ☎ 05 46 09 02 96. Coopératives et boutiques spécialisées fournissent en vêtements marins.

Marchés – Tous les matins en saison : Ars (place du Marché d'Été), Le Bois-Plage (place R.-Dupeux), La Couarde (place du Marché), La Flotte (Vieux Marché), Loix (place de la Mairie), Les Portes (place de la Liberté), St-Clément (place de l'Église), Ste-Marie (place d'Antioche), La Noue (cours des Écoles), St-Martin (rue Jaurès).

Vins – Vente de vins du Pays Charentais et de pineaux, Coopérative Vinicole de l'Île de Ré, route de Ste-Marie, le Bois-Plage, ☎ 05 46 09 23 09.

★**Phare des Baleines** ⊙ – Haut de 55 m, il a été construit en 1854 pour remplacer une tour-fanal du 17ᵉ s. qu'on repère à proximité du rivage et à laquelle on accède en poursuivant le chemin. On monte au sommet du phare par un escalier hélicoïdal de 257 marches débouchant sur une galerie ; de là s'offre un **panorama**★ embrassant les côtes de Vendée, le Pertuis breton et la pointe de l'Aiguillon à l'Est, Ré au Sud-Est, Oléron au Sud. À marée basse on distingue les écluses à poissons *(voir l'introduction de l'île d'Oléron)*, aménagées à la pointe.

À l'Est du phare, un chemin de ronde permet d'atteindre la conche des Baleines, grande baie bordée de dunes qui dessine une courbe harmonieuse. Des centaines de baleines seraient venues s'y échouer à l'époque romaine.

Abbaye de La RÉAU

Cartes Michelin n° 72 pli 5 ou 233 pli 20 – 14 km à l'Ouest de L'Isle-Jourdain

Dans la région bocagère qui marque les confins du Poitou et du Confolentais se dissimule au sein de la vallée du Clain la belle et sévère abbaye de La Réau.

Une fondation royale – Fondée au 12ᵉ s. par Louis VII ou par Henri II Plantagenêt, l'abbaye, occupée par des chanoines réguliers de Saint-Augustin, prospère rapidement et essaime ; ses prieurés se répandent en Touraine et en Anjou, si nombreux que l'on peut parler d'un «ordre de La Réau».

Mais, durant la guerre de Cent Ans, elle est fortifiée par Charles V et devient l'asile des troupes françaises ; les Anglais brûlent les bâtiments.

Puis l'abbaye est mise en commende : régime administratif, décidé par le roi, qui concède ses bénéfices et revenus au profit d'un abbé commendataire, souvent un laïc qui ne joue aucun rôle dans la vie religieuse de la communauté. L'abbaye tombe en décadence.

Enfin Louis de La Rochefoucauld, abbé depuis 1635, la confie en 1652 aux religieux de Sainte-Geneviève qui la restaurent. À la Révolution, les génovéfains durent quitter le monastère. Devenue pensionnat sous l'Empire, La Réau changea à nouveau de mains sous la Restauration et fut, une fois encore, remise en état.

VISITE ⊙

Abbatiale – Construite aux 12ᵉ-13ᵉ s., elle a perdu ses voûtes, écroulées au 19ᵉ s. Défendue par deux échauguettes, la façade est percée d'une grande baie gothique et d'un portail aux multiples voussures. Ce portail donne accès à la nef unique précédant le transept à chapelles orientées et le chœur à chevet plat de type angevin, éclairé par trois baies, et pourvu, à l'extérieur, de deux échauguettes, comme la façade.

Bâtiments conventuels – Remaniés au 18ᵉ s., ils furent transformés en habitation au 19ᵉ s. Ils comprennent un vestibule, des salons, un escalier monumental de pierre (17ᵉ s.) à balustrade, œuvre de l'architecte François Leduc dit Toscane, et une salle capitulaire romane du 12ᵉ s. à voûtes d'arêtes qui reposent sur des culots sculptés de masques étranges. On peut y voir la clé de voûte (13ᵉ s.) du chœur de l'abbatiale, représentant la main divine bénissante.

À l'extrémité Est des bâtiments se dresse une grosse tour du 15ᵉ s.

Pays de RETZ

Cartes Michelin n° 67 plis 1 à 3, 13 ou 232 plis 26 à 28, 39

Cette «presqu'île» comprise entre l'estuaire de la Loire et la «rive» Nord du Marais breton-vendéen *(voir ce nom)* constitue, historiquement, l'extrême Sud de la Bretagne. Région de faibles reliefs et de vastes dépressions parfois marécageuses (lac de Grand-Lieu), l'intérieur revêt un caractère mélancolique non dénué de charme.

La façade atlantique, avec les falaises schisteuses de la Côte de Jade *(voir Pornic)*, présente des aspects moins austères et souvent pittoresques.

L'économie a pour base la pêche, l'activité des stations balnéaires, l'élevage des vaches laitières, les cultures maraîchères des polders, la vigne enfin : le pays de Retz fournit en effet le populaire gros-plant et participe à la production du muscadet de la région nantaise.

VILLES ET CURIOSITÉS

Bourgneuf-en-Retz – Important carrefour routier desservant les plages de la baie de Bourgneuf (au Nord) et les parcs à huîtres vendéens (au Sud).

Musée du Pays de Retz ⊙ – *6, rue des Moines.* Il occupe les dépendances (17ᵉ s.) d'un ancien couvent de cordeliers. Une section archéologique, des collections de coiffes et de costumes, un intérieur paysan, de nombreuses reconstitutions d'ateliers font revivre l'histoire du pays de Retz et surtout les activités de ses habitants (métiers de la mer, agriculture, artisanat).

Château du Bois-Chevalier ⊘ – *4 km au Nord-Est de Legé*. Il a été construit sous Louis XIV par Olivier du Bois-Chevalier qui fut maire de Nantes. Son pavillon central à coupole, flanqué de six autres pavillons coiffés de hauts toits à la française, se reflète dans un miroir d'eau. Il hébergea Charette lors de la guerre de Vendée.

Machecoul – Centre industriel (fabrique de cycles) et capitale historique du pays de Retz.

Les Moutiers-en-Retz – L'église, du 11ᵉ s., contient un joli retable du 17ᵉ s. Une lanterne des morts la précède.
De la plage, beau point de vue sur la baie de Bourgneuf.

Lac de Grand-Lieu – *Voir p. 119.*

★**Pornic** – *Voir p. 193.*

★★**Safari Africain** – *Voir p. 244.*

St-Brévin-les-Pins – *Voir p. 246.*

St-Philbert-de-Grand-Lieu – *Voir p. 255.*

RICHELIEU ★

2 223 habitants (les Richelais)
Cartes Michelin n° 67 Sud-Ouest du pli 10 ou 232 pli 46 – 19 km à l'Est de Loudun
Schéma p. 81

Aux confins de la Touraine et du Poitou, Richelieu, que La Fontaine nommait « le plus beau village de l'univers », est une cité paisible qui s'anime les jours de marché. Elle fut créée de toutes pièces, à partir de 1631, sur l'initiative **du cardinal de Richelieu**, désireux de loger sa cour près de l'immense château qu'il faisait alors construire.

L'HOMME ROUGE

En 1621, lorsque **Armand du Plessis** (1585-1642), évêque de Luçon *(voir ce nom)*, racheta Richelieu, érigé en duché 10 ans plus tard, il n'y avait sur les bords du Mable qu'un village accompagné d'un manoir. Devenu cardinal et Premier ministre, **Richelieu** chargea Jacques Le Mercier, architecte de la Sorbonne et du palais Cardinal, d'établir les plans d'un château neuf et d'un bourg clos de murs. Cet ensemble construit sous la direction de Pierre Le Mercier, frère de Jacques, était considéré au 17ᵉ s. comme une merveille, que visita Louis XIV âgé de 12 ans. En 1663, La Fontaine notait malicieusement : « Les dedans ont quelques défauts. Le plus grand c'est qu'ils manquent d'hôtes. »
Autour de la ville, le cardinal constitua une petite principauté, se faisant céder, bon gré mal gré, quantité de châteaux que, par orgueil, il mit à bas, tout ou partie. Il possédait déjà Bois-le-Vicomte ; il y ajouta Champigny-sur-Veude, L'Île-Bouchard, Cravant, Crissay, Mirebeau, Faye-la-Vineuse, Chinon même, propriété royale, qu'il laissa tomber en ruine. Il poursuivit de sa vindicte Loudun dont la forteresse fut détruite après qu'Urbain Grandier *(voir Loudun)*, ennemi du cardinal, eut péri sur le bûcher.

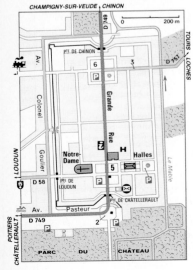

RICHELIEU
Cardinal (Pl. du)... 2
Collège (R. du)...... 3
Marché (Pl. du)..... 5
Religieuses (Pl. des). 6

Juste retour des choses ou malheureux hasard, il ne reste aujourd'hui presque rien de la magnifique et orgueilleuse demeure du cardinal.
Dans un vaste parc s'élevait un merveilleux palais rempli d'œuvres d'art. Deux vastes cours encadrées de communs précédaient le château défendu par des douves, des bastions et des guérites.
Les appartements, la galerie, la chapelle étaient ornés de peintures par Poussin, Claude le Lorrain, Champaigne, Mantegna, le Pérugin, Bassano, le Caravage, Titien, Jules Romain, Dürer, Rubens, Van Dyck...
Les parterres des jardins, les bords du canal étaient peuplés d'antiques et les grottes cachaient des pièges hydrauliques, amusement fort apprécié de ce temps ; c'est là que furent plantés les premiers peupliers d'Italie.
La dispersion de ces richesses commença dès 1727 et s'amplifia après la mise sous séquestre du château en 1792. La Révolution terminée, les héritiers de Richelieu le cédèrent à un nommé Boutron qui le démolit pour en vendre les matériaux.

Des œuvres d'art dispersées, le Louvre conserve les *Esclaves* de Michel-Ange, les Pérugin et une table de marbre incrustée de pierres fines ; douze tableaux narrant les conquêtes de Louis XIII se trouvent au palais de Versailles, tandis que les musées de Tours et d'Azay-le-Ferron possèdent quelques antiques et quelques peintures ; au musée des Beaux-Arts de Poitiers figure le *Louis XIII* de Berthelot.

CURIOSITÉS

★**La ville** — Le «bourg clos» voulu par Richelieu à proximité du château qu'il se faisait construire constitue par lui-même un monument exemplaire de style Louis XIII, dessiné par Jacques Le Mercier.

La ville matérialise le sens de l'ordre, de l'équilibre mesuré, de la régularité, de la symétrie qui annonce le Grand Siècle. Sur plan rectangulaire, comptant 700 m de longueur sur 500 m de largeur, elle est entourée de remparts et de douves. Les portes monumentales, à refends, ont conservé leurs pavillons à portails soulignés de bossages, à fronton et hauts toits à la française.

Grande-Rue — Elle traverse Richelieu de part en part. Outre les deux portes de la ville, on remarque les hôtels Louis XIII, à parements de tuffeau clair, parmi lesquels celui du Sénéchal (n° 17), qui conserve une élégante cour décorée de bustes d'empereurs romains.

Deux places, proches de l'enceinte, frappent par leur disposition excentrée.

Place du Marché — Face à l'église se trouvent les **halles** à la belle charpente de châtaignier du 17ᵉ s. couverte d'ardoises.

Église Notre-Dame — De style classique, dit «jésuite», bâtie en pierre blonde, elle ne manque pas de noblesse ni d'harmonie. Sa façade est creusée de niches abritant les Évangélistes et son chœur est flanqué, suivant une disposition rare, de deux tours terminées par des obélisques. À l'intérieur se retrouvent les mêmes qualités architecturales ; remarquer la noblesse du maître-autel (18ᵉ s.).

Hôtel de ville — Cet ancien palais de justice abrite un **musée** ⊙ qui présente des documents et œuvres d'art se rapportant au château et à la famille du cardinal.

Le parc du château ⊙ — Une majestueuse statue de Richelieu par Ramey précède l'immense parc (475 ha) que sillonnent des allées rectilignes, ombragées de marronniers ou de platanes.

Des splendeurs d'antan, il subsiste un pavillon à dôme, qui faisait partie des communs, les canaux et, à l'extrémité des parterres *(au Sud-Est)*, deux pavillons qui servaient d'orangerie et de caves. Dans le pavillon à dôme a été installé un petit **musée** (maquettes du château, histoire de Richelieu).

L'ancienne porte d'entrée du château se voit toujours sur la D 749 *(au Sud-Ouest)*.

Promenades en train à vapeur ⊙ — Un authentique convoi du début du siècle relie Richelieu à Chinon via Champigny-sur-Veude et Ligré, sur un parcours de 20 km. À la gare de Richelieu, un **musée** rassemble du matériel ancien : locomotives et voitures à portières latérales du début du siècle, machine Diesel américaine (vestige du plan Marshall), etc.

Église de RIOUX

Cartes Michelin n° 71 pli 5 ou 233 pli 26 — 15 km au Sud-Ouest de Saintes
Schéma p. 267

Parmi les églises rurales de Saintonge, celle de Rioux, qui paraît modeste avec son clocher-porche tout simple et sa nef basse, est connue des amateurs d'art pour son décor sculpté de toute première qualité.

VISITE

Son mur-façade présente des voussures et des arcatures très travaillées ; parmi ses archivoltes sculptées, l'une, au centre, encadre une belle madone en majesté. Son **chevet**★ vaut par les contreforts-colonnes qui séparent ses pans coupés, l'infinie variété des motifs décoratifs géométriques qui soulignent l'appareillage des murs et l'encadrement des fenêtres et des arcatures. Une telle «perfection» décorative marque en quelque sorte l'aboutissement du roman saintongeais parvenu à son terme et n'évoluant plus que par la virtuosité de ses sculpteurs.

À l'intérieur, bien mis en valeur, on verra des litres seigneuriales et, dans le chœur à droite, un remarquable groupe en bois sculpté, représentant le Mariage mystique de sainte Catherine (première moitié du 16ᵉ s.). À gauche, chapelle seigneuriale ajoutée au 15ᵉ s.

Château de la ROCHE-COURBON ★

Cartes Michelin n° 71 Ouest du pli 4 ou 233 pli 15
2 km au Nord de St-Porchaire – Schéma p. 74

Isolé au sein de ces bois de chênes que Pierre Loti aimait, le château de la Roche Courbon préside à une harmonieuse suite de terrasses à balustres et de jardins à la française.

« Le château de la Belle au bois dormant » – Tel fut le titre de l'article que Loti *(voir Rochefort)* fit paraître en 1908, dans *Le Figaro*, pour tenter de sauver le château alors abandonné et menacé de perdre les admirables futaies qui l'enserraient de toutes parts. L'auteur du *Roman d'un enfant* y évoquait ses souvenirs de jeunesse alors qu'il passait ses vacances chez son beau-frère, percepteur à St-Porchaire. Souvent l'adolescent allait errer dans les « chênaies profondes » que traverse un ravin enfoui dans la verdure et troué de grottes où s'infiltrait « le demi-jour verdâtre des feuillées »...

Son action, conjuguée avec celle de l'écrivain André Hallays, ne resta pas vaine. Non seulement la cognée du bûcheron épargna la forêt, mais, à partir de 1920, le château fut restauré et ses jardins furent reconstitués.

Château de la Roche-Courbon

VISITE ⊘

On pénètre à l'intérieur du domaine par la porte des Lions, portique monumental à trois arcades, du 17ᵉ s., orné de cariatides à son revers. Après avoir franchi des douves, bordées de balustrades au 17ᵉ s., on passe sous le « donjon », ancienne tour d'enceinte à mâchicoulis.

Château – Comme le « donjon », il date du 15ᵉ s. mais a été profondément modifié par Jean-Louis de Courbon au 17ᵉ s., époque à laquelle furent refaites baies et lucarnes et ajoutées les arcades supportant le balcon qui orne la façade donnant sur les jardins. Cette façade est d'ailleurs remarquable par son équilibre, son perron et son escalier à balustres.

À l'intérieur on parcourt un bureau-bibliothèque au mobilier Louis XIII, la salle de peintures appelée par tradition « Salle de Bain », revêtue de panneaux peints sur bois, d'époque Louis XIV, représentant la vie d'Hercule, des paysages, des allégories, des épisodes bibliques provenant de l'ancienne chapelle. Le grand salon du 18ᵉ s., aux meubles d'époque et aux murs lambrissés, contient un buste de Hubert Robert d'après Pajou et un tableau du peintre hollandais Hackaert, reproduisant le château tel qu'il était au 17ᵉ s.

De là, on franchit un vestibule Louis XVI, orné de paysages peints par Casanova, le frère du célèbre libertin, et de rares papiers peints panoramiques du début du 19ᵉ s., pour passer dans deux salles du 17ᵉ s., aux plafonds Louis XIII ; ce sont une salle à la grande cheminée de pierre portant la devise « Fide, Fidelitate, Fortitudine » (par la Foi, par la Fidélité, par le Courage) et une cuisine-salle à manger (curieux tournebroche ancien, meubles et faïences régionaux).

★**Jardins** – Leurs parterres et leurs bassins, ennoblis de statues et d'ifs taillés, composent une magnifique perspective dont l'axe aboutit à un escalier encadrant une allée d'eau. Partiellement établis sur des marais, ces jardins ont la particularité d'avoir été préservés de la « noyade » par leur régulière reconstruction sur pilotis (17 ans de travaux).

Contourner le miroir d'eau que termine un nymphée, pour atteindre une terrasse : de là s'offre une **vue**★★ ravissante du château qui se mire dans les eaux lisses du bassin, situé en contrebas.

Suivre la grande allée percée à travers bois, jusqu'à une colonne surmontée d'une sphère. Revenir alors sur ses pas : la Roche-Courbon surgit ; c'est bien le château de la Belle au bois dormant, tel que le vit Loti.

Salle des fêtes – Elle renferme un superbe escalier de pierre à balustres (fin du 16e s.).

Grottes – *1/2 h à pied AR.* Le sentier se termine par une allée de chênes verts débouchant sur le vallon creusé par le Bruant, affluent de la Charente, qui alimente les bassins du parc.

Dans la falaise s'ouvrent des cavernes qui furent habitées à l'époque préhistorique.

ROCHEFORT ★

25 561 habitants
Cartes Michelin n° 71 pli 13 ou 233 plis 14, 15 – 30 km au Sud-Est de La Rochelle

Située aux confins de l'Aunis et de la Saintonge, à proximité du littoral atlantique, enserrée entre la rive droite de la Charente et les marécages, la ville « de Pierre Loti » s'enorgueillit d'un riche passé maritime. Près de l'arsenal où s'élaboraient les grandes expéditions, on respire encore un parfum d'exotisme bien particulier.

Malgré son aspect sévère, dû au quadrillage de ses larges rues tracées au cordeau et se coupant à angle droit (certaines ayant conservé leurs pavés de pierre bleue du Québec), Rochefort, créé par Colbert au 17e s., séduit par sa noblesse et l'harmonie de son architecture : immeubles de un et deux étages, hôtels particuliers (décors de façades, balcons en fer forgé), Corderie royale, bâtis dans une belle pierre de taille aux tons clairs.

Ses riches musées comme la maison de Pierre Loti, le Centre international de la Mer installé dans la Corderie, le musée de la Marine et bien d'autres encore ajoutent à l'intérêt de la ville.

Plusieurs écoles militaires sont installées à Rochefort ou aux alentours : la base aéronavale, le Centre École des Mécaniciens de l'Aéronautique qui prépare aux spécialités d'électroniciens et de mécaniciens d'Aéronautique, l'École Technique de l'Armée de l'Air désormais fixée à St-Agnant (à 7 km au Sud de Rochefort) et l'École des Fourriers de la Marine où sont formés les cuisiniers, les fourriers (matelot chargé de la comptabilité), etc.

L'entreprise SOGERMA (Airbus) constitue une des principales activités économique de la cité. Les sources thermales de Rochefort sont à nouveau exploitées depuis 1953.

AU TEMPS DE LA MARINE À VOILE

Le choix de Colbert – En ce milieu du 17e s., Colbert cherche une base pour la défense des côtes de l'Atlantique menacées par les incursions anglaises. Brouage s'envase et la rade de La Rochelle n'est pas assez abritée. Il choisit Rochefort, situé à 15 km de l'embouchure de la Charente, dont les abords sont protégés par les îles de Ré, d'Aix, d'Oléron et par les promontoires (Fouras, le Chapus) faciles à fortifier. On crée donc là, de toutes pièces, un port militaire muni d'un arsenal aussi puissant que celui de Toulon. À partir de 1666, un neveu du ministre, Colbert du Terron, s'y emploie, secondé par deux ingénieurs, le chevalier de Clerville et François Blondel, qui tracent les remparts et donnent les plans de l'Arsenal. En 1671, Rochefort compte déjà 20 000 habitants et on y lance treize vaisseaux, une galère et plusieurs brigantins. À l'origine en bois, la ville est reconstruite en pierre sous l'intendant de la Marine **Michel Bégon** (1688) dont le bégonia, plante découverte aux Antilles par le père Plumier, porte le nom *(voir ci-après)*.

Des remparts (en cours de restauration) ne subsistent qu'un pan de mur près du port de plaisance et une échauguette derrière la poste.

Les pontons de Rochefort – En automne 1792, l'épuration du clergé est commencée. Par centaines, les prêtres « non jureurs » (qui n'ont pas prêté serment à la Constitution civile du clergé) se dirigent vers Rochefort où ils doivent embarquer pour la Guyane.

Ancrés sur la Charente, de vieux vaisseaux désaffectés (des « pontons ») les attendent : un antique navire-hôpital, le *Bonhomme-Richard*, et un vaisseau de ligne, le *Borée*. Finalement, les prisonniers sont transférés à bord de deux anciens navires négriers, le *Washington* et *Les Deux-Associés*.

On entasse les « scélérats » dans les entreponts par groupes de 400, couchés sur une paille pourrie. Pour se laver, il n'y a que de l'eau salée. Pour manger, un baquet de bouillon où nagent quelques fèves, les sans-culottes vendant une partie des vivres prévus pour les proscrits.

Un beau jour, les pontons appareillent et vont jeter l'ancre dans la rade de l'île d'Aix. On fusille sur le pont aux cris de : « Vive la République ! Vive Robespierre ! » Les déportés, manquant de tout, sont uniquement préoccupés de survivre, lorsque, en janvier 1794, le typhus apparaît. Douze à treize prêtres meurent chaque jour ; chaque fois que l'un d'eux expire, l'équipage se réjouit bruyamment. Les cadavres, d'abord jetés à la mer, sont ensuite portés à l'île Madame *(voir ce nom)* et à l'île d'Aix par des corvées de jeunes prêtres dont beaucoup périssent à la tâche.

Transférés enfin sur l'île Madame, les survivants seront libérés en 1795.

L'arsenal – L'arsenal de Colbert est, en 1690, « le plus grand, le plus achevé et le plus magnifique du royaume » : 47 navires y sont armés parmi lesquels plusieurs à trois ponts, tel le fameux *Louis-le-Grand*. De 1690 à 1800, 300 nouveaux vaisseaux glissent sur les eaux de la Charente.

Dans la première moitié du 19ᵉ s., on construit le *Sphinx*, premier grand bâtiment à vapeur de la marine militaire, puis le *Mogador*, la plus puissante frégate à roues qui ait été réalisée en France. L'année 1926 voit la fermeture de l'arsenal.

L'arsenal employait de 5 000 à 10 000 ouvriers. Matin et soir le vaisseau amiral tirait un coup de canon pour annoncer l'ouverture et la fermeture des portes.

C'est de Rochefort que **La Fayette** embarqua pour la deuxième fois, à destination de l'Amérique le 21 mars 1780, à bord d'une frégate toute neuve, l'*Hermione*, construite à l'arsenal, afin d'aller renforcer les troupes des « Insurgents ».

En 1816, la frégate la *Méduse* appareilla également de Rochefort pour se rendre au Sénégal. Son naufrage, au large des côtes de la Mauritanie, inspira à Géricault son célèbre tableau *Le Radeau de la Méduse*.

★ LE QUARTIER DE L'ARSENAL

L'arsenal s'étendait le long de la Charente sur deux plans encore existants, séparés par des cales de lancement ou de radoub. On y accéda à partir de 1830 par la fameuse porte du Soleil. Il abritait 11 chantiers de construction et 4 bassins de radoub dont la **Vieille Forme (G)**, la plus ancienne cale sèche maçonnée du monde (1669). Il comprenait également une fonderie spécialisée dans la fabrication des clous doublés de cuivre, une chaudronnerie, des forges, des scieries, une tonnellerie, une corderie. Enfin, d'immenses magasins pourvoyaient aux subsistances. Des fosses aux mâts pouvaient contenir 50 000 stères de bois que l'eau saumâtre rendait imputrescible. Un atelier de « sculpteurs de la Marine » ciselait poupes et proues.

ROCHEFORT

B Maison de Pierre Loti
D Les Métiers de Mercure
E Porte du Soleil
F Ancien château d'eau
G Vieille Forme
M¹ Musée d'Art et d'Histoire
M² Hôtel de Cheusses
   (musée de la Marine)

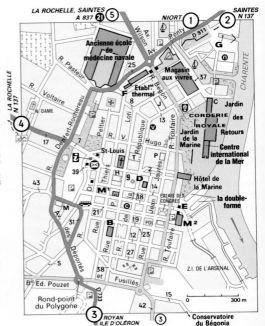

Porte du Soleil (**E**) – Construite en 1830, en forme d'arc de triomphe, elle constituait l'entrée de l'arsenal. Elle est décorée, côté ville, de trophées marins vigoureusement sculptés.

Formes de radoub – Creusées à partir de la Charente face à la porte du Soleil, ces immenses coquilles étaient utilisées pour la réparation navale.

Chantier de reconstruction de l'Hermione ⊘ – Spécialement restaurée et aménagée pour cet événement, la double forme de radoub (1728) accueille, pour dix ans, la construction d'une réplique de l'*Hermione*, «frégate de 12» (canons équipés de boulets de 12 livres) sur laquelle embarqua La Fayette *(voir ci-avant)*. Ce fameux trois-mâts, long de 45 m, est de nouveau assemblé à Rochefort depuis le 4 juillet 1997 avec les mêmes techniques de construction navale qu'en 1779, date de sa première mise en chantier.

Hôtel de Cheusses (**M²**) – Édifié au 17e s. Un majestueux portail donne accès à la cour. L'hôtel, qui fut Commissariat général de la marine, est affecté à un musée de la Marine.

Musée de la Marine ⊘ – Modèles réduits de navires, figures de proue et cariatides, instruments de navigation, peintures, armes et drapeaux évoquent l'histoire de la marine de guerre française du 17e au 20e s.; des cartes, documents et maquettes explicatives sont consacrés à l'ancien arsenal de Rochefort.
Une mention spéciale est méritée par les très grosses maquettes de vaisseaux et de moulins à vent présentées dans la grande salle extérieure. Remarquer notamment le cabestan monumental du *Duguay-Trouin*.

Hôtel de la Marine – Ancienne Préfecture maritime, c'est la résidence du commandant de la base marine à Rochefort-La Pallice et le Centre école de l'aéronautique navale. Cet édifice, dont la partie ancienne remonte à Louis XIV et hébergea Napoléon, est précédé par une porte monumentale du 18e s. Une haute tour carrée, voisine, servait à communiquer par signaux visuels.

Jardin de la Marine – Paisibles et abrités, ses mails et ses quinconces de tilleuls ont été plantés en terrasse sur la Charente au 18e s.
Un bel escalier terminé par une porte à trois arcades assure l'accès à l'ancienne corderie royale.

★★**Corderie royale** – En contrebas du jardin de la Marine et dominant la Charente s'étend l'ancienne Corderie royale. Construit par Colbert en 1666, l'édifice est ancré sur un radeau formé d'un quadrillage de madriers de chêne, en raison de la nature marécageuse du sol. Achevée en 1670, la Corderie fournit toute la marine en cordages jusqu'à la Révolution. Son activité déclina lorsque apparut la vapeur et elle ferma ses portes en même temps que l'arsenal.
Très endommagée durant la dernière guerre, la Corderie royale a fait l'objet d'une importante restauration, qui lui a restitué sa longue et très harmonieuse façade (374 m), que surmonte un comble mansardé à ardoises bleues, percé de lucarnes à frontons.
La façade postérieure est renforcée par d'élégants contreforts en forme de volutes. Ce bâtiment classique représente l'un des rares témoignages de l'architecture industrielle du 17e s.
L'aile Nord abrite la Chambre de commerce et d'industrie. Dans le pavillon central se trouve la bibliothèque-médiathèque municipale. Enfin, l'aile Sud accueille le Conservatoire de l'Espace littoral et des rivages lacustres, la Ligue pour la Protection des Oiseaux (LPO), ainsi que le **Centre international de la Mer** ⊘ qui présente une exposition permanente sur les corderies et cordages. Le chanvre arrivé d'Auvergne était filé, puis commis (opération de torsion et d'assemblage des fils au cours de laquelle la longueur du bâtiment limitait et conditionnait à la fois celle des cordages) et enfin goudronné. Remarquer l'imposante machine à corder du 19e s., montée sur rail. Des expositions temporaires à thème maritime sont également organisées ici.
Autour de la Corderie est aménagé le «**jardin des Retours**». En visitant cette création contemporaine de jardin à thème planté d'espèces rares, on imagine les vaisseaux, au retour de leurs grandes expéditions, revenant au port chargés de plantes exotiques (bégonia, magnolia...) : le **jardin des Amériques**, au bord de la Charente, comprend l'**Aire des gréements**, évoquant la marine ancienne, et le **Labyrinthe des batailles navales**, composé d'ifs.

Magasin aux vivres – Situé en bordure du bassin aux vivres, face au port de plaisance, il est de la fin du 17e s. Il abritait notamment la boulangerie, capable de fournir 20 000 kg de pain par jour.

Ancienne École de médecine navale ⊘ – Bâtiment de la fin du 18e s., au milieu d'un parc. La chapelle, surmontée d'un clocheton, est précédée par un avant-corps à fronton sculpté. L'École de médecine navale et tropicale fut créée en 1722 ; on visite aujourd'hui la bibliothèque (25 000 livres) et des collections d'anatomie, de chirurgie et d'histoire naturelle.

Sur un terrain voisin est aménagé un **établissement thermal** : suite à la visite de Napoléon Ier en 1808, on a entrepris l'exploitation des sources thermales, remise en vigueur depuis 1953 où l'on apprécie à nouveau les vertus de l'eau thermale qui jaillit naturellement chaude (42°) des entrailles du marais. La source l'Empereur est notamment efficace dans le traitement des rhumatismes, arthroses, dermatoses...

À proximité se dresse l'ancien **château d'eau** (**F**), belle construction de pierre quadrangulaire datant de 1900, qui servait à alimenter la ville.

Anciennes forges royales – Cet autre imposant ensemble de bâtiments techniques est occupé par le conseil général de la Charente-Maritime.

LES MUSÉES ☉

★**Maison de Pierre Loti** ☉ (**B**) – Né au 141 de la rue qui porte son nom, **Pierre Loti** (1850-1923), de son vrai nom Julien Viaud, était le fils d'un employé à la mairie de Rochefort. Officier de marine, rompu à tous les sports, affichant des allures et une mise singulières, mais auteur sensible et narrateur exceptionnel, ses voyages lui ont inspiré de nombreux romans qui le porteront à l'Académie

française à 41 ans : *Aziyadé*, *Le Mariage de Loti*, *Le Roman d'un spahi*, *Pêcheur d'Islande*, *Madame Chrysanthème*, *Ramuntcho*...

La maison de Pierre Loti se compose en fait de deux maisons, communicantes : sa demeure natale et celle dont il fit plus tard l'acquisition. Leur façade n'égale pas leur somptuosité intérieure, riche d'étonnants souvenirs de voyage.

Au rez-de-chaussée se succèdent deux salons : le premier, aux murs ornés de tableaux de famille, certains de la main de la sœur de Loti, abrite son piano ; le second, un mobilier Louis XVI et des bibelots ; la **salle à manger « Renaissance »**, meublée dans le style espagnol et tapissée de cinq tapisseries flamandes du 17e s., comporte, avec une cheminée

Rochefort – Maison de Pierre Loti

née monumentale, une tribune de musiciens. À l'entresol, l'ancien atelier de peinture de la sœur de Loti est agencé en «salon» 15e s. où se déroula en avril 1888 un «dîner Louis XI».

Au 1er étage, la chambre du maître contraste par son dépouillement avec les aménagements voisins : la **mosquée**, au décor d'éléments provenant d'une mosquée damasquine (collection de tapis de prière, de candélabres, d'armes, plafond en cèdre peint) et où Loti fit transporter la stèle d'Aziyadé (tous les éléments avaient été rapportés par des contrebandiers) ; le **salon turc** avec son sofa, ses coussins, ses tentures, son plafond en stuc inspiré de l'Alhambra de Grenade ; la **chambre arabe** décorée d'émaux et d'un moucharabieh (grille en bois placée devant une fenêtre).

★**Musée d'Art et d'Histoire** ☉ (**M¹**) – L'ancien hôtel Hèbre-de-Saint-Clément abrite les collections du musée. Dans un cabinet et une grande galerie, remarquer une esquisse de Rubens *(Lycaon changé en loup par Jupiter)*, des tableaux de fleurs (17e s.), des portraits de l'école italienne du 16e s., d'autres par Roques, maître d'Ingres, Pater *(La Leçon de musique)*. Série de portraits et de paysages des époques Empire ou romantique, par Gauffier *(Le Retour de l'enfant prodigue)*, Rouget (portrait de Lola Montès), Michallon, et d'autres œuvres plus récentes.

Dans la galerie Lesson, belles collections ethnographiques d'Afrique et d'Océanie (superbes masques polynésiens).

Voir, dans la salle suivante, des marines (par Garneray, Roullet) et une copie du *Radeau de la Méduse* de Géricault ; puis, dans la salle d'histoire locale, l'étonnant **plan-relief** de Rochefort, exécuté en 1835, et *Le Port de Rochefort*, tableau de Vernet. La salle Camille-Mériot est consacrée aux coquillages.

★Les Métiers de Mercure ⊙ **(D)** – Dans un entrepôt du début du siècle ont été reconstitués avec un soin minutieux une série de commerces et d'ateliers de 1900 à 1940 (bar rochefortais avec sa devanture de style 1900, chapellerie, pharmacie, épicerie, forge, atelier de teinturerie, etc.), pittoresque évocation de la vie d'autrefois.

Conservatoire du Bégonia ⊙ – *Prendre au Sud l'avenue du 11-Novembre, puis à gauche l'avenue de la Charente et à droite la rue Charles-Plumier.* Dans une grande serre, on fait croître plus de 1 300 espèces naturelles et hybrides de bégonias. Cette plante fut découverte aux Antilles à la fin du 17ᵉ s. par un botaniste, le père Plumier, qui la baptisa ainsi en l'honneur de l'intendant de Rochefort, Michel Bégon. La plante ne fut néanmoins introduite en Europe qu'à la fin du 18ᵉ s.

AUTRES CURIOSITÉS

Place Colbert (9) – Cette vaste place rectangulaire bordée de belles façades constitue le centre de la ville.
À l'Ouest l'hôtel de ville est installé dans l'hôtel d'Amblimont (ancien gouverneur de la Martinique, vainqueur de la flotte hollandaise en 1674), de l'autre côté se dresse une fontaine monumentale du 18ᵉ s. figurant l'Océan et la Charente mêlant leurs eaux.
C'est sur cette place qu'ont été tournées de nombreuses scènes du film de Jacques Demy *Les Demoiselles de Rochefort* (1967).

Église St-Louis – Elle a été bâtie sur l'emplacement de la chapelle d'un couvent de capucins (1672). Son immense portique à colonnes corinthiennes, surmonté d'un fronton triangulaire, ses trois nefs à gros piliers, ses voûtes à pénétration dénotent un style classique empreint de majesté.
Le maître-autel est coiffé d'un dais supporté par quatre colonnes corinthiennes.

Pont transbordeur de Martrou ⊙ – *Situé au Sud, rue Jacques-Demy dans le prolongement de l'avenue du 11-Novembre.* Ce bel ouvrage d'art (1900) en fer, long de 176 m, surplombe le cours de la Charente de plus de 50 m. Cinq ponts de ce type furent construits en France par l'ingénieur Ferdinand Arnodin : à Marseille, Brest, Rouen, Nantes, Rochefort. Les ponts transbordeurs permettaient autrefois aux piétons et véhicules de passer d'une rive à l'autre sans que les bateaux de haute mer soient gênés par les structures d'un pont fixe. Seul celui de Martrou a été remis en service (1994). Il peut être emprunté par les bicyclettes et les piétons. Depuis 1991, le passage des voitures est assuré par un viaduc *(voir ci-dessous)*.

Station de Lagunage ⊙ – *Accès par l'avenue du 11-Novembre.* Avec ses 35 ha de bassins situés en bordure du fleuve, elle permet d'épurer de façon écologique les eaux usées de Rochefort. Elle accueille de nombreuses espèces d'oiseaux aquatiques et sert de halte migratoire (hérons, petits échassiers des rivages, canards tadornes de Bélon). Un observatoire vous permet, à l'aide de jumelles, de percer l'intimité de ces animaux.

Rochefort – Pont transbordeur de Martrou

EN VISITE CHEZ LES DEMOISELLES

Se garer

Le parc de stationnement du cours Roy-Bry, situé près de la poste et de l'Office de tourisme, à 5 mn de la place Colbert, comprend 800 places gratuites. Attention, une foire et un marché s'y tiennent respectivement le 2e jeudi et le 4e samedi du mois.

Se loger

« BUDGET »

Roca Fortis – 14, rue de la République, ☎ 05 46 99 26 32. Non loin des commerces de la rue de la République, cet hôtel propose aussi des chambres sur jardin. 16 chambres à partir de 220 F, garage.

La Belle Poule – Rue Gabriel-Allaire, ☎ 05 46 99 71 87. Fermé le dimanche soir (hors saison). *Accès par la route de Royan (avant le pont de Martrou).* 20 chambres à partir de 120 F.

« NOTRE SÉLECTION »

Paris – 27, avenue La Fayette, ☎ 05 46 99 33 11. Fermé de Noël à mi-janvier. Au cœur de la cité, cet hôtel au décor sobre est idéal pour partir rayonner à pied dans Rochefort. 38 chambres à partir de 230 F.

« OPTION PRESTIGE »

La Corderie Royale – Rue Audebert, ☎ 05 46 99 35 35. Fermé le dimanche soir (de novembre à Pâques) et en février Dans l'ancienne Artillerie royale, face au port de plaisance. Préférer les chambres donnant sur la Corderie et le tapis vert de la pelouse, étiré à l'infini. 50 chambres à partir de 485 F.

Se restaurer

« BUDGET »

Le Tourne-Broche – 56, avenue Charles-de-Gaulle, ☎ 05 46 99 20 19. Fermé le dimanche soir, le lundi et en janvier. À deux pas du musée de la Marine (hôtel de Cheusses), une salle agréable accueille les amateurs de convivialité. Menus du terroir (mojette, jonchée) à partir de 105 F.

« NOTRE SÉLECTION »

L'Escale de Bougainville – Quai Louisiane, ☎ 05 46 99 54 99. Fermé le dimanche soir et le lundi. Installé en bordure du port de plaisance, ce restaurant bénéficie d'une vue agréable. Menus à partir de 145 F (105 F le midi).

Achats

Marchés – En matinée les mardi, jeudi et samedi, dans l'avenue Charles-de-Gaulle ; au même endroit, le marché couvert ouvre tous les matins sauf lundi ; marché aux antiquités et à la brocante le 4e samedi du mois, cours Roy-Bry.

★DU MARAIS DE BROUAGE AU CANAL DE PONT-L'ABBÉ

Circuit de 75 km – environ une demi-journée.

Quitter Rochefort par la sortie ③ du plan en empruntant la D 733 en direction de Royan.

On franchit l'imposant **viaduc de la Charente** ⊘, à péage ; en service depuis 1991, il s'est substitué à un pont à travée levante, construit en 1967, qui a été démoli.

Sortir au premier échangeur et prendre à droite la D 238E1.

Soubise – Ancienne baronnie et place forte des Rohan. La façade de l'église St-Pierre, du 16e s., présente quatre pilastres d'ordre ionique. À l'intérieur, litre funéraire aux armes des Rohan-Soubise. Face à l'église se tient un élégant hôtel du 17e s.

Quitter Soubise par l'Ouest en empruntant la D 125.

Port-des-Barques – Situé à l'embouchure de la Charente, ce village de pêcheurs et d'ostréiculteurs s'est développé en station balnéaire équipée d'un port de plaisance.

À l'Ouest, une route pittoresque rejoint l'accès au tombolo (cordon littoral) reliant le continent à l'île Madame. Si la marée le permet, on peut descendre sur l'estran et remonter à pied vers les **falaises** et Port-des-Barques (on peut y observer une large faille mettant en contact les calcaires et les marnes, ainsi que des fissures parallèles où l'on découvre des couches d'huîtres).

Île Madame — *Voir p. 129.*

Revenu sur le continent, on poursuit la route vers le Sud en longeant des claires. Bientôt un site aménagé (table d'orientation et bancs) permet d'apprécier la mer avec, sur la gauche, une jolie **vue** sur un alignement de carrelets.

De St-Froult, prendre au Sud-Ouest la petite route longeant le littoral.

Réserve naturelle des Marais de Moëze — Elle étend ses 6 700 ha du continent (du chemin des Tannes au Havre de Brouage) jusqu'à la côte Est d'Oléron (de Boyardville au Château d'Oléron). Le domaine terreste couvre 200 ha de marais, permettant l'observation des nombreux oiseaux migrateurs. Le marais comprend cinq zones où se répartissent les oiseaux : les prairies humides (oies, vanneaux), les anciennes salines (busards, faucons crécerelles), les lagunes (courlis), les prés-salés et la zone ostréicole survolés par de nombreuses espèces (hérons).

Avocette

Maison d'accueil ⊘ — Elle propose des visites guidées sur la réserve, dont certaines sorties matinales et crépusculaires. Le chemin des Tannes est jalonné de postes d'observation *(à droite de la route)*.

Au bout de l'accès à la réserve, prendre à droite.

Moëze — L'église est dominée par un haut clocher gothique qui servait d'amer. Dans le cimetière, la **croix hosannière★** *(se reporter à l'Introduction)*, dite aussi « Temple de Moëze », est un gracieux monument de style corinthien, de proportions réduites mais harmonieuses, datant du début du 16e s. De plan carré, l'édifice repose sur une vaste plate-forme dodécagonale (douze angles).

Quitter Moëze par le Sud-Ouest en empruntant la D 3.

★Brouage — *Voir p. 66.*

Poursuivre la D 3. À Hiers, prendre à l'Est la D 238.

La route traverse la partie Est des anciens marais salants.

Après Beaugeay, emprunter sur la droite la D 125 jusqu'à St-Agnant. Avant l'église, prendre à gauche la D 239. À Champagne, suivre vers l'Est la D 18.

Pont-l'Abbé-d'Arnoult — Bourg jadis fortifié sur l'Arnoult canalisé, ce village aux maisons blanchies à la chaux s'est développé autour d'un prieuré de bénédictins implanté au 11e s. par Geoffroy Martel, comte d'Anjou. Originaire de Mauzé-sur-le-Mignon *(11 km au Nord-Est de Surgères)*, l'explorateur **René Caillié** (1799-1838), premier Européen à être revenu vivant de Tombouctou, est enterré au cimetière de Pont-l'Abbé.

Église — La partie basse de la façade est décorée de sculptures romanes. Au centre de la première voussure du **portail** figure l'Agneau mystique, honoré par les anges, tandis que la deuxième et la quatrième illustrent Vertus et Vices, Vierges sages et Vierges folles. La troisième voussure est consacrée aux saints.

Les tympans des arcades latérales montrent, à gauche, saint Pierre sortant de sa prison, scène peu lisible, à droite, saint Pierre crucifié.

Un porche voisin donne accès à la cour du prieuré (15e-16e s.) dont la façade porte une élégante tourelle.

Quitter Pont-l'Abbé par le Nord en empruntant la D 117.

Trizay — Installé à l'Est de la vallée de l'Arnoult, cette commune abrite, à l'Ouest, les ruines d'une abbaye et une base de loisirs.

Prieuré St-Jean-l'Évangliste — Cet imposant édifice reste une énigme quant à sa construction, mais il semble que des moines venus de la Chaise-Dieu *(se reporter au guide Vert Auvergne)* s'y soient installés dès la fin du 11e s. De forme octogonale, l'église n'a conservé que trois chapelles ; les bâtiments (salle capitulaire, réfectoire, dortoir, sellier) sont en cours de restauration.

Le Bois Fleuri — Occupant une ancienne carrière, ce site boisé est installé autour d'un plan d'eau de 5 ha.

De la base de loisirs, poursuivre sur la D 123. Après la voie ferrée, prendre sur la gauche la D 238.

Église d'Échillais — Elle présente une charmante **façade★** de style roman saintongeais, sans pignon ; des modillons garnissent la frise et la corniche supérieure : animaux ou personnages jouant de la viole, jongleur, tireur à l'arc, etc. À gauche du portail, un chapiteau porte un de ces monstres que les Saintongeais nomment « grand goule », parce qu'il semble avaler le fût de la colonne.

Revenir vers la D 238 au Nord-Est d'Échillais.

Promenades sur les « Perles d'eau » ⊙ **–** À partir de l'écluse de Pillay, le visiteur peut découvrir le canal de la Seudre à la Charente, à bord de bateaux à moteur électrique.

Revenir sur la D 123. À St-Hippolyte, prendre à gauche la N 137.

Pont suspendu de Tonnay-Charente – *Circulation autorisée uniquement aux piétons et aux cyclistes.* Long de 204 m, il a été jeté sur le fleuve en 1842 par l'ingénieur Louis Dor, puis modifié à plusieurs reprises. Belles vues sur la vallée de la Charente, Rochefort, les ponts *(voir ci-avant).*

La route longe la voie ferrée, puis la N 137 ramènent à Rochefort.

La ROCHEFOUCAULD

3 448 habitants (les Rupificaldiens)
Cartes Michelin n° 72 pli 14 ou 233 pli 30 – 22 km au Nord-Est d'Angoulême

La Rochefoucauld, petite ville située sur les bords de la Tardoire, conserve de jolies maisons à colombage lui donnant un certain caractère.

Près du champ de foire, le **pont** est un ouvrage du 17e s., en léger dos d'âne, avec des demi-lunes se faisant vis-à-vis, pour que les piétons puissent se ranger au passage des charrois : vues sur la Tardoire et sur le château qui s'élève noblement au-dessus de la rivière.

La Rochefoucauld vit de quelques industries dont la fabrication de charentaises. C'est sous Louis XIV qu'on commença à produire ici cette pantoufle confortable réalisée alors en partie avec des déchets de tissus qui avaient été utilisés pour confectionner les cabans des marins et, pour les semelles, d'anciens feutres ayant servi à sécher la pâte à papier dans les papeteries angoumoisines. Elle connut un tel succès qu'on en vit même à la cour.

Le château de La Rochefoucauld est le berceau d'une lignée dont le chef porte traditionnellement le nom de François. Qui ne connaît **François VI de La Rochefoucauld** (1613-1680), le pessimiste auteur des *Maximes* ?

LA ROCHEFOUCAULD

Basse-Ville (Faubourg).	2	Marillac (R. de)	10
Champ-de-Foire (Pl. du)	3	Robinière (R.).	12
Dames (Bd des)	6	Tanneurs (R. des).	14
Gambetta (Av.).	7	Tête-Noire (Faubourg)	15
Gare (Av. de la).	8	Vitrac (R. de).	16
Gaulle (Bd Gén. de)	9	11-Novembre (Bd du)	18

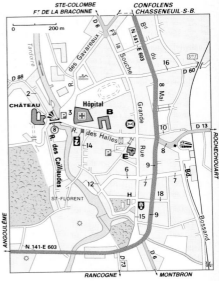

B Ancien couvent des Carmes
E Église N.-D.-de-l'Assomption-et-St-Cybard

CURIOSITÉS

★**Château** ⊙ – Il appartient encore à l'illustre Maison des La Rochefoucauld. Bâti en tendre pierre blanche, à l'exception des vestiges d'un donjon, il rappelle par son harmonieuse façade Renaissance les châteaux de la Loire, et par sa célèbre **cour d'honneur**★★ bordée de trois étages de galeries à arcades les palais italiens. Admirer l'étonnante ornementation des lucarnes et bordures de rives.

Le monumental **escalier** à vis s'abrite sous une élégante voûte en palmier, et le **petit boudoir**★ de Marguerite d'Angoulême, décoré de panneaux peints, est un vrai bijou.

Ancien couvent des Carmes
(**B**) – Il comprend un vaste cloître ogival aux arcatures trilobées soutenues par de fines colonnettes, et une salle capitulaire restaurée. Une partie a été aménagée en laboratoire de paléontologie.

Église N.-D.-de-l'Assomption-et-St-Cybard (**E**) – Cette église représente un style rare dans l'Angoumois : le gothique du 13e s. Joli portail en tiers-point surmonté d'une rose et clocher surmonté d'une flèche octogonale.

Ancienne pharmacie de l'hôpital ⊙ – L'établissement remonte au 17e s. On y voit notamment une intéressante collection de pots à pharmacie et de mortiers des 16e et 17e s., une trousse de chirurgien de l'Empire, ayant appartenu à un chirurgien de l'armée de Napoléon, un beau Christ en ivoire du 17e s., une collection d'étains (gobelets, écuelles), un gaufrier à hostie de 1740.

ENVIRONS

Rancogne – *6 km au Sud par la D 6 ou la D 73.* Du pont sur la Tardoire, il faut goûter le site bucolique que forment le château et la rivière coulant au milieu des platanes, des peupliers, des aulnes. Dans la falaise boisée qui borde la rive gauche en aval du pont s'ouvre une suite de cavernes, de grottes profondes creusées par les eaux et habitées dès l'âge préhistorique.

Pranzac – *10 km au Sud-Ouest par la D 33.* Sur l'emplacement de l'ancien cimetière se dresse une lanterne des morts du 12e s. Une curieuse ouverture ronde pratiquée dans le fût donne à l'ensemble une allure de pigeonnier.

Montbron – *14 km au Sud-Est par la D 6.* Au portail de l'église romane, on remarque trois voussures garnies de festons; sur le flanc droit, des enfeus contiennent des tombeaux. À l'intérieur, une coupole couvre la croisée du transept. Voir aussi l'ancienne chapelle de la Maladrerie précédée d'une clôture romane constituée de colonnettes galbées.

Chasseneuil-sur-Bonnieure – *11 km au Nord-Est par la N 141.* À l'Ouest du village, un monument a été érigé à la gloire de la Résistance française.

Mémorial de la Résistance et cimetière national ⊙ – Le mémorial occupe le centre du cimetière disposé en gradins sur la colline, où 2 026 soldats et maquisards, tués de 1940 à 1945, reposent sous les pelouses plantées de rosiers.

Église de Ste-Colombe – *12 km au Nord-Ouest par la D 6 et la D 91.* Elle présente une intéressante façade romane, ornée de statues-colonnes (sainte Colombe, saint Pierre) et de bas-reliefs figurant les symboles évangéliques.

FORÊT DE LA BRACONNE *circuit de 20 km – environ 1 h 1/2*

Quitter La Rochefoucauld par le Nord-Ouest en empruntant la D 6. Au Pont-d'Agris, prendre sur la gauche la D 11.

Couvrant 4 000 ha environ, le massif de la Braconne occupe un plateau calcaire accidenté de dolines ou « fosses » produites par des affaissements dans le sol.
La plus connue et la plus spectaculaire est la **« grande fosse »**, vaste entonnoir de 55 m de profondeur et de 250 m de diamètre. De moindres dimensions, la **« fosse limousine »** *(au Sud-Est du rond-point de la Grande Combe)*, masquée de grands hêtres, ne manque pas d'attrait. Quant à la **« fosse mobile »** *(non accessible au public)*, la légende raconte qu'un fils parricide tenta en vain d'y faire disparaître sa victime, la fosse se déplaçant devant lui. Ce gouffre sert de lieu d'entraînement aux spéléologues locaux et les eaux qu'il collecte alimentent les sources de la Touvre *(voir ce nom)*.

Au rond-point de la Grande Combe, prendre la route forestière au Sud et rentrer à La Rochefoucauld par la N 141.

La ROCHELLE★★★

Agglomération 100 264 habitants
Cartes Michelin n° 71 pli 12 ou 233 pli 14

La capitale de l'Aunis, aimée des peintres, séduit par son animation. Sous la lumière brillante des ciels d'été ou sous un crachin romantique, son vieux port fortifié, ses rues secrètes bordées d'arcades, ses vieilles maisons de bois et ses hôtels aristocratiques en font la ville la plus attachante du littoral, de Nantes à Bordeaux.

UNE CITADELLE PROTESTANTE

Les premiers conflits – Surnommée « la Genève française », La Rochelle compta, dès avant 1540, des adeptes de la religion réformée qui, à ses débuts, était prêchée dans les églises mêmes. De 1562 à 1598, des guerres de Religion vont ensanglanter le pays. En 1565, des prêtres sont jetés dans la mer du haut de la tour de la Lanterne. En 1568, dans l'ancien couvent des augustins est aménagé un temple. Là se tient, trois ans plus tard, un synode national, sous la présidence de Théodore de Bèze, écrivain et théologien disciple de Calvin. Jeanne d'Albret, son fils Henri de Navarre (le futur Henri IV), le prince de Condé assistent au synode. La Confession de foi des Églises réformées, élaborée à Paris en 1559, y est ratifiée et devient la Confession de foi de La Rochelle.

En 1573, l'armée royale, conduite par le duc d'Anjou, futur Henri III, met le siège devant la cité. L'ingénieur italien qui a dirigé, pour le compte des protestants, la construction des remparts mène maintenant l'assaut contre ceux-ci, dont il connaît les points faibles ! Mais La Rochelle résiste. Les Rochelais servent une machine, nommée par dérision « l'Encensoir », qui déverse poix et huile bouillantes sur les assaillants. Six mois d'investissement n'entament pas la défense et les troupes royales ont perdu 20 000 hommes quand le siège est levé.

Le siège de La Rochelle (1627-1628) – Quelque 55 ans plus tard, l'armée royale se présente de nouveau devant la ville, alliée des Anglais qui ont envahi Ré.

Deux caractères également obstinés s'affrontent à cette occasion : le **cardinal de Richelieu**, qui cherche à achever l'unité française, et **Jean Guiton** (1585-1654), petit homme sec, rude, fanatique, qui d'amiral est devenu maire de la ville, et aurait dit :

« Je serai maire puisque vous le voulez absolument, mais vous voyez ce poignard, je jure de l'enfoncer dans le sein du premier qui parlera de se rendre et je veux qu'on m'en perce moi-même si je propose de capituler... »

« Siège de La Rochelle », par Henri Motte (hôtel de ville)

Malheureusement pour Guiton, le blocus est organisé de main de maître, côté terre, et côté mer d'où doivent venir les secours anglais.

L'architecte Clément Métezeau jette en effet, au travers de la baie, une digue gigantesque : on enfonce dans les flots de longues poutres de bois entre lesquelles sont entassés blocs de pierre et gravats, dans le déferlement des lames et les remous des courants ; au centre, une ouverture est aménagée pour le passage de la marée. Des soldats et de l'artillerie s'installent sur la crête. Les Rochelais ne réagissent guère, persuadés que l'ouvrage ne résistera pas aux tempêtes. Or, il tient, réduisant la cité à la famine : le 30 octobre 1628, Richelieu entre dans la ville. Louis XIII l'y rejoint le 1er novembre. Les maisons sont pleines de cadavres : de 28 000 âmes avant le siège, il ne reste que 5 000 survivants, dont Jean Guiton qui servira plus tard le roi.

Les Quatre Sergents – Lorsque, au mois de février 1822, le 45e régiment de ligne arrive à La Rochelle pour y tenir garnison, il compte en ses rangs un certain nombre de comploteurs, affiliés à la société secrète des **«carbonari»**. Ce sont en majorité des sous-officiers qui cherchent à abattre le gouvernement de la Restauration. Démasqués, les conspirateurs sont incarcérés sur place avant d'être transférés à Nantes puis à Paris. Quatre d'entre eux, les Quatre Sergents de La Rochelle, dont les graffiti sur les murs de la tour de la Lanterne évoquent le drame, seront condamnés à mort. Dès lors, leur sacrifice sera exalté par les opposants au régime.

DE RABELAIS À FROMENTIN

Plusieurs écrivains de passage ont fait de La Rochelle une de leurs villes de prédilection. L'un des premiers, **Rabelais**, fit étape à La Rochelle qu'il cite dans *Pantagruel :*
«Sur l'instant, entrasmes au port de Lanternois. Là sur une haute tour, recognust Pantagruel, la lanterne de La Rochelle, laquelle fit bonne clarté.»
Officier du génie, **Choderlos de Laclos**, l'auteur des *Liaisons dangereuses,* tint garnison à La Rochelle vers 1786, s'occupant de la construction de l'arsenal. Il habitait une maison qui communiquait avec l'hôtel Duperré par un escalier dérobé et un souterrain. Peut-être sont-ce ces relations faciles qui lui firent épouser Solange Duperré, sœur de l'amiral Duperré.
Eugène Fromentin (1820-1876), lui, est un Rochelais pur sang. Son unique roman, *Dominique,* décrit avec une précision de naturaliste la société rochelaise du 19e s. ; les paysages, les ciels, la lumière de l'Aunis y sont suggérés avec une délicatesse de touche incomparable, l'écrivain étant par ailleurs un excellent peintre.
Depuis 1732, une Académie royale tient ses assises à La Rochelle, rassemblant les esprits distingués d'une ville où ils furent légion. En firent partie plusieurs de ces naturalistes dont La Rochelle s'est fait une spécialité : ce sont Lafaille, d'Orbigny, Bonpland, Réaumur ; parmi les écrivains, citons Voltaire et Laclos.
Le port a été peint par Joseph Vernet, Corot, les impressionnistes, Signac, Marquet.

Un esprit curieux – Physicien, **Réaumur** (1683-1757) mit au point un thermomètre à alcool qui porte son nom. Esprit encyclopédique, il se consacra aussi à l'histoire naturelle, faisant des recherches sur des sujets aussi divers que l'élevage des poulets, les moules perlières, l'histoire des insectes.
Il fut en outre remarqué pour ses études sur la métallurgie de la fonte et de l'acier et proposa l'application du microscope à l'étude des métaux. Le verre blanc opaque, imitant la porcelaine, qu'il découvrit, est désigné sous le nom de «porcelaine de Réaumur».

LE PORT ET LES INDUSTRIES

Commerce, industrie et plaisance – Après avoir, au Moyen Âge, commercé avec le Nord (vins et sel à l'exportation, toiles et laines de Flandre à l'importation), après s'être enrichi avec le Canada et surtout les Antilles, le havre d'échouage (actuel Vieux Port), qui manque de profondeur, est maintenant surtout voué à la pêche artisanale.
Près de 50 chalutiers pêchent le long du littoral dans le golfe de Gascogne jusqu'au large des côtes portugaises, et à proximité des côtes anglaises et irlandaises, faisant de La Rochelle un important port pour la pêche fraîche.
La flotte de pêche rochelaise, qui comprend des chalutiers utilisant la technique de conteneurisation du poisson (mise en caisse à bord évitant les manipulations ultérieures), est une des plus modernes de France.
Régates et courses de haut niveau rassemblent l'élite des navigateurs.
Chaque année, à la Pentecôte, se déroule la Semaine internationale de la voile qui offre un spectacle étonnant à la fois maritime et terrestre.

Les ports – Le port ancien est situé au fond d'une baie étroite. On distingue l'avant-port, le bassin d'échouage ou **Vieux Port**, fréquenté par les petits chalutiers et les petits navires de plaisance, le petit bassin à flot où s'amarrent les yachts, le bassin à flot extérieur ou bassin des chalutiers (vente à la criée du poisson, le matin, sous la halle), le bassin de retenue alimenté par un canal amenant les eaux de la Sèvre.
Dépendant administrativement de La Rochelle, **La Pallice** *(5,5 km à l'Ouest, à la pointe de Chef de Baie)* est le **port de commerce** de la capitale de l'Aunis. Créé à la fin du 19e s., disposant d'une rade bien protégée par l'île de Ré, le port comprend un môle d'escale propre à recevoir les grands navires. Le trafic (6 millions de t), faisant de La Pallice le 8e port de France, concerne, à l'importation, les hydrocarbures, les bois tropicaux, les pâtes à papier, les phosphates et les engrais ; à l'exportation, les céréales, les graines oléagineuses, les viandes congelées.
C'est également à La Pallice, que le nouveau **port de pêche** de La Rochelle a été transféré. Ce port ultramoderne est doté d'une halle à criée informatisée.
Au Sud s'étend un important **port de plaisance**, le **port des Minimes** *(voir ci-après).*

La Rochelle – Le Vieux Port et le quartier ancien

★★LE VIEUX PORT

Quai Duperré (**Z 37**) – De ce quai bordé de cafés se découvre le plan d'eau qu'anime le va-et-vient des embarcations. La perspective est fermée par les tours St-Nicolas à gauche, de la Chaîne à droite ; à l'extrême droite apparaît le chapeau pointu de la tour de la Lanterne.

Sur le quai aboutissent les pittoresques rue du Port et Petite-Rue-du-Port, habitées par les marins. À l'Ouest se dresse, face à la grosse horloge, la statue de l'**amiral Duperré** : né à La Rochelle en 1775, il commandait la flotte française lors de la prise d'Alger en 1830.

Cours des Dames (**Z 31**) – Bordé d'anciennes maisons d'armateurs, ce quai servit de poste d'accostage aux vaisseaux de haut bord. Autrefois investie par les marchands de sardines et les pêcheurs raccommodant leurs filets, cette esplanade, plantée de vieux tilleuls, est désormais un des lieux animés du Vieux-Port, où complexe de cinéma, musée (Grévin) et restaurants à terrasse se côtoient.

De nombreuses **promenades en bateau** ⊙ sont effectuées au départ de ce quai.

Tour de la Chaîne ⊙ (**Z**) – Elle doit son nom à la grosse chaîne qui y était fixée et qui, durant la nuit, la joignait à sa sœur St-Nicolas, fermant ainsi le port. Selon Rabelais, cette chaîne, que l'on voit encore au pied de la tour, aurait servi à attacher Pantagruel dans son berceau.

La tour fut utilisée comme poudrière. Bâtie au 14ᵉ s., mais découronnée au 17ᵉ s., elle était jadis cantonnée d'une tourelle qui fut démolie pour élargir la passe. Aujourd'hui, elle abrite une exposition consacrée au siège de La Rochelle.

Rue Sur-les-Murs – Reliant la tour de la Chaîne à celle de la Lanterne, cette petite rue emprunte la crête du rempart médiéval. C'est la seule section non détruite par Richelieu qui souhaitait l'utiliser comme défense contre les Anglais. Son pied était alors baigné par la mer.

★**Tour de la Lanterne** ⊙ (**Z**) – Érigée au 15ᵉ s., elle concilie des soucis esthétiques évidents avec les impératifs militaires. L'ouvrage, dont les murs ont 6 m d'épaisseur à la base, contraste par sa masse avec l'élégante flèche octogonale à crochets et la fine lanterne, servant jadis de fanal, qui la surmontent. Elle servit de prison aux « carbonari » : les Quatre Sergents y furent, dit-on, détenus.

R. Rozencwajg/DIAF

En bas était la salle des gardes; des panneaux y évoquent l'histoire de la ville. La grande flèche contient quatre salles superposées sur les murs desquelles on remarque de nombreux **graffiti**★ de prisonniers ou de soldats, dont beaucoup datent des 17ᵉ et 18ᵉ s. : les plus précieux sont protégés par des plaques de verre.

À mi-hauteur de la flèche *(2ᵉ plate-forme)*, un balcon en saillie offre un remarquable **panorama**★★ sur les toits de la vieille ville, le port, les îles; à marée basse, on distingue les fondations de la digue de Richelieu, à hauteur de Fort-Louis, au-delà du mail.

Quartier du Gabut (Z) – À l'emplacement d'un bastion de l'enceinte de la ville, démoli en 1858, on a construit ce pittoresque quartier résidentiel et commerçant dont les façades évoquent, par leur revêtement de bois, les anciens hangars de pêcheurs, tandis que des couleurs vives et de larges baies leur donnent un cachet nordique.

★**Tour St-Nicolas** ⊙ (Z) – La tour (hauteur totale : 42 m), légèrement penchée, constitue à elle seule une véritable forteresse. Placée sous le vocable du patron des navigateurs, elle a été édifiée au 14ᵉ s. sur plan pentagonal; ses cinq angles sont renforcés par trois tourelles circulaires engagées, une tourelle rectangulaire et une tour carrée, plus haute, faisant donjon. Percée de meurtrières munies de bretèches, elle servit longtemps de prison.

Un escalier extérieur, formant contrefort, dessert la salle principale, octogonale et couverte d'une élégante voûte d'ogives. De là, d'autres escaliers pratiqués dans l'épaisseur des murs conduisent à une autre salle, sur laquelle ouvrent plusieurs pièces dont l'une à usage de chapelle, puis à la première plate-forme, ceinte de merlons. Dans ces salles sont exposés des plans aquarellés du 18ᵉ s., maquettes, dioramas, retraçant l'évolution du site portuaire du 12ᵉ s. à nos jours, faisant partie du musée maritime.

De la plate-forme supérieure, bordée de hautes parois à meurtrières et mâchicoulis, **vue** limitée sur la sortie de la rade, la baie et l'île d'Aix.

★★LE QUARTIER ANCIEN

Le quartier ancien conserve son cachet de cité marchande et militaire, tracée sur plan régulier et, jusqu'en 1913, protégée par de beaux remparts à la Vauban. Vivant et animé, le **quartier commerçant** a pour centre l'hôtel de ville, pour axes la grande-rue des Merciers et la rue du Palais. Ses voies étroites ayant conservé leurs anciennes plaques de pierre gravées, ses passages secrets, parfois voûtés, ses «porches» sombres où circulent les passants lui donnent beaucoup de caractère.

On observera la configuration originale de beaucoup d'habitations. Se développant en profondeur, elles possèdent presque toujours deux issues, sur la rue principale et sur une voie secondaire parallèle. Leur plan comprend : au rez-de-chaussée, une vaste pièce, souvent convertie en magasin, une cour intérieure avec escalier et balcon formant galerie, une arrière-cour entourée de communs; à l'étage, au-dessus du magasin, une salle sur rue et une cuisine sur cour flanquant une «chambre noire», sans éclairage direct.

Les maisons les plus anciennes sont à **pans de bois** couverts de plaques d'ardoise destinées à protéger ceux-ci des méfaits de la pluie.

Les **«beaux quartiers»** s'étendent à l'Ouest de la rue du Palais. Les rues de l'Escale et Réaumur en sont les voies les plus aristocratiques. Les vieilles familles, souvent de religion protestante, s'y retirent dans de solennels hôtels du 18ᵉ s., entre cour et jardin, derrière de hauts murs percés de grands portails et parfois couverts de balustres (rue Réaumur).

Suivre l'itinéraire indiqué sur le plan.

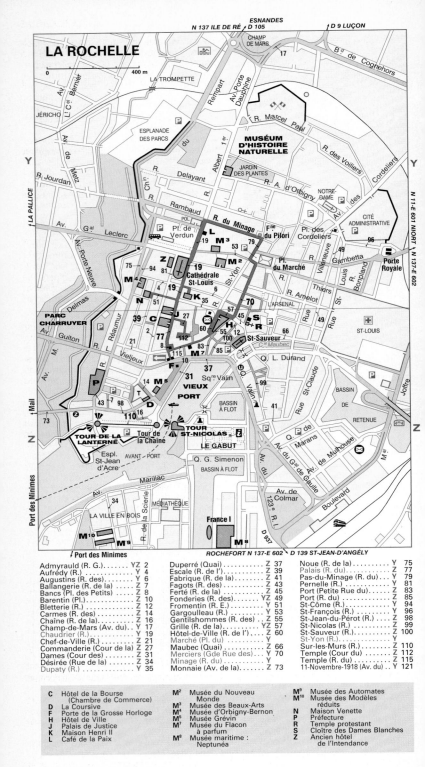

LA ROCHELLE

Port des Minimes

C Hôtel de la Bourse
   (Chambre de Commerce)
D La Coursive
F Porte de la Grosse Horloge
H Hôtel de Ville
J Palais de Justice
K Maison Henri II
L Café de la Paix

M² Musée du Nouveau Monde
M³ Musée des Beaux-Arts
M⁴ Musée d'Orbigny-Bernon
M⁵ Musée Grévin
M⁷ Musée du Flacon à parfum
M⁸ Musée maritime : Neptunéa

M⁹ Musée des Automates
M¹⁰ Musée des Modèles réduits
N Maison Venette
P Préfecture
R Temple protestant
S Cloître des Dames Blanches
Z Ancien hôtel de l'Intendance

★Porte de la Grosse-Horloge (Z F) – Elle constituait l'entrée de la ville du côté du port. C'est une tour gothique remaniée au 18ᵉ s. par l'adjonction d'un couronnement comprenant, au centre, un beffroi que surmontent une coupole à pans et un lanternon ; les deux tours de part et d'autre ont reçu des trophées marins.

En franchissant la porte de la Grosse-Horloge, on débouche sur la place des Petits-Bancs ; à l'angle de la rue du Temple, observer une jolie maison datant de 1654, à façade sculptée Renaissance. Au centre de la petite place, statue d'Eugène Fromentin.

★**Rue du Palais** (Z 77) – Elle est l'une des principales voies de La Rochelle, reliant le quartier commerçant et le quartier résidentiel.

À droite, les boutiques se succèdent sous des galeries dont le profil diffère suivant l'époque de leur construction. À gauche alternent galeries et bâtiments publics ; on y voit de vieilles maisons, comme la quatrième aux fenêtres ornées de petites arcades et de mascarons.

★**Hôtel de la Bourse** (Z C) – Siège de la Chambre de commerce depuis sa fondation, cet édifice a été bâti au 18ᵉ s., dans le style Louis XVI commençant.

La cour, harmonieuse, frappe par son plan original avec sa galerie périphérique et son portique. La façade sur cour est ornée de poupes de navires et de trophées maritimes. On aperçoit dans un angle, à gauche, un bel escalier à rampe de fer forgé, de style Louis XVI. En face de la Bourse un passage mène, par la cour de la Commanderie, à la cour du Temple (vieilles maisons à pans de bois).

Palais de justice (YZ J) – Il présente une majestueuse façade à colonnes cannelées corinthiennes et frise sculptée de rinceaux. Au fronton règnent l'inscription « Temple de la justice » et les traditionnels attributs sculptés : balance, glaive...

Remarquer, au croisement de la rue Chaudrier et de la rue E.-Fromentin, une maison du 17ᵉ s. à tourelle d'angle et escalier sur corbeau sculpté et, en face, à l'entrée de la rue Dupaty, une maison ancienne à pans de bois couverts d'ardoises.

Prendre à gauche la rue E.-Fromentin.

Maison Venette (Y N) – Elle s'élève dans la pittoresque **rue de l'Escale**★ (Z 39). Pavée de moellons utilisés jadis comme lest par les vaisseaux en provenance du Canada, cette rue est en partie bordée d'arcades et en partie jalonnée de porches derrière lesquels se dissimulent de nobles demeures du 18ᵉ s.

La maison Venette a été édifiée au 17ᵉ s. pour le médecin de ce nom, auteur d'une facétieuse satire intitulée *Tableau de l'amour conjugal*. La façade est rythmée de termes sculptés représentant de célèbres médecins de l'Antiquité et du Moyen Âge : Avicenne, Hippocrate, Galien, etc.

Regagner la rue du Palais.

★**Rue Chaudrier** (Y 19) – Au début de la rue, observer au nᵒ 6 une ancienne maison à pans de bois et plaques d'ardoise. Devant la maison, un panneau porte une inscription extraite des élégies de Ronsard, à la gloire de Chaudrier, l'un des défenseurs de La Rochelle.

Tourner à droite, dans la rue des Augustins : maison Henri II au nᵒ 11 bis.

★**Maison Henri II** ⊘ (Y K) – Au fond du jardin s'élève cette luxueuse demeure, construite vers 1555 pour Hugues de Pontard, seigneur de Champdeniers.

La façade est de style Henri II avec ses deux pavillons, sa galerie et sa loggia, sa frise découpée en triglyphes (rainures verticales), médaillons, bucranes (têtes de bœufs décharnées).

À l'étage inférieur, deux contreforts du pavillon gauche portent, à droite, un satyre jouant de la guitare, à gauche, une femme ailée aux prises avec un serpent.

Reprendre la rue Chaudrier.

Cathédrale St-Louis (Y) – Sobre et sévère, elle a été bâtie en partie sur l'église St-Barthélemy, sur les plans des Gabriel père et fils. La façade, un peu lourde, surmontée d'un fronton à volutes, est Louis XVI. Dans la 3ᵉ chapelle du bas-côté gauche, des ex-voto peints, offerts par des marins, contrastent, par leur candeur, avec les savantes et académiques compositions que le Rochelais Bouguereau (1825-1905) a brossées à la coupole de la chapelle absidale.

Le **trésor** ⊘ contient des objets de culte des 18ᵉ et 19ᵉ s., déposés par les paroisses du diocèse.

Café de la Paix (Y L) – Il demeure le seul témoin de ces opulents cafés du siècle dernier, ruisselants d'or et de glaces, où les bourgeois lisaient la gazette et jouaient au billard. Il présente en façade des panneaux de verre en forme d'arcades, ornés de dessins en verre dépoli. L'intérieur, paré de boiseries sculptées et de dorures, est mis en valeur par les grandes glaces en arcades, des lustres et les médaillons du plafond, peints en trompe-l'œil (1895). Il est meublé de tables de marbre à bordure de cuivre.

« C'est vraiment une ville bizarre et de grand caractère que La Rochelle, avec ses rues mêlées comme un labyrinthe et les trottoirs courent sous des galeries à arcades comme celle de Rivoli, mais basses, ces galeries et ces arcades écrasées, mystérieuses, qui semblent construites et demeurées comme un décor de conspirateurs, le décor antique et saisissant des guerres d'autrefois, des guerres de Religion héroïques et sauvages. »

Guy de Maupassant

Rue du Minage (Y) – La rue du Minage *(sur ce terme voir p. 36)* est bordée de part et d'autre de vieilles **arcades★** aux formes irrégulières, responsables d'un alignement fantaisiste. On y voit de très anciennes maisons ornées de frises et de sculptures, ou de fenêtres à fronton triangulaire (nᵒˢ 43, 22, 4 et 2). La rue prend fin à la **fontaine du Pilori**, du 16ᵉ s. mais refaite au 18ᵉ s.

Par la rue du Pas-du-Minage, gagner le marché que l'on contourne.

Place du Marché (Y) – À l'entrée de l'impasse Tout-Y-Faut se font face deux maisons anciennes bien conservées : l'une du 15ᵉ s., à pans de bois, meneaux de bois et haute lucarne ; l'autre du 16ᵉ s., en pierre, aux étroites baies coiffées de frontons.

★Grande-rue des Merciers (Y 70) – Très commerçante, c'est une des artères les plus caractéristiques de La Rochelle, par ses nombreuses galeries et ses maisons des 16ᵉ et 17ᵉ s. Les maisons moyenâgeuses, aux pans de bois couverts d'ardoises, alternent avec des demeures Renaissance en pierre, ornées de fantastiques gargouilles sculptées. Remarquer, à l'angle de la rue du Beurre, une maison à colombage et ardoises comme celles des nᵒˢ 33, 31, 29, et vers le fond de la rue les maisons des nᵒˢ 17 (17ᵉ s., à baies surmontées de frontons), 8 (fin 16ᵉ s., à baies étroites aux lourds frontons), 5 (début 17ᵉ s., à curieuses figures sculptées), 3 (1628), ces deux dernières ayant été habitées par Jean Guiton.

Prendre à droite la rue de la Grille, pour tourner ensuite à gauche dans la rue de l'Hôtel-de-Ville.

★Hôtel de ville ⊙ (Z H) – Élevé entre la fin du 15ᵉ s. et le début du 16ᵉ s., cet édifice composite est remarquable par la richesse de sa décoration.
Une enceinte gothique surmontée d'un chemin de ronde sur mâchicoulis, que renforce une tour-beffroi, défend la cour rectangulaire.
Sur cette cour se développe la **façade★** principale de l'édifice, construite sous Henri IV à la mode italienne. Admirer, au rez-de-chaussée, la galerie aux colonnes cannelées, ornée d'un plafond à caissons, et son décor de trophées, de médaillons, de chiffres aux initiales d'Henri IV et de Marie de Médicis. Plus beau encore est le 1ᵉʳ étage, auquel on accède par un escalier à balustrade ; il présente des piliers et des niches à la mode toscane, dans lesquelles se situent les effigies des quatre vertus cardinales : Prudence, Justice, Force et Tempérance *(de gauche à droite).* Dans les parties hautes : élégantes lucarnes au-dessus de la corniche.
À l'**intérieur**, on voit le cabinet de Jean Guiton avec un fauteuil en cuir de Cordoue et le bureau que l'énergique maire aurait frappé du coup de poignard légendaire ; sur les murs, tapisseries d'Aubusson. Dans d'autres salles, le siège de La Rochelle, peint en 1628 par Van der Kabel, au 19ᵉ s. par Henri Motte, ou gravé par Jacques Callot, rappelle un épisode tragique de l'histoire de la ville.
La façade postérieure donne rue des Gentilshommes ; elle est d'époque Henri IV et comporte une porte à bossages, dite « des gentilshommes », empruntée par les échevins le jour où se terminait le mandat qui leur donnait la qualité de gentilhomme.
Au-dessus est sculpté le vaisseau figurant aux armes de la ville.
Par la rue du Temple (maisons médiévales, musée du Flacon à parfum, p. 144), on revient à la porte de la Grosse-Horloge.

S. Sauvignier/MICHELIN

La Rochelle – Hôtel de ville

Les Francofolies : une déferlante de musique

Chaque année, vers le 14 juillet, un avis de tempête musicale est annoncé sur La Rochelle. Pendant six jours, le Vieux Port devient un havre mélodique, amenant par vagues successives de nombreux amateurs de spectacles en plein air. L'idée de ce festival est partie du Québec où Jean-Louis Foulquier remarqua l'enthousiasme suscité par une Francofête, réunissant des chanteurs québécois francophones. En 1985, cet homme de radio choisit sa ville natale pour hisser, en haut des tours du Vieux Port, le pavillon des Francofolies. Ce mélange de musique et de fête attira 25 000 personnes la première année, entraînées par un spécialiste de la scène : Jacques Higelin. Au fil des éditions, un public éclectique se lancera à l'abordage des Aznavour, Bashung, Cabrel, Ferré, Guidoni, Halliday, Lara, Lavilliers, Renaud, MC Solar, les Rita Mitsouko, Samson, Sapho, Souchon... Ouvert à tous les courants musicaux, ce festival fait cohabiter le rock, les « variétés », le jazz et le rap. Au pied de la tour de la Lanterne, l'esplanade St-Jean-d'Acre accueille les talents confirmés autour de la grande scène (décibels et effets de lumières garantis). À quelques pas de là, à l'intérieur de la Coursive, le Grand Théâtre et la Salle bleue se prêtent mieux aux artistes plus intimistes ou à la découverte de nouveaux talents. Le Carré Amelot (scène régionale), l'Encan (la « teuf » du hip hop) et le Magic Mirrors (improvisation et « bœufs » jusqu'au bout de la nuit) complètent les Francofolies officielles. Sur le cours des Dames, l'Espace organise chaque après-midi des dédicaces d'artistes... à vos photos !

AUTRES CURIOSITÉS

★**Parc Charruyer** (YZ) – Aménagé sur les glacis et dans les fossés des anciennes fortifications, il ceinture la ville sur 2 km de long et 200 m de large. Une rivière, où s'ébattent cygnes et hérons, le parcourt, accompagnée d'allées sinueuses.
À l'Ouest, le parc se prolonge par le **mail**, promenade favorite des Rochelais, aboutissant au monument aux morts, œuvre maîtresse de Joachim Costa. Entre cette majestueuse allée d'ormes et la mer s'étendent les jardins en terrasse du casino et le parc d'Orbigny, le parc Delmas leur faisant suite.

Préfecture (Z P) – Installée dans l'ancien hôtel Poupet, d'époque Louis XVI et typique de l'architecture privée rochelaise, la préfecture ouvre sur la place par un porche monumental, couronné de balustres.

Temple protestant (Z R) – Charmante façade classique à décor sculpté de palmes et de draperies. C'est l'ancienne chapelle des Récollets, construite en 1708.

Musée protestant ⊙ – Dans une salle est retracée l'histoire du protestantisme, notamment dans la région de La Rochelle. Parmi les documents et objets présentés : exemplaire de la Confession de foi de La Rochelle (1571) avec les signatures des pasteurs ; une bible de 1606 imprimée à La Rochelle même. Une table et une chaire démontables, de même qu'une collection de méreaux (pièces servant de reconnaissance entre protestants), illustrent la période des réunions clandestines dite « période du Désert ».

Cloître des Dames Blanches (Z S) – Jouxtant le temple protestant, ce cloître faisait partie de l'ancien couvent des Récollets. C'est devenu un espace culturel abritant, sous ses 32 arcades, de surprenantes expositions de peinture et des concerts (en saison).

Église St-Sauveur (Z) – Édifice des 17e et 18e s. Le haut clocher remonte au 15e s.

La Coursive (Z D) – Aujourd'hui salle de spectacle, cette **ancienne chapelle des Carmes** possède un imposant portail du 17e s. surmonté d'une coquille Saint-Jacques. À l'intérieur, belle cour à arcades.

Porte royale (Y) – Du 17e s. À fronton sculpté. Elle faisait partie des remparts de Vauban.

Ancien hôtel de l'Intendance (Y Z) – Superbe portail Louis XV.

MUSÉES DU QUARTIER ANCIEN ⊙

★★**Muséum d'Histoire naturelle** ⊙ (Y) – Situé à l'entrée du jardin des Plantes, il occupe deux bâtiments se faisant face.

Musée Lafaille – Aménagé dans l'ancien hôtel du Gouverneur, bel édifice du 18e s., il a conservé en partie ses boiseries Louis XV.
Le rez-de-chaussée abrite le **cabinet Lafaille**. Contrôleur ordinaire des guerres, passionné de sciences naturelles, Clément de Lafaille s'était constitué un cabinet de curiosités qu'il légua en 1770 à l'Académie royale de La Rochelle et qui fut

Cabinet Clément Lafaille

transféré ici en 1832, avec son mobilier. Armoires vitrées, vitrines, « coquillier », le seul conservé en France, se fondent dans de magnifiques boiseries, rechampies de corail et sculptées d'objets scientifiques. De rares coquillages, mollusques et crustacés retiennent l'attention.

On accède au 1er étage par un vaste escalier de pierre décoré de têtes et de massacres d'ongulés ; le palier est occupé par la première girafe introduite en France, cadeau du pacha d'Égypte Méhémet Ali au roi Charles X.

La grande **salle de zoologie**, créée en 1832, témoigne des conceptions muséologiques de l'époque, soucieuses de donner une vision très complète du règne animal, dont la classification commence à obéir alors à une véritable rationalisation. Parmi les collections exposées dans les **salles d'ethnologie**, certaines pièces sont tout à fait exceptionnelles : statue du dieu Terriapatura rapportée de l'archipel des Gambiers par Dumont d'Urville, statuette bicéphale « Moaï-Kava-Kava » originaire de l'île de Pâques, grand masque kwélés du Congo, terres cuites saoes du Tchad.

Musée régional Fleuriau – Il est consacré à l'histoire naturelle régionale : géologie, paléontologie, préhistoire, zoologie. Reconstitution d'une partie de forêt avec la faune locale : cerfs, sangliers, loutres, chevreuils...

★**Musée du Nouveau Monde** ⊙ (Ƴ **M²**) – L'hôtel Fleuriau, acquis par l'armateur rochelais de ce nom en 1772, abrite dans ses salons à lambris Louis XV et Louis XVI des collections qui illustrent les relations tissées entre La Rochelle et les Amériques depuis la Renaissance.

Les armateurs s'enrichirent avec le Canada, la Louisiane et surtout les Antilles où ils possédaient de vastes domaines produisant des épices, du sucre, du cacao, du café, de la vanille ; ils prospéraient aussi par le commerce du « bois d'ébène » ou commerce triangulaire : vente de tissus et « achat » d'esclaves sur les côtes d'Afrique, vente de ces esclaves et achat de produits coloniaux à l'Amérique, vente de ces produits coloniaux en Europe.

Parmi les pièces exposées, on s'attardera en particulier devant les cartes anciennes et les gravures aquarellées, devant les allégories de l'Amérique, les papiers peints (Les Incas de Dufour et Leroy) et les objets usuels indiens. Les évocations littéraires (*Atala*), les gravures anciennes des Antilles, l'esclavage, la chute de Québec constituent d'autres sujets d'intérêt.

★**Musée des Beaux-Arts** ⊙ (Ƴ **M³**) – Le musée occupe le 2e étage du palais épiscopal, édifié sous Louis XVI par Monseigneur de Crussol d'Uzès suivant la formule locale : entre cour et jardin, hauts murs à balustres. Un escalier, à rampe de fer forgé en oves, conduit à la galerie à alcôves et aux salles où sont exposés les tableaux. Le reste du palais est occupé par une bibliothèque et une section d'études et de fonds anciens. Dans le domaine de la peinture ancienne, l'œuvre la plus intéressante est une *Adoration des mages*, dernière œuvre connue d'Eustache Le Sueur (école française du 17e s.). On peut y découvrir aussi des portraits dus à des artistes rochelais du 18e s. (Brossard de Beaulieu, A. Duvivier).

Le 19e s. est représenté par des compositions de Bouguereau (originaire de La Rochelle), Corot, Chassériau et Eugène Fromentin dont sont exposées quelques toiles évoquant avec subtilité l'Algérie.

Une section est consacrée à des œuvres du 20e s. (verreries de Maurice Marinot, *Miserere* de Georges Rouault), dont certaines sont présentées par roulement.

★**Musée d'Orbigny-Bernon** ⊙ (Ƴ **M⁴**) – Il rassemble des collections relatives à l'histoire rochelaise, à la céramique européenne et à l'Extrême-Orient.

À l'intérieur, on verra des souvenirs des sièges de La Rochelle et quelques documents évoquant la prospérité économique et la vie intellectuelle au 18e s.

Le 1er étage présente une série exceptionnelle de céramiques évoquant principalement l'histoire de la faïencerie de La Rochelle. Dans des armoires du 18e s. sont exposés de remarquables vases de pharmacie provenant de l'hôpital Aufredi. Quelques belles pièces de Marseille, Strasbourg, Nevers et Moustiers complètent cette collection.

Le 2e étage est consacré à l'Extrême-Orient (précieuses porcelaines chinoises de l'époque Song à Qing, instruments de musique), tandis qu'au sous-sol est disposée la collection archéologique : célèbre tombeau du 12e s., dit de Laleu, vraisemblablement dû à un moine bâtisseur.

Musée Grévin ⊘ (**Z M⁵**) – Ouvrant sur le Cours des Dames, dans la tradition du genre, ce musée présente en 15 tableaux où se confondent histoire et légende les grandes heures de La Rochelle (siège de 1628, commerce triangulaire) et les personnages qui ont profondément marqué le passé de la cité (Aliénor d'Aquitaine, Richelieu, Jean Guiton...).

Musée du Flacon à parfum ⊘ (**Z M⁷**) – *33, rue du Temple, au 1ᵉʳ étage d'une parfumerie.* Charmante collection de flacons à parfum, de boîtes à poudre et d'étiquettes, créés depuis les années 20 ; quelques modèles de flacons sont signés Lalique, Dali, Cocteau...

LA VILLE-EN-BOIS

À l'Ouest du grand bassin à flot s'étend le quartier de la Ville-en-Bois, ainsi nommé à cause de ses maisons basses en bois qui servaient d'ateliers de réparation pour différentes pièces de bateaux ou de magasins de pièces détachées. Restructuré après un incendie, le quartier voit désormais cohabiter artisanat et culture (université, musées).

★**Musée maritime : Neptunéa** ⊘ (**Z M⁸**) – Bordant les quais Est du bassin des Chalutiers, ce vaste complexe se signale par la présence d'une rampe de mise sur cale (slipway). Il retrace, sur deux espaces distincts, l'histoire et la vie maritime rochelaises.

Musée à flot – Le long des quais mouille une petite armada de bateaux de toutes tailles (canots, chalutiers, remorqueur de haute mer, yachts dont l'élégant ketch rouge **Joshua** avec lequel Bernard Moitessier participa au Golden Globe Challenge, première course autour du monde en solitaire (1967-68). Avec ses 80 m de long, l'ancienne frégate météorologique **France I** est le plus imposant navire de la flottille, ouvrant ses cinq ponts à la visite en y intégrant d'intéressantes expositions sur la vie à bord, la météorologie, les bateaux en bouteille.

Musée à quai – Réhabilitant les anciens bâtiments de l'Encan (criée aux poissons), il propose successivement : le Comptoir des océans (boutique et librairie maritime), Cinévague (cinéma de la marine), Peinture sur mer (expositions d'artistes), la Halle à marée (exposition sur les techniques de pêche ; bassin ventilé où naviguent des modèles réduits télécommandés).

★**Musée des Automates** ⊘ (**Z M⁹**) – Évoluant parmi des décors somptueux, dans une ambiance musicale, 300 personnages en mouvement rivalisent d'ingéniosité pour attirer l'attention du visiteur. D'un réalisme stupéfiant, ces automates sont mus par différentes cames que l'on peut observer sur l'arlequin écorché. La quinte de toux (1890), le clown à la chaise (1910), le café noir (1922), etc. retracent l'âge d'or du mouvement mécanique. Ces pièces anciennes côtoient des œuvres plus récentes, dont l'une évoque l'automaticien J. de Vaucanson et son célèbre canard, des vitrines animées, des sujets pour enfants et des reconstitutions historiques. Une

La Rochelle – Musée des Automates

bouche de métro donne accès à la **place de Montmartre**★★ où l'atmosphère de «Panam» est fidèlement reconstituée. Les enfants seront émerveillés par les nombreux automates publicitaires qui garnissent les boutiques. Les adultes pourront flâner dans des rues pavées éclairées par des candélabres et se laisser surprendre par le passage d'un métro aérien.

Musée des Modèles réduits ⊙ (Z M¹⁰) – Un train miniature emprunté par les enfants ceinture le bâtiment. La visite débute par une collection de superbes maquettes de camions et de voitures dont certaines sont télécommandées. L'histoire des grandes découvertes maritimes est évoquée dans un décor de galion tandis qu'un plan d'eau accueille, dans une fabuleuse mise en scène, une **bataille navale**★ reconstituée. Un intérieur de sous-marin plonge le visiteur dans le monde des profondeurs. Les passionnés de train pourront rêver devant des circuits ferroviaires (l'un d'eux se déploie autour de la gare de La Rochelle) et de rutilantes locomotives de toutes tailles, dont certaines fonctionnent à la vapeur.

PORT DES MINIMES

À l'entrée de la baie, rive Sud, se trouve le port de plaisance des Minimes, qui peut accueillir 3 200 quillards de tous types, ce qui en fait le premier port européen sur l'Atlantique. Trois bassins à flot en eau profonde ont été aménagés à cet effet : Lazaret, Bout-Blanc et Marillac. Tout autour du port s'est développée une zone artisanale liée à la plaisance (réparations navales, accastillage, voilerie, etc.) ainsi qu'une zone d'immeubles d'habitation Une école de voile réputée est également installée là.

Des bus de mer relient les Minimes au Vieux Port.

La Rochelle – Bus de mer entrant dans le port des Minimes

★**Aquarium** ⊙ – Fondé par René Coutant, cet important aquarium, de conception très moderne, présente un vaste panorama de la faune et de la flore sous-marines en provenance de toutes les mers du globe. Les trois premières salles sont consacrées à un océan ou à un milieu particulier (Atlantique, Méditerranée, tropiques) dont elles présentent, dans de magnifiques aquariums, les espèces spécifiques. Un tunnel aux parois transparentes permet au visiteur d'évoluer au sein d'un environnement marin tropical, tandis qu'un immense bac de 2 500 hl accueille des requins et des tortues. Petit jardin tropical (aquarium avec piranhas).

ENVIRONS

Au Nord

Nieul-sur-Mer – *6 km au Nord par la D 105.*

Parc du manoir Capiplante – *Face à l'avenue de La Rochelle.* Il s'étend à l'arrière d'une élégante demeure construite en 1806. Dévasté pendant la Seconde Guerre mondiale, il a été redessiné en 1950. Planté de beaux arbres et arbustes *(identifiés par des panneaux)* dont les feuillages composent un tableau coloré, il allie la rigueur géométrique de sa perspective centrale, dont l'axe se termine au bassin de Neptune, à la fantaisie romantique de son étang, de ses bosquets et prairies où se disséminent des statues.

LES ÉCHOS DE LA ROCHELLE

Se déplacer

Locomotion « propre » – Ici les deux-roues sont rois ; le 9 septembre 1997, La Rochelle organise, pour la première fois en France, une journée sans voiture. Une agréable piste cyclable relie le Vieux Port aux Minimes.

Vélos – On peut louer les célèbres vélos jaunes (gratuits les deux premières heures) place de Verdun et quai Valin en saison.

Véhicules électriques – Electric Autoplus, place de Verdun, ☎ 05 46 34 02 22, propose la location de vélos, de scooters (40 F la 1/2 journée) et de voitures électriques (60 F la 1/2 journée) couleur soleil, pour partir à la découverte des environs de La Rochelle (ces communes sont équipées de bornes de recharge).

Bateaux – Le problème du stationnement peut être résolu en laissant son véhicule sur les quais Sud et en rejoignant le centre-ville par bateau.

Bus de mer – Une « croisière » de 20 mn permet de relier le port des Minimes (vaste parking) au Vieux Port. Départ toutes les 1/2 h en juillet et août, toutes les heures d'avril à juin et en septembre (fonctionne le week-end et les vacances scolaires le reste de l'année). Vente des billets à bord du bateau : 11 F (aller).

Le passeur – Une courte traversée (4 F) relie le quartier de la Ville-en-Bois (nombreuses aires de stationnement) à l'esplanade St-Jean d'Acre.

Se loger

« BUDGET »

Tour de Nesle – 2, quai L.-Durand, ☎ 05 46 41 05 86. Bordant le canal Maubec, cet hôtel se trouve à deux pas des rues piétonnes. 28 chambres à partir de 280 F, dont 6 font face au Vieux Port (belle vue d'ensemble).

Rivage – 36, boulevard de la Mer, Châtelaillon-Plage, ☎ 05 46 56 25 79. Fermé de mi-novembre à mars. Juste une rue à traverser... et c'est la plage ! 40 chambres à partir de 280 F, dont 22 permettent d'assister à de splendides couchers de soleil sur les îles.

« NOTRE SÉLECTION »

Les Brises – Avenue P.-Vincent, ☎ 05 46 43 89 37. À l'écart de l'agitation du centre-ville, proche du parc d'Orbigny et du casino, cet édifice de cinq étages domine la mer. 50 chambres à partir de 420 F dont la moitié donnent sur le port des Minimes et les îles. Agréable terrasse en bord de mer, parking privé.

« OPTION PRESTIGE »

Monnaie – 3, rue de la Monnaie, ☎ 05 46 50 65 65. Entre le parc Charruyer et la tour de la Lanterne, cet ancien hôtel particulier du 17e s. abrite des chambres confortables donnant sur une jolie cour intérieure. 31 chambres à partir de 465 F, parking privé en sous-sol.

Se restaurer

« BUDGET »

Le Boute-en-Train – 2, rue des Cloutiers, ☎ 05 46 41 73 74. Fermé le dimanche et le lundi. Perpendiculaire au marché couvert, ce petit établissement se signale par une enseigne au thème marin. Plat du jour (environ 50 F) ou tartes salées accompagnées de salade verte.

La Marie-Galante – 35, avenue des Minimes, ☎ 05 46 44 05 54. Fermé les soirs de la semaine (hors saison). Face au port des Minimes, ce restaurant affiche des menus, à partir de 80 F, offrant un large choix de poissons (suivant arrivage). Note : les « céteaux » sont de petites soles.

Le Platin – Les Boucholeurs, Châtelaillon-Plage, ☎ 05 46 56 06 06. Fermé le lundi et de mi-décembre à janvier. Près de la jetée, un bâtiment dont l'architecture évoque une cabane ostréicole ouvre sur la pointe de la Fumée et sur l'île d'Aix. Menus de la mer, à partir de 100 F.

« NOTRE SÉLECTION »

À côté de chez Fred – 32, rue St-Nicolas, ☎ 05 46 41 65 76. Fermé le lundi (sauf le soir en saison), le dimanche et vacances de Toussaint. Égayé de chansons de marins (le son monte suivant l'humeur du patron), ce restau-poissonnerie prépare les produits de la mer suivant les arrivages de la criée.

André – 5, rue St-Jean-du-Pérot, ☎ 05 46 41 28 24. En terrasse (place de la Chaîne) ou à l'intérieur (décor marin reprenant le thème des différents ponts d'un navire), on peut déguster les produits du bord de mer (menu 162 F). Les hublots donnent sur les étales où sont composés les plateaux de fruits de mer.

La Maison des Mouettes – 1, route de la Plage, Aytré, ☎ 05 46 44 29 12. Fermé le lundi (sauf saison et jours fériés). *5 km au Sud par la route de Rochefort*. De larges fenêtres ouvrent sur une grande terrasse, puis sur la mer (vue dégagée). Les menus gastronomiques, à partir de 130 F, proposent le choix entre les produits de la mer et de la terre.

« OPTION PRESTIGE »

Richard Coutanceau – Plage de la Concurrence, ☎ 05 46 41 48 19. Fermé le dimanche. Dominant légèrement la plage, ce restaurant circulaire est installé à mi-distance entre le Vieux Port et le casino. Carte océane et menus à partir de 220 F.

Achats

Commerces – Concentrés dans le quartier ancien sillonné de nombreuses rues piétonnes (belles vitrines rue du Temple). Principales artères commerçantes : rue du Palais, rue Dupaty ; la place du Marché donne accès aux boutiques des arcades de la rue des Merciers et de la rue St-Yon. À noter à l'Ouest du Vieux Port, l'ambiance sympathique de la rue St-Nicolas (puces et antiquaires).

Douceurs pour palais gourmand – Les Pavés de La Rochelle (caramels aux fruits enrobés de nougatine), les Carrés du Marais (caramels au beurre salé) et les Rochelines (bonbons pralinés, café et cognac) chez **Jeanne d'Albret**, 10, rue Chaudrier, ☎ 05 46 41 17 40.

Marché – Chaque matin, la place du Marché s'anime de 7 h à 13 h.

Vins – Sur une charrette à bras, deux tonneaux vitrés présentent un éventail de vins régionaux (Mareuil, Pays des Charentes) et de pineaux que l'on peut déguster au verre (à consommer avec modération) dans une ambiance chaleureuse. **Cave de la Guignette**, 8, rue St-Nicolas, ☎ 05 46 41 05 75.

S'informer

Presse – *Charente-Maritime, Sud-Ouest, La Charente libre* (quotidiens) et *Agriculteur charentais* (hebdomadaire) se partagent l'information de la vie locale.

Radios FM – Accords (95.5), Alouette FM (90.2), Collège d'Aytré (95.9) et Radio-France La Rochelle (98.2) font alterner musique et informations pratiques.

Se baigner

Les plages – Les petites plages des Minimes (au Sud) et du Chef-de-Baie (à l'Ouest) peuvent dépanner les amateurs de baignade ; la plage de la Concurrence (près de la tour de la Lanterne) est fréquentée par les adeptes du bronzage. Mais pour profiter des joies de la mer, il convient de se rendre à Châtelaillon-Plage (10 km au Sud), la station balnéaire des Rochelais.

Centre Aquatique – Avenue de la Falaise, Châtelaillon-Plage, ☎ 05 46 56 44 11. Tout pour se détendre et s'amuser dans une eau à 29°.

Se divertir

Cinémas – Outre les salles du Dragon (cours des Dames et rue L.-Vieljeux) et de l'Olympia (rue Chaudrier) qui animent le centre-ville, La Rochelle possède désormais un vaste complexe cinématographique (Méga CGR, avenue H.-Becquerel) à deux pas de l'université.

Festivals et spectacles – Les Francofolies (musique, en juillet) et le Grand Pavois (salon nautique, en septembre) sont les vedettes des fréquentes manifestations organisées au long de l'année. La Semaine internationale de la Voile (mai-juin), le Festival international du film (juin), le Festival de l'Inattendu (juillet) et le Marathon (novembre) attirent de nombreux amateurs. Des représentations musicales et théâtrales sont données à la Coursive et au Carré Amelot, les derniers films se trouvant à l'affiche des cinémas, cours des Dames.

Pause détente – Au pied de la tour de la Lanterne, manger une crêpe à **La Bigoudène**, 63, rue St-Jean-du-Pérot. Après une baignade ou une promenade sur la plage, déguster une glace maison face à la mer au **Parad'Ice**, boulevard de la Mer (casino), Châtelaillon-Plage.

Prendre un verre – En toute saison, bars, brasseries, crêperies, pubs et de très nombreux restaurants font de La Rochelle une ville particulièrement animée. Le Vieux Port est envahi par des marchands ambulants qui se massent cours des Dames et quai du Carénage le temps des Francofolies. Pendant que les enfants se distrairont au minigolf (rue de la Monnaie, port des Minimes) ou sur des chevaux de bois (square Valin), les parents pourront s'attabler dans un cadre agréable. Pour découvrir l'ambiance nocturne de la ville : Le Guernesey (rue de la Chaîne), Music Hall (rue de la Ballangerie) et Vol de Nuit (rue Bletterie) pour les pubs ; Le Gin Fizz (allée du Mail), Le Joker (boulevard A.-Sautel), Oxford (plage de la Concurrence) et Le Triolet (rue des Carmes), pour les clubs.

Sport – Écoles de voile et croisières sur l'esplanade St-Jean-d'Acre, port des Minimes, piscine (rue L.-Mailho), squash (rue du Pont-des-Salines), tennis (42, avenue A.-Briand), bowling (port des Minimes), golf de 18 trous (Marsilly) et kart (circuit de la Repentie) constituent d'excellents moyens de détente.

La Rochelle – Ambiance de nuit

Marsilly – *9 km au Nord par la D 105.*
Église St-Pierre ⊙ – Érigée au 13ᵉ s., fortifiée au 14ᵉ s., elle fut ruinée pendant la guerre de Cent Ans et partiellement détruite durant les guerres de Religion.
Du 14ᵉ s. subsiste un imposant clocher-porche de style flamboyant. À l'étage, dans une belle salle voûtée d'ogives, dite salle des Pèlerins, conservant de nombreux graffiti (fers à cheval, blasons...) est présentée une originale exposition de moulages de graffiti, réalisés sur les murs des maisons et monuments de la région (Marsilly, La Rochelle, etc.).
Du haut du clocher (28 m) s'offre un vaste **panorama** sur cette région du Nord de l'Aunis.

Esnandes – *12 km au Nord par la D 105. Voir p. 107.*

Au Sud

Château de Buzay ⊙ – *À la Jarne, 8 km au Sud-Est par la D 937.* Édifié en 1771 pour un armateur rochelais, Pierre-Étienne Harouard, il présente une élégante façade à avant-corps central formant péristyle, encadrée de deux pavillons en saillie. À l'arrière, des guirlandes en bas-relief surmontent les baies du rez-de-chaussée. À l'intérieur, on admire la belle rampe en fer forgé de l'escalier, les boiseries et le mobilier d'époque, et de nombreux portraits de famille.

Châtelaillon-Plage – *12 km au Sud par la D 937.* Châtelaillon a succédé à une ville fortifiée qui fut la capitale de l'Aunis et que la mer engloutit peu à peu, à partir du 13ᵉ s. De sa **promenade de mer**, on a une vue semi-circulaire portant, de gauche à droite, sur la pointe de la Fumée, le fort Enet, l'île d'Aix, l'île d'Oléron à l'arrière-plan, la pointe du Chay. En arrière s'élève le **palais de l'Atlantique,** bel édifice restauré abritant le Casino. La plage, immense, a retrouvé sa splendeur, grâce à un apport de 337 000 m³ de sable pompé au large de l'île de Ré.

De la **pointe des Boucholeurs** ⊙ *(3 km au Sud par la D 202),* où se pratique l'élevage des huîtres et des moules, on a une vue sur le pertuis d'Antioche.

Réserve naturelle du Marais d'Yves – *15 km au Sud par la D 937.* Elle s'étend au Sud de la pointe des Boucholeurs, autour d'une vaste lagune. Dans le **Centre nature** ⊙, aménagé à proximité *(Aire du Marouillet, sur la N 137),* on peut se documenter sur la réserve, observer les oiseaux à l'aide de longues-vues, derrière une baie vitrée, enfin voir un diorama sur l'avifaune du marais. Il est possible de se rendre avec un guide au poste d'observation situé à 1 km.

La ROCHE-POSAY

1 444 habitants (les Rochelais)
Cartes Michelin n° 68 pli 5 ou 232 pli 48 – Schéma p. 81

Aux confins du Poitou, de la Touraine et du Berry, La Roche-Posay occupe un site pittoresque sur une rive escarpée de la Creuse, près de son confluent avec la Gartempe. Du pont sur la Creuse, on découvre une jolie vue sur la ville que dominent l'église et le donjon.

Connues peut-être dès l'époque romaine, les eaux de La Roche-Posay sont mentionnées officiellement au 16e s. Bicarbonatées, calciques et silicatées, contenant du sélénium, elles s'emploient avec succès contre les dermatoses, les séquelles de brûlures et les affections buccales.

Église – Dominée par un clocher roman du 11e s., elle a été fortifiée au 15e s. comme en témoigne l'existence de deux tours à mâchicoulis accolées au croisillon Nord.

Le vaisseau, voûté d'ogives, se termine par un chœur à chevet plat.

Donjon – Cette puissante tour du 12e s. se dresse à l'endroit le plus élevé de la vieille ville. Des fortifications, subsiste aussi une porte du 13e s. à mâchicoulis.

La ROCHE-SUR-YON

45 219 habitants (les Yonnais)
Cartes Michelin n° 67 plis 13, 14 ou 232 pli 40

Cette ville singulière, située sur un plateau dominant l'Yon et le bocage, est née de la volonté impériale d'implanter au cœur de la Vendée, soumise par les armes, une place militaire stratégique destinée à prévenir de nouveaux soulèvements. En 1804, Napoléon transfère le chef-lieu de Fontenay à La Roche-sur-Yon, modeste bourgade qui reçoit le nom de « Napoléon ». Un plan de ville est tracé par l'ingénieur militaire Duvivier, mais l'absence de pierres le contraint à bâtir en pisé. Aussi, lorsque l'Empereur fit étape en 1808 dans la nouvelle cité, il destitua le responsable, lui reprochant d'avoir élevé une « ville de boue ».

C'est en fait sous la Restauration que la ville prend sa configuration : plan géométrique, larges artères tracées au cordeau et se coupant à angle droit, immense esplanade centrale faisant office de place d'armes. La Roche-sur-Yon acquiert alors la forme d'un pentagone irrégulier d'où partent six grandes voies rectilignes permettant un déplacement rapide des troupes. Cette innovation en matière d'urbanisme reflète la conception politico-architecturale du milieu du 19e s.

La ville changea encore plusieurs fois de nom : Bourbon-Vendée sous la Restauration et la monarchie de Juillet, Napoléon-Vendée sous le Second Empire ; elle redevient La Roche-sur-Yon en 1870.

CURIOSITÉS

Place Napoléon (BY) – Cette vaste esplanade, prévue pour accueillir 20 000 soldats, est entourée d'édifices de style néoclassique.

Au centre de la place s'élève une statue équestre (1854) de Napoléon Ier.

Musée ⊙ (AZ M) – Outre des collections archéologiques (époques préhistorique, gallo-romaine et médiévale), il offre un panorama de la peinture académique parisienne de la fin du 19e s. et une série de toiles d'artistes locaux de la même époque comme C. Milcendeau, portraitiste du monde maraîchin (un musée lui est consacré à Soullans), ou P. Baudry, natif de La Roche et décorateur de l'Opéra de Paris.

Le musée possède aussi une collection d'œuvres d'artistes contemporains (Boltanski, Beuys, etc.) réalisées à partir d'un support photographique. Des expositions d'art contemporain y sont organisées.

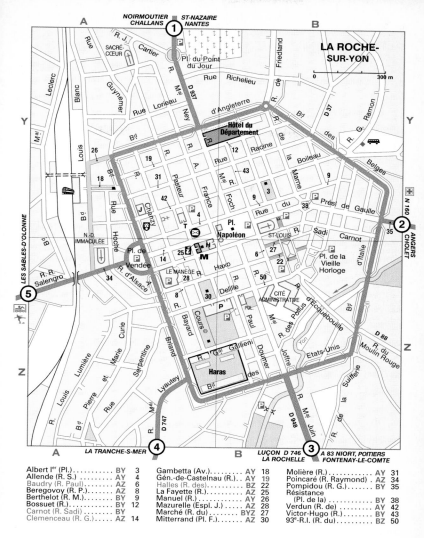

LA ROCHE-SUR-YON

Hôtel du Département (ABY) – Il occupe l'ancien hôpital napoléonien, restauré, où ont lieu des expositions et, en arrière de celui-ci, un nouvel édifice (1990), œuvre de Roland Castro et Jean-Luc Pellerin, qui tranche, par son immense façade vitrée masquant à peine une grande tour rose, avec l'austérité et la rigueur de l'urbanisme qui présida à la naissance de La Roche au 19e s.

Haras ⊘ (ABZ) – C'est un des plus importants de France. Nombreux étalons pur sang et trotteurs français.

ENVIRONS

Église de la Chaize-le-Vicomte – *11 km à l'Est par la D 948 (sortie ③ du plan)*. Vaste et sobre édifice de granit, elle est campée sur un rocher face aux ruines de l'ancien château féodal. On admire la façade fortifiée de cette église romane et sa nef, très majestueuse. Intéressants chapiteaux historiés.

Les Essarts – *20 km au Nord-Est par la N 160 (sortie ② du plan)*. Ce gros bourg-marché est installé dans un vallon frais et riant, au cœur du bocage.

Vieux château ⊘ – Une entrée, flanquée de deux tours rondes découronnées, donne accès aux **ruines** de la forteresse, siège au Moyen Âge d'une puissante baronnie.
À droite de l'entrée, le donjon carré, du 11e s., renferme une belle salle voûtée. À gauche, on distingue, sous un manteau d'arbres, un tumulus gallo-romain, transformé par la suite en « motte », ceinte de douves et de palissades. Dans le fond se dresse le logis seigneurial, reconstruit au 15e s. et incendié en 1794. Pour découvrir une vue d'ensemble de l'enceinte, pénétrer dans le parc dessiné au 19e s. par Bühler. Le château moderne a été bâti de 1854 à 1857 par un architecte spécialiste du style gothique troubadour : Phidias Vestier (1796-1874).

ROYAN ✿✿✿

16 837 habitants

Cartes Michelin n° 71 pli 15 ou 233 pli 25 – 35 km au Sud-Ouest de Saintes

Reconstruite après les bombardements qui la dévastèrent en 1945, la capitale de la **Côte de Beauté** a retrouvé, sous les traits d'une ville moderne, la prospérité qui la caractérisa dès la fin du 19ᵉ s. Elle connaît, en saison, un important afflux de population.

LE SITE ET L'HISTOIRE

Un site privilégié – Royan est admirablement située à l'entrée de la Gironde et elle est entourée d'une série de villégiatures qui la complètent : l'aristocratique Pontaillac, St-Palais et St-Georges-de-Didonne plus familiales.

Des plages de sable fin dessinent une courbe harmonieuse aux creux des **conches**, anses tièdes, abritées des vents. Entre elles alternent falaises ou dunes revêtues d'une forêt de chênes verts et de pins maritimes aux vivifiants effluves. Le climat doux et sain, les bains de varech attirent les curistes. Un équipement perfectionné et de multiples distractions expliquent la vogue de Royan.

La « poche de Royan » – Au moment de la libération de la France, à l'automne 1944, les troupes allemandes stationnées dans l'Ouest refluèrent en quelques points du littoral ; elles se replièrent sur St-Nazaire, le Verdon, Royan... et s'y retranchèrent fortement. Royan était investie par les forces du général de Larminat quand, le 5 janvier et les 14-15 avril 1945, deux sanglants bombardements aériens rasèrent presque totalement la ville que les Allemands rendirent trois semaines seulement avant l'armistice du 8 mai.

La ville moderne – Qui a connu la Royan d'avant-guerre se souvient non sans nostalgie de ses villas et de ses chalets nichés dans la verdure, de ses grands hôtels victoriens aux façades chargées, de ses casinos imitant les palais Renaissance ou baroques. Aujourd'hui, Pontaillac reste seule pour évoquer ces souvenirs. Royan même a été reconstruite suivant les normes de l'urbanisme de l'après-guerre. De vastes perspectives ont été créées que bordent des immeubles rythmés de grands balcons et couverts de toits de tuiles roses, à la charentaise.

CURIOSITÉS

★**Église Notre-Dame** (B) – Construit de 1955 à 1958 sur les plans des architectes Guillaume Gillet et Hébrard, c'est un édifice en béton armé, qu'il a fallu enduire d'une couche de résine pour le protéger contre l'érosion éolienne.

De la place Notre-Dame, située un peu en contrebas, la perspective ascendante du chevet formant proue est accusée par le clocher culminant à 65 m. À gauche on remarque, détaché de la nef, le baptistère pyramidal.

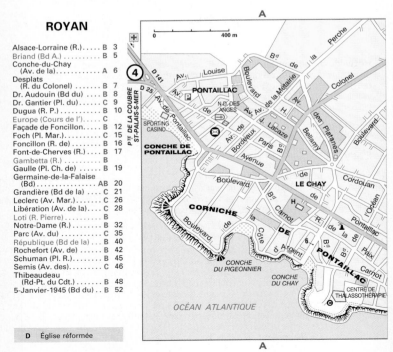

ROYAN

D　Église réformée

À l'intérieur, l'envolée de la nef unique, spacieuse et claire, frappe le visiteur. Les grandes orgues en étain martelé, dues au maître poitevin Robert Boisseau, sont renommées pour leur musicalité.

Sous la tribune, remarquer, à gauche, la statue moderne, en cuivre, de Jeanne d'Arc et, en face, près des fonts baptismaux, celle de saint Joseph que jouxte un Christ allongé, sculpture en bois, du 14e s.

★ **Le front de mer** (BC) – À l'extrémité Nord de la **Grande Conche**, immense plage de 2 km de développement, s'incurve le front de mer de Royan, commerçant et résidentiel, que souligne un péristyle permettant de faire ses achats et d'admirer, à couvert, la vue sur la Gironde (à droite, on reconnaît la silhouette du phare de Cordouan).

Au centre de la courbe, un portique-promenoir interrompt la ligne des bâtiments, découvrant la perspective du boulevard Aristide-Briand fermée par le marché central *(voir ci-après)*.

Au terme du front de mer se trouve le port qui comprend un bassin d'échouage pour les chalutiers et les sardiniers pêchant la fameuse « royan », un bassin pour les bateaux de plaisance, un bassin à flot avec jetée où aborde le bac de la pointe de Grave. Des **promenades en mer** ⊙ sont organisées en saison, notamment vers le phare de Cordouan *(voir ce nom)*.

Église réformée ⊙ (B D) – Ses lignes sont d'une grande sobriété, suivant la tradition protestante. Jeter un coup d'œil sur l'intérieur, ensemble très harmonieux où le bois domine.

Marché central (B) – À l'extrémité du boulevard Aristide-Briand se découpe le marché couvert avec son originale coupole compartimentée, en voile de béton d'environ 50 m de diamètre.

Palais des Congrès (B) – Le palais des Congrès domine la conche de Foncillon. Pouvant recevoir 2 000 personnes, il présente une façade entièrement vitrée.

★ **Corniche de Pontaillac** (A) – *Promenade à faire de préférence au moment de la marée haute; suivre les boulevards Carnot et de la Côte-d'Argent.*

Après avoir côtoyé les tennis et l'ancien fort du Chay, on domine plusieurs petites conches (conche du Chay, conche du Pigeonnier) qui offrent des points de vue sur l'estuaire de la Gironde et la Côte de Beauté, de la pointe de Suzac à la pointe de la Coubre.

On aboutit à la **conche de Pontaillac**★, étroite et profonde, admirablement abritée et qui s'entoure de villas cossues disséminées sous les frondaisons. Petite, mais ourlée de sable fin et décrivant une courbe parfaite, c'est la plage la plus en vue de Royan.

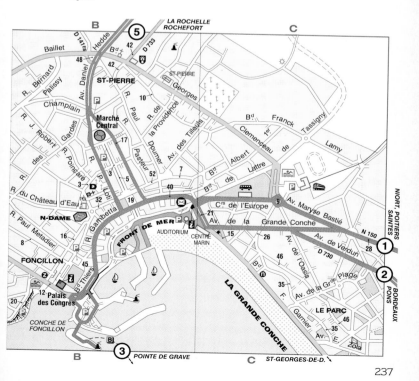

AU BORD DE LA PLAGE À ROYAN

Se déplacer

Bus – Une ligne de bus dessert Royan et ses environs, de Meschers à St-Palais en passant par St-Georges-de-Didonne et Vaux-sur-Mer. Renseignements et horaires à l'Office de tourisme et à la gare routière Aunis-Saintonge, cours de l'Europe, ☎ 05 46 05 03 81.

Se loger

« BUDGET »

Beauséjour – 32, avenue de la Grande-Conche, ☎ 05 46 05 09 40. Hôtel bien situé près de la mer et du centre-ville. Chambre à partir de 280 F.

« NOTRE SÉLECTION »

Beau Rivage – 9, façade Foncillon, ☎ 05 46 39 43 10. Fermé de mi-décembre à mi-janvier. Installé dans un immeuble style « front de mer », cet hôtel domine la conche de Foncillon. 22 chambres à partir de 320 F.

Family Golf – 28, boulevard Garnier, ☎ 05 46 05 14 66. Fermé de novembre à mi-mars. Face à la plage de la Grande Conche, belle vue sur le port. 33 chambres à partir de 350 F, parking.

« OPTION PRESTIGE »

Novotel – Boulevard Carnot, ☎ 05 46 39 46 39. À l'écart de la route, cet hôtel moderne surplombe la conche du Chay (un chemin longeant la corniche permet d'accéder à la plage). Centre de thalassothérapie, piscine. 83 chambres (climatisées) avec balcon à partir de 815 F.

Résidence de Rohan – Parc des Fées, route de St-Palais, Vaux-sur-Mer, ☎ 05 46 39 00 75. Fermé de mi-novembre à mars. Jadis salon littéraire de la duchesse de Rohan, cette demeure 19e s. est devenue un hôtel avec piscine chauffé en bordure de mer. Chambres à partir de 350 F.

Se restaurer

« BUDGET »

L'Anjou – 19, rue Font-de-Cherves, ☎ 05 46 05 09 49. Fermé le lundi (hors saison). Agréable restaurant à l'écart de l'agitation du front de mer. Spécialités de poissons et fruits de mer ; clients et homards se contemplent au travers des aquariums. Menus à partir de 85 F.

Le Fà – Boulevard Carnot, ☎ 05 46 39 46 39. Restaurant du centre de thalassothérapie avec vue panoramique (agréable terrasse en saison). Menu du déjeuner à 85 F.

« NOTRE SÉLECTION »

Le Chalet – 6, boulevard Grandière, ☎ 05 46 05 04 90. Fermé le mercredi (sauf saison) et de mi-janvier à mi-février. Face à l'Office de tourisme, restaurant réputé de Royan (il est préférable de réserver). Menus à partir de 110 F.

La Jabotière – Esplanade de Pontaillac, ☎ 05 46 39 91 29. Fermé le dimanche soir, le lundi (hors saison) et de mi-décembre à janvier. Installé sur la plage, ce restaurant gastronomique permet de manger en contemplant la mer et la corniche de Pontaillac. Menus à partir de 140 F.

Achats

Spécialités – Pâtissiers et chocolatiers proposent des sardines (voire des huîtres et des petits-gris) en chocolat, à cause de la « royan » pêchée par les sardiniers locaux.

Marché – Tout autour et sous le marché central, tous les matins (sauf lundi du 15 septembre au 17 juin) jusqu'à 14 h.

EXCURSIONS

★Pointe et forêt de la Coubre *30 km – environ 3 h*

Vaux-sur-Mer – Au flanc du vallon, délicieuse église romane dans un vieux cimetière que veillent ormes et cyprès ; à l'intérieur, voir les chapiteaux de la croisée du transept (à droite, le montreur d'ours).

Nauzan – Conche de sable fin, bien protégée du vent par des falaises latérales.

St-Palais-sur-Mer – D'une élégance de bon ton, St-Palais est une station très fréquentée dont les villas s'éparpillent au milieu des pins et des chênes verts. Le **parc du marais du Rhâ** *(derrière le marché couvert)*, aménagé autour d'un lac, est bien équipé pour les

St-Palais-sur-Mer – La Grande Côte

loisirs (golf miniature, piste cyclable, tennis, pêche, etc.). De la conche : vue sur le phare de Cordouan. À l'extrémité de la plage, à droite en regardant la conche, prendre la rue de l'Océan au bout de laquelle commence le **sentier de la Corniche★** *(signalé, 3/4 h à pied AR)* nommé aussi « sentier des pierrières ». Il serpente à travers les bois de chênes verts puis franchit une anfractuosité où, à marée haute, le flot s'engouffre avec un bruit de tonnerre. On arrive enfin à une pointe dont les rochers sont bizarrement découpés : la roche du Moine, le pont du Diable, les Pierrières.

★★**La Grande Côte** – *Laisser la voiture sur le parc, à gauche, à l'endroit où la D 25 quitte le bord de mer pour pénétrer sous bois. Gagner la plate-forme rocheuse. Longues-vues.* Là, quand le temps est mauvais ou même médiocre, on peut contempler le spectacle grandiose des lames s'écrasant avec fracas, tandis que jaillit à grande hauteur une poussière d'embruns. **Vue** de gauche à droite sur la Gironde, la pointe de Grave, le phare de Cordouan, la pointe et le phare de la Coubre.
Faire quelques pas à droite : vue en enfilade sur les plages et les dunes sauvages de la Grande Côte, où le flot déferle en puissants rouleaux *(bains dangereux)*. Sur la grève déserte se pratique la pêche au lancer lourd, surtout pour le bar.

★★★**Zoo de La Palmyre** – *Voir p. 174.*
L'itinéraire traverse la forêt puis la station de **La Palmyre**. On longe alors la **Bonne Anse**, refuge de barques, créée par la formation d'une flèche littorale *(voir ci-dessous)* dans l'axe de la pointe de la Coubre.

★**Phare de la Coubre** – Plusieurs fois reconstruit à cause de la mobilité de la dune, l'ouvrage actuel date de 1905 et s'élève à plus de 60 m. Sa silhouette bicolore, fine et élancée, domine la pointe de la Coubre, non loin d'un sémaphore. D'une portée lumineuse de 53 km, c'est un des plus puissants phares de France ; il signale les approches de la Gironde. Les parois intérieures sont revêtues d'opaline bleue.
Du sommet, qu'on atteint par 300 marches puis par une échelle métallique, vaste **panorama★** : au Nord et à l'Est sur la forêt de la Coubre et l'île d'Oléron ; au Sud, sur la pointe de la Coubre qui, à son extrémité, se recourbe en crochet, comme les bouliers picards, sous l'action du courant littoral. On distingue, à l'horizon, le phare de Cordouan, isolé en mer, la pointe de Grave et la Côte de Beauté jusqu'aux falaises de Meschers.

★**Forêt de la Coubre** ⊙ – Cette forêt de pins maritimes et de chênes verts, que parcourent quelques cerfs et chevreuils, s'étend sur 8 000 ha. D'importants travaux de reboisement ont permis d'effacer les traces du grand incendie qui l'a ravagée en 1976. La forêt de la Coubre fixe les dunes de la côte d'Arvert dite aussi Côte Sauvage que, durant la guerre, l'Organisation Todt avait parsemée de casemates. Une piste cyclable parcourt la forêt et dessert les plages.
À environ 1 km au Nord du phare de la Coubre *(parking aménagé)*, un chemin de sable conduit à la grève : vue impressionnante sur les lames s'écrasant sur le sable. 8 km plus au Nord, au-delà de la métallique tour du Gardour, surmontant une éminence boisée à droite de la D 25, une tour panoramique en bois, la **tour des Quatre Fontaines**, à l'extrémité du chemin forestier dit des Quatre Fontaines, permet de découvrir l'ensemble du massif forestier et l'océan.

★**Phare de Cordouan** *Voir p. 103.*

Estuaire de la Seudre *Voir p. 268.*

RUFFEC

3 893 habitants
Cartes Michelin n° 72 pli 4 ou 233 pli 19 – 43 km au Nord d'Angoulême

Un peu à l'écart de la Charente et au Nord du département du même nom, Ruffec est un lieu d'échanges commerciaux au contact de l'Angoumois et du Poitou. La ville compte deux axes principaux, la N 10 et la rue Jean-Jaurès que prolonge la rue du Docteur-Roux, artère principale de la ville ancienne. L'ancien château fut le siège d'un marquisat qui, au 18e s., appartint au duc de Saint-Simon, le célèbre mémorialiste. On peut savourer à Ruffec une spécialité : le fromagé, sorte de tarte au fromage.

Église St-André – Elle dépendait jadis du diocèse de Poitiers. Sa façade romane sculptée mérite un coup d'œil : dans les arcatures de l'étage sont postés les apôtres ; au pignon : Christ en gloire. L'ensemble représente l'Ascension.

ENVIRONS

Église de Courcôme – *7 km au Sud-Ouest par la D 736.* De style poitevin, cet édifice roman (11e-12e s.) attire l'attention par son élégant clocher carré surmontant la croisée du transept et sa nef en berceau haute et étroite, où l'on verra d'intéressants chapiteaux ornés d'animaux fantastiques.

Ligné – *15 km au Sud-Ouest par la D 736 et la D 32.* Cette modeste bourgade, située aux confins du Poitou et de la Charente, est l'une des rares communes à posséder un cimetière des chevaliers du Temple de Jérusalem. Il renferme une soixantaine de pierres tombales des 13e et 14e s., dont certaines sont ornées d'épées, de bannières et d'insignes militaires évoquant l'ordre du Temple. Au centre, une base de lanterne des morts porte une croix hosannière.

Verteuil-sur-Charente – *6 km au Sud par la D 26. Voir p. 278.*

Lichères – *20 km au Sud par la D 26 et la D 56.* L'église de ce village ressort de l'art roman poitevin par la disposition de sa façade.

Église St-Denis – Le beau **portail**, qui comprend un tympan, fait très rare dans la région, est orné de sculptures d'inspiration byzantine : à l'archivolte, des lions, des cerfs, enserrés dans des rinceaux, et, au tympan, deux anges portant l'Agneau dans une gloire. Noter la disposition du chevet : l'abside était séparée des absidioles (il n'en subsiste qu'une) par de curieuses petites chapelles carrées. Détailler par ailleurs les modillons du côté droit de la nef.
À l'intérieur, l'original pavage en petites pierres date du 18e s.

Les SABLES-D'OLONNE ⏤⏤⏤

15 830 habitants (les Sablais)
Cartes Michelin n° 67 pli 11 et Sud du pli 12 ou 233 pli 1
37 km au Sud-Ouest de la Roche-sur-Yon

Importante station balnéaire sur la **Côte de Lumière**, la ville, bâtie sur les sables d'un cordon littoral *(se reporter à l'Introduction)*, s'étire entre son port aux quais animés et son immense plage de sable fin, en pente douce, qui court sur plus de 3 km au pied du célèbre « Remblai ».
Hormis les figurantes des cortèges folkloriques de la saison estivale, on ne rencontre plus les brunes Sablaises dans leur costume ancestral : « légères et court-vêtues », en bas et sabots noirs à talons, portant avec grâce le cotillon plissé et la haute coiffe à ailes frémissantes ; leur type méridional viendrait de Maures expulsés d'Espagne et installés dans la dépression de la Vertonne qu'on appelle encore « corridor des Sarrasins ».

CORSAIRES ET PÊCHEURS

La chance des Sables – Au Moyen Âge, la ville ne servait encore que d'avant-port à Olonne, capitale du pays des Olonnes. Puis la baie se combla peu à peu et se changea en marais *(se reporter à l'Introduction)*. L'heure des Sables était venue.
Sous le patronage de Louis XI, qui y vint en compagnie du chroniqueur Commynes, sénéchal du Poitou, le port fut creusé, s'adjoignit des chantiers navals et participa aux grandes découvertes. Au 17e s., l'un des marins, Nau, dit **l'Olonnais**, s'illustra aux Antilles dans la guérilla sanguinaire que les boucaniers de l'île de la Tortue et les « Frères de la Côte », mi-corsaires mi-flibustiers, menaient contre les Espagnols ; il mourut dévoré par les indigènes.

Vie économique – Le port comporte un bassin de pêche, un bassin à flot destiné aux navires de charge et un port de plaisance de 1 100 anneaux, **Port Olona**, situé dans l'ancien bassin des chasses le long de la rocade reliant les Sables à la Chaume. Ce bassin était ainsi appelé parce que ses eaux, brusquement libérées, chassaient les vases en voie d'accumulation.

Les Sables-d'Olonne – Tempête près de la jetée

De Port Olona part tous les quatre ans le Vendée Globe Challenge, course à la voile autour du monde « en solitaire, sans escale et sans assistance » *(le prochain départ sera donné en novembre 2000).*

Les marins-pêcheurs se consacraient jadis principalement à la pêche à la morue et les Sables armaient jusqu'à 100 morutiers annuellement. De nos jours, les chalutiers pratiquent la pêche côtière et hauturière, notamment dans le Sud du golfe de Gascogne, quelques rares unités se rendant aussi dans le canal St-Georges, entre l'Irlande et la Grande-Bretagne. Le port de pêche se classe pour le tonnage au 12ᵉ rang français.

On n'exploite plus guère **les marais salants** au Nord de la ville : il est prévu de les transformer en zone d'aquaculture. En revanche, les potagers de la Chaume, fumés d'herbes marines, produisent toujours des primeurs de qualité, artichauts, fraises, etc.

CURIOSITÉS

Des **promenades en mer** ⊙ ont lieu en saison, au départ du port.

★**Le Remblai** (**ABZ**) – Édifié au 18ᵉ s. pour protéger la ville qui se trouve en contrebas, le Remblai, belle promenade bordée d'immeubles luxueux et de boutiques, de cafés et d'hôtels, offre une vue très agréable sur la baie et la plage. L'été, avant de déjeuner ou dans la soirée, c'est le rendez-vous préféré des baigneurs qui n'ont que sa chaussée à traverser pour aller se désaltérer ou faire leurs emplettes.

À l'extrémité Ouest du Remblai se trouvent la piscine, l'un des casinos (casino de la Plage), pourvu d'un théâtre de 700 places et d'une salle de congrès de 1 000 places. En arrière des immeubles, la vieille ville dissimule ses ruelles pittoresques.

La Corniche – Elle prolonge le Remblai et dessert le nouveau quartier résidentiel de la Rudelière. La route suit le bord de la falaise et atteint *(3 km)* le **Puits d'Enfer,** étroite et impressionnante anfractuosité au fond de laquelle bouillonne la mer.

Quartier de la Rudelière – Près du **lac de Tanchet** et de son école de voile s'est développé un nouveau quartier résidentiel où se trouvent l'autre casino ou casino des Sports, l'institut de thalassothérapie, des installations sportives et le zoo de Tanchet.

Parc zoologique de Tanchet ⊙ – Dans un cadre verdoyant, le visiteur côtoie maintes espèces d'animaux : chameaux, lamas, kangourous, singes, oiseaux.

Église N.-D.-de-Bon-Port (**AZ B**) – Elle a été élevée en 1646 par Richelieu. Sa nef constitue un excellent exemple de style gothique tardif : les voûtes gothiques s'allient sans heurt avec les pilastres d'ordre corinthien qui les soutiennent.

Musée de l'abbaye Ste-Croix ⊙ (**BZ M¹**) – Il est installé dans une abbaye bénédictine du 17ᵉ s. convertie en centre culturel.

Le rez-de-chaussée est consacré aux dernières œuvres de Victor Brauner : série Mythologies et Fêtes des mères (1965).

Au 1ᵉʳ étage sont exposées des œuvres de Gaston Chaissac (1910-1964), l'un des représentants de l'Art brut. Une seconde salle accueille des expositions temporaires.

LES SABLES-D'OLONNE

Bauduère (R. de la).... BZ 6
Bisson (R.) .... AZ 8
Caisse-d'Épargne (R.) . AZ 10
Collineau (Pl. du Gén.). BZ 14
Commerce (Pl. du) .... AZ 15
Digue (Pl. de la) .... BZ 17

Dingler (Quai) .... AZ 18
Église (Pl. de l') ...... AZ 24
Gabaret (Av. A.) ...... BZ 26
Guynemer (R.) .... BZ
Halles (R. des) .... AZ 30
H.-de-Ville (R. de l') ... AZ
Leclerc (R. Gén.) ..... ABZ 33
Liberté (Pl. de la) ...... BZ 35
Louis XI (Pl.) .... BZ 36
Nationale (R.) .... BZ
Navarin (Pl.) .... AZ 40

Palais-de-Justice (Pl.) . AZ 46
Roosevelt (Bd F.) ..... AZ 53
Travot (R.) .... BZ 60

B N.-D.-de-Bon-Port
M¹ Musée de l'abbaye Ste-Croix

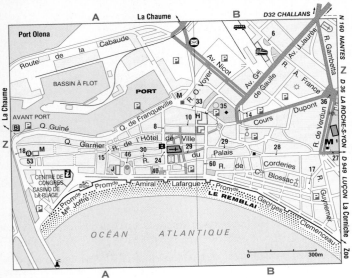

Le 2ᵉ étage regroupe des toiles de peintres contemporains : Baselitz, Beckmann, Cahn, Magnelli, Marquet, etc.

Sous les combles du 17ᵉ s. sont rassemblées d'autres œuvres de Victor Brauner.

On peut également voir des collections illustrant les **arts et traditions populaires** : intérieur maraîchin (bourrine du marais de Monts), costumes sablais et maraîchins, marines du peintre sablais Paul-Émile Pajot, maquettes de bateaux.

LA CHAUME

Ancien quartier de pêcheurs, remodelé, constitué de petites maisons aux toits de tuiles contrastant avec l'urbanisme moderne de la station.

Tour d'Arundel ⊘ – C'est l'ancien donjon d'un château fort construit au 12ᵉ s. par lord d'Arundel, utilisé aujourd'hui comme phare. Du sommet on découvre une belle vue sur la baie des Sables.

Prieuré St-Nicolas – Cette ancienne chapelle du 11ᵉ s., transformée en fort en 1779, occupe un site agréable dominant l'entrée de la passe. Les abords ont été aménagés en jardin où se dresse une fresque-mosaïque (1971) à la mémoire des marins péris en mer. Belle vue sur la baie.

De là on peut descendre jusqu'à la pointe de la grande jetée, occupée par un phare.

LE PAYS OLONNAIS *circuit de 20 km*

Quitter les Sables par La Chaume et suivre au Nord la D 87ᴬ.

À droite s'étend une zone de **marais salants**, que l'on peut découvrir en embarquant pour la **Route des Salines** ⊘ (circuit en bateau) ou en parcourant les 6 ha du **Jardin des Salines** ⊘ (site présentant l'historique du sel).

Forêt d'Olonne – Formant comme une île entre l'océan et les marais de la Vertonne qui miroitent au soleil, elle s'allonge sur une quinzaine de kilomètres au Nord des Sables. Ses taillis de chênes sous futaie de pins couvrent plus de 1 000 ha de dunes que sillonnent de nombreux sentiers où l'on peut parfois rencontrer des hardes de chevreuils.

À Champclou, se diriger vers L'Île-d'Olonne en empruntant la D 87.

La route s'engage à travers le **marais d'Olonne** dont la partie droite a été transformée en réserve ornithologique. Ce marais est le résultat de l'envasement progressif, depuis les temps préhistoriques, de l'ancien golfe d'Olonne.

À L'Île-d'Olonne, prendre au Sud-Est la D 38 en direction d'Olonne-sur-Mer. À 1 km, tourner à droite vers l'observatoire (signalé).

Observatoire d'oiseaux de L'Île-d'Olonne ☉ – Bien situé sur une petite butte dominant le marais d'Olonne, il permet d'observer, grâce à des télescopes, les oiseaux de la **réserve de chasse de Chanteloup** qui s'étend sur 38 ha et accueille notamment en été une importante colonie d'avocettes.

Olonne-sur-Mer – Cité et port déchus, encore sous-préfecture au 19e s.

Quitter Olonne-sur-Mer par l'Est en empruntant la D 80.

Château de Pierre-Levée – Cette charmante « folie » champêtre, de style et d'époque Louis XVI, fut édifiée par Luc Pezot, receveur des Finances pour l'élection des Sables.

LES SABLES ENTRE VENTS ET MARÉES

Se déplacer

Parking – Gratuit toute l'année : centre de Marée-rue Nicot, centre culturel, place de la Digue-place de Strasbourg.

Bus – Transports publics du Pays des Olonnes. Tarifs, plans-horaires et vente de billets (en saison) à l'Office de tourisme. Renseignements ☎ 02 51 32 95 95.

Bacs – La Sablaise fontionne toute l'année, le bac St-Nicolas et le bus Marin uniquement en juillet-août. Compter 4 F ou 5 F le passage (possibilité d'abonnement mensuel et carte de 10 passages à La Sablaise).

Se loger

« BUDGET »

Hôtel Antoine (AZ **a**) – 60, rue Napoléon, ☎ 02 51 95 08 36. Fermé de mi-octobre à mi-mars. Hôtel à mi-chemin entre le port et la plage, occupant une demeure d'armateur du 18e s. 19 chambres à partir de 270 F.

« NOTRE SÉLECTION »

Les Roches Noires – 12, promenade G.-Clemenceau, ☎ 02 51 32 01 71. Face à la mer, cet établissement est situé en bout de plage, près de la Corniche. 37 chambres à partir de 360 F.

« OPTION PRESTIGE »

Mercure – Lac du Tranchet, ☎ 02 51 21 77 77. Fermé deux semaines en janvier. Le bâtiment épouse la forme du lac (belle vue), à quelque distance de la corniche. Centre de thalassothérapie. 100 chambres à partir de 695 F.

Se restaurer

« BUDGET »

Le Clipper – 19bis, quai Guiné, ☎ 02 51 32 03 61. Fermé le lundi midi (en saison), le mardi soir, le mercredi (hors saison) et la deuxième quinzaine de février. Poissons et fruits de mer dans un décor assorti. Menus à partir de 70 F.

« NOTRE SÉLECTION »

Le Navarin – Place Navarin, ☎ 02 51 21 11 61. Fermé le dimanche soir, le lundi (de septembre à mai) et la deuxième quinzaine de novembre. À deux pas du Remblai, ce restaurant permet de profiter de l'ambiance des rues piétonnes avoisinantes. Menus à partir de 165 F (95 F au déjeuner).

La Pêcherie – 4, quai des Boucaniers, La Chaume, ☎ 02 51 95 18 27. Fermé le lundi midi (en saison), le mardi soir, le mercredi (de septembre à juin) et de mi-décembre à mi-janvier. À l'ombre de la Tour d'Arundel, déguster les produits de la mer face au chenal menant à Port Olona. Menus à partir de 115 F (déjeuner).

« OPTION PRESTIGE »

Beau Rivage – 40, promenade G.-Clemenceau, ☎ 02 51 32 03 01. Fermé le dimanche soir, le lundi (hors saison, sauf jours fériés) et en janvier. Face à la mer les gastronomes savourent les plats iodés ou du terroir, préparés avec les produits de la marée et du marché. Menus à partir de 188 F.

Abbaye de SABLONCEAUX

Cartes Michelin n° 71 Nord-Est du pli 15 ou 233 pli 26
30 km à l'Ouest de Saintes – Schéma p. 267

L'abbaye de Sablonceaux fut longtemps abandonnée. D'importants travaux de restauration sont en voie de lui rendre sa fière allure d'antan. La haute tour gothique de son église, surgissant d'un boqueteau, règne sur la campagne silencieuse.

Fondée en 1136 par Guillaume X, duc d'Aquitaine et comte de Poitou, et père d'Aliénor, l'abbaye fut confiée à des augustins placés sous l'autorité du chanoine Geoffroy de Lorroux, ami de saint Bernard. Mais à partir du 14e s., l'histoire de Sablonceaux n'est plus qu'une longue suite de drames : occupation anglaise durant la guerre de Cent Ans, bombardement protestant en 1569, incendie des bâtiments conventuels par le duc de Soubise alors en rébellion contre Louis XIII, délabrement sous le règne des abbés commendataires qui se succèdent de 1625 à 1784. Enfin la Révolution achève de ruiner le monastère.

VISITE ⊙

Abbatiale – Grâce à une importante restauration, l'église N.-D.-de-l'Assomption a retrouvé une partie de sa splendeur. La nef romane comptait à l'origine quatre coupoles sur pendentifs, dont deux ont subsisté à la croisée du transept et sur la nef. Le chœur gothique à chevet plat s'abrite sous une haute voûte d'ogives à liernes, et laisse pénétrer la lumière par trois grandes baies aux vitraux modernes. La sobriété de cette église est toute cistercienne.

Bâtiments conventuels – Longtemps utilisés comme bâtiments agricoles, ils sont aujourd'hui en cours de rénovation. À l'Est s'ouvre la porte en plein cintre de la salle capitulaire. Un portail Louis XVI armorié donne accès à une ancienne cour de ferme ombragée par un majestueux noyer d'Amérique. Là s'élève le logis abbatial reconstruit au 18e s., dont la façade présente des arcades séparées par des pilastres doriques et des balustres à l'étage. Les celliers gothiques sont surmontés du « grenier d'abondance »; cette salle de 320 m² laisse apparaître une imposante charpente, récemment restaurée.

SAFARI AFRICAIN★★

Cartes Michelin n° 67 pli 2 ou 232 pli 27 – 2 km au Sud de Port-St-Père

Ce **parc animalier** s'étend au cœur du pays de Retz, au Nord-Ouest de la réserve naturelle du lac de Grand-Lieu. Il accueille sur 140 ha plus de 2 000 animaux en liberté, dans un site de plaines et de vallons sobrement boisés, parsemés de plans d'eau. Le Safari africain se visite en deux étapes : un itinéraire en voiture et un parcours pédestre.

Safari africain – Colonie de flamants roses

VISITE ⊘

Piste Safari – Après avoir franchi le pédiluve (bac désinfectant), l'automobiliste est invité à rouler au pas sur les 10 km de pistes serpentant à travers le parc. Dans un environnement de brousse et de savane, 13 parcs en enfilade (accès pour certains d'entre eux par des sas) permettent de découvrir, en observation rapprochée, les jeux d'eau pratiqués par les hippopotames et les éléphants, une cavalcade de bisons, les sauts prodigieux des impalas et des springboks, des combats entre cerfs Axis, entre cobs, la sieste des ours baribal sur leur rocher, la lutte des tigres, la majesté des lions, la cruauté des lycaons, la placidité des girafes, etc.

Le village du Safari – Ce village, qu'on découvre à pied, propose de nombreuses activités de détente (plaine de jeux, aire de pique-nique, restaurants, boutiques), de culture (jolie salle d'expositions à thème) et de balades dans un décor de village de brousse. La visite peut débuter par l'**Arche des reptiles** (vivarium où serpents et crocodiles cohabitent dans une lumière feutrée) et la ferme des animaux miniatures (20 espèces), et se poursuivre par un **show d'otaries** avant de longer l'**Île des siamangs** où les singes hurleurs apostrophent les colonies de flamants roses, marabouts et pélicans bordant la rive. Enfin, le jardin exotique précède la **Forêt des singes** (ne pas s'éloigner des chemins tracés) peuplée de macaques rhésus.

ST-AMANT-DE-BOIXE

997 habitants

Cartes Michelin nº 72 Nord-Est du pli 13 ou 233 pli 18 – 17 km au Nord d'Angoulême

Tranquille bourgade agricole au Nord d'Angoulême, St-Amant porte le nom d'un ermite retiré au 7ᵉ s. en cette forêt de Boixe qui fut propriété du peintre Delacroix.
La forêt conserve des monuments de l'époque mégalithique (dolmens, pierres inclinées).

CURIOSITÉS

★Église – À l'origine sanctuaire d'un monastère bénédictin, l'édifice, très long (69 m), offre une nef romane et un chœur gothique, reconstruit au 15ᵉ s.
À l'extérieur, un des côtés du croisillon gauche porte un décor raffiné qu'on a rapproché de celui de la cathédrale d'Angoulême.
La façade principale présente au rez-de-chaussée, dans l'arcade de gauche, un tombeau orné de croix de Saint-André et, à l'étage, dans les arcades latérales, des oculi dont le dessin diffère sensiblement.
Une porte en bois sculpté, du 16ᵉ s., et un escalier donnent accès à l'intérieur de l'église, très en contrebas en raison de la déclivité du terrain. La nef en berceau, majestueuse, est contrebutée par deux bas-côtés très étroits et presque aussi élevés qu'elle, suivant l'habitude poitevine. Au transept, coupole du 12ᵉ s.
Le chœur, désaxé par rapport à la nef, est beaucoup plus profond que ne l'était le chevet roman primitif, comme le prouvent les deux absidioles qui subsistent dans le croisillon gauche et dont l'une a été tronquée lors de la reconstruction du chœur.
Les piliers de la croisée du transept portent des chapiteaux très fouillés.
Restaurées, des fresques du 14ᵉ s., qui se trouvaient dans la crypte, ont été placées dans le bras droit du transept.

Ancien logis abbatial – L'abbaye bénédictine, prospère au 12ᵉ s., amorça son déclin au 14ᵉ s., lors des guerres franco-anglaises. Par la suite, guerres de Religion et abbés commendataires achevèrent de la ruiner.
Aujourd'hui ne subsistent que quelques arcades mutilées d'un cloître gothique derrière lesquelles s'élève l'ancien logis abbatial dont l'une des salles a conservé une cheminée monumentale du 17ᵉ s.

ENVIRONS

Montignac-Charente – *1,5 km au Sud-Ouest par la D 15.* En bordure de la Charente, ce pittoresque village est dominé par les ruines d'un château du 12ᵉ s. à l'imposant **donjon**.

Barbezières – *25 km au Nord-Ouest par Aigre.* Derrière l'église se dissimule le **château** *(on ne visite pas)*, charmante construction du 15ᵉ s. qui, jadis très endommagée, a été remarquablement restaurée. En équerre, il est flanqué de tourelles, l'une ronde à l'arrière, l'autre carrée. Une décoration discrète orne la porte d'entrée (accolade, fleurons) et les lucarnes.

Dans les guides Michelin,
les cartes et les plans de villes sont orientés le Nord en haut.

ST-BRÉVIN-LES-PINS ≜

8 664 habitants
Cartes Michelin n° 67 pli 1 ou 232 pli 26 – 10 km au Sud-Est de St-Nazaire

Des villas disséminées parmi les pins, 8 km de plage de sable fin, un casino, un port de plaisance, tels sont les principaux atouts de cette station balnéaire de la **Côte de Jade**, qui englobe la localité de **St-Brévin-l'Océan** dont les dunes s'étendent au Sud de l'avancée rocheuse du Pointeau.

CURIOSITÉS

Un **petit train** parcourt la station en saison.

Dolmen de l'allée des Rossignols – *À St-Brévin-l'Océan*. Ce dolmen de 5 m de long est l'un des plus accessibles parmi les nombreux mégalithes (dolmens ou menhirs) qui parsèment la région brévinoise.

Musée de la Marine ⊘ – *À Mindin*. À l'embouchure de la Loire, sur le promontoire du Nez de Chien, ce musée occupe un fort désaffecté, construit en 1861. Des documents y évoquent l'histoire de la Marine, en particulier la bataille des Cardinaux entre Français et Anglais en 1759 (pendant la guerre de Sept Ans) : celle-ci eut pour conséquence le naufrage au large de Mindin du navire *Le Juste* dont on peut voir les canons à l'entrée du fort. Parmi de nombreuses maquettes reproduisant des bateaux de toutes époques, on remarque celles de trois géants construits à St-Nazaire : le Normandie, le France et le Batillus, un des plus grands pétroliers du monde (1976).
Des abords du fort, **vue** sur St-Nazaire avec ses chantiers de l'Atlantique et sur l'élégant **pont routier St-Nazaire-St-Brévin ★** *(voir le guide Vert Michelin Bretagne).*

ST-GEORGES-DE-DIDONNE ≜

4 705 habitants
Cartes Michelin n° 71 pli 15 ou 233 pli 25 – 2,5 km au Sud-Est de Royan

Bien abritée au creux d'une conche de sable fin de plus de 2 km, la station balnéaire de St-Georges a succédé au modeste bourg où l'historien Michelet se retira.

CURIOSITÉS

★Pointe de Vallières – *À l'Ouest, par la rue du Port et le boulevard de la Corniche.* De la pointe se dégage une belle **vue** : la pointe de Grave en face, à droite Royan, à gauche la pointe de Suzac, boisée de pins. Remarquer le **phare de St-Georges** ⊘, bel édifice de pierre de 1900, désaffecté, sur un promontoire qui protège le charmant petit port du même nom. Autour du phare, un petit sentier procure également de jolies vues sur la pointe de Grave, la pointe de Suzac et, en mer, le phare de Cordouan.

★Pointe de Suzac – *Au Sud de la plage de St-Georges, prendre la direction de Meschers et la 1ʳᵉ route à droite en impasse.* Faire quelques pas sur le sentier qui court au sommet de la falaise pour découvrir de belles **vues** sur les anfractuosités dans lesquelles se nichent des plages de sable fin. On remarque quelques vestiges du mur de l'Atlantique.

ENVIRONS

Château de Didonne – *7 km à l'Est par la D 730.* Le château fut construit au 18ᵉ s. avec les pierres d'un château féodal voisin, en ruine, dont il reçut le nom. Aujourd'hui il appartient à la coopérative agricole des cantons de Cozes et Saujon. On visite un **chai de vieillissement** ⊘ et le **parc-arboretum** ⊘ qui contient plus de 50 essences différentes parmi lesquelles un très beau cèdre du Liban bicentenaire.
À proximité, situé dans une vaste garenne, le **musée du Vieux Matériel agricole** ⊘ fait revivre l'histoire des campagnes à travers la présentation d'un intérieur charentais et de matériel ancien : araire du 18ᵉ s., semoir de céréales du 19ᵉ s., attelages, locomobile (machine à vapeur qui servait à actionner une batteuse), moissonneuse-batteuse, tracteurs ; voir aussi la ruche en activité.

ST-GILLES-CROIX-DE-VIE ≜

6 296 habitants (les Gillocruciens)
Cartes Michelin n° 67 pli 12 ou 232 plis 38, 39
30 km au Nord-Ouest des Sables-d'Olonne

L'actif port de pêche de **Croix-de-Vie** forme une seule commune avec St-Gilles-sur-Vie situé sur la rive gauche de l'embouchure de la Vie. Le nom de Havre-de-Vie est parfois donné à cette agglomération, en englobant St-Hilaire-de-Riez. De nombreux bateaux de pêche y sont armés, alimentant mareyeurs et conserveurs de homards, langoustes, thons, sardines, etc. Bien abrité, le port de plaisance peut accueillir 600 bateaux.
La configuration de l'estuaire de la Vie constitue une curiosité géographique : le cours d'eau vient d'abord buter contre un cordon de dunes sablonneuses, la pointe de la Garenne, puis sur le promontoire rocheux dit « Corniche vendéenne », décrivant ainsi plusieurs méandres avant de déboucher dans l'Atlantique entre les plages de Croix-de-Vie (plage de Boisvinet) et de St-Gilles (Grande Plage) par un goulet.
En saison, des **promenades en mer** ⊘ sont organisées au départ du port.

St-Gilles-Croix-de-Vie — De part et d'autre de la Vie

ENVIRONS

★**Corniche vendéenne** – *2 km à l'Ouest en direction de Sion. Voir p. 135.*

Bourrine du Bois Juquaud – *8 km au Nord par la D 38ᵉ. Voir p. 135.*

Coëx – *14 km à l'Est par la D 6.*

★**Le jardin des Olfacties** – Situé au cœur du village, ce parc floral est traversé par le cours d'eau du Gué-Gorand, dans un décor paysager vallonné, fort agréable. Un parcours, succession de **chambres de senteur**, initie aux associations plantes-odeurs. Répartis autour d'un joli plan d'eau, des espaces de senteurs (armoises, menthes, sauges, géraniums odorants, roses, etc.) livrent leurs effluves suaves dans des compositions colorées. Le parc, agrémenté de sculptures, accueille également des espaces de culture et de détente.

St-Nicolas-de-Brem – *14 km au Sud par la D 38.* Curieuse église du 11ᵉ s., partiellement reconstruite au 17ᵉ s., dont le portail est surmonté d'une statue de saint Nicolas. Près de l'église, tumulus, ancienne butte féodale édifiée sans doute pour protéger le port.

ST-JEAN-D'ANGÉLY

8 060 habitants (les Angériens)
Cartes Michelin n° 71 plis 3, 4 ou 233 pli 16 – 30 km au Nord-Est de Saintes

En Basse-Saintonge, la Boutonne arrose le pied de la colline où s'est établi St-Jean-d'Angély sur l'emplacement d'une ville romaine, dans une campagne calme et très reposante.
Ceinturé de boulevards, le centre de la ville se resserre en un lacis de rues tortueuses et de placettes triangulaires : on y voit nombre de demeures anciennes, maisons à pans de bois et en encorbellement des 15ᵉ-16ᵉ s., et vieux hôtels des 17ᵉ-18ᵉ s. remis en valeur par d'importants travaux de restauration.

DE L'HISTOIRE UNIVERSELLE AU CODE CIVIL

Un bastion de la Réforme – Au Moyen Âge, étape sur la route des pèlerinages de St-Jacques-de-Compostelle, St-Jean-d'Angély, anciennement Angeriaco, connut une période de prospérité. En 1152, Aliénor d'Aquitaine apporta en dot la Saintonge à Henri Plantagenêt, roi d'Angleterre en 1154. La ville se trouva alors et pendant des siècles au cœur des combats qui opposèrent les rois de France et d'Angleterre. Au 16ᵉ s., St-Jean devint un des principaux bastions de la Réforme ; des presses de son imprimerie sortit l'*Histoire universelle* d'Agrippa d'Aubigné.

ST-JEAN-D'ANGÉLY

En 1621 la ville fut prise aux protestants après un siège conduit par Louis XIII en personne.

Une belle carrière – Né dans l'Yonne en 1762, **Michel Regnaud de Saint-Jean-d'Angély** est député du bailliage de St-Jean aux États Généraux de 1789. Administrateur des hôpitaux à l'armée d'Italie, il se lie avec Bonaparte. Après le 18 Brumaire, il est nommé au Conseil d'État, où Stendhal, jeune « auditeur », s'amuse à singer son air important et gourmé. Il contribue à la rédaction du Code civil. Académicien (1803), procureur général près de la haute cour impériale (1804), Regnaud reçoit le titre de comte d'Empire en 1808. Proscrit après la chute de l'Empire, il bénéficie d'une mesure d'amnistie en 1819, mais, rentré à Paris, meurt d'émotion le jour même de son arrivée.

Une statue a été érigée à sa mémoire sur la place de l'Hôtel-de-Ville (B **14**).

CURIOSITÉS

Ancienne abbaye (A) – Elle prit corps au 9ᵉ s. pour recevoir un des « chefs » (chef : tête) de saint Jean-Baptiste (il y en eut un autre à Amiens !) rapporté d'Alexandrie et donné à Pépin d'Aquitaine qui le confia aux bénédictins. Ce chef, objet d'un important pèlerinage, figurait, avec les lis royaux, dans les armes de l'abbaye qui furent ensuite adoptées par la ville.

Après la destruction du monastère par les huguenots en 1562 pendant les guerres de Religion, les bénédictins entreprirent deux campagnes de reconstruction, aux 17ᵉ et 18ᵉ s., mais la dernière, très ambitieuse, ne put être menée à bien, la Révolution ayant interrompu les travaux.

Les « Tours » – De l'immense abbatiale commencée en 1741 ne purent être mises en œuvre que les grandes arcades amorçant la nef et une monumentale façade, demeurée inachevée, qu'on appelle ici les « Tours ».

Effectivement, cette façade majestueuse et puissamment campée est encadrée de hautes tours à dômes, dont l'une servit de prison pendant la Révolution : les chapiteaux et les clés d'arcs sont simplement ébauchés. Le porche est encadré de colonnes doriques.

ST-JEAN-D'ANGÉLY

B   Fontaine du Pilori

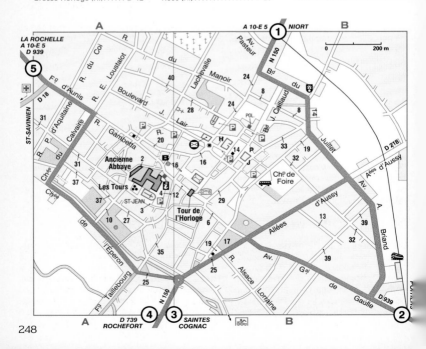

De l'abbatiale gothique ruinée en 1562 subsiste seulement une partie du chevet. À l'intérieur de l'église actuelle, édifiée à la fin du 19ᵉ s., Vierge à l'Enfant en bois sculpté du 17ᵉ s. et, dans le chœur, deux grands tableaux : *Jésus au jardin des Oliviers*, par Chassériau, et la *Présentation au temple*, de Sotta.

Bâtiments conventuels – Occupés par l'école municipale de musique. Vastes bâtiments classiques ordonnés autour d'une cour, à laquelle donne accès une porte Louis XV.

Fontaine du Pilori (**A B**) – Au cœur du vieux St-Jean, elle a été amenée en 1819 du château voisin de Brizambourg jusqu'au canton (quartier) du Pilori, où les condamnés étaient exposés aux quolibets et aux outrages populaires.
Ce charmant édifice Renaissance fut installé à l'emplacement d'un puits qui était destiné à alimenter la ville en cas de siège. Il comporte une margelle que protège un petit dôme couvert d'écailles et portant l'inscription sculptée en lettres gothiques « L'an 1546 je fus édifié et assis ».

Tour de l'Horloge (**B**) – Enjambant la rue Grosse-Horloge qui conserve quelques belles maisons à pans de bois et en encorbellement, cet ancien beffroi gothique est pourvu de mâchicoulis : sa cloche, le « Sin » (du latin signum), signalait jadis le moment de la fermeture des portes de la ville ; elle sonne encore dans les grandes occasions.

À proximité, ancien **hôtel de l'Échevinage**, du 15ᵉ s., à porte en accolade, où se tenaient jadis les réunions des notables de la ville et les assises royales.

ENVIRONS

Château de Beaufief ⊙ – *3 km au Sud-Ouest par la D 127*. Une allée bordée de pelouses mène à Beaufief (prononcer Beaufié), folie de Louis XV composée d'un corps central avec deux ailes en arcs de cercle. La toiture mi-tuiles, mi-ardoises, la couleur de la pierre, l'abondance des fenêtres donnent à l'ensemble une élégance particulière. La plinthe de la cage d'escalier, en bois peint, imite parfaitement le marbre. L'escalier souligné par une belle rampe en fer forgé conduit au salon, dont le trumeau de la cheminée est orné d'une sculpture représentant l'été. La petite chapelle possède un décor de gypse d'une grande sobriété.

Église de Landes – *8 km au Nord-Ouest par la D 939*. Romane, elle abrite des peintures murales de la fin du 13ᵉ s., représentant des scènes de la Bible (le Baptême du Christ, l'Annonciation, la Visitation...).

Tonnay-Boutonne – *15 km à l'Ouest par la D 939 puis la D 120ᴱ¹*. La ville a conservé une partie de ses défenses, notamment les fossés et la majestueuse porte St-Pierre du 14ᵉ s.

Église de Varaize – *8 km au Sud-Est par la D 939, puis la D 130*. De style roman, elle présente une abside en hémicycle, une nef et des collatéraux sans voûtes, une croisée du transept couverte d'une coupole sur trompes. Le portail latéral Sud est remarquable par la finesse et la richesse de ses voussures sculptées (anges adorateurs de l'agneau, Vertus triomphant des Vices, Christ en majesté accompagné d'apôtres et de vieillards de l'Apocalypse).

Église de Matha – *18 km au Sud-Est par la D 939*. Dédiée à saint Hérie, elle possède une façade romane où l'on peut voir, dans une arcade à droite, une charmante statue dite de sainte Blandine.

ST-JEAN-DE-MONTS ⚓⚓

5 898 habitants (les Montois)
Cartes Michelin n° 67 pli 11 ou 232 pli 38
17 km au Nord-Ouest de St-Gilles-Croix-de-Vie – Schéma p. 133

Station balnéaire réputée, dotée de nombreux équipements (casino, golf, centre de thalassothérapie, etc.), St-Jean-de-Monts a pour noyau un bourg qu'un chapelet de dunes boisées sépare de l'océan. En 1972, l'esplanade du front de mer a servi de décor naturel au prologue du film de J.-P. Melville : *Un flic*.

Le bourg – Des maisons basses se groupent autour d'une charmante église. Bien que reconstruite en 1935, celle-ci a conservé son allure de la fin du 14ᵉ s. ; son clocher du 17ᵉ s. est couvert de bardeaux.

Le front de mer – Un cordon d'immeubles résidentiels s'aligne le long d'une plage rectiligne de sable fin que borde, sur près de 3 km, jusqu'à la plage des Demoiselles, une esplanade à double circulation récemment réaménagée (vastes parkings). Devant le palais des congrès (nombreuses expositions en saison), le monument aux

Oiseaux de mer (1966) est l'œuvre des frères **Jan et Joël Martel**. Au Nord de la station, jouxtant le centre de thalassothérapie, un centre de rééducation accueille parfois de grands noms du sport français.

Immense, la plage de St-Jean ne forme cependant qu'une des sections aménagées de la **Côte de Monts**, qui s'étend de Fromentine à Sion sur une distance de 26 km.

EXCURSIONS

★**Le Marais breton-vendéen** – *Voir p. 131.*

★★**Île d'Yeu** – *Voir p. 279.*

★**Île de Noirmoutier** – *Voir p. 161.*

St-Jean-de-Monts – Le front de mer

Église de ST-JOUIN-DE-MARNES ★

658 habitants
Cartes Michelin n° 67 pli 18 ou 232 pli 45 – 17 km au Sud-Est de Thouars
Schéma p. 274

L'ancienne abbaye fondée au 4ᵉ s. par saint Jouin devint, après son rattachement à la règle bénédictine, un établissement puissant qui, au 12ᵉ s., possédait 130 bénéfices. Les dévastations engendrées par la guerre de Cent Ans, le régime de la commende puis les guerres de Religion ruinèrent à la fois les bâtiments et l'exercice de la vie monacale ; si bien qu'au 17ᵉ s. les mauristes reçurent mission de la relever et de la réformer.

Du monastère lui-même, il ne reste, de nos jours, qu'une galerie du cloître du 15ᵉ s., adossée au côté gauche de l'église, et un important bâtiment du 17ᵉ s. auquel donne accès un portail de la même époque.

VISITE

Cette ancienne abbatiale, construite de 1095 à 1130, relève de l'architecture romane poitevine la plus pure par sa façade flanquée de faisceaux de colonnes portant de part et d'autre un lanternon ajouré couvert en écailles, ornée de voussures sculptées, timbrée au pignon triangulaire d'un Christ vers lequel s'avance la procession des élus. Les portails, sans tympan, ont des voussures décorées de végétaux, masques, coquillages et de petites scènes évoquant les mois (portail central). Les baies sont encadrées de hauts-reliefs : animaux fantastiques, l'empereur Constantin à cheval, Annonciation, saints, Vertus et Vices. Un Jugement dernier orne le pignon.

Intérieur – Il impressionne par son immensité (71 m de longueur). Il est poitevin par ses trois nefs, par les arcatures aveugles disposées autour du déambulatoire et dans le chœur entre les grandes arcades et les fenêtres hautes.

Au 13ᵉ s. l'église fut dotée d'élégantes voûtes de type angevin dans la plus grande partie de la nef (restaurée au 19ᵉ s.), le chœur et le déambulatoire (les sculptures des clés de voûte méritent d'être examinées à la jumelle).

De ravissantes statuettes, en cul-de-lampe, supportent les ogives des absidioles. Dans le chœur, remarquer les stalles et un superbe lutrin du 17ᵉ s.

ST-LAURENT-SUR-SÈVRE

3 247 habitants

Cartes Michelin n° 67 pli 5 ou 232 pli 42 – 10 km au Sud de Cholet

Dans le cadre frais et reposant d'un petit bassin formé par la Sèvre, St-Laurent, « ville sainte de la Vendée », doit sa célébrité à saint **Louis-Marie Grignion de Montfort** qui y mourut en 1716, au cours d'une mission. Très vénéré dans l'Ouest de la France, cet humble prêtre breton à l'âme ardente parcourut les campagnes, prêchant des missions et érigeant des calvaires. Il fonda trois institutions religieuses : la congrégation des Filles de la Sagesse, la Compagnie de Marie (Missionnaires Montfortains) et la congrégation enseignante des Frères de St-Gabriel, dont les maisons mères se trouvent à St-Laurent.

La basilique abrite, dans le transept gauche, le tombeau de Grignion de Montfort.

CURIOSITÉS

Maison du Saint-Esprit – La maison des missionnaires montfortains comprend la **Maison longue** ⊙ qui abrite un petit musée consacré à la vie et à l'œuvre du père Grignion de Montfort, et la chapelle des Missionnaires, érigée en 1854.

Maison mère des Filles de la Sagesse ⊙ – Une imposante chapelle de style néogothique élevée entre 1864 et 1869 abrite un reliquaire de saint Louis-Marie Grignion de Montfort.

L'oratoire est aménagé dans le réduit où mourut le père de Montfort. Un parcours sonorisé et des films vidéo évoquent la vie et l'œuvre du saint, ainsi que celle de Marie Louise de Jésus, qui fut sa première disciple et cofondatrice de la congrégation des Filles de la Sagesse.

Dans le cloître qui mène à la chapelle figurent des informations sur les pays où s'est établie la congrégation.

Centre gabriéliste ⊙ – *4, avenue Rémy-René-Bazin.* Une exposition permet de s'y documenter sur l'histoire de la congrégation des Frères de St-Gabriel.

Parc de la Barbinière – À la sortie de la ville, en direction de la Verrie, ce parc s'étend sur la rive gauche de la Sèvre Nantaise que dominent des collines boisées. En aval du tumultueux défilé de Mallièvre, la rivière s'apaise et égrène ses îlots verts dans un dédale de rochers sombres. À 1 km en aval de la rivière, un moulin à eau, partiellement remis en état, se dissimule sous une épaisse frondaison.

ENVIRONS

Mortagne-sur-Sèvre – *5 km au Nord-Ouest par la N 149.* De l'ancien tracé de la N 160 se dégagent de jolies perspectives sur le site de Mortagne, étagé sur la rive droite de la Sèvre. Un vallon latéral est dominé par les ruines du château médiéval dont la courtine est jalonnée de tours.

En aval de la ville, importante tannerie.

Chemin de Fer de la Vendée ⊙ – Train à vapeur de la Belle Époque qui relie, en saison, Mortagne aux Herbiers, en passant par la gare des Epesses *(voir les Collines Vendéennes).* Il permet de découvrir le pays du Puy du Fou.

ST-LOUP-LAMAIRÉ

1 143 habitants (les Lupéens)

Cartes Michelin n° 67 pli 18 ou 232 pli 45 – 20 km au Nord-Est de Parthenay

Schéma p. 274

Dans un coude du Thouet s'étirent les vieux toits de St-Loup qui, au Moyen Âge, fut un « fief franc », enclave du comté de Poitou en vicomté de Thouars. Durant la Révolution, le bourg prit pendant quelque temps le nom de Voltaire, car les ancêtres du philosophe, les Arouet, en étaient originaires.

CURIOSITÉS

Château de St-Loup ⊙ – Ce monument, d'un équilibre tout classique, marque la prépondérance de la manière française sobre et raisonnée en réaction contre l'italianisme alors à la mode : c'est ainsi qu'on note l'absence des ordres de l'art antique. Sa construction est due à Louis Gouffier *(voir Oiron)*, gouverneur du Poitou.

Solitaire dans le cadre de ses douves, l'édifice, en forme de H, comprend deux courtes ailes formant pavillons qui flanquent le corps principal. Au centre, une petite tour surmontée d'un lanternon donne de la légèreté à la façade. Les combles, détachés les uns des autres et couverts de hauts toits à la française, sont typiques du style Henri IV-Louis XIII, qui s'affirme aussi dans l'appareil à chaînages de pierre. De la forteresse féodale, les Gouffier gardèrent le donjon, muni d'échauguettes d'angle.

S. Sauvignier/MICHELIN

St-Loup-Lamairé – Le château

★**Parc et jardins historiques** – Quinze années de patience seront nécessaires pour restaurer entièrement ce site de 50 ha. C'est en 2002 que le domaine devrait avoir retrouvé les jardins tels qu'ils existaient jusqu'à la Révolution, reconstitués grâce aux archives de 1745 conservées au château.

Un canal bordé d'arbres conduit à une gloriette carrée du 17e s. édifiée sur une écluse. Creusé pour le drainage et l'évacuation des crues du Thouet, il sépare les deux grandes parties des jardins : le potager (15 carrés et 6 rectangles) à l'Ouest, le verger (305 sujets de plein vent) et l'Orangerie (4 carrés) à l'Est. Parmi la trentaine de variétés de poires, on notera les noms suggestifs de *Cuisse Madame* ou *Mouille Bouche !* Le parc boisé complète la visite.

Grande-Rue – Maisons des 15e et 16e s. en brique et à pans de bois. Celles du 15e s. ont des baies à accolades, celles du 16e s. des ouvertures en anse de panier.

ST-MAIXENT-L'ÉCOLE

6 893 habitants
Cartes Michelin n° 68 pli 12 ou 233 pli 6 – 24 km au Nord-Est de Niort

Sise sur le penchant d'une colline regardant la Sèvre Niortaise, St-Maixent est connue localement pour ses marchés et, dans toute la France, pour son école militaire.

L'école de St-Maixent – Elle a pour origine l'implantation en 1881 à St-Maixent d'une École Militaire d'Infanterie, destinée à la formation des officiers.

En 1951, on transfère à St-Maixent l'École d'Application de l'Infanterie qui n'y reste cependant que 16 ans. L'École Nationale des Sous-Officiers d'Active (ENSOA), créée en 1963, est actuellement la seule école militaire de St-Maixent.

Elle se répartit sur trois emplacements : le Quartier Coiffé, la caserne Canclaux (bâtiments conventuels de l'ancienne abbaye) et le Quartier Marchand où un musée illustre les hauts faits des élèves de l'école.

CURIOSITÉS

Abbaye – L'abbaye fut fondée au 5e s. par l'ermite Agapit et son disciple Adjutor qui prit le nom de Maixent. Cent cinquante ans plus tard elle eut pour abbé saint Léger, qui devait devenir l'évêque d'Autun et mourir martyr. Desservie par les bénédictins, elle fut en grande partie détruite durant les guerres de Religion, puis restaurée par l'architecte François Leduc, dit Toscane, mort à St-Maixent en 1698.

★Église – Elle apparaît dans son ensemble comme un édifice flamboyant. Mais on y distingue des éléments divers : les murs latéraux et le narthex sont romans ; le chœur à chevet plat, gothique, du 13ᵉ s., remanié au 17ᵉ s. ; la tour du clocher, gothique, du 15ᵉ s. ; la nef, œuvre de Leduc, gothique, du 17ᵉ s., remarquable par sa perspective intérieure et par la hauteur (24 m) de ses voûtes en étoile.

Le mobilier date en grande partie du 17ᵉ s. : le jubé (transporté du chœur au revers de la façade), l'ange-lutrin, les stalles des moines rivalisent de richesse par les sculptures. Dans le bras droit du transept, près de la sacristie, bel enfeu flamboyant et bonne toile de l'école française du 17ᵉ s. : *Soldats jouant aux dés la robe du Christ*.

Près de l'entrée se trouve une niche où, en 1962, fut découvert le passage roman conduisant à l'ancien cloître détruit pendant les guerres de Religion. Il était muré depuis 300 ans.

Remontant aux 6ᵉ et 7ᵉ s., les sarcophages (vides) des saints Maixent et Léger reposent sous le maître-autel, dans la crypte romane.

Bâtiments conventuels ⊙ – Transformés en caserne (caserne Canclaux), ils occupent une vaste surface à droite de l'abbatiale. Une monumentale porte cochère donne accès à la cour. Un imposant escalier de pierre à rampe en fer forgé orne le bâtiment principal et l'on peut voir le cloître du 17ᵉ s.

Porte Chalon – Ancienne porte de ville du 18ᵉ s., empruntant l'aspect d'un arc de triomphe. Admirer l'imposte de fer forgé.

Allées Vertes – *Avenue Gambetta.* L'intendant du Poitou, Blossac, les fit tracer au 18ᵉ s. à l'emplacement des anciennes fortifications. Elles forment une perspective avec la place Denfert dont un angle est occupé par la chapelle Notre-Dame-de-Grâces (15ᵉ s.), édifiée pour remercier Charles VII de l'octroi des libertés communales.

Musée militaire ⊙ **(M)** – Il retrace l'histoire des écoles militaires qu'a accueillies St-Maixent et plus particulièrement de l'école des sous-officiers.

On peut y voir des souvenirs de **Denfert-Rochereau** (né à St-Maixent), des tenues évoquant la carrière des élèves à la sortie de l'école, des décorations françaises et étrangères, une collection d'armes orientales, des documents illustrant l'histoire des écoles.

Dans la section consacrée aux sous-officiers sont rassemblés des souvenirs de parrains de promotions et une **série d'uniformes★** portés par les sous-officiers, de l'Ancien Régime à nos jours.

Hôtel Balizy **(B)** – Construit pour un «capitaine du château», il offre, sur sa façade Sud *(rue du Palais)*, un bon exemple de style Renaissance avec ses lucarnes à frontons timbrés de coquilles et son décor de médaillons sculptés d'effigies d'empereurs romains.

Maison ancienne **(E)** – *Nº 13 de la rue Anatole-France.* Maison du 15ᵉ s., bâtie pour un apothicaire qui y fit mettre l'inscription publicitaire «Hic Valetudo» (Ici la santé).

Musée de la TSF ⊙ – *Hors plan.* Les amateurs d'électronique et de design pourront y admirer plus de 250 modèles de postes radiophoniques.

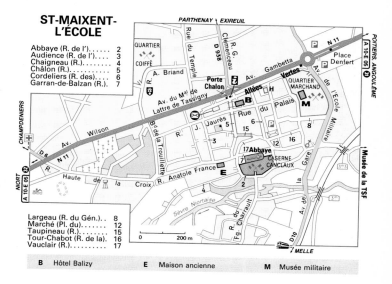

ST-MAIXENT-L'ÉCOLE

Abbaye (R. de l')...... 2
Audience (R. de l')... 3
Chaigneau (R.)........ 4
Chalon (R.)........... 5
Cordeliers (R. des).... 6
Garran-de-Balzan (R.). 7

Largeau (R. du Gén.).. 8
Marché (Pl. du)....... 12
Taupineau (R.)........ 15
Tour-Chabot (R. de la). 16
Vauclair (R.)......... 17

B Hôtel Balizy   **E** Maison ancienne   **M** Musée militaire

DU HAUT VAL DE SÈVRE À LA VONNE

Circuit de 70 km – environ une demi-journée.
Quitter St-Maixent par le Sud en empruntant la D 10 en direction de Melle.

Souvigné – Au cœur du Poitou huguenot, ce village où l'église et le temple se font face possède de nombreux sentiers bordés de châtaigniers, lesquels ont donné au pays le nom de **Pèlebois**. Au hasard de ses pas, le promeneur pourra découvrir de nombreuses fontaines et quelques cimetières protestants isolés en pleine nature.

Musée de la Coiffe et du pays Pèlebois ⊙ – Installé dans un ancien prieuré des 11e et 14e s., il retrace l'évolution de la coiffe régionale. La visite débute par un intérieur paysan et une belle cave voûtée du 11e s. À l'étage, quelque 80 coiffes et bonnets sont présentés. Chef-d'œuvre d'une vie, la coiffe affichait la provenance et l'état civil de sa propriétaire, par sa forme et ses fines broderies : la Gâtinelle (Parthenay), la Malvina (Ménigoute), la Mothaise (La Mothe-St-Héray)...

Quitter Souvigné par le Sud-Ouest en empruntant la D 103.

Temple de Beaussais – *Voir p. 69.*

Quitter Beaussais par le Nord en empruntant la D 10.

Temple de La Couarde – *Voir p. 69.*

La route traverse la pittoresque **forêt de l'Hermitain** qui abrite dans sa partie Nord-Est le légendaire **rocher de la Dame de Chambrille** *(commentaire au pied du rocher)*, départ de sentiers de randonnées, dont l'un propose la vue du site depuis un belvédère.

La Mothe-St-Héray – Étirée de chaque côté d'une longue rue parallèle à la Sèvre, La Mothe est fidèle à son folklore. Le jour de la fête des Rosières (1er samedi de septembre), on peut assister à un mariage en costume poitevin.
La ville tient son nom de son château féodal qui occupait une « motte » défensive. Refait au 16e s., celui-ci a été démoli au 19e s. Il n'en subsiste que l'**orangerie**, bel édifice rose à lucarnes sculptées, et deux pavillons coiffés de dômes à pans *(à la sortie de la localité à droite, sur la route de Melle)*.

Maison de la haute Sèvre ⊙ – Abrité dans le moulin de Pont l'Abbé (partagé avec le Syndicat d'initiative), ce centre de découverte propose des expositions et une démonstration de fonctionnement du moulin avec une sonorisation et des effets de lumière.

Quitter La Mothe-St-Héray par le Nord-Est en empruntant la D 5.

★★ Musée des Tumulus de Bougon – *Voir p. 64.*

Revenir et poursuivre sur la D 5. À Sanxay, prendre au Nord vers le château d'eau.

Château de Marconnay ⊙ – Bel ensemble fortifié du 15e s., avec enceinte baignée de douves, poterne, pont-levis et logis seigneurial construit après 1650.

Revenir à Sanxay.

Sanxay – *Voir p. 268.*

Poursuivre sur la D 3.

Le pays Pèlebois

Ménigoute – Cette petite ville située sur la Vonne au contact de la Gâtine parthenaise et de la Plaine possède une croix hosannière du 16e s. La commune se fait actuellement remarquer par l'organisation du **Festival International du Film Ornithologique** et la fête des Traditions Paysannes.

Chapelle Boucard – Baptisée du nom du chanoine qui la fit bâtir au 16e s., elle est de style gothique flamboyant, ouvragée et fouillée comme une châsse. Des contreforts creusés de niches et surmontés de pinacles à crochets d'un grand effet décoratif garnissent son pourtour.

Musée d'Arts et Traditions populaires Raoul-Royer ⊘ – Installé dans l'ancienne trésorerie des moines des Châteliers, il présente des objets (coiffes, mobilier) et des outils de la vie rurale, utilisés au début du siècle.

La D 58 et la D 121 ramènent à St-Maixent-l'École, en offrant à la fin du parcours de jolies vues plongeantes sur la ville, depuis le coteau d'Exireuil.

ST-MICHEL-EN-L'HERM

1 999 habitants
Cartes Michelin n° 71 pli 11 ou 233 pli 3 – 6 km au Nord-Est de l'Aiguillon-sur-Mer
Schéma p. 138

Cette ancienne île du golfe du Poitou abrite les vestiges d'une abbaye, dont les moines engagèrent de pénibles travaux, au 13e s., afin d'assécher cette partie de marais *(voir le Marais poitevin)*. Proche de l'anse de l'Aiguillon, le village est protégé de la mer par de nombreuses digues entre lesquelles s'étendent des prés-salés appelés localement «mizottes»; un fromage très prisé dans la région porte également ce nom (il est fabriqué par la coopérative laitière de la commune).

Ancienne abbaye bénédictine ⊘ – L'abbaye St-Michel-en-l'Herm (du latin in eremo : dans un lieu désert) était dédiée à l'archange **saint Michel** qui apparaissait toujours aux hommes dans les lieux élevés, ce qui explique la position dominante de ses statues ou de ses sanctuaires.
Fondée au 7e s. par Ansoald, évêque de Poitiers, elle connut une période de prospérité jusqu'au 9e s. où elle fut dévastée par les Normands. Les guerres anglaises des 14e et 15e s., les guerres de Religion du 16e s., la Révolution lui portèrent de rudes coups. Reconstruite à chaque fois, elle le fut partiellement pour la dernière fois à la fin du 17e s. par l'architecte François Leduc.
On parcourt la salle capitulaire gothique, encore entourée du banc de pierre des moines, le chauffoir, gothique lui aussi, dont les voûtes n'ont gardé que leurs nervures, le réfectoire et le bâtiment des moines, refaits par Leduc au 17e s.

Musée André Deluol ⊘ – Né en 1909, cet artiste polyvalent expose une large sélection de ses œuvres dans un agréable bâtiment de 300 m^2. Outre peintures, dessins et pastels, quelque 120 sculptures (granit, marbre, bois) rendent hommage à la femme, dont les formes généreuses sont travaillées en taille directe.

ST-PHILBERT-DE-GRAND-LIEU

5 159 habitants (les Philibertins)
Cartes Michelin n° 67 pli 3 ou 232 plis 27, 28 – 16 km au Nord-Est de Machecoul

Au cœur du pays de Retz, ce bourg s'est développé autour d'une des plus anciennes abbatiales de France. Son fondateur, St-Philbert, repose dans l'abbaye de Tournus *(se reporter au guide Vert Michelin Bourgogne)* : les reliques du saint accompagnèrent l'exode des moines de Noirmoutier pendant près de deux siècles.
Au Nord, le lac de Grand-Lieu *(voir ce nom)* attire les pêcheurs ainsi que les amateurs de solitude.

CURIOSITÉS

Abbatiale St-Philbert ⊘ – *Accès par l'Office de tourisme.* Sa construction remonte au 9e s. Utilisée comme dépôt sous la Révolution, elle fut quelque peu dénaturée en 1870 : c'est ainsi qu'on n'hésita pas à araser les murs, les abaissant de plus de 3 m. Les travaux entrepris depuis ont au contraire amélioré la présentation de l'édifice qui a été rendu au culte en 1936. L'aménagement des abords permet de mieux apprécier l'architecture de ce monument. En été, festival de musique et expositions.

Intérieur – La nef frappe dès l'abord par son austère majesté. Ses puissants piliers dépourvus de décor et l'alternance de briques et pierres à la romaine mettent tout de suite dans l'ambiance carolingienne ou, pour certaines parties, au moins préromane. De-ci, de-là, on remarquera des pierres romaines en réemploi et, sur les murs latéraux, la ligne blanche de chaux marquant le niveau du sol avant déblaiement.

Le chœur ne dément pas la première impression. On y voit une intéressante crypte en forme de « confession » avec des ouvertures permettant aux fidèles de regarder le sarcophage en marbre du 7ᵉ s. qui contenait jusqu'en 858 le corps de saint Philbert.

Maison du Lac ⊘ – *Accès par l'Office de tourisme.* Ce musée ornithologique, de conception remarquable, est consacré aux 225 espèces d'oiseaux nicheurs ou de passage qui hantent le lac de Grand-Lieu. La visite est complétée par un montage audiovisuel présentant la faune et la flore du lac, et par la transmission en vidéo d'une prise de vue en direct de la réserve.

La légende de saint Philbert

Philbert, ou Philibert, un Gascon né vers 616 à Eauze, fonda plusieurs abbayes dans l'Ouest de la France, notamment à Jumièges près de Rouen, à Déas (St-Philbert-de-Grand-Lieu), à Noirmoutier où il mourut en 685.

Sa dépouille connut lors des invasions normandes maintes tribulations. Le sarcophage qui la contenait fut d'abord transféré à St-Philbert-de-Grand-Lieu (836) puis la dépouille seule, enfermée dans un sac de cuir, fut évacuée à Cunault, en Anjou, en 858. De là, son exode se poursuivit par Messais, en Poitou (862), puis par St-Pourçain, en Bourbonnais. L'odyssée se termina à Tournus où le corps se trouve toujours.

ST-SAVIN ★★

1 089 habitants
Cartes Michelin n° 68 pli 15 ou 233 pli 10 – 17 km au Nord de Montmorillon

Bâtie sur la rive gauche de la Gartempe, St-Savin possède une abbaye dont l'église romane est ornée de peintures murales de la même époque, qui constituent l'ensemble le plus beau et le plus complet conservé en France.

UN PEU D'HISTOIRE

La part de la légende – Vers le milieu du 5ᵉ s., en Macédoine, deux frères, Savin et Cyprien, comparaissent devant le proconsul Ladicius pour avoir refusé d'adorer des idoles. Condamnés à mort, les supplices les laissent insensibles. Emprisonnés, ils s'échappent et partent pour les Gaules. Leurs bourreaux les rejoignent sur les rives de la Gartempe où ils les décapitent. Savin est inhumé par des prêtres sur une hauteur appelée alors le mont des Trois Cyprès, non loin de la ville actuelle.

Les étapes de la construction – Près de ce lieu sacré, au 9ᵉ s., est élevée la première abbatiale placée sous le vocable du martyr. Louis le Débonnaire y installe vingt bénédictins et les place, dit-on, sous la tutelle de Benoît d'Aniane. Protégée par une ligne de fortifications, l'abbaye n'en est pas moins pillée par les Normands en 878. La reconstruction ne devait commencer qu'au 11ᵉ s. et, grâce à des moyens très importants, allait être menée à bien en un temps relativement bref. La décoration peinte, qui recouvrait complètement l'intérieur de l'édifice, est exécutée au fur et à mesure de l'avancement des travaux.

Déclin et renouveau – La guerre de Cent Ans met un terme à la prospérité de l'abbaye qui est l'enjeu de violents combats entre les soldats du roi de France et ceux du Prince Noir. Au 16ᵉ s., les guerres de Religion voient catholiques et huguenots se disputer sa possession. Elle est dévastée en 1562 et 1568 par les huguenots qui brûlent les stalles, les orgues et la charpente, et pillée 6 ans après par l'armée royale. Plus tard commence la démolition de la plupart des bâtiments, dont l'entretien était trop onéreux. De 1611 à 1635 enfin, un aventurier qui se faisait appeler le baron des Francs se retranche dans l'église comme dans une place forte. L'arrivée, en 1640, de religieux de la congrégation de Saint-Maur met un terme aux profanations dont l'abbaye avait été l'objet depuis trois siècles.

Mais si les moines sauvent les bâtiments d'une ruine complète, la décoration peinte a souffert des diverses restaurations entreprises.

En 1836, Mérimée fait classer l'église monument historique et entreprend d'importants travaux de restauration qui se poursuivent pendant près d'un siècle.

C'est un ingénieur de St-Savin, Léon Edoux, qui, en 1867, inventa l'élévateur hydraulique et l'expérimenta dans le logis abbatial. Il lui donna le nom d'« ascenseur ».

★★ABBAYE ⊙

Commencer la visite par les bâtiments abbatiaux où se trouve un service d'accueil.

★**Bâtiments abbatiaux** – Reconstruits au 17ᵉ s. dans le prolongement du bras du transept de l'abbatiale, ils ont été restaurés.

L'ancien **réfectoire**, à droite de l'entrée, abrite des expositions d'art mural contemporain organisées par le CIAM (Centre international d'art mural) qui siège dans l'abbaye.

À gauche, dans la **salle capitulaire**, des reproductions photographiques évoquent la crypte de l'abbatiale.

Du jardin, en bordure de la Gartempe, jolie vue sur l'élégante façade postérieure des bâtiments abbatiaux, entre le logis abbatial (à gauche), d'origine médiévale, remanié aux 17ᵉ et 19ᵉ s., et le chevet de l'abbatiale où s'étagent clocher, abside et absidioles.

★★**Abbatiale** – Elle allie l'harmonie et la sobriété et frappe par l'ampleur de ses dimensions : longueur totale 76 m, longueur du transept 31 m, hauteur de la flèche 77 m. Pour en avoir une **vue**★ d'ensemble, traverser la Gartempe. À gauche, s'allongent les bâtiments abbatiaux, tandis que, dominant l'abside et ses absidioles et le clocher trapu, se dresse l'élégant clocher-porche, terminé par une flèche à crochets, cantonnée de clochetons. À droite, on remarque le **Vieux Pont** à avant-becs, ouvrage des 13ᵉ et 14ᵉ s.

À l'intérieur de l'abbatiale, remarquer les **chapiteaux** de la nef : ceux ornés de feuillages et parfois d'animaux faisant saillie sur la pierre profondément ciselée ; ceux du chœur, décorés de feuilles d'acanthe et de lions.

★★★**Les peintures murales** – Certaines peintures ont été détruites au cours des dévastations subies par l'abbaye, d'autres ont été altérées par le badigeon dont les bénédictins les recouvrirent ou même lors des premières phases des travaux de restauration.

Contrairement à la plupart des fresques exécutées à partir d'un canevas, les peintures de St-Savin ont été dessinées directement sur le mur, par un procédé intermédiaire entre la fresque et la détrempe, les couleurs appliquées sur un mortier déjà ancien ne pénétrant que dans la couche superficielle de cet enduit et ne formant qu'une très légère pellicule.

Peu nombreuses, les couleurs employées se réduisent à l'ocre jaune, à l'ocre rouge et au vert, mélangés au noir et au blanc.

L'ensemble présente généralement une grande douceur de tons, mais reste très lumineux grâce à des jeux de contrastes : une vie intense anime les différents personnages, les pieds entrecroisés indiquent le mouvement, les vêtements moulent les formes, les mains souvent d'une longueur disproportionnée sont très expressives.

On retrouve cette allure dansante constatée dans la sculpture romane. Les visages sont dessinés à grands traits, des taches rouges et blanches soulignant les joues, les narines et le menton.

Fresque de l'abbaye de St-Savin – L'Arche de Noé pendant le Déluge

Dans le **narthex**, les diverses scènes représentent des épisodes de l'Apocalypse : Christ en gloire de la Jérusalem céleste, combat de l'Archange et de la Bête, la Jérusalem nouvelle, le Fléau des sauterelles. La prédominance des tons très pâles (vert, ocre jaune, ocre rouge) permet une meilleure lecture de ces peintures, le porche étant placé dans une demi-obscurité.

La **nef** est la pièce maîtresse de l'édifice, celle qui attire d'emblée tous les regards. Mises en valeur par l'admirable pureté de l'architecture, les peintures de la voûte se déroulent à plus de 16 m de hauteur, sur une superficie de 412 m^2 ; elles ont fait l'objet de délicats travaux de restauration.

Ce qui frappe tout d'abord, c'est la tonalité fondue, beige et rose, des colonnes supportant la voûte. Sur cette dernière se succèdent les scènes fameuses inspirées de la Genèse et de l'Exode, placées sur deux registres, de part et d'autre de la ligne faîtière, qui forme un bandeau décoratif.

Au revers de la porte d'entrée est représenté le Triomphe de la Vierge.

On distingue deux parties dans la nef. Les trois premières travées composant la première partie de la nef sont séparées par des doubleaux, alors que le reste de la voûte constitue un berceau continu facilitant la décoration picturale : l'artiste a, toutefois, dessiné un faux doubleau, qui comporte une série de douze médaillons, entre la 5e et la 6e travée.

Se placer dans le bas-côté droit pour voir les fresques de la partie gauche de la voûte.

On reconnaît successivement les scènes suivantes :

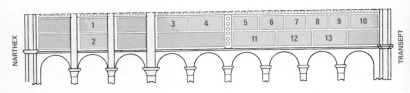

1) Création des astres (Dieu place la Lune et le Soleil dans le firmament).

2) Création de la femme - Dieu présente Ève à Adam - Ève et le serpent.

3) Ève assise file sa quenouille.

4) Offrandes de Caïn et d'Abel (Abel, élu de Dieu, est seul nimbé).

5) Meurtre d'Abel - Malédiction de Caïn.

6) Énoch, les bras levés vers le ciel, invoque Dieu - Dieu annonce le déluge à Noé et l'invite à construire l'arche.

7) L'arche de Noé pendant le déluge.

8) Dieu bénit la famille de Noé sortant de l'arche (image illustrant le « Beau Dieu » de St-Savin).

9) Noé sacrifie un couple d'oiseaux et un agneau pour remercier Dieu.

10) Noé cultive la vigne. Avant de poursuivre l'histoire de Noé sur la partie droite de la voûte, voir le registre inférieur illustrant la fin de l'Exode et contant la vie de Moïse.

11) Passage de la mer Rouge : les flots engloutissent la cavalerie égyptienne et le char de Pharaon.

12) L'ange de Dieu et la colonne de feu séparent les Égyptiens des Hébreux et protègent ces derniers qui marchent en rangs serrés, conduits par Moïse.

13) Moïse reçoit de Dieu les Tables de la Loi.

Traverser la croisée du transept et se placer au début du bas-côté gauche pour voir les fresques de la partie droite de la voûte.

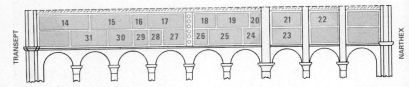

14) Noé s'enivre en dansant, une coupe à la main.

15) Ivresse de Noé : étendu, il dort, sa robe entrouverte ; Cham se moque de son père, tandis que ses frères Sem et Japhet apportent une couverture pour le couvrir.

16) Noé maudit Chanaan, devant Sem et Japhet.

17) Construction de la tour de Babel.

18) La vocation d'Abraham *(voir illustration)*.

19) Séparation d'Abraham et de Loth.

20) Annonce du combat des rois et appel au secours de Loth à Abraham.

21) « Le Combat des rois » *(déposée)*.

22) Rencontre d'Abraham et de Melchisedech, roi de Salem et prêtre du Très-Haut, qui lui apporte le pain et le vin *(déposée)*.

23) Mort d'Abraham.

24) Isaac bénit son fils Jacob.

25) Joseph vendu par ses frères.

26) Joseph acheté par Putiphar, officier de Pharaon.

27) Joseph, Putiphar et sa femme (Tentation de Joseph).

28) Joseph en prison.

29) Joseph explique le songe de Pharaon.

30) Pharaon passe son anneau au doigt de Joseph et fait de lui son intendant.

31) Triomphe de Joseph.

ST-VINCENT-SUR-JARD

658 habitants

Cartes Michelin n° 67 pli 11 ou 233 pli 2 – 9 km au Sud-Est de Talmont-St-Hilaire

St-Vincent, station balnéaire de la côte vendéenne, évoque surtout la silhouette ramassée de **Georges Clemenceau** (1841-1929) qui y passa les dernières années de sa vie tumultueuse. Né en 1841 à Mouilleron-en-Pareds *(voir ce nom)*, il est issu d'une famille de la bourgeoisie vendéenne de tradition républicaine. Après des études de médecine, il séjourne aux États-Unis et se lance véritablement dans la carrière politique à son retour en France en 1869. Maire de Montmartre en 1870, il est élu député à l'Assemblée nationale un an plus tard, où il siège à l'extrême gauche. Tombeur de ministères, il multiplie les mots (ses coups de griffe ne lui valent-ils pas son surnom de « Tigre » ?) et les duels, et prend vigoureusement le parti de Dreyfus en 1898.
Ministre de l'Intérieur en 1906, président du Conseil la même année, il se lance dans une active politique de réformes, mais il est renversé en 1909 par les radicaux qui lui reprochent son intransigeance et la dure répression des grèves du Midi. Désormais dans l'opposition, il fonde un journal, L'Homme enchaîné, qui combat systématiquement tous les gouvernements jusqu'en 1917, date à laquelle il est rappelé à la présidence du Conseil. De nouveau à la tête du pays, il visite le front, mobilise l'énergie des civils et des militaires et soutient le moral des troupes. Très vite, le Tigre, devenu le Père la Victoire, jouit d'une très grande popularité et incarne dès lors, pour toute une génération, l'histoire même de la France. Président de la conférence de la paix en 1919, Clemenceau démissionne de la présidence du Conseil en 1920 et quitte la scène politique. Il se retire à St-Vincent-sur-Jard, où, entre de nombreux voyages à l'étranger, il se consacre à l'écriture, après un demi-siècle de présence politique.

MAISON DE GEORGES CLEMENCEAU ⊙

Elle se trouve à peu de distance du bourg, à l'extrémité de la D 19[A].
Face à l'océan et à l'île de Ré, cette maison occupe un site empreint de grandeur où se complaisait l'âme farouche et tourmentée du vieux tribun. Basse, très vendéenne d'aspect, elle a été conservée telle qu'elle était à la mort du « Tigre ».
Dans le jardin, orné d'un buste très expressif de Clemenceau, fleurissent les roses qu'il aimait.
On visite le kiosque à toit de chaume, le salon, la chambre qui servait aussi de cabinet de travail, la cuisine-salle à manger où figure un arrosoir de cuivre battu dit de Marie-Antoinette. La promenade à travers les pièces est jalonnée de souvenirs du Père la Victoire : le célèbre bonnet de police, la table de travail avec le nécessaire de bureau garni de plumes d'oie, les armes de duel, le fauteuil vendéen, la bibliothèque de campagne...

LE TALMONDAIS : FALAISES ET MÉGALITHES

Circuit de 55 km – environ 3 h.

Quitter St-Vincent-sur-Jard par l'Ouest et traverser Jard-sur-Mer.

La route longe un cordon dunaire boisé de pins maritimes.

Abbaye N.-D.-de-Lieu-Dieu ⊙ – Entre les marais de Talmont et la pinède littorale de Jard s'élève la masse imposante de l'ancienne abbaye de Lieu-Dieu. Fondée en 1190 par Richard Cœur de Lion, elle fut transférée ici par ce dernier. Pillée et mise

St-Vincent-sur-Jard – Maison de G. Clemenceau

à sac durant la guerre de Cent Ans, ruinée par les protestants au 16ᵉ s., elle est reconstruite au 17ᵉ s. par les moines prémontrés qui édifient l'étage aux échauguettes d'angle octogonales. Mais à la fin de ce siècle, l'abbaye est complètement abandonnée. Aujourd'hui, la salle capitulaire des 12ᵉ et 14ᵉ s. a conservé de belles voûtes Plantagenêt et s'ouvre sur un jardin tracé à l'emplacement de l'ancien cloître.

Poursuivre la route, qui se termine par un parking devant la ferme de St-Nicolas.

★**Pointe du Payré** – Un circuit pédestre *(2 h 30 AR)* fait découvrir dans les meilleures conditions ce site naturel protégé. Un sentier traverse entre dunes et marais la forêt «toujours verte» de chênes verts, houx, lierre… À l'approche du rivage le vent du large et les embruns font subir aux chênes verts une étonnante anémomorphose (modification d'aspect sur l'effet du vent). De la grève on peut admirer (dos à la mer) : à droite, la charmante plage de sable des Mines à gauche, l'anse St-Nicolas bordée de falaises dominant l'estran rocheux. En revenant dans le sous-bois, rester sur le sentier littoral (écosystème en équilibre fragile) pour accéder aux avancées rocheuses tenant lieu de belvédère. Il emprunte de curieux passages sous voûtes formés par la jonction des branches de chênes verts qui le bordent. À la pointe du Payré, très belle vue sur les falaises du Veillon.

Revenir à Jard-sur-Mer pour emprunter au Nord la D 21. Après 2 km, prendre à gauche.

La route est bordée sur la gauche par les marais de la Boulière.

Prendre à gauche la D 108.

La route débouche sur **le Port** où débute une zone ostréicole, située au confluent du chenal de l'île Bernard et du chenal du Payré.

Reprendre la D 108 vers le Nord.

Talmont-St-Hilaire – *Voir p. 271.*

Quitter Talmont par l'Est en empruntant la D 949 sur 4 km. Au Poteau, prendre à droite.

St-Hilaire-la-Forêt – Ce village marque l'entrée dans la zone des mégalithes du Talmondais ; son abondance en dolmens et menhirs en fait, avec l'île d'Yeu *(voir ce nom)*, la région de Vendée la plus riche en pierres dressées du néolithique.

CAIRN ⊘ – Ce Centre Archéologique d'Initiation et de Recherche sur le Néolithique effectue une approche de cette période préhistorique au cours de laquelle ont été érigés les mégalithes.

Des panneaux explicatifs informent sur cette civilisation dont de belles photographies montrent les principaux témoignages dans l'Ouest de la France.

Un diaporama sur les mégalithes du Talmondais *(carte lumineuse)* et un vidéogramme complètent cette évocation.

À l'extérieur, en saison, ont lieu des **démonstrations de techniques préhistoriques**★ : construction d'un dolmen, usage du polissoir, etc. Quelques plantes dont la culture est attestée à l'époque néolithique ont été semées.

Un circuit fléché invite à la découverte des mégalithes des environs.

Quitter St-Hilaire par le Nord-Est en empruntant la D 19.

Avrillé – Dans le parc municipal, derrière la mairie, s'élève le **menhir du camp de César**. Seul rescapé d'un groupe de pierres dressées, c'est le plus haut menhir de Vendée et l'un des plus grands de France : 7 m au-dessus du sol.

Quitter Avrillé par l'Ouest en empruntant la D 949.

Château de la Guignardière ⊘ – Édifié vers 1555 par Géhan Girard, panetier de Henri II, le château resta inachevé, son propriétaire ayant été assassiné.

Il présente sur le parc une façade Renaissance à chaînages de granit, percée de grandes fenêtres à meneaux doubles et surmontée de hautes cheminées de brique. Quelques modifications, dans le même style, ont été apportées au 18ᵉ s.

À l'intérieur, il faut remarquer : les monumentales cheminées en granit, un bel escalier, en granit également, de type intermédiaire entre l'escalier à vis et l'escalier à palier, les combles avec leur magnifique charpente à trois niveaux en bois de chêne, enfin les caves voûtées.

Un circuit fléché fait découvrir, dans le parc, les étangs avec leurs cyprès chauves à racines aériennes et, disséminés dans le bois de Fourgon, trois groupes de menhirs, vestiges d'anciens alignements, le plus haut de ces mégalithes atteignant environ 6 m.

Revenir à Avrillé pour emprunter au Sud-Est la D 105, puis à gauche la D 91ᴬ. Au Bernard, prendre à gauche la D 91, puis au calvaire tourner à gauche.

On remarque, au passage, à droite, les trois **dolmens de Savatole** *(panneau explicatif)*.

Dolmen de la Frébouchère – De type «angevin», cet imposant monument de granit possède un portique précédant une chambre rectangulaire. La dalle unique (aujourd'hui fracturée) qui couvre celle-ci pèse environ 80 tonnes.

Reprendre la D 91 vers le Sud. À Longeville-sur-Mer, emprunter la D 105 sur 1 km en direction de la Tranche-sur-Mer, puis tourner à droite.

La route longeant la partie Nord de la forêt de Longeville ramène à St-Vincent-sur-Jard.

SAINTES ★★

25 874 habitants (les Saintais ou Santons)
Cartes Michelin n° 71 pli 4 ou 233 pli 27 – 39 km au Sud-Est de Rochefort
Schémas p. 72 et p. 267

À qui la traverse en hâte par la percée de l'avenue Gambetta et des cours National et Lemercier, commerçants, animés, ombragés de platanes, Saintes montre le visage d'une cité souriante et aérée. Mais à qui la visite, elle offre d'attachantes découvertes, ses monuments illustrant tous les âges depuis les Romains. À partir du pont, on pourra flâner agréablement le long de la Charente jusqu'au jardin public et au-delà.

UN PEU D'HISTOIRE

La croissance – Mediolanum Santonum, capitale des Santons sous la domination romaine, s'étendait sur la colline bordant la rive gauche de la Charente que franchissait un pont sur lequel était érigé l'arc de Germanicus. Le poète latin Ausone y mourut dans sa villa de Pagus Noverus, alors même que saint Eutrope commençait à prêcher l'Évangile. À l'époque médiévale, sous les Plantagenêts, la ville se couvre de monuments religieux ; sur son pont défilent les pèlerins de St-Jacques-de-Compostelle *(se reporter à l'Introduction)*. Deux faubourgs, issus d'établissements ecclésiastiques, l'escortent : celui de St-Eutrope, sur la rive droite de la Charente, celui des Dames. Jusqu'à la Révolution, qui fait de Saintes le chef-lieu de la Charente-Inférieure mais lui retire son évêché, nobles et robins élèvent maints hôtels cossus, où l'on observe l'évolution de l'architecture classique. Le 18e s. fait aussi œuvre d'urbanisme en aménageant les cours tangents à la vieille ville, sur l'emplacement des remparts.
Enfin, au 19e s., le cours National, axe de la ville moderne, se borde d'édifices néoclassiques parmi lesquels, face à face, le palais de justice et le théâtre.

Un obstiné – Installé à Saintes comme arpenteur vers 1539, **Bernard Palissy** (1510-1590) choisit bientôt de se consacrer à l'art de la céramique : il avait son atelier près des remparts. Là, « Maistre Bernard, ouvrier de terre et inventeur des rustiques figulines du Roy », peina dans le dénuement avant de découvrir le secret de l'émail : ne dit-on pas qu'il fut obligé de brûler ses meubles et son plancher pour entretenir le feu de son four ?

Un philanthrope – À son corps défendant... **Joseph Ignace Guillotin** (1738-1814), médecin de Saintes, a laissé son nom à la guillotine. Souhaitant l'égalité de tous devant la mort (la décapitation étant jusque-là réservée aux nobles) et désireux d'éviter aux condamnés des souffrances inutiles, Guillotin proposa en 1789 à l'Assemblée nationale l'usage d'une machine à décapiter à action rapide.
Bien qu'elle ne fût mise au point, grâce au docteur Louis, qu'en 1792, celle-ci fut nommée tout naturellement « guillotine », ce qui n'eut pas l'heur de plaire au docteur Guillotin.

★LA VIEILLE VILLE

Autour de la cathédrale St-Pierre s'étend un quartier qui préserve le pouvoir évocateur du Vieux Saintes.

Circuit piéton

Cathédrale St-Pierre (CZ) – Elle a été édifiée sur les bases d'un édifice roman, dont il reste une coupole au bras Sud du transept. Sa construction, menée sous la direction successive de trois évêques de Saintes, membres de la famille de Rochechouart, date en majeure partie du 15e s.
Elle subit, en 1568, de gros dommages causés par les calvinistes.
Le clocher massif, que ses énormes contreforts à ressauts alourdissent, n'a pu être achevé : un dôme de plomb à pans remplace la flèche qui devait le couronner. Ce clocher abrite un porche, dont le portail de style flamboyant est orné d'anges, de saints et de prophètes.

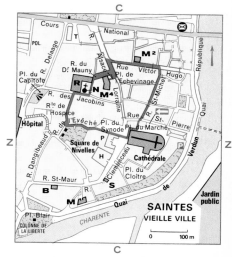

SAINTES
VIEILLE VILLE

B	Hôtel de la Bourse
M	Musée Dupuy-Mestreau
M²	Présidial Musée des Beaux-Arts
M⁴	Ancien échevinage - Musée
N	Chapelle des Jacobins
R	Hôtel Martineau
S	Hôtel d'Argenson

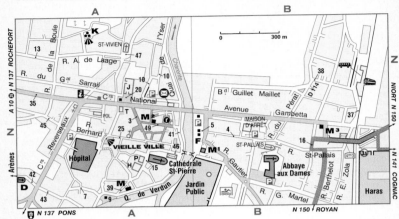

Alsace-Lorraine (R.) .... AZ 3
Arc-de-Triomphe (R.) ... BZ 4
Bassompierre (Pl.) .... AZ 5
Berthonnière (R.) .... AZ 7
Blair (Pl.) .... AZ 9
Bois-d'Amour (R.) ...... AZ 10
Brunaud (R. A.) .... AZ 13
Clemenceau (R.) .... AZ 15
Denfert-Rochereau (R.).. BZ 16

Foch (Pl. Mar.) .... AZ 20
Gambetta (Av.) .... BZ
Jacobins (R. des) .... AZ 25
Lemercier (Cours) ...... BZ 35
Marne (Av. de la) ...... BZ 37
Mestreau (R. F.) .... BZ 38
Monconseil (R.) .... AZ 39
National (Cours) .... AZ
République (Quai) ...... AZ 41
St-Eutrope (R.) .... AZ 42
St-François (R.) .... AZ 43
St-Macoult (R.) .... AZ 45
St-Pierre (R.) .... AZ 46

St-Vivien (Pl.) .... AZ 47
Victor-Hugo (R.) .... AZ 49

D   Église St-Eutrope
F   Arc de Germanicus
K   Thermes St-Saloine
M   Musée Dupuy-Mestreau
M¹   Musée archéologique
M²   Présidial-Musée
       des Beaux-Arts
M³   Musée éducatif
       de Préhistoire

L'unité et la simplicité caractérisent l'architecture de l'intérieur. Cette impression est accentuée par les rais de lumière tombant dans l'édifice par les fenêtres hautes ou latérales, rendant plus blancs les murs de pierre. Les grands piliers ronds de la nef, comme les piliers gothiques du chœur, dépourvus d'ornementation, portent un mur supérieur nu et un plafond de bois apparent ; seuls les bas-côtés sont voûtés de pierre. La nef gothique et les collatéraux datent en presque totalité du 16ᵉ s., les grandes orgues des 16ᵉ et 17ᵉ s.

Dans le bras droit du transept, une porte ouvre sur l'ancien cloître des chanoines, du 13ᵉ s., dont subsistent deux galeries et les vestiges de la salle capitulaire.

La chapelle axiale, aux niches surmontées de dais très ouvragés, témoigne des ultimes recherches de la période flamboyante ; les crédences sont déjà Renaissance. Dans une chapelle annexe, le **trésor** ⊘ renferme une collection de vases sacrés et d'ornements sacerdotaux.

Partir de la place du Marché, contiguë à St-Pierre, et suivre sur toute sa longueur la rue St-Michel jusqu'à la rue Victor-Hugo que l'on emprunte à gauche.

La rue St-Michel offre une suite de belles demeures saintongeaises en pierres apparentes.

La rue Victor-Hugo, ancienne Grande-Rue, emprunte le tracé de la voie antique qu'enjambait l'arc de Germanicus à l'entrée du pont sur la Charente.

Présidial (CZ M²) – *2, rue Victor-Hugo (en retrait au fond d'un jardin)*. Érigé en 1605, cet hôtel fut la demeure du président du tribunal Le Berthon. Il marque les débuts du style classique avec ses baies et ses lucarnes à frontons triangulaires. Le Présidial abrite le musée des Beaux-Arts.

★**Musée des Beaux-Arts : Le Présidial** ⊘ – Il est principalement consacré à la peinture du 15ᵉ au 18ᵉ s. Y figurent : les écoles flamande et hollandaise (Bruegel de Velours, Gilles Copignet, Floris Schooten, Marienhof, etc.), l'école française des 17ᵉ et 18ᵉ s. (G. Rigaud, E. Allegrain, F. de la Traverse...).
Une salle rassemble des céramiques saintongeaises du 14ᵉ au 19ᵉ s.

Continuer la rue Victor-Hugo jusqu'à la rue Alsace-Lorraine que l'on prend à gauche. Dépasser la place de l'Échevinage.

Ancien échevinage (CZ M⁴) – Au-delà d'un portail classique, il présente une façade du 18ᵉ s. contre laquelle est accolée une tourelle du 16ᵉ s. L'escalier à vis de cet ancien beffroi (1586) permet d'accéder aux deux étages d'un musée.

Musée des Beaux-Arts : l'Échevinage ⊘ – Il renferme des œuvres de peintres des 19ᵉ et 20ᵉ s. La salle du rez-de-chaussée est consacrée à la peinture de salon (orientalistes, néoclassiques, académiques, etc.). Au premier étage voisinent des paysages dont celui du régionaliste L.-A. Auguin, et une belle collection de porcelaines de Sèvres de 1890 à 1910. Le dernier étage présente un ensemble d'œuvres contemporaines (accrochages temporaires).

Revenir sur la place de l'Échevinage et prendre la rue du Dr-Mauny.

Passer sous le porche à trois arcades, pour entrer dans la cour de l'hôtel Martineau.

Hôtel Martineau (CZ **R**) – Il renferme la bibliothèque municipale.

Chapelle des Jacobins (CZ **N**) – Elle est percée d'une baie flamboyante au dessin élégant.

Rue des Jacobins, on passe devant la façade arrière de l'hôtel Martineau.

Square de Nivelles (CZ) – La porte d'entrée (17ᵉ s.) de l'ancien collège donne accès à ce square fleuri que bordent de beaux bâtiments municipaux.

Quai de Verdun (CZ)

Le long du quai s'alignent les jardins suspendus de vieux hôtels des 17ᵉ-18ᵉ s., fiers de leurs ferronneries et de leurs balustres.

Musée Dupuy-Mestreau ⊘ (CZ **M**) – *4, rue Monconseil.* Installé dans l'ancien hôtel du marquis de Monconseil, bâti au 18ᵉ s., ce musée d'art régional renferme d'importantes collections.

Dans la cour, remarquer un puits Renaissance et une berline de voyage de la fin du 18ᵉ s. Le vestibule est orné d'une cheminée en bois peint d'époque Louis XV et d'une collection d'enseignes régionales. L'escalier avec sa rampe de fer forgé est dominé par un beau plafond provenant du château de Romegoux.

Une salle conserve de rares boiseries Louis XIV ou à la Bérain, provenant du château de Tonnay-Charente. Une autre salle renferme de nombreux souvenirs marins dont une figure de proue et un coffre de corsaire.

Plus loin, on admire un choix de coiffes saintongeaises et d'habits paysans. La salle des faïences contient près de 400 pièces d'origine régionale.

Une chambre du 18ᵉ s. a été reconstituée avec son lit « à la duchesse » et son armoire charentaise, tandis qu'une autre pièce reproduit la chambre-cuisine d'un intérieur charentais du milieu du 19ᵉ s. Ailleurs, on peut voir des armes du 13ᵉ s. trouvées dans la Charente, de rares habits brodés du 18ᵉ s., une collection de perlés et sablés.

Hôtel de la Bourse (CZ **B**) – Un magnifique portail sculpté annonce l'ancien hôtel de la Bourse (1771), occupé à l'origine par la juridiction consulaire.

Hôtel d'Argenson (CZ **S**) – Des pilastres ioniques rythment sa façade.

À L'EST DE LA VIEILLE VILLE

Abbaye aux Dames ⊘ (BZ)

Consacrée en 1047 et placée sous le patronage de sainte Marie, elle dut sa prospérité à Agnès de Bourgogne, remariée à Geoffroy Martel, comte d'Anjou, maître de la Saintonge. Confiée à des religieuses bénédictines, l'abbaye fut dirigée par une abbesse portant le titre de « Madame de Saintes », choisie parmi les plus illustres familles de France. Chargée de l'éducation des jeunes filles nobles, l'abbaye compta parmi ses pensionnaires Athénaïs de Rochechouart, future marquise de Montespan. La Révolution et l'Empire entraînèrent le déclin de l'abbaye ; transformée en caserne, et libérée après la Première Guerre mondiale, elle nécessita un important travail de restauration avant d'être rendue au culte.

Saintes – Abbaye aux Dames : voussures sculptées

B. Kaufmann

★Église abbatiale – Elle est de style roman saintongeais. On la découvre en pénétrant dans la première cour de l'abbaye, par un porche du 18ᵉ s. Les bâtiments conventuels s'ordonnent autour de l'abbatiale, dont les éléments les plus remarquables sont la façade et le clocher.

La **façade** présente une disposition d'arcatures latérales aveugles, encadrant un **portail** central richement ornementé. Les voussures sculptées de ce portail figurent, de bas en haut : six anges adorant la main de Dieu ; les symboles des Évangélistes autour de l'Agneau ; le supplice des martyrs, menacés d'une hache, du glaive ou du fouet ; 54 vieillards couronnés se faisant vis-à-vis deux par deux et jouant de la musique.

La voussure de l'arcade latérale droite évoque la Cène, celle de gauche la présence divine d'un Christ auréolé face à cinq figures nimbées, à la signification incertaine.

Remarquer les chapiteaux historiés (chevaliers, petits monstres) et, au pignon, les armes de Françoise Iʳᵉ de La Rochefoucauld, abbesse de 1559 à 1606.

Le **clocher** *(voir illustration au chapitre de l'Art – Éléments d'architecture)*, élevé à la croisée du transept, est caractérisé par un étage de plan carré décoré de trois arcades par face, que surmonte une assise octogonale accostée de pinacles, sur laquelle repose une rotonde percée de 12 baies géminées séparées par des colonnettes et coiffée d'un toit à écailles conique, légèrement renflé.

Intérieur – Il a subi, dans la première moitié du 12ᵉ s., des transformations auxquelles on associe le nom de l'architecte Béranger (une inscription gravée sur le mur extérieur Nord situerait son œuvre avant 1150). Les croisées d'ogives sur les bras du transept et la chapelle gothique du bras Nord témoignent des apports du 15ᵉ s.

La nef à deux travées, jalonnée de six gros piliers élevés au 12ᵉ s. en avant des murs du 11ᵉ s., est couverte de plafonds de bois posés en remplacement des deux anciennes coupoles sur pendentifs, incendiées en 1648. À l'entrée du transept, à droite, une console supporte une tête de Christ du 12ᵉ s.

Le carré du transept, porté par quatre gros piliers, est surmonté d'une coupole sur trompes. Dans le croisillon droit s'inscrit la tribune des Infirmes.

Le chœur roman présente une voûte en berceau brisé, que prolonge une voûte en cul-de-four, légèrement en retrait.

Bâtiments conventuels – La façade de ce long corps de logis du 17ᵉ s. a retrouvé la pureté originelle de ses lignes : deux étages percés d'étroites fenêtres que surmonte un comble rythmé par des lucarnes à frontons. À gauche, jouxtant trois travées rénovées de l'ancien cloître du 14ᵉ s., s'ouvre une belle porte du 17ᵉ s. à pilastres, dont les sculptures exubérantes contrastent avec la sévérité de la façade.

★Arc de Germanicus (BZ **F**) – Ce bel arc romain, à double arcade, se dressait, jusqu'en 1843, sur le pont principal de Saintes. Menacé de destruction quand le pont, d'origine romaine, commença à être démoli, il fut sauvé par l'intervention de Prosper Mérimée, inspecteur des Monuments historiques, et remonté sur la rive droite de la Charente.

Bâti en l'an 19 dans le calcaire du pays, ce n'était pas un arc de triomphe, mais un arc votif : les inscriptions qu'il porte le dédiaient à Germanicus, à l'empereur Tibère et à son fils Drusus ; on lit aussi le nom du donateur, Caius Julius Rufius. Au centre, les arêtes des trois piliers qui soutiennent la double arcade sont soulignées par des pilastres cannelés coiffés de chapiteaux corinthiens.

Musée Archéologique ⊙ (BZ **M¹**) – Une allée bordée de colonnes doriques conduit au bâtiment principal qui renferme une intéressante collection lapidaire romaine : colonnes, chapiteaux, architraves, bas-reliefs, remarquablement sculptés, découverts pour la plupart lors de la démolition du mur du castrum gallo-romain. En annexe du musée lapidaire, une salle abrite depuis 1997 les vestiges métalliques d'un **char de parade★** de la fin du 1ᵉʳ s. et les éléments de harnachement des chevaux qui en assuraient la traction.

Aux alentours du musée se disséminent d'autres vestiges romains.

Jardin public (ABZ) – C'est l'ancien terrain de manœuvres. Transformé en jardin après le départ des militaires en 1924, il est décoré de vestiges romains. À son extrémité a été remontée une façade dans le goût du 18ᵉ s. et a été reconstituée une orangerie.

Musée éducatif de Préhistoire ⊙ (BZ **M³**) – *140, avenue Gambetta*. La présentation commentée de ses tableaux synoptiques, schémas et outils (authentiques) permet de mieux connaître la vie des hommes de la préhistoire.

Dans le jardin, le polissoir de Grézac, immense pierre pesant plusieurs tonnes, retient l'attention. L'homme préhistorique utilisait sable et eau comme abrasif afin de polir des outils ; le polissage creusait des rainures encore nettement visibles sur la pierre.

Haras ⊙ (BZ) – Il abrite pur-sang anglais et anglo-arabes, selle français, trotteurs français, chevaux de trait bretons, percherons, traits mulassiers, baudets du Poitou, au nombre d'une soixantaine.

À L'OUEST ET AU NORD DE LA VIEILLE VILLE

Hôpital (AZ) – Beau pavillon du 16e s. Vue sur les vieux quartiers.

Église St-Eutrope (AZ D) – La reconstruction de cet édifice, sous sa forme actuelle, fut entreprise par des moines clunisiens à la fin du 11e s. L'église St-Eutrope fut un lieu de pèlerinage consacré à l'apôtre des Santons, une importante étape sur la route de St-Jacques-de-Compostelle. Cette double fonction explique l'originalité architecturale de ce sanctuaire, constitué à l'origine d'une nef unique et de deux chœurs superposés ; cette disposition originale permettait à la fois d'accueillir les pèlerins et d'assurer la permanence du culte monastique.

Mutilé en 1803 par la destruction de la nef, l'édifice n'a conservé que le transept et l'ancien chœur roman (nef de l'église actuelle), aux remarquables **chapiteaux** historiés (Daniel dans la fosse aux lions, St-Michel et le pèsement des âmes...). La richesse de ces sculptures contraste avec la sobriété du chœur gothique qui a remplacé au 15e s. la chapelle absidiale primitive.

Le clocher, érigé au 15e s. grâce à la générosité de Louis XI qui avait une dévotion particulière pour « Monseigneur Saint Eutrope » à qui il attribuait la guérison de son hydropisie, doit son aspect élancé à sa flèche, haute de 65 m.

★**Église inférieure** – Elle offre un contraste saisissant avec l'église haute. Faiblement éclairée par les collatéraux, cette église à demi enterrée reproduit à l'identique le plan de l'église haute. Elle est entièrement voûtée d'arêtes, avec d'épais doubleaux séparant les travées de la nef. Les chapiteaux s'ornent de motifs végétaux : palmettes, acanthes... Dans l'absidiole du croisillon Sud se trouve une imposante cuve baptismale monolithe. Le chœur abrite le sarcophage reliquaire (4e s.) de saint Eutrope, découvert en 1843 là où il avait été dissimulé durant les guerres de Religion.

★**Arènes** (AZ) – *Accès par les rues St-Eutrope et Lacurie.* Un peu à l'écart de la cité, les arènes (en réalité un amphithéâtre) doivent une part de leur agrément et de leur pouvoir évocateur à la verdure qui a remplacé la plus grande partie des gradins.

Élevées au début du 1er s., elles comptent parmi les plus anciennes du monde romain mais sont de dimensions moyennes : l'ellipse mesure, hors tout, 126 m de long sur 102 m de large (arènes de Nîmes : 136 m sur 100 m) tandis que l'arène proprement dite mesure 64 m sur 39 m. 20 000 spectateurs pouvaient y prendre place.

Dans une anfractuosité à mi-pente des gradins, côté Sud, sourd la petite fontaine Ste-Eustelle, à l'emplacement où fut décapitée une jeune disciple de saint Eutrope.

Thermes St-Saloine (AZ K) – Le caldarium (salle chaude) en est la partie la mieux conservée. De ce site s'offre une belle vue sur la ville.

EXCURSIONS AUTOUR DE SAINTES

★① **Les églises romanes saintongeaises**

Circuit de 75 km – environ 4 h.

Quitter Saintes par l'Ouest en empruntant la N 150 puis D 728.

Église de Corme-Royal – *Voir p. 103.*

Revenir sur la D 728. À Nancras prendre à gauche la D 117.

Saintes – Les arènes (amphithéâtre)

SAINTES FLÂNERIES

Se loger

« BUDGET »

Hôtel des Messageries – Rue des Messageries, ☎ 05 46 93 64 99. Fermé de Noël au jour de l'An. À la fois au calme et au centre de la ville historique. Certaines chambres ouvrent sur la cour intérieure. 34 chambres à partir de 240 F, garage.

« OPTION PRESTIGE »

Relais du Bois Saint Georges – Rue de Royan, cours Genêt, ☎ 05 46 93 50 99. Il faut essayer les chambres et suites du Pavillon du Lac, aux décors surprenants et très personnalisés. 27 chambres à partir de 480 F, piscine chauffée, parc avec étang.

Se restaurer

« NOTRE SÉLECTION »

Le Bistrot Galant – 28, rue Saint-Michel, ☎ 05 46 93 08 51. Fermé le dimanche soir et le lundi. Restaurant dans une rue calme de la vieille ville. On y sert le clafoutis de moules aux pointes vertes, la feuillantine de pommes acidulée avec glace au lait d'amande. Menus de 95 F à 235 F (réservation conseillée).

Achats

Marchés – Place du 11-Novembre (mardi et vendredi), place St-Pierre (mercredi et samedi), marché St-Pallais (jeudi et dimanche). Foire cours National et avenue Gambetta (1er lundi du mois).

Abbaye de Sablonceaux – *Voir p. 244.*
Prendre la D 243^{E1} qui mène à St-Romain-de-Benet.

Hameau de Pirelonge ⊙ – Constitué de vieilles maisons restaurées de façon traditionnelle, il abrite un ensemble de petits musées, gardiens du patrimoine local.

Musée des Alambics – Installé dans la distillerie Brillouet, il rassemble des alambics charentais (servant encore à l'élaboration du Cognac) et une série d'alambics ambulants utilisés naguère pour obtenir de l'alcool à partir de vin ou de fruits par les bouilleurs de cru dont les privilèges ont été progressivement réduits. Une collection d'alcoomètres est à signaler.

Musée Charentais de l'Imprimerie – Un vaste atelier abrite une trentaine de machines (linotypes, vieilles presses) servant aux démonstrations d'impression à l'ancienne. Le jeune visiteur découvrira avec étonnement l'histoire de l'imprimerie avant l'ère informatique, lorsque le plomb régnait en maître.

Certaines maisons abritent également des expositions de **vêtements sacerdotaux** (aubes, chapes et chasubles) et **numismatiques** (des assignats aux billets de nos jours), ainsi que des reconstitutions d'**ateliers d'artisans** (forge, tissage, tonnellerie, etc.).

En automne, les fêtes des Alambics et des Vendanges *(voir les Renseignements pratiques)* qui se déroulent dans le hameau font revivre les traditions (nombreuses démonstrations).

À 200 m du hameau *(derrière la ligne de chemin de fer)* s'élève la **tour de Pirelonge**, construction romaine encore partiellement coiffée de pierres sculptées d'écailles. Entre vignes et bois, cette curiosité est située en bordure d'une voie romaine, mais sa fonction reste un mystère : borne ou monument religieux ?

Revenir sur la N 150 en direction de Saintes. Après 500 m, prendre à droite la D 243^{E1}.

Église de Meursac – Un chœur roman voûté en berceau brisé prolonge un édifice gothique dont les murs sont renforcés par de puissants contreforts. Dans le chœur, des chapiteaux romans montrent des oiseaux becquetant des lions et un homme étranglant deux lions. Le retable et le tabernacle sont en bois sculpté et doré.

Sous l'église, une crypte du 5e s. a été découverte en 1972 ; on y accède par un étroit escalier à vis situé près du chœur. Entièrement taillée dans le roc, la crypte révèle une grande salle coiffée d'une coupole.

Poursuivre sur la D 243^{E1} vers le Sud-Est.

Église de Thaims – Ce modeste édifice roman a été élevé sur l'emplacement d'une villa gallo-romaine, dont on voit les murs s'élevant jusqu'à 2,50 m de hauteur, au pied Nord de la tour octogonale. Dans le jardin qui longe le côté Sud de l'église sont disposés des sarcophages mérovingiens.

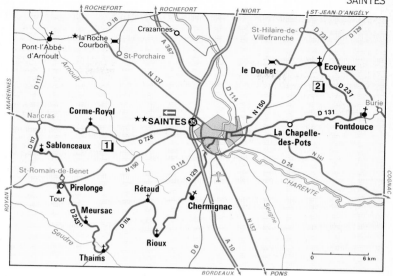

À l'intérieur de l'église, la croisée du transept montre des corniches mérovingiennes et des scènes gravées carolingiennes (Évasion de saint Pierre). L'avant-chœur sert de musée lapidaire : on y remarque deux vestiges de sculptures gallo-romaines, l'une en marbre à scène bachique, l'autre en pierre célébrant une divinité celtique, Épona.

Quitter Thaims par le Nord-Est en empruntant la D 114.

Église de Rétaud – Édifiée au 12ᵉ s., elle est intéressante par sa façade à la frise très décorative, par son clocher octogonal à la croisée du transept et surtout par son abside à pans, richement sculptée : détailler les modillons façonnés de grotesques. À l'intérieur, voir les deux chapiteaux à l'entrée de l'abside, les colonnettes qui encadrent ses baies et une partie d'une litre funéraire.

Quitter Rétaud par le Sud en empruntant la D 216.

Église de Rioux – *Voir p. 209.*

Quitter Rioux par le Nord-Est en empruntant la D 129.

La route passe en vue du château de Rioux, qui appartenait au Moyen Âge à la famille des seigneurs de Didonne, vassaux des comtes de Poitou.

Église de Chermignac – Les voussures du portail représentent des suites de personnages ou des animaux effrayants ; près de l'église se dresse une belle croix hosannière.

Rejoindre la D 129 qui ramène à Saintes.

② Les bois du Nord-Est saintongeais

Circuit de 40 km – environ 4 h.

Quitter Saintes par l'Est en empruntant la N 150.

Château du Douhet ⊙ – Ce château du 17ᵉ s. restauré, aux lignes sobres, bâti, croit-on, sur les plans de Hardouin-Mansart, occupe avec ses dépendances et son parc plus de 20 ha.

Il ne faut pas manquer de faire le parcours extérieur *(1 h)*, du colombier Renaissance aux deux miroirs d'eau de l'esplanade Sud, élégants bassins carrés à balustres, toujours alimentés par l'aqueduc gallo-romain du 1ᵉʳ s., jadis pourvoyeur des thermes de Saintes. En chemin, on appréciera la fraîcheur du **bois de buis★** centenaire. De la terrasse qui borde le bois et domine les pièces d'eau, belle perspective sur celles-ci et la majestueuse façade Sud du château.

À l'intérieur du château *(accès par le perron de la façade Sud)*, dont les aménagements d'époque n'ont pu être qu'en partie préservés, l'intérêt se portera surtout sur le curieux salon dit de la Lanterne, aux boiseries du 17ᵉ s. Dans l'aile droite a été aménagé un musée folklorique avec reconstitution d'un intérieur bourgeois saintongeais de la première moitié du 19ᵉ s. et présentation de collections minéralogique, préhistorique et gallo-romaine.

Église d'Écoyeux – Imposante église du 12ᵉ s., fortifiée au 15ᵉ s. : deux échauguettes encadrent sa façade.

Quitte Écoyeux par le Sud-Est en empruntant la D 231.

Abbaye de Fontdouce ⊙ – Les huguenots ruinèrent cette prospère abbaye bénédictine nichée dans un vallon encaissé abrité de futaies centenaires. Seuls ont
échappé quelques bâtiments conventuels : le cellier, du 12ᵉ s., le chauffoir orné d'un
campanile au 16ᵉ s., le bâtiment principal, des 12ᵉ et 13ᵉ s., auquel le 19ᵉ s. a
adjoint une maison de maîtres charentaise. Au rez-de-chaussée on visite le parloir,
les deux chapelles romanes superposées et surtout la magnifique **salle capitulaire★**
composée de douze travées à voûtes d'ogives reposant sur une forêt de piliers ;
détailler les admirables clefs de voûte sculptées, parmi lesquelles le curieux visage
tricéphale à quatre yeux, symbolisant probablement la Trinité. Pour évoquer l'abbatiale disparue, il reste quelques vestiges de colonnes et une massive base de pilier
qui se trouvait à la croisée du transept.

Prendre la D 131 en direction de Saintes.

La Chapelle-des-Pots – Dans ce bourg se perpétue l'artisanat de la céramique
dont l'origine remonte au 13ᵉ s.

La D 131 rejoint la N 141 qui ramène à Saintes.

★VALLÉE DE LA CHARENTE

2 itinéraires sont proposés au départ de Saintes. Voir p. 72 et 74.

*Pour apprécier à leur juste valeur les curiosités très importantes,
qui attirent en grand nombre les touristes,
il faut éviter si possible les moments de la journée
et les périodes de l'année où l'affluence
atteint son maximum.*

SANXAY

630 habitants (les Sanxéens)
Cartes Michelin n° 68 pli 12 ou 233 pli 7 – 14 km au Nord-Ouest de Lusignan

Le charmant bourg de Sanxay est agréablement situé au-dessus d'un méandre de la
Vonne franchie par un pont du 15ᵉ s.

Ruines gallo-romaines ⊙ – *1 km à l'Ouest par la D 3.* Il s'agit d'un sanctuaire
païen et de ses annexes, du 2ᵉ s. après J.-C. ; l'affluence des pèlerins devait être
grande à en juger par les dimensions des édifices mis au jour.
En descendant vers la rivière, on rencontre d'abord le **théâtre**, dont les gradins,
adossés au coteau, pouvaient recevoir, croit-on, près de 10 000 spectateurs.
La Vonne franchie, les **thermes** apparaissent, protégés par un hangar. Ils ont encore
des murs de 3 à 4 m de haut et on distingue fort bien les emplacements des trois
salles principales : frigidarium (bains froids), tepidarium (bains tièdes), caldarium
(bains chauds). Les conduites d'eau et les fours de chauffe ont été conservés.
Poursuivre enfin tout droit le chemin conduisant à ce qui était autrefois la façade
du **temple**. De celui-ci, long de 75 m, il reste seulement les bases, mais on discerne
parfaitement, au centre, l'emplacement de la *cella*, où se trouvait l'effigie du dieu.

Estuaire de la SEUDRE

Cartes Michelin n° 71 plis 14, 15 ou 233 plis 14 et 25

L'estuaire de la Seudre, petit fleuve côtier, fait partie du bassin ostréicole de Marennes-
Oléron : ses anciens marais salants ont en effet été convertis en parcs à huîtres et en
claires *(se reporter à l'Introduction)* que des chenaux alimentent en eau de mer.
L'estuaire, avec son quadrillage de parcs à huîtres, ses chenaux où s'alignent bateaux et
cabanes des ostréiculteurs, et les marais qui l'environnent composent un paysage très
particulier.
Le **chemin de fer touristique de la Seudre** ⊙ relie Saujon à La Tremblade.

CIRCUIT AU DÉPART DE SAUJON *80 km – environ une journée*

Saujon – Petite ville thermale située sur la Seudre. L'église renferme *(dans la nef à
gauche)* quatre **chapiteaux★** romans, d'une rare finesse d'exécution, qui proviennent
de l'église de l'ancien prieuré St-Martin. Ils représentent, en haut à gauche, Daniel
dans la fosse aux lions, à droite, les Saintes Femmes au tombeau ; en bas à gauche,
le pèsement des âmes, à droite, le transport d'un gros poisson (saumon ?).

Le Gua – Ce village – prononcer « Ga » – abrite un musée qui évoque un épisode
tragique de la Seconde Guerre mondiale dont Royan *(voir ce nom)* fut le théâtre.

★ **Musée de la « Poche de Royan »
1944-45** ⊙ – *Route de
Marennes*. Des mannequins
mis en scène avec armes et
véhicules *(en état de
marche)*, dans des décors
reconstitués, évoquent : les
troupes allemandes dans la
forêt de la Coubre, les
troupes américaines
(13ᵉ brigade d'artillerie) et
françaises (chars de la
2ᵉ DB), la résistance (poste
émetteur-récepteur clandes-
tin, sabotage d'une voie de
chemin de fer, parachutage
de nuit). Remarquer l'engin
Goliath, petit char explosif
télécommandé. De nom-
breuses photos et affiches
de l'époque, des vitrines
contenant divers documents
(journaux, etc.) et objets
(pièces d'uniformes, etc.)
complètent le musée.
À l'extérieur a été placée
une péniche de débarque-
ment (île d'Oléron, 1945).

Cadeuil – Important carrefour routier sur les axes
Saintes-Oléron et Roche-
fort-Royan.

Village des Oiseaux ⊙ – *Route
de Saintes*. Sur 3 ha, une
succession d'enclos, de
volières et de bassins où évo-

Musée La Poche de Royan, Le Gua

Musée de la « Poche de Royan »

luent des centaines d'espèces ornithologiques de tous les continents, souvent parées de
plumages multicolores, donnent à voir aussi bien l'émeu, le plus grand oiseau du monde
après l'autruche, que le bec de corail, qui ne mesure que 10 cm de long.

La Gripperie-St-Symphorien – Une haute tour ronde domine l'église romane de
St-Symphorien. Les voussures du portail montrent de fines sculptures : palmettes,
chimères à corps d'oiseaux, personnages.

Donjon de Broue – Ce donjon carré du 12ᵉ s., à demi en ruine, se dresse à
l'extrémité d'un promontoire ; jolie vue sur le marais.

Église de St-Sornin – De style roman, elle présente une coupole octogonale sur
trompes couvrant le carré du transept. Plusieurs chapiteaux sont historiés : Vierge à
l'Enfant, personnages impudiques. Lors de la restauration de l'église, on a découvert,
dans le chœur, des fresques de style un peu naïf réalisées pendant la période classique.

St-Just-Luzac – L'église présente une belle façade flamboyante. À proximité, un
musée de trains miniatures et jouets anciens, **Atlantrain** ⊙, rassemble une importante
collection de locomotives, tramways, wagons, de fabrication française et étrangère.

Marennes – *Voir p. 145.*

La traversée du **viaduc de la Seudre** qui relie Marennes à la presqu'île d'Arvert offre
des **vues** intéressantes, à gauche, sur les innombrables parcs à huîtres et claires qui
ont colonisé l'estuaire de la Seudre.

Ronce-les-Bains – Paisible villégiature, aux villas petites mais coquettes, à l'ombre
des pins. Vues sur la pointe du Chapus, le pertuis de Maumusson, Oléron.

La Tremblade – Centre ostréicole important, ainsi qu'en témoignent les nombreuses cabanes alignées le long du chenal. La Tremblade possède un petit **musée
maritime** ⊙ consacré à la vie de l'huître : élevage et histoire de l'huître ; un diaporama présente la célèbre Marennes-Oléron.
On peut participer, en saison, à des **promenades en bateau** ⊙, en mer ou dans le
bassin ostréicole.

Mornac-sur-Seudre – Dans ce village enchevêtrant ses ruelles au voisinage des
parcs à huîtres de la Seudre, on peut encore observer le travail de quelques
artisans : potiers, tisserands. Le long du chenal, où accostent les bateaux, se
succèdent les cabanes des ostréiculteurs. La vieille église fortifiée conserve un
chœur roman à frise d'entrelacs et de palmettes, précédé d'une belle croisée de
transept à coupole ovale sur trompes.

SURGÈRES

6 049 habitants
Cartes Michelin n° 71 pli 3 ou 233 pli 15 – 27 km au Nord-Est de Rochefort

Fondée au 9ᵉ s. par le comte de Poitiers qui y édifie une forteresse, la ville est ensuite dirigée par un homme lige, Guillaume Maingot. Louis XI, au 15ᵉ s., fait raser les remparts qui sont néanmoins relevés au siècle suivant. Belle autant que sage, **Hélène de Surgères** appartint à cet «escadron volant» des filles d'honneur que Catherine de Médicis utilisait pour favoriser ses intrigues.

Important centre laitier, cette ancienne cité vinicole s'est reconvertie dans la production de beurre dès 1888, à la suite des ravages causés par le phylloxéra. Surgères est aujourd'hui le siège de l'Association centrale des laiteries coopératives des Charentes et du Poitou, regroupant près de 150 sociétés. Existe également une École nationale d'industrie laitière et des industries agro-alimentaires, fondée en 1906.

CURIOSITÉS

Château – C'était, au Moyen Âge, une importante forteresse. L'enceinte, refaite au 16ᵉ s. par le frère d'Hélène de Surgères, déroule sa courtine jalonnée de 20 tours sur près de 600 m.

Une poterne s'ouvre sur un parc, planté de beaux arbres dont des marronniers séculaires. Le **logis seigneurial** du 17ᵉ s. abrite la mairie où l'on admire un bel escalier, tandis qu'à proximité se dresse un remarquable portique Renaissance et une tour médiévale, la tour Hélène.

Sortir de l'enceinte par le Sud pour admirer la muraille et les douves.

★**Église Notre-Dame** – Cet édifice roman (12ᵉ s.), dominé par un important clocher octogonal garni de colonnettes, présente une large façade ornée de deux registres d'arcatures et flanquée de deux faisceaux dissemblables de colonnes engagées.

Détailler les deux corniches : celle du bas montrant les signes du zodiaque ou l'image des Vices en alternance avec de savoureuses figurines (coqs, sirènes, singe jouant de la vielle, montreur d'ours, troubadour...), celle du haut évoquant les travaux des mois entre des animaux fantastiques. À l'étage, de chaque côté de la baie centrale, des niches abritent des cavaliers dont l'identification prête à controverse : Hugues de Surgères et Geoffroy de Vendôme, fondateurs de l'église, ou l'empereur Constantin et le Christ triomphant entrant dans Jérusalem.

À l'intérieur, le chœur voûté en cul-de-four est éclairé par cinq fenêtres romanes dont les colonnes portent de beaux chapiteaux.

La crypte fut aménagée pour recevoir les sépulcres des seigneurs de Surgères ; elle conserve aussi quelques vestiges de fresques du 16ᵉ s.

TALMONT-ST-HILAIRE

4 409 habitants (les Talmondais)
Cartes Michelin n° 67 pli 11 (cartouche) ou 233 pli 1
13 km au Sud-Est des Sables-d'Olonne

Talmont occupe la zone alluviale de l'estuaire du Payré, à l'Est des Sables-d'Olonne, envahi par les marécages (marais salants et à poissons).

CURIOSITÉS

★**Musée automobile de Vendée** ⊙ – *2,5 km au Nord-Ouest*. Près de 150 véhicules, restaurés et pour la plupart en état de marche, évoquent les noms prestigieux de l'automobile : Léon-Bollée, Rochet-Schneider, Brasier, de Dion-Bouton, Chenard. Parmi les modèles exposés, construits entre 1885 et 1970, certains sont tout à fait remarquables, notamment les véhicules datant de la fin du 19ᵉ s., dont un tricycle de Dion-Bouton à vapeur de 1885 (l'autre exemplaire se trouvant au musée des Arts et Métiers à Paris), le vis-à-vis De Dion de 1898 où sont installés confortablement le marquis de Dion et son illustre chauffeur Zélélé, et de nombreuses voitures produites avant la Première Guerre mondiale : l'étonnante Léon Bollé de 1904

Musée automobile de Vendée – De Dion-Bouton

Musée Automobile de Vendée

avec sa carrosserie ressemblant à un ancien wagon de chemin de fer, la Renault (Frères) de 1906, voiture de maître immatriculée le 25 avril 1907 et qui roulait déjà à 70 km/h, une Motobloc de 1908, une Peugeot Lion de 1910.

Cycles (Draisienne 1818, Grand-bi 1885), motocycles, radiateurs, et collection d'affiches d'époque (de Anglay, Sauvage, H. Gerbault, Mich) complètent la présentation.

Château de Talmont ⊙ – Sur une motte dominant l'ancien port, ce château en ruine remonte au 11ᵉ s. On pénètre par une poterne dans la cour seigneuriale sur laquelle donnent la chapelle et le donjon roman. Du sommet de celui-ci, belle vue sur la rivière et le havre jusqu'à la mer.

En saison, le château revit un peu de son passé en accueillant des animations médiévales : adoubement, enluminures, tir à l'arc, troubadours, etc.

ENVIRONS

Port-Bourgenay – *9 km au Sud-Ouest.* Sur la **Côte de Lumière**, depuis la création en 1985 d'un port de plaisance d'une capacité de 510 anneaux, s'est développée une petite station. Non loin du port, près d'un golf et d'une piscine, le **Village du lac★** déploie ses résidences à l'architecture pleine de fantaisie et de couleurs sur les rives découpées d'un petit plan d'eau. En face se dresse la chapelle de l'abbaye N.-D.-de-l'Espérance dont la façade est flanquée de deux insolites tours crénelées.

TALMONT-SUR-GIRONDE ★

83 habitants (les Talmontais)

Cartes Michelin n° 71 plis 15, 16 ou 233 pli 26 – 16 km au Sud-Est de Royan

La charmante « ville close » de Talmont fut édifiée en 1234, sur une presqu'île, par Édouard Iᵉʳ d'Angleterre sur le modèle des bastides d'Aquitaine.

Talmont-sur-Gironde est connue pour son église Ste-Radegonde que l'on découvre après avoir longé les remparts, puis traversé les ruelles fleuries de roses trémières.

★ÉGLISE STE-RADEGONDE

Bel exemple de style roman saintongeais, elle se dresse dans un **site★** impressionnant, en à pic sur la Gironde. Menacée d'effondrement par le courant qui attaquait ses assises calcaires, elle a été longtemps en péril. La falaise a été consolidée et on a restitué à l'église son aspect du 12ᵉ s. Sentinelle à l'extrémité du promontoire fortifié, elle est entourée d'un petit cimetière marin (à voir un jour de tempête) d'où la **vue** porte sur l'estuaire et, à droite, sur les blanches falaises de Meschers.

Talmont-sur-Gironde – Vue du Caillaud

L'édifice est ramassé : la nef a perdu une de ses deux travées, effondrée au 15ᵉ s. Abside et absidioles traditionnelles, en cul-de-four. Une tour carrée surmonte la croisée du transept.

Du pied de la falaise, à marée basse, on peut apprécier l'originalité du site et admirer l'élégant chevet rythmé par des contreforts-colonnes, couronné de grandes arcatures entourant les fenêtres au 1ᵉʳ étage et de petites arcatures sur colonnettes au 2ᵉ étage.

Pénétrer à l'intérieur par le croisillon gauche où s'ouvre un joli portail dont les voussures sont ornées d'anges adorant l'Agneau, d'acrobates et de bonshommes tirant sur une corde aux extrémités de laquelle sont attachés deux lions. Remarquer la coupole sur pendentifs et quelques chapiteaux autour de l'abside en cul-de-four.

Musée d'histoire locale ⊙ – Près du cimetière marin, l'ancienne école abrite des expositions sur le site ; une part importante des collections est consacrée à la pêche traditionnelle pratiquée dans l'estuaire de la Gironde.

ENVIRONS

Site gallo-romain du Fâ ⊙ – *Barzan, 2 km au Sud-Est*. Des fouilles ont mis au jour les vestiges (thermes et sanctuaire) d'une ville gallo-romaine, qui s'étend sous 150 ha de terres cultivées. Une exposition présente le site et les dernières découvertes archéologiques.

★**Meschers-sur-Gironde** – *Voir p. 150.*

THOUARS ★

10 905 habitants
Cartes Michelin n° 67 pli 8 ou 232 plis 44, 45 – 38 km au Nord de Parthenay
Schéma p. 274

Il faut arriver par le Sud et franchir le Thouet sur le pont Neuf d'où se découvre le **site**★ de la ville : un promontoire rocheux cerné par la rivière. Aux confins du Poitou et de l'Anjou, Thouars mêle ses toits de tuiles romanes et d'ardoises angevines.

Les vicomtes de Thouars restèrent longtemps fidèles aux Plantagenêts, mais Du Guesclin s'empara de la cité en 1372, après un siège mémorable. Ayant acheté Thouars à la famille d'Amboise, Louis XI y résida plusieurs fois et son épouse, Marguerite d'Écosse, voulut y être ensevelie. Charles VIII donna Thouars aux La Trémoille qui en restèrent seigneurs jusqu'à la Révolution. Thouars embrassa la religion réformée mais, à la révocation de l'édit de Nantes, la ville perdit la moitié de ses habitants.

LA VIEILLE VILLE

★**Église St-Médard** – Accostée d'une tour carrée du 15ᵉ s., à échauguette, St-Médard est un édifice roman malgré la rosace gothique ornant sa belle **façade**★★ de style poitevin. Le portail, très décoré, est surmonté d'un Christ en majesté adoré par les anges ; ses voussures, dont la dernière est interrompue par un Christ de la Résurrection semblant sortir du tombeau, retombent sur des chapiteaux historiés montrant le châtiment des Vices. Au-dessus des arcades latérales sont alignées de belles effigies de saint Pierre, saint Paul, des prophètes et des sibylles. Sur le côté gauche de l'église, portail roman à arcs festonnés d'inspiration mauresque. Les trois nefs romanes ont fait place, au 15ᵉ s., à une nef unique à voûte surbaissée. À gauche, la chapelle St-Louis, à voûtes de liernes et tiercerons, fut construite en 1510, par Gabrielle de Bourbon, épouse de Louis II de La Trémoille.

★**Maisons anciennes** – Rue St-Médard et rue du Château qui formaient naguère l'artère principale de Thouars, aboutissant au vieux pont. Citons, près de l'église St-Médard, une maison de briques à pans de bois, occupée par le Syndicat d'initiative, et l'hostellerie St-Médard (**D**), également à pans de bois et flanquée d'un passage sous voûte. Rue du Château se serrent plusieurs façades en encorbellement, nanties de pignons aigus, parmi lesquelles, au n° 11, celle de l'hôtel des Trois Rois (15ᵉ s.) (**E**) où coucha le dauphin, futur Louis XI ; une sorte de bretèche permet de surveiller la rue.

Chapelle Notre-Dame (**F**) – Comme le château dont elle dépend, elle donne sur une esplanade qui constituait la cour seigneuriale. Gabrielle de Bourbon la fit bâtir sur une série de cryptes dont l'une sert encore de caveau funéraire aux La Trémoille. Sa ravissante façade flamboyante est surmontée d'une galerie Renaissance à décor de coquilles.

De l'esplanade, belle perspective sur le site de Thouars et la boucle du Thouet.

Château (Collège Marie-de-La Tour-d'Auvergne ⊙**)** – Ayant remplacé une forteresse médiévale, cet imposant édifice fut construit à partir de 1635 par Marie de La Tour d'Auvergne, duchesse de La Trémoille, sœur aînée de Turenne. Sur le corps de bâtiment central fait saillie un pavillon à dôme abritant un escalier monumental ; d'autres pavillons s'élèvent aux extrémités. De la promenade sur la galerie, belle vue sur la façade du château.

Par l'ancienne poterne, on peut descendre au Thouet que franchit le **pont gothique** commandé par une porte fortifiée.

THOURS

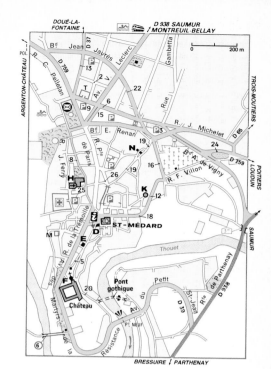

D	Hostellerie St-Médard
E	Hôtel des Trois Rois
F	Chapelle Notre-Dame
H	Ancienne abbaye St-Laon
	(Hôtel de Ville)
K	Tour du Prince de Galles
N	Porte au Prévôt

Tour du Prince de Galles ⊙ (**K**) – Construit vers le 12ᵉ s., cet édifice hémi-cylindrique et massif, appelé aussi tour Grenetière, est renforcé de petites bre-tèches. La tour faisait partie de l'enceinte qui, jadis, protégeait la partie orientale de la ville, abritant à la fois la garnison et les provisions de grain.

Dite aussi tour des Faux-Sauniers, elle servit, au 17ᵉ s., de prison pour les trafi-quants de sel. Les contrebandiers pris par les gabelous étaient enfermés à plusieurs dans des cages en bois exiguës. Celles-ci, visibles au second étage, ont inspiré les artistes Ange Leccia et Jacques Vieille qui, sur le thème de l'emprisonnement, exposent leurs créations dans la tour, transformant ce lieu carcéral en un espace d'art contemporain.

Porte au Prévôt (**N**) – Par cette porte, Du Guesclin pénétra dans Thouars, lors du siège de 1372. Elle est encadrée de deux tours en demi-lune à base octogonale.

Ancienne abbaye St-Laon (**H**) – Desservie par les bénédictins, puis, à partir de 1117, par les augustins, elle comporte une église (12ᵉ-15ᵉ s.) au beau clocher roman carré, où fut enterrée Marguerite d'Écosse, épouse de Louis XI. Dans les bâtiments conventuels (17ᵉ s.) est installé l'hôtel de ville.

Chemin du Panorama – Au Nord-Ouest du plan, prendre la D 759 puis à gauche une forte descente qui offre un **point de vue** sur Thouars et la vallée du Thouet.

Haute vallée du THOUET★

Cartes Michelin n° 68 pli 2 ou 232 plis 44 et 45

Cette pittoresque vallée est bordée d'un paysage changeant parsemé de vieux mou-lins, d'antiques ponts, égayé de vaches et de moutons. Très prisé par les pêcheurs, le Thouet, aux eaux limpides, regorge de poissons. L'itinéraire proposé remonte la vallée en traversant le Nord-Est de **la Gâtine** jusqu'à Airvault, puis le Sud-Est du **Pays thouarsais**.

DE PARTHENAY À THOUARS

Itinéraire de 80 km – environ une demi-journée.

★**Parthenay** – *Voir p. 175.*

Quitter Parthenay par l'Est en empruntant la N 149, direction Poitiers. Juste après le grand carrefour, prendre à gauche une petite route qui rejoint bientôt celle menant à la Peyratte.

De cette route on peut découvrir, sur la gauche, les rives verdoyantes du Thouet.

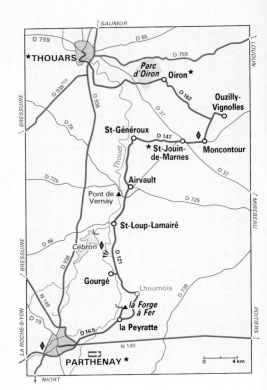

La Peyratte – Ce village possède une croix hosannière près de l'église du 12e s. Au Nord, une petite route traversant un paysage bucolique donne accès au site de la **Forge à Fer**, d'où l'on peut profiter d'une belle vue sur le petit barrage jeté sur le Thouet.

Quitter la Peyratte par l'Est en empruntant la D 165. Après 2 km, prendre à gauche la route menant à Lhoumois. À la sortie du village, prendre à gauche.

Gourgé – Implanté sur la rive gauche, ce village était un lieu d'étape sur la voie romaine Poitiers-Nantes. Un **pont roman** franchissant le Thouet donne accès à l'**église** fortifiée des 10e et 12e s. qui abrite des blasons polychromes.

La route longeant la rive droite du Thouet offre de belles vues sur la vallée et le **plan d'eau de Cébron** (base de loisirs).

St-Loup-Lamairé – *Voir p. 251.*

Quitter le village par le Nord en empruntant la D 121.

Airvault – *Voir p. 48.*

Quitter Airvault par le Nord en poursuivant sur la D 121.

St-Généroux – Ce village porte le nom d'un moine de St-Jouin qui se retira dans les solitudes des bords du Thouet.

Vieux Pont – Ce remarquable ouvrage du 13e s. fut construit par les moines de l'abbaye voisine de St-Jouin-de-Marnes *(voir ce nom)*. Étroit, il compte cinq arches appareillées en belle pierre calcaire. Les piles sont pourvues d'éperons en amont et de contreforts (aménagés en refuge pour piétons) en aval.

Église – Dédiée à saint Généroux, elle fut édifiée entre les 9e et 10e s. À l'exception de sa façade, elle offre un exemple à peu près complet d'architecture préromane : d'abord par son plan comprenant un simple vaisseau prolongé par trois absides juxtaposées, par sa structure ensuite, faite d'un petit appareil de moellons dans lequel sont intercalés des éléments d'appareil réticulé ou en arêtes de poisson, par son décor enfin, limité à l'effet géométrique de la disposition des pierres.

À l'intérieur, dans la nef couverte d'une charpente, on observera l'aspect primitif des piles carrées démunies de chapiteaux et surtout l'originalité des trois arcades surmontées d'arcatures qui précèdent le chœur : cette disposition très rare paraît d'origine berrichonne.

Quitter St-Généroux par l'Est en empruntant la D 147.

★**Église de St-Jouin-de-Marnes** – *Voir p. 250.*

Quitter St-Jouin par le Sud en empruntant la D 37, puis à gauche la D 46.

Moncontour – En vue de la vallée de la Dive aux peupliers frémissants, sur une colline de la rive droite, le village de Moncontour, que Du Guesclin reprit aux Anglais en 1372, est connu pour son massif **donjon** (12e s.) à contreforts, haut de 24 m ; les mâchicoulis rappellent une restauration du 15e s.

C'est à la bataille de Moncontour (1569) que Coligny fut vaincu avec l'armée protestante par le duc d'Anjou, futur Henri III.

De nombreuses manifestations sont organisées chaque été dans le cadre des Estivales de la Dive *(voir le chapitre des Principales manifestations en fin de volume).*

Quitter Moncontour par le Nord en empruntant la D 19.

Ouzilly-Vignolles – Naguère entouré par les marais de la Dive, ce village se distingue aujourd'hui par la valorisation des ses typiques constructions en terre.

Terra villa ⊙ – Installé dans une ancienne ferme, ce musée présente les **maisons de terre** et leur ancestrale technique de fabrication. Ces habitations sans fondations furent édifiées suivant la méthode de la bauge (mélange de terre, de rouches, de granulats et d'eau), exemple d'adaptation aux conditions particulières du marais inhospitalier.

Revenir sur la D 19. À Sauzeau, prendre à droite la D 162.

★**Oiron** – *Voir p. 166.*

À la sortie Ouest du village, la route traverse le **parc d'Oiron**.

Traverser la D 37, puis à Maranzais emprunter la D 172 en franchissant le Thouet.

★**Thouars** – *Voir p. 272.*

TIFFAUGES

1 208 habitants (les Teiphaliens)
Cartes Michelin n° 67 pli 5 ou 233 pli 41 – 16 km à l'Est de Montaigu

Tiffauges, placée sur un promontoire dominant le confluent de la Sèvre Nantaise et de la Crume, est connu pour les ruines romantiques du château de Gilles de Rais.

« Barbe-Bleue » – **Gilles de Rais** (ou de Retz), né en 1404, se montre dès sa prime adolescence beau cavalier et fin lettré, mais orgueilleux, cruel et emporté. Marié en 1420 à Catherine de Thouars qui lui apporte en dot la seigneurie de Pouzauges, il révèle très tôt des qualités de chef de guerre, secondant Charles VII dans sa lutte contre les Anglais et accompagnant Jeanne d'Arc au cours de la reconquête du royaume. Sa vaillance est récompensée par l'octroi du bâton de maréchal à 25 ans...

La mort de Jeanne semble avoir libéré ses instincts, car, propriétaire de Tiffauges, Pouzauges, Champtocé et Machecoul, le jeune maréchal mène une vie fastueuse : une suite de 200 cavaliers et une innombrable domesticité vont dilapider une fortune déjà bien entamée.

Pour trouver des ressources, le seigneur de Tiffauges se fait alchimiste et invoque les démons. Un nécromancien lui affirme que le diable lui fournira l'or nécessaire s'il consent à « donner en offrande, main, cœur, œil et sang prélevés sur de jeunes et beaux enfants ». Et c'est ainsi que Gilles de Rais, compagnon de Jeanne d'Arc, héros du siège d'Orléans, devient ce criminel satanique qui terrifie la campagne à 20 lieues à la ronde et que Perrault, dans un de ses « Contes », a transposé sous le nom de Barbe-Bleue.

De tels forfaits devaient trouver leur châtiment, en 1440. Trop sûr de lui, Gilles se laissa prendre par la justice qui le soupçonnait depuis longtemps ; il passa aux aveux et fit amende honorable, avant d'être pendu et brûlé, à Nantes, en présence d'une foule immense.

LE CHATEAU ⊙

Ses ruines couvrent une vaste superficie (3 ha) que délimite une enceinte.

Les parties les mieux conservées sont le donjon du 12e s. entouré d'un fossé et la tour du Vidame, du 15e s., aux mâchicoulis énormes : on y voit la salle des gardes (cheminée et latrines) et la salle de veille reliée au chemin de ronde, qui conserve le banc circulaire sur lequel s'asseyaient les guetteurs (curieux effet d'acoustique). La chapelle du 13e s. a gardé son abside en cul-de-four.

Château de Tiffauges – Tour du Vidame

Le Conservatoire des machines de guerre : animation ⊘ – Comme dans un camp de siège du 15ᵉ s., des machines de guerre, grandeur réelle, reconstituées d'après des documents d'époque, sont installées sur l'esplanade intérieure. On assiste au tir de boulets propulsés à 150 m de distance ! Le **trébuchet**, la plus puissante machine de guerre médiévale, constitue la pièce maîtresse du château. Les bombardes crachent, des catapultes géantes en bois sont manœuvrées par des hommes en costumes médiévaux, beffroi, arbalètes géantes, canons, bélier sont mis en action, des combats à l'épée ont lieu entre chevaliers en armures.

Château de TOUFFOU ★

Cartes Michelin n° 68 pli 14 ou 233 pli 9 – 6 km au Nord-Ouest de Chauvigny

Malgré la juxtaposition de quatre styles différents, le château forme avec ses terrasses un ensemble harmonieux, à l'agrément duquel contribuent une situation privilégiée sur la Vienne et la belle teinte ocre de sa pierre.

VISITE ⊘

La partie la plus ancienne du château est constituée par le puissant donjon, formé par la réunion, à la Renaissance, de deux donjons des 11ᵉ et 12ᵉ s. À chacun des angles extérieurs, les contreforts sont surmontés de tourelles très élégantes. Au 14ᵉ s. furent édifiées quatre grosses tours rondes : la tour St-Georges aux belles ouvertures sculptées, la tour St-Jean, la tour de l'Hostellerie, exhumée et restaurée en 1938, la tour de la Chapelle avec ses prisons.

L'aile Renaissance, reliant la tour St-Georges et le donjon, fut ajoutée vers 1560 ; elle est ornée de fenêtres à meneaux et de lucarnes dont les frontons triangulaires contiennent un jeu de 17 armoiries, représentant la généalogie de la famille Chasteignier.

Après avoir visité les terrasses et le jardin suspendu, on verra, à l'intérieur des tours, la chambre dite « de François Iᵉʳ » ou « des Quatre-Saisons », décorée de fresques représentant les travaux des champs, la chapelle, la salle de garde et ses cachots, la boulangerie, la cuisine.

TOUVRE ★

1 020 habitants (les Tolvériens)
Cartes Michelin n° 72 pli 14 ou 233 pli 30 – 8 km à l'Est d'Angoulême

Ce village perché domine un site séduisant de l'Angoumois : le frais vallon où sourd la Touvre.

Église – Petit édifice roman dont la position explique qu'il fut fortifié, comme l'atteste une bretèche visible sur la façade. De la pelouse qu'ombragent des cyprès, **vue ★** plongeante sur les sources et la vallée de la Touvre.

★ **Sources de la Touvre** – *Laisser la voiture au parking et emprunter le chemin tracé le long de la rive.* Situées au pied de la falaise, les sources constituent en réalité des résurgences de deux rivières, le Bandiat et la Tardoire, qui disparaissent sous terre pendant 6 mois de l'année.

Les habitants des alentours ont eu longtemps une crainte quasi sacrée de ces sources, alors insondables et d'origine mystérieuse, coulant abondamment dans un

Touvre – Église et source

cirque rocheux au silence oppressant : c'était « le Gouffre ». Maintenant que « le Gouffre » a été exploré, les deux sources principales alimentant la rivière apparaissent bien distinctes.

Le **Bouillant**, que trahit en surface un léger frémissement, s'inscrit dans une fosse ovale de 40 m de longueur, 30 m de largeur et 15 m de profondeur. Le **Dormant**, prolongement du Bouillant, atteint 20 m de profondeur.

Il existe une troisième résurgence, la **Font de Lussac**, profondément modifiée lors du tremblement de terre qui eut pour épicentre la ville portugaise de Lisbonne en 1755 ; puis une quatrième, la **Lèche**, située au hameau voisin du même nom, ayant pour origine les pertes du haut Bandiat et celles du ruisseau l'Échelle.

Les sources de la Touvre assurent l'alimentation en eau potable de l'agglomération d'Angoulême ainsi que de plusieurs communes environnantes, par l'intermédiaire de la station de pompage qui prélève les eaux du Bouillant. Elles donnent également naissance à une rivière qui, après un parcours de 10 km, traversant joncs, algues et roseaux, vient se jeter dans la Charente.

VERTEUIL-SUR-CHARENTE

714 habitants

Cartes Michelin n° 72 pli 4 ou 233 pli 19 – 6 km au Sud-Est de Ruffec

D'un des ponts sur la Charente, qui se scinde ici en deux bras, on découvre le site de Verteuil, serré entre la falaise et la rivière ; sur son promontoire, le château des La Rochefoucauld paraît veiller sur la petite ville où Balzac fit naître Rastignac dans son roman *Le Père Goriot*.

CURIOSITÉS

Église – Elle renferme, dans le croisillon gauche du chœur, une **Mise au tombeau★** du 16ᵉ s., en terre cuite, ayant conservé sa polychromie d'origine et qui a été attribuée à Germain Pilon. Ce groupe, restauré, comprend les personnages habituels, grandeur nature, entourant le corps du Christ. Les visages lisses des femmes, ceux, burinés, des hommes, les vêtements, très soignés dans le détail, sont traités avec un art réaliste.

Château – *On ne visite pas.* Imposant par son donjon rectangulaire remontant au 11ᵉ s. et ses grosses tours rondes à mâchicoulis du 15ᵉ s., il a été souvent remanié. Sa construction est due aux La Rochefoucauld, et le grand moraliste y conçut ses *Mémoires* ainsi que quelques-unes de ses célèbres *Maximes ;* il appartient toujours à un membre de cette famille.

VILLEBOIS-LAVALETTE

765 habitants

Cartes Michelin n° 72 pli 14 ou 233 pli 30 – 25 km au Sud-Est d'Angoulême

Villebois-Lavalette occupe un **site★** attachant sur les premières pentes d'une colline isolée portant le « Bourg-Haut », ancienne cité fortifiée par les Lusignan au 12ᵉ s.

Le « **Bourg-Haut** » – Il doit son origine à un oppidum qui commandait la voie romaine de Blanzac à La Rochebeaucourt. Puis à l'oppidum succéda la cité féodale dont subsiste la longue enceinte jalonnée de six tours rondes : on peut en suivre le contour par le chemin ombragé qui longe le pied de la muraille, offrant des vues étendues sur un immense paysage de collines boisées.

Les halles remontent au 17ᵉ s.

Le **château** proprement dit a été reconstruit au 17ᵉ s. par le duc de Navailles, exilé sur ses terres par Louis XIV ; le châtelet d'entrée, découronné, a conservé les rainures de son pont-levis. La chapelle des 12ᵉ-13ᵉ s., qui avait deux étages, domine la vallée.

ENVIRONS

Château de la Mercerie – *4 km au Nord-Ouest par la D 5 puis la D 81.* L'impressionnante masse blanche du château de la Mercerie surgit, comme une apparition du Grand Siècle, sur le penchant d'une colline.

L'ampleur de cet étonnant palais, de style, mais non d'époque Louis XIV, confond l'imagination : 220 m de façade, 15 m de hauteur, 20 m de profondeur caractérisent ce pastiche de Versailles, édifié en pierre des Charentes à partir de 1930.

Les jardins à la française, qui s'étendent sur plus de 1 km, ont nécessité l'enlèvement de 30 000 m³ de terre. Ils sont prolongés par un parc de 40 ha, riche en essences rares.

Église de Gardes-le-Pontaroux – *5 km au Nord-Est par la D 16.* De style roman, elle est isolée au sein d'un bouquet d'arbres ; curieux clocher carré et façade à chapiteaux historiés.

Église de Charras – *15 km au Nord-Est par la D 16 puis la D 25.* Elle occupe un beau site, dominant les forêts d'Horte et de La Rochebeaucourt. L'église fut fortifiée pendant la guerre de Cent Ans. De puissants contreforts renforcent les murs de la nef, un chemin de ronde pourvu de mâchicoulis couronne la partie haute.

Prieuré de VILLESALEM

Cartes Michelin n° 68 pli 16 ou 233 plis 10, 11
8 km au Nord-Ouest de La Trimouille

Fondé à la fin du 11e s., par Audebert, seigneur de La Trimouille (ou Trémouille), le prieuré de Villesalem fut placé sous la dépendance de l'abbaye de Fontevraud. Les bâtiments, vendus au moment de la Révolution comme biens nationaux, furent alors en partie démolis ; l'église échappa de peu à la destruction mais fut convertie en grange par ses propriétaires successifs.

Église ⊙ – Construite au début du 12e s., elle se compose d'une nef dont les cinq travées sont rythmées par les contreforts plats du bas-côté Sud. Le transept saillant s'ouvre sur une profonde abside flanquée de deux absidioles.

★ **Façade** – La décoration sculptée en est très riche. Les portails comprennent des chapiteaux ornés de feuillages, de griffons, d'oiseaux, de lions, de masques humains, des voussures décorées de rinceaux et de palmettes. Le portail droit de la grande façade est en partie masqué par un bâtiment du 17e s. ajouté par les bénédictines.

Intérieur – Le chœur, le transept et les trois premières travées de la nef ont été dégagés. Certains des chapiteaux offrent une élégante décoration de feuillage, mêlé à des entrelacs, des oiseaux, des serpents.

VOUVANT ★

829 habitants
Cartes Michelin n° 67 pli 16 ou 233 pli 4 – 11 km au Nord de Fontenay-le-Comte
Schéma p. 149

Les haies du bocage, les futaies profondes de la forêt, les eaux de la Mère, ses remparts font de ce bourg juché sur un promontoire un îlot de silence dont l'atmosphère secrète et préservée résulte peut-être de l'intervention de la fée Mélusine *(voir Lusignan et Parthenay)* qui, en une nuit, construisit le château.

CURIOSITÉS

★ **Église** – Sa création est due à l'abbaye de Maillezais *(voir ce nom)*. De la nef du 11e s., fortement endommagée en 1568 par le passage des Réformés, ne subsistent que les murs des trois premières travées. On reconstruisit au 12e s. les trois absides (restaurées en 1882), la crypte au-dessous (restaurée également au 19e s.) et le grand portail Nord, dans le style roman.
Encadrée de colonnes en faisceau et terminée par un pignon très aigu, la **façade★** du croisillon gauche du transept forme une page sculptée à la fois riche et lisible.

Portails – Des motifs floraux décorent les voussures, des animaux et des scènes fantastiques ornent les chapiteaux. Deux reliefs mutilés surmontent chacun des portails : on identifie Samson terrassant le lion, à droite, et Dalila coupant les cheveux de Samson, à gauche.

Arc de décharge – À la première voussure figurent des atlantes, petits personnages arc-boutés, à la seconde des figures de fantaisie, animaux et personnages. À gauche et au-dessus de l'arc, Vierge à l'Enfant dans une gloire, à droite saint Jean-Baptiste.

Frises – Celle du bas évoque la Cène, celle du haut les apôtres assistant à l'Ascension.

Château – Il appartint durant l'ère féodale aux Lusignan, soi-disant descendants de Mélusine. La forteresse interdisait la racine du promontoire que contourne le méandre de la Mère. Son enceinte délimite une esplanade gazonnée, plantée de marronniers, servant de foirail : c'est la place du Bail. Jolies vues plongeantes sur la boucle de la Mère : le lit de cette rivière s'élargit ici, en amont du barrage de Pierre-Brune.

★ **Tour Mélusine** ⊙ – Ancien donjon, elle fut édifiée en 1242. Ses murs, atteignant 3 m d'épaisseur, enferment deux salles superposées aux curieuses voûtes pyramidales. 120 marches permettent d'accéder au sommet, haut de 36 m, d'où s'offre un vaste **panorama★** sur le site de Vouvant, la forêt dont la masse sombre revêt le plateau, au Sud, et le bocage, au Nord.

Attention, il y a étoile et étoile !
Sachez donc ne pas confondre les étoiles :
- des régions touristiques les plus riches et celles de contrées moins favorisées ;
- des villes d'art et celles des bourgs pittoresques ou bien situés ;
- des grandes villes et celles des stations élégantes ;
- des grands monuments (architecture) et celles des musées (collections) ;
- des ensembles et celles qui valorisent un détail...

Île d'YEU★★

Cartes Michelin n° 67 pli 11 ou 232 pli 37

Au large des côtes vendéennes, l'île d'Yeu a su conserver toutes les vertus bienfaisantes de son insularité : nature préservée, climat tempéré et ensoleillé, circulation automobile limitée. Cette terre de contraste présente deux littoraux totalement différents. La découverte de l'île commence à bord du bateau, où de légers coups de vent accentuent parfois le pittoresque de la traversée. La bicyclette reste le meilleur mode de transport pour se déplacer dans l'île (nombreuses locations). Dès la descente du bateau, l'amateur de nature sauvage pourra partir, à pied ou à vélo, vers des paysages grandioses baignés d'une belle luminosité.

PETITE SŒUR DE BELLE-ÎLE

Une nature contrastée – Sa position géographique et sa géologie lui ont valu plusieurs formules hypocoristiques (surnoms bienveillants) : Corse de l'Atlantique, grain de granite, île des coups de foudre, petite île à l'œil clair... Sentinelle ou vigie, cette terre insulaire de 10 km de long sur 4 de large est parmi les îles du ponant l'une des plus éloignées du continent (10 milles nautiques).

Par la nature de son terrain : les schistes cristallins, par sa configuration et sa Côte Sauvage, l'île d'Yeu peut s'apparenter à sa grande sœur bretonne Belle-Île. Par ses côtes Sud et Est, elle se montre vendéenne : longues plages de sable fin, dunes, pins et chênes verts.

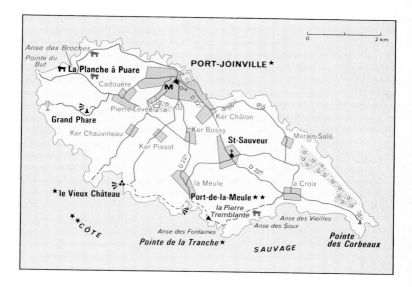

Histoire et activités des Islais – Dès la préhistoire, l'île d'Yeu connut une présence humaine comme en témoignent les dolmens et les menhirs, que l'on trouve en grand nombre.

Il n'est pas impossible que l'île d'Yeu fût celle où siégeait, d'après le géographe grec Strabon, un collège de druidesses.

Dès le 6ᵉ s., un monastère y est fondé : il attire, au début du siècle suivant, le futur saint Amand, apôtre des Flandres. Au 8ᵉ s., l'île porte le nom énigmatique de « Insula (île) Oya ». Au 16ᵉ s., tout un village de Cornouaille débarqua dans l'île sous la conduite de son recteur. Cependant, le préfixe Ker qui précède certains noms de localités, loin d'être breton, serait une altération du mot bas-poitevin « querry » qui servait à désigner les villages.

L'île d'Yeu appartint à différents seigneurs, dont Olivier de Clisson, avant d'être vendue au roi en 1785.

De nos jours, en dehors du tourisme, la ressource principale des insulaires est la pêche. Spécialisés dans le poisson de qualité, les marins islais détiennent le palmarès national pour la pêche au thon blanc ou « germon » (101 t). Possédant une flotte de pêche de 81 bateaux équipés de filets maillants dérivants, le port de l'île d'Yeu fait vivre près de 260 marins. Souvent contraints de pratiquer leur pêche artisanale loin de leur port d'attache, quelques Islais ont défrayé la chronique par quelques frictions avec leurs collègues du Sud de l'Europe.

La détention du Maréchal – Le 16 novembre 1945, un aviso débarque un vieillard de 90 ans qui va être incarcéré à la Citadelle (fort de la Pierre-Levée) : c'est l'« ex-maréchal » Pétain, ancien chef de l'« État français » de 1940 à 1944.

On lui assigne une cellule blanchie à la chaux, humide et très sommairement meublée, qu'il balaie lui-même chaque matin et dont il fait le lit avant d'aller effectuer sa promenade dans une cour sans vue, plantée de maigres marronniers.

En 1951, une double congestion pulmonaire le frappe. Le 29 juin on le transporte dans la maison Lucos, près de l'église, où il s'éteint le 23 juillet. Ce sont d'anciens combattants de Verdun qui portent, à bras, le cercueil au cimetière de Port-Joinville.

ACCÈS

Par mer ⊘ – Trois embarcadères accueillent des bateaux effectuant une liaison maritime régulière ou saisonnière avec l'île d'Yeu.

Fromentine – À l'entrée de l'estacade, la gare maritime abrite la Régie départementale des passages d'eau de la Vendée qui assure la liaison toute l'année par l'*Insula Oya II* (bateau prenant en charge les voitures). Durée de la traversée : 1 h 10. En période de pointe il est secondé par la *Vendée*.

En saison, l'élégante *Amporelle* assure une traversée rapide en 35 mn.

Île de Noirmoutier – Au Sud de l'île, l'estacade de la Fosse voit mouiller près de ses pontons les vedettes rapides de la société VIIV (en saison).

St-Gilles-Croix-de-Vie – Le port accueille les Vedettes Inter-Îles Vendéennes (VIIV).

Par air ⊘ – La société Oya-Hélicoptères assure une liaison aérienne entre l'héliport de **La Barre-de-Monts** (continent) et celui de **Port-Joinville** (Yeu).

VISITE

Des sentiers tracés sur les hauteurs, en bordure de mer, permettent de faire le tour de l'île et de découvrir les différentes plages ou anses et les belles vues qui s'offrent sur la côte, particulièrement sur la côte occidentale.

★**Port-Joinville** – Son nom actuel lui vient de l'amiral de Joinville, fils de Louis-Philippe ; on l'appelait auparavant Port-Breton. C'est l'un des premiers ports de France pour la pêche au thon. L'arrivée en bateau offre une jolie vue sur le port rempli de thoniers et de petits chalutiers dont les fanions multicolores, au bout de perches montées sur des bouées, claquent au vent. À l'arrière-plan court un quai bordé de maisons blanches.

Le port assèche à marée basse, à l'exception d'un avant-port.

En arrière des quais, la localité dissimule une rue commerçante et de multiples ruelles où se pressent les maisons des marins.

Le **musée-historial** ⊘ (**M**), installé dans la maison où habita la Maréchale pendant la captivité de son mari, retrace l'histoire de l'île et expose des souvenirs relatifs au maréchal Pétain dans la chambre dite « du Souvenir ».

Au cimetière *(au départ de l'église, prendre la rue Jean-Simon-Chassin)* est enterré le maréchal Pétain : au fond, à droite, quelques cyprès et des ifs taillés marquent l'emplacement de sa tombe, la seule face au continent, constituée d'une simple dalle de pierre blanche.

Île d'Yeu – Port-Joinville

S. Sauvignier/MICHELIN

Île d'Yeu − Le Vieux Château

Dolmen de La Planche à Puare − Il s'élève près de l'anse des Broches. Construction de granit schisteux, il est original par son couloir transepté, c'est-à-dire pourvu de cellules latérales (ici au nombre de deux). On y a retrouvé des ossements.

Grand Phare ⊙ − Du sommet *(201 marches)*, à 41 m du sol et 56 m du niveau de la mer, **vue★** sur l'île et l'océan et, par temps clair, sur la côte, de Noirmoutier à St-Gilles-Croix-de-Vie.

★**Le Vieux Château** − Il occupe un joli site de la Côte Sauvage *(ci-dessous)* qu'on gagne en traversant la lande. Sa silhouette fantomatique, presque confondue avec la roche qui le porte, est à la fois romantique et impressionnante. Elle se dresse sur un éperon de granit coupé de la côte par une étroite crevasse, profonde de 17 m, où le flot s'engouffre avec un bruit assourdissant.
Bâti à l'époque féodale (au 11ᵉ s.?), remanié au 16ᵉ s., ce farouche nid de corsaires dessine un trapèze défendu par des tours de flanquement formant bastions. Remplaçant le pont-levis, une passerelle permet d'accéder à l'intérieur de l'enceinte. Du sommet du donjon *(attention, absence de parapet)*, **vues★★** splendides sur la Côte Sauvage et l'océan.

★★**Côte Sauvage** − Découpée de façon étrangement capricieuse, elle s'étend de la pointe du But à la pointe des Corbeaux, offrant des vues magnifiques sur l'océan.
En partant du Vieux Château, on peut suivre à pied, à distance respectable, le bord de la falaise dénudée qui surplombe les flots *(attention au vertige et aux éboulements)*, en direction de Port-de-la-Meule. On arrive au petit bois de pins qui marque l'entrée du havre : pittoresque **vue★★** plongeante sur la crique.

★★**Port-de-la-Meule** − Anfractuosité de la côte, longue et étroite. À son extrémité s'est installée la cale des langoustiers et des homardiers qui vont mouiller leurs casiers sur les fonds rocheux de la Côte Sauvage.
Sur le haut de la lande, la petite chapelle blanche Notre-Dame-de-Bonne-Nouvelle veille sur le port. Chaque année les marins y viennent en pèlerinage.
En suivant la falaise au-delà de la chapelle, on arrive à la **Pierre tremblante**, énorme rocher dominant la mer, que l'on peut faire bouger en s'appuyant en un point précis.

★**Pointe de la Tranche** − Nombreuses criques rocheuses. De chaque côté de la pointe, anse des Fontaines ainsi nommée en raison de ses sources, et deux anses bien abritées propices à la baignade, l'anse des Soux (grotte marine) à laquelle fait suite l'**anse des Vieilles**, la plus belle plage de l'île.

Pointe des Corbeaux − De l'extrémité Sud-Est de l'île, on découvre le contraste saisissant entre la côte Ouest, rocheuse, d'allure bretonne, et la côte Est, sablonneuse, d'allure vendéenne.

St-Sauveur − Jadis capitale de l'île et résidence du gouverneur, communément appelé « le Bourg », St-Sauveur possède une église romane dont la croisée du transept porte une tour carrée.

Le Futuroscope

Renseignements
pratiques

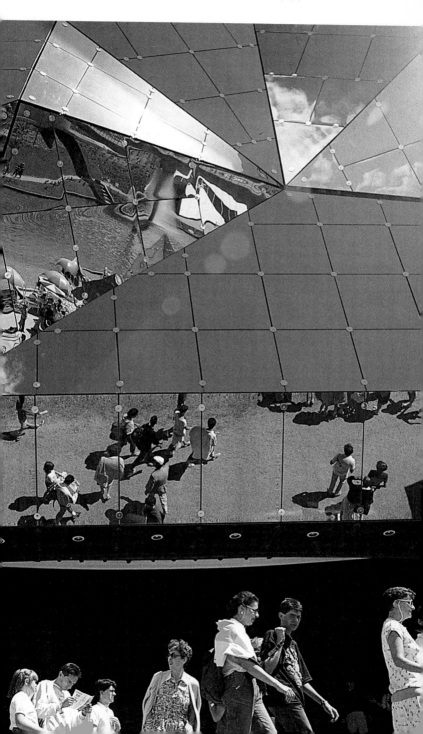

Avant le départ

OÙ SE RENSEIGNER

Offices de tourisme et syndicats d'initiative

La dernière partie de ce chapitre intitulée « Conditions de visite » donne les coordonnées des principaux offices de tourisme et syndicats d'initiative de la région. On s'adresse de préférence à eux, pour obtenir des renseignements plus précis sur une ville, une région, des manifestations touristiques ou des possibilités d'hébergement.

Comités départementaux de tourisme (CDT)

Comité départemental de tourisme de Charente – 27, place Bouillaud, 16021 Angoulême Cedex, ☎ 05 45 69 79 09.

Comité départemental de tourisme de Charente-Maritime – 11 bis, rue des Augustins, BP 1152, 17088 La Rochelle Cedex 02, ☎ 05 46 41 43 33.

Comité départemental de tourisme de Loire-Atlantique – 2, allée Baco, BP 20502, 44000 Nantes, ☎ 02 51 72 95 30.

Comité départemental de tourisme des Deux-Sèvres – 15, rue Thiers, BP 8510, 79024 Niort Cedex 9, ☎ 05 49 77 19 70.

Comité départemental de tourisme de Vendée – 8, place Napoléon, BP 233, 85006 La Roche-sur-Yon Cedex, ☎ 02 51 47 88 22.

Comité départemental de tourisme de la Vienne – 15, rue Carnot, BP 287, 86007 Poitiers Cedex, ☎ 05 49 37 48 48.

Comités régionaux de tourisme (CRT)

Comité régional de tourisme de Poitou-Charentes – 62, rue Jean-Jaurès, BP 56, 86002 Poitiers Cedex, ☎ 05 49 50 10 50.

Comité régional des Pays de la Loire (pour les départements de Loire-Atlantique et de Vendée) – 2, rue de la Loire, Île Beaulieu, 44200 Nantes, ☎ 02 40 48 24 20.

Maison de province

Maison Poitou-Charentes – 68-70, rue du Cherche-Midi, 75006 Paris, ☎ 01 42 22 83 74. Ouverte du lundi au vendredi de 9 h à 18 h 30 ; le samedi de 10 h à 13 h (sauf de mi-juillet à août).
Cet espace offre à la clientèle d'Île-de-France un large choix de documentations touristiques sur les départements suivants : Charente (16), Charente-Maritime (17), Deux-Sèvres (79) et Vienne (86). Des expositions thématiques ou consacrées à des artistes de la région Poitou-Charentes sont proposées aux visiteurs.

TRANSPORTS

Capitale du Poitou, Poitiers constitue un important carrefour routier sur les axes Paris-Espagne (via les régions Centre et Aquitaine) et Bretagne-Languedoc (via les régions Pays de la Loire et Limousin).

Par route

Tourisme-Informations sur Minitel – Consulter le **3615 MICHELIN** : ce serveur vous aide à préparer ou décider du meilleur itinéraire à emprunter en vous communiquant d'utiles informations routières. Consulter la carte Michelin n° 989 (au 1/1 000 000).

Information autoroutière – Du lundi au vendredi : Centre des renseignements autoroutes, 3, rue Edmond-Valentin, 75007 Paris, ☎ 01 47 05 91 01, ou sur Minitel 3615 AUTOROUTE. Consulter l'Atlas autoroutier Michelin n° 914.

Par rail

Le TGV Atlantique permet depuis Paris (gare Montparnasse) de rejoindre Nantes en moins de 2 h. Puis des correspondances sont assurées vers Pornic, St-Gilles-Croix-de-Vie, Les Sables-d'Olonne et La Roche-sur-Yon par le train ; vers Challans et le littoral Nord-vendéen (Noirmoutier, St-Jean-de-Monts, Les Sables-d'Olonne) par la compagnie d'autocars Cap Vendée.
Le TGV Aquitaine permet depuis Paris (gare Montparnasse) ou Bordeaux (gare St-Jean) de rejoindre Châtellerault, Poitiers et Angoulême. Il existe également une ligne Paris-La Rochelle desservant les gares de Châtellerault, Poitiers, St-Maixent, Niort et Surgères.

Renseignements et réservations – Minitel : 3615 SNCF ; ☎ 01 45 82 50 50 (renseignements de 7 h à 23 h) ou 01 45 65 60 60 (réservations, de 8 h à 20 h).

Par air

Aéroport international Nantes Atlantique – Situé au Sud-Ouest de Nantes : Château Bougon, 44340 Bouguenais, ☎ 02 40 84 80 00.

Aéroport de Poitiers Biard – Situé à l'Ouest de Poitiers : 86580 Biard, ☎ 05 49 58 27 96.

Aéroport d'Angoulême Brie-Champniers – Situé au Nord-Est d'Angoulême : 16430 Champniers, ☎ 05 45 69 88 09.

Aéroport La Rochelle-Laleu – Situé au Nord de La Rochelle : 17000 La Rochelle, ☎ 05 46 42 30 26.

Lieux de séjour

La carte des pages 10 et 11 propose une sélection de localités particulièrement adaptées à la villégiature en raison de leurs possibilités d'hébergement, des loisirs qu'elles offrent et de l'agrément de leur site.

La carte fait apparaître des **villes-étapes**, localités de quelque importance possédant de bonnes capacités d'hébergement, et qu'il faut visiter. En plus des **stations balnéaires** et des **stations thermales** sont signalés des **lieux de séjour traditionnels** sélectionnés pour leurs possibilités d'accueil et l'intérêt de leur situation.

Les offices de tourisme et syndicats d'initiative renseignent sur les possibilités d'hébergement (meublés, gîtes ruraux, chambres d'hôtes) autres que les hôtels et terrains de camping, décrits dans les publications Michelin, et sur les activités locales de plein air, les manifestations culturelles, traditionnelles ou sportives de la région.

L'adresse et le numéro de téléphone des plus importants d'entre eux figurent dans la dernière partie de ce volume, au chapitre Conditions de visite.

Les **cartes Michelin au 1/200 000** *(assemblage p. 5)*. Un simple coup d'œil permet d'apprécier le site de la localité. Elles donnent, outre les caractéristiques des routes, les emplacements de baignade en rivière ou en étang, des piscines, des golfs, des hippodromes, des terrains de vol à voile, des aérodromes...

En complément des cartes, un serveur **3615 MICHELIN** permet le calcul d'itinéraires détaillés avec leurs temps de parcours, et bien d'autres services.

HÉBERGEMENT

Guides Michelin

Carnets d'adresses du guide Vert – Dans ce guide, au fil des pages de description des Villes et curiosités, vous trouverez des adresses d'hôtels et de restaurants classés selon trois catégories. La catégorie « Budget » concerne les personnes qui aiment séjourner en hôtel tout en disposant d'un budget réduit. La catégorie « Notre sélection » propose des prix plus élevés mais demeurant raisonnables dans des établissements de plus grand confort. Enfin la catégorie « Option prestige » s'adresse à ceux qui ont envie de s'offrir un séjour exceptionnel dans des hôtels et des restaurants de confort supérieur.

Tous ces établissements ont été sélectionnés avec soin, privilégiant l'originalité du décor, la situation exceptionnelle au cœur de la ville, les pieds dans l'eau ou au pied des pistes de ski... Confort, tranquillité, cuisine de qualité font également partie de nos critères, à l'exemple du guide Rouge Michelin France, dont est d'ailleurs extraite la majorité de ces adresses. Pour vos repas, afin de vous faire découvrir l'immense diversité de la gastronomie de nos provinces françaises, nous avons sélectionné, dans la plupart des cas, des restaurants proposant une cuisine régionale utilisant les produits du terroir. Nous vous souhaitons un bon séjour dans des établissements qui, nous l'espérons, sauront agréablement prolonger votre visite dans la région.

Guide Rouge Michelin France – Mis à jour chaque année, il recommande un large choix d'hôtels et de restaurants établi après visite et enquête sur place. Ils sont classés suivant la nature et le confort de leurs aménagements. Ceux d'entre eux qui sortent de l'ordinaire par l'agrément de leur situation et de leur cadre, par leur tranquillité, leur accueil sont mis en évidence. Le guide signale pour chaque établissement les prix en cours, les cartes de crédit acceptées et les numéros de téléphone et de fax pour réserver, ainsi que l'adresse et le numéro de téléphone de l'Office de tourisme ou du Syndicat d'initiative.

Guide Michelin Camping Caravaning France – Comme son homologue pour les hôtels, le guide Camping Caravaning présente une sélection de terrains et, pour chacun d'eux, il indique l'équipement, les prix et les autres agréments de leur situation.

Hébergement rural

Pour tout savoir sur les chambres d'hôtes, les gîtes, les fermes équestres ou les fermes-auberges, l'accueil d'enfants ou le camping caravaning à la ferme, se renseigner auprès des Chambres d'agriculture régionales ou départementales :

Chambres d'agriculture régionales

Pays de la Loire – 61, avenue Jean-Joxé, BP 325, 49003 Angers Cedex 01, ☎ 02 41 96 76 14.

Poitou-Charentes – Vallée des Touches, 2133 route de Chauvigny, 86550 Mignaloux-Beauvoir, ☎ 05 49 44 74 74.

Chambres d'agriculture départementales

Charente – Ma Campagne, BP 1364, 16016 Angoulême Cedex, ☎ 05 45 24 49 49.

Charente-Maritime – 2, avenue de Fétilly, 17074 La Rochelle Cedex 9, ☎ 05 46 50 45 00.

Loire-Atlantique – Rue de la Géraudière, 44939 Nantes Cedex 09, ☎ 02 40 16 36 36.

Deux-Sèvres – Les Ruralies, BP 4, 79230 Vouillé, ☎ 05 49 77 15 15.

Vendée – 21, boulevard Réaumur, 85013 La Roche-sur-Yon Cedex, ☎ 02 51 36 82 22.

Vienne – Agropole, 2133, route de Chauvigny, 86550 Mignaloux-Beauvoir, ☎ 05 49 44 74 74.

Fédération nationale des gîtes de France – 35, rue Godot-de-Mauroy, 75439 Paris Cedex 9, ☎ 01 49 70 75 75. Cet organisme donne les adresses des relais départementaux et publie des guides sur les différentes possibilités d'hébergement en milieu rural. Renseignements sur Minitel : **3615 GÎTES DE FRANCE**.

Le guide *Bienvenue à la ferme* (Éditions Solar) recense les fermes-auberges, les fermes équestres, les fermes de séjour (6 chambres maximum) et les campings en fermes d'accueil.

Le guide *Vacances et week-ends à la ferme* (Éditions Balland) : 1 000 bonnes adresses, plus de 200 fermes-auberges.

Les randonneurs, cyclotouristes, canoéistes peuvent consulter le guide *Gîtes et refuges, France et frontières*, par A. et S. Mouraret, Éditions la Cadole, 74, rue Albert-Perdreaux, 78140 Vélizy, ☎ 01 34 65 10 40, Minitel : **3615 CADOLE**.

Fédération française des Stations Vertes – Hôtel du département de la Côte-d'Or, BP 598, 21016 Dijon Cedex, ☎ 03 80 43 49 47. Cet organisme édite annuellement un répertoire de localités rurales sélectionnées pour leur tranquillité et les distractions de plein air qu'elles proposent.

Services de Réservation Loisirs-Accueil – Ils proposent des circuits et des forfaits originaux dans une gamme étendue : gîtes ruraux, gîtes d'enfants, chambres d'hôtes, meublés, campings, hôtels de séjour.

Fédération nationale – 280, boulevard St-Germain, 75007 Paris, ☎ 01 44 11 10 44. Elle édite un guide national annuel et, pour certains départements, une brochure détaillée. Sur Minitel **3615 FRANCE 2** (rubrique Tourisme).

Pour une réservation rapide, s'adresser directement au « **Loisirs-Accueil** » du département concerné :

Charente – 27, place Bouillaud, 16021 Angoulême Cedex, ☎ 05 45 69 79 19.

Charente-Maritime – 11 bis, rue des Augustins, BP 1152, 17088 La Rochelle Cedex, ☎ 05 46 41 43 33.

Loire-Atlantique – 2, allée Baco, 44000 Nantes, ☎ 02 40 89 50 77.

Deux-Sèvres – 15, rue Thiers, BP 8510, 79024 Niort Cedex 9, ☎ 05 49 77 19 70.

Vendée – 8, place Napoléon, BP 233, 85006 La Roche-sur-Yon Cedex, ☎ 02 51 62 65 27.

Auberge de jeunesse (AJ)

La carte internationale des AJ (70 F pour les moins de 26 ans, 100 F au-delà) est en vente à la **Ligue française pour les auberges de jeunesse**, 38, boulevard Raspail, 75007 Paris, ☎ 01 45 48 69 84, Minitel : **3615 AUBERGE DE JEUNESSE**.

Tourisme et handicapés

Un certain nombre de curiosités décrites dans ce guide sont accessibles aux handicapés. Elles sont signalées par le symbole &. dans le chapitre des Conditions de visite. Pour de plus amples renseignements au sujet de l'accessibilité des musées aux personnes atteintes de handicaps moteurs ou sensoriels, contacter la Direction des Musées de France, service Accueil des Publics Spécifiques, 6, rue des Pyramides, 75041 Paris Cedex 01, ☎ 01 40 15 35 88.

Le **Guide Rouge Michelin France** et le **Guide Michelin Camping Caravaning France**, révisés chaque année, indiquent respectivement les chambres accessibles aux handicapés physiques et les installations sanitaires aménagées.

3614 HANDITEL (rubrique Vacances), service Minitel du Comité national français de Liaison pour la Réadaptation des Handicapés – 236 bis, rue de Tolbiac, 75013 Paris, ☎ 01 53 80 66 66 –, assure un programme d'information au sujet des transports et des vacances.

Le **Guide Rousseau**, édité par l'Association France « H » – 9, rue Luce-de-Lancival, 77340 Pontault-Combault, ☎ 01 60 28 50 12 –, fournit de judicieuses précisions sur la pratique des loisirs et des sports accessibles aux handicapés.

RESTAURATION

Guide Rouge Michelin France – Il propose une très large sélection de restaurants qui permettront de découvrir et de savourer les meilleures spécialités du Poitou, de Vendée et des Charentes. Dans le guide, lorsque le mot Repas figure en rouge, accompagné du symbole X, il signale à l'attention du gastronome un repas soigné, souvent de type régional, pour un prix particulièrement favorable. Le symbole Y signifie que le restaurant propose un menu simple à prix modéré.

En-cas de bord de mer – L'air marin ouvrant l'appétit, il n'est pas rare que le promeneur sente poindre le fameux petit creux à l'estomac. Après le bol d'air iodé, la dégustation d'une assiette de fruits de mer semble tout indiqué pour reprendre des forces. Des petits bars de pays servent encore, à la bonne franquette, des spécialités de bords de mer accompagnées de beurre charentais et arrosées d'un verre de vin blanc.

Spécialités, artisanat et vignoble

Produits du terroir

Des producteurs fermiers diffusent leurs spécialités en se regroupant en association. Le plus souvent locale; celle-ci sélectionne ses adhérents de façon draconienne, assurant ainsi la promotion de produits de qualité.

Deux-Sèvres

La Ferme des Bois – 79140 Brétignolles, ☎ 05 49 81 12 49.

Les Ruralies – 79230 Prahecq, ☎ 05 49 75 67 30.

Vendée

Vitrine de la Vendée – Aire de la Vendée (A 83), 85210 Ste-Hermine.

Vienne

Maison de pays – Aire de la Briande, 86200 Chalais, ☎ 05 49 98 84 10.

Le vieux Bellefonds – 86210 Bellefonds, ☎ 05 49 85 23 13.

Fait main

Archiac *(Charente-Maritime)* – **Tonnellerie d'art Allary**, ☎ 05 46 49 17 59.

Ile de Ré *(Charente-Maritime)* – **Cristallerie Steiner**, St-Martin, ☎ 05 46 09 42 73.

La Rochelle *(Charente-Maritime)* – **Vent d'Ouest**, maquettes de bateaux, 9, rue Dupaty, ☎ 05 46 50 51 59.

St-Hilaire-de-Villefranche *(Charente-Maritime)* – **Girouettes et enseignes**, ☎ 05 46 95 31 99.

Pornic *(Loire-Atlantique)* – **Faïencerie de Pornic**, chemin du Cracaud, ☎ 02 40 82 01 73.

Nieul-sur-l'Autise *(Vendée)* – **Vannerie du Marais**, place de l'Église, ☎ 02 51 52 49 56.

St-Jean-de-Monts *(Vendée)* – **Demi-coque**, Bertrand, 5, rue de la Foudrière, ☎ 02 51 58 23 38.

Sallertaine *(Vendée)* – **L'île aux artisans** (en saison).

Ligugé *(Vienne)* – **Émaux**, fabriqués par les moines de l'abbaye St-Martin, ☎ 05 49 55 21 12.

Apéritifs, vins et digestifs

Apéritifs

Bise dur, La Chouanette, Rosée des Charentes *(Vendée)* – Société H. Vrignaud, 1, place Richelieu, 85400 Luçon, ☎ 02 51 56 11 49.

Pineau des Charentes – Les adresses des producteurs sont regroupées en fin du livre *Les Chemins du Pineau des Charentes* (Éd. Patrimoines & Médias).

Trouspinette *(Vendée)* – Maison Mourat, La Ferme des Ardillers, 85320 Mareuil-sur-Lay, ☎ 02 51 97 20 10.

Trinquet vendéen *(Vendée)* – C. et I. Cochain, La Rivière, 85160 St-Jean-de-Monts, ☎ 02 51 58 82 40.

Fiefs vendéens – Vins de Mareuil *(Vendée)*.

La Ferme des Ardillers – Maison Mourat, 85320 Mareuil-sur-Lay, ☎ 02 51 97 20 10.

Domaine des Dames – Daniel Gentreau, Follet, 85320 Rosnay, ☎ 02 51 30 55 39.

Muscadet de Sèvre et Maine, Gros Plant, Muscadet *(Loire-Atlantique)*.

Domaine La Roche Renard – I. et P. Denis, Les Laures, 44330 Vallet, ☎ 02 40 36 63 65.

Maison des Vins de Nantes – Bellevue, 44690 La Haye-Fouassière, ☎ 02 40 36 90 10.

Domaine des Herbauges – 44830 Bouaye, ☎ 02 40 65 44 92.

Val de Loire – Vins d'Anjou et vins du Thouarsais *(Deux-Sèvres)*.

Le Logis de Preuil – C. Herpin, 79290 Bouille-St-Paul, ☎ 05 49 67 03 26.

Domaine Gigon – M. Gigon, 79100 Oiron, ☎ 05 49 96 51 36.

Digestifs

Cognac *(Charente)* – Les principales maisons de cognac ouvrent leur cave à la visite, où elles vendent leur production.

Fine Bretagne *(Loire-Atlantique)* – Distillerie Seguin, 10, boulevard St-Rémy, 44270 Machecoul, ☎ 02 40 31 40 50.

Kamok, Liqueur des Vendéens *(Vendée)* – Société H. Vrignaud, 1, place Richelieu, 85400 Luçon, ☎ 02 51 56 11 48.

Détente et nature

LA PÊCHE

En eau douce

La région propose à l'amateur de pêche un riche réseau de rivières et de ruisseaux, les canaux du Marais mouillé et de vastes étangs et plans d'eau *(voir tableau ci-après)*, qui sont classés en deux catégories :

– **eaux à salmonidés** (truite). Classées en 1re catégorie, elles occupent le cours supérieur de rivières importantes.

– **eaux à cyprinidés** (ablette, barbeau, brème, carpe, gardon, tanche). Classées en 2e catégorie, elles occupent les cours moyen et inférieur des rivières.

Réglementation – Quel que soit l'endroit choisi, il convient d'observer la réglementation nationale ou locale, de s'affilier, pour l'année en cours, à une association de pêche et de pisciculture agréée, d'acquitter les taxes afférentes au mode de pêche pratiqué, etc. Pour certains étangs ou lacs, des cartes journalières sont délivrées.

Visite – Pour mieux comprendre l'art de la pêche, Mallièvre *(Vendée)* met à la disposition du public, en bordure de la Sèvre Nantaise, **La vitrine du Pêcheur** (sous la Maison de l'eau).

Fédérations départementales de pêche

Charente – J.-P. Gras, 60, rue du Bourlion, 16160 Gond-Pontouvre, ☎ 05 45 69 33 91.

Charente-Maritime – 43, av. Émile-Normandin, 17000 La Rochelle, ☎ 46 44 11 18. Édite deux topo-guides, *Parcours de pêche en Saintonge* et *La Seugne et ses affluents* (38 F dans les offices de tourisme).

Loire-Atlantique – R. Gascoin, 1, rue Eugène-Varlin, 44100 Nantes, ☎ 02 40 73 62 42.

Deux-Sèvres – R. Cadillon, 33, rue Caluchet, 79000 Niort, ☎ 05 49 09 23 33.

Vendée – M. Bisson, BP 673, 85016 La Roche-sur-Yon Cedex, ☎ 02 51 37 19 05. Édite une carte-dépliant, *La pêche en Vendée.*

Vienne – A. Couraud, 178, rue Guynemer, 86000 Poitiers, ☎ 05 49 37 66 60.

Au niveau national – Une carte-dépliant commentée, *Pêche en France*, est en vente (15 F) auprès du **Conseil supérieur de la pêche**, 134, avenue de Malakoff, 75016 Paris, ☎ 01 45 02 20 20.

En mer

L'étendue des côtes, les baies sinueuses, les îles, les pertuis semblent promettre un champ d'activités sans limite à l'amateur de pêche en mer qui pourra pratiquer à pied, en bateau ou en plongée. Au départ des principaux ports, des sorties avec des pêcheurs professionnels peuvent être organisées à la journée. S'adresser aux offices de tourisme.

Pêche à pied (crevettes)

Réglementation – Si la pêche en mer ne demande pas d'affiliation à une association, le pêcheur individuel se gardera de concurrencer les pêcheurs professionnels et d'enfreindre la réglementation nationale, ainsi que celle propre aux différents quartiers des Affaires Maritimes (Noirmoutier, Yeu, Les Sables-d'Olonne, La Rochelle, Marennes-Oléron).

La pêche à pied peut se pratiquer sans aucune formalité administrative, sauf pour l'usage des filets qui nécessite une autorisation délivrée par les Affaires Maritimes. Il existe toutefois des restrictions locales (date, quantité autorisée par pêcheur) qui diffèrent selon le littoral et selon les zones. Il convient de se renseigner auprès des autorités compétentes et de tenir compte des panneaux législatifs placés à proximité des zones de pêche.

La chasse sous-marine est quant à elle soumise à une réglementation stricte, aussi convient-il de s'informer préalablement auprès du service des Affaires Maritimes.

S. Sauvignier/MICHELIN

Île d'Yeu – Casiers à homards

DÉCOUVRIR LA NATURE

Parc interrégional du Marais poitevin
Centre d'information – Maison des Marais mouillés, 79510 Coulon, ☎ 05 49 35 86 77.

Union nationale des centres permanents d'initiatives pour l'environnement
Ces centres organisent des séjours et des week-ends de sensibilisation à l'environnement naturel, surnommés « Sépia ».
2, rue de Washington, 75008 Paris, ☎ 01 45 63 63 67.

Serveurs Minitel
– 3615 ENVIRONNEMENT
– 3615 NATUR
– 3615 DEVTEL

Respect de la nature: la beauté des itinéraires dans les sites classés dépend aussi de leur propreté.
N'abandonnez surtout pas de détritus (bouteilles ou sacs de plastique, boîtes de conserve, papiers, etc.), remportez-les avec vous.

Loisirs sportifs

SUR LACS ET PLANS D'EAU

Les lacs artificiels (barrages) et les plans d'eau offrent une large gamme de possibilités : voile, planche à voile, motonautisme, ski nautique, etc.

PLANS D'EAU	Dépt.	Superficie (ha)	Baignade	Base	Pêche
Brossac (Étang Vallier)	16	4,5	≋	—	🐟
Pressignac (Barrage de Lavaud)	16	220	≋	—	—
St-Yrieix-sur-Charente (Lac de la Grande Prairie)	16	25	≋	⛵	🐟
Verneuil (Barrage de Lavaud)	16	220	—	⛵	—
Jonzac (Plan d'eau d'Heurtebise)	17	2,5	≋	⛵	🐟
Montendre (Lac Baron Desqueyroux)	17	7,5	≋	⛵	—
St-Jean-d'Angely (Plan d'eau de Bernouet)	17	2,5		⛵	🐟
St-Sornin (Lac de Cadeuil et de la Sablière)	17	20		⛵	—
St-Philbert-de-Grand-Lieu (Lac de)	44	5	≋	⛵	—
Argenton-Château (Lac d'Hautibus)	79	8	≋	—	🐟
Cherveux (Plan d'eau de)	79	6	≋	—	1re Cat.
Prailles (Plan d'eau de Lambon)	79	13	≋	⛵	🐟
Verruyes (Étang du Prieuré St-Martin)	79	7	≋	—	—
Apremont (Lac d')	85	166	≋	⛵	—
Bazoges-en-Pareds (Lac de Rochereau)	85	127	≋	⛵	—
La Guyonnière (Lac de la Chausselière)	85	14	≋	⛵	🐟
Luçon (Lac des Guifettes)	85	42	≋	⛵	—
La Roche-sur-Yon (Lac de Moulin Papon)	85	100	—	⛵	2e Cat.
Xanton-Chassenon (Lac d'Albert)	85	104	≋	⛵	🐟
Ayron (Étang de Fleix)	86	18	≋	⛵	🐟
Champagné-St-Hilaire (Plan d'eau des 3 fontaines)	86	6	≋	—	🐟
Moncontour (Lac du Grand Magne)	86	10	≋	⛵	1re Cat.
Payré (Les îles de)	86	7	≋	—	2e Cat.
St-Cyr (Parc de loisirs)	86	85	≋	⛵	🐟

EN EAUX VIVES

Canoë-kayak

La pratique de cette activité connaît actuellement un succès croissant. Amateur de glisse, d'émotions mais aussi de calme, d'imprévu, les cours d'eau de cette région sont idéals pour s'initier et maîtriser les divers aspects de ces deux disciplines.

Le **canoë** (d'origine canadienne) se manie avec une pagaie simple. C'est l'embarcation pour la promenade fluviale en famille, à la journée, en rayonnant au départ d'une base, ou en randonnée pour la découverte d'une vallée à son rythme.

Le **kayak** (d'origine esquimaude) se déplace avec une pagaie double. Les lacs et les parties basses des cours d'eau offrent un vaste choix de parcours.

Fédération française de canoë-kayak – 87, quai de la Marne, 94344 Joinville-le-Pont, ☎ 01 45 11 08 50, ou sur Minitel 3615 code CANOE PLUS. Avec le concours de l'IGN, la fédération publie une carte de France (905) des cours d'eau praticables.

Ligues régionales

Pays de la Loire – 75, avenue du Lac-de-Maine, 49000 Angers, ☎ 02 41 73 86 10.

Poitou-Charentes – 202, route de Vars, 16160 Gond-Pontouvre, ☎ 05 45 69 32 43.

Pour sortir des eaux calmes des lacs et des marais, où ces disciplines se pratiquent également, le sportif confirmé pourra descendre la Charente, la Graine, la Tardoire (Charente) ou la Sèvre Nantaise (Vendée). Le débutant, quant à lui, pourra développer sa technique sur des parcours offrant peu de difficultés.

Charente – L'Artence, la Bandia, la Charente, le Né, la Tardoire.

Charente-Maritime – La Boutonne, la Charente, la Seudre, la Seugne.

Loire-Atlantique – Le Maine, la Sèvre Nantaise.

Deux-Sèvres – L'Argenton, la Sèvre Niortaise, le Thouet.

Vendée – La Boulogne, le Lay, la Vie.

Vienne – L'Anglin, la Charente, le Clain, la Creuse, la Gartempe, la Vienne, la Vonne.

EN MER

Toutes les activités pratiquées sur « la grande bleue » demandent une très grande vigilance de la part du pratiquant qui doit respecter les règles élémentaires de sécurité, surtout si sa discipline ne requiert pas de permis maritime. Avant toute sortie en mer, il est indispensable de prendre connaissance de la réglementation des plages, de l'orientation du vent et de sa force, ainsi que des prévisions météorologiques *(voir ci-après)*. Pendant la saison, la plupart des postes de secours affichent ces précieux renseignements ainsi que la température de l'eau.

Les principaux ports pouvant accueillir les bateaux de plaisance, à voile ou à moteur, figurent sur la carte des lieux de séjour *(p. 10 et 11)*.
Ils ont été sélectionnés pour leur nombre de places important et les services dispensés : carburant, eau douce et électricité à quai, sanitaires et douches, manutention par grue ou élévateur, réparation, gardiennage.
Pour les amateurs de croisières, il est possible de louer des bateaux, avec ou sans équipage.

Voile

De nombreux clubs proposent l'enseignement de la voile sur Optimist (voilier pour enfant), dériveur (monocoque) ou catamaran (double coque), et pratiquent également la location de bateaux à l'heure ou à la demi-journée *(s'adresser à l'Office du tourisme de la station balnéaire)*.
Dans les grandes stations, des régates sont organisées tout au long de la saison.

Fédération française de Voile – 55, avenue Kléber, 75784 Paris Cedex 16, ☎ 44 05 81 00. Minitel 3615 FFV.

Stations-Voile – La Fédération française de Voile (FFV) attribue le label Station-Voile aux pays côtiers, aux stations touristiques ou aux ports qui s'engagent à offrir les meilleures conditions pour pratiquer l'ensemble des activités nautiques. **France-Station-Voile**, La Corderie royale, BP 108, 17303 Rochefort Cedex, ☎ 05 46 82 07 47.

Ligues régionales de voile

Pays de la Loire – Guy Mabo, 44, rue Romain-Rolland, BP 90312, 44103 Nantes Cedex 04, ☎ 02 40 58 61 23.

Poitou-Charentes – J.-L. Staub, môle central des Minimes, avenue de la Capitainerie, 17042 La Rochelle Cedex 01, ☎ 05 46 44 58 31.

Comités départementaux de voile

Charente-Maritime – C. Peudupin, avenue de la Capitainerie, 17042 La Rochelle Cedex 01, ☎ 05 46 34 67 83.

Loire-Atlantique – Maison des sports, 44, rue Romain-Rolland, BP 90312, 44103 Nantes Cedex 04, ☎ 02 40 58 61 34.

Vendée – 202, boulevard A.-Briand, 85000 La Roche-sur-Yon, ☎ 02 51 44 27 20.

Motonautisme

Se conformer aux règles de circulation et de signalisation en usage. Respecter les limitations de vitesse à l'approche des ports et des plages. Le permis de conduire (carte mer) est obligatoire pour piloter, de jour et jusqu'à 5 milles des côtes, un bateau équipé d'un moteur de 6 à 50 CV.

Sports de glisse

Kayak de mer et kayak de surf (wave ski) – Ces deux disciplines sont regroupées au sein de la Fédération française de canoë-kayak *(voir ci-avant)*.

Planche à voile – Inventée au début des années 60 sur la côte Ouest des États-Unis, cette discipline s'est développée sur le littoral français au début des années 80. Son évolution fut spectaculaire et, grâce à de nouvelles techniques de fabrication, sa forme s'allongea, son poids et sa dimension diminuèrent pour laisser place à une planche maniable prête à affronter les vagues. La pratique de la planche à voile est réglementée sur les plages : s'adresser aux clubs de voile. Sur toutes les grandes plages, locations de planches (à l'heure ou à la demi-journée).
Ce sport est affilié à la FFV *(voir ci-avant)*.

Ski nautique – Plutôt pratiqué sur les étendues d'eau douce, ce sport se rencontre également en saison sur le littoral, notamment à St-Gilles-Croix-de-Vie, aux Sables-d'Olonne et à Royan *(se renseigner auprès des offices de tourisme)*.

Fédération française de ski nautique – 16, rue Clément-Marot, 75008 Paris.

Surf et bodysurf – Le bodysurf (Royan, Les Sables-d'Olonne) consiste à prendre la vague déferlante, allongé sur la planche, en s'aidant éventuellement de palmes. Dans la région, ces deux disciplines se pratiquent essentiellement lors de grandes marées. Les quelques « spots » (plages spécifiques au surf) se trouvent dans le Sud de la Vendée et en Charente-Maritime, et permettent l'initiation de la prise de la vague.

Scooter des mers – Le pilotage de ces jets motorisés de 300 à 750 cm^3 demande une très grande vigilance. Les pratiquants les plus chevronnés peuvent exécuter de spectaculaires figures. En saison, nombre de communes interdisent l'accès de leurs plages à ces engins.

Sous l'eau

Plongée sous-marine – Ce sport, qui nécessite une bonne forme physique, attire nombre d'amateurs désireux de rentrer dans une autre dimension pour découvrir la faune et la flore aquatiques. La région possède avec l'île d'Yeu un site idéal pour la pratique de ce sport (criques limpides, poissons et crustacés).

Comité interrégional Bretagne-Pays de la Loire de la Fédération française d'Études Sous-Marines – 39, rue de la Villeneuve, 56100 Lorient, ☎ 02 97 37 51 51.

BORD DE MER

Char à voile et speed sail

Ces disciplines (réglementées en saison) se pratiquent à marée basse quand la mer se retire et laisse une large surface de sable mouillé. Les plages du littoral vendéen et du Sud charentais, vastes et planes, sont particulièrement adaptées à ces engins sur roues se déplaçant trois fois plus vite que le vent.

S. Sauvignier/MICHELIN

Puys de Monts – Chars à voile

Char à voile – Engin à trois roues mû par la seule force du vent, il existe en 4 versions : le débutant fera son apprentissage sur un Mini 4, puis évoluera sur une classe 5 ; le pratiquant chevronné pourra piloter une classe 2 (tend à disparaître) ou une classe 3, véritable Formule 1 à voile qui peut atteindre les 120 km/h (le record du monde est de 155,55 km/h). Dans toutes les versions, le port du casque est obligatoire.

Speed sail – Né à la fin des années 70 de l'imagination d'Arnaud de Rosnay (disparu en mer en 1984), cet engin hybride est composé d'une sorte de gigantesque skate-board (planche à roulettes) et d'un gréement de planche à voile. Piloté debout, le speed sail est un char à voile de classe 7 et peut atteindre les 60 km/h. Montée sur des axes oscillants (trucks), la planche doit être souple sous les pieds du pratiquant, qui en appuyant sur ses pointes fera accélérer l'engin, ou au contraire le freinera s'il appuie sur les talons.

Ligues départementales

Pays de la Loire – 27, avenue Chanzy, 44380 Pornichet, ☎ 02 40 61 83 73.
La Vendée compte 6 clubs, de La Barre-de-Monts aux Sables-d'Olonne (N.-D.-de-Monts étant le Centre régional).

Sud-Ouest – BP 22, 33780 Soulac-sur-Mer, ☎ 05 56 73 62 16.
La Charente-Maritime compte 2 clubs (Marennes et St-Georges-de-Didonne).

Fédération française de Char à Voile – Z.I. de la Vignogne, BP 165, 62605 Berck-sur-Mer Cedex, ☎ 03 21 84 27 69.

Cerf-volant

À l'origine objet de culte dans les pays asiatiques, permettant au disciple de communier avec les dieux, le cerf-volant s'est imposé, aujourd'hui, comme un véritable sport sur les plages du littoral. Des magasins spécialisés proposent des stages d'initiation ou de perfectionnement au pilotage. Pratiquée à marée basse, cette activité n'est pas autorisée, en saison, sur les plages de certaines communes (se renseigner).

Commission nationale de cerf-volant – 4, rue de Suisse, 06000 Nice, ☎ 04 93 88 62 89.

LA MÉTÉO MARINE

Le service Météo France a mis en place un système de répondeurs téléphoniques :

Pour le bord de mer – ☎ 08 36 68 08 suivi du numéro du département recherché. Exemple d'application pour la Vendée : 08 36 68 08 85.

Pour les informations localisées – ☎ 08 36 68 02 suivi du numéro du département recherché. Exemple d'application pour la Charente-Maritime : 08 36 68 02 17.

Pour les zones du large – Situation et évolution, prévisions pour les 5 jours à venir, ☎ 08 36 68 08 08.

ÉCHELLE ANÉMOMÉTRIQUE DE BEAUFORT						
FORCE	APPELLATION	VITESSE[1] DU VENT		POINTS DE REPÈRE		TERMES DESCRIPTIFS
		nœud	km/h	à Terre	en Mer	
0	Calme	1	1	La fumée monte toute droite	La mer est d'huile	Calme
1	Très légère brise	1 à 3	1 à 5	La fumée est dérivée	Petites rides	Ridée
2	Légère brise	4 à 6	6 à 11	Le feuillage frémit	Vaguelettes courtes	Belle
3	Petite brise	7 à 10	12 à 19	Le feuillage est constamment agité	Petites vagues, quelques moutons	Peu agitée
4	Jolie brise	11 à 16	20 à 28	Sable et poussière s'envolent	Vagues plus longues, moutons	Agitée
5	Bonne brise	17 à 21	29 à 38	Les arbustes se balancent	Vagues allongées, nombreux moutons	Forte
6	Vent frais	22 à 27	39 à 49	Les fils électriques sifflent	Embruns, lames, écume	Très forte
7	Grand frais	28 à 33	50 à 61	Les arbres sont agités, la marche est pénible	L'écume est soufflée en traînées	Grosse
8	Coup de vent	34 à 40	62 à 74	Marche contre le vent impossible	Vagues de plus de 6 m	Très grosse
9	Fort coup de vent	41 à 47	75 à 88	Dégâts sur les constructions	Grosses lames, visibilité réduite	Énorme
10	Tempête	48 à 55	89 à 102	Arbres déracinés	Déferlement en rouleaux	
11	Violente tempête	56 à 63	103 à 117	Très gros dégâts	Vagues énormes, mer recouverte d'écume	
12	Ouragan	64 et plus	118 et plus	Rarissime dans les terres	Visibilité quasi nulle	

(1) Les vitesses se rapportent au vent moyen et non aux rafales qui peuvent atteindre des vitesses bien supérieures.

LA RANDONNÉE CYCLISTE

C'est le pays de la petite reine ; grâce à un relief peu accidenté, les plaines du Poitou, les coteaux du vignoble des Charentes et du pays Nantais, les forêts, les marais, les rivages charentais et vendéens sont autant de terrains accessibles à tous. Avec La Rochelle comme capitale du vélo, la Charente-Maritime continue de développer ses réseaux de pistes cyclables, notamment dans les îles.

Fédération française de cyclotourisme – 8, rue Jean-Marie-Jégo, 75013 Paris, ☎ 01 44 16 88 88 ou Minitel 3615 FFCT.

Ligues régionales de cyclotourisme

Pays de la Loire – 6, allée des Tilleuls, 49360 Toutlemonde, ☎ 02 41 55 06 37.

Poitou-Charentes – 11, rue du Dr-A.-Schweitzer, 79100 Thouars, ☎ 05 49 68 00 61.

Comités départementaux de cyclotourisme

Charente – La Combe, route du Mas, 16710 St-Yrieix, ☎ 05 45 68 31 48.

Charente-Maritime – 5, lotissement du Champ-du-Bourg, 17620 Champagne.

Loire-Atlantique – 32, rue d'Aquitaine, 44115 Basse-Goulaine, ☎ 02 40 06 06 83.

Deux-Sèvres – Bel Air, 79500 Paizay-le-Tort, ☎ 05 49 27 12 39.

Vendée – 11, rue du Stade, 85280 La Ferrière, ☎ 02 51 98 43 38.

Vienne – 12, rue Ste-Bernadette, 86000 Poitiers, ☎ 05 49 55 32 78.

Le VTT

L'évolution technique du vélo a déclenché, depuis les années 90, le phénomène VTT (Vélo Tout Terrain). Née en Californie, cette génération de vélos franchit l'Atlantique, après treize ans de pratique, pour faire son apparition en France en 1983. Initialement conçu pour la descente, le VTT touche aujourd'hui un large public, roulant désormais sur l'asphalte. Ce sport rassemble de nombreux compétiteurs se divisant en quatre disciplines : descente, cross-country, rallye, trial.

Quelques circuits balisés ont été mis en place, notamment près du lac de Moncontour (Vienne) et au Sud de Royan, où les sentiers proposés varient en distance, permettant à chacun de partir pour quelques heures ou pour la journée.

Pour parcourir en toute tranquillité la **Haute-Saintonge**, un topo-guide de 32 circuits mixtes et un rando-guide de 18 circuits spécifiques VTT ont été réalisés par le CDC Ils sont en vente (50 F) dans les offices de tourisme ou auprès du CDC Haute-Saintonge, BP 9, Mairie, 17501 Jonzac, ☎ 46 48 12 11.

Fédération française de cyclisme – 5, rue de Rome, 93561 Rosny-sous-Bois, ☎ 01 49 35 69 45. Publie le *Guide des centres VTT* et s'occupe de la compétition, serveur Minitel : 3615 FFC ou 3615 Centres VTT.

LA RANDONNÉE ÉQUESTRE

La région dispose de centaines de kilomètres d'itinéraires équestres disséminés à travers les forêts, le bocage, et le long des côtes.

Fédération française d'équitation – 30, avenue d'Iéna, 75116 Paris, ☎ 01 53 67 43 00.

Délégation nationale du tourisme équestre (DNTE) – 30, avenue d'Iéna, 75116 Paris, ☎ 01 53 67 44 44. Édite un guide, *Tourisme et loisirs équestres en France* (50 F), répertoriant, région par région, les centres équestres dûment patentés, et énumérant leurs activités.

Association régionale de tourisme équestre de Poitou-Charentes (ARTE) – J.-G. Mercier, 2, rue du Puits, 17330 Villeneuve-la-Comtesse, ☎ 05 46 24 60 87.

Comités départementaux de tourisme équestre (CDTE)

Charente – C. Indaud, chemin de La Pallue, 16440 Nersac, ☎ 05 45 90 54 84.

Charente-Maritime – Gîte de Cresson, 17380 Puy-du-Lac, ☎ 05 46 33 34 63.

Loire-Atlantique – H. Ménager, Le Clos de la Vigne, 44460 Fégréac, ☎ 02 40 91 21 47.

Deux-Sèvres – J.-G. Mercier, 2, rue du Puits, 17330 Villeneuve-la-Comtesse, ☎ 05 46 24 60 87. Par l'intermédiaire de sa section « Deux-Sèvres en selle », ce comité anime 30 relais, reliés entre eux par un circuit de 1 200 km de chemins balisés.

Vendée – J. Marquis, 8, rue de la Liberté, 85460 La Faute-sur-Mer, ☎ 02 51 97 06 44.

Vienne – J.-R. Ferru, La Poimière, 86480 Rouillé, ☎ 05 49 58 13 83.

Location de roulottes – Ce moyen de transport original permet aux amateurs de nature de pouvoir découvrir une région au rythme de la foulée du cheval (4 km/h), en empruntant des voies secondaires. La vie de nomade peut durer de 2 à 7 jours suivant le type de circuit organisé par le loueur. Cette formule qui fait la joie des enfants est particulièrement adaptée pour la découverte du Marais poitevin (départ de Damvix).

Roulottes du Marais poitevin – Se renseigner à la mairie de Damvix (Vendée), ☎ 02 51 87 14 20.

LA RANDONNÉE PÉDESTRE

Des sentiers de **Grande Randonnée (GR)**, jalonnés de traits rouges et blancs horizontaux, permettent de découvrir la diversité des paysages de la région. Des topo-guides en donnent le tracé détaillé et procurent d'indispensables conseils aux randonneurs ; renseignements sur le serveur Minitel : 3615 RANDO.

GR 4 – Il parcourt les Charentes depuis Angoulême, longe l'océan et traverse la forêt de la Coubre jusqu'à Royan.

GR 36 – Depuis Thouars, il traverse les Deux-Sèvres, les forêts de Chizé et d'Aulnay avant de se diriger vers La Rochefoucauld et Angoulême.

GR 360 – Il décrit une boucle parmi les églises romanes saintongeaises.

GR 364 – Il part de Vivonne (Vienne) pour atteindre la mer près d'Olonne-sur-Mer (Vendée).

Les sentiers de **Petite Randonnée (PR)** sont destinés aux marcheurs d'un jour. Au départ des circuits, des balisages de couleur indiquent la durée de la promenade :

Bleu – Jusqu'à 2 h.

Jaune – De 2 h 15 à 3 h 45.

Vert – De 4 h à 6 h.

Fédération française de la randonnée pédestre – 14, rue Riquet, 75019 Paris, ☎ 01 44 89 93 93.

Comité national des sentiers de Grande Randonnée – 64, rue de Gergovie, 75014 Paris, ☎ 01 45 45 31 02. Cette fédération édite des topo-guides et un guide annuel, *Rando guide*.

Comités régionaux de la randonnée pédestre

Pays de la Loire – 2, rue de Strasbourg, 44000 Nantes.

Poitou-Charentes – 22, place Charles-de-Gaulle, 86000 Poitiers.

Comités départementaux de la randonnée pédestre

Charente – 22, boulevard de Bury, 16000 Angoulême, ☎ 05 45 38 94 48.

Charente-Maritime – L'Aubrée, 17350 Taillant, ☎ 05 46 90 16 45.

Les Foulées du Gois

G. Beauvais/Les Amis du Gois

Loire-Atlantique – 2, rue de Strasbourg, 44000 Nantes, ☎ 02 51 88 95 40.

Deux-Sèvres – 31, rue Romaine, 79370 Celles-sur-Belle, ☎ 05 49 79 91 73.

Vendée – Maison de la randonnée, Cité de la Vigne aux Roses, 85000 La Roche-sur-Yon, ☎ 02 51 05 37 05.

Vienne – 22, place du Général-de-Gaulle, 86000 Poitiers, ☎ 05 49 47 86 01.

AUTRE ACTIVITÉ

Golf – Les amateurs de ce sport consulteront la carte *Golf, les parcours français*, établie à partir de la **carte Michelin 989**.

Éditions Plein-Sud – 46, avenue Aristide-Briand, 92300 Levallois-Perret, ☎ 01 47 48 03 03.

Voyages à thème

CASINOS

L'arrivée récente des machines à sous dans les nombreux casinos du littoral attire une nouvelle clientèle désireuse de décrocher le fameux Jackpot (alignement de trois signes identiques).

Charente-Maritime – Châtelaillon, Fouras, La Rochelle, Royan-Pontaillac.

Loire-Atlantique – Pornic, St-Brévin.

Vendée – La Faute-sur-Mer, Les Sables d'Olonne (2), St-Jean-de-Monts, St-Gilles-Croix-de-Vie.

CROISIÈRES FLUVIALES

La région possède deux voies navigables : la **Charente**, d'Angoulême à Rochefort (170 km), et la **Sèvre Niortaise**, de Niort à Marans (90 km).

Location de bateaux habitables – D'une durée d'un week-end à une semaine, voire plus, la location s'effectue sans pilote accompagnateur. Aucun permis n'est exigé, mais le barreur doit être majeur ; une leçon théorique et pratique est donnée à bord avant le début de la croisière. Le respect des limitation de vitesse, la prudence et les conseils du loueur, en particulier pour passer les écluses et accoster, suffisent pour manœuvrer ce type de bateau. Le prix moyen de la location varie selon la saison, mais il faut compter un budget de 6 000 F pour une semaine.

La **Maison Poitou-Charentes** (Paris) édite une brochure consacrée au « Tourisme Fluvial ». Les Éditions **Grafocarte** (Issy-les-Moulineaux) publient un guide concernant la navigation sur la Charente.

Aunis Fluvial – BP 1, 17350 Port-d'Envaux, ☎ 05 46 91 76 60.

Charente Croisières – Bases de Chaniers et de Fléac, rue de l'Écluse, 16730 Fléac, ☎ 05 45 91 38 18.

Crown Blue Line – Base de départ Jarnac, rue Port-Gros-Jean, 16200 Jarnac, ☎ 05 45 36 59 98.

Nicols – Base de Sireuil, route du Puy-St-Bonnet, 49300 Cholet, ☎ 02 41 56 46 56.

Saintonge Rivières – Île de la Grenouillette, BP 55, 17413 St-Jean-d'Angély, ☎ 05 46 90 35 49.

CROISIÈRES MARITIMES *Voir page 11.*

ROUTES HISTORIQUES

Pays de la Loire
Route du vignoble en Val de Loire

Route du patrimoine culturel québécois

Route « circuit Sud-Vendéen »

Poitou-Charentes
Route des abbayes et monuments du Haut-Poitou

Route du patrimoine culturel québécois

Route des Plantagenêts

Route des trésors de Saintonge.

THALASSOTHÉRAPIE

Les grandes stations balnéaires de la région se sont équipées d'instituts de thalasso-thérapie performants, permettant aux curistes et aux citadins stressés de retrouver la forme, grâce aux vertus de l'eau de mer, des algues et du microclimat régnant sur le littoral. Généralement installés au sein d'un complexe hôtelier, ces centres accueillent également les non-pensionnaires pour des soins en cures simples (compter en moyenne 450 F par jour).

Charente-Maritime
Châtelaillon – Centre Gitaform Océan La Rochelle Sud, la Falaise, 17340 Châtelaillon-Plage, ☎ 05 46 56 17 17.

Île d'Oléron – Thalassa Oléron, 1, plage de Gatseau, 17370 St-Trojan-les-Bains, ☎ 05 46 76 02 46.

Île de Ré – Le Richelieu, 44, avenue de la Plage, 17630 La Flotte-en-Ré, ☎ 05 46 09 60 70; Atalante-Neptune, Port Notre-Dame, 17740 Ste-Marie-de-Ré, ☎ 05 46 30 21 22.

Royan – Institut de Thalassothérapie Cap Royan, Fort du Chay, BP 83, 17204 Royan Cedex, ☎ 05 46 39 96 96.

Loire-Atlantique
Pornic – Centre de Thalassothérapie Alliance Phytomer, hôtel Alliance, plage de la Source, 44210 Pornic, ☎ 02 40 82 21 21.

Vendée
Les Sables-d'Olonne – Thalassa Les Sables-d'Olonne, hôtel Mercure, Lac de Tanchet, 85100 Les Sables-d'Olonne, ☎ 02 51 21 77 77.

St-Jean-de-Monts – Thermes Marins, hôtel Mercure, le Sloï, BP 425, avenue des Pays-de-Monts, 85164 St-Jean-de-Monts Cedex, ☎ 02 51 59 18 18.

TRAINS TOURISTIQUES

Plusieurs chemins de fer touristiques permettent d'effectuer d'agréables excursions à travers champs, bois ou marais, dans des wagons surannés tractés souvent par de pittoresques locomotives à vapeur. Dans la région 4 lignes sont en service : Les Herbiers/Mortagne (Vendée) ; St-Trojan-les-Bains/La Côte Sauvage (Île d'Oléron) ; Saujon/La Tremblade (Charente-Maritime) ; Richelieu/Chinon (Indre-et-Loire). Pour plus de renseignements, consulter la nomenclature en s'aidant de l'index, puis se reporter aux *Conditions de visite.*

Chemin de fer de la Vendée

Livres, CD et films

Ouvrages généraux - Tourisme

Angoulême, par M. Ortiz ; **Châtellerault**, par M. Renouard ; **L'île d'Aix**, par J.-P. Bosc ; **L'île d'Oléron**, par C. Esquines et J.-L. Labour ; **L'île de Ré**, par N. Vray *(Éditions Ouest-France)*.

Aunis Saintonge, Charente, Haut-Poitou, Vendée *(Bonneton)*.

L'île d'Yeu, par Maurice Esseul *(Éd. du Vieux Chouan)*.

Loisirs sportifs

Balades à vélo en Loire-Atlantique *(Éditions Ouest-France)*.

Île de Ré, promenades à bicyclette et à pied, par J.-P. Rault *(Éditions C.M.D.)*.

Pays du Bocage Bressuirais-Pays Thouarsais, Pays de Gâtine et **Tour du Pays Mellois** : itinéraires de randonnées pédestres, équestres et VTT en Deux-Sèvres *(Comité départemental de la randonnée pédestre)*.

Poitou-Charentes (du Val de Loire au Marais Poitevin), ainsi que d'autres topo-guides sur la Charente-Maritime et ses îles *(Fédération française de la randonnée pédestre)*.

Histoire - Civilisation

De châteaux en logis, itinéraires des familles de la Vendée (7 tomes), par Guy de Raignac *(Éd. de Bonnefonds)*.

1793 L'insurrection vendéenne, par M. Ragon *(Albin Michel)*.

Histoire de la Vendée, par Armel de Wismes *(France-Empire)*.

Les Lucs, la Vendée, la terreur et la mémoire, par Pierre Marambaud *(L'Étrave)*.

La Préhistoire du Poitou, par Roger Joussaume *(Ouest-France)*

Saintes antique, par L. Maurin et M. Thauré *(Guides archéologiques de la France)*.

Sanxay, sanctuaraire gallo-romain, par P. Aupert *(Guides archéologiques de la France)*.

Sur les traces de Charette, par Alain Gérard ; **Sur les traces de Gilles de Rais**, par O. Blanchard et A. Gérard *(L'Étrave)*.

Vie rurale et traditions populaires

Les Bourrines du marais breton, par Gilles Perraudeau *(Séquences)*.

Compère Guillery, par J. Lavallée *(Geste Éditions)*.

Dictionnaire du français régional de Poitou-Charentes et Vendée, par P. Réseau *(Bonneton)*.

L'Énigme de la Pierre Branlante et autres contes et légendes de l'île d'Yeu, par Y. Logé et J.-O. Héron *(L'Étrave)*.

Architecture - Art - Photographie

Bastions de la mer (Les fortifications de la Charente-Maritime), par Nicolas Faucherre *(Éditions Patrimoines & Médias)*.

Châteaux, manoirs et logis (collection) : **la Charente, la Charente-Maritime, les Deux-Sèvres** et **la Vienne**, par l'Association Promotion Patrimoine *(Éditions Patrimoines & Médias)*.

Cordouan, Les Baleines, Chassiron (Les trois plus anciens phares de France, par R. Faille *(Éditions Patrimoines & Médias)*.

Haut-Poitou roman, par Raymond Ourcel ; **Saintonge romane**, par F. Eygun et P. Dupont ; **Vendée romane-Bas-Poitou roman**, par M. Dillange *(Zodiaque)*.

Le Mobilier régional (Vendée, Poitou-Charentes), par G. Aubisse *(Geste Éditions)*.

Les Côtes atlantiques vues du ciel, par Y. Arthus-Bertrand et G. Guicheteau *(Chêne)*.

Gens de mer, Gens du Marais, par G. Rabiller.

Le Marais Poitevin, par T. Guinhut *(Casterman)*.

Noirmoutier, île atlantique, par J. et M. Thiery *(L'Étrave)*.

Plein ciel sur les châteaux de Vendée, par J. Rouillé *(Éd. du Vieux Chouan)*.

Gastronomie - Nature

Dictionnaire de la cuisine de Poitou-Charentes et Vendée, par I. Rouyer *(Bonneton)*.

Les chemins du Pineau des Charentes, par M. Ortiz et M. Garnier *(Éditions Patrimoines & Médias)*.

Meilleures recettes de coquillages et crustacés, par R. Charlon *(Éditions Ouest-France)*.

Les recettes des bords de mer au fil des saisons *(Éd. du Vieux Chouan)*.

Produits du terroir & recettes traditionnelles de Vendée *(L'Étrave)*.

Vignes et vignerons de Vendée, par J. Huguet et G. Rabiller *(L'Étrave)*.

La côte atlantique, entre Loire et Gironde (Vendée, Aunis, Saintonge), par M. Bournérias, C. Pomerol et Y. Turquier *(Delachaux & Niestlé)*.

Comprendre les marées, par O. Guérin *(Éditions Ouest-France)*.

La Nature dans le Marais poitevin, J.-L. Eulin et E. Rousseau *(Éditions Ouest-France)*.

Littérature

L'Accent de ma mère, par Michel Ragon (*collection « Terre humaine », Plon et Livre de Poche*).

Le Cocher de Boiroux, par Michel Ragon (*Albin Michel et Livre de Poche*).

Double crime aux Sables d'Olonne, par Didier Gallot (*L'Étrave*).

La Fille du Saulnier, Hortense Dufour (*Grasset*).

Maigret a peur, par Georges Simenon (*Presses de la Cité*).

Les Mouchoirs rouges de Cholet et **la Louve de Mervent**, par Michel Ragon (*Albin Michel et Livre de Poche*).

Les Pêches de Vigne, par Yves Viollier (*Robert Laffont*).

Le Roman d'un enfant, par Pierre Loti (*Flammarion*).

Tobie des Marais, par Sylvie Germain (*Gallimard*).

La Terre qui meurt, par René Bazin (*Pocket*).

Le Voyageur de la Toussaint, par Georges Simenon (*Gallimard*).

BD

Barbe-Bleue (Les aventures de Jhen), par J. Martin (*Casterman*).

Mythes et légendes de Pougne-Hérisson, par Y. Jaulin et L. Bannes (*Geste Éditions*).

Le Ponton (Les passagers du vent, tome 2), par F. Bourgeon (*Glénat*).

La Saison des anguilles, par D. Lapière et P. Bailly (*collection « Long-Courrier », Dargaud*).

Le Trésor du Vendéen (Les aventures de César), par Pibuc et Elbée (*La Lorampière*).

Yeu existe! Yeu l'ai rencontrée!, par D. Rocher (*Oya Nouvelles*).

Trois petites notes de musique...

Trousse-chemise, de Charles Aznavour.

Pougne-Hérisson et **La vie des roses**, de Yannick Jaulin (*Mélodie*).

Le coq et la pendule, de Claude Nougaro.

La symphonie de l'Île d'Yeu (*Oya*).

On a tourné

À Saujon (*Charente-Maritime*) : **Fièvres...** (1941) de J. Delannoy, avec J. Delubac, T. Rossi et M. Sologne.

Aux Sables-d'Olonne (*Vendée*) : **Les vieux de la vieille** (1960) de G. Grangier, avec P. Fresnay, J. Gabin et Noël-Noël.

Sur l'Île de Ré (*Charente-Maritime*) : **Le jour le plus long** (1962) de D. Zanuck, avec H. Fonda, R. Mitchum, J. Wayne.

À Rochefort (*Charente-Maritime*) : **Les demoiselles de Rochefort** (1966) de J. Demy, avec C. Deneuve, F. Dorléac, G. Kelly et M. Piccoli.

Au Fort Boyard (*Charente-Maritime*) : **Les aventuriers** (1967) de R. Enrico, avec A. Delon et L. Ventura

À Angoulême et Cognac (*Charente*) : **Un si joli village** (1978) d'É. Périer, avec J. Carmet, V. Lanoux et V. Mairesse.

À La Rochelle (*Charente-Maritime*) : **Les fantômes du chapelier** (1982) de C. Chabrol, avec C. Aznavour, M. Chaumette et M. Serrault.

À Angoulême (*Charente*) : **Blanche et Marie** (1984) de J. Renard, avec S. Bonnaire et Miou-Miou.

À Rouans (*Loire-Atlantique*) : **Le grand chemin** (1986) de J.-L. Hubert, avec Anémone et R. Bohringer.

À Loudun (*Vienne*) : **L'affaire Marie Besnard** (1986), téléfilm de Y.-A. Hubert, avec A. Sapritch.

À Royan (*Charente-Maritime*) : **Noyade interdite** (1987) de P. Granier-Deferre, avec S. Flon, Ph. Noiret et S. Sandrelli.

Sur l'Île d'Yeu (*Vendée*) : **La révolte des enfants** (1991) de G. Poitou-Weber, avec M. Aumont.

À Rochefort (*Charente-Maritime*) : **Les demoiselles ont 25 ans** (1992) d'A. Varda avec C. Deneuve et M. Bodard.

À St-Juire-Champgillon (*Vendée*) : **L'arbre, le maire et la médiathèque** (1993) d'É. Rohmer, avec A. Dombasle et F. Luchini.

Principales manifestations

Celles-ci ayant des dates variables suivant les années, il est préférable de se renseigner auprès des organisateurs ou des offices de tourisme avant de s'y rendre.

FESTIVALS

Janvier
Angoulême . . . . Salon international de la bande dessinée (en fin de mois, du jeudi au dimanche), ☎ 05 45 97 86 55.

Mars
La Rochelle . . . . Festival du film de voile « Images de la mer » (en fin de mois, du jeudi au dimanche), ☎ 05 46 44 46 39.

Avril
Cognac . . . . Festival international du film policier (en fin de mois, du jeudi au dimanche) ☎ 05 45 82 10 71.

Poitiers . . . . Le Printemps musical (dernière semaine du mois), ☎ 05 49 41 21 24.

Mai-juin
Angoulême . . . . Festival des musiques métisses (du mercredi au dimanche), ☎ 05 45 93 10 00.

Melle . . . . Festival de musique de St-Savinien, classique (2e quinzaine de mai à début juin), ☎ 05 49 29 08 23.

St-Gilles-Croix-de-Vie . . . . . Festival international de jazz (du vendredi au dimanche de Pentecôte), ☎ 02 51 55 03 66.

Juin-juillet
La Rochelle . . . . Festival international du film (fin juin à début juillet), ☎ 05 48 06 16 66.

Les Francofolies de La Rochelle – Ambiance de scène

Juillet
Parthenay . . . . Festival Ludique International (du 1er au 3e week-end du mois), ☎ 05 49 95 24 20.

Parthenay et environs . . . . . Jazz au fil de l'eau (2e semaine du mois), ☎ 05 49 64 24 24.

La Rochelle . . . . Les Francofolies, Festival de l'Atlantique (autour du 14 juillet).

St-Maixent-l'École . . . . Rencontres internationales folkloriques enfantines (2e semaine du mois), ☎ 05 49 79 13 77.

Saintes . . . . Les Académies musicales de l'abbaye aux Dames (1ère quinzaine du mois), ☎ 05 46 95 94 50.

Saintes . . . . Festival international de folklore, les Jeux santons (2e et 3e semaine du mois), ☏ 05 46 74 47 50.

Août
Cognac . . . . Festival Blues Passions (début du mois), ☏ 05 45 32 17 28.

Confolens . . . . Festival international de folklore (2e semaine du mois), ☏ 05 45 84 00 77.

Parthenay et environs . . . . . Festival de musiques traditionnelles et métissées, « De bouche à oreille » (3e semaine du mois), ☏ 05 49 94 90 70.

Septembre
Fontaine-le-Comte . . . . Festival d'automne, ☏ 02 49 57 00 80.

Octobre
Angoulême . . . . Piano en Valois (1re quinzaine du mois), ☏ 05 45 94 74 00.

Octobre-novembre
Ménigoute . . . . Festival international du film ornithologique (vers la fin octobre-début novembre), ☏ 05 49 69 90 09.

Décembre
Poitiers . . . . Festival de courts métrages, « Rencontres Henri-Langlois » (début du mois), ☏ 05 49 41 80 00.

SPECTACLES « SON ET LUMIÈRE »

Juin
Bougon . . . . Nuit du Solstice, musée des Tumulus (week-end vers le 21 du mois), ☏ 05 49 05 12 13.

Le Puy du Fou . . . . Cinéscénie « Jacques Maupillier, paysan vendéen » (spectacle proposé les vendredis et samedis à 22 h, de mi-juin à début septembre), ☏ 02 51 64 11 11.

Mi-juillet/mi-août
Clisson . . . . Animation nocturne dans l'enceinte du château.

Nieul-sur-l'Autise . . . . Rencontres imaginaires de l'abbaye (visite-spectacle à 22 h), ☏ 02 51 52 49 03.

La Rochefoucauld . . . . Spectacle historique (proposé plusieurs fois par semaine), ☏ 05 45 63 07 45.

Roumazières-Loubert . . . . . Spectacle historique au château de Peyr, ☏ 05 45 71 25 25.

St-Brice . . . . « Les Lumières de Châtres » (du jeudi au samedi à 22 h 30), ☏ 05 45 35 37 53.

St-Philbert-de-Grand-Lieu . . Rencontres imaginaires de l'abbatiale carolingienne (visite-spectacle à 21 h 30), ☏ 02 40 78 73 88.

FÊTES ET FOIRES

Avril
Champdeniers . . . . Foire aux bovins (organisée aussi en septembre).
Royan . . . . Fêtes romanes (dernière semaine d'avril), ☏ 05 46 05 77 06.

Juin
Argenton-Château . . . . Foire aux ovins.

Juillet
Melle . . . . Foire du Chabichou du Poitou et du fromage de chèvre.
St-Sauveur-d'Aunis . . . . Fête de la cagouille (1er week-end du mois), ☏ 05 46 01 80 13.

Mi-juillet/mi-août
Challans . . . . « Autrefois Challans », la foire des 4 jeudis.
St-Romain-de-Benet . . . . . . Fête des alambics et des vieux métiers (3e dimanche de juillet et 1er dimanche d'août), ☏ 05 46 02 00 14.

Août
Luçon . . . . Foire-exposition (animations).
Ménigoute . . . . Fête des traditions paysannes.
Mirebeau . . . . Fête de l'âne (samedi précédant le 25 du mois).
St-Gilles-Croix-de-Vie . . . . . Foire aux oignons.
Sauzé-Vaussais . . . . Foire aux melons.

Septembre

La Mothe-St-Héray . . . . Fête des rosières (1ᵉʳ week-end du mois).

Argenton-Château . . . . Foire aux champs. Septembre-octobre

Cognac . . . . Fête des Vendanges (année impaire), en alternance avec celle des Floralies (année paire).

Novembre

Sauzé-Vaussais . . . . Foire aux vins et à la gastronomie.

RENCONTRES SPORTIVES ET SALONS

Mai-juin

La Rochelle . . . . Semaine internationale de la Voile (pendant les «ponts» de l'Ascension et de la Pentecôte), ☎ 05 46 44 62 44.

Juin

Beauvoir-sur-Mer . . . . Les Foulées du Gois, course à pied contre la marée (avant-dernier ou dernier week-end du mois), ☎ 02 51 68 71 13 ou 02 51 39 80 71.

Août

Noirmoutier . . . . Régate de vieux gréements, au Bois de la Chaize (en début de mois), ☎ 02 51 39 80 71.

Parthenay . . . . Sur les Chemins de St-Jacques, randonnées animées à pied ou à vélo (vers le 15 du mois).

Le Perrier . . . . Olympiades maraîchines (2ᵉ dimanche d'août), ☎ 02 51 68 09 05.

Septembre

Angoulême . . . . Circuit des remparts, course de vieilles voitures (vers le 15 du mois), ☎ 05 45 94 95 67.

Mallièvre . . . . Raid des chaussées de Sèvre (canoë, cheval, course à pied, VTT).

Neuville-de-Poitou . . . . Salon européen de modèles réduits, Modelexpo (dernier week-end du mois), ☎ 05 49 51 20 44.

La Rochelle . . . . Le Grand Pavois, salon nautique à flots (3ᵉ semaine du mois), ☎ 05 46 44 46 39.

Novembre

Les Sables-d'Olonne . . . . Vendée Globe (départ de cette course à la voile en solitaire, tous les 4 ans depuis 1988 en début de mois), ☎ 02 51 32 03 28.

Challans – Foire des 4 jeudis

Conditions de visite

Les renseignements énoncés ci-dessous s'appliquent à des touristes voyageant isolément et ne bénéficiant pas de réduction. Pour les groupes constitués, il est généralement possible d'obtenir des conditions particulières concernant les horaires ou les tarifs. Ces données ne peuvent être fournies qu'à titre indicatif en raison de l'évolution du coût de la vie et de modifications fréquentes dans les horaires d'ouverture de nombreuses curiosités. Lorsqu'il nous a été impossible d'obtenir des informations à jour, les éléments figurant dans l'édition précédente ont été reconduits. Dans ce cas ils apparaissent en italique.

*Les **édifices religieux** ne se visitent pas pendant les offices. Certaines églises et la plupart des chapelles sont souvent fermées. Les conditions de visite en sont précisées si l'intérieur présente un intérêt particulier ; dans le cas où la visite ne peut se faire qu'accompagnée par la personne qui détient la clé, une rétribution ou une offrande est à prévoir.*

*Dans certaines villes, des **visites guidées** de la localité dans son ensemble ou limitées aux quartiers historiques sont régulièrement organisées en saison touristique. Cette possibilité est mentionnée en tête des conditions de visite, pour chaque ville concernée. Dans les Villes d'Art et d'Histoire et les Villes d'Art ▲, les visites sont conduites par des guides-conférenciers agréés par la Caisse Nationale des Monuments Historiques et des Sites.*

Lorsque les curiosités décrites bénéficient de facilités concernant l'accès pour les handicapés, le symbole ♿ figure à la suite de leur nom.

A

AIRVAULT

Musée des Arts et Traditions populaires – Visite tous les jours de 14 h 30 à 18 h de mi-mai à mi-septembre ; le dimanche et les jours fériés de 14 h à 18 h de mi-avril à mi-mai ; idem mais de 14 h à 17 h de mi-septembre à mi-avril. 15 F. ☎ 05 49 64 71 42 ou 05 49 64 70 13 (Mairie).

Île d'AIX

Accès – Services réguliers depuis Fouras (pointe de la Fumée) ; prix de la traversée (25 mn) : 59 F (adulte), 41 F (enfant) ; ☎ 05 46 41 76 24. Il existe en outre des liaisons régulières saisonnières avec l'île de Ré, île d'Oléron et La Rochelle (voir ces noms) et des croisières au départ de La Tranche-sur-Mer (voir ce nom), avec approche du fort Boyard et commentaires.

Promenades en calèche – ♿ Tour de l'île accompagnée (50 mn) tous les jours en fonction des horaires des bateaux (généralement le matin) de Pâques à septembre, se renseigner. 38 F (adulte) ; 28 F (enfant). ☎ 05 46 84 07 18.

Musée Napoléonien – Visite libre ou accompagnée (1 h) tous les jours (sauf le mardi) de 9 h 30 à 18 h (fermeture de la billetterie à 17 h 30) d'avril à octobre ; de 9 h à 12 h 30 et de 14 h à 17 h (fermeture de la billetterie à 12 h et 16 h 30) de novembre à mars. Fermé le 1er mai. 22 F (adulte) ; entrée gratuite (enfant). ☎ 05 46 84 66 40.

Musée Africain – Visite tous les jours (sauf le mercredi) de 9 h 30 à 18 h (fermeture de la billetterie à 17 h 30) d'avril à octobre ; de 9 h à 12 h 30 et de 14 h à 17 h (fermeture de la billetterie à 12 h et 16 h 30) de novembre à mars. Fermé le 1er mai. 16 F (adulte) ; entrée gratuite (enfant). ☎ 05 46 84 66 40.

Église St-Martin – Visite tous les jours de 10 h à 19 h d'avril à novembre ; uniquement le dimanche de 10 h à 17 h de novembre à mars. ☎ 05 46 84 67 76.

Mont des ALOUETTES

Moulin à vent – Visite tous les jours de 10 h à 19 h en juillet et août ; tous les jours (sauf le mercredi) de 10 h à 19 h d'avril à juin et en septembre. 15 F. ☎ 02 51 67 16 66.

ANGLES-SUR-L'ANGLIN   🅱 Mairie – 86260 – ☎ 05 49 48 86 87

Ruines du château – Visite accompagnée (1/2 h) tous les jours (sauf le mardi) de 10 h à 12 h 30 et de 14 h 30 à 18 h 30 en juillet et août ; le week-end aux mêmes horaires de mai à juin et en septembre. 10 F. ☎ 05 49 48 61 20 (mairie).

ANGOULÊME   🅱 2, place St-Pierre – 16000 – ☎ 05 45 95 16 84

Visite guidée de la ville – S'adresser à l'Office de tourisme.

Croisières au départ d'Angoulême – Organisées à bord de l'Angoumois (durée 1/2 journée) en juillet et août. À partir de 55 F par personne. S'adresser à l'Office de tourisme.

Cathédrale St-Pierre – Outre l'accès libre, un guide conférencier propose gratuitement une visite accompagnée tous les jours (sauf le samedi) de 15 h à 18 h 30. ☎ 05 45 95 20 38.

Hôtel de ville – Visite accompagnée (1 h) tous les jours à 15 h, 16 h, 17 h et 18 h (le dimanche uniquement à 16 h) en juillet et août ; tous les jours à 16 h en septembre ; le week-end à 15 h 30 d'octobre à mai. 30 F ; 50 F (billet familial). ☎ 05 45 38 70 79.

Chapelle des Cordeliers – Visite libre tous les jours ou accompagnée sur demande préalable. Service Patrimoine, Hôtel de ville, BP 1370, 16016 Angoulême Cedex. ☎ 05 45 38 70 79.

CNBDI : musée de la bande dessinée – Visite libre ou accompagnée (1 h 1/2) tous les jours de 10 h à 19 h (18 h en hiver) pendant les vacances scolaires ; tous les jours (sauf le lundi et les matinées du week-end) de 10 h à 19 h (18 h en hiver) hors vacances scolaires. Fermé les 1er janvier et 25 décembre. 30 F (adulte) ; 20 F (enfant). ☎ 05 45 38 65 65.

Musée municipal des Beaux-Arts – Visite tous les jours de 12 h à 18 h ; le week-end de 14 h à 18 h. Fermé les jours fériés. 15 F (entrée gratuite en semaine de 12 h à 14 h). ☎ 05 45 95 07 69.

Atelier-musée du Papier – Visite tous les jours (sauf le lundi) de 14 h à 18 h. Fermé les jours fériés. Entrée gratuite. ☎ 05 45 92 73 43.

Musée de la Société archéologique – Visite tous les jours (sauf le mardi) de 14 h à 17 h. Entrée gratuite. ☎ 05 45 94 90 75.

APREMONT

Château – Visite tous les jours de 10 h 30 à 18 h 30 de juin à août ; tous les jours de 14 h à 18 h d'avril à mai et en septembre. 25 F en saison (billet combiné avec celui du château d'eau) ; 20 F hors saison. ☎ 02 51 55 70 54 (Syndicat d'initiative) ou 02 51 55 73 66 (mairie).

Château d'eau – &. Visite tous les jours de 10 h 30 à 18 h 15 en juillet et août. Billet combiné avec celui du château.

ARCHIGNY

Ferme acadienne – &. Visite accompagnée (1/2 h) tous les jours (sauf le lundi) de 15 h à 19 h en juillet et août ; le week-end et les jours fériés de 15 h à 19 h de mars à juin et de septembre à octobre. Entrée gratuite. ☎ 05 49 85 57 46.

ARGENTON-CHÂTEAU   🛈 79150 – ☎ 05 49 65 96 56

Moulin des Plaines – Visite accompagnée (1/2 h) le week-end de 15 h à 19 h en juillet et août ; le dimanche et les jours fériés de 15 h à 19 h d'avril à juin et de septembre à octobre. Fermé de novembre à mars. 15 F. ☎ 05 49 65 96 56 (Office de tourisme).

AUBETERRE-SUR-DRONNE

Église monolithe St-Jean – Visite libre ou accompagnée sur demande préalable tous les jours de 9 h 30 à 12 h 30 et de 14 h à 19 h de mi-juin à mi-octobre ; de 9 h 30 à 12 h 30 et de 14 h à 18 h le reste de l'année. 20 F (visite accompagnée). ☎ 05 45 98 65 06.

B

La BARRE-DE-MONTS

Écomusée du Daviaud – &. Visite libre ou accompagnée en saison (2 h) tous les jours (sauf le dimanche matin) de 10 h à 19 h de mai à septembre ; tous les jours (sauf le lundi) de 14 h à 18 h de février à avril à juin et d'octobre à mi-novembre. 24 F. ☎ 02 51 68 57 03.

BARZAN

Moulin du Fâ – Visite tous les jours de 10 h à 13 h et de 14 h à 19 h en juillet et août ; de 14 h à 18 h d'avril à juin et en septembre ; de 14 h à 17 h pendant les vacances scolaires d'octobre à mars. Fermé les 1er janvier, 11 novembre et 25 décembre. 16 F. Un billet jumelé, 55 F (adulte), 20 F (enfant), permet de visiter également trois autres sites : le Musée agricole (château de Didonne), les Grottes du Regulus (Meschers) et le Musée des amis de Talmont (Talmont-sur-Gironde). ☎ 05 46 90 43 66.

Abbaye de BASSAC

Bâtiments conventuels – Visite accompagnée (1 h) tous les jours de 10 h à 18 h. Entrée : à la générosité de chacun. ☎ 05 45 81 94 22.

Château de BEAUFIEF

Visite accompagnée (1/2 h) tous les jours de 14 h 30 à 18 h 30 de Pâques à la Toussaint. 15 F. ☎ 05 46 32 35 93.

BEAUSSAIS

Temple : musée du Protestantisme – ♿ Billet combiné avec celui de la maison du Protestantisme poitevin, se reporter aux conditions de visite de la Couarde.

Château du BOIS-CHEVALIER

Visite accompagnée (3/4 h) tous les jours (sauf le mardi et le dimanche matin) de 10 h à 12 h et de 14 h à 18 h 30 de juin à septembre. 25 F (adulte). ☎ 02 40 26 62 18.

Château du BOIS-DOUSSET

Visite de l'extérieur tous les jours (sauf le week-end) de 9 h à 12 h et de 14 h à 18 h en juillet et septembre. Entrée gratuite.

Bourrine du BOIS JUQUAUD

♿ Visite libre ou accompagnée en saison à 10 h 30 et 15 h 30 (1 h 1/2) tous les jours (sauf le dimanche matin) de 10 h à 19 h en juillet et août ; tous les jours (sauf le lundi et le dimanche matin) de 10 h à 12 h et de 14 h à 18 h (19 h le dimanche) de mai à juin et en septembre ; de 14 h à 18 h de février à avril et en octobre. Fermé de novembre à janvier (sauf pendant les vacances scolaires de Toussaint et Noël). 14 F. ☎ 02 51 49 27 37.

Le BOIS-TIFFRAIS

Musée de la France protestante de l'Ouest – Visite libre ou accompagnée (3/4 h) tous les jours (sauf le dimanche matin) de 10 h à 13 h et de 14 h à 19 h de mi-juin à mi-septembre. 15 F. ☎ 02 51 66 41 03.

Pointe des BOUCHOLEURS

Visite accompagnée (1 h) des parcs à huîtres et moules en charrette tractée tous les jours sur demande préalable (24 h avant) de février à octobre ; départ en fonction de l'horaire des marées. 30 F (adulte) ; 15 F (enfant). S'adresser à l'Office de tourisme de Châtelaillon-Plage. ☎ 05 46 56 26 97.

Musée des Tumulus de BOUGON

♿ Visite libre ou accompagnée en saison (2 h) tous les jours (sauf le mercredi matin) de 10 h à 19 h (20 h le week-end) en juillet et août ; de 10 h à 18 h de septembre à juin. Fermé en janvier et le 25 décembre. 25 F (visite libre) ; 40 F (visite accompagnée). ☎ 05 49 05 12 13.

BOURCEFRANC-LE-CHAPUS

Fort Louvois – Visite accompagnée (1 h) de 10 h 30 à 18 h en juillet et août (à marée haute, transport gratuit par bateau). Entrée : 30 F (adulte) ; 15 F (enfant). ☎ 05 46 85 07 00.

Fort Louvois

BOURGNEUF-EN-RETZ

Musée du Pays de Retz – ♿ Visite libre ou accompagnée en saison (1 h) tous les jours de 10 h 30 à 13 h et de 14 h à 18 h 30 en juillet et août ; tous les jours (sauf le lundi) de 10 h à 12 h et de 14 h à 18 h de Pâques à juin et de septembre à la Toussaint. 20 F (adulte) ; 10 F (enfant). ☎ 02 40 21 40 83.

BRESSUIRE

🄱 Place de l'hôtel de ville – 79300 – ☎ 05 49 65 10 27

Musée municipal – Visite tous les jours (sauf le lundi et le jeudi) de 14 h 30 à 17 h 30 en juillet et août ; idem mais fermeture le dimanche de septembre à juin. Entrée gratuite. ☎ 05 49 65 26 79.

Château – Visite libre ou accompagnée en août (1 h 1/2) tous les jours de 14 h 30 à 19 h en juillet et août. Entrée gratuite. ☎ 05 49 65 82 28.

BROUAGE

🄱 Forge Royale – 17320 – ☎ 05 46 85 19 16

Visite guidée des remparts et de la ville – En juillet et août (1 h) à 10 h 30, 14 h 30, 16 h et 17 h 30. 25 F. S'adresser à l'Office de tourisme.

Les BROUZILS

Refuge de Grasla – ♿ Visite tous les jours de 10 h à 12 h et de 15 h à 18 h de mi-juin à mi-septembre ; de 15 h à 18 h de mi-avril à mi-juin et la seconde quinzaine de septembre. 20 F. ☎ 02 51 42 27 75.

C

CADEUIL

Le Village des Oiseaux – ♿ Visite tous les jours de 10 h à 19 h de mi-juin à mi-septembre ; de 14 h à 19 h de mi-avril à mi-juin et de mi-septembre à octobre. 30 F (adulte) ; 15 F (enfant). ☎ 05 46 94 43 49.

CELLES-SUR-BELLE

Église Notre-Dame – Visite tous les jours de 10 h à 19 h (18 h en hiver). En saison, l'Office de tourisme propose des visites accompagnées. ☎ 05 49 32 92 28.

Abbaye – Visite accompagnée (3/4 h) tous les jours à 11 h et 15 h (15 h et 17 h le dimanche) de mi-avril à mi-octobre. 20 F. ☎ 05 49 32 92 28.

Logis de la CHABOTTERIE

Visite libre ou accompagnée (1 h 1/2) tous les jours de 10 h à 19 h en juillet et août ; de 9 h 30 à 18 h (le week-end et les jours fériés de 10 h à 19 h) de septembre à juin. Fermé les trois dernières semaines de janvier. 30 F (entrée gratuite jusqu'à 17 ans). ☎ 02 51 42 81 00.

CHAILLÉ-LES-MARAIS

Maison du Petit Poitou – ♿ Visite libre ou accompagnée (1 h 1/2) tous les jours de 10 h à 19 h de juin à mi-septembre ; tous les jours (sauf le dimanche matin) de 10 h à 18 h de mi-mars à mai et de mi-septembre à mi-novembre. 20 F (adulte) ; 10 F (enfant). ☎ 02 51 56 77 30.

Château de CHAMBONNEAU

Visite libre ou accompagnée (3/4 h) tous les jours (sauf le mardi, le mercredi et le jeudi) de 13 h à 19 h de juillet à mi-septembre. 15 F. ☎ 06 09 69 07 47.

Vallée de la CHARENTE

Croisières – Entre Port-d'Envaux, Saintes, Chaniers et Rouffiac (15 km à l'Ouest de Cognac), des promenades sont organisées de début avril à fin septembre (1/2 journée ou une journée, départ : Port d'Envaux ou Saintes) par la compagnie Croisières Inter-Îles et Fluviales : voir l'adresse à La Rochelle ou s'adresser aux offices de tourisme de Saintes (voir ce nom) ou de St-Savinien (place de la Halle, ☎ 05 46 90 21 07). Au départ d'Angoulême, croisières (1/2 journée) en juillet et août sur l'Angoumois ; s'adresser à l'Office de tourisme d'Angoulême (voir ce nom). Au départ de Cognac, croisière (1 h 3/4) tous les jours à 14 h 30 et 16 h 30 en juillet et août à bord du Manilu. Renseignement et réservation auprès de Charente Plaisance, 1, place de Solençon, 16100 Cognac. ☎ 05 45 82 79 71.

Circuit « Val de Charente » – Une façon de découvrir 4 villes : Rochefort, Saintes, Cognac et Angoulême. S'adresser aux offices de tourisme des villes citées (voir adresse et ☎ à chacune de ces localités).

Viaduc de la CHARENTE

Péage aller simple : 25 F ; A/R : 40 F.

CHARROUX

Abbaye St-Sauveur – Visite libre ou accompagnée (1 h) tous les jours de 10 h à 12 h 30 et de 14 h à 19 h de mai à septembre ; tous les jours (sauf le mardi) de 10 h à 12 h 30 et de 14 h à 17 h 30 d'octobre à avril. Fermé les 1er janvier, 1er mai, 1er et 11 novembre, 25 décembre. 25 F. ☎ 05 49 87 62 43.

Prieuré de CHASSAY-GRAMMONT

Visite tous les jours de 14 h 30 à 19 h 30 en juillet et août ; le dimanche et les jours fériés de 14 h 30 à 18 h 30 de mai à juin et de septembre à mi-novembre. 20 F (adulte) ; entrée gratuite. ☎ 02 51 66 40 96.

Thermes de CHASSENON

Visite accompagnée (1 h) tous les jours de 10 h à 12 h et de 14 h à 19 h (dernières entrées à 11 h 15 et 18 h 15) de juin à mi-septembre ; de 14 h à 17 h 30 (dernière entrée à 16 h 45) des Rameaux à mai et de mi-septembre à mi-novembre. 28 F (adulte) ; 14 F (enfant). ☎ 05 45 89 32 21.

CHÂTEAUNEUF

Le Petit Moulin – Visite accompagnée (1/2 h) tous les jours de 10 h à 12 h et de 14 h à 19 h en juillet et août ; de 14 h à 19 h des vacances scolaires de février à juin et de septembre aux vacances scolaires de Toussaint. 15 F. ☎ 02 51 49 31 07.

CHÂTELAILLON-PLAGE

Visite guidée de la ville – Le mercredi à 11 h en juillet et août. S'adresser à l'Office de tourisme. 30 F. ☎ 05 46 56 26 97.

CHÂTELLERAULT

🛈 1, avenue Treuille – 86100 – ☎ 49 21 05 47

Visite guidée de la ville – S'adresser à l'Office de tourisme.

Musée municipal – Visite tous les jours (sauf le mardi) de 14 h à 18 h. Fermé pendant les jours fériés. 17 F. ☎ 05 49 21 01 27.

Musée Auto-Moto-Vélo – ♿ Visite tous les jours de 10 h à 19 h de mi-juin à octobre ; tous les jours (sauf le mardi) de 9 h à 12 h et de 14 h à 18 h de novembre à mi-juin. 30 F (adulte) ; 15 F (enfant). ☎ 05 49 21 03 46.

CHÂTRE

Église – S'adresser au logis de Garde-Epée, 16100 St-Brice. ☎ 05 45 32 06 90.

CHAUVIGNY

🛈 Mairie – 86300 – ☎ 05 49 46 30 21

Visite guidée de la ville – Tous les jours (sauf le mardi) à 15 h et 17 h en juillet et août (durée 1 h 1/2). 20 F. S'adresser à l'Office de tourisme.

Espace d'Archéologie industrielle – Visite tous les jours de 10 h à 12 h 30 et de 14 h 30 à 18 h 30 (dimanche de 11 h à 18 h 30) de mi-juin à mi-septembre (visite accompagnée le mercredi, le jeudi et le week-end à 16 h) ; de 14 h à 18 h d'avril à mi-juin et de mi-septembre à octobre ; le week-end de 14 h à 18 h de novembre à mars. Fermé les 1er janvier et 25 décembre. 30 F (adulte) ; entrée gratuite (enfant). Le billet donne également accès au Musée de traditions populaires et d'archéologie. ☎ 05 49 46 35 45.

Musée de traditions populaires et d'archéologie – Mêmes conditions de visite que pour l'Espace d'archéologie industrielle (voir ci-dessus). 10 F (le musée seul) ; 30 F (billet jumelé : voir ci-dessus). ☎ 05 49 46 35 45.

Forêt de CHIZÉ

Zoorama européen – ♿ Visite tous les jours de 9 h à 20 h en juillet et août ; de 9 h à 19 h de mai à juin et en septembre ; tous les jours (sauf le mardi) de 10 h à 12 h et de 14 h à la tombée de la nuit d'octobre à avril. Fermé en décembre et janvier. 44 F (adulte) ; 21 F (enfant). ☎ 05 49 76 79 56.

Moulin de Rimbault – Visite sur demande préalable de mai à septembre. ☎ 05 49 09 79 39.

Moulin de Rimbault

CIVAUX

Musée archéologique – Visite du jeudi au dimanche de 15 h à 18 h de mi-mars à mi-novembre. 4 F. ☎ 05 49 48 34 61.

Château de CLAIREVAUX

Visite accompagnée (1 h) tous les jours de 14 h à 19 h de mi-juin à mi-septembre. 30 F (adulte) ; 20 F (enfant). ☎ 05 49 93 90 08 ou 05 49 93 88 49.

CLISSON 🛈 Place de la Trinité – 44190 – ☎ 02 40 54 02 95

Visite guidée de la ville – Départ pour la visite (1 h 1/2) le lundi et le mardi à 15 h de mai à août. 25 F. S'adresser à l'Office de tourisme.

Château d'Olivier de Clisson – Visite libre ou accompagnée (1 h) tous les jours (sauf le mardi) de 9 h 30 à 12 h et de 14 h à 18 h (fermeture de la billetterie à 11 h 40 et à 17 h 40). Fermeture pendant les vacances scolaires de Noël. 13 F. ☎ 02 40 54 02 22.

Domaine de la Garenne Lemot :

Parc – Visite libre ou accompagnée (1 h 1/2) tous les jours de 9 h à 20 h d'avril à septembre ; visite libre tous les jours de 9 h à 18 h d'octobre à mars. Entrée gratuite (visite libre) ; 20 F (visite commentée). ☎ 05 40 54 75 85.

Villa Lemot – Visite libre ou accompagnée (1 h), horaires variables selon le type d'expositions (temporaires) proposé : se renseigner. Fermé les 1er janvier, 1er mai et 25 décembre. 15 F. ☎ 02 40 54 75 85.

Maison du Jardinier – Visite tous les jours de 9 h 30 à 12 h 30 et de 14 h à 19 h d'avril à septembre ; tous les jours (sauf le lundi) de 10 h à 12 h et de 14 h à 17 h 30 d'octobre à mars. Fermé les 1er janvier, 1er mai et 25 décembre. Entrée gratuite. ☎ 02 40 54 75 85.

COËX

Le Jardin des Olfacties – ♿ Visite libre ou accompagnée (1 h 1/2) tous les jours de 10 h 30 à 19 h de la deuxième semaine de juin à troisième semaine de septembre. 30 F. ☎ 02 51 55 53 41.

COGNAC 🛈 16, rue du 14-Juillet – 16100 – ☎ 05 45 82 10 71

Visite guidée de la ville – S'adresser à l'Office de tourisme.

Les Chais – Toutes les visites sont accompagnées (de 1 h à 1 h 1/2) :

Otard – Visite accompagnée (1 h) tous les jours de 9 h 30 à 12 h 30 et de 13 h 30 à 18 h 30 (toutes les heures) en juillet et août ; à 10 h, 11 h, 14 h, 15 h, 16 h et 17 h d'avril à juin et en septembre ; tous les jours (sauf le week-end) aux mêmes heures (vendredi dernière visite à 16 h). Fermé le 1er mai. 10 F. ☎ 05 45 36 88 86.

Hennessy – ♿ Visite accompagnée (1 h 1/2) tous les jours de 10 h à 18 h 30 de juin à septembre ; de 10 h à 17 h de mars à mai et d'octobre à décembre. Fermé les 1er mai et 25 décembre. 30 F (entrée gratuite pour les enfants). ☎ 05 45 35 72 68.

Martell – Visite accompagnée (1 h) tous les jours de 9 h 45 à 17 h (de 10 h à 16 h 15 le week-end et les jours fériés) en juillet et août ; tous les jours (sauf le week-end) de 9 h 45 à 11 h et de 14 h à 17 h en juin et septembre ; tous les jours (sauf le vendredi après-midi et le week-end) à 9 h 30, 11 h, 14 h 30, 15 h 45 et 17 h d'octobre à mai. Entrée gratuite (visite et dégustation). ☎ 05 45 36 33 33.

Rémy Martin – Visite accompagnée (1 h) en petit train tous les jours de 10 h à 17 h 30 de début juillet à début septembre (réservation recommandée) ; tous les jours (sauf le dimanche matin) à 9 h 30, 10 h 15, 11 h, 13 h 30, 14 h 15, 15 h, 15 h 45, 16 h 30 et 17 h 15 de début avril à début juillet et en septembre. Fermé le 1er mai. 25 F (adulte) ; entrée gratuite (enfant). ☎ 05 45 35 76 66.

Camus – Visite accompagnée (1 h 1/2) tous les jours (sauf le week-end) de 10 h à 12 h et de 14 h 30 à 16 h 30 de mai à octobre. Le reste de l'année sur demande préalable (48 h à l'avance) auprès de M. le directeur des Relations Extérieures 29, rue Marguerite-de-Navarre, 16100 Cognac. Fermé les jours fériés. Entrée gratuite. ☎ 05 45 32 28 28.

Prince Hubert de Polignac – ♿ Visite accompagnée (1 h) tous les jours à de 9 h à 12 h 30 et de 13 h 30 à 19 h de juillet à mi-septembre ; tous les jours (sauf le week-end) de 10 h à 12 h et de 14 h 30 à 18 h d'avril à juin et la deuxième quinzaine de septembre. Entrée gratuite (visite et dégustation). ☎ 05 45 32 13 85.

Musée municipal – Visite libre tous les jours (sauf le mardi) de 10 h à 12 h et de 14 h à 18 h de juin à septembre ; de 14 h à 17 h 30 d'octobre à mai. Fermé les jours fériés. 12 F. ☎ 05 45 32 07 25.

Phare de CORDOUAN

Visite accompagnée suivant les marées et les conditions météorologiques de Pâques à septembre. Quatre compagnies maritimes organisent des traversées vers le phare depuis Royan, s'adresser à l'Office de tourisme. 140 F (traversée en bateau et entrée du phare). ☎ 05 46 23 00 00.

La COUARDE

Temple : maison du Protestantisme poitevin – ♿ Visite tous les jours (sauf le mardi) de 14 h 30 à 18 h en juillet et août; le week-end de 14 h 30 à 18 h de mai à juin et de septembre à octobre. 20 F (billet combiné avec celui du temple de Beaussais). ☎ 05 49 32 83 16.

Forêt de la COUBRE

Visite guidée de la forêt (2 h) tous les jours pairs (sauf le dimanche); visite guidée de la dune (2 h) tous les jours impairs (sauf le dimanche) en juillet et août. Rendez-vous à 9 h 30 sur le parking de la maison forestière de Bouverie. 25 F. ☎ 05 46 23 72 62.

Château de COUDRAY-SALBART

Visite libre ou accompagnée (le dimanche à 15 h de juin à septembre) tous les jours (sauf le mardi matin) de 9 h à 19 h de juin à septembre; tous les jours (sauf le mardi) de 9 h à 19 h d'avril à mai et en octobre; de 10 h à 12 h et de 14 h à 17 h de novembre à mars. Fermé en janvier. 15 F (adulte); 5 F (enfant). ☎ 05 49 25 71 07.

COULON

Promenades en barque – Avec ou sans guide. S'adresser à M. Prada, ☎ 05 49 35 97 63; M. Thibaudeau, ☎ 05 49 35 91 71; La Roselière (possibilité de barques agréées pour le transport des handicapés), M. Jubien, ☎ 05 49 35 82 98; La Trigale, M. Égreteau, ☎ 05 49 35 83 38; Préplot «La maison aux volets bleus», M. Ravard, ☎ 05 49 35 93 66; «Les bords de Sèvre», ☎ 05 49 35 58 34.

Promenade en petit train (Le Pibalou) – Départs réguliers de la place de l'Église tous les jours en saison. Parcours d'1/2 h ou d'1 h 1/4 (avec commentaires). S'adresser à DLMS Tourisme, 6, rue de l'Église. ☎ 05 49 35 02 29.

Promenade en minibus (Le Grenouillon) – Circuit commenté (2 h) tous les jours d'avril à septembre; départ à 9 h, 11 h, 14 h 30 et 16 h 30. Renseignement et réservation, M. Gourdonneau, place de l'Église, 79510 Coulon. 85 F (adulte); 50 F (enfant). ☎ 05 49 35 08 08.

Aquarium – ♿ Visite libre ou accompagnée (1 h 1/4) tous les jours de 9 h 30 à 19 h d'avril à septembre. 18 F (adulte); 10 F (enfant). ☎ 05 49 35 90 31.

Maison des Marais mouillés – Visite tous les jours de 10 h à 20 h en juillet et août; tous les jours (sauf le lundi) de 10 h à 12 h et de 14 h à 19 h de février à juin et de septembre à novembre. 25 F (adulte); 12 F (enfant). ☎ 05 49 35 86 77.

Château de COUSSAY

Visite libre des extérieurs tous les jours. Entrée gratuite. ☎ 01 47 02 24 46.

CRAZANNES

Musée de la pierre de Crazannes – ♿ Visite tous les jours de 9 h à 19 h de juin à septembre; de 10 h à 12 h et de 14 h à 17 h d'octobre à mai. Entrée gratuite. ☎ 05 46 91 48 92.

Anciennes carrières – Site en cours de réaménagement; se renseigner sur la reprise des visites. ☎ 05 46 91 48 92.

Château de Crazannes – Visite accompagnée (1/2 h) tous les jours de 14 h 30 à 19 h de juin à septembre; le week-end de 14 h 30 à 19 h d'avril à mai et d'octobre à mi-novembre ainsi que pendant les vacances scolaires. 30 F. ☎ 05 46 90 15 94.

Chapelle des Templiers de CRESSAC

Visite accompagnée sur demande préalable, s'adresser à Mme Labrousse. ☎ 05 45 64 08 74 (après 19 h).

D

DAMPIERRE-SUR-BOUTONNE

Château – Visite accompagnée (3/4 h) pour le château et libre pour le jardin et les expositions tous les jours de 10 h à 18 h 30 de juin à septembre; le dimanche et les jours fériés de 14 h à 18 h de mars à mai et de 14 h à 17 h d'octobre à mi-novembre. Le reste de l'année sur demande préalable (5 jours avant). 30 F (adulte); 20 F (enfant). ☎ 05 46 24 02 24.

Maison du Baudet du Poitou – ♿ Visite libre ou accompagnée (1 h) tous les jours de 10 h à 19 h en juillet et août; de 10 h à 12 h et 14 h à 19 h d'avril à juin et en septembre; de 10 h à 12 h et de 14 h à 18 h de février à mars et d'octobre à mi-décembre. 18 F (adulte); 10 F (enfant). ☎ 05 46 24 07 72.

Château de DIDONNE

Chai de vieillissement – ♿ Visite accompagnée (1/2 h) tous les jours à 11 h, 14 h, 15 h, 17 h 30 et 18 h en juillet et août. Entrée gratuite (dégustation). ☎ 05 46 06 01 01.

Parc-Arboretum – ♿ Visite toute l'année. Entrée gratuite.

Musée du vieux matériel Agricole – ♿ Visite tous les jours de 10 h à 19 h en juillet et août ; le dimanche et les jours fériés de 14 h à 18 h de Pâques à octobre. 25 F. Un billet jumelé, 55 F (adulte), 20 F (enfant), permet de visiter également trois autres sites : les grottes du Régulus (Meschers), le Moulin du Fâ (Barzan) et le musée des amis de Talmont (Talmont-sur-Gironde). ☎ 05 46 06 01 01.

DISSAY

Château – Visite accompagnée (1 h) tous les jours (sauf le mercredi) de 15 h à 18 h de mi-juin à août ; le dimanche et les jours fériés de 14 h à 17 h de Pâques à mi-juin et de septembre à la Toussaint. 30 F (adulte) ; 15 F (enfant). ☎ 05 49 62 55 01.

Château du DOUHET

Visite libre ou accompagnée (1/4 h) tous les jours de 10 h à 12 h et de 14 h à 19 h d'avril à octobre et pendant les vacances scolaires ; le dimanche et les jours fériés de 14 h à 17 h 30 de novembre à mars. 30 F (adulte) ; 15 F (enfant). ☎ 05 46 97 78 14.

E

ÉCHILLAIS

Promenades sur les « Perles d'eau » – Embarcation libre tous les jours de 13 h à 18 h (10 h le week-end) en juillet et août ; le week-end de 10 h à 18 h la dernière quinzaine de juin et la première quinzaine de septembre. Tarif de location par bateau : 60 F (1 h.), 110 F (2 h.), 160 F (3 h), 200 F (4 h). ☎ 05 46 83 07 07 ou 05 46 82 18 77.

Château d'ÉPANVILLIERS

Visite accompagnée (1 h 1/2) tous les jours (sauf le jeudi) de 14 h à 19 h en juillet et août. Le reste de l'année sur demande préalable. 30 F (adulte) ; 15 F (enfant). ☎ 05 49 87 18 43.

Gare des ÉPESSES

Musée de l'Histoire des chemins de fer en Vendée – Visite tous les jours (sauf le mardi) de 9 h à 12 h et de 14 h à 18 h de mi-juin à mi-septembre. 10 F ; gratuit pour les passagers du « Chemin de fer de la Vendée ». ☎ 02 51 66 95 55.

Chemin de fer de la Vendée – Train à vapeur faisant la liaison Mortagne-sur-Sèvre - Les Herbiers avec un arrêt à la gare-musée des Epesses (le billet donne droit à la visite du musée). Pour connaître les horaires et les tarifs de ce train, se reporter à Mortagne. ☎ 02 51 65 03 37.

ESNANDES   🅱 Rue de l'Océan – 17137 – ☎ 05 46 01 34 64

Église – Visite libre ou accompagnée (1 h) tous les jours de 10 h 30 à 12 h 30 et de 14 h 30 à 19 h 30 (départ des visites accompagnées : 11 h, 15 h et 17 h) de mi-juin à mi-septembre ; le dimanche et les jours fériés de 14 h à 19 h de mars à mi-juin et de septembre à octobre. 6 F (visite libre) ; 18 F (visite accompagnée). ☎ 05 46 01 34 64.

Maison de la Mytiliculture – Visite tous les jours de 10 h 30 à 19 h 30 en juillet et août ; tous les jours (sauf le lundi) de 14 h à 19 h d'avril à juin ; le mardi, le mercredi et le samedi de 14 h à 18 h de février à mars et en septembre ; le samedi de 14 h à 17 h d'octobre à janvier. 18 F (adulte) ; 10 F (enfant). ☎ 05 46 01 34 64.

L'ESPACE MARAIS

Visite tous les jours de 10 h à 19 h de Pâques à la Toussaint. 25 F. ☎ 02 51 00 72 20.

Les ESSARTS

Vieux château – Visite tous les jours de 10 h à 12 h et de 14 h à 18 h de mi-juin à mi-septembre. 10 F. ☎ 02 51 62 88 86 (pendant l'heure des repas).

F

Moulin de FLEURAC

Visite accompagnée (1 h) tous les jours (sauf le mardi) de 10 h (11 h le week-end) à 12 h et de 14 h (15 h le week-end) à 18 h d'avril à octobre ; tous les jours (sauf le mardi et les matinées du week-end) de 10 h à 12 h et de 14 h à 18 h de novembre à mars. 20 F. ☎ 05 45 91 50 69.

Bois de la FOLIE

Moulins du Terrier-Marteau – Se renseigner auprès de l'Office de tourisme. ☎ 02 51 91 82 46.

Abbaye de FONTDOUCE

Visite accompagnée (3/4 h) tous les jours (sauf le dimanche matin) de 10 h à 12 h et de 14 h 30 à 18 h 30 en juillet et août ; le dimanche et les jours fériés de 14 h 30 à 18 h 30 de Pâques à juin et de septembre à la Toussaint. 22 F (adulte) ; 10 F (enfant). ☎ 05 46 91 55 24.

FONTENAY-LE-COMTE ⊞ Tour de l'Octroi, quai Poey-d'Avant – 85200 – ☎ 02 51 69 44 99

Visite guidée de la ville – Le mercredi à 15 h (durée 1 h 1/2) de juin à août. 15 F. S'adresser à l'Office de tourisme.

Musée vendéen – ♿ Visite libre ou accompagnée (1 h 1/4) tous les jours (sauf le lundi et les matins du week-end) de 10 h à 12 h et de 14 h à 18 h de mi-juin à mi-septembre ; tous les jours (sauf le lundi et le mardi) de 14 h à 18 h le reste de l'année. Fermé les 1er janvier, 1er et 8 mai, 25 décembre. 13 F. ☎ 02 51 69 31 31.

Église Notre-Dame :
Clocher – Visite accompagnée (1/2 h) tous les jours (sauf le lundi et le week-end) à 11 h, 11 h 30, 15 h, 16 h et 17 h en juillet et août. Entrée gratuite.
Crypte – Visite accompagnée (1 h) le mardi et le samedi à 10 h 30, 15 h et 16 h 45 en juillet et août. Entrée gratuite.

Château de Terre-Neuve – Visite accompagnée (3/4 h) tous les jours de 9 h à 12 h et de 14 h à 19 h de juin à septembre ; de 14 h à 18 h en mai. 28 F (adulte) ; 10 F (enfant). ☎ 02 51 69 17 75.

FOURAS

Promenades en mer – Croisière des Forts avec commentaires (1 h 30), départs en fonction des marées d'avril à septembre. S'adresser à l'Office de tourisme. ☎ 05 46 84 60 69.

Fort Vauban : musée – Visite tous les jours de 15 h à 18 h de mi-juin à mi-septembre ; le dimanche et les jours fériés de 15 h à 18 h le reste de l'année. 10 F. ☎ 05 46 84 15 23.

FROMENTINE

Gare maritime – L'Insula Oya II assure la liaison avec l'île d'Yeu toute l'année. En saison, il est secondé par La Vendée et la vedette rapide « Amporelle » (il est conseillé de réserver sa place). Horaires en fonction des marées, se renseigner auprès de la Compagnie Yeu Continent, BP 16, Fromentine, 85550 La Barre-de-Monts. Prix de la traversée (A/R) : 150 F (adulte) ; 100 F (enfant). Attention, le prix du billet est majoré de 7 % sur le trajet aller de juin à septembre. ☎ 02 51 49 59 69 ou sur Minitel 3615 YEU.

Le FUTUROSCOPE

♿ Visite tous les jours de 9 h à 23 h en juillet et août. Le reste de l'année de 9 h à 18 h, mais horaires prolongés pendant les vacances scolaires, les jours fériés et certains week-ends : se renseigner. 185 F (adulte), 150 F (enfant) : en haute saison ; 165 F (adulte), 130 F (enfant) : en moyenne saison ; 140 F (adulte), 110 F (enfant) : en basse saison. ☎ 05 49 49 30 10 ou 05 49 49 30 20 (serveur vocal). Sur minitel, 3615 code FUTUROSCOPE.

Le Futuroscope

G

La GARNACHE

Château – Visite accompagnée (1 h) tous les jours (sauf le dimanche matin) de 10 h à 19 h en juillet et août ; le week-end de 14 h 30 à 19 h et les jours fériés de mai à juin et en septembre. 30 F (adulte) ; 18 F (enfant). ☎ 02 51 35 03 05.

Musée Passé et Traditions – Visite libre ou accompagnée (1/2 h) tous les jours de 14 h à 19 h de mi-juin à mi-septembre. 15 F. ☎ 02 51 68 12 81.

Château de la GATAUDIÈRE

Visite accompagnée (1 h) tous les jours de 10 h à 12 h et de 14 h à 18 h (fermeture de la billetterie à 11 h 30 et 17 h 30) de mi-mars à mi-novembre. 35 F (adulte) ; 25 F (enfant). ☎ 05 46 85 01 07.

GENÇAY
🛈 Place du Marché – 86160 – ☎ 05 49 59 47 37

Visite guidée de la ville – S'adresser à l'Office de tourisme.

Château de la Roche-Gençay – Visite accompagnée (3/4 h) tous les jours de 9 h à 11 h et de 14 h à 18 h de juin à septembre ; de 14 h à 18 h d'avril à mai ; de 14 h à 18 h le dimanche et les jours fériés d'octobre à novembre ; sur demande préalable (2 jours avant) de décembre à mars. 35 F (adulte) ; 18 F (enfant). ☎ 05 49 59 31 07 ou 05 49 59 49 55.

Château de GOULAINE

Visite accompagnée (1 h) de 14 h à 18 h tous les jours (sauf le mardi) de mi-juin à mi-septembre ; le week-end et les jours fériés aux mêmes heures de fin mars à mi-juin et de mi-septembre à début novembre. 30 F. ☎ 02 40 54 91 42.

Lac de GRAND-LIEU

Promenades en barque – Lors de la fête annuelle des Pêcheurs qui a lieu à Passay le 15 août et le dimanche suivant.

Parc zoologique du GROS ROC

♿ Visite tous les jours de 10 h à 19 h (20 h le dimanche et les jours fériés) de juin à mi-septembre ; de 10 h à 12 h et de 14 h à 19 h (10 h à 19 h le dimanche et les jours fériés) de février à mai et de mi-septembre à mi-novembre. 38 F (adulte) ; 19 F (enfant). ☎ 02 51 00 22 54.

Le GUA

Musée historique 1944-45 « La Poche de Royan » – ♿ Visite tous les jours de 10 h à 20 h (fermeture de la billetterie à 19 h) de juin à mi-septembre ; de 10 h à 12 h et de 14 h à 19 h (fermeture de la billetterie à 18 h) de mi-septembre à mai. 35 F (adulte) ; 15 F (enfant). ☎ 05 46 22 89 90.

La GUERCHE

Visite accompagnée (3/4 h) tous les jours (sauf le dimanche matin) de 10 h à 13 h et de 14 h à 19 h de mi-juin à mi-septembre. 20 F (adulte) ; 10 F (enfant). ☎ 02 47 91 02 39.

Château de la GUIGNARDIÈRE

Visite accompagnée (1 h) tous les jours de 10 h à 19 h en juillet et août ; le week-end et les jours fériés de 14 h à 19 h en juin et septembre. 35 F. ☎ 02 51 22 33 06.

H – I

La HAIE-FOUASSIÈRE

Maison des Vins de Nantes – Visite tous les jours de 8 h 30 (10 h 30 le week-end) à 12 h 30 et de 14 h à 17 h 45 (18 h le week-end) en juillet et août ; tous les jours (sauf le week-end) de 8 h 30 à 12 h 30 et de 14 h à 17 h 45 de septembre à juin. Fermé les jours fériés. Entrée gratuite. ☎ 02 40 36 90 10.

Les HERBIERS

Chemin de fer de la Vendée – Se reporter à : Gare des ÉPESSES.

Abbaye de l'ÎLE CHAUVET

Visite libre ou accompagnée (1 h) sur demande préalable tous les jours de 9 h à 19 h de juin à septembre. 20 F (adulte) ; 10 F (enfant). ☎ 02 51 68 13 19.

L'ÎLE-D'OLONNE

Observatoire d'oiseaux – Visite tous les jours de 9 h 30 à 12 h et de 15 h à 19 h en juillet et août. 10 F. ☎ 02 51 33 12 97 (ADEV).

J

La JAMONIÈRE

Musée des Amis de la forêt – Visite tous les jours (sauf les matinées du week-end) de 10 h à 12 h et de 15 h à 18 h de mi-juillet à août; tous les jours (sauf le mercredi matin, le samedi et le dimanche matin) de 10 h à 12 h et de 14 h à 17 h d'avril à mi-juillet et de septembre à octobre; tous les jours (sauf le samedi après-midi et le dimanche) de novembre à mars. Fermé la semaine entre Noël et le Jour de l'An. 13 F. ☏ 02 51 00 00 87.

JARNAC
🛈 Place du Château – 16200 – ☏ 05 45 81 09 30

Donation François-Mitterrand – ♿ Visite tous les jours de 10 h à 12 h 30 et de 14 h à 19 h de mi-juin à mi-septembre; tous les jours (sauf le mardi) de 14 h à 18 h de mi-janvier à mi-juin et de mi-septembre à novembre. 20 F. ☏ 05 45 81 38 88.

Maison Courvoisier : musée et chais – Visite accompagnée (1 h) tous les jours de 9 h 30 à 18 h de mai à septembre; tous les jours (sauf le week-end) de 9 h 30 à 13 h et de 14 h à 18 h en avril et octobre. Fermé le 1er mai. Entrée gratuite. ☏ 05 45 35 56 16 ou 05 45 35 55 87.

Maison Louis Royer – Visite (sous réserve pour cette année : se renseigner) tous les jours (sauf le dimanche et le lundi) de 10 h à 12 h et de 14 h à 19 h de mai à septembre. Entrée gratuite. ☏ 05 45 81 26 82 ou 05 45 81 02 72.

La JARNE

Château de Buzay – Visite accompagnée (1/4 h) tous les jours de 14 h 30 à 17 h 30 de juillet à septembre. 25 F (adulte); 15 F (enfant). ☏ 05 46 56 63 21.

JONZAC
🛈 Place du Château – 17500 – ☏ 05 46 48 49 29

Château – Visite accompagnée (1 h) le mardi et le jeudi à 16 h en juillet et août; le mardi à 16 h de mars à juin et de septembre à novembre. Entrée gratuite. ☏ 05 46 48 49 29 (Office de tourisme).

Ancien couvent des Carmes – Visite tous les jours (sauf le lundi) de 15 h à 18 h en juillet et août. Entrée gratuite. ☏ 05 46 48 49 29 (Office de tourisme).

Moulin des JUSTICES

Visite accompagnée (1/2 h) tous les jours de 9 h à 12 h et de 14 h à 19 h de mi-juin à mi-septembre; le week-end et les jours fériés de 15 h à 19 h (possibilité de visite dans la semaine si le moulin tourne pour la fabrication de farine) de mi-mars à mi-juin et la deuxième quinzaine de septembre. 15 F. ☏ 02 51 57 79 09.

L

Abbaye de LIGUGÉ

Galerie d'émaux et musée – Visite tous les jours de 9 h à 11 h et de 15 h (17 h le samedi) à 17 h 30; le dimanche de 11 h 15 à 12 h, de 15 h à 16 h 15 et de 17 h 15 à 18 h. Entrée gratuite. ☏ 05 49 55 21 12.

Le LOROUX-BOTTEREAU

Église St-Jean Baptiste :

Clocher – Visite tous les jours (sauf le lundi) de 10 h à 12 h et de 15 h à 18 h. Fermé de la troisième semaine de décembre à la première semaine de janvier et les jours fériés. 5 F. ☏ 02 40 03 79 76.

Promenade en barque dans le Marais de Goulaine – Visite tous les jours (sauf le lundi) de 10 h 30 à 12 h et de 15 h à 18 h d'avril à septembre. Fermé pendant la période de chasse. Clés et rames à l'Office de tourisme. 50 F par barque (1/2 journée); 100 F (journée). ☏ 02 40 03 79 76.

LOUDUN
🛈 Hôtel de ville – 86200 – ☏ 05 49 98 15 96

Visite guidée de la ville – Tous les jours (1 h 1/2) à 15 h en juillet et août, le reste de l'année sur demande préalable. 20 F. S'adresser à l'Office de tourisme.

Tour Carrée – Visite tous les jours de 10 h 30 à 12 h 30 et de 15 h à 19 h en juillet et août; de 15 h à 19 h la deuxième quinzaine de juin et la première quinzaine de septembre; le dimanche de 14 h à 18 h de mi-septembre à mi-juin. Fermé les 1er janvier et 25 décembre. 10 F. ☏ 05 49 98 15 96 (Office de tourisme).

Musée Charbonneau-Lassay – Visite tous les jours (sauf le mercredi) de 10 h à 12 h et de 15 h à 19 h de mi-juin à mi-septembre; le week-end et les jours fériés de 14 h à 18 h le reste de l'année. Fermé les 1er janvier et 25 décembre. 10 F. ☏ 05 49 98 08 48.

Musée Théophraste-Renaudot – Visite libre ou accompagnée (3/4 h) tous les jours de 10 h à 12 h et de 14 h 30 à 18 h 30 en juillet et août ; de 14 h 30 à 17 h 30 de septembre à juin. Fermé le 1er novembre et la semaine entre Noël et le Jour de l'An. 20 F. ☎ 05 49 98 27 33.

Les LUCS-SUR-BOULOGNE

Le chemin de la Mémoire des Lucs – &. Visite libre ou accompagnée (3/4 h) tous les jours de 10 h à 19 h en juillet et août ; tous les jours de 9 h 30 à 18 h (le week-end et les jours fériés de 10 h à 19 h) de septembre à juin. Fermé les trois dernières semaines de janvier. Entrée gratuite. ☎ 02 51 42 81 00.

LUSIGNAN   🛈 Centre André-Léo – 86600 – ☎ 05 49 43 61 21

Visite guidée de la ville – S'adresser à l'Office de tourisme.

LUSSAC-LES-CHÂTEAUX

Musée de Préhistoire – Visite libre ou accompagnée (3/4 h) tous les jours (sauf le lundi, le mardi et la matinée du dimanche) de 10 h à 12 h et de 14 h à 18 h de juin à septembre. 20 F (adulte) ; 10 F (enfant). ☎ 05 49 84 57 73 (Office de tourisme).

M

MAILLEZAIS   🛈 85420 – ☎ 02 51 87 23 01

Promenades en barque – S'adresser à l'Association Familiale Rurale, ☎ 02 51 87 21 87 ou à Aria-Loisirs, ☎ 02 51 87 14 00.

Abbaye – Visite libre ou accompagnée en saison (1 h) tous les jours de 9 h à 20 h en juillet et août ; de 9 h à 12 h 30 et de 14 h à 19 h d'avril à juin et en septembre ; de 9 h à 12 h et de 14 h à 18 h de février à mars et en octobre ; de 9 h à 12 h et de 14 h à 17 h 30 de novembre à janvier. 15 F. ☎ 02 51 00 70 11.

Manoir du MAINE-GIRAUD

Visite tous les jours de 9 h à 12 h et de 14 h à 18 h. Entrée gratuite. ☎ 05 45 64 04 49.

MALLIÈVRE

Maison de l'eau – Visite tous les jours de 10 h à 12 h et de 14 h à 19 h de mi-juin à mi-septembre ; le dimanche et les jours fériés de 14 h à 19 h d'avril à mi-juin et de mi-septembre à mi-octobre. 30 F (adulte) ; 15 F (enfant). ☎ 02 51 65 33 99.

Réserve naturelle des MARAIS DE MOËZE

Visite accompagnée sur demande préalable auprès de l'Espace Nature (Information Nature Environnement), place Colbert, 17300 Rochefort-sur-Mer. 30 F. ☎ 05 46 82 12 44 ou 05 46 83 17 07.

Réserve naturelle du MARAIS D'YVES

Centre nature – Visite tous les jours de 9 h 30 à 12 h et de 15 h à 19 h en juillet et août ; de 14 h à 18 h pendant les vacances scolaires ; le mercredi et le dimanche de 14 h à 18 h de septembre à juin. Fermé le 1er janvier et 25 décembre. Entrée gratuite (centre nature) ; 15 F (sortie d'1 h sur le site) ; 30 F (sortie crépusculaire de 2 h 30). S'adresser à Espace nature, place Colbert, 17300 Rochefort. ☎ 05 46 82 12 44.

Le MARAIS POITEVIN

Promenades en barques – Avec ou sans guide. À Arçais, s'adresser à M. Bardet, ☎ 05 49 35 39 18 ; M. Deschamps, ☎ 05 49 35 43 34 ; M. Guinouard, ☎ 05 49 35 37 34 ; Mme Juin, ☎ 05 49 35 39 63. À Bessines (embarcadère des trois Ponts), s'adresser à la mairie, ☎ 05 49 09 16 41. À Damvix, s'adresser à Aria-Loisirs, ☎ 02 51 87 17 17 ; embarcadère des Conches, ☎ 02 51 87 12 01 ; embarcadère Rocher, ☎ 02 51 87 11 55. À La Garette, s'adresser à M. Largeaud-Bouyer, ☎ 05 49 35 93 35 ; Sarl Matelem, ☎ 05 49 35 93 46 ; Sarl Le Tertre, ☎ 05 49 35 82 84. À Nalliers, s'adresser à l'embarcadère du Communal, ☎ 02 51 30 71 46. Au Mazeau, s'adresser à Mme Matray, ☎ 02 51 52 90 73. À St-Sigismond, s'adresser à l'embarcadère de l'Autise, ☎ 02 51 52 97 45. À St-Hilaire-la-Palud, s'adresser à M. Roy ☎ 05 49 35 40 68 ; au camping de Lidon, ☎ 05 49 35 33 64. Voir aussi à Coulon et Maillezais.

Croisières Déjeuner et Dîner sur la Sèvre Niortaise – S'adresser à : Nouvelles Croisières Voyages, Route de Damvix, à Arçais, ☎ 05 49 35 31 85 ou 06 07 02 21 52.

Location de vélos (VTT et VTC) – Organise également des journées découvertes, s'adresser à la Bicyclette Verte : rue du Coursault, 79210 Arçais, ☎ 05 49 35 42 56.

Château de MARCONNAY

Visite accompagnée (3/4 h) tous les jours (sauf le lundi) de 14 h à 18 h 30. 10 F.
☎ 05 49 53 53 70.

MARENNES

Vidéorama de l'huître – ♿ Visite tous les jours (sauf le dimanche après-midi) de 9 h 30 à 12 h et de 14 h à 18 h en juillet et août; tous les jours (sauf le dimanche) de 9 h 30 à 12 h et de 14 h à 18 h d'avril à juin et en septembre; tous les jours (sauf le samedi après-midi et le dimanche) de 10 h à 11 h 30 et de 14 h à 15 h 30 d'octobre à mars. Fermé les jours fériés. 11 F (adulte). ☎ 05 46 85 04 36.

Marennes – Claires à huîtres

Église St-Pierre-de-Sales : terrasse – Visite tous les jours de 10 h à 12 h 30 et de 14 h à 19 h en juillet et août; tous les jours (demande préalable pour le week-end et les jours fériés) de 14 h à 18 h de septembre à juin. S'adresser au presbytère, 28, rue Fresneau. 7 F. ☎ 05 46 85 03 86.

MARSILLY

Église St-Pierre :

Clocher et musée des graffiti anciens – Visite tous les jours (sauf le lundi et le mardi) de 14 h 30 à 18 h 30 de mi-avril à mi-septembre; le week-end de 14 h 30 à 18 h 30 de mars à mi-avril et de mi-septembre à octobre. 15 F. ☎ 05 46 01 36 23.

MAULÉON

Musée du Brham – Visite libre ou accompagnée (1 h 30) tous les jours de 14 h à 18 h (14 h 30 le week-end et les jours fériés). 5 F. ☎ 05 49 81 86 23.

La vie des jouets – Visite tous les jours (sauf le dimanche matin) de 10 h à 13 h et 14 h à 19 h en juillet et août; tous les jours (sauf le lundi, le mardi et le dimanche matin) de 14 h à 18 h (15 h à 19 h le dimanche) de septembre à juin. 20 F (adulte); 10 F (enfant). ☎ 05 49 81 64 12.

MELLE   🅱 Place de la poste – 79500 – ☎ 05 49 29 15 10

Mines d'argent des Rois francs – Visite accompagnée (l h 1/4) tous les jours de 10 h à 12 h et de 14 h 30 à 19 h 30 de juin à septembre; le week-end et les jours fériés de 14 h 30 à 18 h 30 de mars à mai et d'octobre à mi-novembre. 28 F (adulte); 15 F (enfant). ☎ 05 49 29 19 54.

MÉNIGOUTE

Musée d'arts et traditions populaires Raoul-Royer – Visite libre ou accompagnée (1 h 1/2) tous les jours (sauf le lundi et le mardi) de 15 h à 18 h. Fermé de mi-septembre à mi-octobre et les 1er janvier et 25 décembre. 20 F (adulte); 5 F (enfant). ☎ 05 49 69 14 98.

MESCHERS-SUR-GIRONDE

Grottes du Regulus et des Fontaines – Visite accompagnée (1/2 h) tous les jours de 10 h à 19 h de mi-juin à août; de 14 h à 17 h de Pâques à mi-juin; tous les jours (sauf le samedi) de 14 h à 17 h de septembre à la Toussaint. 23 F (adulte); 12 F (enfant). Un billet jumelé, 55 F (adulte), 20 F (enfant), permet de visiter également trois autres sites : le Musée agricole (château de Didonne), le Moulin du Fâ (Barzan) et le Musée des amis de Talmont (Talmont-sur-Gironde). ☎ 05 46 02 52 29.

MEUX

Château – Visite accompagnée (3/4 h) tous les jours (sauf le mardi) de mai à septembre de 14 h 30 à 18 h 30. 25 F. ☎ 05 46 48 16 61.

MIGRON

Écomusée du Cognac – Visite libre ou accompagnée à 15 h 30 de mi-juin à mi-septembre (1 h 30) tous les jours de 9 h 30 à 12 h 30 et de 14 h 30 à 18 h 30. Entrée gratuite (visite et dégustation). ☎ 05 46 94 91 16. Vente de vieux cognac du Domaine et de pineau des Charentes.

MONTENDRE

Tour carrée : musée – Visite accompagnée (1 h) tous les jours (sauf le dimanche) à 11 h et à 16 h de mi-juin à mi-septembre. 10 F. ☎ 05 46 49 46 45.

MONTLIEU-LA-GARDE

Maison de la Forêt de Haute-Saintonge – Visite libre ou accompagnée (1 h 30) tous les jours de 9 h 30 à 12 h 30 et de 14 h 30 à 18 h 30 de mi-juin à octobre ; tous les jours (sauf les matinées du week-end) de 9 h à 12 h et de 14 h à 17 h 30 de novembre à mi-juin. Fermé le 1er janvier et le 25 décembre. 15 F. ☎ 05 46 04 43 67.

MONTMORILLON   🛈 21, avenue Ferdinand-Tribot – 86500 – ☎ 05 49 91 11 96

Visite guidée de la ville – S'adresser au SIDEM ou à l'Office de tourisme. ☎ 05 49 84 54 84.

Maison-Dieu (Chapelle St-Laurent et Octogone) – Visite libre ou accompagnée (1 h) tous les jours (sauf le mardi) de 9 h 18 h de juin à septembre. Le reste de l'année sur demande préalable. Fermé les 1er janvier et 25 décembre. 20 F ; 10 F (Octogone seul). ☎ 05 49 91 11 96 (Office de tourisme).

Musée de la Tour – En cours de restauration.

Musée de Préhistoire – En cours de restauration.

MORTAGNE-SUR-GIRONDE

Ermitage St-Martial – Visite accompagnée (1/2 h) tous les jours de 10 h 30 à 20 h en juillet et août ; de 11 h à 19 h en juin ; de 13 h 30 à 19 h en avril et mai ; de 13 h 30 à 18 h 30 en septembre et octobre. Entrée : au bon vouloir de chacun.

MORTAGNE-SUR-SÈVRE

Chemin de fer de la Vendée – ♿ Départ de la gare de Mortagne à 15 h 30 (se présenter 10 mn avant le départ du train). Circule le mercredi, vendredi et le week-end en juillet et août ; le dimanche en juin et septembre. 55 F (aller) ; 70 F (A/R). ☎ 02 51 63 02 01.

LA MOTHE-ST-HÉRAY

Maison de la haute Sèvre – Visite tous les jours de 10 h à 12 h et de 15 h à 18 h 30 en juillet et août ; tous les jours (sauf le mardi) de 15 h à 18 h 30 de février à juin et de septembre à novembre. 18 F. ☎ 05 49 05 19 19.

MOUILLERON-EN-PAREDS

Musées nationaux – Visite libre ou accompagnée (1 h 1/2) tous les jours (sauf le mardi) de 9 h 30 à 12 h et de 14 h à 18 h de mi-avril à mi-octobre. Le reste de l'année de 10 h à 12 h et de 14 h à 17 h. Fermé les 1er janvier, 1er mai et 25 décembre. 22 F (adulte) ; entrée gratuite (enfant). ☎ 02 51 00 31 49.

Forêt de MOULIÈRE

Maison de la Forêt – ♿ Visite tous les jours (sauf le lundi) de 9 h à 12 h et de 14 h à 18 h (19 h le week-end) d'avril à septembre ; de 9 h à 12 h et de 14 h à 17 h 30 (18 h le week-end) d'octobre à mars. Fermé les 1er janvier et 25 décembre. Entrée gratuite. ☎ 05 49 56 59 20.

N

NIEUL-SUR-L'AUTISE   🛈 Place de l'Église – 85240 – ☎ 02 51 52 49 03

Cloître – Visite libre ou accompagnée en saison (1 h) tous les jours de 9 h 30 à 19 h 30 en juillet et août ; de 10 h à 12 h 30 et de 14 h à 18 h de mi-mars à juin et de septembre à mi-novembre ; de 14 h à 17 h pendant les vacances scolaires de Noël et de février. 15 F. ☎ 02 51 52 49 03.

Maison de la Meunerie – Visite tous les jours de 10 h 30 à 12 h et de 14 h 30 à 19 h de juin à septembre ; le week-end de 15 h à 18 h en mai et la première quinzaine d'octobre ; tous les jours de 15 h à 18 h pendant les vacances scolaires de Pâques. 20 F (adulte) ; 10 F (enfant). ☎ 02 51 52 47 43.

Camp néolithique de Champ-Durand – Visite libre toute l'année. Entrée gratuite. ☎ 02 51 52 49 03.

NIORT

🛈 Place de la Poste – 79000 – ☎ 05 49 24 18 79

Visite guidée de la ville – S'adresser à l'Office de tourisme.

Musée du donjon – Visite libre ou accompagnée (3/4 h) tous les jours (sauf le mardi) de 9 h à 12 h et de 14 h à 18 h de mai à mi-septembre ; de 9 h à 12 h et de 14 h à 17 h le reste de l'année. Fermé les 1er janvier et 25 décembre. 17 F (gratuit le mercredi). ☎ 05 49 77 16 70.

Logis de l'Hercule – Visite tous les jours (sauf le dimanche) en juillet et août. Horaire et billetterie : s'adresser à l'Office de tourisme. 25 F (en journée) ; 30 F (en soirée).

Musée d'Histoire naturelle – Fermé pour cause de déménagement des collections sur le site du musée Bernard d'Agesci. Se renseigner à l'Office de tourisme.

Musée Bernard d'Agesci – Visite tous les jours (sauf le mardi) de 9 h à 12 h et de 14 h à 18 h de mai à mi-septembre ; de 9 h à 12 h et de 14 h à 17 h le reste de l'année. Fermé les 1er janvier et 25 décembre. 17 F (gratuit le mercredi). ☎ 05 49 77 16 70.

Château de La NOË DE BEL-AIR

Visite du parc tous les jours de 10 h à 12 h 30 et de 14 h à 18 h. Entrée gratuite (dégustation-vente de muscadet). ☎ 02 40 33 92 72.

Île de NOIRMOUTIER

🛈 Route du pont, Barbâtre – 85330 – ☎ 02 51 39 80 71

Marais salants – En juillet et août (en fin d'après-midi), cinq sauniers de l'île ouvrent leur marais à la visite (1 h) : Bernard Chamley, ☎ 02 51 39 32 89 ; Michel Gallois, ☎ 02 51 39 52 72 ; Véronique Gendron, ☎ 02 51 39 58 67 ; Stéphane Leffondré, ☎ 06 03 07 48 15 ; Didier Magadur, ☎ 02 51 39 53 29.

Promenades en mer – De l'Herbaudière à l'île du Pilier (une journée ; durée de la traversée : 1/2 h) : 60 F (adulte) ; 45 F (enfant). Au bois de la Chaize : 50 F (adulte) ; 35 F (enfant). Pêche en mer tous les jours en saison : 120 F (sans le matériel). ☎ 02 51 39 09 62.

La Guérinière

Musée des Arts et Traditions populaires – ♿ Visite tous les jours de 10 h à 19 h en juillet et août ; de 14 h 30 à 17 h 30 d'avril à juin et de septembre à mi-octobre. Fermé le 1er mai. 20 F (adulte) ; 10 F (enfant). ☎ 02 51 39 41 39.

Noirmoutier-en-Île

Château – Visite libre ou accompagnée (1 h) tous les jours de 10 h à 19 h de mi-juin à mi-septembre ; tous les jours (sauf le mardi) de 10 h à 12 h 30 et de 14 h 30 à 18 h 30 la première quinzaine de juin ; de 10 h à 12 h 30 et de 14 h 30 à 18 h de mi-février à mi-juin et de mi-septembre à mi-novembre. Fermé le reste de l'année. 22 F + 10 F si visite accompagnée (adulte) ; 13 F (enfant). Billet jumelé avec le musée de la Construction navale : 32 F (adulte) ; 18 F (enfant). ☎ 05 51 39 10 42.

Noirmoutier – Musée de la Construction navale

Aquarium-Sealand – Visite tous les jours de 10 h à 20 h en juillet et août ; de 10 h à 12 h 30 et de 14 h à 19 h de février à juin et de septembre à mi-novembre. 44 F (adulte), 29 F (enfant). ☎ 02 51 39 08 11.

Musée de la Construction navale – ♿ Visite tous les jours de 10 h à 19 h de mi-juin à mi-septembre ; de 10 h à 12 h 30 et de 14 h 30 à 18 h 30 la première quinzaine de juin ; tous les jours (sauf le lundi) de 10 h à 12 h 30 et de 14 h 30 à 18 h d'avril à mai et mi-septembre à octobre. 20 F (adulte) ; 10 F (enfant). ☎ 02 51 39 24 00.

Grottes de la NORÉE

Fermées actuellement à la visite. Se renseigner auprès de l'Office de tourisme de Poitiers sur une possible réouverture. ☎ 04 49 41 21 24.

Abbaye N.-D.-DE-LA-GRAINETIÈRE

Visite (avec un dépliant-guide) tous les jours de 8 h à 19 h. 10 F. ☎ 02 51 67 21 19.

Abbaye N.-D.-DE-LIEU-DIEU

Visite accompagnée (1/2 h) tous les jours (sauf le dimanche matin) de 10 h à 12 h et de 14 h à 18 h de juillet à septembre ; de 16 h à 18 h de mi-mai à juin et la première quinzaine d'octobre. 25 F (adulte) ; 15 F (enfant). ☎ 02 51 33 40 06.

NOTRE-DAME-DE-MONTS

Salle panoramique (château d'eau) – ♿ Visite tous les jours (sauf le dimanche matin) de 10 h à 19 h en juillet et août ; tous les jours (sauf le lundi et le dimanche matin) de 10 h à 12 h et de 14 h à 18 h (19 h le dimanche) d'avril à juin et en septembre ; de 14 h à 18 h de février à mars et d'octobre à mi-novembre. Fermé le reste de l'année. 16 F. ☎ 02 51 58 86 09.

O

Château d'OIRON

Visite libre ou accompagnée (1 h 1/2) tous les jours de 10 h 30 à 18 h 30 (fermeture de la billetterie à 17 h 30) de mi-avril à septembre ; du mardi au vendredi de 9 h 30 à 12 h 30 (sur demande préalable) et de 13 h 30 à 17 h (fermeture de la billetterie à 16 h) ainsi que le week-end de 10 h à 17 h d'octobre à mi-avril. Fermé les 1er janvier, 1er mai, 1er et 11 novembre, 25 décembre. 32 F (adulte) ; 21 F (enfant). ☎ 05 49 96 51 25.

Île d'OLÉRON

Promenades en Mer – Liaison régulière saisonnière avec l'île d'Aix (voir ce nom). Croisières en saison vers l'île Aix, La Rochelle, l'île de Ré et la Charente (départ Saintes) organisées par les croisières inter-îles et fluviales. ☎ 05 46 47 01 45.
En juillet et août, excursions en mer au départ de Boyardville ; de mai à juin et en septembre promenade en mer au départ de Boyardville-Port : s'adresser aux vedettes oléronaises. ☎ 05 46 76 09 50.

Phare de Chassiron

Visite tous les jours de 10 h à 12 h et de 14 h 30 à 19 h (suivant la disponibilité du gardien) d'avril à septembre. Entrée à l'appréciation de chacun. ☎ 05 46 47 86 70.

La Cotinière

La criée – Visite tous les jours (sauf le dimanche) à 6 h et 16 h. Fermé les jours fériés. Entrée gratuite. ☎ 05 46 76 42 42.

Le Grand-Village-Plage

Maison paysanne oléronaise – ♿ Visite accompagnée (1 h) tous les jours de 10 h à 12 h et 15 à 19 h de juin à mi-septembre ; tous les jours (sauf le mardi) de 10 h à 12 h et de 15 h à 17 h en mai ; de 11 h à 12 h 30 et de 14 h à 16 h 30 en avril et la deuxième quinzaine de septembre ainsi que pendant les vacances scolaires. 30 F (adulte) ; 20 F (enfant). ☎ 05 46 47 43 44.

Le Port des Salines – ♿ Visite tous les jours de 9 h 30 à 12 h 30 et de 15 h à 19 h de mi-juin à mi-septembre ; tous les jours (sauf le lundi) de 10 h à 12 h 30 et de 14 h 30 à 18 h 30 d'avril à mi-juin et la deuxième quinzaine de septembre. 30 F. ☎ 05 46 75 82 28.

Maisonneuve

Parc Ornithologique – ♿ Visite tous les jours de 9 h 30 à 20 h d'avril à septembre ; de 9 h 30 à 18 h d'octobre à mars. 32 F (adulte) ; 18 F (enfant). ☎ 05 46 47 10 32.

Le Marais aux oiseaux

♿ Visite tous les jours de 10 h à 20 h en juillet et août; de 10 h à 13 h et de 14 h à 19 h en juin et septembre; tous les jours (sauf le samedi) de 10 h à 13 h et de 14 h à 19 h d'avril à mai; idem mais de 14 h à 18 h pendant les vacances scolaires; le mercredi et le dimanche de 14 h à 18 h hors vacances d'octobre à mars. 25 F (adulte); 15 F (enfant). ☎ 05 46 75 37 54.

St-Pierre-d'Oléron

Musée de l'île d'oléron Aliénor-d'Aquitaine – ♿ Visite libre ou accompagnée (1 h) tous les jours (sauf le dimanche) de 10 h à 12 h et de 14 h à 18 h 30 de juin à mi-octobre; de 14 h 30 à 18 h 30 pendant les vacances de Pâques. 25 F (adulte); 15 F (enfant). ☎ 05 46 75 02 77.

St-Trojan-les-Bains

Train touristique (pointe de Gatseau) – Circule tous les jours des vacances scolaires de printemps à fin octobre. Se renseigner pour les horaires (Train du Soleil Couchant en juillet et août). 55 F (adulte); 35 F (enfant). ☎ 05 46 76 01 26.

OUZILLY-VIGNOLLES

Terra Villa – Visite accompagnée (1 h 1/2) tous les jours 15 h à 19 h de juin à septembre; de 14 h à 18 h (15 h à 19 h le week-end) le reste de l'année. Fermé les 1er janvier et 25 décembre. 28 F (adulte); 17 F (enfant). ☎ 05 49 22 61 61.

P

Parc ornithologique de PAGNOLLE

♿ Visite tous les jours de 10 h à la tombée de la nuit d'avril à octobre. 35 F (adulte); 20 F (enfant). ☎ 02 51 69 02 55.

Le PALLET

Musée du Vignoble Nantais – ♿ Visite libre ou accompagnée (1 h 1/4) tous les jours de 10 h 30 à 13 h et de 14 h 30 à 19 h de mai à septembre; de 14 h 30 à 18 h de mi-mars à avril et en octobre; le week-end de 14 h 30 à 18 h en novembre. Fermé le jour de la Toussaint. 25 F. ☎ 02 40 80 90 13.

Zoo de la PALMYRE

♿ Visite tous les jours de 9 h à 18 h d'avril à septembre; de 9 h à 12 h et de 14 h à 17 h d'octobre à mars. 60 F (adulte); 40 F (enfant). ☎ 08 36 68 18 48 (audiotel : 2,19 F/mn).

Château de PANLOY

♿ Visite libre ou accompagnée (1/2 h) tous les jours (sauf le lundi) de 10 h à 12 h et de 14 h à 18 h 30 de mi-mars à mi-novembre. 30 F. ☎ 05 46 91 73 23.

PARTHENAY   🛈 Palais des congrès, square Robert-Bigot – 79200 – ☎ 05 49 64 24 24

Visite guidée de la ville – S'adresser à l'Office de tourisme.

Marché au bétail – Visite guidée le mercredi matin à 7 h 30 de fin juillet à début septembre. S'adresser au marché de Parthenay. ☎ 05 49 64 94 03 44.

Musée municipal Georges Turpin – ♿ Visite libre ou accompagnée (1 h) tous les jours (sauf le mardi) de 10 h à 12 h et de 14 h 30 à 18 h 30 de juin à septembre; tous les jours (sauf le mardi, le samedi et le dimanche matin) de 10 h à 12 h et de 14 h à 18 h 30 de mi-avril à mai; tous les jours (sauf le mardi et le week-end) de 10 h à 12 h et de 14 h à 18 h d'octobre à mi-avril. Fermé les jours fériés. Entrée gratuite. ☎ 05 49 64 53 73.

PARTHENAY-LE-VIEUX

Église St-Pierre – Visite libre tous les jours de 8 h à 20 h de mai à octobre ou accompagnée sur demande préalable, s'adresser à l'Office de tourisme. ☎ 05 49 64 24 24.

PASSAY

Maison du Pêcheur – Visite libre ou accompagnée (1 h) tous les jours de 10 h à 12 h et de 15 h à 18 h 30. Fermé les 1er janvier et 25 décembre. 13 F. ☎ 02 40 31 36 46.

Îles de PAYRÉ

Port miniature – Le site est accessible toute l'année. le Port miniature fonctionne tous les jours de 14 h à la tombée de la nuit en juillet et août; le dimanche et les jours fériés aux mêmes horaires de mai à juin et en septembre. 20 F (adulte); 15 F (enfant). ☎ 05 49 42 06 17.

Parc d'attractions de PIERRE-BRUNE

Visite tous les jours de 10 h à 19 h d'avril à mi-septembre; le dimanche de 10 h à 19 h de mi-septembre à octobre. 57 F (adulte et enfant). ☎ 02 51 00 20 18.

Hameau de PIRELONGE

Musée des Alambics, musée Charentais de l'Imprimerie – Visite accompagnée (2 h) tous les jours (sauf le lundi) de 10 h à 12 h et de 14 h 30 à 19 h. Fermé en février. 30 F (adulte) ; 10 F (enfant). ☎ 05 46 02 00 14.

POITIERS
🛈 8, rue des Grandes-Écoles BP 377 – 86009 – ☎ 05 49 41 21 24

Visite guidée de la ville 🔺 – Visite accompagnée (2 h 1/2) à 10 h et 15 h de juillet à septembre. 35 F. S'adresser à l'Office de tourisme.

Palais de justice – Visite tous les jours (sauf le week-end et les jours fériés) de 8 à 18 h.

Baptistère St-Jean – Visite tous les jours de 10 h 30 à 12 h 30 et de 15 h à 18 h en juillet et août ; tous les jours (sauf le mardi) aux mêmes horaires d'avril à juin et de septembre à octobre ; de 14 h 30 à 16 h 30 de novembre à mars. Fermé les 1er janvier, 1er mai et 25 décembre. 4 F. ☎ 05 49 41 21 24.

Musée Ste-Croix – Visite libre ou accompagnée (1 h 1/2) tous les jours (sauf le lundi matin) de 10 h à 12 h et de 13 h 15 à 18 h (14 h le week-end) de juin à septembre ; le lundi de 13 h à 17 h, le mardi de 10 h à 17 h, du mercredi au vendredi de 13 h à 17 h et le week-end de 14 h à 18 h d'octobre à mai. Fermé les jours fériés (sauf Ascension, 14 juillet et 11 novembre). 15 F (billet jumelé avec les musées de Chièvres et de l'Hypogée) ; entrée gratuite le mardi. ☎ 05 49 41 07 53.

Musée de Chièvres – Visite libre ou accompagnée (1 h 1/2) tous les jours (sauf le lundi matin) de 10 h à 12 h et de 14 h à 19 h de juin à septembre ; tous les jours (sauf le lundi matin et les matinées du week-end)) de 10 h à 12 h et de 14 h à 18 h d'octobre à mai. Fermé les jours fériés (sauf Ascension, 14 juillet, 15 août et 11 novembre). 15 F (billet jumelé avec les musées de Ste-Croix et de l'Hypogée) ; entrée gratuite le mardi. ☎ 05 49 41 07 53.

Espace Mendès France :

Expositions – ♿ Visite libre ou accompagnée (1 h) tous les jours (sauf le lundi matin et les matinées du week-end) de 9 h 30 à 18 h 30. Fermé les 1er janvier, 1er mai et 25 décembre. 25 F (adulte) ; 15 F (enfant). ☎ 05 49 50 33 08.

Planétarium – ♿ Visite accompagnée (1 h) tous les jours (sauf le lundi matin et les matinées du week-end) de 9 h 30 à 18 h 30. Fermé les 1er janvier, 1er mai et 25 décembre. 32 F (adulte) ; 20 F (enfant). ☎ 05 49 50 33 08.

Hypogée des Dunes – Visite libre ou accompagnée (1 h 1/2) tous les jours de 14 h à 18 h de juin à septembre ; le samedi de 14 h à 16 h et le reste de la semaine sur demande préalable d'octobre à mai. 15 F (billet jumelé avec les musées de Chièvres et de Ste-Croix) ; entrée gratuite le mardi. ☎ 05 49 41 07 53.

PONS
🛈 Donjon – 17800 – ☎ 05 46 96 13 31

Donjon du château – Visite tous les jours de 10 h à 12 h 30 et de 14 h à 18 h. 10 F. ☎ 05 46 96 13 31.

Église Notre-Dame-de-l'Hôpital-Neuf – Visite le samedi de 14 h à 17 h de mai à mi-septembre. Toute l'année sur demande préalable à : Européenne d'Histoire et d'Archéologie, Église N.-D.-de-l'Hôpital-Neuf, BP 83, 17800 Pons. Entrée gratuite.

Le PUY DU FOU

Cinéscénie – ♿ Représentation du spectacle (1 h 3/4) le vendredi et le samedi soir vers 22 h 30 de juin à la première semaine de septembre (pas de spectacle le premier week-end d'août). Fermé le reste de l'année. 120 F (adulte) ; 40 F (enfant). Réservation des places obligatoires (pour obtenir les dates de son choix, il est préférable de réserver plusieurs semaines, voire plusieurs mois avant). ☎ 02 51 64 11 11 ou par Minitel 3615 code PUY DU FOU.

Le Puy du Fou – Spectacle de Fauconnerie du Grand Parcours

Écomusée de la Vendée – ♿ Visite libre ou accompagnée (1 h) tous les jours (sauf le lundi) de 10 h à 19 h de mai à septembre ; de 10 h à 12 h et de 14 h à 18 h d'octobre à avril. Fermé en janvier. 10 F (entrée gratuite jusqu'à 13 ans). ☎ 02 51 57 60 60.

Le Grand Parcours – Visite tous les jours de 10 h à 19 h de juin à mi-septembre ; le dimanche et les jours fériés de 10 h à 19 h en mai. 100 F (adulte) ; 45 F (enfant). ☎ 02 51 64 11 11.

La PUYE

Le jardin des Rosiers – ♿ Visite tous les jours (sauf le lundi) de 14 h 30 à 18 h 30 de mai à juillet. 35 F (adulte) ; 10 F (enfant). ☎ 05 49 46 99 96.

Q – R

Grottes du QUÉROY

Visite accompagnée (3/4 h) tous les jours de 11 h à 19 h en juillet et août ; de 14 h à 18 h la deuxième quinzaine de juin ; le dimanche et les jours fériés de 14 h à 18 h d'avril à mi-juin et de septembre à octobre. Fermé de novembre à mars. 27 F (adulte) ; 20 F (enfant). ☎ 05 45 70 38 14 ou 05 45 65 47 09.

Moulin de RAIRÉ

Visite accompagnée (3/4 h) tous les jours de 10 h à 12 h et de 14 h à 18 h 30 en juillet et août ; de 14 h à 18 h en juin et septembre ; le week-end et les jours fériés (ainsi que pendant les vacances scolaires) de 14 h à 18 h de février à mai. 15 F (adulte). ☎ 02 51 35 51 82.

RANTON

Musée paysan – Visite tous les jours de 14 h 30 à 19 h 30 en juillet et août ; de 14 h 30 à 18 h d'avril à juin et de septembre à octobre. 25 F (adulte) ; 15 F (enfant). ☎ 05 49 98 61 51.

Île de RÉ

Pont-viaduc – Péage A/R : auto (conducteur et passagers compris) 110 F de mi-juin à mi-septembre, 60 F le reste de l'année. Deux-roues : 15 F.

Promenades en mer – Liaisons régulières de Pâques à septembre vers l'île d'Aix (avec approche du fort Boyard), assurées par la compagnie Croisières Inter-Îles et Fluviales, 17600 Sablanceaux. Des croisières sont également organisées en saison le long des côtes de l'île et vers La Rochelle, l'île d'Oléron, ainsi que sur la Charente (départ Saintes). ☎ 05 46 09 87 27.

Arche de Noé

Visite tous les jours de 10 h 30 à 19 h 30 (fermeture de la billetterie à 18 h) en juillet et août ; le dimanche de 14 h à 18 h en octobre et pendant les vacances de la Toussaint ; de 14 h à 17 h pendant les vacances de février, d'avril à juin et en septembre. 40 F (adulte) ; 25 F (enfant). ☎ 05 46 29 23 23.

Phare-des-Baleines

Visite tous les jours de 10 h à 12 h et de 14 h à 18 h (17 h hors saison). Entrée au bon vouloir de chacun. ☎ 05 46 29 28 31.

Réserve naturelle de Lilleau des Niges

Visite accompagnée (2 h 30) sur demande préalable (généralement le samedi à 9 h ou 15 h) ; s'adresser à la LPO ou à l'Office de tourisme. 30 F (adulte) ; 10 F (enfant). ☎ 05 46 29 50 74.

Les Portes-en-Ré

Maison de la nature – ♿ Visite tous les jours de 10 h à 12 h 30 et de 15 h à 19 h de juin à septembre. Entrée gratuite. ☎ 05 46 29 50 74.

St-Martin-de-Ré

Visite guidée de la ville – S'adresser à l'Office de tourisme.

Musée Ernest-Cognacq – Visite tous les jours de 10 h à 19 h en juillet et août ; tous les jours (sauf le mardi) de 10 h à 12 h et de 14 h à 18 h (fermeture de la billetterie à 17 h) en septembre ; tous les jours (sauf le mardi hors vacances scolaires) de 10 h à 12 h et de 14 h à 17 h (fermeture de la billetterie à 16 h) d'octobre à juin. 23 F (adulte) ; 11 F (enfant). ☎ 05 46 09 21 22.

Église St-Martin : clocher – Visite libre ou accompagnée (1/2 h) tous les jours de 10 h à 13 h et de 15 h à 23 h en juillet et août ; en fonction des conditions météorologiques de mars à juin et de septembre à octobre. Entrée au bon vouloir de chacun. ☎ 05 46 09 21 06.

Abbaye de la RÉAU

Visite accompagnée (1/2 h) tous les jours (sauf le mardi) de 10 h à 19 h de juin à septembre ; le dimanche et les jours fériés de 10 h à la tombée de la nuit de Pâques à la Toussaint. 25 F. ☎ 05 49 87 65 03 ou 05 49 87 65 96.

RICHELIEU — ⊟ 6, Grande-Rue – 37120 – ☎ 02 47 58 13 62

Musée de l'hôtel de ville – Visite libre ou accompagnée (1/2 h) de 10 h à 12 h et de 14 h à 18 h tous les jours (sauf le mardi) du 1er juillet au 31 août ; de 10 h à 12 h et de 14 h à 16 h tous les jours (sauf le mercredi, le samedi et le dimanche) le reste de l'année. 10 F. ☎ 02 47 58 10 13.

Parc du château – Visite de 10 h à 19 h tous les jours (sauf le mardi en septembre) de mai à mi-septembre. 10 F. ☎ 02 47 58 10 09.

Promenades en train à vapeur – Fonctionne tous les jours (sauf le mardi) de mi-juillet à mi-août ; le week-end et les jours fériés de juin à mi-juillet et de mi-août à septembre. Se renseigner sur les heures de circulation. 60 F (A/R à partir de Chinon). ☎ 02 47 58 12 97.

Château de ROCHEBRUNE

Visite accompagnée (3/4 h) tous les jours de 10 h à 12 h et de 14 h à 19 h en juillet et août ; tous les jours (sauf le mardi) de 14 h à 18 h en juin et en septembre ; le dimanche et les jours fériés de 14 h à 18 h en mai. 30 F (adulte) ; 12 F (enfant). ☎ 05 45 89 08 29 (Office de tourisme).

Château de la ROCHE-COURBON

♿ Visite accompagnée (3/4 h) tous les jours de 10 h à 12 h et de 14 h 30 à 18 h 30 de mai à septembre ; tous les jours (sauf le jeudi, mais jardins ouverts) de 10 h à 12 h et de 14 h 30 à 17 h 30 d'octobre à mi-février et de mi-mars à avril. Fermé les 1er janvier, 25 décembre. Château et jardins : 40 F (adulte) ; 22 F (enfant). Jardins seuls : 26 F (adulte) ; 20 F (enfant). ☎ 05 46 95 60 10.

Château de la ROCHE-DU-MAINE

Visite accompagnée (1 h) uniquement sur demande préalable (15 jours avant) de mi-avril à mi-septembre. 30 F (adulte) ; 20 F (enfant). ☎ 05 49 22 84 09.

ROCHEFORT — ⊟ Avenue Sadi-Carnot – 17300 – ☎ 05 46 99 08 60

Visite guidée de la ville ▲ – Tous les jours (sauf le week-end) à 10 h en juillet et août ; le mardi à 15 h de septembre à juin. 25 F. S'adresser à l'Office de tourisme.

Chantier de reconstruction de l'Hermione – Visite libre ou accompagnée (3/4 h) tous les jours de 10 h à 13 h et de 14 h à 19 h de mi-juin à août ; tous les jours (sauf le lundi) de 14 h 30 à 18 h 30 de septembre à mi-juin. Fermé les 1er janvier et 25 décembre. 20 F (libre) ; 25 F (accompagnée). ☎ 05 46 87 01 90.

Musée de la Marine – Visite tous les jours (sauf le mardi) de 10 h à 12 h et de 14 h à 18 h. Fermé les jours fériés (sauf Pâques et Pentecôte). 29 F (adulte) ; 19 F (enfant). ☎ 05 46 99 86 57.

Centre international de la Mer – ♿ Visite libre ou accompagnée (1 h) de 9 h à 19 h d'avril à octobre ; de 9 h à 18 h de novembre à mars ; de 9 h à 18 h d'octobre à mars. Fermé les 1er janvier et 25 décembre. 30 F (visite libre) ; 37 F (visite accompagnée). ☎ 05 46 87 01 90.

Ancienne école de médecine navale – Visite accompagnée (1 h 1/2) du mercredi au vendredi à 10 h 30, 14 h 30 et 16 h 30. Fermé les jours fériés. Réservation conseillée auprès du musée de la Marine. 29 F (adulte) ; 19 F (enfant). ☎ 05 46 99 59 57.

Musées – La carte-Sésame, remise dans le 1er musée visité, donne droit à une réduction dans les autres musées de Rochefort.

Maison de Pierre Loti – Visite accompagnée (3/4 h) tous les jours sur demande préalable (1/2 journée à l'avance) à partir de 10 h (départ des visites toutes les 1/2 h) de juillet à mi-septembre ; tous les jours (sauf le mardi et le dimanche matin) à 11 h, 12 h, 14 h, 15 h et 16 h de mi-septembre à juin. Fermé en janvier et les jours fériés (sauf en saison). 45 F (d'avril à septembre) ; 40 F (d'octobre à mars). ☎ 05 46 99 16 88.

Musée d'Art de d'Histoire – Visite tous les jours de 13 h 30 à 19 h en juillet et août ; tous les jours (sauf le dimanche et le lundi) de 13 h 30 à 17 h 30 de septembre à juin. Fermé les jours fériés. 10 F. ☎ 05 46 99 83 99.

Les Métiers de Mercure – Visite libre ou accompagnée (1 h) tous les jours de 10 h à 20 h en juillet et août ; tous les jours (sauf le mardi) de 10 h à 12 h et de 14 h à 19 h de février à juin et de septembre à décembre. Fermé en janvier et le 25 décembre. 30 F. ☎ 05 46 83 91 50.

Conservatoire du Bégonia – Visite accompagnée (3/4 h) tous les jours (sauf le dimanche et le lundi) à 14 h, 15 h, 16 h et 17 h de février à octobre. Le reste de l'année mêmes conditions mais dernière visite à 16 h. Fermé pendant les jours fériés. 20 F. ☎ 05 46 99 08 26.

Pont-transbordeur de Martrou – &. Visite tous les jours (sauf le lundi matin) de 10 h à 12 h et de 14 h à 20 h de juin à août ; de 10 h à 12 h et de 14 h à 19 h en mai et septembre ; de 14 h à 18 h (fonctionne aussi de 10 h à 12 h le week-end) en avril ; le week-end de 10 h à 12 h et de 14 h à 17 h en mars et octobre ; le week-end (sauf le samedi matin) de 10 h à 12 h et de 14 h à 17 h en février et novembre. Fermé en janvier et décembre. 10 F. ☎ 05 46 99 08 60.

Station de Lagunage – &. Visite accompagnée (2 h) tous les jours (sauf le samedi) de 14 h à 18 h en juillet et août ; hors saison sur demande préalable auprès de : Espace Nature, place Colbert, 17300 Rochefort. 30 F. ☎ 05 46 82 12 44.

La ROCHEFOUCAULD ⚑ Halle aux grains, place de Gourville – 16110 – ☎ 05 45 63 07 45

Château – Visite libre ou accompagnée (1 h 3/4) de 10 h à 19 h de Pâques à septembre ; le dimanche et les jours fériés de 14 h à 18 h d'octobre à Pâques. 38 F (gratuit pour les enfants de moins de 12 ans). ☎ 05 45 62 07 42.

Ancienne pharmacie de l'hôpital – Visite accompagnée (1/2 h) sur demande préalable (24 h avant) tous les jours de 10 h à 12 h et de 14 h à 17 h. S'adresser au bureau d'accueil de l'hôpital. Entrée gratuite. ☎ 05 45 67 54 00.

La ROCHELLE ⚑ Quartier du Gabut, place de la Petite-Sirène – 17000 – ☎ 05 46 41 14 68

Visite guidée de la ville – Tous les jours (sauf le dimanche) : visite à pied (2 h) à 10 h 30 (32 F) ; visite en calèche (1 h 1/2) à 14 h 30 de juillet à mi-septembre (39 F) ; visite nocturne « ronde de nuit » (2 h) le jeudi (sur demande préalable) de mi-juillet à mi-septembre (40 F). S'adresser à l'Office de tourisme.

Promenades en bateau :

Dans la rade – Au départ du cours des Dames promenades en mer commentées (Croisières Océanes) tous les jours de fin mars à début novembre. La rade (50 mn) : 30 F (adulte) ; 20 F (enfant). Les trois ports (1 h 1/2) : 45 F (adulte) ; 35 F (enfant). Découverte de Fort Boyard (1 h 1/2) : 65 F (adulte) ; 40 F (enfant). ☎ 05 46 50 68 44 (M. Le Formal).

Vers les îles – Liaisons régulières vers l'île d'Aix (approche de Fort-Boyard) de Pâques à septembre ; liaisons saisonnières vers les îles d'Oléron et de Ré en juillet et août ; promenades fluviales sur la Charente (départ de Saintes) de Pâques à septembre. S'adresser à Croisières Inter-Îles et Fluviales, 14 bis, cours des Dames. ☎ 05 46 50 55 54. Liaisons maritimes La Rochelle-St-Denis d'Oléron (3/4 h) et La Rochelle-île d'Aix, s'adresser à Croisières Océanes, cours des Dames. ☎ 05 46 50 68 44.

Tour de la Chaîne – Visite libre ou accompagnée (3/4 h) tous les jours de 10 h à 19 h d'avril à septembre ; de 10 h à 12 h 30 et de 14 h à 17 h 30 d'octobre à mars. Fermé les 1er janvier, 1er mai, 1er et 11 novembre, 25 décembre. 25 F. Possibilité de billet jumelé comprenant la visite des tours de la Lanterne et St-Nicolas : 45 F. ☎ 05 46 34 11 81.

Tour de la Lanterne – Visite libre ou accompagnée (3/4 h) tous les jours de 10 h à 19 h d'avril à septembre ; de 10 h à 12 h 30 et de 14 h à 17 h 30 d'octobre à mars. Fermé les 1er janvier, 1er mai, 1er et 11 novembre, 25 décembre. 25 F. Possibilité de prendre un billet jumelé comprenant la visite des tours de la Chaîne et de St-Nicolas : 45 F. ☎ 05 46 41 56 04.

Tour St-Nicolas – Visite libre ou accompagnée (3/4 h) tous les jours de 10 h à 19 h d'avril à septembre ; de 10 h à 12 h 30 et de 14 h à 17 h 30 d'octobre à mars. Fermé les 1er janvier, 1er mai, 1er et 11 novembre, 25 décembre. 25 F. Possibilité de billet jumelé comprenant la visite des tours de la Chaîne et de la Lanterne : 45 F. ☎ 05 46 41 74 13.

Maison Henri II – Visite tous les jours (sauf le week-end) de 10 h à 12 h et de 14 h à 18 h en juillet et août. Entrée gratuite. ☎ 05 46 34 88 59.

Cathédrale St-Louis : trésor – Visite tous les jours (sauf le week-end) de 11 h à 13 h et de 15 h à 17 h 30 en juillet et août. Fermé les 14 juillet et 15 août. Entrée gratuite.

Hôtel de ville – Visite accompagnée (3/4 h) tous les jours à 15 h et 16 h en juillet et août ; à 15 h en juin et septembre ; le week-end et pendant les vacances scolaires à 15 h d'octobre à mai. Fermé les 1er janvier et 25 décembre. 17 F. ☎ 05 46 41 14 68 (Office de tourisme).

Temple protestant : musée protestant – Visite tous les jours (sauf le dimanche) de 14 h 30 à 18 h de juillet à mi-septembre. Le reste de l'année sur demande préalable. 10 F. ☎ 05 46 50 88 03.

Cloître des Dames Blanches – Visite tous les jours (sauf le week-end) de 8 h à 18 h. Fermé les jours fériés. ☎ 05 46 51 50 00.

Musées – Il existe un billet jumelé donnant accès aux 4 musées municipaux (Nouveau-Monde, Orbigny-Bernon, Beaux-Arts, Histoire naturelle). 40 F.

Muséum d'Histoire naturelle – Visite tous les jours (sauf le lundi et les matins du week-end) de 10 h à 12 h 30 et de 13 h 30 à 18 h. Fermé les 1er janvier, 1er mai, 14 juillet, 1er et 11 novembre, 25 décembre. 20 F (entrée gratuite jusqu'à 18 ans). ☎ 05 46 41 18 25.

Musée du Nouveau Monde – Visite libre ou accompagnée (1 h) tous les jours (sauf le mardi et le dimanche matin) de 10 h à 12 h 30 et de 13 h 30 à 18 h. Fermé les 1er janvier, 1er mai, 14 juillet, 1er et 11 novembre, 25 décembre. 20 F (entrée gratuite jusqu'à 18 ans). ☎ 05 46 41 46 50.

Musée des Beaux-Arts – Visite tous les jours (sauf le mardi) de 14 h à 17 h. Fermé les 1er janvier, 1er mai, 14 juillet, 1er et 11 novembre, 25 décembre. 20 F (entrée gratuite jusqu'à 18 ans). ☎ 05 46 41 64 65.

Musée d'Orbigny-Bernon – Visite libre ou accompagnée (1 h) tous les jours (sauf le mardi et le dimanche matin) de 10 h à 12 h et de 14 h à 18 h. Fermé les 1er janvier, 1er mai, 14 juillet, 1er et 11 novembre, 25 décembre. 20 F (entrée gratuite jusqu'à 18 ans). ☎ 05 46 41 18 83.

Musée Grévin – Visite tous les jours de 9 h à 23 h de juin à septembre ; de 9 h à 19 h d'octobre à mai. 29 F (adulte) ; 19 F (enfant). ☎ 05 46 41 08 71.

Musée du Flacon à parfum – Visite tous les jours (sauf le dimanche matin et le lundi matin) de 10 h 30 à 19 h en juillet et août. Le reste de l'année mêmes conditions mais fermeture le dimanche toute la journée. Fermé les jours fériés. 25 F. ☎ 05 46 41 32 40.

La Rochelle – Musée du Nouveau Monde

S. Guittot/DIAF

Musée maritime : Neptunéa – Visite tous les jours de 10 h à 19 h d'avril à septembre ; de 14 h à 18 h 30 d'octobre à mars. Fermé de janvier à février. 45 F (adulte) ; 30 F (enfant). ☎ 05 46 28 03 00.

Musée des Automates – &. Visite tous les jours de 9 h 30 à 19 h de juin à août ; de 10 h à 12 h et de 14 h à 18 h de février à mai et de septembre à octobre ; de 14 h à 18 h de novembre à janvier. 40 F (adulte) ; 25 F (enfant). Possibilité de prendre un billet jumelé comprenant la visite du musée des Modèles réduits : 65 F (adulte) ; 35 F (enfant). ☎ 02 46 41 68 08.

Musée des Modèles réduits – &. Visite tous les jours de 9 h 30 à 19 h de juin à août ; de 10 h à 12 h et de 14 h à 18 h de février à mai et de septembre à octobre ; de 14 h à 18 h en novembre et décembre. Fermé en janvier. 40 F (adulte) ; 25 F (enfant). Possibilité de prendre un billet jumelé comprenant la visite du musée des Automates : 65 F (adulte) ; 35 F (enfant). ☎ 05 46 41 68 08.

Aquarium – &. Visite tous les jours de 9 h à 23 h en juillet et août ; de 9 h à 19 h de mai à juin et en septembre ; de 10 h à 19 h en avril ; de 10 h à 12 h et de 14 h à 19 h d'octobre à mars. 42 F (adulte) ; 25 F (enfant). ☎ 05 46 34 00 00.

La ROCHE-SUR-YON   🖸 Galerie Bonaparte, place Napoléon – 85000 – ☎ 02 51 36 00 85

Musée – Visite tous les jours (sauf le lundi et le dimanche) de 9 h 30 à 12 h et de 13 h 30 à 18 h (le mercredi et le samedi) et de 13 h 30 à 18 h (le mardi, jeudi et vendredi). Fermé les jours fériés. Entrée gratuite. ☎ 02 51 47 48 50.

Haras – &. Visite accompagnée (1 h 1/4) tous les jours (sauf le dimanche) de 10 h à 12 h et de 14 h à 18 h en juillet et août. 22 F (adulte) ; 15 F (enfant). Fermé les jours fériés. ☎ 02 51 37 01 85.

La Bourrine à ROSALIE

Visite libre ou accompagnée (3/4 h) tous les jours de 10 h 30 à 12 h 30 et de 14 h à 19 h en juillet et août ; de 14 h 30 à 18 h 30 la deuxième quinzaine de juin et en septembre ; le dimanche et les jours fériés de 14 h 30 à 18 h 30 d'avril à mi-juin. 10 F. ☎ 02 51 68 73 61 ou 02 51 68 43 60.

ROYAN

🅿 Palais des Congrès – 17200 – ☎ 05 46 23 00 00

Visite guidée de la ville – Le mardi à 10 h (durée 1 h 1/2) en juillet et août. 20 F. S'adresser à l'Office de tourisme.

Excursions en bateau – À bord de la vedette « La Bohême II » (99 passagers) sont organisées des visites du phare de Cordouan, des promenades le long des falaises de Meschers et du promontoire de Talmont, ainsi que des parties de pêches à pied sur le plateau de Cordouan lors des grandes marées. ☎ 05 56 09 62 93 (M. Grass) ou 05 46 39 05 55 – Minitel 3615 Royan – Embarcadère sur le quai de Gosport au port de plaisance de Royan.

Les RURALIES

Musée agricole – ♿ Visite tous les jours de 10 h à 19 h de mi-juin à mi-octobre ; de 10 h à 18 h le reste de l'année. Fermé les 1er janvier et 25 décembre. 30 F (de mi-avril à mi-octobre) ; 20 F (le reste de l'année). ☎ 05 49 75 68 27.

Maison des Ruralies : exposition l'Aventure humaine en Poitou-Charentes – ♿ Visite libre ou accompagnée (3/4 h) tous les jours de 9 h à 21 h en juillet et août ; de 10 h à 20 h de mi-mai à juin et la première quinzaine de septembre ; de 10 h à 18 h (19 h le week-end et les jours fériés) de mi-septembre à mi-mai. Entrée gratuite. ☎ 05 49 75 80 70.

S

Les SABLES-D'OLONNE

🅿 Rue du Maréchal-Leclerc – 85100 – ☎ 02 51 32 03 28

Visite guidée de la ville – S'adresser à l'Office de tourisme.

Promenades en mer – Organisées l'après-midi (durée 3/4 h) de Pâques à septembre. S'adresser aux vedettes sablaises de la compagnie Croisières Inter-Îles et Fluviales. ☎ 02 51 21 31 43.

Parc zoologique de Tanchet – ♿ Visite tous les jours de 9 h 30 à 19 h de mai à mi-septembre ; de 10 h à 12 h et de 14 h à 18 h de mi-février à avril et de mi-septembre à octobre ; de 14 h à 18 h de novembre à mi-février. 50 F (adulte) ; 25 F (enfant). ☎ 02 41 59 18 58.

Musée de l'abbaye Ste-Croix – Visite tous les jours (sauf le lundi) de 10 h à 12 h et de 14 h 30 à 18 h 30 de mi-juin à septembre ; de 14 h 30 à 17 h 30 d'octobre à mi-juin. Fermé les jours fériés. 30 F (gratuit le dimanche). ☎ 02 51 32 01 16.

La Route des Salines – Visite accompagnée (1 h 3/4) sur demande préalable (24 h avant) tous les jours de 9 h à 19 h de juin à août ; de 9 h à 12 h 30 et de 14 h à 19 h de mi-mars à mai et de septembre à octobre. 57 F (adulte) ; 35 F (enfant). ☎ 02 51 21 01 19.

Le Jardin des Salines – Visite tous les jours (sauf le mercredi et le jeudi matin) de 10 h à 19 h en juillet et août ; de 10 h à 12 h 30 et de 14 h 30 à 19 h en juin ; de 14 h 30 à 19 h en mai et septembre. 40 F (adulte) ; 25 F (enfant). ☎ 02 51 90 87 74.

Abbaye de SABLONCEAUX

Visite libre ou accompagnée (1 h) tous les jours (sauf le mardi) de 15 h à 19 h en juillet et août. Organisation de son et lumière en saison (se renseigner). Le reste de l'année le premier dimanche de chaque mois de 15 h à 18 h. Entrée gratuite. ☎ 05 46 94 41 62.

SAFARI AFRICAIN

♿ Visite tous les jours de 10 h à 21 h (fermeture de la billetterie à 17 h 30) en juillet et août ; de 10 h à 20 h (fermeture de la billetterie à 17 h) en avril et mai ; de 10 h à la tombée de la nuit (fermeture de la billetterie à 16 h) de mi-février à mars et de septembre à mi-novembre. Fermé de mi-novembre à mi-février. 90 F (adulte) ; 50 F (enfant). ☎ 02 40 04 82 82.

ST-BRÉVIN-LES-PINS

🅿 10, rue de l'Église – 44250 – ☎ 02 40 27 24 32

Visite guidée de la ville – En petit train (durée 1 h 1/2). S'adresser à l'Office de tourisme.

Mindin : musée de la Marine – ♿ Visite tous les jours de 15 h à 19 h de mi-juin à mi-septembre. 15 F. ☎ 02 40 27 00 64.

Parc de loisirs de ST-CYR

Fonctionne tous les jours de 10 h à 19 h de mi-avril à mi-septembre. Le parc reste ouvert le reste de l'année. 18 F (en juillet et août) ; 12 F (de mi-avril à juin et la deuxième quinzaine de septembre) ; entrée gratuite (le reste de l'année). ☎ 05 49 62 57 22.

ST-CYR-EN-TALMONDAIS

Parc floral – Visite tous les jours de 10 h à 19 h d'avril à octobre. 45 F (en saison) ; 30 F (hors saison). ☎ 02 51 30 86 74 ou 06 60 19 31 81.

Château de la Court d'Aron – Pour y accéder, il est nécessaire d'avoir acquitté le droit d'entrée du parc floral (voir ci-dessus). Visite accompagnée (1/2 h) tous les jours de 10 h à 12 h et de 14 h à 18 h en juillet et août. 15 F. ☎ 02 51 30 81 82.

ST-DENIS-DU-PAYRÉ

Réserve naturelle – Visite accompagnée (2 h) tous les jours de 10 h à 12 h et de 15 h à 19 h en juillet et août ; le dimanche de 14 h à 18 h de mars à juin. Le reste de l'année, le premier dimanche de chaque mois de 14 h à 18 h. 20 F (adulte) ; 14 F (enfant). ☎ 02 51 27 23 92 (ADEV).

ST-DIZANT-DU-GUA

Château de Beaulon – Visite tous les jours de 9 h à 12 h et de 14 h à 18 h (14 h 30 le week-end et les jours fériés) de mai à septembre ; tous les jours (sauf le week-end et les jours fériés) de 9 h à 12 h et de 14 h à 17 h d'octobre à avril. 15 F (visite et dégustation de la production du vignoble du château). ☎ 05 46 49 96 13.

ST-GEORGES-DE-DIDONNE
🖪 Boulevard Michelet – 17110 – ☎ 05 46 05 09 73

Phare de St-Georges – Visite tous les jours de 10 h à 12 h et de 15 h à 19 h de juillet à la première semaine de septembre. 10 F. ☎ 05 46 06 21 59.

ST-GILLES-CROIX-DE-VIE
🖪 Boulevard de l'Égalité – 86800 – ☎ 02 51 55 03 66

Visite guidée de la ville – S'adresser à l'agence Parenthèse, 34 bis, boulevard de l'Égalité, 85800 St-Gilles-Croix-de-Vie. ☎ 02 51 54 09 88.

Promenade en mer – Diverses prestations sont proposées : à bord du Hope (vieux gréement), tous les jours (sauf le dimanche) pendant 4 h (le matin ou l'après-midi), 90 F. À bord de La Godaille (caseyeur) pour la promenade (1 h) le dimanche, 40 F ou pour de la pêche en mer (matériel fourni) tous les jours de 7 h à 12 h et de 14 h à 19 h, 130 F. À bord de l'Ambre V (voilier en bois de 12 m), initiation à la croisière et aux manœuvres vers l'île d'Yeu, 350 F. S'adresser à l'agence Parenthèse, 34 bis, boulevard de l'Égalité, 85000 St-Gilles-Croix-de-Vie.

ST-HILAIRE-LA-FORÊT

Cairn – ♿ Visite libre ou accompagnée (2 h 1/4) tous les jours (sauf les matinées du week-end) de 10 h à 13 h et de 15 h à 19 h en juillet et août ; tous les jours (sauf le samedi) de 15 h à 18 h de début avril à juin et en septembre. 36 F (adulte) ; 12 F (enfant). ☎ 02 51 33 38 38.

ST-JEAN-D'ANGÉLY
🖪 Square de la Libération – 17400 – ☎ 05 46 32 04 72

Musée – Visite tous les jours (sauf le samedi) de 14 h à 17 h de juillet à septembre ; le mercredi, le jeudi, le dimanche et les jours fériés de 14 h à 17 h d'avril à mai et en octobre. Fermé de novembre à mars et le 1er mai. 10 F. ☎ 05 46 32 26 54.

ST-JUST-LUZAC

Atlantrain – Visite libre ou accompagnée (1 h) tous les jours (sauf le lundi) de 14 h 30 à 18 h de mi-juin à mi-septembre. 20 F (adulte) ; 10 F (enfant). ☎ 05 46 85 33 35.

ST-LAURENT-SUR-SÈVRE

Maison du Saint-Esprit : la Maison Longue – Visite accompagnée (1 h) sur demande préalable tous les jours de 10 h à 12 h et de 14 h à 17 h. Entrée gratuite. ☎ 02 51 64 37 00.

Maison mère des Filles de la Sagesse – ♿ Visite libre ou accompagnée (1 h 1/2) tous les jours de 11 h 30 à 12 h 30 et de 14 h à 18 h. Entrée gratuite. ☎ 02 51 64 38 00.

Centre gabriéliste – ♿ Visite libre ou accompagnée (3/4 h) tous les jours (sauf le dimanche matin) de 10 h à 12 h et de 14 h à 20 h (ouvert en continu le samedi) en juillet et août ; idem mais fermeture à 18 h de septembre à juin. Entrée gratuite. ☎ 02 51 92 30 87.

ST-LOUP-LAMAIRÉ

Château – Visite accompagnée (1/2 h) tous les jours de 10 h à 19 h en juillet et août ; de 14 h à 19 h de mai à juin et en septembre ; le dimanche de 14 h à 19 h d'octobre à avril. 45 F (adulte) ; 35 F (enfant). ☎ 05 49 64 81 73.

ST-MAIXENT-L'ÉCOLE

Visite guidée de la ville – S'adresser à l'Office de tourisme.

Abbaye : bâtiments conventuels – En travaux, réouverture prévue pour l'an 2000.

ST-MAIXENT-L'ÉCOLE

Musée militaire – Visite libre ou accompagnée (1 h) tous les jours de 13 h 30 à 17 h 30. Fermé de Noël à la première semaine de janvier. Entrée gratuite. ☎ 05 49 76 84 76.

Musée de la TSF – Visite accompagnée (1 h) le lundi, le mercredi, ainsi que le premier et le dernier week-end du mois de 14 h à 18 h; les autres jours sur demande préalable. Entrée gratuite. ☎ 05 49 05 55 93.

ST-MICHEL-EN-L'HERM   🛈 Rue de l'Église – 85580 – ☎ 02 51 30 21 89

Ancienne abbaye bénédictine – Visite accompagnée (1/2 h) le mardi, le jeudi et le vendredi de 10 h à 12 h et de 15 h à 17 h (fermeture de la billetterie à 11 h 30 et 16 h 30) en juillet et août. 15 F. ☎ 02 51 30 21 89 (Office de tourisme).

Musée André Deluol – Ouvert tous les jours (sauf le mardi) de 14 h à 19 h de mi-juin à septembre; le week-end et le lundi de 14 h à 17 h d'octobre à mi-juin. ☎ 02 51 30 25 15.

ST-MICHEL-MONT-MERCURE

Église : clocher – Visite tous les jours (sauf le dimanche matin) de 8 h à 20 h (18 h le samedi) d'avril à septembre; de 8 h à 19 h (18 h le week-end) d'octobre à mars. 3 F. ☎ 02 51 57 20 32.

ST-PHILBERT-DE-GRAND-LIEU

Abbatiale St-Philbert – Mêmes conditions que pour la Maison du Lac (billet jumelé). Voir ci-dessous.

Musée du Lac – Visite libre ou accompagnée (1 h 1/2) tous les jours de 10 h à 12 h 30 et de 14 h 30 à 18 h 30 d'avril à septembre; tous les jours (sauf le lundi, le mardi et le dimanche matin) de 10 h à 12 h et de 14 h à 17 h 30 d'octobre à mars. 16 F (billet jumelé avec l'abbatiale). ☎ 02 40 78 73 88.

ST-PIERRE-LES-ÉGLISES   🛈 Mairie – 86300 – ☎ 05 49 46 39 01

Église – Visite libre tous les jours de 9 h à 18 h de mai à septembre et pendant les vacances scolaires; visite accompagnée (rendez-vous sur place) le vendredi à 16 h et le dimanche à 15 h de mi-juillet à mi-août. ☎ 05 49 46 35 45.

ST-SAVIN

Abbaye – Visite libre ou accompagnée (1 h 1/2) tous les jours de 9 h 30 à 19 h en juillet et août; de 9 h 30 à 12 h 30 et de 13 h 30 à 18 h 30 d'avril à juin et en septembre; tous les jours de 14 h à 17 h 30 de début février à mars et d'octobre à novembre; tous les jours de 14 h à 17 h la seconde quinzaine de décembre; le week-end de 14 h à 17 h la première quinzaine de décembre. Fermé en janvier et les 24, 25, 31 décembre. 30 F (entrée gratuite pour les enfants). ☎ 05 49 48 66 22.

ST-SAVINIEN

Église – Visite tous les jours (sauf le dimanche après-midi) de 9 h à 17 h 30. ☎ 05 46 90 20 64.

ST-VINCENT-SUR-JARD

Maison de Georges Clemenceau – Visite accompagnée (1/2 h) tous les jours de 9 h 30 à 19 h en juillet et août; de 10 h à 18 h 30 d'avril à juin et en septembre; tous les jours (sauf le mardi) de 10 h à 12 h 30 et de 14 h à 17 h 30 d'octobre à mars. Fermé les 1er janvier, 1er mai, 1er novembre et 25 décembre. 25 F (adulte) : 15 F (enfant). ☎ 02 51 33 40 32.

SAINTES   🛈 Villa Musso, 62, cours National – 17100 – ☎ 05 46 74 23 82

Visite guidée de la ville 🄰 – S'adresser à l'Office de tourisme.

Cathédrale St-Pierre :

Trésor – Visite tous les jours (sauf le dimanche matin) de 10 h 30 à 13 h et de 14 h 30 à 18 h en juillet et août et pendant les vacances scolaires de Pâques. Fermé les 14 juillet et 15 août. Entrée gratuite. ☎ 05 46 74 20 97.

Musée des Beaux-Arts : Le Présidial – Visite tous les jours (sauf le lundi) de 10 h à 12 h et de 14 h à 18 h de mai à septembre; tous les jours (sauf le lundi et le dimanche matin) de 10 h à 12 h et de 14 h à 17 h 30 (18 h le dimanche) d'octobre à avril. Fermé les 1er janvier, 1er mai, 1er novembre et 25 décembre. 10 F (entrée gratuite le dimanche) ; 20 F (passeport donnant accès aux quatre musées de la ville). ☎ 05 46 93 03 94 ou 05 46 74 20 97.

Musée des Beaux-Arts : l'Échevinage – Visite tous les jours (sauf le lundi) de 10 h à 12 h et de 14 h à 18 h de mai à septembre; tous les jours (sauf le lundi et le dimanche matin) de 10 h à 12 h et de 14 h à 17 h 30 d'octobre à avril. Fermé les 1er janvier, 1er mai, 1er novembre et 25 décembre. 10 F (gratuit le dimanche) ; 20 F (passeport donnant accès aux quatre musées de la ville). ☎ 05 46 93 52 39 ou 05 46 74 20 97.

Musée Dupuy-Mestreau – Visite accompagnée (1 h) tous les jours (sauf le lundi) à 11 h, 14 h, 15 h, 16 h et 17 h en août et septembre ; tous les jours (sauf le lundi et en matinée) à 14 h, 15 h, 16 h et 17 h de septembre à juin. Fermé les 1er janvier, 1er mai, 1er novembre et 25 décembre. 10 F (gratuit le dimanche) ; 20 F (passeport donnant accès aux quatre musées de la ville). ☎ 05 46 74 36 71 ou 05 46 74 20 97.

Abbaye aux Dames – Visite libre ou accompagnée (1 h 1/2) tous les jours de 10 h à 12 h 30 et de 14 h à 19 h de mi-avril à septembre ; le mercredi et le samedi aux mêmes horaires, le reste de la semaine de 14 h à 18 h d'octobre à mi-avril. Fermé entre Noël et le Jour de l'An. 20 F (entrée gratuite jusqu'à 16 ans). ☎ 05 46 97 48 48.

Musée Archéologique – Visite tous les jours (sauf le lundi) de 10 h à 12 h et de 14 h à 18 h de mai à août ; tous les jours (sauf le lundi et le dimanche matin) de 10 h à 12 h et de 14 h à 17 h 30 (18 h le dimanche) d'octobre à avril. Fermé les 1er janvier, 1er mai, 1er novembre et 25 décembre. 10 F (gratuit le dimanche) ; 20 F (passeport donnant accès aux quatre musées de la ville). ☎ 05 46 74 20 97.

Musée éducatif de Préhistoire – Visite accompagnée (1 h) sur demande préalable. Entrée au bon vouloir de chacun. ☎ 05 46 93 43 27.

Haras – &. Visite tous les jours de 15 h à 17 h 45 (17 h le week-end) de mi-juillet à mi-février ; tous les jours (sauf le dimanche) de 14 h 30 à 17 h 30 (15 h à 17 h le samedi) le reste de l'année. Entrée gratuite. ☎ 05 46 74 35 91.

Arènes (Amphithéâtre) – Visite de 9 h à 19 h d'avril à octobre ; de 10 h à 12 h 30 et de 14 h à 16 h 30 de novembre à mars. 5 F.

SANXAY

☑ Site archéologique – 86600 – ☎ 05 49 53 61 48

Ruines gallo-romaines – &. Visite libre ou accompagnée (1 h 1/2) tous les jours de 10 h à 12 h 30 et de 14 h 15 à 19 h de mai à août ; tous les jours (sauf le lundi) de 10 h à 12 h 30 et de 14 h à 17 h 30 de septembre à avril. Fermé les 1er janvier, 1er mai, 1er et 11 novembre, 25 décembre. 25 F. ☎ 05 49 53 61 48 (Office de tourisme).

Estuaire de la SEUDRE

Chemin de fer touristique de la Seudre – Circule le mercredi, le vendredi et le dimanche en août ; le mercredi et le dimanche en juillet ; les deux derniers dimanches de juin. Départ de Saujon à 11 h 05, 14 h 10, et 17 h 15 ; départ de La Tremblade à 9 h 20, 15 h 25 et 18 h 40. Train Diesel ou autorail suivant les heures. La locomotive à vapeur Schneider de 1811, actuellement en restauration, est visible à la gare de Chaillevette à 11 h 50 et 15 h 55. 60 F (adulte) ; 30 F (enfant) ; transport gratuit des vélos. ☎ 05 46 36 64 59.

SOULLANS

Musée Milcendeau-Jean-Yole – &. Visite libre ou accompagnée en saison (1 h) tous les jours (sauf le lundi et le dimanche matin) de 10 h à 12 h 30 et de 14 h 30 à 19 h en juillet et août ; de 10 h à 12 h et de 14 h à 18 h (19 h le dimanche) d'avril à juin et en septembre ; de 14 h à 18 h de février à mars et d'octobre à mi-novembre ; de 14 h à 17 h 30 les trois dernières semaines de décembre. Fermé le 25 décembre. 17 F. ☎ 02 51 35 03 84.

SOUVIGNÉ

Musée de la Coiffe et du pays Pèlebois – Visite accompagnée (1 h 1/2) tous les jours de 14 h 30 à 18 h 30 de mi-mai à octobre. Sur demande préalable des vacances de Pâques à mi-mai et pendant les vacances de la Toussaint. 20 F. ☎ 05 49 05 79 34 ou 05 49 05 76 41 (réservation).

SURGÈRES

Château – Visite du site à l'aide d'un magnétophone portatif et d'un plan, tous les jours (sauf le lundi et le dimanche) de 9 h 30 à 18 h 30 de mi-juin à mi-septembre ; de 10 h à 18 h de mai à mi-juin et la deuxième quinzaine de septembre ; de 10 h à 17 h d'octobre à avril. S'adresser à l'Office de tourisme. 25 F (pour deux personnes). ☎ 05 46 07 20 02.

T

TALMONT-ST-HILAIRE

Château de Talmont – Visite libre ou accompagnée en saison (3/4 h) tous les jours de 10 h à 13 h et de 14 h à 19 h d'avril à septembre ; de 14 h à 18 h en mars et octobre. 17 F. ☎ 02 51 90 27 43.

Musée automobile de Vendée – &. Visite tous les jours de 9 h 30 à 19 h (fermeture de la billetterie à 18 h) de juin à août ; de 10 h à 12 h (11 h) et de 14 h à 19 h (18 h) d'avril à mai et en septembre ; de 14 h à 18 h (17 h) pendant les vacances scolaires d'octobre à mars. Fermé les 1er janvier et 25 décembre. 40 F (adulte) ; 20 F (enfant). ☎ 02 51 22 05 81.

TALMONT-SUR-GIRONDE

Musée des Amis de Talmont – Visite tous les jours de 10 h 30 à 13 h et de 14 h à 19 h de mi-juin à mi-septembre. 10 F. Un billet jumelé, 50 F (adulte), 20 F (enfant), permet de visiter également trois autres sites : le Musée agricole (Château de Didonne), les Grottes du Regulus (Meschers) et le Moulin du Fâ (Barzan). ☎ 05 46 90 16 25.

Château de TERNAY

Visite accompagnée (1 h) tous les jours (sauf le samedi) à 11 h, 14 h 30, 15 h 30, 16 h 30 et 17 h 30 de juin à octobre ; tous les jours (sauf le jeudi) aux mêmes heures d'avril à mai. 30 F (adulte) ; 17 F (enfant). ☎ 05 49 22 97 54.

THOURAS
🛈 3 bis, boulevard Pierre-Curie – 79100 – ☎ 05 49 66 17 65

Visite guidée de la ville – Départ place St-Médard pour 2 h de visite le mardi, jeudi et samedi à 15 h 30 en juillet et août. 30 F. S'adresser à l'Office de tourisme.

Château (collège) – Possibilité de visite uniquement pendant la visite guidée de la ville (voir ci-dessus).

Tour du Prince de Galles – Visite accompagnée (1 h) tous les jours (sauf le mardi) de 10 h à 12 h et de 15 h à 19 h de juillet à septembre ; le week-end de 15 h à 19 h de Pâques à juin et en octobre. Fermé le 1er mai. Entrée gratuite. ☎ 05 49 66 17 65 (O.T.)

TIFFAUGES

Château – Visite tous les jours de 11 h à 19 h en juillet et août ; tous les jours (sauf le mercredi) de 10 h à 12 h 30 et de 14 h à 18 h (19 h le week-end) de mars à juin et en septembre. 37 F (adulte) ; 25 F (enfant). ☎ 02 51 65 70 51 (mairie).

Château de Tiffauges – Démonstration d'un tir de boulet à l'aide d'un trébuchet

Château de TOUFFOU

Visite accompagnée (1 h 1/4) tous les jours (sauf le mardi) de 10 h à 12 h et de 14 h à 18 h 30 de mi-juin à mi-septembre ; le jeudi, le vendredi et le week-end de 14 h à 18 h 30 de mai à mi-juin ; le week-end et les jours fériés de 14 h à 18 h 30 de mi-septembre à avril. Fermé les 1er janvier et 25 décembre. 45 F (adulte) ; 27 F (enfant). ☎ 05 49 56 08 48.

La TRANCHE-SUR-MER

Les Floralies tranchaises – Visite tous les jours de 10 h à 19 h de juin à septembre ; de 10 h à 18 h de mars à mai. 25 F (en été) ; 33 F (au printemps). ☎ 02 51 30 33 96 (Office de tourisme).

La TREMBLADE
🛈 Place Gambetta – 17390 – ☎ 05 46 36 02 35

Promenades en mer – Visite du bassin ostréicole de Marennes-Oléron à bord de « La Seudre » : s'adresser à Éric Pagot, ☎ 05 46 36 90 41. Visite du bassin ostréicole de Marennes-Oléron jusqu'à Fort Boyard à bord de vieux gréements : s'adresser à l'association Trembladaise pour faire vivre les vieux gréements, ☎ 05 46 36 26 18. Visite du bassin ostréicole de Marennes-Oléron et journée croisière sur l'île d'Aix à bord de « l'Embellie », ☎ 05 46 85 78 02.

Musée Maritime – ♿ Visite tous les jours de 14 h à 18 h de mi-juin à mi-septembre. 16 F (adulte) ; 12 F (enfant). ☎ 05 46 36 30 11.

La TRIMOUILLE

L'Île aux serpents – Visite libre ou accompagnée (1 h 1/2) tous les jours de 10 h à 19 h d'avril à septembre ; de 14 h à 18 h (10 h à 19 h le dimanche et les jours fériés) en mars et d'octobre à novembre. 40 F (adulte) ; 30 F (enfant). ☎ 05 49 91 33 33.

TROIS-PALIS

Chocolaterie Letuffe – Visite accompagnée (3/4 h) tous les jours (sauf les matinées du week-end) de 8 h 30 à 17 h 30 de mi-juin à mi-septembre. Le reste de l'année de 8 h 30 à 11 h 30 et de 14 h à 17 h 30 en semaine et de 14 h à 17 h 30 le week-end. Fermé les 1er janvier et 25 décembre. Entrée gratuite. ☎ 05 45 91 05 21.

V

Château de VAYRES

Visite accompagnée (3/4 h) tous les jours (sauf le mardi) de 15 h à 18 h en juillet et août. 20 F. ☎ 05 49 52 71 89.

Moulin du VERGER

Visite libre ou accompagnée (1/2 h) tous les jours (sauf les matins du week-end et des jours fériés, ouverture à 15 h) de 9 h à 12 h et de 14 h à 18 h. Entrée gratuite. ☎ 05 45 61 10 38.

Le VIEUX-POITIERS

Vestiges de la ville gallo-romaine – Visite libre ou accompagnée (1 h 1/2) tous les jours de 14 h à 19 h 30 en juillet et août ; le dimanche de 15 h à 18 h d'avril à juin et en septembre. Le reste de l'année sur demande préalable. 10 F. ☎ 05 49 23 45 63.

Prieuré de VILLESALEM

Église – Visite tous les jours de 8 h à 12 h et de 14 h à 18 h en juillet et août ; tous les jours (sauf le mardi) aux mêmes horaires de septembre à juin. 10 F. ☎ 05 49 91 62 26.

VOUVANT

🛈 Place du Bail – 85120 – ☎ 02 51 00 80 15

Visite guidée du Bourg – S'adresser à l'Office de tourisme.

Tour Mélusine – Visite toute l'année, clef à l'Office de tourisme ou au café du Centre. 8 F. ☎ 02 51 00 86 80 (Office de tourisme).

Y

Île d'YEU

🛈 Place du Marché, Port-Joinville – 85350 – ☎ 02 51 58 32 58

Accès :

Accès par mer – Liaisons régulières : voir à Fromentine. Liaisons saisonnières : vedettes VIIV Celles-ci effectuent la traversée vers l'île d'Yeu (45 mn) à partir de l'île de Noirmoutier (estacade de la Fosse au pied du pont de Noirmoutier) d'avril à mi-octobre et à partir du continent : estacade de Fromentine d'avril à mi-octobre et port de St-Gilles-Croix-de-Vie en juillet et août. A/R : 160 F (adulte) ; 110 F (enfant). ☎ 02 51 39 00 00.

Accès par air – Départ depuis le site d'envol de La Barre-de-Monts (route de Beauvoir-sur-Mer) ; temps de liaison : 10 mn (arrivée Port-Joinville). Lors de la saison, des vacances scolaires, des week-ends et des jours fériés, il est recommandé de réserver à l'avance. Aller : 400 F (adulte) ; 240 F (enfant). ☎ 02 51 59 22 22.

Grand Phare – Visite tous les jours de 9 h à 11 h 45 et de 14 h à 17 h en juillet et août. Le reste de l'année sur demande préalable. Entrée au bon vouloir de chacun. ☎ 02 51 58 30 61.

Port-Joinville

Musée-Historial – Visite sur demande préalable. S'adresser à M. Nolleau, hôtel des voyageurs, Port Joinville, 85350 Île d'Yeu. 12 F. ☎ 02 51 58 36 88.

Les cartes Michelin sont constamment tenues à jour.
Ne voyagez pas aujourd'hui avec une carte d'hier.

Index

C

E

F

G

H

I

Manufacture Française des Pneumatiques Michelin

Société en commandite par actions au capital de 2 000 000 000 de francs
Place des Carmes-Déchaux - 63000 Clermont-Ferrand (France)
R.C.S. Clermont-Fd B 855 200 507

© *Michelin et Cie, Propriétaires-éditeurs, 1996*

Dépôt légal novembre 96 – ISBN 2-06-037104-X – ISBN 0293-9436
Toute reproduction, même partielle et quel qu'en soit le support,
est interdite sans autorisation préalable de l'éditeur,
Printed in the EU 12-98/2

Illustration de la couverture par Jean-Luc ROYER/Lorenzo TIMON